독도야
함께 놀자

독도야, 함께 놀자(증보판)

펴 낸 날 2021년 6월 17일

지 은 이   강보홍, 권택성, 이대영
펴 낸 이   이기성
편집팀장   이윤숙
기획편집   윤가영, 이지희, 서해주
표지디자인 이윤숙
책임마케팅 강보현, 김성욱
펴 낸 곳   도서출판 생각나눔
출판등록   제 2018-000288호
주   소   서울 잔다리로7안길 22, 태성빌딩 3층
전   화   02-325-5100
팩   스   02-325-5101
홈페이지   www.생각나눔.kr
이 메 일   bookmain@think-book.com

• 책값은 표지 뒷면에 표기되어 있습니다.
  ISBN 979-11-7048-250-5(03300)

일본의 야욕을 끝낼
대한민국 독도 사료집

독도야
함께 놀자

역사·고지도·외교문서·국제재판소의 독도

강보홍 · 권택성 · 이대영 지음

증보판

생각나눔

변덕과 꼼수에 능수능란한 일본이

예로부터 신의를 지켰다는 건 듣지 못했다.

(日本之人變詐萬端, 自古未聞守信之義也)

너무 가까웠기에 그렇게 소중함을 몰랐다

어린 초등학생들이 하는 이야기다. "우리나라 정부가 독도에 대해서 왜 저렇게 흥분하면서도 대마도에 관해선 관심이 없는 이유를 알겠니?"라 는 질문에 "그것이야 알지. 일본말을 거꾸로 읽어 보면 당장 알 수 있어. 쓰시마(대마도, Tsushima)는 '맛이 쓰(다)'이고, 독도 다케시마(독도, Takeshima)

이순신 답금토패문의 초안

는 '맛이 있겠다'이니까."라고 정색을 한다. 아이들의 말이라고 헛되게 흘 려들을 건 아니다.

사실 대마도(對馬島)는 일본에서 147km나 떨어졌으며, 부산에선 49.5km로 맑은 날에는 맨눈으로도 보인다. 일본의 무관심과 우리나라의 멸시가 맞아떨어져 한때는 왜구(倭寇)의 소굴이 되었다. 신라 때부터 관리 를 임명했으며, 고려 공민왕(恭愍王, 1368년)과 조선 태종(太宗, 1396년)은 군대를 파견하여 도주 소(宗) 씨에게 만호(萬戶)라는 관직을 주고 조공을 바치게 했다.

　지리적 위치에서나 역사에서도 대마도는 한반도와 일본 본토 사이에서 '달면 삼키고, 쓰면 뱉는 처지(甘吞苦吐之處)'였다. 한반도에서 해양의 정보를 얻는 덴 '한반도를 들고나는데 목구멍과 같은 곳(咽喉之處)'으로 여겼다. 한때 대마도의 대부분 사람들은 고려인의 가계를 갖고 있었다. 그러나 조선 시대에 와서는 '어르고 달래기 정책(co-axing policy)'으로 일관했다. 조선 초기엔 '퍼주기 정책(handout policy)'을 썼으나, 세종은 1419년에 이종무(李從茂, 1360~1425)를 사령관으로 하여 대국 명나라 황제의 마음을 헤아려 왜구의 소굴인 대마도를 대리전으로 선제공격했다. 그럼에도 우리나라는 다급할 때마다 "대마도는 우리 땅!"을 외쳤다. 대표적인 사례가 이승만 대통령이 1948년 8월 15일 경축사[1]에서 외쳤으며, 수차례 얻는 건 하나 없이 말싸움만을 주고받았다. 오늘날 용어로 나토(NATO, No Action Talk Only)현상이었다. 어떤 면에서는 '황국신민(皇國臣民)'의 도리로 여겼는지, 항의 외교문서, 국제기구에 제소, 양국협상과 같은 국제적 표명은 일절 하지 않았다.

　그러나 일본은 멀고 긴 미래를 생각했다. 1876년 2월 22일에 조선과 강화도(丙子修好)조약 체결과 1876년 8월에 대마도를 대마번(對馬蕃)으로 승격하고 나가사키현(長崎縣)에 편입시켰다. 1905년에 들어와서는 본격적으로 영토 침탈을 도모했다. 1905년 1월 28일 일본 내각은 독도 영토편입을 전격적으로 의결했고, 2월 22일엔 시마네현(島根縣) 고시 제40호로 우리나라 땅 독도를 자기네 다케시마(竹島)로 개칭해, 시마네현에 귀속됨을 국제적으로 공고했다[2]. 동시에 조선총독부를 통해서 조선 정부에 인정을 강요했다. 언젠가는 전개될 영유권 확보를 위한 한 발 앞선 외교적 양동작전을 전개했다.

1904년 2월 8일 러일전쟁(Russo-Japanese Wars)을 시작했고, 대마도에서 러시아 함대를 격퇴함으로써 승리와 대마도 지배권을 강화했다. 1905년 9월 5일, 국제적 조약인 일·러(日露) 강화협상을 통해 대마도의 일본 영토화를 더욱 확고히 다졌다. 한발 더 나아가, 일로전쟁의 평화적 협상·중재한 모든 공로를 루스벨트(Theodore Roosevelt) 대통령에게 돌려서 노벨평화상[3]을 추천했고, 1906년 12월 5일 그는 영예의 노벨평화상을 수상했다. 일본은 여기에 그치지 않고, 국제법상 '실효적 지배(effective control)'를 확고부동하게 하고자 1905년 7월 29일에 일본과 미국은 가스라-태프트 밀약(桂太郎-Taft密約#1)까지 체결하였다. 속과는 달리 조선을 보호한다는 대외적 대의명분이었다. 이를 모른 우리나라 조선은 설상가상으로 1905년 11월 17일 은사금과 작위까지 은밀히 받았던 국가지도자들은 을사늑약을 체결했다.[4] 이어서 대마도 동편을 조선해(朝鮮海)라는 명칭을 대신해 일본 정부는 '현해탄(げんかいなだ, 玄海灘)' 혹은 '현계탄(玄界灘)'이라고 개칭했다[5]. 이런 개명 축복은 '일본의 북쪽 경계가 되는 바다(日本之北界海)'라는 주장이었다. 여기서 검을 현(玄)은 '동창용(東蒼龍), 서백호(西白虎), 남주작(南朱雀), 북현무(北玄武)'「사신도」에서 '북쪽 거북'을 의미했다. 이런 속셈을 알고도 모른 척했던 친일작가들은 현해탄을 시로 혹은 유행가로 백성들의 애환을 달려주었기에 곧 조선해(朝鮮海)는 조선인의 말과 마음에서 사라졌다.

이뿐만 아니라 평화적 질서유지 혹은 아름다운 사랑 스토리를 가미하고자 대한제국의 고종황제의 고명딸 덕혜(李德惠, 1912~1989) 옹주를, 1931년 5월 8일

태프트–카스라 밀약 메모(일본군은 조선을)

에 대마도 번주(藩主)의 후손 소다케시(宗武志, 1908~1985)6 백작과 정략 결혼을 추진했다. 3년간 결혼생활로 딸 하나(宗正惠, 1932~1956)를 얻었으나, 요양을 받았던 정신병원 시설에 '비운의 덕혜옹주'의 역사가 지금도 대마도에 서려 있을 뿐이다.

나토(NATO) 작태와 비창조적 흥분(uncreative excitement)이

1945년 8월 15일 이후 외교통상에서 잔뼈가 굵은 요시다 시게루(吉田茂, よしだ しげる 1878~1967)7 외무성 장관은 일본 내각에 들어오자마자, 취임 이튿날부터 전후 일본의 부흥에 고민했다. 그는 BC 450년 '람세스모세(Ramses Moses)의 기적'의 비밀인 "(고민과 해결방안)을 그대로 적고, 그대로 행하라."8라는 마법을 일본 국운에다 걸었다. 가장 먼저 "전후 배상책임, 국제적 강화조약 및 영토권을 지켜야 한다."라며 그해 11월 외무성 조약국에다가 '평화조약 문제연구 간사회(1945. 11.~1947. 5.)'를 설치했다. 전승국(연합군)과 대미 설득을 대비해서 친일성향 미국인들을 통해 모든 외교(영문)자료집을 마련했다. 가장 먼저 '전승국 지위로 한국이 협상의 상대로 앉는 일은 절대로 없어야 한다'는 거다. 12월에 일본을 방문한 에드윈폴리(Edwin Pauley, 1903~1981)9 특사에게 "한국은 대일전 승리에 공헌하지 않았기에 배상을 받을 권리가 없다."라고 쐐기를 박는 메시지를 트루먼대통령에게 전달토록 가장 먼저 손을 썼다.

일본이 이렇게 모든 서면준비를 다 마치고 수정·보완을 몇 차례나 거듭하고 있는 참에 1947년 3월 맥아더(Douglas MacArthur, 1880~1964)10 연합군 최고사령관은 "일본 점령통치를 끝내고자 강화조약을 체결하겠다."라는 속셈을 밝히는 언질을 요시다 시게루(吉田茂, よしだ しげる) 총리에게 먼저 귀띔해주었다. 1947년 미 국무부, 전쟁부·해군부 공동구성 극동

위원회에서 "한국은 적국의 영토로부터 분리된 땅으로 규정"하고, "대일 배상을 받을 수 있는 자격을 연합국에 한정한다."라고 못을 박았다. 협상 상대로 한국인정을 완전히 봉쇄했다. 한국은 까맣게 몰랐지만, 세계는 "머지않아 한국이 오쟁이 진다(Korea will be a cornuto in not-distant future)."라는 사실까지 다 알고 있었다. 격분해 뿔을 세우고 '어떤 놈이라도 걸리기만 해봐.'라는 수화(finger language)로 낄낄거리고 있었다.

일본은 이미 예상되는 외교 문제를 중심으로 '선제적 대응 시나리오(先制的對應シナリオ)'를 마무리했을 때, 1948년 8월 15일 광복기념사에 이승만(李承晚, 1875~1965)[11] 대통령은 "일본은 대마도를 반환하라."라는 발언과 8월 18일에 언론을 통해 비로소 속마음을 드러내 보였다.[12] 9월 9일에 재차 대마도 반환요구와 1877년에 이미 나가사키현 대마번(長崎縣 對馬藩)으로 귀속시킨 것을 무시하고, 대마도를 한국에 귀속한다는 성명을 발표했다. 여기에 그치지 않고, 1949년 1월 6일 일본에 배상요구, 1월 8일에 대일 강화회의(샌프란시스코 평화조약 1) 참가계획까지 토로했다. 또다시 반환요구와 국회결의를 요청하는 건의안을 국회에 제출했다.

여기까지 한국이 취했던 행동이 전부였다. 그 뒤에는 어떤 행동도 외교문서 한 장도 없었다. 심지어 주일한국대표부 정한경(鄭翰景, 1890~1985) 대사는 "잘 모르겠다."라며 얼떨떨한 표정으로 외신기자회견을 했고, 다음 날 경무대에 소환되어 다른 대사로 교체되었다[13]. 제3국가의 외교적 입장에서는 국제법을 준수하면서 '실효적 지배(effective control)'를 하고 있다는 모습과는 거리가 먼 '비창조적 흥분(uncreative excitement)'만을 보였다. 요사이 젊은이들의 표현으로는 대국민적 정치적 쇼맨십(public showmanship)이었다.

이에 반해 요시다 시게루(よしだ しげる) 장관은 침착하게 이성적인 대응

을 강조했다. 이제까지의 한국과 미국인의 외교상 '전략적 애매성(strategic ambiguity)'과 동시에 한국인의 '비창조적 분노기질'을 적극적으로 악용해서 빈틈을 파고들었다. 일본 도쿄의 연합군사령부(Supreme Commander for the Allied Powers, SCAP)에 있는 맥아더 사령관을 찾아가 이승만 대통령이 '가장 신뢰하는 사령관께서 생떼 요구를 막아 달라'고 요청했다. 맥아더는 이승만 대통령에게 "대마도 반환요구는 동남아시아 질서 구축을 방해하는 언사이니 자제해 주십시오(Please refrain from asking for the return of Tsushima, because it is an obstacle to the establishment of Southeast Asian order)."라고 했다. 이에 이승만 대통령은 한국이 불리하지 않게 선처해 준다면 더 이상 언급하지 않겠다고 언약까지 했다.

이후 일본은 '전략적 침묵(strategic silence)'을 가졌다. 무서운 음모와 같은 불상사가 하나씩 한국에 닥쳐왔다. 1949년 6월 30일 주한미군의 철수, 1950년 1월 12일 애치슨 라인(Acheson Line) 선언, 1950년 6월 25일 한국전쟁이 터졌다. 그 소식을 들던 요시다 시게루(吉田茂) 장관은 마치 기다렸다는 듯이 "이것이야말로 천우신조다. 이번 전쟁을 발판으로 일본경제를 다시 일으킬 수 있다(これぞ天佑! コレを足掛かりにして日本経済を立て直せる!)."라며 독일어 샤덴프로이데(Schadenfreude), 즉 남의 불행에서 오는 행복을 감추지 못했다. 1950년 6월에 샌프란시스코 강화조약 초안 담당특사였던 존 포스터 덜레스(John Foster Dulles, 1888~1959)[14]는 방한해 한국의 저의를 찔러봤다.[15] 이승만 대통령의 반드시 한국이 조약 당사국에 참여하겠다는 의지를 일본 요시다 시게루(吉田茂) 총리에게 전달했다. 그해 7월 예비회담의 구성국 명단에 한국 이름을 한 번 끼워주었다. 이는 한국을 방심시키기 위한 꼼수였는데 한국은 이를 태산같이 믿었고, 6·25전쟁을 치르고 있기에 넋을 놓고 말았다. 일본이 구사했던 KNK(kiss and kick) 전략에 한국은 나가떨어졌다.

미국을 믿고, 일본에 '황국신민의 서사'를

1953년 3월 27일 샌프란시스코 강화조약 초안은 주미 한국대사를 통해 한국 정부에 전송되었다. 아무리 6·25동란이라고 해도, 미국을 태산같이 믿는다고 해도, 한국은 무능과 무관심의 극치였다. 왜냐고?

황국신민의 맹서문

대전 임시정부청사 대통령비서실의 실무자 책상 서랍에서 한·일 영토 관련 조약 초안이 11일간 잠자고 있었다. 4월 7일 오후 늦게 홍진기(洪璡基, 1917~1986)[16] 법무국장이 일본 외무성 지인으로부터 의견서와 증빙자료를 4월 4일에 이미 발송했다는 전화를 받는다. 곧바로 담당자에게 외교문서의 도착을 물었다. 담당국장은 깜짝 놀라면서 발등에 떨어진 불덩이를 김준연 법무부 장관과 장면 총리에게 보고했다. 다 같이 이승만 대통령에게 가서 자초지종을 말씀드렸다. "귀속재산과 영토문제를 수정해야 한다."라고 장관이 말씀을 드리자, 이승만 대통령은 "(1949년 대마도 문제로 온 전화 통화에) 맥아더에게 한국이 불리하지 않게 선처를 해달라고 했다."라며 수정할 필요가 없다고 했다. 그래도 장관은 일본처럼 '대일 강화회의 대비회의' 명칭으로 대책반을 설치했고, 4월 27일 문서로 "일본이 대마도에 대한 모든 권리, 호칭, 청구를 분명히 포기하고 그것을 한국에 돌려줄 것을 요청한다."라는 의견서만을 증빙자료 하나 없이 주미대사에게 주며 미국에 전달하도록 했다.[17]

한편, 일본은 3월 27일 친일 미국인 주일 법률고문 윌리엄 시볼트(William Josef Sebald, 1901~1980)[18]를 통해서 초안을 전달받았다. 1945년에 이미 완료한 영문 자료를 수정·보완하고 수십 차례 축조심의(逐條審議)까지 해서 4월 4일에 미국에 의견서와 증빙자료(책자) 일체를 전달했다. 한국이 4월 7일 시작했다는 사실과 비교하면, 20일이나 앞서 배달되었다. 충분한 영문 증빙(설득)자료는 물론이고, 몇 차례 면담을 통해 이미 미국 관련 관료들에게 완전히 숙지시켰으며, 여하한 반문에도 완전히 무장해제 시킬 수 있게끔 준비를 완료했다. 여기에다가 요시다 장관은 1951년 4월 23일 초안 담당자와 회담을 하면서 "한국은 전쟁 혹은 교전 상태에 있지 않았기에 연합국의 일원이 아니다. 한일 양국문제는 양자협정에서 해결해야 한다."라고 빈틈없는 설득논리로 프레임을 짜서 확고하게 쐐기를 다시 한 번 더 박았다.

이뿐만 아니라, 1951년 4월과 지난해 6월에 한국을 방문한 존 덜레스(John Foster Dulles, 1888~1959) 특사를 일본에 초청하여 간담을 했다. "(중국 공산당의 한국전쟁에 참여를 의식시키면서) 미국이 반공전선의 전방초소인 일본의 전략적 가치를 재평가해야 한다."라는 내용을 주지시켰다. "한국은 전쟁에 밀리고 있어 사회주의국가가 되는 건 시간문제다. 일본에 있는 조선인은 하나같이 사회주의자들이다. 한국이 전승국으로 조인에 참석하면 터무니없는 배상금 요구와 일본의 도미노 현상으로 무너지는 것 또한 시간문제다."라고 미국의 속내를 뒤집는 설득논리를 마련해서 미국 주요 언론을 통해서 국제사회를 최면시켰다.

요시다 시게루(吉田茂) 장관의 속마음엔 중국 병서 36계의 진화타겁(趁火打劫), 불난 집에 도둑질하기를 구사했다. 경제 부흥과 영토 확장의 두 마리의 토끼를 한꺼번에 잡을 수 있는 천재일우(千載一遇)였다. 이런 천재일우를 이용해서 대마도와 독도를 일본 영토화하자는 속셈이었다. 사실 일본은 1877년 대마도 귀속화, 1904~1905년 러일전쟁 국제협상과 현해탄 개칭 등으로 국제법상 '실효적 지배(effective control)'를 위한 조치를 빈틈없이 앞서 다했다. 종전 이후에도 친일 법률고문 윌리엄 시볼트(W. J. Sebald, 1901~1980)와 지일파 외교관 존 포스터 덜레스(John Foster Dulles, 1888~1959)를 적극적으로 활용해 대미설득에 나섰다.

이에 비해, 한국의 외교문서엔 의전적인 문단(formal paragraph)을 제외하면 주장 혹은 의견이란 달랑 한 줄! 이를 증명하고자 하는 어떤 증빙자료도, 설득자료도 찾을 순 없었다. 이런 대가를 확연하게 받았다. 1951년 3월에서 6월까지 미국과 영국의 합의서엔 한국을 최종적 참여국 명단에서 제외시켰다. 그해 7월에 한국이 제외된 제2차 초안이 우리 정부에 전달되었다. 한국 국가지도자들이 관심조차 갖지 않아 마지못했던 양유찬(梁裕燦) 주미대사는 딜레스(Dulles) 특사를 방문해서 대마도를 언급했으나, "대마도는 일본이 오랫동안 완전히 통제하고 있었으며, 평화조약은 대마도의 현재 지위에 영향을 미치지 않는다."라고 델레스 특사는 확답했다. 일본의 설득내용이 뇌리에 꽂혀있었고, 한국의 이야기는 마이동풍이었다. 9월 8일 최종적으로 서명한 대일본평화조약(Treaty of Peace with Japan, San Francisco)에서 예상했던 대로 대마도는 일본의 영토에 귀속되었다. 이뿐만 아니라 일본의 양동작전(陽動作戰)에 말려서 승전국의 서명참가국의 지위는 고사하고, 대마도 영유권의 상실에다가, 설상가상(雪上加霜)으로 6차 안까지는 독도가 한국 영토에 속했으나, 그것마서 빠시고 말았다.[19]

한순간에 훅~ 간다!

외교통상용어로는 "법 위에서 잠자는 자는 아무도 보호하지 않는다(leges vigilantibus, non dormientibus, subveniunt).'라는 말이 있다. 우리나라에서 항다반사(恒茶飯事)로 하고 있는 국민에게 보여주기 위한 어떠한 정치적인 이벤트(political event)만으로는 제3국으로부터 공인받는다는 건 연목구어(緣木求魚)다. 특히 실효적 지배(effective control)는 고사하고, 국제평화 유지에 분쟁거리만 제공해 UN 안보리, 국제상설중재재판소(PCA), 국제해양법재판소(ITLOS) 혹은 국제사법재판소(ICJ)에 제소를 독촉하도록 하는 단서만 제공할 뿐이다. 어떤 의미에서는 우리나라는 '황국신민의 서사(皇國臣民ノ誓詞)'를 충실하게 지키고 있는 모양이다. 왜냐하면, 조선인에게는 소나 말처럼 채찍을 들고 말을 듣게 해야 한다는 전제조건으로 1912년 3월 18일 조선총독 백작(伯爵) 데라우치 마사타케(寺內正毅, Terauchi Masadake, 1852~1919)[20]는 조선총독부령 제13호로 제13조

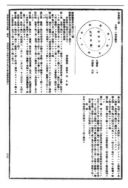

조선인에 한정해 '조선태형령(朝鮮笞刑令)'[21]을 발표하고 200대까지는 합법적으로 4월 1일부터 시행했다. 오늘날까지도 "조선 종내기와 원산 명태는 두들겨 패야 부드러워진다(朝鮮奴と元山スケトウダラは殿らペヤ柔らかくなる)."라고 하던 일본 헌병 혹은 순사들이 했던 말을 우리가 지금 하고 있다.

조선태형령(조선총독부 관보)

　　　절대로 일본 국적 재판관에게 판결받을 수 없고, 더욱 우리가 동의하지 않으면 일본 혼자서 UN 안보리에 독도 분쟁문제를 갖고 갈 수 없다. 따라서 국제상설중재재판소(PCA) 혹은 국제사법재판소(ICJ)까지 제소는 절대로 불가능하다는 확신도 "변화와 꼼수에 능수능란한 일본이 자고로 신의를 지켰다는 건 듣지 못했다(日本之人變詐萬端, 自古未聞守信之義也)."[22]라는 이순신(李舜臣, 1545~1598) 장군의 『답금토패

문(答禁討牌文)』의 한 구절을 명심하지 않으면, 미안하지만 부질없는 아집이고 교만이다. 단적으로 UN 안보리 상임이사국인 중국은 2016년 7월 12일 국제상설중재재판소(PCA) 판결문에서 '남중해 영유권 분쟁사건'으로 완패를 당했다. 1949년 12월 15일 국제사법재판소(ICJ)는 '코르푸 해협 분쟁(Corfu Channel Case)' 판결에 영국의 손을 들어주었다. 피소국가 알바니아는 UN 회원국도 아니었고, UN 안보리 의결에 동의하지도 않았으며, 매번 항변까지 했다. 이것이 국제사회의 냉혹한 현실이다.

더 자세히 말하면, 세계 경제 2위(G2) 중국은 2013년 7월 12일 필리핀이 국제상설중재재판소에 제소하겠다는 것에도 무시했고, 제소에도 동의는 물론 참석조차 하지 않았다. 2014년 12월까지 어떠한 항의 서면조차도 내지 않았고, 국내외 언론을 통해 입장표명(position paper)만을 했을 뿐이다. 그러나 사실은 재판부에 항변하는 언사를 수차례 했다. 2016년 7월 12일 재판판결까지 절대 수용 불가의 항변을 했다. "이 결정이 무효이며, 구속력이 없고, 수용하지 않으며, 인정하지 않는다."라고 표명했으나23 국제사회에서 국가신뢰를 상실했고, 단순한 해양영유권 상실이 아닌 야심 찬 '해양 실크로드(ocean silk-road)'라는 앞길까지 막히고 말았다.

이번 남사군도 사례(North China Sea Case)는 우리에게 많은 시사점을 던져주고 있다. 무엇보다도 예상 이외 상황엔 UN 안보리 상임이사국인 중국도 맥을 못 썼다. 그 이유는 i) 미국이 남중국해 현장 무력시위를 도맡아 '비이성적 흥분(irrational excitement)'을 유도했고, ii) 필리핀은 유엔 안보리의 의결을 거치지 않고, 기습적으로 국제상설중재재판소에 기소했다. iii) 유엔 상임이사국이자 G2 강대국의 자존심으로 적극적으로 대응하지 않는 결과는 완패였다.

이번 남중국해 사례는 우리나라에 몇 가지 명심해야 할 소중한 교훈을 안겨다주고 있다.

i) 국제사법상의 판단 기준은 역사적 권원(historical title), 실효적 지배, 묵인(acquiescence) 및 접근성(contiguity)에 대한 증거심리 결정과[24] 세계 평화와 질서유지(Maintaining peace & order)란 초점에서 '현존하고 명백한 위험(present & clear danger)'을 잣대로 삼았다.

남사군도의 국제상설재판소 판결

ii) 제소절차에서 과거 UN 안보리의 국제사법재판소(ICJ) 혹은 국제상설중재재판소(PCA)의 제소 의결, 피소 상대국가의 동의를 거쳐서 제소하는 원칙이었으나, UN 안보리 상임이사국인 중국을 따돌리고 필리핀이 긴급히 국제상설중재재판소(PCA)에 제소했다. 이에 중국은 무시 일변도의 대응만 했을 뿐 제대로 된 항변조차 못했다.

iii) 판결에 대한 강제력으로는 PCA는 물론 ICJ까지도 강제력을 갖지 못하지만, 패소 판결 자체만으로는 국제외교상 국가 위상과 신뢰를 추락시키기에 충분했다.

iv) 국제사법재판의 경우에도 제소하는 국가 단독으로 움직이던 과거와 달리 다국적 역할 담당과 고도기획이 동원되는 다국적 프로젝트(multi-states project)로 대응하기에 G2 강대국이자 UN 상임이사국까지도 무력화시켰다.

위에서 얻은 교훈은 우리나라는 사전에 만반의 대비를 하지 않았다간 '한순간에 훅~ 간다'[25]는 대마도의 일본 영유권과 독도의 샌프란시스코조약(San Francisco Peace Treaty), 본문에 제외되었던 뼈아픈 경험을 겪었다. 패전국 일본은, 대일참전국이었던 우리나라를 샌프란시스코 강화조약에 참석해 서명조차 못 하게 했고, 대마도까지 빼앗기는 수모에다가, 초안에 한국 영토로 되어있던 독도까지 최종본문에서 빠지게 했다. 이런 결과는 우리의 무관심과 소극적인 대응으로 자초한 결과였다. 이젠 독도 문제까지 손 놓고 있다가 후손들에게 욕을 먹어야 하나? 아니다. 1954년 1월 20일 이후 일본은 시도 때도 없이 기회라고 생각하면 언제든지 독도 문제를 국제사업재판소 등에 제소하고자 20여 차례나 발언했다. 속된 말로 "방귀 잦으면 똥 싼다."라고 했다. 만일이 아니고, 분명히 다가올 사실을 대비해 제출할 객관성 있는 사진 한 장, 메모 쪽지 한 장이라도 더 챙겨놓아야 하고, 국제재판소의 일본인 재판관까지 심증이 가도록 진정성(眞正性, authenticity)을 갖춰야 한다. 그뿐만 아니라, 언제든시 유사시에 날짜만 수정하고 당장 내놓을 수 있도록 하자. 또한, 평소에 해왔던 속칭 나토(NATO) 작태도, 비창조적 흥분의 짓거리도 절대 하지 말자. 국가지도자부터 국익과 먼 미래를 생각해서 솔선수범하자.

2021. 5.
코로나19의 환란을 극복하고자
강보홍, 권택성, 이대영

> **제1부**
>
> ## 역사에서, 한반도의 막내 꼬마 독도

Contents

제3부

한·일 외교문서에서, 드림랜드 독도

Contents

제4부

국제재판소에서, 희생양 독도

제1장

역사에서,
한반도의 막내
꼬마 독도

≡01
막둥이 꼬마,
말썽꾸러기 독도 형제!

고상한 사람의 대대손손 이어온 나라
(country inhabited by a noble people)[26]

6·25동란을 겪으면서 돈도, 입을 것도, 먹을 것도 없는데, 겨울 날씨는 그렇게도 추웠다. 시골길 십 리 이상 걸어서 국민(초등)학교에 가야만 하는데, 양(羊)은 매~매~ 울어댄다. "대영아, 학교 가자!"라는 동무들의 호출에 따사한 이불을 박차고 일어났다. 아버지가 빗질하고 있는 어린 양 너머 아침 해가 빛난다. "해는 따뜻한 양털 속에 잠을 자고 일어나는 모양이다. 그래서 햇살이 양털처럼 따뜻해."라는 말을 던졌다. 빙그레 웃는 아버지의 웃음이 따뜻함에다가 푸근함을 더했다.

포근한 어머니 품처럼 넓고 평온한 동해 바다에 뛰어노는 물고기! 푸른 초원에 비유하면 양떼들이 이글거리는 모습을 닮아있다. 독도란 두 개의 큰 섬, 푸른 초원처럼 푸름이 넘실거리는 동해 아침 햇살을 받으면서 양떼 몰이하는 두 꼬마 녀석. 한반도란 평온한 한민족의 터전에 양털 속에서 매섭게도 추운 겨울밤을 잠잤던 햇살을 몰아주는 독도 꼬마들의 순진한 장난끼가 이 땅을 지켜왔다.

독도란 두 녀석, 동쪽 꼬마는 동도(東島), 서편엔 서도(西島)다. 넘실거리는 파도에 따라 보이기도 하고, 물속에 숨기도 하는 89개의 작은 장난꾸러기 섬들이 있다. 총면적은 187,554㎡나 된다. 온순한 성격을 닮아 연평균 기온은 섭씨 12도(1월 평균 1도, 8월 평균 23도), 강수량은 연평균 1,240mm이며, 겨울철은 눈이 많이 쌓인다. 바다 가운데 있어 전형적 해양성기후로 난류의 영

펄떡 소설 『살아있는 갈대』

향을 많이 받는다. 바다 안개(海霧)가 잦고, 흐린 날이 대개 160일 이상, 강우일은 약 150일이나 된다. 독도, 꼬마 녀석들이라서 감정변화가 잦고, 다양한 표정으로 장난끼를 드러낸다.

이 녀석들과 같이 놀고 있는 풀, 꽃, 나무들로는 약 60여 종이나 된다. 풀꽃으로는 민들레, 괭이(고양이)밥, 섬 장대, 강아지풀, 바랭이, 쑥, 쇠비름, 명아주, 질경이, 땅 채송화, 해국(海菊), 섬기린초, 갯까치수염, 왕호장근(王虎杖根) 등이다. 나무로는 곰솔(海松), 섬 괴불나무, 붉은 가시 딸기(곰 딸기), 줄 사철, 박주가리, 동백(冬柏), 보리밥나무 등이 있다. 이뿐만 아니라 넘실거리는 파도를 잠재우기 위해 시끄럽지 않게 노래하며 춤을 추는 곤충이 130여 종에다가 새도 160여 종이나 된다. 곤충으로는 된장 잠자리, 민집게벌레, 메뚜기, 딱정벌레, 파리, 작은 멋쟁이 나비 등이다. 새(鳥類)로는 바다제비, 슴새(shearwater), 괭이갈매기, 황조롱이, 물수리, 흰 갈매기, 노랑지빠귀, 흑비둘기, 딱새, 까마귀, 노랑부리백로 등.

5월의 푸른 보리밭처럼 바람에 넘실거리는 동해는 160여 종의 해양생물에게 기름진 터전이다. 물고기로는 꽁치, 방어, 복어, 전어, 붕장어, 가자

미, 도루묵, 임연수어, 조피볼락, 오징어 등. 과거엔 강치(sea lion, 海驪)로 유명했다는데, 일본 어부들의 남획(濫獲)으로 수난을 당하다가 견디지 못했는지 지금은 아쉽게도 사라지고 없다. 바위틈이나 바다 밑엔 전복, 소라, 홍합 등 조개와 미역, 다시마, 김, 우뭇가사리, 톳 등 해초류가 풍성하다. 이들 사이엔 해삼, 새우, 홍게 및 성게 등의 해산물도 많이 나와 "동해 용왕의 밥상은 언제나 산해진미로 진수성찬이다."라고도 한다.

지구촌에 하늘과 땅이 갈라지고, 젖과 꿀이 흐르는 이곳(this land flowing with milk and honey) 독도에 사람이 터전을 잡고 살았던 건 단군 할아버지의 할아버지께서 자리를 잡으셨다. 그러나 우리가 책을 통해 알기로는 처음엔 울릉도 고기잡이꾼들이 해풍이나 파도를 피신하던 곳(避風處)이었다. 최근 본격적으로 상주한 건 1965년 3월부터 최종덕(崔鐘德, 1925~1987) 씨가 '경상북도 울릉군 울릉읍 도동리 산 67번지'로 옮기면서부터 도동 어촌계 1종 공동어장 수산물을 채취하는 어로 활동을 했다고 알았다. 1966년경 정부가 독도개발사업을 시행했으나, 가파른 바위섬에 식수가 나오는 물골[水谷]에 시멘트 계단을 설치했다. 5년 동안 선착장, 시멘트 가옥, 수중창고를 세웠고, 전복 수정법과 특수어망을 개발했다. 1981년 10월 14일에 그는 행정 주소지를 서도(西島) 벼랑 어귀로 이전하였다. 사위 조준기(趙俊紀) 씨도 1986년부터 함께 거주하였다. 1987년 9월에 최종덕 씨는 세상을 떠났지만, 최종덕 씨 집안은 3대가 독도에 삶의 뿌리를 내리고 있다. 이를 지켜보던 조준기(趙俊紀) 씨는 1991년에 '울릉군 울릉읍 도동 산63번지'로 전입신고를 했다. 이곳에서 아들 조강현과 조한별을 낳았다. 주민등록상 출생지가 독도로 공인된 최초의 한국인이다. 1986년부터 1994년까지 8년간 독도에서 생활했던 조준기(趙俊紀) 씨는 강원도 동해시 태생인데, 해병대(海兵隊)로 독도에 근무했던 사연이 있어 그곳에 살았고, 1994년 동해 송정동으로 이전하면서 암과 투병하다가 2013년 4월 22일에 향년 57세로, 독도의 넘실거리는 파도를 그리워하면서 세상을 떠났다.[27] 2020년 6월 10일 현재 우리나라 외무부통계(dokdo.mofa.go.kr)론 독도 거주자는 40명으로 33명의 경찰, 3명의 등대관리인, 2명의 독도사무소 관리원 등이다. 매월 500여 명이 관광객이 방문하고

울릉군 독도명예주민증(전면)

있으며, 2005년부터 2020년 6월 10일까지 2,464,322명이 되었다[28]. 2010년 11월부터 독도에 상륙했거나 배를 타고 독도를 돌아본 국내·외 방문객 가운데 본인의 신청에 따라 독도명예주민(Honorary Resident of Dokdo)으로 독도 주민등록증을 2020년 6월 10일 현재 60,484명이 발급했다. 2019년 7월 4일 일본의 한국 경제보복 차원의 규제로 13,416명이 한 해에 폭증했다. 국내인만 아니라 미국, 중국, 캐나다, 영국, 남아프리카공화국, 베트남 등 100여 국가에 1,700여 명이 되었다. 일본 국적도 16명이나 되며, 유학생, 교환학생, 관광객 등이다.[29]

꼬마 독도들의 특이한 탄생신화

귀여운 꼬마인 독도 형제, 그들의 탄생은 대략 460만 년 전에 동해의 어머니로부터 태어났다. 후생가외(後生可畏)라 했다지, 덩치가 큰 울릉도(鬱陵島)보다 340만 살이나 더 많은 '쌍둥이 형제들'이다. 농도(東島, 37-24-26.8N, 131-52-10.4E)와 서도(西島, 37-14-30.4N, 131-51-54.6E)는 같은 시기에 태어났고, 지질유전자로 일란성 쌍둥이 친형제다. 해수면 밑바닥에서 2,000m 높이로 치솟은 화산체로 해저 직경은 20~25km의 제주도 한라산만 한 덩치를 감추고 고개만 물 밖으로 내놓고 있는 장난꾸러기 꼬마들

이다. 동도와 서도 두 개의 섬은 마치 평평하고 거대한 화산 위에 통신용 타워(crank-up tower)를 세워놓은 모양이다.

항 목	거 리
울릉도-독도	87.4km(47.2해리)
죽변-독도	216.8km(117.1해리)
죽변-울릉도	130.3km(70.4해리)
독도-오키섬	157.5km(85.0해리)

동도(East Island)는 유인등대와 해양수산시설 대부분이 설치되었고, 섬 면적 73,297㎡, 높이는 98.6m, 북북동 장축은 450m, 60° 정도의 경사, 원형의 중앙부로 바닷물에까지 수직으로 내려앉은 구멍(hole)이 특징이다. 꼭대기엔 약간의 평탄한 평지가 만들어져 있다. 이에 비해 서도(West Island)는 서북쪽에 자리 잡고 있고, 면적은 88.639㎡, 높이 168.5m, 둘레 2.6km, 남북방향의 장축(長軸)은 450m, 동서 방향의 단축(短軸)은 300m 정도 가파른 봉우리 하나로 되어있다. 탕건(宕巾)을 쓴 고풍스러운 선비와 같은 탕건봉(宕巾峰)과 코끼리 바위(elephant rack) 등 처음 본다면 신비한 경관 지점(view point)이 많다[30].

동도에서 동쪽으로 대략 15km에 떨어진 곳은 1906년 3월 28일 일본이 독도를 일본영토에 편입시켰다는 정보를 듣고, 3월 29일에 울릉도 초대 군수로 임명한 심흥택(沈興澤, 1855~졸년 미상)[31]의 이름을 따 해양지명위원회에서 수로업무법(水路業務法) 제33조 제4항의 1에 의거한 심흥택 해산(Simheungtack Tablemount, 37-10.5N, 131-59E)이라고 지정했다. 또한, 남동쪽으로 42km 떨어진 곳엔 신라 장군 이사부(異斯夫, 출생 및 졸년 미상)[32]의 이름을 딴 이사부 해산(Isabu Tablemount, 37-10N, 132-20E)이 있다.

이사부 해산-심흥택 해산-독도-안정복(安鼎福, 1712~1791) 해산-울릉도 는 동해 해저의 띠 모양(belt-type)으로 천해의 태평양의 해저 방파제 (god-made submarine breakwater to Pacific Ocean)로 역할을 하고 있다. 이런 해저장성(海底長城)을 동해의 해룡(海龍)이 되어 왜구(倭寇)를 방어하 겠다면서, 자신이 죽으면 해중릉(海中陵)에 묻어달라고 유언했던 신라 문 무대왕(文武大王, 626~681, 재위 661~681)[33]이 만들었다는 기록이 있다.[34] 이렇게 특이한 해저지형을 지질학적으로 설명하자면, 하와이 군도(Ha-waiian Islands)나 길라파고스 군도(Galapagos Islands)처럼 맨틀 상승류 (Mantle Flume)와 열점(hot spot)에 의해 만들어졌다. 하와이 군도는 10여 개의 작은 진주 구슬을 꿰어 만든 공주님의 목걸이(princess's pearl neck-lace) 모양이다. 하와이 군도는 지금도 동남쪽 막내 큰 섬은 용암을 뿜고 화산활동을 하고 있다. 이에 반해, 동해 해저 용띠(submarine dragon belt in the East Sea)는 신비롭게도 북서쪽으로 갈수록 섬의 나이가 많다. 아마 도 500만 년 전에는 북서쪽 섬들은 줄이어 하나씩 불이 꺼지고, 파도에 깎이면서 물속으로 몸을 숨기고 있 었다. 약 3,000km(맨틀과 핵의 경계 부)의 지하엔 열점이 있다. 이 열점 이 천천히 지각판을 가열해 화산활 동을 야기(惹起)시켜 이사부 해산,

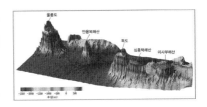

독도의 해저 구조(.kiost.ac.kr)

심흥택 해산, 독도 그리고 울릉도를 차례로 탄생한 신비로운 동해상 해룡 스토리(East Sea Dragon's Story)를 신들은 펼쳤다.

그런데 독도 꼬마 녀석의 성질머리는 너무 성급했다. 460만 년 전에 수

중화산으로 세상에 태어나는데, 조용히 용암을 내뿜으면서 수면 위로 솟아올라 격렬한 폭발을 보여주었다. 대략 250만 년 전에 활동을 멈췄을 땐 지금보다는 십여 배나 더 큰 화산이었다. 응회암(凝灰巖)과 각력암(角礫巖)으로 굳지 않음에도 주상절리(柱狀節理)와 단층으로 내려 내림(浸蝕)이 빨랐다. 아마도 사랑스러운 꼬마라고 동해 바다 파도 아가씨(breaker girls)들이 너무 사랑했는지 애간장이 녹아내렸다. 아마도 99%는 침식되어 바다로 흘러 들어갔고 1% 정도만 남아 지금의 모양이 되었다. 이를 봐서 적어도 수십만 년은 동해 용왕으로 혹은 용왕의 왕자로 한반도를 지켜왔다.

독도는 일본의 시마네 반도(島根半島)에서 50km 떨어진 오키 섬(隱岐島, おきのしま)의 지질학적 생성과정과는 전혀 다르다. 오키 섬은 일본(본토) 대륙붕의 연장 혹은 지각판(plate)의 이동으로 인해 생성된 것이다. 동해는 지각을 남북으로 당겨대는 힘에 의해 찢어지면서 만들어졌고, 남북으로 당기는 힘(인장력)은 곧바로 동서 방향으로는 쪼그려지는 힘(압축력)으로 전환되었다. 독도 등의 해산들이 이때 생성되었다. 즉, 지각판 이동이 아닌 해저 지각이 찢어지는 틈으로 차례차례 화산활동이 전개되어 해산으로 생겨났다. 이들의 탄생신화를 밝힌다면, 오끼 섬은 일본 본토란 어머니로부터 자연분만(natural childbirth) 되었다면, 독도 및 울릉도 등은 거대한 동해 산모를 개복하는 제왕절개분만(Cesarean delivery)으로 동해의 용왕답게 태어났다. 이렇게 지질학적인 태생 과정이 독도와 일본 오끼 섬(隱埼島)은 아주 달랐다. 여기에다가 수백만 년 동안 오늘날의 모습으로 생성되는 과정에서 생물학적 분포도 아주 달라졌다.

무지렁이 농민도 이렇게 농토를 마련하는데

일반적으로 농민이 농지를 구매하는 데 비유하면, 소유권(possession)

혹은 점유권(occupancy)을 확인하기 위해서 i) 가장 먼저 화산폭발, 지각변동, 하상퇴적 등에서 작게는 토락(土落), 포락(浦落), 산사태 등의 자연작용(natural operation)을 살펴본다. 이어 ii) 원시취득(original acquisition)인 무주지(물)[35] 선점(tera nullius)[36], 적산재산 분배, 상속, 측량분할(분필)인지를 알아보게 된다. 또한, 각종 유상취득 혹은 시효취득 등의 취득과정(process of acquisition)을 따져본다. 과거 조선 시대는 토지가 국유지인 경기전(京畿田), 공해전, 능전, 학전, 사원전 등은 개인이 매입했다고 해도 국가에 빼앗겼기에 토지의 권원(title)을 반드시 따졌다. iii) 다음으로 ① 경작에 있어 자경(自耕), 대작(代作), 도지(賭地), 위토(位土), 휴경(休耕) 등을, ② 소작료 지급에 있어 작반도지(作半賭地), 선도지(先賭地), 일품 등은 물론이고 ③ 실제 경작에 따른 농지세, 저수지 수세, 보세(洑稅) 등을 따져보면서 현실적 점유(practical occupancy)를 확인한다. iv) 이것으로 충분하지 않고 등기부등본을 확인하는데, 없다면 전 소유주와의 매도매입계약서, 인우보증서, 경작증명서 등을 확인한다. 농지인 경우 경작에 대한 도지(賭地)를 받아 향유하는 것이 바로 실질적 점용 혹은 실효적 지배(effective control)다. 마지막으로 제3자의 확인 또는 공인문서를 통해 '진정한 소유의 전체과정(영유)'을 확인하게 된다. 이런 영유의 일련 과정을 확인함으로써 타인에 대항하는 영유권(territory right)을 인정받게 된다.

이런 권리의 원인이 되는 자연작용에 의한 생성, 소유하게 된 취득과정, 토지의 사용에 대한 명칭, 향유자 등에 대해서 영화의 크레디트 타이틀(credit title)처럼 전반적으로 살펴보는 걸 역사적 타이틀(historical title)이라고 한다. 여기에다가 객관적 인정과 제3자와 시비를 없애기 위한 "이 영화는 실화를 소재로 함이 아닌 허구성임을 밝힙니다."라는 자막까지 넣는 엔드 타이틀(end title)을 한데 묶어서 타이틀(title)이라고 한다. 여기서 타이틀(title)이란 어떤 행위를 정당화하는 법률적인 원인이 된다는 의미에서 권원(權原)이다. 권력 혹은 권리의 원천적인 요인이다.[37]

우리나라는 민법 제252조에선 '무주물 선점의 원칙'으로 원시취득(original acquisition)의 권원(title)[38]을 인정하나, 무주지(無主地)에 대해선 국유화를 원칙으로 하고 있다. 오늘날 국제사회에선, 국경분쟁에서 무주지 선점의 원칙[39]을 인정받기 위해 모든 나라가 혈안이다. 우리나라와 일본 사이에 독도를 앞에 놓고, 일본은 '임자 없는 땅(無主地)'이라고 1905년 2월 22일 시마네현(島根縣)의 섬으로 귀속시켰다고 줄곧 주장해왔다.

왜구(倭寇)란 한반도 주변 해상무역세력

고려에 들어와서 '가는 사람 쫓지 않고, 오는 사람 막지 않는다(去者不追來者不拒)'[40] 원칙으로 대외개방정책을 썼으나, 1223(고종 10)년을 계기로 1392년까지 169년간에 왜구는 529회나 한반도를 침략했으며, 한반도의 해안지역에 약탈과 살인을 일삼았다. 이에 대해서 고려 조정은 고도의 섬 주민을 뭍으로 옮겨 살도록(刷還) 해 섬을 비웠다(空島). 고향(고국)을 떠나서 유랑하는 사람을 되돌아오게 하거나 도망친 노비를 찾아서 (推奴) 주인에게 돌려보내는 일을 쇄환(刷還)이라고 했다.

각종 혹정을 피해서 무인도에 살았던 주민을 고향이나 옛 주인에게 국가권력으로 이주시키는 정책을 쇄환정책이었다. 1379년 고려 우왕 9월에 요동(遼東)에서 33인과 왜구로 인해 황성(黃城) 등지에서 쇄환한 기록[41]과 『신증동국여지승람(新增東國輿地勝覽)』에서도 고려 말 왜구로 인한 공도쇄환(空島刷

신증동국여지승람(독도)

還)의 기록이 나오고 있다. 조선 시대에 들어와서는 노비 신분에서 자유롭게 살고자 하는 백성을 강제로 잡아서 옛 양반주인에게 강제로 돌려보내는 추노쇄환이 많았으며, 『성종실록(成宗實錄)』에서는 사헌부 대사헌 한치형의 상소문에 "노예를 잡아서 옛 주인에게 돌려보낼 때는 인간으로 얼마나 싫어하기에 지금까지 누락시켜 도피하도록 했겠습니까?"[42]라는 하소연이 나오고 있다. 이런 의미에서 쇄환(刷還)이란 정서적인 용어보다 순심(巡審) 혹은 공도(空島)라는 객관적인 행정용어를 선호했다. 왜구 침략은 조선 초기에 빈번했다가 국가체제가 안정되고 세력이 강력해지자 줄어들어 『조선실록』에 기록으로는 312번이 나오고 있다. 오늘날 일본(日本)을 지칭하는 왜구(倭寇, わこう, Japanese dwarf pirates)라고 통칭하고 있으나, 사실은 13세기와 16세기에 한반도 해안, 중국 해안, 중국 동부 일부, 아시아 동부 해안(대만, 베트남)에서 해적(침략) 행위, 노예(사)무역, 밀무역을 했던 해상세력을 총칭하며, 일명 화구(和寇), 해란귀(海亂鬼, かいらぎ) 혹은 팔번(八幡, ばはん)이라고도 한다.[43] 당시 중국인이 30%를 넘었으며, 명나라 때(1368~1644) 중국 남방과 주변 지역을 왜구침략이 빈번한 침략의 이유가 저항 해상세력으로 대두하였고, 국가멸망의 주요 원인이 되었다. 조선 시대에서도 저항세력은 해상세력(대마도 왜구)과 결탁해 1510(中宗 10)년 삼포왜란(三浦倭亂)을 야기했다. 1609년부터 한양에 2개소, 내이포(乃而浦), 부산포(釜山浦), 염포(鹽浦) 및 삼포(三浦) 등에다가 아예 상업구역을 지정해서 왜관(倭館)을 마련해주었다.[44] 그들의 주된 약탈품은 식량으로 서울(漢陽)로 올라가는 공선(貢船)을 공격하고자 100~500척의 선단으로 습격하였으며, 해안지역만이 아니라 내륙 깊숙이 공략하기도 했다. 자신의 반대세력을 몰아붙이는 데 왜구라는 용어를 사용하는데, 신라가 장보고를 해상왜구세력과 결부해 신라 침공을 할 우려가 있다는 대의명분

으로 846년 염장(閻長)을 시켜 제거했다.[45] 정작 일제식민지 시대에서도 사용했는데 1910년 6월 22일 자 『대한매일신보(大韓每日申報)』에서 "토왜 천지(土倭天地) 제하의 얼굴은 한국인이나 창자는 왜놈인 도깨비 같은 자, 나라를 좀먹고 백성을 병들게 하는 인종"이라는 글이 게재되었다. 두말할 것 없이 오늘날까지 우리는 반대저항세력을 '토착왜구(土着倭寇)'[46]라고 하고 있다.

오늘날 일본(日本)이란 지(국)명은?

기원전 10세기부터 기원후 3세기까지 현재 일본의 홋카이도와 오키나와를 제외한 일본열도를 야요이(彌生, やよい) 시대인데, 3세기 중반부터 7세기 말까지를 고훈(古墳, 250~538)시대와 아스카 시대(飛鳥時代, 538~710)로 구분하나, 현대 일본 역사에서는 이들을 합쳐서 야마토 시대 (大和時代, 250~710)라고 한다. 따라서 고서에서는 국명을 '야마토(大和, やまと, 250~710)'라고 했다. 삼국지위지동이전(三國志魏志東夷傳)에서는 '야마태국(邪馬台國, やまたいこく)'[47]라고 했다. '야마토(やまと)'라는 국명에 대해서는 712년경에 저술된 『고사기(古事記)』에 "오늘 밤 마토(麻登) 한 사람만이 남아있네(ヤマトトトヒモモソヒメ)."라는 구절, '야마도(夜麻登, やまと)' 혹은 '산그늘(山蹟)' 등에서 유래했다. 7세기 후반에서 8세기 후반의 시가 집이었던 『만엽집(万葉集)』에서도 '산상(山常), 야마등(也麻等), 야만등(夜萬登), 팔간적(八間蹟)' 등이 나온다. 『일본서기(日本書紀)』에서도 '야마등(野麻登), 야마등(椰麼等), 야마태(夜麻苔)' 등의 표기가 나온다. 그러나 중국이나 조선에서는 '왜(倭)'라고 불렸다. 고구려 광개토왕의 비문(高句麗の廣開土王の碑文)에서도 '왜국(倭國), 왜인(倭人), 왜적(倭敵)' 등으로 표기했다.[48] 120년경에 중국과 국교가 있었으나 중단되어 7세기 초기 재개되었다. 일본서기(日本書紀)에 "동쪽의 천황이 존경하는 서쪽의 황제께 아룁니다(東の天皇が敬いて西の皇帝に白す)."라는 국서가 오갔고, 『수서(隋書)』에선 "해 뜨는 곳의 천자(天子)가 글을 해 지는 곳 천자(天子)에게 드립니다(日出ずる處の天子, 書を日沒する處の天子に致す)."라는 표현이 등장하고, 『구당서동이전(舊唐書東夷傳)』에선 "일본은 왜국의 별종이다. 그 나라가 해 돋는 곳 가까이 있기에 일본이라고 이름을 지었다."[49]

한편, AD 499년 남조 양나라 고승 혜심(慧深, 520~589)이 '해가 뜨는 곳(扶桑)'[50]이라고 했던 이야기는 『양서동이전(梁書東夷傳)』에서는 "부상국(扶桑國)이란 대한국의 동쪽에서 2만 리, 그 땅은 중국의 동쪽에 있고, 그곳에 뽕나무가 많다고 부상이라고 했다."[51] 670년 『삼국사기(三國史記)』 신라본기에서 "왜국이 국호를 다시 정했는데 일본이라고 했으며, 스스로 말하기를 해 뜨는 곳이라고 지었단다(倭國更號日本, 自言近日所出以爲名)."라고 기록했다[52]. 그런데 사실은 중국(당)에서는 백제(百濟)를 '해 뜨는 곳(日本)'이라고 했으며, 왜국(倭國)은 부상(扶桑)이

일본은 백제의 별명(예군 묘지명)

라고 했다. 당나라에 멸망한 백제 장군 예군(禰軍, 613~678)은 대당우위장군(大唐右威衛將軍)까지 승진하고 678년에 세상을 떠난 그의 묘지명(墓誌銘)에서 "일본(日本, 百濟)의 잔병은 부상(扶桑, 日本)에 의지하여 죽음을 피해 도망쳤다. 풍속(風俗, 高句麗)의 남은 무리는 반도(盤桃, 新羅)를 등지고 굳세게 저항하고 있다."[53]라는 기록이 최근에 출토되었다. 고조선 시대 만주와 요서에 있던 삼한관경제제(三韓管境制), 일명 북삼한(北三韓)에서

마한(馬韓), 진한(辰韓), 변한(弁韓)이란 남삼한(南三韓)으로 나라 이름이 거주민의 이주에 따라 한반도 남부로, 일본이란 국명도 한반도(百濟)에서 부상국(扶桑國) 왜(倭)로 이동했다. 임나(任那)라는 지명도 신라 시대 중원경 충주(忠州)[54]에서 거창(巨昌)에서 다시 김해(金海)로 남하했다가 최근엔 대마도(對馬島)까지 해석한다. 일본에서도 백제담로의 다마나(玉名), 웅진(熊津)의 구마모토(熊本), 구마가와(熊川), 백제(구다)에서 왔다는 구다라기(久多良木), 망국의 백제왕을 위로했던 "야, 살아서 다시 봐(오사라바)."라는 후렴의 마츠리(祝祭)를 하는 난고손(南鄕村) 등이 남아있다. 중국의 동지나 해안변은 물론 남영(南寧)의 백제허(百濟墟)까지, 삥랑(檳榔) 씹어서 이빨이 검다는 오늘날 동남아의 흑치(黑齒) 지역 출신 흑치상지(黑齒常之, 630~689)가 백제 부흥운동이 실패하자 당나라로 귀화했다.

오늘날 일본의 역사학자들은 720년경에 저술된『일본서기(日本書紀)』에 대해 해중부상(海中扶桑) 혹은 아마토(大和)의 기록이라고 볼 수 없는 내용이 너무 많다. 첫째가 지진, 해일, 태풍 등의 천재지변에 대한 기록이 많아야 하는데 거의 없고, 둘째로 문자와 각종 문화를 전달했던 백제에선 백제서기(百濟書記)가 없어졌는데 일본서기(日本書紀)가 있다는 사실과, 셋째로 일본의 문자인 가타가나(히라가나)가 신라에서 전달된 시기는 740년 대방광불화엄경(大方廣佛華嚴經)의 360여 개의 각필문자(角筆文字)이 전달되었다는 역사적 사실을 종합해야 한다[55]. 신라에서 황실에 전달되어 매년 11월 23일에 신라신(新羅神, ソノカーマ)과 백제신(百濟神, カゼカーマ)에 대한 제전의식을 거행한다. 신라신(新羅神) 강신축문(降神祝文)으로 "아지매, 오게. 오~ 오~ 오게(阿知女,於介,於於於於,於介)."[56]라고 사제가 어악(御樂)에 맞춰 초혼한다. 오늘날 경상도 말로 "아지매. 오게. 어서~ 어서~ 오게."라는 뜻임을 한국 사람이라면 알 수 있다. 축제라는 일본어 마츠리(まつり)는 "(하늘의 신을 땅에서) 맞으리."라는 의미를 축약한 '맞으리(迎神)'을 말한다. 마츠리에서 가마(神輿, みこし) 혹은 수레(山車, だし)를 끌면서 "왔소이, 왔소이(ワッショイ, わっしょい)"[57]하면 구경꾼도 따라 한다. 즉 "신이 내려왔습니다."를 의미한다.

신라신강신문 메모(이세신궁)

독도 꼬마 녀석들! 한국 미래의 보물단지

512년 신라 지증왕(智證王) 13년에 이찬(伊湌) 이사부(異斯夫) 장군(軍主)이 동해 안방을 어지럽히는 왜구의 소굴이 독도(于山國)[58]라는 사실을 알고 정벌해, 독도는 물론 울릉도까지 하슬라주(何瑟羅州, 강원도 강릉지방)에 복속시켰다.[59, 60] 고려 시대 왜구는 독도를 소굴로 해 강원도와 동해안을 빈번히 침범했다. 조선 시대 전기엔 독도는 물론 울릉도 주민들까지 위협했기에 본토로 이주시켰고, 행정 권한을 강원도 울진현(鬱珍縣)에 속하는 섬(屬島)으로 복속시켰다.[61] 울진현은 고구려의 우진야현(于珍也縣)에서 신라 경덕왕 때에 고울이군(古亐伊郡)으로 개칭하였다. 조류의 흐름을 감안한 접근성을 기준으로 울진현에 배속시켰던 것이다. 따라서 강원감사의 통제권 아래에 있었으며, 군현 단위로 일반적인 역할은 못 했다. 이와 같이 왜구로부터 위협을 당하는 백성을 본향(연고지)으로 귀환 조치를 쇄환(刷還) 혹은 순심(巡審)이라고 했다. 적의 배후지라고 토벌하지 않고, 애민사상에 기반은 둔 위민정책으로 쇄환 혹은 순심정책을 택했던 것이다.

그럼에도 울릉도엔 새로운 거주민이 생겨났다. 대부분은 노비 신분, 조세 병역의 피역인(避役人) 혹은 범법자로 쇄환 대상이 되었다. 1417(태종17)

년 김인우(金麟雨)를 무릉등처안무사(武陵等處按撫使) 혹은 무릉도순심경차관(茂陵島巡審敬差官)이란 이름으로 파견해 실태를 면밀히 조사했으며, 1419(세종 1)년 실태조사결과에 따라 관리를 파견하여 쇄환정책을 실시했다. 왜구들에게 조선 영토를 한 치도 넘보지 말라는 영토수호정책과 애민실익정책이었다. 1417년부터 1425년까지 김인우((金麟雨)가 배치되어 울릉도 거주민을 쇄환했다.

한편, 1592년부터 1598년까지 7년간 추진했던 임진왜란(文祿の役 혹은 慶長の役)으로 조선을 발판으로 대륙 침략의 꿈을 실현하지 못했던 한을 품고 있었던 일본의 정한론자(征韓論者)들이 목소리가 일본 지식사회에 먹혀들자 대륙 침략 의도를 다시금 펼쳤다. 조선의 쇄환정책은 공도정책(空島政策)이라는 말로 바꾸고, '무인공도(無人空島)' 혹은 '버려진 빈 섬(荒蕪空島)'을 합리화하고자 '공도정책(空島政策, evacuation policy)이라고 주장해왔다.[62] 이는 곧바로 국제법상의 무주지(無主地, terae nullius)라는 틀에다가 맞추고자 논리개발을 했다. 무주지(無主地)란 "처음부터 사람이 살지 않고, 아무도 소유권이 없는 땅(自ら人民が住んでいない,誰も所有權がない土地)"이라는 의미로 합리화하고자 했다.[63] 공도(空島)는 무주지(無主地)라는 등식으로 무주지 선점(無主地 先占, occupation)의 원칙[64]으로 일본의 영토화를 주장하고자 하는 속셈이 깔려있다. 이와 같은 사례는 1609년 일본 에도막부는 명나라 영토 류규(琉球)를 침공, 1879년 강제합병하여 오키나와(沖繩)로 일본에 편입시켰고, 1895년 1월 14일 청(淸)나라의 센카쿠열도(일본명 尖閣列島, 중국명 釣魚島)를 오키나와현(沖繩縣)에 편입시켰다.[65]

이렇게 일본이 자기네 땅이라고 주장하니 그때부터 마치 어린아이들이 떼를 쓰는 모습을 보여주고 있어 제주도 표현을 빌리면 "몽니부리다."

라고 할 수 있다. 평소에 거들떠보지도 않았던 장난감이라도 이웃 동갑내기 장난꾸러기들이 와서 자신의 것을 갖고 놀면 "내 꺼야. 만지지 마!"라고 못 만지도록 떼를 쓴다. 우리나라가 독도에 관심을 쏟은 계기는 1948년 8월 15일 광복절 기념사에서 이승만 대통령이 "대마도를 반환하라."라는 발언이 있은 이후다. 당시 일본 총리 요시다 시게루(吉田茂, よしだ しげる, 1878~1962)는 성동격서(聲東擊西)의 전략으로 어민의 어선, 순시선, 측량선 등을 독도 인근 해로 동원해서 국제분쟁지역(international trouble area)으로 만들고자 했다. 이때를 즈음하여 본격적인 우리나라 국민의 관심사항으로 부상했다.

최근 독도에 대한 미래가치(future value)로 i) 우리나라의 입장에서는 지정학적 중요성으로는 태평양으로 나가는 교두보(橋頭堡, bridgehead)이고, 국토수호의 방공 레이더기지가 있는 최동단의 전초기지(front out-post)다. 일본 입장에서도 러일전쟁에 당시에 경계초소(guard post)를 설치했던 군사적 기지였다. ii) 독도의 주변 해저에 매장된 지하자원에 대해서 2010년부터 우리나라는 관심을 갖게 되었다. 수산자원과 메탄 하이드레이트(methane hydrate), 일명 가스 하이드레이트(gas hydrate)의 보고

요시다 시게루 스케치(2020)

다.[66, 67] 매장량은 6억여 톤으로 우리나라로는 30여 년 사용 가능한 매장량이다. 가치를 환산하면 150조 원의 미래가치로 추계된다. iii) 해저 200m 이상엔 블랙골드(black gold) 석유보다도 화이트골드(white gold) 청정심층수는 미래의 행복한 삶을 위한 무진장의 노천금광(open-air gold mine)이다. 또한, iv) 북한의 한류와 대마도에 올라오는 난류가 교차

해 황금어장을 형성하고 있다. v) 마지막 해양관광의 무한한 가치를 가지고 있는 해양지질, 해저지각활동, 해저산, 용암 등으로 암석학 혹은 지질학의 보고(repository of lithology & geology)다.[68] vi) 국내정치적 이슈에서 외교적 국가 자존심을 걸고 있는 격발지점(trigger point)이 되고 있다[69].

역사의 풍랑 속에서
'외로운 섬 하나' 독도

삼국사기(三國史記)에서 독도(獨島)의 출현

지구촌에 내려온 모든 민족은 하나같이 하늘에서 내려보낸 천신(天神)의 자손들이다. 우리나라의 건국신화에서도 천손(天孫)임을 입증하는 천부인(天符印)을 주었으며, 민족의 이름마저도 "하늘의 후손답게 창달을 이어가라(以天孫連倍達)."[70]라는 의미의 배달겨레이다. 바이칼 인근 중앙아시아(카자흐스탄) 말로 '지구촌을 다스려 번영과 창달할 민족(光明理世)'의 뜻인 '바뜨르 케레이(этникалык жеткізу)'을 음역(音譯)한 배달겨레이다. 한민족은 오늘날처럼 한반도에 국한된 것이 아니었다. 바이칼호수 인근의 고리(高麗)족이 건국한 고조선은 물론 고구려(BC 37~AD 668), 부여(BC 200~AD 494) 등의 고토를 다스리면서 반만년 이상 장구한 역사를 이어왔다. 삼인포호(三人捕虎)의 겨레, 즉 "배달인 세 사람이면 호랑이 한 마리 정도는 거뜬히 때려잡는다(倍達三人, 可能捕一虎)."라고 할 정도로 호연지기(浩然之氣)를 가졌던 민족이었다. 최초 중원을 통일한 진(BC 221~BC 206) 왕조도 불과 15년 만에 멸망했으며, 대명제국(1368~1644)도, 대청제국

(1636~1912)도 300년을 가지 못했다. 신라(BC 57~AD 935)는 천 년 가까이, 고려(918~1392)와 조선(1392~1910)은 대부분 500년을 존속했다.

이런 우리 민족의 기개(氣槪)는 고구려 장수왕은 414년에 세운 광개토왕의 묘비에 "백제와 신라는 우리와 같은 민족이라는 이유로 일찍이 교역을 하였다. 그러나 신묘년(辛卯年, 391년)에 바다를 건너 백제와 신라를 괴롭히는 왜구(倭寇)를 격파하고, 신민으로 삼았다."[71]라는 기록이 있다. 이뿐만 아니라 "묘를 지키는 사람을 지정하였는데 매구여 백성은… 동해가(東海賈)는 국연 3가, 간연 5가로 한다."[72]라는 기록이 있다. 동해가는 동해변에 거주했던 백성들을 호칭한 것으로 보인다. 백제와 신라는 국경을 맞대고 있지만, 같은 배달겨레이기에 이들을 괴롭히는 왜구를 격퇴했다는 열린 마음(開心)을 보여주고 있다.

한편, 독도(獨島, 石島, 돌섬 혹은 독섬)가 우리나라의 영토라는 건, 1145년 김부식(金富軾)의 삼국사기(三國史記) 신라본기 지증마립간조(新羅本紀 智證麻立干條)와 열전 이사부조(列傳 異斯夫條)에 기록되어 왔다. "512년 6월에 우산국(于山國, 鬱陵島)이 항복하고 해마다 토산물을 상납했다. 우산국은 명주(溟州, 오늘날 江陵)의 바로 동쪽 바다에 있는 섬이라서 100리의 험한 바다를 항해해야 함을 알아차리고 쉽게 굴복하지 않아 이찬(伊湌) 이사부(異斯夫)를 군부로 삼아 복속하도록 했다. 그는 우산국 사람들이 순진해 간계(奸計)로 복속시킬 작전을 마련했다. 즉, 나무 사자[木獅]를 배 가득히 나눠 싣고 해안에 가까이 다가가 '너희들이 항복하지 않으면 사자를 풀어놓아 짓밟히고 먹혀 죽이겠다.'라고 협박해 항복을 받았다."[73, 74] 참으로 익살스러운 표현이나 사실은 '특공대로 사자처럼 협공전으로 짓밟아 진압했다(猛獅兵攻, 而鎭島民).'라고 표기할 수 없는 동족애를 자아내게 했다.

이 기록은 우산국을 우리나라의 영토로 복속시킨 오늘날까지 지속적으로 국토로 실제적인 지배를 해왔다는 역사적 취득권원(historic acquisition title)이다. 여기서 우산국(于山國)이란 오늘날 울릉도와 독도로 구성되어있었다는 사실[75]을 일본은 무시하고 공도정책(空島政策)이란 자귀해석(字句解釋)만으로 반박논리를 전개하고 있다.[76] 독도에 대한 문헌상 최초의 기록은 「태종실록(太宗實錄)」, 1416(태종 16)년에 강원도 도관찰사(都觀察使)를 역임했던 호조참판 박습(朴習)이 "무릉도(獨島)를 7회 정도 주변을 돌았다고 하는데, 그 섬 곁에는 작은 섬이 있었다(聞武陵島周回七, 傍有小島)."[77]라는 말과 건의에 따라 1417년 태종은 김인우(金麟雨)를 무릉도안무사(按撫使)로 보내어 거주민들을 왜구로부터 안전을 위해 육지로 송출하도록(刷出) 명했다. 이때 안무사로 다녀온 김인우의 보고서엔 "끝내, 옷, 삿갓과 신발을 주고, 또한 우산(于山) 사람 3명에게 각각 옷 1벌씩 갈아입혔다(仍賜, 衣笠及靴, 且賜于山人三名, 各衣一襲)."라는 기록이 있다.[78] 1454년 관찬『세종실록 지리지(世宗實錄地理誌)』에서 "을릉도(우산도)와 독도(무릉도) 두 섬은 울진현 정동 쪽 바다 가운데 있으며, 두 섬의 거리는 가까워서 날씨가 청명한 날에는 맨눈으로도 가히 볼 수 있다. 신라 시대 땐 이 두 섬을 총칭하여 우산국이라고 했다."[79]라고 명확히 밝히고 있다.

덧붙여 세종실록지리지에선 "태조 땐, 유리걸식하던 백성들이 그 섬으로 도망쳐 사는 사람이 많았다. 삼척 사람 김인우(金麟雨)를 안무사로 하여금 그 섬 주민을 '한 사람도 빠짐없이 본국으로 송출(刷出)해' 섬 전체(땅)를 비우게 하였으나, '땅이 비옥해 대나무는 기둥만 하고, 쥐가 커 고양이 같고, 복숭아가 한 되나 되고, 모든 토산품이 이와 같았다."라고 기록하고 있다. 조선왕조는 15세기 초부터 울릉도와 독도를 i) 조선 영토로 관리를 파견했으며, ii) 국가행정으로 왜구의 침입으로부터 거주민의 신변안전

을 도모하고자 육지로 귀환 조치하는 적극성까지 보였다. iii) 이렇게 수토
관(搜討官)의 수토 결과보고서는 실질적 권한행사를 실제적으로 행사(ef-
fective governance)함을 밝히는 문서다.

이뿐만 아니라 1808(純祖8)년 왕명을 받아서 관찬한『만기요람(萬機要
覽)』에서는 "(문헌비고를 인용하여) 울진의 정동 방향에 바다 가운데 일본의
오끼 섬(隱崎州)과 세 개의 섬 봉우리가 높고 험하나 하늘을 떠받치고 있
는 남쪽 봉우리는 낮고, 청명한 날에는 산봉우리 윗부분의 수목과 산이
밑바닥 모래까지도 역력함이 맨눈으로 볼 수 있고, 바람만 좋다면 이틀
만에도 닿을 수 있다."[80]라고 적혀있다. 또한, "(여지지 인용) 울릉우산국이
란 당연히 우산(독도)이다. 일본 사람들을 이를 송도(松島 혹은 竹島)라고 즐
겨 말한다(興地志云鬱陵于山當于山也. 于山則倭所謂松島也)."라고 적고 있
다. 만기요람에서 인용하고 있는 여지지(興地誌)는 실학자인 반계 유형원
(柳馨遠)이 1656(孝宗7)년에 편찬한『동국여지지(東國興地誌)』를 말한다.

파도, 왜구와 여진족도 막아내는 조선의 금성탕지(金城湯池)

본토 내륙 사람들이 자신들의 우월의식을 표현하는 사소한 언행들이
섬사람들에겐 지역감정 혹은 불신감을 조장하는 경우가 많다. 과거 울릉
도와 독도에서 살았던 사람들은 내륙사람들이 자신들에게 '푸대접'한다
는 감정은 지울 수 없었다. 내륙 본토에선 평시에도 역지사지하지 못했고,
국란이나 천재지변 등으로 혼란했을 때는 바닷길로 멀리 떨어진 섬에 대
해서는 더욱 외면했다. 그래서 내륙사람들에 섭섭한 마음을 가졌다. 매일
거친 파도와도 싸워야 하는데, 본토에서 처벌과 혹정을 피해 온 조선인은
물론이고 혼란한 조선 땅을 탐지하고자 왜구와 여진족이 점거하는 바람
에 늘 낯선 사람들과 싸워야 했다. 그래서 본토인들의 불신, 푸대접 따위

는 관심 밖이었다.

후삼국의 혼란기를 넘기고 고려 시대에 들어와서야 본토 사람들이 안
정을 했고, 그들과 같이 취급하면서 관리권역에 두었다. 930(太祖13)년 후
삼국의 주도권이 고려(高麗)로 넘어감이 확
연하자 이곳 울릉도와 독도(우산국)에선 왕
건의 조정에 찾아가서(來朝) 지방토산물을
상납(上納方物)해 인사를 드림으로써 관리
권역으로 들어갔다[81]. 고려왕조가 중앙정부
의 면모를 갖춘 이후, 우산국(于山國) 혹은

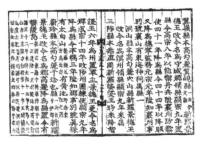

고려사권 58지리3 울릉도(우릉성)

우릉성(羽陵城)으로 인정을 받고자 지원했다. 고려의 동해안 외침방어선
으로 역할을 다했다. 이를 통해 본토와 지속적인 문물교류와 교역으로 번
창할 수 있게끔 미래를 약속받았다.

1157(毅宗11)년 명주도(溟州道, 오늘날 강원도) 감창사(監倉使) 김유립(金
柔立)이 국왕에게 올렸던 장계(狀啓) '우릉성 조사보고서(羽陵城調査報告
書)'에 의거하면, 우산국은 잦은 왜구와 11세기 여진족의 침입으로 폐허
가 되다시피 했다. 그러나 돌부처[石佛], 쇠북[鐵鐘] 및 돌탑[石塔] 등이 있
었다는 걸 봐서 본토의 수준 높은 불교문화가 유입되었다는 사실을 알 수
있다. 현종 이후에 급격히 황폐해졌고, 결정적인 요인은 여진족의 침입이
었다. 팔도총도(八道總圖)」에 의하면 1018(顯宗 9)년에 대대적인 여진족의
침입을 받았다. 1019(顯宗 9)년엔 이원구(李元龜)를 파견해 농기구 등을 지
원했으며, 다음 해 1019(顯宗 10)년 우산국에서 본토로 피난을 왔던 우산
국 주민을 송환했다. 그럼에도 피해복구도 어려웠지만, 왜구와 여진족으
로부터 받은 주민들의 가슴의 상처는 치유가 요원했다. 이를 간파한 고려
조정은 1022(顯宗 13)년에 우산국을 탈출해 본토로 이주한 백성을 돌려

보내지 않고, 예주(禮州, 오늘날 영해)에 정착촌을 마련해주는 조치를 했다. 왜구 및 여진족 등의 외침으로 본토 백성들도 전화(戰禍)로 참혹한 삶을 살아가고 있었으나 국왕은 우산국에 대한 애민위정(愛民爲政)을 적극적으로 펼쳤다.

『고려사(高麗史)』에선 1032(德宗, 元)년 울릉도와 독도를 외침에 대비해 요새화하고, 우릉성주를 조정에서 직접 통활했다. 당시 "우릉 성주가 아들 '부어잉다랑(夫於仍多郎)'을 시켜서 국왕에게 토산품을 바쳤다(羽陵城主, 遣子夫於仍多郎, 來獻土物)."라고 적혀있다. 당시 여진족의 피해는 10년 만에 겨우 복구했을 정도였다. 이후에도 본토로 이주는 수차례 자주 있었다. 우산국의 번창을 추측할 수 있는 기록은 없다. 한반도의 전략촌(戰略村) 혹은 전초기지(前哨基地)로 참혹상을 보여주었다. 여진족의 침입 이후 100년이 지난 뒤 1141(仁宗 19)년에 명주도 감창사 이양실(李陽實)과 1157(毅宗 11)년 감찰사 김유립(金兪立)을 이주장려책으로 울릉도에 파견해 '섬 주민들의 안정화를 위해 관부 설치'의 타당성을 실사토록 했다. 그런 노력에도 1170(毅宗 24)년에 무신정권이 들어섰고, 국내정세의 불안과 1231(고종 18)년에 몽골의 침략으로 인해 '내 코가 석 자(吾鼻三尺)'로 우산국의 안정화와 우릉성 개발방안은 기한도 없이 표류했다. 몽골 침입으로 12년 이상이 몽골군에 대항하는 치열한 싸움터로 국토는 황폐해졌다. 1243(高宗 30)년엔 '백성들을 산성(山城), 해도(海島) 등에 이주시켜 보호하는 장기항몽전략(山城海島入保策)'을 마련했다. 본토에 이주해있던 울릉도 주민을 되돌려 보내면서, 육지에 있는 백성들조차 산성과 해도 등으로 이주시켰다.

민심안정화(民心安定化)를 위해서 '온 백성이 불심에 한마음을 쏟아서 몽골을 물리치자'는 목적으로 차불력 격몽책(借佛力擊蒙策)을 펼쳤다. 전시 임시수도 강화경(江華京)에서도 모든 재산과 온 정성을 다 쏟아부어 불경판각을 제작하는 불사(佛事)를 했다. 경판용 목재를 구하기 위해서 산야를 뒤져 벌목했기에 원시림으로 자생했던 산벚나무 등을 울릉도에서 많이 벌목했다. 이렇게 하여 '강화경판고려대장경(일명 八萬大藏經)'을 만들었다. 8만1천258판, 280톤, 5천200여만 한자, 전자현미경으로 세포분석을 통해 68%가 산벚나무, 15%가 돌배나무, 9% 거제수나무 등이었다.[82] 고종(高宗)의 이런 항몽정책(抗蒙政策)으로 가장 고초를 당했던 곳은 울릉도였다. 섬으로 이주하는 주민들이 풍파에 익사자가 다반사였고, 극도로 핍박을 당했던 섬 주민들은 일촉즉발의 상황이었다. 왜냐하면, 경판용 거목(巨木)들을 울릉도의 울창한 삼림(森林)에서 충족시키고자 현지 주민을 벌목에 가혹하게 동원했다. 혹독한 경판벌목작업에 견디지 못해 본토로 도주하는 사람들이 많았다. 국난 극복을 위한 이곳 우릉성에 전시물자 동원령이 비켜가지 못했고, 본토보다도 더 극심했다는 건 중앙정부의 권한 행사에 고도라고 예외로 하지 않고 혹사시켰다고 할 수 있다.

몽골(元)의 고려 섭정 기간 30년(1231~1259) 가운데 울릉도와 독도 지역에 대한 지배는 지속되었다. 1326(忠穆王 2)년에 "동해의 경계인 우릉도(芋陵島)에서 조정에 들어와서 알현했다(東界芋陵島人來朝)."라는 고려사의 기록이 있다. 동계(東界)란 고려의 지방행정구역의 동쪽 경계로 울릉도(鬱陵島)의 별칭이기도 하고, 동해의 국경선(東海國界)이라는 의미이기도 하다. 우릉도(芋陵島)란 독도(于山島)를 울릉도(鬱陵島)의 부속도서(屬島)로 인식했고, 오히려 우산도(干山島)와 울릉도(鬱陵島)를 결합해 우릉도(芋陵島)라고 적극적으로 통칭했다. 이뿐만 아니라 원의 고려 섭정 기간(1231~1259, 30년) 중에서도 독도는 고려 조정의 직접적인 통치 지역권에 있었다. 본토에서는 지속적으로 통지 권한을 행사했으며, 지역 주민 역시

미워하면서 따랐다.

　고려가 몽골의 간섭에서 벗어난 뒤, 조정의 독도 관심은 여전했으나, 본
토와 떨어진만큼 본격적인 개발은 어려웠다. 즉, 오늘날 "눈앞에 멀어지면
마음마저 멀어진다(Out of sight, out of mind)."라는 서양속담처럼 되고 말
았다. 그런데 여진족 침입이 줄어드는 것 같았으나, 반면에 왜구의 침입이
창궐했다. 1350(忠定王 2)년부터 고려 말까지 왜구는 '자기들 집처럼 드나
들었다(自分たちの家のように出入りした)'고 할 만큼 잦은 약탈과 분탕(焚蕩)
을 쳤다. 1379(禑王 5)년 7월의 고려사 기록을 보면, "왜구가 무릉도(독도)
에 보름 동안 머물다가 물러갔다(倭入武陵島, 留半月而去)."[83]라고 한다. 이
렇게 동해의 거친 파도 이외에도 여진족과 왜구의 침입은 울릉도와 독도
의 평화를 파괴하는 주범이 되었다. 이런 지정학적인 여건을 감안하고, 주
변 국가의 국방상 역학관계를 분석하며, 동시에 진정한 애민위정을 추진
하는 참신한 수토정책(守土政策)이 필요했다.

백성은 절대 상하지 않으며, 최소비용의 최선수토(最善守土)

　아라비아 상인과 교역을 했던 송상기반(松商基盤)으로, 용건(王隆)은 아
들 왕건이 고려를 건국하도록 지원했다. 왕건(王建, 877~943)의 아버지는
용건(龍建, 미상~897), 조부는 작제건(作帝建)으로 봐서 신라의 마립간(麻立
干)에서 칸(khan,干)으로, 오늘날 단어로는 킹(king)이다. 김관의(金寬毅)의
『편년통록(編年通錄)』에 "아들을 낳으면 성을 왕(王) 이름을 건(建)으로 하
라."라는 도선(道詵)의 말이 전해오고 있다. 귀족 출신(금수저) 왕건이 건국
한 고려왕조에서 울릉도와 독도의 주민들을 번창하게 국가방책을 실시하
지 못했으나, 애민위정에 대한 정치적 열정은 조금도 식지 않았다. 오늘날
용어로 흙수저 출신이라고 생각했던 정도전(鄭道傳, 1342~1398)의 붓끝으

로 그렸던 꿈을 천대받았던 무인 이성계(李成桂, 1335~1408)의 '위화도회군(威化島回軍)'이란 칼끝 춤(프로젝트)으로 역성혁명을 했다. 끝내 1392년 조선(朝鮮)이라는 국명으로 새로운 나라를 세웠다. 신왕조의 국태민안(國泰民安)의 일환으로 왜구의 침략으로 피폐되는 울릉도와 독도의 거주민을 적극적으로 보호하기 위하자는 애민위정으로 '백성을 위해 그들을 본토로 이주시켜 섬을 비우자(爲愛還民,而守島空)'는 36계략 가운데 공성계략(空城計略)를 택했다. 이로 인해 상대방에게 빈틈을 주는 계기를 만들지 않고자, i) 역사적 경험과 고려 시대의 영토를 명확하게 기록유지를 위해 '고려사' 편찬, 각종 지리서 저술 등으로 기록수토책(記錄守土策) ii) 정확한 현지 정보를 기초로 하여 유사시 긴급대응책을 강구해놓는 평시여전책(平時如戰策), iii) 왜구와 여진족의 소굴, 피역백성(避役百姓)의 도피처이기에 필요 이상의 국력을 소모하지 않도록 평시해금정책(平時海禁策), iv) 빈틈으로 전란 등의 화근을 발본색원하기 위해 수시 혹은 주기적으로 수색과 토벌을 전개하는 발근수토책(拔根搜討策)을 강구했다. 당시 동서고금으로 사용하던 국경 지역의 전략촌(戰略村)을 모델로, 애민위정의 기반 위에서 최소비용의 최선수토정책으로 실시했다.

물론 이를 두고 일본의 정한론자(征韓論者)들은 애민철학은 못 보고 '주민이 살지 못하게 섬을 비우는 정책(空島政策, Policy of Non-inhabited Island)은 영유권을 포기하는 것'이라는 논지를 펼쳤고, 아직도 앵무새처럼 그렇게 일갈하고 있다. 이런 수토정책(搜討政策)은 결국 국제법상 영토주권의 포기가 아니다. 현실을 숙고한 최적의 실효적 지배(optimum effective control)다[84]. 당시 조선의 위정자들에겐 울릉도와 독도는 국가근본인 내륙 본토의 백성에 비하면 '계륵(鷄肋)'같은 존재로 여길 수 있었으나 조선의 영토임을 명확히 하는 차원에서는 '손톱 밑 가시'처럼 더 많은 관심을 쏟았다. 거주민의 피해를 하나도 없게 하는 '합리적이고 실효적인 지배(rational effective control)'였다. 이를 1954년 2월 10일 '일본 정부의 견해(日本政府の見解)'에서 공도정책을 '무인도(無人島)=무주지(無主地)'라고 주장했다.

이런 위민수토정책의 내면에 흐르는 위정자들의 마음은 도서(島嶼)를 수호한다는 빌미로 섬 주민들을 희생시킬 수 없었다. 잦은 왜구와의 분쟁에 말려들지 않게 잠시 비워 피신하도록 편리를 봐주며, 최소비용에 최선의 수토방책을 숙고한 끝에 도출한 최선방책이었다. 조선 초기 1403(太宗 3)년에 수토정책을 실시하였으나, 유사시는 물론이고 3년마다 수토사(搜討使) 혹은 순심사(巡審使) 관리를 파견해 상황과 현실에 맞는, 보다 실효적인 지배방법을 강구했다. 주변국의 여건과 상황을 종합분석해서 태종 때는

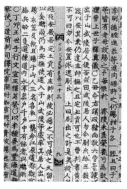

태종실록(쇄출조치, 1417)

1403년과 1416년에 2번, 세종 때는 1419년, 1425년, 1438년에 3번이 순심사를 파견했다. 1425(세종 7년)엔 김인우(金麟雨)를 우산 무릉등처안무사(于山茂陵等處按撫使)로 임명하여 울릉도에 파견해 주민을 내륙으로 소환시켰다.[85] 한편, 일본은 조선의 수토정책의 취약성을 간파하고, 간교하게 이용해서 자기들의 어민들에게 1625(仁祖 3)년부터 막부에서 오늘날 일시적 해외 취업비자에 해당하는 울릉도 도해면허(鬱陵島渡海免許)를 내주었다. 이뿐만 아니라 그들에게 전복, 물개 등의 어로채취를 할 수 있도록 선린정책(善隣政策)까지 펼쳤다. 그러다가 1696(肅宗 22)년 안용복(安龍福, 생몰연도 미상)의 사건 이후 일본 어민에게 출어금지(出漁禁止) 조치를 내렸다. 이렇게 1882(고종 19)년까지 관리를 하다가, 일본 어민 등의 불법행위

가 극심해져 1883(高宗 20)년엔 울릉도에 본격적인 이주정책, 군수 등의 관리를 상주시켰으며, 유인도(有人島)로 본토와 다름 없이 적극적으로 권한 행사는 물론이고 지원과 개발에도 소홀히 할 수 없었다.

이렇게 잠시 쇄출작전(刷出作戰)으로 섬을 비워놓는다고 무인도가 되는 것이 아니었다. 그렇다고 조선의 영토가 아니라고 아무도 생각하지 않았다. 보다 많은 생산을 위해 휴경지로 한 해 비워두는 것처럼, 오히려 조선 영토임을 확증(確證)하는 사례가 발생했다. 대마도주(對馬島主)가 울릉도로 이주를 윤허해달라는 청원을 2차례나 조선 정부에 제출했다. 1407(太宗7)년 3월 16일, 대마도 수호(守護) 종정무(宗貞茂)가 평도전(平道全)이란 사신을 보내서, 토산물을 바치고 그동안 잡아갔던 조선 백성을 반환하면서, "무릉도(울릉도)에 여러 부족을 데리고 가서 옮겨 살도록 허락을 바랍니다."라고 청원했다. 태종은 "만일 이를 허락한다면 일본국왕이 조선국왕이 배반자를 받아주고 불러들인다는 오해를 할 수 있다(我爲招納叛人 無乃生隙歟)."라고 허락하지 않았다[86]. 또한, 1614(光海君 6)년 9월에 비변사에서 보고하기를 "울릉도에 왜인의 왕래를 금지하라는 뜻으로 전일 예조의 서계가 있어 사리에 근거해서 회신을 보냈습니다. 그런데도 지금 대마도 왜인이 아직도 울릉도에 와서 살고 싶다 해서 서계를 보냈습니다. 의리상 꾸짖어 간계(奸計)를 막는 것이 편하고 유익한 듯합니다."[87, 88]라고 광해군 일기에 적혀 있다.

당시 국제적 정세에서 비교적 열세에 있던 조선으로서 쇄환(刷還), 순심(巡審), 쇄출(刷出) 혹은 수토조치(搜討措置)를 통해서 독도 및 울릉도를 최소인력(비용)으로 최선의 실효적 지배를 할 수 있었다. 울릉도에서 탈출하여 본토에 온 사람들을 쇄환조치(刷還措置)한 뒤 반드시 안전한 정착을 했는지를 현지실사로 통해서 확인했다. 1425년엔 3차 쇄환을 하고, 1430년

1월 26일 함길도(咸吉道) 함흥부에 김남련(金南連)을 보내 요도(蓼島, 獨島)에까지 다 살펴보고 왔고 보고했다. 세종(世宗)은 함길도 감사에게 요도의 정확한 위치를 실사하도록 지시했고, 양양 동쪽바다 가운데 있다는 장계보고가 있었다.[89] 1438(世宗 20)년 4월 21일부터 7월 15일까지 무릉도순심경차관(茂陵島巡審敬差官) 남회(南會)로 하여금 4차례 쇄환조치를 하명하였고, 결과보고에 "삼척 동산현 정상에서 먼 바다에 있는 요도를 봤다."라고[90] 했는데, 이것은 독도의 신기루(蜃氣樓)였다. 세종까지는 동해 바다엔 울릉도와 독도 이외에는 제3의 어떤 섬도 없다고 생각을 했다. 그런데 25년이 지난 뒤 성종 때엔 동해에 삼봉도(三峰島)가 있다는 소문이 파다했다.

1470(成宗元)년 영안도(함경남도)에서 '부역을 피해 삼봉도로 도망간 사람들이 있다'는 첩보를 접수한 성종은 1472(成宗 3)년 3월에 박종원(朴宗元)을 삼봉도경차관(三峰島敬差官)에 임명하고, 일본어와 여진어 통역사를 대동해서 현지 조사를 하도록 하명했다. 그해 5월에 동해 바다로 수색을 나섰으나 찾지 못했다.[91] 1479(成宗 10)년에 2차 삼봉도 수색대를 파견했다. 3개월 뒤에 갔다 왔다고 보고했으나, 1481년 1월 9일 영안도 관찰사 이극돈(李克墩)의 실사로 허위보고가 들통이 났다. 관련자 김한경(金漢京) 무리 모두는 국왕을 속인 대역죄로 극형에 처해졌다.[92]

≡ 03
막내둥이 독도의
재롱과 소란

독도의 옛 이름은 '돌섬(독섬[93]), 석도, 우산도[94], 요도, 무릉도'

독도를 일본에선 송도(松島, まつしま)라고 했다가 최근에 죽도(竹島, たけしま)라 한다. 물론 울릉도 옆 작은 섬인 죽도(竹島)[95]가 있다. 일본은 독도를 다케시마(竹島)라고 호칭하는 이유는 '울릉도 옆 대나무 섬(竹島)으로 오인'하도록 해서 영해권을 울릉도 옆까지 확장하려는 신묘한 간계(secret trap)를 밑바탕에 깔고 있다. 독도를 죽도(たけしま)라고 하면서 혼동하지 않고자 일본인들은 이 섬을 죽서(竹嶼, ちくしょ)라고 한다.[96, 97] 우리나라에서는 신라 시대에서는 동해안 '산정에서도 보이는 나라(于山頂看了國)'에서 우산국(于山國)이라고 했다. 지금의 독도를 해변에 모래가 없고 돌만이 보인다(海邊無沙有石島)고 돌섬[石島], 혹은 한자음으로 석도(石島)라고도 했다. 조선 초기는 여뀌(pepper smartweed, ヤナギタデ, 辣蓼) 같은 해초가 우거진 섬(蓼草茂之島)이란 뜻에서 요도(蓼島), 동해바다에 혼자서 매일 아침을 바라보는 외로운 섬(望每日得, 也孤獨島)이라는 뜻에서 독도(獨島)라고 했다. 이에 반해, 일본 왜구들은 사나운 해풍과 집어삼킬 것 같은 파도로

부터 피신하는 안락한 섬(避猛海風,安樂島耶)에서 눈앞에 전개되는 무릉도원과 같은 울릉도의 대나무 혹은 소나무 숲을 보고 갔다. 그것이 너무 인상적이었는지 울릉도가 아닌 독도에다가 그 인상을 회상해서 마쓰시마(松島) 혹은 다케시마(竹島)로 불렀다.

이와 같은 독도에 대한 호칭 정리는 1656년 실학자 반계 유형원은 『동국여지지(東國輿地誌)』 저서에서 "울릉과 우산은 모두(두개의 섬을) 우산국 땅이다. 우산은 왜가 말하는 송도다(鬱陵于山皆于山國, 于山則倭所謂松島也)."라고 명확하게 정리를 했다. 만기요람(萬機要覽, 1808년 관찬)에서는 이를 인용해 적고 있다. 이와 같이 독도의 섬 이름으로 나중에 일본과 야기될 문제를 명확하게 하는 선인들의 선견지명(foresight)이 돋보였다. 1738년에서 1793년에 생존했던 일본 실학자 하야시 시헤이(林子平, はやし しへい, 1738~1793)[98]는 전국을 여행하면서 해국병담(海國兵談, 1791년), 부국책(富國策) 및 삼국통람도설(三國通覽図說, 1795)을 저술하였다. 그는 현장여행을 통해서 설화, 관련된 지식을 집대성하여 지도를 그렸고, 특히 일본, 조선(韓國), 유구(琉球, 沖縄), 센카쿠제도(尖閣列島) 등에 대해 국경을 그리면서 영유권별 채색을 달리하여 그렸다. 중국과 한국의 영유권[99] 주장에 자주 인용하는 자료가 되었다. 그 지도는 독일어 등으로 번역되었고, 제3국가의 객관성까지 보완했다. 마쓰시마(松島)에 대해서 조선 본토와 같은 황색으로 채색을 했고, 섬 옆에다가 "대조선의 것으로 보인다(大朝鮮のもの見や)."라고 메모까지 했다.

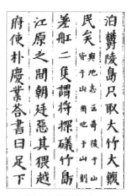

만기요람 군정편 (1808)

민안국태(民安國泰)을 위한 순심비책(巡審秘策)

조선의 건국이념은 "백성은 존귀하고, 국가사직은 그다음이며, 국왕은 가장 가벼울 뿐이다(民爲貴,社稷次之,王則輕)."[100]라는 맹자의 신권주의를 택했다. 이에 『조선경국전(朝鮮經國典)』에 "국가의 근본은 백성이고, 백성의 근본은 토지다(國之本爲民, 民之本土也)."라고 명기했다. 이에 따라 국가의 이념으로 '국민의 안녕과 국가의 태평(民安國泰)'를 추구했다. 위정에 있어서 동양의 무위자연사상(無爲自然思想)에 입각해 "자연 섭리의 순응은 생존의 길이고, 역행은 사멸의 길이다(順天者存, 逆天者亡)."라는 순천위정(順天爲政)을 택했다. 조선 초기에는 이런 이념을 엄격히 지켰다. 국가경영에 결정 기준은 i) 백성의 안전과 평온(피신, 방어), ii) 자연섭리와 순응(보존, 훼손방지), iii) 권형(權衡: 경제성, 우선순위, 민주성)과 안분(安分: 수익자 부담, 공평부역, 합리과세) 등을 종합적으로 검토하여 결정했다. 특히 "백성의 말은 곧 바로 하늘의 엄명이다(民聲就是天聲)."라고 확신했으며, 그 방법론으로 소통이라는 절차적 공정성(procedural fairness)을 중시했다.

우리나라의 역사상 왜구의 침입은 광개토왕의 비문에 나왔듯이 삼국시대에도, 1223년부터 1392년까지 고려 말에 529회나 극심했는데, 그 가운데도 우왕(재위 1374~1388) 때 14년간에 378회나 빈번했다. 조선실록에서는 312회가 기록되어 있다. 기록이 없는 것을 포함하면 2,000~3,000회로 짐작된다. 신라 초기부터 동해상의 울릉도와 독도는 물론이고 남해 및 서해안까지 초토화했다. 고려 말에는 점입가경으로 경상, 전라, 충청의 3남 지역을 휩쓸어가면서 약탈하였다. 1380년 왜장 아지발도(阿只拔都)[101]는 5,000여 명을 이끌고 전라도를 침입하여 이성계와 황산(黃山)에서 대첩했다. 이런 왜구의 침입은 백성의 생명과 국가의 존망에도 직접적인 요인이 되었다.

조선 건국의 터전이 어느 정도 잡혀갈 무렵 1403(太宗 3)년에 민의를 수렴해 국가천년사직을 위한 '울릉·우산 방어비책'을 집중적으로 논의했다. 고위관료들에게 책문(策問)을 주었고, 대신들의 중론을 거쳤으나 뾰족한 수(廟算)는 없었다. 마침내 몇 가지 판단 기준으로 i) 백성의 평온과 부담 최소, ii) 외적으로부터 국가 영토의 수호, iii) 삼천리금수강산 천연자원의 보전, iv) 국가경륜의 최소인력과 최대효과를 제시했다. 방법론으로 i) 평소에 순찰과 의심스러운 사항 점검(巡審), ii) 위험이 예상되면 주민을 소개와 본토로 송출(刷出) 혹은 미개척지엔 백성을 이주(徙民), iii) 왜구 등의 침입 시에는 수색해 토벌(搜討), iv) 평화로운 생업이 가능할 때는 섬 주민을 환송(刷還)이 가능한 장기적이고 체계적 방안을 모색했다.

당시 소수 병력의 최적 전략요새 방어방안으로 북방 여진족과 대치했던 4군 6진의 전략촌락에 이런 수토정책(搜討政策)을 활용해왔다. 이런 위민여천(爲民如天)의 위정사상을 모르고, '물건 하나, 한 치의 땅, 한 번의 신분망각 등에도 목숨까지를 내놓으라(以民物一, 一所顯命)'는 사무라이 문화에서는 이해할 수 없다. 멸사봉공(滅私奉公)의 일본 군국주의에서 소모품 같은 백성들의 목숨을 위해 영토를 포기한다는 건 상상조차 할 수 없다. 만약 일본 정부였다면 '한 치의 땅을 위해 최후의 일인까지 옥쇄(玉碎)[102]해야 했고, 마지막 한 사람은 천황폐하를 위해서 반자이(萬歲) 삼창을 했을 것'이다. 그래서 그들의 반박논리인 공도정책(空島政策)은 곧바로 영토주권의 포기정책으로 봤다.

한편, 유사시 효율적인 수토작전을 위해서 적군이 은신할 수 있는 지형지물을 도면에 표시하는 지도(地圖)을 국가기밀로 사업으로 추진했다. 태종은 등극하자마자 동해상의 우산울릉국은 물론이고, 북방전략촌의 수토정책을 위해 김사형(金士衡, 1341~1407), 이무(李茂, 출생 미상~1409) 및 이회(李薈, 생몰연도 미상) 등에게 동양세계의 정세를 한눈에 볼 수 있게 북방지도 작성을 하명했다. 1402(太宗 2)년에 혼일강리역대국도지도(混一疆理歷代國都之圖)[103]를 편찬했다. 1459년 이전에 묘사본이 내려오다가 임진왜란으로 일본에 넘어가 현재 일본 류코쿠대학(龍谷大學) 도서관에 소장 중이다. 그 지도는 동양 최고의 세계지도인 셈이다. 아프리카 등 해외지도까지 그렸으나 아쉽게도 울릉도 및 독도에 대해서는 그려 넣지 못했다.

1419(世宗 元)년 맹사성(孟思誠, 1360~1438) 등에게 하명해『신찬팔도지리지(新撰八道地理誌)』를 편찬했다. 이를 보완해 '세종실록지리지(世宗實錄地理志)'를 남겼다. 이들 지도는 대부분 북방경계를 중심으로 작성되었다. 1454(端宗 2)년에 수양대군(世祖)은 삼각산 보현봉(普賢峰)에서 한양의 전경, 산수, 지형지물을 보고 직접 한양지도를 그렸다. 그는 어릴 때 아버지(世宗)가 지도를 보고 4군

혼일강리역대국도지도(국사편찬위원회)

6진에 사민정책(徙民政策)을 논의하는 것을 봤던 기억이 나서 조선전도(朝鮮全圖)를 그렸다. 이렇게 해서 1463(世祖 9)년에 조선지도(朝鮮地圖)와 조선증도(朝鮮增圖)가 제작되었다. 이 지도에 울진 동쪽 동해에 2개의 섬이 그려져 있어 최초의 독도가 나오는 지도다.

그러나 세상만사엔 완벽한 건 없다. "저울질을 해봐야 가볍고 무거운 것을 알고, 재어봐야 길고 짧음을 알 수 있다(權然後知輕重, 度然後知長短)"[104]라고 했듯이, 가장 합리적이고 이상적인 수토정책도 인지발달에 따른 판단, 주변 여건의 변동, 물리적 환경의 변화 등으로 수정·보완과 변혁을 가해야 했다. 어린아이에게 딱 맞았던 예쁜 때때옷도 아이가 성장함에 따

라 작아서 못 입듯이, 국방정책도 문제점이 발생해 현실적인 판단과 처방전을 내놓아야 했다. 조선 조정의 생각대로 주변 강대국의 역학관계는 국태민안은 허락하지 않았다. 바로 임진왜란과 병자호란이란 국란을 연속적으로 겪음으로써 보다 공성계(空城計)에서 고육지계(苦肉之計) 전략으로 전환했다. 오늘날 표현으로 소극적 개입전략(negative engagement strategy)에서 적극적 개입전략(positive engagement strategy)으로 바꿨다.

1564(明宗 19)년 지극한 효행과 청렴하다는 인품으로 조정에 추천된 영양인(英陽人) 격암(格菴) 남사고(南師古, 1509~1571)는 천문, 지리 등의 잡학에 통달했다. 그는 전국 방방곡곡을 살피면서 풍수지리, 예언(圖讖)에 관련한 『격암유고(格菴遺稿)』를 남겼으나, 전해지는 말에 의하면 1575(宣祖 8)년 동서분당(東西分黨)과 임진(1592)년 왜란을 예언하였다. "백마를 탄 장군이 남쪽에 들어와서 전 국토를 분탕질해 재만 남긴다(南入白馬將, 消焚全土灰)." 했다. 이뿐만 아니라 동해안과 울릉도에 구전되고 있는 남사고(南師古)의 예언 중 하나인 "북두칠성을 머리에 두고 발끝을 대마도에 두니, 아닐 미(未) 자의 끝 방향으로 향하면 바다 위에 개를 불러들이고, 산 위로 새가 날아든다(首北斗星, 尾足對馬, 未字終向, 海上蜀狗, 鳥下入山)." 라고 했다. 풀이하면 울릉도나 동해안에서 북극성과 대마도를 상하로 '아닐 미(未)' 자를 적으면 끝 방향에 있는 외로운 섬 독도가 있다. 물론 미쳐 날뛰는 왜구의 들고나는 모습을 연상하기도 한다.

일본은 문록정한의 역(文祿征韓の役, 壬辰倭亂) 이후, 특히 청나라와 병자호란 전쟁 중일 때가 조선의 땅을 넘볼 천재일우라고 생각했다. 울릉도는 다케시마(竹島) 혹은 이소다케시마(礒竹島), 독도는 마쓰시마(松島)라고 불렀으며, 이곳을 자기네 정원에 드나들 듯이 주민학살, 불법남획, 죽목남벌 등으로 무법천지를 만들었다. 이를 차마 두고 못 봤던 조선 조정에선

1613(光海 6)년, 드디어 대마도주(對馬島主)에게 공문을 발송해 일본인의 울릉도와 독도에 해금조치를 했다. 그러자 1618(光海 10)년에 호키슈 요나코(伯耆州 米子)의 상인, 오야(大谷)와 무라카와(村川) 가문이 에도 도꾸가와 막부(江戶 德川幕府)로부터 정식공문으로 '독도 도해면허(竹島渡海免許)' 105를 받았다고 불법어로작업을 하는 등 울릉도와 독도에 대한 침입이 계속되었다(돗토리현 기록엔 매년 1회씩 어로작업 면허를 해주었다고 함).106 물론 조선 조정의 해금조치엔 조선 어민까지도 어장(漁場)의 보호를 위해 울릉도와 독도에 어로활동을 금지했다. 여기서 일본의 독도도해면허(獨島渡海免許)엔 조선 정부의 영토에 도해하겠다는 건, 적어도 국제조약이나 상호호혜주의(reciprocity) 혹은 외교상 묵인이 있어야 가능한데도 조선 국민까지 해금조치(海禁措置)를 취했는데, 이를 무시한 고의적인 영토침해는 36계략 가운데 '불난 집에 도둑질하기(趁火打劫)'의 계략이었다.

임진왜란 이후 3차례나 적극적인 대일쇄환정책(對日刷還政策)으로

2015년 1월 15일, 워싱턴DC에 미국 국방부 산하 '전쟁포로 및 실종사 확인국(Defense POW/MIA Accounting Agency, DPAA)'107을 설립하여 지구촌 어디서든지 미군의 유해를 본국으로 송환하고 있다. 조국과 지구촌의 평화를 위해서 목숨을 바친 병사들에게 국가의 의무를 다함에 앞서 애국애족의 쇄환정책이다. 송환(쇄환)은 크게 2가지로 나누면 생전송환과 사후송환이다.

우리나라에서는 생전송환(生前送還)에 주력했다. 평시에도 외국사절단으로 갔다가 전쟁포로, 매매노예 등으로 전락한 백성을 데리고 오는 사례는 쇄환이라는 용어조차 사용하지 않았다. 1592년부터 1598년까지 임진왜란으로 조일 국교가 단절되었지만, 국서를 통해서 전쟁포로인(被虜人)의 쇄환을 위해서 3차례나 사절단을 파견했다. 1604(선조 37)년 승려 유정(惟政, 1544~1610)[108]과 순문욱(孫文彧)을 '적지의 탐색을 위한 사절'이란 명칭인 탐적사(探敵使)를 에도(江戶)에 파견하여 도쿠가와 이에야스(德川家康, 1543~1616)를 만나 전쟁포로 잡혀온 조선인 3,000명을 데리고 쇄환해 귀국시켰다. 이후 일본 막부는 도쿠가와 이에야스(德川家康)의 국서(國書)와 왕릉을 파묘한 범인을 포박환송(犯陵敵縛送)[109]하여 강화조건을 이행했다. 1607(선조 40)년 1월 정사 여우길(呂祐吉, 1567~1632)[110], 부사 경섬(慶暹, 1562~1620)[111], 종사관 정호관(丁好寬, 1568~1618)[112]으로 500여 명의 쇄환사절단을 조직해서 7개월간 전쟁포로로 잡혀간 백성 1,885명을 쇄환했다. 1617(광해군 9)년 7월 및 1624(인조 2)년 10월 3차례나 철두철미하게 쇄환시켰다.

한편, 1604년 염탐을 위한 탐적사(探敵使)와 도쿠가와 이에야스(德川家康)은 국교 재개에 대한 즉답을 주지 않았으나, 1606(선조 39)년 4월에 조선 조정에서 '양국의 지리적 요인으로 오래 단교할 수 없어 일본과 허화(許和)함'을 원칙으로 대처를 결정했고, 허화 조건으로 i) 도쿠가와 이에야스(德川家康)의 국서(德川親國書), ii) 1593(선조 26)년 4월13일 성종의 선릉(宣陵)과 정릉(靖陵)을 왜군이 파묘했던 범인을 잡아 보내라(犯陵敵縛送)고 요구했다. 1606년 9월에 국서 초안이 도착했고, 11월에 다치바나 도모마사(橘智正, たちばな ともまさ)[113]가 파견되고 왕릉을 파묘한 대마도인 2명이 압송되었다. 1607년 1월19일 사절단의 명칭을 '회답겸쇄환사(回答兼刷還使)'로 정하고, 피로인쇄환(被虜人刷還)의 현안에 중점을 두었다. 쇄환인원은 경섬의『해사록(海槎錄)』이나「선조수정실록」에서는 차이가 있으나 1,707명에서 1,885명이며, 1617년 쇄환사(刷還使) 파견 시에는 321명, 1,624명의 쇄환조치로 146명이 전쟁포로 생활에서 벗어나 조국으로 귀

국했다. 3차례의 쇄환조치로 당시 기록(일지)으로는 경섬(慶暹, 1562~1620)의 1607년 7개월간의 일기인 『해사록(海槎錄)』과 『부상록(扶桑錄)』, 이경직(李景稷, 1577~1640)[114]의 1617년 『동사록(東槎錄)』, 강홍중(姜弘重, 1577~1642)이 1624년 『견문록(見聞錄)』이 남아있다.

사실, 임진왜란 이후 국교단절로 통교 재개는 '바늘보다 더 큰 실을 꿰는 작업(貫大絲小針)'이었다. 1599(선조 23)년 3월 대마도주의 사자파견(使者派遣)부터 시작이다. 수차례 화호사자(和好使者) 파견해 몇 명의 피로인 동반귀국, 면식이 있는 동래인 박희근(朴希根)[115]을 예조공문(禮曹公文)으로 대마도 왕래, 1600년 8월 조선 주재 명군 철군, 세키가하라의 전쟁(關が原の戰) 도쿠가와 이에야스(德川家康) 정권장악, 1603년 동래에 통상무역 개시허가, 1604(선조37)년 6월 탐적사(探敵使) 대마도에 파견 등으로 결국은 회답겸쇄환사절단 500여 명을 파견하게 되었다.

해사록(한국학중앙연구원)

애국하고도 나라에 배신당한 안용복(安龍福, 1617~1658)[116]

이런 나라의 상황을 가장 뼈저리게 느낀 사람 안용복(安龍福, 1617~1658)이다. 그는 부산 왜관에 드나들면서 왜인들의 각종 못된 짓거리를 눈여겨봤다. 당시 조정에서는 사색당파로 세월 가는 줄도 모르고 언쟁민을 계속했다. 당시도 오늘 우리나라처럼 '전략적 인내(strategic patience)'만을 하고 있었다. 이를 참다못해 안정복은 젊은 혈기에 이 한 몸 바치겠다는 마음을 단단히 먹고 사고를 쳤다. 결론부터 말하면, 한 마디로 국가도 못 할 큰일을 하고도 국가로부터 배신을 당해 처형을 받았다.

유사한 사례는 1905년 을사오적에 항의해 각처에서 봉기한 의병 3만여 명에게 조선 정부는 일본군을 동원해 대진격소탕전을 하도록 고종은 쾌히 윤허했다. 오늘날 젊은이들의 표현을 빌리면 "이게 나라냐?"다.

이와 같은 일은 1950년 6월 25일부터 6·25동란(Korea War)이 3년간 전쟁하는 동안, 일본은 무인도 독도를 차지하는 데 혈안이었다. 1953년 5월 28일, 6월 25일, 1954년 8월 23일 및 11월 22일에 일본은 경비정, 순시선 등으로 침입하여 왔다. 일본은 이렇게 상대방의 취약점과 위기를 적극 활용하는 진화타겁(趁火打劫)계략을 이용하는 데 귀재였다. 일본 어부과 해군 순시선이 독도 근해를 자주 무단 침입하는데도, 우리나라는 전쟁한다고 여력이 없었다. 이를 잘 알고 민간인들이 자체방어하기 위해서 독도의 용수비대를 창설했고, 철통방어에 나섰다. 이것이 한일외교문제가 되자, 독도의용수비대(대장 홍순칠)에 대해서 당시 국무총리 백두진은 "해적단인지 수비대인지 모르겠다."라고 매도한 적이 있었다.[117] 이게 우리나라다.

안용복(安龍福), 그의 호패엔 이름은 안용복(安用卜), 출신은 부산좌자천(釜山佐自川) 한 마을(一里)에 십사통삼호(十四統三戶)였다. 동래부(東萊府) 동래수군(東萊水軍)의 능로군(能櫓軍)에 종사했다. 일본어에 능통하여 부산 왜관에 자주 드나들면서 통역을 맡았다. 1693(肅宗 19)년

왜놈보다 조국이 배신하다니!(2020)

3월에 울산 출신 어부 40여 명과 울릉도에 고기잡이를 나갔다. 그곳에 고기잡이를 하던 일본 호키슈(伯耆州, ほうきしゅう)의 요나코 무라(米子村)에서 온 어부들과 마주쳤다. 애국충정의 호기가 발동해 조업권(操業權)에 대해 그들과 실랑이가 크게 벌어졌다. 중과부적(衆寡不敵)으로 일본 어민들

에게 안용복(36세)과 박어둔(28세), 이 두 사람이 잡혀 일본 호키슈(伯耆州)로 끌려갔다. 그곳에서 5월까지 억류되면서 심문을 받았다. 그러나 일관성 있게 '울릉도는 조선의 영토(鬱陵島は朝鮮の領土)'라는 항변에 호키슈(伯耆州, 오늘날 鳥取縣)의 번주(藩主)는 대의명분에 밀려서 반론을 제시하지 못하고 안용복의 주장을 문서로 작성해 막부에게 보고를 하고 회신을 기다렸다.[118]

그해 5월에 막부의 회신이 도착했다. 회신은 그의 말이 맞으니 서계(書契)를 전해 나가사키(長崎)와 대마도를 통해서 보내주라(送還)는 것이었다.[119] 전달하려는 서계엔 "울릉도는 일본의 영토가 아니다(鬱陵島非日本界)."라고 적혀있었다. 9월 초에 비로소 그는 대마도에 인계되었고, 50일 정도 다시 억류시킨 뒤에 사신 타다 요자에몽(多田與左衛門, 橘眞重)[120]을 따라 부산 왜관으로 송환되었다. 9개월 만에 비로소 죽지 않고 조선 땅을 밟게 되었다. 왜관에 40일이 넘게 갇혀있다가 12월에야 동래부사(東來府使)에게 넘겨졌다. 동래부사는 손이 근질거리던 차에 잘되었다고, 두 놈을 엎어놓고 '국가의 허가 없이 국경을 넘었다(無許越境)'는 죄목을 들어서 안용복(安用卜)에게 곤장 100대, 박어둔(朴於屯)에게 80대의 매질을 했다.

이렇게 몇 차례 억류되고 감금되는 과정에서 일본 막부의 서계(書契)는 대마도 도주에게 강탈되어 '죽도가 일본 땅이니 조선 어민의 어로를 금지한다'로 위조되어 일본 왜관을 거쳐서 동래부사를 통해 조선 정부에 전달되었다. 이에 대해 조선 조정은 1694(肅宗 20)년 일본의 무례함을 꾸짖는 국가공식문서인 예조서계(禮曹書契)로 전달했다.[121]

개인적으로 젊은 혈기에 호기를 부렸던 사건이 국가 정국에 대변혁을 몰고 왔다.[122] 1694(肅宗 20)년 4월에 갑술환국(甲戌換局)이 일어났고, 남구만(南九萬) 등의 소론이 정권을 잡았다. 이제까지 '중국에 사대(事大)하고,

일본엔 선린관계를 유지한다(中事大日交隣)'는 국정방향은 갑술환국으로 급변하여 대일강경노선(對日强硬路線)으로 급변했다.[123] 조선 조정은 그해 8월에 '일본인들의 울릉도 도해(渡海)해 채어(採漁)하는 것 일체를 금지'했다. 9월엔 삼척첨사(三陟僉使) 장한상(張漢相)에게 하명해 9월 10일부터 10월 6일까지 울릉도(독도)를 모두 수색하고 왔다. 수색한 뒤 '울릉도사적(鬱陵島事蹟)'이라는 결과보고서를 올렸다. 그 보고서엔 "독도는 울릉도 동남해 있으며, 규모는 울릉도의 3분지 1, 거리는 300리 정도이다."로 적었다. 이를 계기로 조선 조정과 일본 막부를 대행했던 대마도주(對馬島主)는 울릉도와 독도의 영유권과 어업권을 가운데 놓고 밀고 당기기를 했다. 결국, 1696(肅宗 22)년 1월에 일본 막부는 울릉도와 독도의 조선 영토임을 인정했고, 일본 어민의 도해와 어로작업의 일체를 금지한다고 결정했다.

안용복 그는 수십만 대군으로도 얻기 어려운 울릉도·독도가 조선 영토임을 확인 받아왔는데도 일본 채류기간의 인질생활, 조선에 월경지죄(越境之罪)의 처벌을 생각하니 이대로는 억울하여 죽을 수 없었다. 1696년 1월에 일본 막부가 울릉도와 독도 영해에 일본 어민의 출어금지조치를 결정했음에도 대마도 번주(藩主)는 자신들의 거주민의 어로작업을 위해서 고의적으로 서계접수를 미루고 있었다. 이런 연유를 짐작하고 있던 안용복은 선제적 해결방안을 강구했다. 먼저 사전준비로 조선팔도지도(朝鮮八道之圖), 무관복(당상관 관복)인 푸른 철릭(靑帖裡), 검정 갓, 가죽신, 관리 신분증, 각종 증빙자료, 깃발 및 소요물품을 마련했다.

1696년 3월, 그는 조선 어민 160여 명을 32척의 어선에 5명씩 승선하고 울릉도 인근 바다로 나갔다. 마침 일본 어민들이 예전처럼 조업을 하고 있었다. 1월에 내려진 출어금지는 지켜지지 않고 있었다. 그는 '울릉우산양도감세관(鬱陵于山兩島監稅官)'이라는 깃발을 내걸고, 준비한 관복을 차

려입고 그들에게 대담하게 다가갔다. 어민 대표 호키주 가노(家老) 아라오 오오카즈(荒尾大和)와 담판을 했다. 그 자리에서 죄상을 낱낱이 적고 이를 고발하는 문서를 작성했고, 이들을 끌고 호키주 번주(伯耆州 藩主)에게 가서 막부에 전달하라고 했다.[124]

대일통교(對日通交)에서 눈치 9단이었던 대마도 번주(藩主)는 참으로 이상하게 돌아간다는 낌새를 알아차렸다. 조선이 일본과 통교 시에는 반드시 대마도를 거쳐서 가는데 자신도 모르게 도일(渡日)했고, 자신이 지연작전을 펴고 있는 막부의 출어금지서계(出漁禁止書契)를 문책하는 직소를 내었다니 귀신이 곡할 일이었다. 가장 먼저 조선 조정의 의도를 의심했다. 그는 바로 대응책을 마련했다. i) 막부에게 안용복의 고소장(죄상진술서, 처벌 및 출어금지령 요구)이 가짜인지 모르니 배척하라고 했다. ii) 안용복 일행을 표류로 도착한 어민으로 의제하여 강제송환을 요청하였다. 땅에 기는 놈이 있는데 하늘을 나는 놈이 있다니, 결국 안용복 일행은 목적달성은 고사하고 억류되었다가 그해 8월에 조선 영해로 강제로 송환되었다.

막부의 출어금지서계(出漁禁止書契)는 이미 그해 1월에 대마도에 나와 있었지만, 조선 조정에 도달한 건 조선 역관이 귀국한 뒤인 1697년이었다. 1698년에 막부의 결정을 확인한다는 회신서계를 4월에야 비로소 할 수 있었다. 그해 7월에 일본 막부에 도달해 인정을 받았다. 다시 이듬해 1699년 1월에 대마도에서도 울릉도와 독도에 '출어금지(出漁禁止)' 조치가 양국확인 후 조인되어 시행되었다. 안용복으로 인한 울릉도·독도의 조선 영속 및 어업권을 확인하는 조일분쟁(朝日紛爭)은 6년이 넘어서야 일단락되었다.

그런데 일본에서 강제 환송되었던 안용복 일행은 1696년 8월 하순에 강원도 양양 해안에 닿았다. 그를 기다리고 있었던 건 형틀과 고문도구였다. 죄목은 관리참칭(官吏僭稱)과 무허월경(無許越境)이었다. 안용복은 현(縣)감영에 감금되어 심문을 받는 동안 탈옥해 동래부로 도주했다. 9월 12일에 체포되어 한양 비변사(備邊司)로 이송되자 곧바로 구금되어 국문(鞫問)을 받았다. 그의 처형을 놓고 국론은 양분되어 영의정 유상운(柳尙運, 1636~1707), 좌의정 윤지선(尹趾善, 1627~1704), 우의정 서문중(徐文重, 1634~1709), 병조판서 민진장(閔鎭長, 1649~1700), 이조판서 최석정(崔錫鼎, 1614~1715) 등의 노론은 사형에 처하자고 주장했다. 이들은 i) 국왕의 윤허 없이 범경(犯境), ii) 관리 사칭, iii) 국가결정 없이 일본 막부와 접촉, iv) 국가문서 위조 및 v) 외교적 문제야기를 죄목으로 들었다. 한편, 영중추부사 남구만(南九萬, 1629~1711), 영돈녕부사 윤지완(尹趾完, 1635~1718), 지중추부사 신여철(申汝哲, 1634~1701) 등 소론의 의견은 달랐다. "국가가 해야 할 울릉도와 독도의 영유권 및 어업권을 태수를 직접 설득해서 막부에게 전달해서 출어금지조치를 결정하도록 목적달성을 했다. 목적달성을 위해 과정상 범죄행위를 한 것이므로 공로와 과오를 상계처리해서 감형해야 한다."라고 주장했다. 국왕은 경술환국(庚戌還局)으로 득세한 소론의 주장을 무시할 수 없었다. 갑론을박 끝에 1697(숙종 23)년 3월에 겨우 유배형으로 감형했다. 유배형을 처해진 뒤로부터 그는 종적을 감추었다. 1658년생으로 봐서 41(鳥取縣政史, 44歲)세 인생이 '애국을 하고도 국가로부터 배신을 당했다는 수모[125]'를 안고 억울한 삶을 마쳤다.

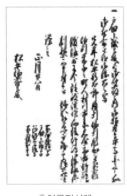
출어금지서계
(dokdo.mofa.go.kr)

천혜 자연환경을 활용한 수토작전(搜討作戰)

오늘날 울릉도와 독도의 관할은 지리상 직선거리로 최단거리의 인근 행정구역인 경상북도에서 배속되어 있다. 과거 기록에는 강원도 명주(강릉)에 소속되었다. 당시는 오늘날처럼 동력선이 없었다. 인력으로 노를 저어서 운행했고, 바람의 방향을 이용하는 돛단배[帆船]였다. 바람의 방향(季節風)과 바닷물 흐름(海流)에 의존해서 항해했다. 즉, 태평양 북쪽에서 북한연안을 거쳐서 내려오는 쿠로시오 해류(黑潮, Kuroshio current)의 지류인 동한난류(東韓暖流, East Korea Warm Current)와 동절기 북서풍(北西風)을 적극 활용했다. 특히, N37°~N38° 사이의 울진과 삼척 앞바다에서 충돌해 울릉도로 빗겨 흘러가는 해류를 활용했다. 5~6월 혹은 10월은 편서풍(偏西風, prevailing westeries)을 활용하여 울릉도에 접근하기 최적기다. 대마도(對馬島)에서는 남동풍(南東風)과 태풍(颱風)을 이용하면 쉽게 울릉도 근해와 독도에 접근할 수 있다. 황금어장(golden fisheries)인 이곳에서 어로작업을 하는 것은 오늘날 표현으로 '로또복권에 당첨(winning lotto-lottery)'이다.

이와 같은 자연현상을 적극 활용해 울릉도와 독도의 지리적 여건을 가장 효율적인 관리방안으로 신라 시대와 고려 시대는 강원도 명주(溟州, 江陵)에다가 행정구역을 편입시켰다. 조선 시대에선 실직군(悉直郡, 三陟)에 옮겨 배속했다. 좀 더 자세하게 언급하면 505년 6월 실직군주 이사부(異斯夫)는 동한해류를 이용해서 울릉도를 방문했다. 1693년 3월 안용복(安龍福)이 울산에서 울릉도에 춘계편서풍(春季 偏西風), 그해 8월에 안용복이 나가사키 항구(長崎港)에서

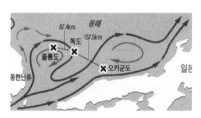

독도 주변 해류(중앙일보, 2010.11.10.)

의 송환은 하계 태풍기류(夏季 颱風氣流)로, 1694년 9월 실직첨사 장한상(張漢相, 1656~1724)은 동한난류(東韓暖流), 1882(高宗 19)년 검찰사 이규원(李奎遠)은 5월의 동한난류를 이용해서 울릉도와 독도에 다녀왔다. 울릉도에서 독도의 해상거리는 87.4km이나 과거 기록을 살펴보면 범선으로 1~2일 소요되었으나, 계절풍과 해류를 탔을 경우는 30~50%의 큰 차이가 났다.

일반적으로 항해기법은 BC 10세기경부터 육지 혹은 섬 등의 지형지물을 보고 항해(地形や地上の物体により位置を測定して行う航法)하는 지문항법(地文航法, terrestrial navigation)과 낮에는 해를, 밤에는 달과 별을 보고 항해하는 천문항법(天文航法, celestial navigation)이 있었다. 우리나라는 313년 미천왕에 축출되기 이전 낙랑유물(樂浪遺物)로 발굴된 북두칠성28숙(宿) 별자리의 원판(天盤)과 10간12지28수8괘의 방형판(地盤)을

포르투갈 동전(천문항법)

이용한 식점천지반(式占天地盤)[126]으로 남쪽(指南)을 알았으며, 삼국사기에 의하면 669년 당나라에 급찬(級湌) 지진산(祗珍山) 등에게 자철석 2상자를 보냈다[127]는 등으로 봐서 나침반을 이용해 기기항법(器機航法)을 사용했던 것으로 보인다. 우리나라도 BC 10세기경 고인돌(支石墓)에 북두칠성(北斗七星)과 남두육성(南斗六星)이 새겨진 것으로 봐서 항해에서도 별자리를 이용한 천문항법(天文航法)으로 항해했으며, BC 2세기경부터는 사남반(司南盤) 혹은 침반(針盤) 등을 이용했다. 669년 이전에 사남침(司南針)을 자철석으로 문질러서 지남철(指南鐵)을 만들어 유상부동(油上浮動)하는 나침반(羅針盤)을 제작해서 항해에 사용했다.

지난 1988년 7월에 동한해류를 이용한 뗏목탐사에선 울릉도-독도 항

해에 72시간이 걸렸다. 이곳은 해류에 맡기면 다른 방향으로 갈 수 없게 천혜자원적인 해류환경에 놓여있었다. 우리 옛 어민들이 즐겨 사용했던 독도항해술은 i) 나침반이 없었던 때 울릉도에선 독도가 삼태성(三台星) 방향, 독도에서 울릉도는 북극성(北極星) 방향에 있어 새벽에 별의 방향을 보고 출항한다. ii) 이렇게 출항해서 하루 정도 항해했는데, 찾지 못하면 속칭 삼각항해술(三角航海術)을 사용해 오른쪽으로 30분 정도 갔다가 다시 60분가량 왼쪽으로 간다. 이때 풍향, 조류 등에 의해서 영향을 받는다. 이렇게 몇 차례 삼각항해(三角航海)를 해서 찾아낸다. iii) 일상생활 도구를 이용하는데 ① 나침반이 나오기 이전엔 북극성의 방향을 보고 반대 방향인 남쪽을 향하게 도판(指南鐵)을 이용했고, 669(신라 문무왕 9)년 이후에 자철석을 이용한 신라침반(新羅針盤)이 이용되었다.[128] 풍수가들이 사용하는 폐철(佩鐵)로는 먼저 진(辰) 방향을 놓고 묘(卯)로 접근했다. ② 오늘날 손목시계를 이용할 때 0시를 북쪽(북극성)에 놓고 4시 17분

울릉도·독도 천문항법(기원전~600년)

30초 방향으로 간다. 아니면 4시 방향에서 17분 30초로 삼각항해기법으로 접근할 수도 있다. ③ 초등학생의 각도기(角度器)를 사용한다면 남북선상에 각도기를 둔 후 103도에 목표를 두고 110도에서 90도로 접근하는 항해를 한다.

울릉도와 독도가 조신 본토에서 먼바다에 떨어져 있다고 소홀하게 관리했다고 생각할 수 있었으나, 사실은 조선 백성들에게는 보물창고였다. 고려 시대 때 본토는 몽골군에 대한 고려군의 항전으로 청야전(靑野戰)을 하는 바람에 산야는 불타 없어졌다. 이때에 강화도 수도에서 팔만대장경

을 만든다고 하자, 울창한 울릉도의 산벚나무[山櫻木]를 벌목해 공급했다. 이때부터 '울창(鬱蒼)한 산림이 있는 구릉섬(丘陵島)'이라는 의미(鬱鬱蒼蒼之丘陵島)에서 울릉(鬱陵)이라고 했다. 오늘날 용어로는 무릉도원(武陵桃源)이고, 유토피아(utopia)였다. 물론, 1960년대 유행했던 가수 정 시스터즈(Jung Sisters)의 "울렁울렁 울렁대는 가슴 안고…"라는 「울릉도 트위스트(Ulngdo Twist)」[129]라는 가사처럼 국민들의 이상향이었다.

1787(정조 11)년 5월 27일 프랑스 라페루즈 함대(La Parouse Fleet, France)의 항해일지를 보면, "난 이 섬들을 발견한 천문학자 르포트 다즐레(Joseph Lepaute Dagelet, 1751~1788)의 이름을 따서 다즐레섬(Dagelet Island)이라고 한다…. 우리는 이 작은 항구(만)에서 중국 배와 똑같은 모양으로 건조되고 있는 배들을 보았다…. 다즐레 섬에서 불과 110km 밖에 떨어지지 않는 육지에선 조선인 목수들이 식량을 가지고 와 여름동안 배를 건조한 뒤에 육지로 가져가 파는 것을 봤다."[130]라고 기록했다. 1854(철종 5)년 4월 4일 러시아의 푸차친(Putiatin) 해군 중장(제독)이 이끈 파라다(Palada)호가 거문도에 입항했고, 4월 19일까지 11일 동안 체류하면서 조선 해상에 기이한 사항과 풍문을 '해상기문(海上奇聞)'으로 남겼다. 독도의 2개의 섬을 보고 연인의 이름을 따서 '마날라이와 올리부차 바위(Manalai & Olivutsa Rocks)'로 적었다. 1855(철종 6)년엔 영국 호넷(Hornet)호 함장이 동해상의 독도를 발견하고 자신의 함정의 이름을 따서 '호넷 바위(Hornet Rocks)'라고 했다. 20세기 출판된 서양지도에서도 '독도'를 대신해서 '호넷 암(Hornet Rock)'혹은 '리앙쿠르 암(Liancourt Rock)'으로 적었다.

1878년 6월, 일본 해군 수로국은 아마기함(天城艦)[131]에게 원산 등 동해 연안에 조사하도록 하명했다. 이어 '독도(松島)'를 측량했으며, 이전에 없었던 독도(竹島)인 '아르고노트 섬(Argonaut Island)[132]'의 실체를 확인했다.[133] 1880년 6월에 다시 파견했던 일본 아마기함(天城艦)의 보고서에서도 "이 섬(울릉도와 독도)은 오키 섬(隱崎島)에서 북서쪽 75%, 서쪽으로 140리 정도 떨어져 있다. 조선 강원도 해안에서 80리 정도에 위치해 바다로 외롭게 서있고, 섬 전체는 높고 험악한 원추모양의 구릉지로 집결된 삼림으로 덮여있었다. 중심은 북위 37-22N, 130-57E이다. 최고산정은 4,000척, 섬 둘레는 18리 정도, 모양은 거의 반원과 같다…. 죽서(竹嶼, 대나무가 우거진 옆 섬)는 근해에 있다. 현재 거주민은 조선인 140명, 봄과 여름철엔 본토에서 들어와 어선을 건조하여 낡은 어선과 교환하여 돌아간다고 한다. 이 어선들은 쇠붙이를 사용하지 않는 나무배(木船)였다."[134]라고 보고했다.

☰ 04
계륵(鷄肋) 같아도
서로 차지하려고 한·일 신경전

'적극적 개입(positive engagement)' 정책으로 전환

우리나라는 임진·병자 양란을 겪고 실사구시(實事求是)를 추구하는 실학이 중국을 통해서 유입되었다. 선진자본주의를 통해서 번창했던 제국 열강들이 동양으로 세력을 확장하였다. 이에 가장 먼저 받아들여 부국강병의 기틀을 마련하고자 했던 일본의 역사적 큰 흐름이 바로 메이지유신(明治維新)이다. 1852년 3월에 동인도함대(East India Squadron) 사령관에 취임한 매슈 페리(Matthew Calbraith Perry, 1794~1858)는 "발포는 하지 말고 일본을 개국하라(Japan-opening without firing)."라는 제13대 필모어(Millard Fillmore, 1800~1874) 대통령으로부터 친서를 받아들고, 11월에 버지니아(Virginia)를 출항해 케이프타운(Capetown), 싱가포르(Singapore), 오키나와(沖繩)를 경유해 1853년 7월 8일에 우라가(浦賀, うらが)에 입항했다. 7월 14일에 막부가 지정해준 구리하마(久里濱, くりはま)항에 상륙해 마중 나온 2명의 관료에게 대통령의 친서를 전달했다. 그해는 중국에선 태평천국(太平天國)의 난으로 어수선했고, 일본에서도 복잡하게 돌

아가고 있었다. 매사에 사전준비가 다 되었던 것처럼 일본은 1854년에 미·일 화친조약을, 1858년에 영국, 러시아, 네덜란드 및 프랑스 등 열강국과 통상조약을 체결했다.

1868(고종 5)년, 일본 정부는 황정복고(王政復古)를 조선에 통고했다. 또한, 양국의 국교회복을 청하는 서계사신(書契使臣)을 보냈으나, 대원군은 척왜정책(斥倭政策)에 몰입된 나머지 i) 격식이 종전과 다르고, ii) 도서에 인각도 조선 정부에서 보낸 것이 아니라는 이유로 접견조차 하지 않았다. 외교문서 논박은 1년 이상 지속되었다. 일본은 대조선 외교를 전담해오던 대마도주 소오씨(對馬島主 宗氏)로부터 직임을 회수했다. 1869년부터 1870년엔 관리를 직접 파견했다. 그렇게 해도 받아들이지 않았다. 격분한 나머지 1872년엔 외무성 외무대승(外務大丞) 하나부사 요시모토(花房義質, はなぶさ よしもと, 1842~1917)가 군함을 이끌고 부산항에 도착했다. 그러나 '왜사(倭使)'가 군함을 타고 오다니 상대해줄 수 없다'며 냉대해 수개월 동안 체류하다가 빈손으로 돌아갔다. 이를 계기로 임진왜란(文禄征韓) 이후에 '무례한 조선을 손봐야 한다'는 조선 정벌(征韓)이 또 다시 고개를 들었다. 1873년엔 삿슈군벌(薩州軍閥) 거두(巨頭), 사이고 다카모리(西鄉隆盛, さいごう たかもり, 1828~1877)가 메이지 신정부의 참의(參議)가 되어 견한대사(遣韓大使)를 자청해 외교문제를 해결하겠다고 했다. 그러나 여의치 않았다. 그는 무력행사를 해야 한다고 주장했다. 그해 9월부터 정한여론(征韓輿論)이 일본 전국을 뒤덮었다.

결국, 1875년 운요호(雲揚號) 함대를 몰고 강화도를 침공해 강압적으로 강화도조약을 체결했고, 본격인 조선침략을 시작했다. 무력 사용의 당연성 혹은 대의명분을 만들고자 먼저 국제법상 무주지 선정(無主地先占, occupation) 원칙을 이용해 영토약탈 방안을 모색했다. 즉, 국제조약이나 외교문서상에 명확하게 취득한 상태가 아닌 조선 영토를 국제법상 무주주 선점이라는 미명하에 편입하기로[135] 했다. 조선과는 대마도(對馬島)와 독도(竹島)가 표적이었고, 대만과 중국엔 오키나와(琉球), 센가쿠제도(尖閣諸島), 괌도(Guam Island) 등을 실효적 지배(effective control)라는 명목으로 각령, 조례 및 조약 등에 명문화를 하고, 동시에 국제고시 등으로 자국영 토화를 선언했다[136].

1876년 2월 27일에 조일수호조규(朝日修好條規)을 체결했고, 1876년 8월엔 내각을 통해서 나가사키 현(長崎縣)에다 대마도를 편입시켰다.[137] 그때까지만 해도 우리나라는 국제적 감각도 없었고, '아닌 밤중에 홍두깨'를 온몸으로 대응하기보다 '눈감고 아옹하기' 피신을 택했다. 조선 조정은 기존 정책이었던 '척화(斥和), 척왜(斥倭), 쇄국(鎖國)'에만 몰입해서 철저하게 무시정책으로 일관했다. 마치 프랑스 레스토랑에서 요리되는 개구리처럼 자신이 삶겨 죽는 줄도 모르고 그저 당장은 미지근한 물에 안주했다. 그럼에도 서세동점(西勢東漸)과 정한론(征韓論)의 칼날이 눈앞에서 번적거림을 알아차린 한 신하가 있었다. 일본 어민들이 과거와 달리 자기네 집보다도 당당하게 울릉도(독도)를 누비고 다니는 걸 봤다. 이를 직감한 신하는 울릉도 검찰사(鬱陵島檢察使) 이규원(李奎遠, 1833~1901)이다. 그는 철종(哲宗) 때 무과급제해 단천 부사, 통진 부사를 거쳐서 1881(高宗 18)년에 울릉도 검찰사에 부임했다. 청렴과 애민을 소신으로 몸소 실행했던 그는 자신의 근무지인 울릉도와 독도를 샅샅이 알고보고자 하던 참에 일본 어민이 울릉도를 점령했다는 소문을 들었다. 이런 풍문을 들은 국왕(高宗)은 1882년 4월 10일에 울릉도를 감찰하고 수토조치(守土措置)를 하명했다.

구국일념(救國一念)으로 이규원(李奎遠, 1833~1901)은 곧바로 배를 타고 울릉도에 갔다. 11박 12일(4.18.~4.30.)간 140명의 인원을 동원해 울릉도 섬 전체를 샅샅이 살펴봤으며, 그를 토대로 울릉도 검찰일기(鬱陵島檢察日記)138를 작성했다. 상경해 6월 6일에 고종에게 살펴봤던 사항을 낱낱이 보고를 했다. 그리고 적극적으로 의견을 제출하여 i) 영구적인 터전으로 개척계획, ii) 일본에 강력히 항의해야 한다는 건의까지 했다. 그의 일기엔 i) 거주 조선인은 140명, 전라도민 115명, 강원도(평해) 14명, 경상도 10명, 경기도(파주) 1명, ii) 이들의 생업은 129명이 벌목해서 배를 만들고, 인삼과 약초 캐는 사람은 9명, 대나무 벌목은 2명, iii) 일본인은 78명으로 벌목해 판재제작소 18개소, 필답으로 그해 4월에 78명이 막사생활, 출신 동해도, 남해도, 산양도, 8월경 선박이 오면 목재를 선적, 조선 정부의 벌목 금지를 모름, 일본제국지도엔 송도가 일본 영토라고 답변, 2년 전에도 벌목 반출, 울릉도 남포에 '일본국송도(日本國松島)' 팻말이 설치되었음. iv) 팻말은 길이 6척, 넓이 1척의 표목, 전면 '대일본제국송도규곡(大日本帝國松島槻谷)', 좌면엔 '메이지2년 2월 23일 기암 층조 건립(明治二年二十三日奇巖層造建立)', 1869년 전에도 송도(松島) 표목이 설치되었음, v) 재개척 가능 주거지(나리분지) 40여 리로 수천 호, 이외 7개 소 200여 호 수용 가능, 포구 거주 가능지역 14개 소 등. 이외에도 지형, 기후, 동식물의 분포 및 특산물까지 자세히 기록하였다.

국왕은 울릉도감찰사의 보고를 듣고 그 자리에서 '일본국 송도 푯말을 주조선(住朝鮮) 일본공사 하나부사 요시모토(花房義質)와 외무성에 항의 외교문서를 발송하라'고 했다. 또한, 울릉도 재개척사업(再開拓事業)을 추진하라고 하명을 내렸으나, 6월 9일에 임오군란(壬午軍亂)이 터졌다. 음력 8월 20일에 재개척을 국왕에게 강력하게 다시 건의했다. 그의 울릉도 개발 프로젝트의 주요내용: i) 백성을 모아 농경지 개간, ii) 개간농경지에 5년간 면세와 취락 조성, iii) 영호남의 조운선용 벌목 허가, iv) 관리인을 천거해 도장(島長)에 임명, v) 설읍(設邑)과 설진(設津)해 이민보호 등이었다. 고종(高宗)은 즉석에서 추진하라고 윤허했다. 도장(島長)은 검찰사의 추천으로 전석규(全錫奎)를 임명했다. 그는 경상남도 함양(咸陽)에서 산삼을 캐러 울릉도에 왔다가 도장(島長)이란 '팔자에 없는 감투를 얻었으니 산삼을 캤다'고, 이렇게 울릉도를 재개척하여 적극적으로 개발함으로써 i) 거주민들을 평온하게 생업에 종사, ii) 천혜자원을 활용하여 유인도(有人島)[139]로 해양산업과 대일본방어의 전초기지를 마련, iii) 가장 가까이 일본으로부터 침입을 받을 독도의 영유권을 확보하는 후방기지화, iv) 과거 소극적인 수토정책을 폐기하고 '적극적 개입정책(positive engagement policy)'을 택했다.

서세동점(西勢東漸)의 바람을 타고 서양 열국의 독도 탐방

서세동점은 상전벽해(桑田碧海)의 변혁을 몰고 왔다. 거대한 파고를 직감한 일본의 지식인들은 1873년부터 정한론(征韓論)이 실행하기 위해서 동경대학(1877년 창설)을 중심으로 구체적인 추진 방안을 강구하기 시작했다. 대표적으로 i) '무주지 선점(occupatio)'에 대한 역사적 사료를 연구해 정비했고, ii) 정한전략과 식민지화 방안, iii) 조선붕당론(朝鮮朋黨論), 황국신민론(皇國臣民論), 일조동조론(日朝同祖論,內鮮一體) 등 식민지사관을 정립했다. 대표적인 사례가 1882년 7월 일본 내각은 언젠가는 조선이 영유권을 주장할 분쟁 예상지역으로 울릉도와 독도로 점찍었고, 선제적 대응으로 1876년 8월초에 조선 부산에서 49km로, 맨눈으로도 빤히 보이는 대마도를 나가사키 현(長崎顯)에 편입시키고 결과를 조선에 통보했다. 이것은 조선본토에 49km 떨어진 대마도를 편입(前建, たてまえ)하는데, 조선 본토에서 219km나 멀리 떨어진 독도는 일본의 앞마당(일본 본토에서

211km)에 놓였다. 갖고 놀다가 언제든지 영토로 편입할 수 있다는 속셈(本音, ほんね)을 깔고 내질렀다. 이미 정해진 수순으로 1905년 2월에 시마네현(島根縣)에서는 독도를 영토 편입하는 조례와 국제공시를 했다. 호랑이로 겁 먹였다가 토끼로 안심시켜 인심을 얻으면서 모두 다 빼앗는다(虎劫兎安, 而善奪悉)는 전략이었다. 만약에 대마도와 독도를 동시에 편입시켰다면: i) 조선은 국토침략전쟁이라고 인식하고 사생결단을 할 수 있었고, ii) 1882년 5월 22일 조미통상조약(Treaty of Peace, Amity, Commerce and Navigation, United States–Korea Treaty of 1882)을 맺었고 미국이 개입해서 방해를 지울 수 있기에 '뿌리돌림(根回し, ねまわし)'을 하지 않아서 주변 강대국의 방해공작도 예상할 수 있었다. 그러나 오늘날 시점의 후견지명(hindsight)으로 봐서 당시에 동시 편입되었다면 대마도와 같은 운명이 되었다.

일본보다 앞선 서양 열국들에게 1840년대 『이상한 땅속 나라(Wonderland Underground)』의 판화소설에서 1865년엔 『이상한 나라 엘리스(Wonderland Alice)』가 식민지 개척에 기름을 부었다. 영국, 프랑스, 러시아 등은 물론이고, 미국에서도 서부개척(New Frontier)이 싹트기 시작했다. 보다 적극적인 나라는 『모비딕(Moby-Dick, 白鯨)』 소설처럼 일확천금을 꿈꾸며 포경사업을 위해 떠났다. 미국의 포경선 체로키(Cherokee)호와 프랑스 포경선 리앙꼬르(Liancourt)호는 우리나라 독도까지 왔다. 1848년 4월 17일에 미국 포경선 체로키(Cherokee)호는 자신들이 갖고 있었던 해도(sea map)에도 없는 2개의 작은 섬(two small islands)에는 새벽녘에 희미하게 동틀 무렵(대략 4시) 눈에 들어오는 거대한 고래가 있었다. 그러나 사라지지 않고 계속 시야에 들어왔고, 아침 햇살을 받아 '신비의 나라 두 공주님(two princess of the Secret Land)'처럼 보였다. 미려한 모습에 홀려 태양이 남중할 때(12시)까지 봤다. 이것이 최초로 서양에 알려진 독도의 기록이다. 9개월 뒤에 프랑스 포경선 리앙꼬르(Liancourt)호 로페즈(Jean Lopes, 본명 Galorte de Souza) 선장이 이 섬을 다시 발견했고, '리앙꼬르 암(Liancourt Rocks)'으로 호칭해 해외에서 아직도 그렇게 부르기도 한다. 1849년 1월 27일에 독도를 최초로 발견했다는 기록은 이를 기원으로 한다.

이외에도 독도를 발견한 포경선으론 모크테스마(Moctezuma)호다. 그 선원들은 1849년 3월 3일과 3월 9일에 울릉도와 함께 독도를 봤다. 그들은 끝이 첨탑처럼 뾰족하게 보였기에 '첨탑바위(Pinnacle rocks)'이라고 했다. 그 날짜 항해일지에 첨탑바위를 적었다. 3월 18일엔 윌리엄 탐슨(William Thompson)호도 울릉도 동남 40마일 정도에서 해도에도 없는 3개의 바윗덩어리를 봤다고 항해기록(log)을 하고 있다. 물론, 이와 같은 것에 대해 「성종실록」은 "1473(成宗 4)년 1월 영안도 관찰사 정난종(鄭蘭宗)에게 삼봉도(三峰島)와 요도(蓼島)에 대해서 조사해 보고하라."라고 지시했다고 기록되어 있다. 캠브리아(Cambria)호는 1849년 4월 28일에 울릉도, 29일에 해도에도 없는 '3개의 작은 섬들(the small islands)'을 봤다고 항해일기에 울릉도와 독도의 모습을 스케치했다. 이와 같은 항해일지 스케치는 이어서 프랑스 해군함정 콩스탄틴(Constantine)호도 1856년에 그렸던 독도 그림, 러시아 군함 팔라스(Palace)호가 스케치했던 독도가 있다.

한국의 기록	독도의 명칭
삼국사기(AD 512)	우산국(于山國)
고려사(태조13, AD 930)	우릉도(芋陵島)
세종실록(AD 1454)	우산(于山)
성종실록(AD 1476)	삼봉도(三峰島)

신증동국여지승람(AD 1531)	우산(于山)
숙종실록(AD 1696)	자산도(子山島)
신증동국여지승람(AD 1791)	가지도(可支島)
대한제국칙령(AD 1900)	석도(石島)
심흥택 보고(AD 1906)	독도(獨島)
대한민국정부(AD 1952)	독도(獨島)
일본의 기록	**독도의 명칭**
행기도(AD 700년)	안도(雁島, がんどう)
에도막부(AD 1661)	송도(松島)
에도시대(AD 1662)	한당(韓唐, からとう)
일본 함선(AD 1904)	리앙꼬암(岩)
일본내각(AD 1904)	다케시마(竹島)
서양의 기록	**독도의 명칭**
프랑스 포경선(AD 1849)	리앙쿠르 락(Lioncourt Rocks)
러시아 함선(AD 1854)	메넬라이(Menelai) 혹은 올리부챠(Olivoutza)
영국 함선(AD 1855)	호네트 락(Hornet Rock)
연합국 문서(AD 1946)	리앙꾸르 락(다케시마)
기타지도 기록(대부분)	치엔산따오(千山島)

이뿐만 아니라 1853년 4월 18일 헨리 니랜드(Henry Kneeland)호의 항해일지엔 "울릉도와 물개바위(seal rock)를 봤고, 그 바위에 물개 7마리를 잡았다."라고 해서 물개바위(seal rock)라고 적고 있다. 이 물개바위(seal rock)는 바로 독도인데, 사실은 물개(海狗)가 아니라 강치(海驢, sea lion)였다. 1857년 3월 27일 플로리다(Florida)호 항해일지에선 '다즐레 바위

(Dagelet Rock, 鬱陵岩)'를 봤다고 하며, 4월 3일 자엔 울릉도 뒤쪽에 다즐레 바위(Dagelet Rock)가 있고, 덧붙여 4월 7일자엔 울릉도와 다즐레 바위 중간 바다에선 두 섬이 모두 보였다고 기록했다. 여기서 '다즐레 바위'는 바로 독도다. 울릉도(Dagelet Island)를 본도로 보고 '다즐레 바위(Dagelet Rock)'라고 표기한 것은 아들 섬(子島) 혹은 부속도서(屬島)로 봤다는 것이다. 다즐레(Dagelet)라는 익살스러운 표현은 '낮술 먹었는데 눈에 띈 잔챙이'[140]라는 뜻을 갖고 있다. 고된 항해에 낮술까지 마시는 모습이 선하게 그려지고 있다. 1860년 4월 11일에도 플로리다(Florida)호는 울릉도를 봤으며, 마치 '당나귀 두 귀처럼 생긴 바위(asses ears)'를 지났다고 항해일지에 적고 있다. 즉, '당나귀 두 귀라고 불렸던 바위(the rocks called asses ears)'라고 적었던 바위는 바로 독도의 동도(東島)와 서도(西島)였다. 바다 위에 솟아 서있는 모양을 당나귀에 비유해 묘사했다.

드림랜드(Dream Land)처럼 미련을 버리지 못해

이때 일본은 독도를 엄연히 조선의 영토라는 사실을 알았다. 1669년 이즈모번(出雲蕃)의 관리인 사이토 호센(齋藤豊仙)이 번주(藩主)의 하명을 받고 오끼시마(隱崎島)를 순시하고 보고했던 『은주시청합기(隱州視聽合記)』에서 "일본의 서북쪽 한계(국경)를 오끼 섬(隱崎島)으로 한다."[141]라고 기록함을 보면 스스로 독도를 조선 영토로 인정했다. 또한 1836(천보 6)년 동남아 등지에 해상무역을 하던 아이주야 하치에몬(會津屋八右衛門, あいづやはちえもん, 1798~1837)이 울릉도와 독도에 교역활동(밀무역)을 하고자 계획했다. 밀무역은 큰 이익으로 영주의 재정적 도움이 컸기에 재무관 하시모도 사헤이(橋本三兵衛)[142] 등은 몰래 불법행위를 승인했는데, "다케시마(竹島)는 금지되었을지도 모르고, 마츠시마(松島)는 금지되지 않았기에

독도에 갔다.”라는 억지변명의 재판기록문을 남겼다[143]. 당시는 울릉도뿐만 아니라 독도에도 이미 해금조치가 취해졌다. 본도의 금지는 곧바로 부속도서 독도라는 물론해석(勿論解釋)은 삼척동자도 다 안다. 그가 작성한 사업계획 및 영업일지를 겸해서 작성한『조선죽도도항시말기(朝鮮竹島渡航始末記)』[144]엔 “울릉도(竹島)에 대나무가 많았고, 독도(松島)엔 소나무가 많았다.”라고 적고 있으며, 첨부한 지도엔 아예 조선 본토, 울릉도 및 독도를 붉은색으로, 일본 본토와 오끼(隱崎) 섬은 푸른색으로 구분해 채색했기에 영유권을 명확히 그려져 있었다. 백보 양보해 하치에몽(會津屋八右衛門, 1798~1837)의 자백이 맞는다고 해도 일본이 안용복의 서계(鬱陵島非日本界)를 부정하는 논리는 독수독과(毒樹毒果)의 결과를 얻는다. 1868년 11월 메이지 정부의 최고 통치기관

조선죽도도항시말서(필사 메모)

다이조칸(太政官)은 외무성에 조선내탐을 비밀리 시행했다. 배경은 그해 10개월 전 1월 14일에 일본의 서계를 격식, 인장 등을 빌미로 해 접수를 거부했다. 대마도의 대역을 거두고 관리를 파견해도, 끝내는 함정을 이끌고 부산항에 외무성 고관이 도착했는데도 움직이지 않았다. 당시는 물론 정한론이 일본 전국에 확산되었다. 정한론은 오시다 쇼인(吉田松陰, 요시다 쇼우인, 1830~1859)의 제자이자 메이지 유신의 3대 영웅인 기도 다카요시(木戸孝允, 키또 타카요시, 1833~1877)가 깃발을 치켜들었다. 그는 1868년 12월 14일 자에 “사절을 조선에 보내 그들의 무례함을 묻고 불복할 때

는 죄를 따져 공격해 그 땅에서 일본의 권위가 펼쳐지도록 해야 한다."[145] 라고 기록했다. 조선 침략을 위해서 1869년 12월에 다이조칸(太政官)의 내탐지령(內探指令)을 수령한 외무성 사디 하쿠보(佐田白茅, さだ はくぼう, 1833~1907年), 사이토 사까에(齋藤榮) 및 모리야마 시게루(森山茂, もりやま

しげる, 1842~1919) 등에게 조선 출장 명령으로 파견시켰다. 도쿄에서 출발한 일행은 나가사키 (長崎)항구와 대마도(對馬島)를 거쳐 2월 22일에 부산항에 왔다. 부산초량(釜山草梁)의 왜관에 머물면서 정탐을 했다. 정탐한 결과를 '조선국 교제시말 내탐서(朝鮮國交際始末內探書)[146]'라는 보고서를 1870년에 외무성에 제출했다. 이를

기초로 사다 하쿠보(佐田白茅)는 1875년 『정한평론(征韓評論)』과 1903년 『정한론의 옛 꿈 이야기(征韓論の舊夢談)』를 출간했다.

1938년 9월, 일본 외무성 조사부가 발간한 『대일본 외교문서』 제2권 제3책(pp.131~138)에 「조선국교제시말 내탐서(朝鮮國交際始末內探書)」를 게재하고 있다. 다이조칸(太政官)의 지시한 조사항목 및 목적, 조선통신사의 파견 예의, 조선과 대마도간의 사신왕래 예의, 조선 입국허가 등의 외교의전, 교역물품의 교환과 물가 등이 적혀있다. 조선 침략의 내탐사항인 조선의 해군과 육군의 군사시설, 장비 실태와 정비 상태, 서울(수도) 근해 항구 실태, 러시아와 조선과의 상호방위 등이 조사되어있었다. 13개의 항목으로 보고하고 있는데, 마지막 항목에 '울릉도와 독도가 조선의 부속으로 된 경위(竹島松島朝鮮附屬に相成候始末)'에 대해서 설명하고 있다. "독도는 울릉도의 옆 섬으로 독도에 대해서는 이제까지 남아있는 서류가 없다. 울릉도 건에 대해 원록(元祿, げんろく, 1688~1704) 연호를 사용하던 때 잠

시 조선에서 거류를 위해 사람을 보낸 바 있다. 당시에는 이전과 같이 사람이 없었다. 대나무 또는 대나무보다 큰 갈대가 자라고, 인삼 등이 자연적으로 자란다. 그밖에 해산물도 상당하다고 들었다."[147]라고 기록하고 있다. 여기서 외무성 공식보고서 '조선국교제시말내탐서(朝鮮國交際始末內探書)' 명칭과 '독도와 송도가 조선 부속으로 되어 있는 경위(竹島松島朝鮮附屬に相成候始末)'라는 항목 제목만 봐도 조선의 영유권을 인식하고 있었다. 1877년 다이조칸(太政官)에 17세기 한·일간 교선결과(交船結果)를 종합 분석해 "품의한 취지의 죽도(울릉도)의 일도(一島, 독도)의 건의에 대한 일본은 관계가 없다는 것을 명심할 것(日本海內 竹島外一島ヲ版圖外卜定ム)."이라고 명기하고 있다.[148] 또한, 1881년 일본 외무성이 기타자와 마사나리(北澤正誠, Kitazawa Masanari)에게 하명하여 저술한 『죽도고증(竹島考證)』에서 송도(松島)는 조선의 울릉도이고, 죽도는 바로 옆 작은 섬이다. 즉, 일본인들이 다케시마(竹島)라고 하던 곳마저 죽서(竹嶼)다. 이는 잘못 짚었을 뿐만 아니라, "금일 송도는 바로 원록 12(1699)년 칭한 바와 같이 죽도로서 예부터 내려오는 우리(일본)의 영토 외의 땅임(版圖)을 알 것이다(今日, 松島はすぐに元禄12年と呼ばれるように,竹島として古くから伝わる,私たち日本の領土外版圖を知っている)."[149]라고 명확히 적었다.

죽어도 절대로 일본엔 줄 수 없다

한편, 조선 조정은 한반도 주변의 역학관계를 무시하며 세상 돌아가는 정세와는 귀를 막고 척화쇄국(斥和鎖國)에만 혈안이 되었다. 울릉도와 독도에 일본 어민들이 들끓어 못 살겠다는 상소와 장계가 빗발치자 그때서야 마지못해, 1881(高宗 18)년 일본 외무경 대리 우에노 가케노리(上野景範, うえの かげのり, 1845~1888)에게[150] 엄중하게 항의서한을 제출했다. 엄

격히 통제하기 위해 울릉도에 우리나라의 어민까지 입도허가제(入島許可制)를 실시했다. 1882년 4월 10일에야 이규원(李奎遠, 1833~1901) 검찰사(檢察使)를 울릉도에 조사하도록 하명을 내렸고, 1882년 8월 20일에 주조대사(住朝大使) 일본공사와 외무성에 영유권 침입에 대한 항의 외교문서를 발송했다. 벌써 일본은 울릉도와 독도를 농간하고 있었기에 조선 조정에서 '호떡집에 불난 꼴'을 보여주는 게 '남의 불행에서 오는 행복감(Schadenfreude)'을 느꼈다. 마치 판소리에서 이봉룡이 "이리 오너라. 업고 놀자, 춘향아!"라고 농락짓거리를 하는 모양새였다. 일본 외무성은 울릉도와 독도에 대해 이미 기초조사를 비밀리에 마쳤다. 개발계획마저 완비하였고, 독도의 일본 영토화는 시간문제였다.

일본은 1883년 3월 대일본 해군수로국(海軍 水路局)에서 '대일본천황의 영지(영해, 寶瀛)를 분명히 함'을 취지로 발간하는『환영수로지(寰瀛水路誌)』제2권에선 독도를 울릉도와 동일한 항목에서 울릉도의 부속도서로 게재했으며, 1886년에 발행한 같은 책 제2판(pp.397~398)에서도 전과 같이 표기했다. 1899년 2월에 환영수로지(寰瀛水路誌) 대신 국가별 수로지를 제작하였는데,『조선수로지(朝鮮水路誌)』제2판(pp.263~264)에서「리앙꼬르 열암(リヤンコ—ルト列岩)」를 수록했다. 이어 1899년 10월 3일 일본 외무성(外務省)에선 조사관 다카오 겐조(高尾 建三)를 울릉도에 파견했다. 그는 실사결과 보고서에 "현재 토착민의 수는 대략 2,000명이고, 호수는 500호이며, 농부와 어부는 각각 전반으로 선박을 건조하는 목공들이었다."라고 적혀있는 것을 봐, 이규원의 유인도 정착화사업(有人島定着化事業)은 매우 성공적이었다.

이렇게 성공적인 개발을 통해서 조선 정부는 1899년에 울릉도 산림채벌권(山林採伐權)을 러시아에 넘겼으나, 러시아는 일본인들의 불법남벌이

심각하니 금지조치를 해달라고 조선 정부에 요청했다. 일본과 러시아는 울릉도를 갖고 각자의 배를 채웠다. 이에 조정은 울릉도 도감(島監)을 군수로 격상시켰고, 1899년 5월에 초대 군수에 배계주(裵季周)를 임명했다. 배계주(裵季周) 군수는 일본인의 울릉도 침입실태를 실사하고자, 부산항 외국인 세무사를 동행해 현장 실태조사를 5월과 6월에 실시했다. 실태조사 결과는 참으로 심각했다.[151] 조선 조정에서 일본 영사에 근절을 요구했으나 마이동풍(馬耳東風)이었다. 조선 정부는 실효적인 근본대책 수립을 절감했다. 1899년 12월 15일 조선 정부는 내무관원 우용정(禹用鼎)을 울릉도 시찰위원으로 임명하고, 일본 측에 제3외국을 포함해서 조사단을 파견해 재조사를 요구했다. 이에 따라 우용정(禹用鼎)을 대표로 감리서 주사 김면수(金冕秀), 부산해관 프랑스인 세무사 라포트(E. Raporte, 羅保得), 봉연 김성원(金聲遠), 부산주재 일본 부영사관보 아카츠카 쇼스케(赤塚正助, あかつか しょうすけ, 1872~1942)[152] 및 경부(警部) 1명으로 구성했다. 1900년 5월 31일에 울릉도에 도착해 6월 1일부터 6월 5일까지 5일간 세무사 라포트(E. Raporte, 羅保得)의 입회하에 실태조사를 단행했다. 조사 결과 보고서 「울릉도사핵(鬱陵島査覈)」[153]을 보고하고, 행정관리 강화를 위해 대책을 강구했다. 조선 내부(朝鮮內部)는 2월 22일 의정부 회의에 안건으로 제출하였고, 10월 24일에 만장일치로 통과되어 관제(江原道 鬱島郡)[154]를 개정하고, 격상하는 행정조치로 1900년 10월 25일에 '대한제국 칙령 41호'[155]을 발표했다. 국제법상의 독도의 영유권 천명과 동시에 실효적 지배를 유지함을 선언했다.

1902년 10월 6일 자 일본 외무성 통상국 발간 기관지(organ paper) 『통상휘찬(通商彙纂)』[156]에서 "본도(울릉도)의 정동쪽 약 50해리에 작은 섬 세 개가 있다. 이를 리얀코 섬(Liancourt Island)이라 하며, 일본 사람들은 마

쓰시마(松島)라고 한다. 그곳에 다소의 전복이 산출되고 있어 본도에서 출어해 채취하는 사람이 있다. 그러나 이 섬(독도)에 식수가 없어 오랫동안 출어하는 것은 가능하지 않아 보이며, 4~5일 후에 본도로 돌아가곤 한다 (... 本島の正東約五十海里より ... 本邦人は松島て稱 ... 多少の鮑 ... 本島にり 出漁 ... 同島に飮料水乏 ...)."[157]라며 울릉도를 독도의 본도(本島)로 보고, 독도는 부속도서(附屬島嶼)로 인식하고 있음을 밝혔다.

이와 같은 사실은 1890년부터 외국 영해 어업사업가였던 나카이 요사부로(中井養三郎, なかい ようざぶろう, 1864~1934)[158]는 1891년~1892까지 러시아령 부근해 해마(海馬) 잡이를 했으나, 1893년 조선 연안에 잠수기를 이용해서 물개와 생선을 잡았다. 일본 정부에 영토화를 제안했다. 이때 마침 '대한제국 칙령 제41호' 조치가 발표되자 일본은 1902년에 울릉도 주재소를 일방적으로 설치해 실효적 지배(effective control)를 먼저 하겠다는 모양을 취했다. 1903년 독도 인근 연해에 일본 어부들은 해마를 불법 남획했다. 나카이 요사부로(中井養三郎, なかい ようざぶろう)는 대한제국 정부로부터 독점영업권을 얻고자, 독도가 일본 영토인 양 일본 농무성에 차용청원서(貸下願)를 내었다. 또한, 1904년 9월 29일에 이에 '독도 영토편입 및 차용청원(リャンコ島領土編入竝二貸下願)[159]'을 내무성에 제출했다. 당시 일본 내무성 담당자는 '독도가 한국 영토일 가능성이 있고, 러·일 전쟁 중에 한국병합의 야욕을 드러내는 것이기에 시기상조'로 봤고, 그 청원을 4개월 만에 각하했다. 그러나 구체적이고 물리적인 행동으로 외무성에선 전선망(電線網)과 망루(望樓)를 설치해 군사적인 지배에 있다는 사실을 천명했다.

한편, 1904년 아관파천(俄館播遷) 등으로 러시아가 조선에 적극적으로 접근하는 걸 본 일본은 러시아와 전쟁을 계획적으로 도모했다. 곧바로 러시아 함대를 감시하기 위해서 울릉도와 독도에다가 일본 본토와 연결된 전선망을 설치했고, 동시에 감시초소(관측소)를 세웠다. 사실상 조선식민지화 본심을 드러내고 있었다. 국제법상 '무주지 선점(terae nullius)과 실효적 지배(effective control)'를 병행하는 국제법규상의 조치인 영토편입 고시를 단행했다. 1905년 1월 28일에 일본 내각회의를 소집해 독도 편입을 결정하고[160], 2월 22일 '시마네현(島根縣) 고시40호'[161]로 "북위 37도 9분 30초, 동경 131도 55분, 오끼도(隱崎島)와의 거리는 서북 85 리에 달하는 도서를 죽도(竹島, Takeshima)라 칭하고, 지금부터 본현 소속 오끼도사(隱崎島司)의 소관으로 정한다."[162]를 고시했다.

독도 각의 결정(cas.go.jp)

1962년 7월 13일 자 '일본 정부 견해(日本政府見解④)' 외교문서에선 시마네현 산음신문(山陰新聞)에 고시를 게재했으며, 조선과 특별조약이나 규정이 없기에 통보하지 않았음은 당시 국제적인 통상적 관습이었기에 국제법상 합법이었다고 주장하고 있다. 그러나 당시 국제법적 상식으로는 i) 고의적으로 우월적인 지위를 이용했으며, ii) 적법절차(due process of law)에서도 이해당사자에게 통보 및 의견수렴을 결했으며, iii) 최근 국제법상으로 대두하고 있는 절차적 공정성(procedural fairness)에서 ① 형평성, ② 기회균등, ③ 결과배분, ④ 의견수렴 등에 과오를 갖고 있다.

이어 1905년 9월 3일 자 통상휘찬 제50호[163]에서는 울릉도 현황(鬱陵島現況)에 "바다사자(sea lion, トド)라고 하는 바다 동물이 울릉도 동남쪽 대략 25리에 위치한 량코섬(ランコ島)에 서식하며, 지난해부터 울릉도민이 그것을 포획하기 시작했다. 포획기간은 4월부터 9월에까지 6개월, 어선

한 조에 30명씩 어선 세 개 조(組)가 작업을 했다. 바다사자의 현재 가격으로 평균 3원 정도이다.164"로 적고 있다. 여기서 해수(海獸)를 '톳도(トド)'라고 한 것은 아마도 우리말 '독도(獨島)'를 표기한 것이다. 지명을 물건으로 대신한 사례는 인천에서 수입한 홍삼과 건삼을 일본에서는 진센(ジンセン, 仁川)', 신라 조하주(朝霞紬)를 '시라기(シラギ, 新羅)'라고 해서 영어사전에도 'ginseng'과 'silk'로 올라있다. 일반적으로 새로운 물건명을 모를 때 지명을 대신하기도 했다.

당시 일본 사람들이 '토도(トド)'라고 하던 바다사자(sea lion, アシカ, 海驢, 葦鹿)을 울릉도의 별칭 가지도(可支島)에서 나온 해산물이라고 '가지어(可支魚)' 혹은 모양으로 '물소물고기[水牛魚]'로 통용되었으나, 속칭으로 '물개 같은 놈이 일부다처라니 강한 놈(치)'이라는 의미에서 '강치[强赤]'라고 했으며, 남성들에게 물개 이상의 정력을 제공한다는 속설로 소 10마리 값으로 거래되었다. 기록상으로는 신라 이사부(異斯夫)가 우산국 정벌 이후에 우산국의 해표피(海豹皮)로 당나라에 특산품으로 제공하기도 했다. 165 1794(정조 18)년 『정조실록』에선 강원도 관찰 심진현(沈晉賢, 출생미상~1747)이 울릉도 수토관(搜討官)으로 올린 장계에 "4월26일, 가지도(可支島, 울릉도)에 가니, 4~5마리의 가지어(可支魚)가 놀라서 뛰쳐나왔는데 모양은 물소와 같았고, 포수들이 일제히 포를 쏴 두 마리를 잡았다."166라고 기록하고 있다. 또한, 그 장계에 월송만호(越松萬戶) 한창국(韓昌國)이 그곳 산물인 가지어피(可支魚皮) 2장, 황죽(篁竹) 3개 등의 토산물을 가져오고, 지도 한 장을 그려왔다고 했다. 가지어(可支魚)에 대해 이익(李瀷, 1681~1763)의『성

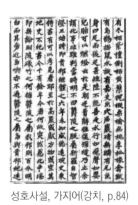

성호사설, 가지어(강치, p.84)

호사설(星湖僿說)』에 "동해 울릉도엔 가지어(嘉支魚)가 있다. 바위틈에 서식하며, 비늘은 없고 꼬리가 있다. 몸은 물고기와 같고 다리가 넷이며, 뒷다리는 아주 짧고, 육지에서는 빨리 달리지 못하나, 물에선 나는 듯이 빠르고 울음소리는 어린아이와 같다. 그 기름은 등불에 사용한다."[167]라고 기록하고 있다.

1904년부터 일본이 무자비한 강치잡이로 바닷물을 빨갛게 물들일 정도였다. 한 해 최대 3,200마리를 잡아들이는 바람에 결국 독도의 강치는 물론 1974년 북해도에서 잡힌 것을 마지막으로 멸종되었다.[168] 최근 일본은 자기네들의 독도 영토를 주장하기 위해서 1904년 독도에서 강치잡이를 했다는 증언을 국제적으로 홍보하고 있다.[169, 170] 이런 국가 홍보로는 i) 독도 영토 주장보다 지구촌 환경파괴에 앞장섰다는 것, ii) 일본제국의 식민지정책으로 말살했다는 정황증거를 제공할 뿐이다. iii) 과거 독도에서 불법적으로 강치잡이를 했다는 iv) 후손의 증언(竹島を語る, 祖父石橋松太郎から聞いた竹島の, 佐々木恂さん, 島根縣隱岐の島町)은 조상을 욕보이는 후손의 과오다. 한마디로, 이런 과오는 '단순 관점 본능(single perspective instinct)'[171]에서 자초한 결과다.

'시마네현 고시 제40호' 조치의 진정성?

국가의 법규적 행정행위엔 시행 배경, 당시 현실적 실태, 형식, 내용 및 태도 등을 종합적으로 분석해 진정성(眞正性, authenticity)을 판단해야 한다. 과거 종교에서도 '거짓이 없는 참됨'으로 간절함을 가려서 신이 축복을 내린다. 성경에서도 '하느님의 완전한 계시, 정확무오(正確無誤)하게 기록' 혹은 '하느님의 존재 자체가 진실하고(시편 117:2), 백성에게 준 언약(말씀)을 진실하게 지킴'에 진정성을 평가했다. 현재 법치국가에서는 증거와 심리를 통해서 판단하는 데도 진정성을 중시한다. 증거[172]를 채택하는 데도 진정성의 여부를 판단하기 위해서 채증법칙(採證法則, evaluation rule of evidence)[173]이란 관례적 원칙론을 활용하고 있다. 국제법상에서도 법규성은 없더라도 진정성을 판단하는 데 기준은 된다.

이런 진정성에서 일본의 '시마네현 고시 제40호(島根縣告示第四十號)'[174]를 언급하면, i) 독도를 진정한 무주지(tarae nullius)로 인식하지 않았다. 왜냐하면, 조선과 일본제국이 수십 년 전부터 외교문제로 갈등관계를 갖고 있었기에 일본은 이를 극복하고자 조선 정벌(정한)론까지 체계적으로 확립하고 있었다. 또한, 1900년 10월 25일 '대한제국 칙령 41호'를 발표하자 주조 일본공사는 물론 총독부에서까지 항의를 했다. ii) 1904년 9월 24일 러시아와 대치하고 있던 일본 해군전선이 독도를 탐사해서 '독도의 식수(食水), 시설 및 일본 어민의 해마잡이 현황'을 기록한 항해일지를 기

독도 강치잡이, 日山陰新聞(1905.5.14.)

록하고 있다[175]. iii) 1904년 9월 29일 나카이 요사부로(中井養三郎)가 일본 내무성에 제출한 '독도 영토 편입 및 차용청원(リャンコ島領土編入竝二貸下願)'에도 내각에서 숙의를 거쳤다는 건 외교상 갈등을 충분히 인식했다는 뜻이다. 그

대신에 '평온한 실효적 지배(peaceful effective control)'보다 무력행사를 통해 국제분쟁지역(ITA)으로 만들고자 망루를 설치했기 때문이다. iv) 1904년 11월 13일 자 대마도에 대기 중 군함의 비밀문서엔 '독도에 무선전신소 2개 설치가능 여부를 조사할 것'을 송신했다.[176] v) 1905년 1월 5일 대마호가 극비로 보고한 독도 실태에선 '동도와 서도의 기암절벽, 어부의 해풍과 파도의 피신처, 해표 잡이 실태 등'을 보고로 실태를 알았다[177]. vi)

과거 대마도 등의 영토 편입 관련 내각의 각의를 거친 고시는 일본 국내의 104개 신문에 도배를 했다. 그런데 '시마네현 고시 제40호'는 신문 게재는 고사하고, 일본 관보에조차 게재하지 않았다. 원본만 시마네현청에 달랑 1장을 보관하고 있다. 그 문건에는 회람(回覽)이란 붉은색 고무인만 선명하게 찍혀있다. 이는 행정처분 문서가 아닌 내부(회람)문서에 한정했기 때문이다. 당시 일본의 국내법상 적법절차(due process of law)를 무시했으며, 로마 시대부터 국제관습으로 지켜온 '형평과 선의(ex aequo et bono)' 원칙까지 위배했다. vii) 이뿐만 아니라 조선의 영토를 강제 편입하면서도 이해당사국가(조선 조정)에 통보하여 의견을 듣지 않았다는 건 국제적 관습법인 절차적 공정성(procedural fairness)을 위반했다.

이뿐만 아니라 일본 해군이 정부 공식 간행물(public organ)로 발행했던 「수로지(水路誌)」에서도 독도는 울릉도의 부속도서로서 조선의 영토라는 사실을 기록하고 있었다. 1883년간 「환영수로지(寰瀛水路誌)」에서도 '조선국일반정세(朝鮮國一般情勢)' 항목에 세목으로 '리앙코르토 열암(リアンコルト列岩)'에 대한 현황을 기재하고 있으며, 1849년 프랑스 리앙쿠르트(Liancourt)호의 발견으로 리앙쿠르트 바위(Liancourt Rock)라고 칭한다는 것 등을 상세히 게재하고 있다. 조선수로지(朝鮮水路誌) 1894년판(p.255~256)에 '제4편 조선동안(朝鮮東岸)'와 1899년판(p.263)에서도 "한국인은 이를 독도라 하고, 일본 어부는 리앙코르트 열암(リヤンコールト列岩)이라고 부른다."라는 동일한 내용이 게재되어 있다. 이를 종합할 때는 일본은 독도가 조선의 영토임을 인지하고도 시마네현 고시를 했다는 건 강제침탈의 본심을 드러낸 것이다.

국제조약에 명기해 아예 이설이 없애고자

일본 제국은 단순하게 '시마네현 고시 40호'로 독도 편입을 시도했다기보다 계획적이고 단계적으로 일관성을 갖고 일련의 국제조약을 거듭해 체결함으로써 물 샐틈 없이 국제적 조약으로 이설(異說)을 없애고자 했다. 그동안의 추진사항을 복기(復碁)처럼 되짚어보면 i) 1875년 9월 20일 '운양호(雲楊號)' 군함으로 교전을 유도해 책임을 묻는 '강화도(조일수호)조규'를 시작으로 해, ii) 1895년 4월 17일 청일전쟁에 승리하고 청나라에게 '요동반도와 대만을 할양하고, 조선에 대한 종주권을 포기'하는 '시모노세키조약(下關條約)'을 체결했다. iii) 1904년 2월 23일 일본은 조선의 사전 동의 없이도 군대를 주둔할 수 있도록 '한일의정서(韓日議定書)'를 약정했다. iv) 1904년 8월 22일 대한제국의 재무, 외교, 경찰, 군부 등에 일본의 고문에 의해 정책을 시행하도록 '제1차 한일협약'에 서약하도록 유도했다. v) 1905년 7월 29일 미국으로부터 일본의 조선지배권을 약속받는 '가쓰라-테프트 밀약'까지 받아냈다. vi) 독도 편입 조치가 이뤄진 뒤 1905년 11월 17일 조선의 외교권까지 일본이 장악하는 을사보호조약(늑약) 감행했다. 이렇게 조선을 국제조약(협정)이란 외교적 포박(diplomatic seizure)을 몇 겹이고 칭칭 동여매었다.

한편, 1905년 2월 22일에 '시마네현 고시 제40호'를 시마네현(島根縣)

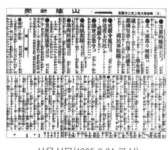

산음신문(1905.2.24.고시)

지방지(local newspaper) 산인신문(山陰新聞)에만 (명치 38년) 2월 24일 자로 게재[178]하고, 조선 정부엔 통보조차 하지 않았다. 그해 11월 17일에 을사보호조약을 체결했다. 이런 틈새를 노려서 시마네현(島根縣)은 또다시 독도에 대한 실태조사를 실시했고, 1906년 3월 28일에 실사를 마치고, 울릉도에 상륙해 군수인 심흥택(沈興澤, 1855~졸년 미상)을 만나 "독도가 더 이상 울릉도의 부속도서가 아니라 시마네현 다케시마(島根縣 竹島)다."라는 사실을 알렸다. 울릉군수는 지체하지 않고 바로 이튿날 '본도 소속 독도(本島 所屬 獨島)'라는 장계를 강원도 관찰사 이명래(李明來)에게 올렸다.[179] 관찰사는 의정부에 또다시 보고를 올렸다. 1906년 4월 29일에야 비로소 의정부 참정대신 박제순(朴齊純)이 받아보았으나 일본에 항의는 고사하고, "독도가 일본 영토에 편입될 근거가 전혀 없다. 독도의 형편과 일본인들의 동향을 조사 보고하라."[180]라고 되려 강원관찰사에게 항의 하명했다. 내부대신 이지용(李址鎔)은 "독도를 일본 속지라고 말하는 건 전혀 이치가 없다. 아연실색할 일이다."[181]라고 말했다. 당시 의정부는 친일파 일색으로 속칭 폭탄 돌리기(bomb-playing game)에 혈안이 되었다. 1905년 11월 17일 을사늑약을 체결했는데, 일본이 만약 이 조약 원본을 국제사법재판소에 '외교권 이양' 증거로 제출했다면 진정성(진정성) 문제로 난도질을 당할 것이다. 가장 먼저 '형식적 진정성'에서 i) 국왕의 서명(手記)이 빠졌고, ii) 국가의 상징성인 국새(國璽)가 날인되지 않았다. 이는 곧바로 i) 국왕의 의사에 반해서 대신들이 비밀리 추진한 것임을 강변하고, ii) 국왕을 설득시켰다면 나중에 추인했을 것임에도 지금까지 보완하지 않았다는 건은 강압에 굴하지 않았다는 정황을 의미한다. 따라서 이를 기반으로 한 여하한 외교권대행 행위는 '불법을 원인(민법 제746조)으로 한 여하한 결과는 불법이다(Any consequences caused by illegality are illegal).'[182]를 면하지 못한다. 즉, 1906년 9월 4일 일본이 조선외교권으로 조선 국경을 설정하는 간도협약(間島協約)을 체결한 건 '불법을 원인으로 하는 불법행위'다.

또한, 조선 정부를 후원하던 청나라도 1894년에 청일전쟁에서 패했고,

아관파천(俄館播遷) 등으로 후견인을 자처했던 러시아도 1904년 2월 8일부터 1905년 9월 5일까지 러일전쟁으로 일본에 대패했다. 이를 지켜봤던 조선 조정(朝鮮朝廷)은 1905년 2월 22일 고시한 독도의 일본 영토 시마네현에 편입에 1년이나 뒤늦게[183], 강원도 관찰사의 장계가 올라오자 마지못해 1906년 4월 29일에 의정부 참정대신 서리가 항의하는 척했다. 결국은 이렇게 일본제국의 심기를 헤아린 결과 일본천황으로부터 귀족 작위와 은사금을 받는 영광을 보장받았다[184].

요사이 젊은이들 용어로는 "이게 나라냐?"다. 이렇게 나라가 썩었다니. BC 5세기 중국 노자(老子)는 도덕경(道德經)에서 "아무리 큰 나라라도 다스리는 것은 작은 물고기를 굽는 것과 같다(大國治若烹小鮮).[185]"라고 했다. 즉, 지나친 간섭으로 서로 들어먹으려고 해도 안 된다. 로마의 격언에 "국가와 물고기 머리부터 썩는다(Patriae et piscem similiter, Rots a capite)."라고 했다. 최근 2013년 다론 아제모을루(Daron Acemoglu, 1967년생)가 쓴 『국가는 왜 실패하는가(Why nations fail)?』에선 "국가 지도자가 해야 할 일을 하지 않았기 때문이다. 또한, 하지 않아야 할 것을 찾아서 했기 때문이다."[186]라고 지적하고 있다. 이렇게 어영부영하는 동안에 일본제국은 조선 영토인 독도를 시마네현(島根縣)에 편입하는 행정조치에 대해 1년 이상이나 아무런 항의조차 없었다. 이는 곧바로 "침묵은 인정이다(Silentium est appreciated)."라는 묵시적 인정(Implicit recognition)으로 굳어졌다. 독일의 행정관례상에서도 행정조치한 뒤 1년 이상 경과 땐 확정력이 생기는 동시에 반론에 대한 효력이 상실된다. 이에 대해 우리나라는 i) 일본제국이 조선에 정식으로 통보하는 적법절차(due process of law)를 지키지 않았다. 혹은 절차적 공정성(procedural fairness)을 침해했다. ii) 4년 이전인 1900년 10월 25일에 '대한제국 칙령 41호'를 발령했고, 유인도로 평온하고 합법적인 현실적 지배를 해왔다. iii) 또한, 일제는 운양호 군함을 앞세웠고, 청일전쟁, 러일전쟁 등으로 무력을 행사해 평온한 질서를 파괴하면서까지 심리적 협박을 가하는 외부환경을 조성하였기에, 신사적 협정(gentleman's agreement)에 따르면 국제재판소 등에서도 국제관습법으로 인정하고 있는 '무기대 등의 원칙(principle of equality of arms)'을 위배했다.

물론, 일본이 과거에서 당시까지 해왔던 i) 조선과 외교관계에서 확인해주었던 각종 외교공문서, ii) 일본 조정에서 자국민들에게 해금조치를 위반했다고 처벌했던 일본 국내 재판문서를 현재 와서 부인한다는 것은 '신의성실의 원칙'에서 파생된 국제관습법 '금반언의 원칙(principle of estoppel)'의 위반이다. 즉 i) 1693(肅宗 19)년 4월 동래인 안용복이 호오키쥬 타이슈(伯耆州 太守)로부터 "울릉도는 일본 영토가 아니다(鬱陵島非日本界)."라는 확인서계(確認書契)와 1696(肅宗 22)년 3월에 안용복의 제2차 도일해서 "양도(울릉도와 독도)는 이미 조선 영토이기에 만일 다시 월경하는 자는 무겁게 처벌할 것이다(兩島(鬱陵島と獨島)は,すでに朝鮮の領土だから,もし再び越境とする者は重く處罰する)."라는 약속서계(約束書契)가 있다. ii) 독도가 조선의 영토로 기록한 일본의 공용문서로는 1667년 운주 관리 사이토 호센(齋藤豊仙)의 결과보고서인 「은주시청합기(隱州視聽合記)」[187]와 1870년 일본 외무성 관리가 조선을 탐사하고 제출할 탐사결과보고서인 「조선 국교 제시말내탐서(朝鮮國交際始末內探書)」, 그리고 1877년 3월 29일 다이조칸(太政官)에서 내무성 질의에 내린 지령문 「대정관 지령문(太政官 指令文)」이 있다. 일본관공서의 내부문서로 평온한 상태에서 스스로 작성한 문서까지 부인하는 것은 신의칙(信義則)의 위배다.

≡05

패망한 일본이
한국을 분단시키다니?

일제의 철저한 '한국 영토 권원의 말살' 기획

과거 일본 남성들이 담뱃불을 끄는 것을 자세히 보면, i) 피우던 담뱃불을 주변의 벽이나 땅바닥에 비벼서, ii) 불씨가 없는가를 확인하고, iii) 불씨가 조금이라도 있으며 침을 뱉고, iv) 땅바닥에 놓고 발로 몇 차례 비빈다. v) 그리고 나서 혹시나 바람이라도 불면 불씨가 살아날까 봐 발로 차서 하수구로 처넣는다. 최근에 아예 알루미늄박으로 제작된 휴대용 재떨이까지 주머니에 갖고 다니면서 담뱃재를 털고 밀봉한다. 이렇게 몇 번이고 확인하고, 할 수 있는 모든 조치를 취하기에 조선과 국제조약 하나라도 그렇게 허술하게 하지 않았다.

일본 사람들이 36년간 조선 식민지화의 경험을 토대로 결론을 내린다면 우리나라 사람들의 일처리 습성은 i)'백령도 꽃게의 습성'과 ii)'비창조적 흥분(uncreative excitement)'이다.[188] 이런 습성으로 '누에가 고치를 만들수록 자신을 자승자박하는 결과'를 만든다(作繭自縛). 앞뒤를 생각하지 않고 즉흥적인 감정에 휩싸여 큰일을 저지른다. 좀 더 풀이하면, 백령도 꽃게는 한두 마리를 양동이에 잡아넣으면 밖으로 나오고자 최선을 다하나, 여러 마리를 넣으면 서로가 물고 엉켜서 절대로 밖에 나오지 못한다. 특히, 일본에 대해서는 반감이 심각해서 '곧 죽어도 고(go)'다. 또 다른 하나는 '한국 사람은 제트기'와 같다. 똥구멍에 불이 붙어야 제 속도를 내기 때문이다. 한국엔 유비무환(有備無患)이란 단어만 있을 뿐, 현실엔 존재하지 않는다. '불이 나서 눈썹도, 얼굴도 태우는 것(焦眉爛額)'만으로 실적을 인정받고자 한다. 특히 일본에 대해선 반감만 앞세워 대부분 일회성 이벤트로 끝내고 만다.

독도만 놓고 언급하면, 1900년 10월 27일 관보 제1716호 '대한제국 칙령 제41호'로 독도를 역사적인 권원(historical title) 혹은 원시적 권원(original title)을 국제적으로 천명하고, 동시에 실효적 지배를 시작하겠다는 현실적 권한의 현시(the practical display of authority)였다. 독도에 대한 조선의 영유권의 '권원의 대체(replacement of title)' 혹은 '실효적 지배의 숙성(maturing of effective control)'이 완성되는 것을 일본은 한치 오차도 없이 수수방관하지 않았고 맞대응 했다. 먼저 '무주지 선점'을 주장하고자, 1905년 2월 22일 일본 영토 편입의 근거로 '시마네현 고시 제40호'로 독도영유권의 '권원의 단절(severance of title)'을 시도했다. 연이어 7월 29일 가쓰라·테프트 밀약으로 통한 몇 발 앞선 식민지화라는 전 국토의 전권장악을 숨기고, 11월 17일 을사보호조약으로 외교권조차 박탈했다. 1910년 8월 22일 '한일합방조약'으로 '무력적 지배(forced control)' 혹은 보다 강력한 실효적 지배를 하게 되었다.

일제는 한국의 영유권 말살(obliteration of Korea territory)에 대해서 경술국치 전에만 한정하지 않았다. 1943년 태평양전쟁으로 연합군의 승전이 대세로 굳어짐에 따라 일본은 출구전략(exit planning)을 마련했다. '조선이 일제에 보복을 아예 할 수 없도록 싹부터 자르자(復讐抹殺)'는 대비책을 마련했다. "i) 승전 4개국(미국, 영국, 중국 및 소련)이 패전국 일본을 4개국 분할통치를 방지하기 위해 한반도를 분할 통치하도록 유도하며, ii) 조선의 분할은 두 번 다시 통합이 불가능하게 국토분할, 이념분할, 체제분할까지 공고화하고, iii) 미국과 소련을 조정해 조선 내전을 발생시켜 조선이 대일강화조약에 불참토록 한다. iv) 대일강화조약에서 대마도를 일본 영토화하고, 최악의 경우엔 독도를 조약 본문에서 제외시킨다."라고. 이렇게 조선 복수말살기획(朝鮮復讐抹殺企劃)을 상상하는 일본 국가지도자의 머릿속엔 콧노래가 "꽃이 만발한 도쿄의 야스쿠니 신사/ 봄의 벚꽃 가지 끝에 피어서 만나자."189라는 리듬을 타서 흘려 나온다. 노래 제목은「같은 가지에 핀 벚꽃(同期の櫻)」이다. 눈물이 앞을 가린다. 명함만 한 종이쪽지에다 메모를 하면서 '사쿠라의 부활(櫻の復活)'을 꿈꿨다.

이에 반해 우리나라는 아무런 대책도 없었다. "방귀 잦으면 똥 싼다."라는 속담만을 아는 조선 사람이라면 일제 패망을 다 예상했다. 그러나 '불이 날 위험을 대비해서 굴뚝을 돌리고, 나무 섶을 아궁이에서 멀리 치우는 일(曲突徙薪)'190은 아무도 하지 않았다. 적어도 i) 연합군에 참전 의사 표명과 일제에 선전포고를 했지만, 일제로부터 정권 이양과 정부수립에 청사진, ii) 전후 강화조약에 승전국으로 참여해서 국토 영유권 회복, iii) 국가 건설과 번영을 위한 현실적인 프로젝트 하나 정도 했어야 마땅했다. '백령도 꽃게'처럼 이념분쟁과 파벌을 조성하여 서로 엉켜서 물고 늘어지기만 했다. iv) 여기에다가 매사 처리엔 '비창조적 흥분'만을 앞세웠다. 유일한 대응은 분노 표출이었다. 장기적·체계적으로 추진하는 건 아무것도 없었다.

1932년 1월, 상해사변(上海事變)을 발발시켰던 일제 군이 점령지의 여성들을 강간하는 바람에 지역민의 저항이 심각했다. 이를 본 파견군 참모

장 오카무라 야수지(岡村寧次, おかむら やすじ, 1884~1966)[191] 중장은 나가사키(ながさき)현 지사에게 종군위안부(從軍慰安婦)의 모집을 요청했다. 왜냐하면, 1937년 7월 남경대학살(南京大虐殺)을 자행한 황군의 강간 만행이 중국인에게 반일 감정을 극도로 높였다. 1939년 8월 8일 히라누마 기이치로(平沼騏一郎, ひらぬま きいちろう, 1867~1952)[192] 내각은 '국민정신 총동원운동(國民精神總動員運動)'[193]까지 강행했다. 모든 국민에게 국 하나와 반찬 하나로 간소화하며, 학교에서는 일장기 도시락(日の丸弁当, ひのまるべんとう)[194]을 싸오게 했다. 도시락 한가운데 매실장아찌(うめぼし) 하나만 박아놓고 점심시간이 되면 매실의 붉은색이 온 밥에 번져 욱일승천기(旭日昇天旗)처럼 보였다. 이렇게 제정신이 아닌 각종 정책과 온갖 동원령이 내려졌다. 최후의 발악이라는 사실을 직감할 수 있었다. 1943년에 들어서자 연합군의 승리가 확연히 기울어지자 일본제국은 미쳐 날뛰었다.

스스로 통치가 아니면 남으로부터 지배를 받는다

작게는 달걀 하나라도 스스로 껍질을 깨뜨려야 비로소 노란 병아리가 된다. 크게는 어떤 나라도 스스로 통치기구를 만들고 인재를 모아야 비로소 국가다운 통치를 할 수 있다. 그러나 스스로 부화하지 못하면 계란을 요리하는 사람에 따라 먹잇감이 된다. 국가는 스스로 통치를 못 하면 곧바로 남에게 지배를 받아서 노예생활을 하게 된다. 일본제국의 36년간 식민지 지배를 받아오면서 뜻있는 사람들은 조국광복을 외쳤고, 교육주권을 위한 교육입국 혹은 군사적 주권을 확보하기 위해 독립군을 설치하고 항일전쟁은 물론 연합군에도 참전했다.

우리 민족 지도자들이 '스스로 통치냐, 아니면 지배를 받느냐?'를 두고 자각을 한 것은 1919년 3월 1일을 기해 조국광복을 위한 3·1운동과 동시에 망명정부 혹은 임시정부를 수립했다. 1919년 4월 11일 상하이(上海), 프랑스의 조계(租界)에 임시의정원을 구성해 대의원 30여 명이 임시헌장 10개조를 제정 발표했다. 의장 이동녕(李東寧, 1869~1940), 국무총리 이승만(李承晩, 1875~1965) 등이 선출되었다. 6월 11일에 임시헌법(전문, 8장 56조)를 제정·공포했다. 중국 군관학교에 한국 유학생을 수용해 독립군 양성, 5백만 원을 빌려 외교활동 전개, 1926년 9월에 국무령제(國務領制) 채택, 12월에 초대 국무령으로 김구(金九, 1876~1949) 취임, 1932년 1월 이봉창(李奉昌, 1900~1932)은 일왕 폭살 미수[195], 1932년 5월 장개석 국민당 군대와 항주(杭州)와 진강(鎭江)에서 항일협공전을 전개하였다. 1940년엔 '건국강령 3장(建國綱領三章)'을 발표해 광복군을 강화했다. 1941년 12월 7일에 일본군이 진주만기습으로 태평양전쟁이 개시했고, 임시정부 청사는 일본제국의 해체공작에도 불구하고 광복까지 8번이나 옮겨가면서 지속했다. 상하이(上海, 1919년), 항저우(杭州, 1932년), 전장(鎭江, 1935년), 창사(長沙, 1937년), 광저우(廣州, 1938년), 류저우(柳州, 1938년), 치장(綦江, 1939) 그리고 충칭(重慶, 1940년)이었다.

상해임시정부는 태평양전쟁이 발발하자 곧바로 1941년 12월 10일에 '대일선전성명서'[196]을 발표하고, 대일전쟁을 개시했다. 중국에선 중국군과 항일연합작전을 전개했고, 버마(오늘날 미얀마), 인도전선에까지 파견되어 영국군과 연합작전을 수행했다. 전투 현장 참여뿐만 아니라 포로병 심문, 암호 해독, 선전 전단 작성, 대적회유(對敵回遊) 등의 심리전에도 참여했다. 1944년에는 김구를 주석으로 선출, 총사령관 지청천, 이범석 지대장 등을 중심으로 미국군과 함께 국내 진공작전(國內進攻作戰)과 국내 정진군(精進軍)을 편성해 특수훈련과 비행대를 편성하는 등 결전의 날을 9월로 만반의 준비를 했다. 예상보다 보름이나 이른 8월 15일 일본의 패전

소식에 "왜적이 항복하다니…. 천신만고 애써 준비한 참전의 기회가 헛일이다."라고 김구 주석은 애통하게 생각했다. 이런 참전의 공로를 인정해 패전국 일본에 대한 대일강화조약(Treaty of Peace with Japan, San Francisco Peace Treat)에서 한국은 의젓한 연합군 승전국의 일원으로 인정했다. 일본의 끈질긴 대미공작(對美工作)으로 대일강화조약 협상에서도 한번도 참석하지 못했으며, 심지어 '조약서명국' 명단에도 올라가지 못했다.

1945년 8월 15일 광복이 된 후 신탁통치(Trusteeship)를 반대하자 미군정의 통치가 시작되었고, 일본제국의 통치조직은 그대로 인계되어 지속되었다. 미 군정은 일제 통치조직에다 일본인이 빠진 자리에만 한국인으로 승진·발령했으며, 임시정부의 조직과 인력을 하나도 인정해주지 않았다. 1945년 11월 29일부터 임시정부 간부들은 개인별로 조국광복을 맞아 귀국했다. 더 이상 임시정부의 활동은 이어지지 못했다. 미군정으로 임시정부의 모든 것을 중단시켰다. 미 군정의 지원을 받아 1948년 8월 15일 대한민국 정부수립으로 임시정부의 정체성마저 해체되었다. 더욱 임시정부의 역사적 법통마저도 단절되어 왔다. 그러다가 1987년 6월 29일 속칭 6·29선언으로 제7차 개헌에 "3·1운동으로 건립된 대한민국 임시정부의 법통과"라는 구절이 헌법전문에 올랐을 뿐이다.

대한민국 임시정부,
대일선전성명서(국사편찬위원회)

강대국은 또다시 한국의 국토와 국권을 난도질

한편 1943년 9월에 연합군이 이탈리아에 상륙해 베니토 무솔리니(Benito Amilcare Andrea Mussolini, 1883~1945)로부터 항복을 받았다.

1943년 11월 22일부터 26일까지 이집트 카이로(Cairo, Egypt)에서 미국 대통령 프랭클린 루즈벨트(Franklin Delano Roosevelt, 1882~1945), 영국 수상 윈스턴 처칠(Winston Leonard Spencer Churchill, 1874~1965)과 중화민국 총통 장개석(蔣介石, 1887~1975)[197] 3명이 모여서 i) 장개석은 대일본전(對日本戰)에 상호협력을, 처칠과 루즈벨트는 노르망디 상륙작전을 승리로 수행할 것을 거론했고, 이어 ii) 장개석은 일본제국 점령지는 1914년 이전으로 모두 탈환해야 한다고 주장했다. iii) 특히 한국 독립 문제를 최초로 언급했다. 회담 결과를 '카이로 선언(Cairo Declaration)'이란 이름으로 선포했다. 우리나라에 대해서는 "현재 한국 국민은 노예 상태에 있음을 유의해 앞으로 적절한 절차에 따라 자유와 독립을 찾을 것이다(Korea shall become free and independent)."[198]라고 명문화했다.

1945년에 접어들자 독일군마저 패전 기색이 역력해졌다. 그해 2월 4일부터 11일까지 소련의 흑해 연안도시 얄타(Yalta)에 미국 대통령 루즈벨트(F. D. Roosevelt), 영국 수상 처칠(W. Churchill), 소련 당서기장 조셉프 스탈린(Joseph Vissarionovich Stalin, 1878~1953))이 모여 패전 기색이 짙은 독일의 전후관리에 대해 의견을 나눴다. 여기서 미국은 최초 일본제국을 해체하고, 제2차 세계대전 동안 한국에 대한 관심 표명을 했다. 1943년 11월 카이로 회담에서 미·영·중이 약속한 '적법한 절차에 따라 자유로운 독립국가로 만든다'에 대해서 루즈벨트 대통령은 미국에 의한 신탁통치를 임시로 시행해야 한다고 제안했다. 이에 스탈린은 '짧을수록 더 좋다'고 대답을 했다.[199]

드디어 1945년 5월 9일에 독일이 연합군에게 항복했다. 마지막으로 남은 일본제국도 얼마 가지 못함을 짐작할 수 있었다. 1945년 7월 17일부터 8월 2일까지 독일의 포츠담(Potsdam)에 영국 수상 처칠(W. Churchill)이 참석하기로 했으나, 클레멘트 애틀리(Clement Richard Attlee, 1883~1967)가 참석, 미국 대통령 투르만(Harry S. Truman), 그리고 소련 당서기장 스탈린(Joseph Stalin, 1878~1953)이 참석했다. 일본에 대한 포츠담 선언엔 중화민국 총통 장개석(蔣介石)이 참석했다. 일본제국에 대해 "무조건 항복(unconditional surrender)을 전제로 받아들이지 않으면 즉각적이고 완전한 파괴에 직면할 것이다(If Japan did not surrender, it would face prompt and utter destruction)."라는 최후통첩을 했다.

　1945년 8월 15일 일본은 포츠담 선언(Potsdam Declaration)을 수락하고, 연합국에 일본제국의 무조건 항복(The unconditional surrender of Imperial Japan)을 선언했다.[200] 따라서 우리나라는 광복을 맞았다. 그해 9월 27일 미 5함대(United States Fifth Fleet) 사령관이 '각서 80호'를 발령해 일본의 어로한계선을 설정해 통보했다. 여기에선 독도는 한국 영토에 귀속했다. 광복된 한국의 통치에 대해서 1945년 12월 16일부터 25일까지 모스크바(Moscow)에서 미국 대표로 제임스 번즈(James Francis Byrnes, 1882~1972), 영국에서 어니스트 베인(Ernest Bevin, 1881~1951) 및 소련엔 뱌체슬라프 몰로토프(Vyacheslav Mikhailovich Molotov, 1890~1986)의 외무장관이 참석하여 미국은 4개국의 신탁통치(trusteeship)를 제안했고, 소련은 민주주의적 임시정부 수립을 제안했다. 12월 28일 영국이 동의하여 협정(Moscow Agreement)이 체결되었다.[201] 그러나 한국의 신탁통치는 남한의 반탁저항으로 인해 이뤄지지 못하자, 1945년 9월 8일부터 1948년 8월 15일 대한민국 수립까지 존 리드 하지(John Reed Hodge, 1893~1963, 재임기간 1945년 9월 8일~1947년 2월 5일) 중장이 사령관으로 주한미군정청(United States Army Military Governmen in Korea)을 설치하여 군정을 했다.

06

독도에서
한국과 일본의 자존심 싸움

해양영토의 전초기지로 독도

1946년 1월 29일 연합군 최고사령관이 일본 정부에 보낸 '훈령 677호(SCAPIN No.677)'의 제3항에 일본 영역에서 제외되는 지역으로 제주도, 울릉도와 함께 독도가 포함되어 있었다(日本の範囲から除かれる地域として鬱陵島, 竹島, 濟州島).[202] 따라서 샌프란시스코 강화조약 제1차 초

SCAPIN 제677호
(1946.1.29./dokdo.mofa.go.kr)

안에서도 독도가 한국 영토로 들어가 있었다. 그해 6월 22일, 연합군 최고사령관이 일본 정부에 하달한 '훈령 제1033호(SCAPIN No.1033)'는 '일본의 어업 포경업의 허가구역에 관한 각서'로 속칭 맥아더 라인(MacArthur Line)을 설정하였다. "일본의 선박과 선원은 독도의 12해리 이내 접근해서는 안되며, 이 섬에 대한 여하한 접근도 금지한다."라고 명기하고 있다.[203]

1947년 8월 16일, 민정장관 안재홍(安在鴻, 1892~1965)[204]은 한국산악회에게 학술조사단을 구성해 독도실사를 지시했다. 학술조사단에는 외무처 일본과장 추인봉(秋仁奉), 문교부 편수관 이봉수(李鳳秀), 수산국 기술사 한기준(韓基俊), 경상북도 지방과장 등 공무원 포함되었다. 이들은 독도 현지실사와 '남면 소속 독도(南面所屬獨島)' 표지기둥을 세웠고, 일본과장 추인봉은 울릉도 터줏대감이란 홍재현(洪在現, 당시 85세)이 한국 영토라는 진술서를 작성해[205], 1947년 8월 20일 자로 일본과장 홍재현이 직접 접수했다. 나중에 허위문제가 대두되었다.[206] 일본 정부는 주일미군 태평양사령부에 독도를 '미군의 위력을 빌려서 한국독도를 없애자는 계략(借刀殺人)'으로 공군 폭격연습장으로 허가했다. 1948년 6월 30일, 미국 공군기의 폭격연습으로 인해 독도 근해에서 어로작업을 하던 어민 30여 명이 희생되어 독도 인근은 피바다가 되었다. 일본 어민은 2일 전에 출어금지를 시켰기에 그림자조차 없었다. 미군은 일본 정부에 감사했으며, 공문서로 오가는 동안 미군의 '독도의 일본 영토' 인정이라는 결과를 만들었다. 1948년 8월 15일 대한민국 정부수립에 따라 독도는 '경상북도 울릉군 울릉읍 도동리 산 42-76번지'로 확정되었다. 그럼에도 우리 정부는 독도에 미 공군의 폭격연습에 대해 1년 이상 항의조차 없었다. 이에 대해 일본 정부가 '주일 미국대사가 연합군이 공군폭격 연습을 일본에 문의했기에 이 섬(독도)을 일본 영토'라고 주장하였다. 이뿐만 아니라 이승만 대통령은 '점심은 평양, 저녁은 신의주에서 먹자'는 슬로건으로 북진통일을 외쳤음에도 주한미군은 1949년부터 일본으로 철수를 했다. 1950년 1월 10일 미국 국무장관 딘 애치슨((Dean Gooderham Acheson, 1893~1971)은 상원 외교위원회에서 '극동방어선이 타이완의 동쪽, 즉 일본 오키나와와 필리핀을 연결한다'고 확인했다. 1월 12일에 애치슨라인선언(Acheson line declaration)을 하면서 한국에서 미군 철수의 공백을 알림과 동시에 군사 작전 방어선까지 제외시켰다. 이때에 1950년 4월 25일 한국 정부는 미국 공군 고문관을 통해 제5공군사령부에 이 독도에 미 공군 폭격훈련 사건에 대해 조회를 한 바 있다. 이는 번지수를 잘못 잡아서 일본 정부에 항의해야 할 것을 미 공군에 조회한 것이었다.

애치슨라인 방어선
(출처: 아시아태평양저널)

한반도가 극동방어선에서 제외되었고, 미군이 빠지자 급격하게 '힘의 균형(Balance of Power)'이 파괴되었다. 이는 '한반도 전쟁에 미국은 간여하지 않겠다'는 공식적인 선언임을 감지했던 북한은 소련과 중국에 남한 침공을 설득했다. 1950년 정부는 비상계엄령을 해제하고, 국군의 3분의 1을 외출시켰다. 6월 25일 새벽 0시를 기하여 소련군과 중공군의 지원을 받은 북괴군은 남침을 감행했다. 얼마나 정부가 넋을 잃었는지 6월 27일 대전으로 임시정부를 옮기고서야 정신이 들어서 7월 8일에 비로소 전국 비상계엄령(전북은 제외)을 선언하고, 7월 14일에 이승만 대통령은 유엔군사령관(Douglas MacArthur, 1880~1964)에게 국군작전권을 이양했다. 7월 16일에는 다시 대구로 옮기고, 4일 만에 함락, 대구에서는 7월 16일부터 8월 17일까지(1개월간), 다시 부산으로 8월 18일부터 10월 27일까지, 9월 15일 인천상륙작전으로 수도를 수복했으나, 1951년 1월 4일 후퇴로 1953년 8월 14일까지 부산 임시정부청사에서 일할 수밖에 없었다.

한편, 6·25전쟁이 발발하자 주일 극동군사령관 더글러스 맥아더(Douglas MacArthur, 1880~1964) 원수는 6월 29일 서울이 함락되자 한강방어선을 시찰했으며, 북한 공격예봉을 차단하는 작전을 구상하고 있었다. 주일 미8군(US 8th Army) 사령관 월턴 워커(Walton Walker, 1889.~1950.12.23.) 중장을 6월 30일 '미 제8군 제24보병사단을 한국으로 이동시키라'는 명령을 하달하고, 7월 4일 극동사령부에서는 상륙작전이라는 공식회의가 개최되었고, 7월 13일에 한국에 파견되었다. 7월 23일, 미8군 장성 사이에 '크로마이트 작전(Operation Chromite)'이란 회람문서가 나돌고 있었다. 7월 29일에는 낙동강 전황을 살펴보고, 낙동강 방어선을 사수하라고 부하들에게 "내가 이곳에서 죽더라도 끝까지 이곳을 지켜라(Stand Here and Die Here)."라고 독려했다. 북한 인민군의 첩보를 종합하면 '8월 15일까지 남조선을 함락시켜 전 인민의 광복을 찾자'는 속내를 간파했다. 곧바로 이승만 대통령을 만나서 최악의 시나리오를 상정해서 대책을 마련했다. 정일권 참모총장과 망명정부와 장병과 피란민 65만 여명을 이주시키는 속칭 '신한국계획(New Korea Plan, NKP)'[207]을 수립했다. 주요 내용은 서사모아(Western Samoa) 섬에 이주시켜 정부 요인으로 망명 정부를 만들고, 피난민은 평상적인 생활을 정착하는 것이며, 단지 장병들은 미군 혹은 일본군(경찰예비대)에다가 병합을 구상했다.

8월 7일 UN군이 처음으로 마산지역에 투입되어 전투를 하고 보니 상상 이하였다. 8월 12일에 워커 중장은 "한국전선의 위기는 지났다."라는 말을 할 정도였고, 8월 13일에는 동부전선으로 유엔군이 작전을 개시했다. 9월 15일 드디어 '크로마이트 작전(Operation Chromite)'이 인천상륙작전으로 전개되었고, 서울을 수복했나. 일취월장으로 북진했으나, 1951년 1월 4일 중공군의 참전으로 후퇴를 감행할 수밖에 없었다. 예상하지 못했던 중공군과 소련군에서도 미국 폭격기 등에 대항해 제공권을 장악하고자 했기에, 1951년 UN 안보리의 결정에 따라 유엔군(UN Force)이 대한민국 영토와 영공을 방위하고자 독도를 포함한 한국 방공 식별 구역(韓國防

空識別區域, Korean Air Defense Identification Zone, KADIZ)을 설정했다. 1951년 6월 8일 경상북도지사 조재천(曺在千, 1912~1970)[208]은 독도에 미 공군폭격으로부터 피해자인 조난 어민 위령비(慰靈碑)를 건립하고 위령제를 지냈다. 일본 정부는 한국전쟁을 '신이 주신 제2의 조선침략 기회(神から与えられ, 第2の朝鮮侵略の機會)'라고 생각하고, 주일미군을 보호한다는 목적으로 경찰예비대를 창설하여 6·25전쟁에 참여시키고자 했으나, 맥아더의 제안에 이승만 대통령이 '일본 경찰예비대가 참전하면 총부리를 일본으로 향하겠다'며 극구 반대했다. 그러나 실제는 민간인으로 참전했다는 결과를 낳았다. 이는 미국 정부(CIA)에서는 1953년 5월 29일, 미8군 존 콜터(John Colter) 장군 당시 이승만 참수작전(Decapitation strike)의 일환으로 '플랜 에버레디(Plan Everready)'[209, 210]까지 수립했던 기밀문서 비밀기간 해제[211]로 공개되었다.[212] 이러한 6·25전쟁의 경험을 살려서 경찰예비대는 1954년 7월 1일로 자위대로 개칭한다.

샌프란시스코 조약에선 미국의 전략적 모호성

1951년 6월 20일에는 주한 미군 존 B. 콜터(John B. Colter) 중장은 서신을 통해 대한민국 장면(張勉) 국무총리에게 미 공군이 이 섬을 훈련용으로 사용할 수 있게 해달라고 3년이나 지난 추인을 요청했다. 7월 7일 주한 미8군 육군 부(副)사령관실에서 주한 미사령관에게 보낸 보고서에 "장면 총리뿐 아니라 이 섬을 관할하는 내무장관도 이를 승인했다."라고 진술했다.

다른 한편, 1951년 7월 19일 주미대사 양유찬(梁裕燦, 1897~1975)[213]이 미국 국무부장관에게 샌프란시스코(대일강화)조약 초안 제2조 a항을 "일본은 한국의 독립을 승인하고, 제주도, 거문도 및 울릉도를 포함하는 한국에 대한 모든 권리, 권원 및 청구권을 포기한다."를 "일본은 한국의 독립을 승인하고, 제주도, 울릉도, 독도 및 파랑도를 포함하는 한국에 대한 모든 권리, 권원 및 청구권을 포기한다."[214]라고 수정해줄 것을 요구했다.

왜냐하면, 제1차 안(1947.3.20.), 제2차 안(1947.8.5.), 제3차 안(1948.1.2.), 제4차 안(1949.10.13.) 그리고 제5차 안(1949.11.2.)에까지 독도가 일본 영토에서 제외(한국 영토에 귀속)되어 있었으나, 제6차 안(1949.12.29.)부터는 독도가 일본 영토에서 제외되지 않고 있었기 때문이다. 초창기엔 한국은 승전국의 인원으로 참여가 가능했으나 i) 일본의 외교적 설득으로 제외되었고, ii) 대마도 역시 일본 영토로 편입시켰으며, iii) 한국 영토였던 독도마저도 모호하게 남겨놓았다. 6·25전쟁의 국란 시기를

빌미로 우리나라는 더 이상 확인하도 하지 않았고, 서명국가로서 참석조차도 못했다. 1951년 8월 10일 미국 국무부 극동담당관 러스크(David Dean Rusk, 1909~1994)는 "독도, 다케시마 또는 리앙쿠르 암으로 알려진 섬에 대해 무인도이며, 우리들의 정보에 의하면 조선의 일부로 취급된 적이 결코 없으며, 1905년부터 일본 오키섬의 관할 아래

딘 러스크가 보낸 편지(재구성)

있었다."[215, 216]라는 내용의 개인 서한문을 주미대사 양유찬(梁裕燦, 1897~1975)에게 보냈다.

1951년 9월 8일 샌프란시스코에서 일본과 연합군 48개국이 대일강화조약(Treaty of San Francisco)을 조인함으로써 공식적으로 종전되었다. 그 대일강화조약은 1952년 4월 28일부터 발효하였다. 독도는 일본의 주장에 따라 샌프란시스코조약의 본문에선 일본 영토도, 한국 영토도 아예

표현조차 하지 않았다.[217] 그런데 1952년 마이니치신문(每日新聞)에서도 독도를 대한민국의 영토로 표시했다. 한국이 여태까지의 한국 영토로 영유권을 인정하고 있는 현실을 일본이 재천명했다. 일본은 제1차~제5차에서 한국 영토 안에서 제외한 것을 일본 영토임을 인정하는 거라고 아전인수의 해석을 하고 있다.

1952년 1월 19일 이승만 대통령은 '국무원 고시 제14호'로 '인접 해양의 주권에 관한 대통령 선언'이라는 일명 '평화선 선언'을 발표했다. 독도의 영유권을 재확인하고 보전하려는 의지를 표명했다. 이에 1월 28일 일본 외무성은 "대한민국의 선언은 죽도(獨島)를 알려진 도서에 관한 영유권을 갖는 것처럼 보이나, 일본 정부는 대한민국에 의한 그러한 주장을 인정하지 않는다."라는 항의 외교문서를 보냈다. 이에 반해 우리나라 정부는 2월 12일에 "1946년 1월 29일 연합군 최고사령부 훈령 제677호에 의해 독도는 일본 영토에서 제외되었다. 또한, 독도는 맥아더라인으로 한국 측 영내에 있다."라는 항의문을 보냈다. 이것이 광복이후 독도영유권에 대한 한·일 간의 갈등의 단초가 되었다.

이에 대해 일본은 독도의 일본 영토임을 미국의 정식적 공증을 위한 군사작전을 감행했다. 타이밍은 '6·25전쟁으로 불난 집에 도둑질하기(趁火打劫)'와 '미군의 군사력을 빌려서 독도를 점령(借刀殺人)'했다. "예상 외로 소련과 중공군의 MIG-25, IL-28 등이 한국전에 참전하자 유엔군 제공권(air superiority)이 흔들려, 미 공군 신예폭격기(Lockheed, F-94B Starfire)의 실전경험을 위해 독도 폭격연습장으로 활용을 허가함."이라는 공식문서를 발송했다.[218] 1952년 9월 15일부터 미 공군 폭격기는 독도에 폭격연습을 시작했고, 1952년 9월 18일 제2차 학술조사단을 위해 조사단장 홍종인(洪鐘仁)은 교통부 전남호 등으로 36명의 단원을 구성했다. 18일에 울릉도에 도착했고, 19일 독도를 향해서 가려고 했으나 미군 폭격기의 폭격으로 독도에 상륙할 수 없었다. 결국, 조사를 중단하고 되돌아왔다. 주일 미 공군이 일본 정부에 독도폭격연습장으로 실전감각을 찾았다고 감사회신을 보냄으로써 미국의 제2차 '독도의 일본영유권 공증서(獨島の日本領有權公証書)'를 확보했다.

사실, 우리나라 정부에서 1950년 4월 25일 미 공군에 항의를 하였음에도 반응이 없었다. 더 이상 깔고 뭉갤 수만 없었던 우리나라 정부는 1952년 11월 10일에 주한미국대사에게 '독도 폭격사건 관련 자료제공과 재발방지'를 요구하는 공적서한을 보냈다. 12월 4일엔 폭격연습지로 독도를 사용하지 않을 계획이라고 회신했고, 12월 24일에 미 극동사령부의 독도 폭격연습 중단을 결정했다는 내용을 통보했다. 1953년 2월 27일에 비로소 우리나라 국방부에 미 극동군 사령관(Commender of United Armed Forces in the Far East) 명의로 독도 주변에 공군폭격연습을 하지 않는다는 통보를 수령했다.[219] 일본 정부와 주일 미군(United States Forces Ja-pan)이 '짜고 치는 고스톱(sweetheart dealing)'[220]을 우리나라는 '밤중에 홍두깨'로 맞고도 번지수를 잘못 찾아서 항의를 했으니, 일본 정부는 또한 번 "조센징 빠가야로(朝鮮人 ばか野郎)."를 외쳤다.

숨 쉴 틈조차 주지 않는 일본의 기획적인 독도 도발

역사적으로 일본이 한반도에 가장 자주 사용했던 전략은 '불난 집에 도둑질하기(趁火打劫)'였다. 한국이 전쟁하는 동안 '일본 경제의 부활'과 '독도의 미 공군 폭격연습장'을 기획했다. 1950년부터 본격적으로 독도를 끊임없이 분쟁지역으로 국제사회에 인식시키고자 했다. 이에 우리나라 정부는 1952년 2월에 한·일 국교 정상화(韓日國交正常化) 회담을 개시했다.

1953년 1월 12일 대한민국 정부는 공식적으로 평화선 획정, 외국 어선 나포를 지시했다. 일본 어선에 대해 총격전과 나포사건이 연이었다. 2월 4일 일본 어선의 어로작업 팀장이 한국 경비정의 총격에 사망했고, 일본에서 외교적 마찰과 항의를 지속했다.

1953년 6월 22일에 일본 외무성은 한국 어민의 독도 근해 조업에 항의하는 구술서(oral statement)를 주일 한국대표부에 보냈다. 이에 한국대표부는 6월 26일에 "한국 영토에 한국인이 어업활동을 하는 것인데, 일본 정부는 항의할 내용이 아니다."라는 외교문서를 일본 외무성에 발송했다.[221] 6·25전쟁이 발발하자 일본은 이를 절호의 기회를 생각하고 6월 25일 16시 30분경 목선에 일본인 선원 9명이 불법적으로 독도에 상륙해 6명의 한국인에게 i) "왜 한국인이 독도에 있느냐?"라고 묻고, ii) 현장과 문답 광경을 사진으로 촬영하며, iii) 19시경에 독도를 떠났다. 6월 27일 10시경 일본 표시 청색목선(靑色木船)에 선원 8명이 독도에 상륙해 조선인의 무단점거의 증거(採證)를 위한 사진을 촬영했다. 6월 28일 08시경 일본 해상보안청 소속 선박 2척이 독도 영해를 침범해 30명의 일본인이 '시마네겐 오치군 고카무라 다케시마(島根縣 隱地郡 五箇村 竹島)'라는 표지 말뚝(標柱)과 "일본 정부의 허가 없이는 누구라도 출입금지(日本政府の許可なしに 誰でも立ち入り禁止)"라는 표지판을 세운 다음 퇴각했다.

이에 대해 7월 8일 국회 제19차 본회의에서 일본 관헌이 건립한 표지를 철거할 뿐만 아니라 금후 이러한 불법침해가 재발하지 않도록 일본 정부에 엄중히 항의할 것을 결의문으로 채택하고, '산악회를 포함한 강력한 현지조사단을 독도에 파견해 지원하라'고 결정했다.[222] 7월 10일, 경상북도 도의회에서는 '일본인의 야만적 행위는 한국을 무시한 태도인 동시에 지난날의 침략 근성의 재개시를 폭로한 야욕'이라는 내용의 결의를 했다.[223]

이를 비웃듯이 7월 12일, 일본인 30명이 선박에 승선해 독도영해를 침범했다. 8월 4일 주일 한국대표부는 6·25, 6·27 및 6·28의 일본 관헌의 독도 무단도발 행위는 한국의 영토주권을 명백히 짓밟는 것이라는 항의구술서(counter oral statement)를 일본에 전달했다. 이에 우리나라는 8월 5일 독도영토비(獨島領土碑)를 건립했고, 8월 22일 한국대표부는 지난 7월 12일 사건에 대해서 일본외무성에 항의하고 적절한 재발방지책을 요구하는 구술서(口述書)를 보냈다.

우리나라는 잠시도 정신을 놓을 수 없었다. 1953년 8월 15일엔 무인등대를 설치했다. 8월 23일 일본 해상보안청 소속 '오키호(隱崎號)' 경비정이 동도 500m 지점까지 접근했기에 경비정 선미에 기관총을 발사해 퇴각시켰다. 9월 9일 주일 한국대표부는 7월 13일 자 일본의 구술서(일본 정부 견해)에 대해 일본 외무성에 '한국 정부 견해' 9개항으로 조목조목 반박했다[224]. 1953년 9월 17일 일본 어선이 독도 영해를 침범하고, 또한 일본 관헌(공무원)이 독도를 침범한 사건에 대해서 9월 26일 주일 한국대표부는 일본 외무성에 항의구술서(oral statement of protest)를 전달했다.[225] 10월 12일에 7월 8일 국회본회의 학술조사단 파견을 개시했다.

'차도살인(借刀殺人)'[226] 장기 프로젝트

일본인들의 독도 도발 야욕은 참으로 대단했다. 한·일국교정상화 이전까지 328척의 일본 선박이 포격을 당했고, 44명의 사상자와 3,929명의 일본인이 한국에 억류되었다. 가능한 경우수를 다 열어놓지 않으면 당해낼 수가 없다. 1953년 한 해 동안 '불난 집에 도둑질하기(趁火打劫)' 작전을 몇 차례 감행했으나 전혀 먹혀들지 않았다. 이제까지 일본이 우리나라에 사용했던 방법으로는: i) 을사조약, 한·일합방조약 등에서 우리나라의 고관대작을 은사금 혹은 귀족 작위를 주어 매수, ii) 외교서계, 조일수호통상조약 등에서 이면협상으로 강압, iii) 가쓰라·태프트 밀약처럼 주변 국가와 조약 등을 통해 고립화 방안, iv) 6·25동란을 통해 일본의 경제 부활, 독도 폭격연습장, 독도 무단점령 도발로 분쟁지역화, v) 유엔 안전보장이사회와 국제사법재판소에 제소, vi) 미국이 1803년 프랑스 나폴레옹 황제 당시 전시 재정의 악화를 이용해서 1,500만 달러로 루이지애나(Louisiana)를 매입하고, 크림전쟁으로 재정 위기에 빠졌던 러시아로부터 1867년 3월 30일 오전 4시, 미화 720만 달러로 알래스카(Alaska) 땅을 사들었다. 이를 원용해서 일본 북방 크릴열도 4섬을 반환받는 대신에 러시아 개발지원을 약속하는[227] 등 전략수정을 꾸준히 해왔다. vii) 현재 미군이 한국의 전시작전권과 첨단군사무기를 장악하고 있는 실태를 최대한 활용하고, 미·일 밀월관계를 이용하면 일상적인 '밀월작당(蜜月作黨)' 혹은 '짜고 치는 고스톱(sweetheart dealing)'이 가능하고, 군사작전상 '차도살인계(借刀殺人計)'가 들어온다.[228] 1998년 일본자금의 일시 인출작전으로 '유동성 함정(liquidity trap)'에 풍덩 빠뜨린 IMF 작전은 대성공했다. 그러나 2018년 10월 강제징용 임금에 대한 배상판결에 아베 신조(安倍晋三, 1954년생) 총리는 '한국에는 1mm도 물러서지 않겠다'는 각오로 2019년 7월 4일 일본의 반도체 3핵심소재 수출규제를 단행했다. 한국은 경제보복 대응조치인 지소미아(GSOMIA) 연장을 중단하겠다고 카운터펀치(counter punch)를 날렸다. 이에 미국 트럼프(Donald John Trump, June 14, 1946) 대통령의 답변은 '무슨 일이 일어나는지 두고 보겠다(See what happens)'[229]고 했지만, 중단기한이 다가오자 한국을 압박해 2019년 11월 22일 '그대로 멈추라(Standstill)'[230]고 중재했다. 이에 따라 우리나라는 WTO제소와 지소미아 연장중단을 연기했다.[231]

이제 일본은 죽도 탈환 기획(Takeshima-Recapturing Plan)을 장기적 프로젝트로 전환했고, 일본이 UN 안전보장회의 상임이사국이 되는 날까지 독도의 국제분쟁지역(International Conflict Zone)화에만 주력한다는 전략수정이 엿보인다. 우리나라는 6·25전쟁으로 3년간의 전쟁 폐허를 안고, 1953년 7월 27일에 3개국(미국, 중국 및 북한) 대표가 참석한 가운데 휴전협정을 했다. 이때에도 이승만 대통령은 북진통일만을 고집하다[232]가 휴전협정 당사자로 서명조차 하지 않았다. 결국은 휴전협정의 '평화협정(종전 강화)' 등의 전환에 미국, 중국 및 북한에 우리나라의 국가운명을 맡기는 결과를 낳았다[233]. 더 이상 이 땅에 전쟁이 없어야 한다는 생각으로, 1954년 1월 18일 독도암벽에 양각으로 '한국령(韓國領)'이란 영토표지를 했고, 8월 15일 무인등대를 설치했다. 이에 대해 일본은 과거 외교문서로 항의하던 방법을 바꿔 9월 25일에 국제사법재판소에 영유권분쟁에 대해 최종결정을 위임하자고 우리나라 정부에 제안했다. 우리나라 정부는 10월 28일 "독도는 명백히 대한민국의 영토인데 국제사법재판소에 위임하는 것은 현명하지 못한 일이다."라고 거부 서한을 발표했다.[234] 이와 같은 일본의 요구는 1962년 3월에 한·일국교정상화 때와 2012년 8월 이명박 대통령는 불시에 독도를 방문했을 때에도 재차 제소제안을 했다. 이런 재차 요청에는 만반의 준비가 되었다는 신호이고, '한국에게 지는 것이 이기기보다 더 어렵다(韓國に負けることが勝つより難しい)'는 자신감의 표현이다.

이렇게 이 정도 하고 국제재판소에 제소하겠다고 한다면 한국은 발등에 떨어진 불이 된다. 곧바로 한국은 '비창조적 흥분(uncreative excitement)'이란 도가니에 빠질 것이다. 정부는 물론 국회까지도 '남 탓'을 시작할 것이다. 이뿐만 아니라, 남·북한이 대치상황에다가 전시작전권마저 미군에 있다. 일본 입장에서는 6·25 전쟁시기보다도 한국 정부가 운신할 수 있는 폭은 아주 비좁다. 한국이 가용할 대안은 UN 안보리와 국제재판소의 판결뿐이다. 이때를 일본은 기다려왔다. 국제사법재판소 제소를 위해서 철두철미하게 준비했고, 제2의 을사보호조약으로 '한·일 군사정보보호협정(General Security of Military Information Agreement)'[235]을 2016년 11월 23일 양국간에 체결했다. 이를 통해 일본의 4개 군사 정찰 위성을 통해 한국의 손금을 볼 수 있어 '차도살인(借刀殺人)'의 36계략을 또다시 시도할 수 있었고, 미국의 군사기술을 역이용해서 한국의 군사기술을 조정할 수 있다. 2019년 7월 4일 일본의 한국 경제보복전쟁에 대한 한국의 대일대응조치(counter measure against Japan's Economic War)로 GSO-MIA의 연장을 중단하고자 검토했다가 미국 전 국방부 차관보 로렌스 코브(Lawrence Korb, 1939년생)[236]가 "최근 3~4년 동안 훼손된 것이 사실이라며, 복구할 수 없는 정도는 아니지만 지소미아 파기는 이런 모든 상황에 도움이 되지 않고, 미·한 동맹에도 도움이 되지 않는다고 말했습니다."[237] 라고 '미국의 소리(Voice of America)'를 통해 2019년 11월 16일 압박을 가하여 2019년 11월 22일에 중단 연기를 했다.

이런 상황전개에 따라, 일본은 독도를 국제분쟁지역(international conflict zone)으로 만들고, 국제재판소에까지 끌고 간다는 '다케시마의 태양(Takeshima's Sun)' 프로젝트를 마련했다. "일본의 태양은 다케시마에서 다시 떠오른다(Japanese sun is rising again at the Takeshima)."라는 슬로건으로 전 국민에게 태평양전쟁 때와 같은 '건전한 위기감'을 불어넣었다. UN 안보리 상임이사국에 진출하며, 동시에 다시 한 번 더 '떠오르는 태양(Rising Sun)'이란 경제적 부활을 도모한다. 이를 발판으로 국제분쟁지역화된 독도분쟁을 국제재판소에 제소해서 승소해 독도를 기점으로 해양대국의 전초기지로 창설한다는 복안이었다.

우리는 방심하지 말아야 한다. 이런 시나리오도 가능하다. 국제분쟁지역(International Conflict Zone)화를 위한 '벚꽃의 부활(櫻の復活)'[238]이라는 군사작전이다. 요약하면, 독도가 본토로부터 200해리 이상 떨어진 지리적 위치, 한국의 군사적 전략자원 등의 각종 자료를 바탕으로 군사전문가들이 몇 차례의 시뮬레이션, 전략회의 등을 통해 작성한다. 남·북한 대치상황, 해군함정의 실태, 폭격기의 성능과 작전시간, 특히 공중급유기(aerial tanker)가 없이 대구공항 등에서 발진한 전투기 KF-15 등이 독도에 비행할 때 겨우 5~8분 정도의 작전시간에 착안하고, 몇 차례 미군·한국군과 합동훈련 참여 경험 등을 모두 고려하는 것이다.

i) 오키섬과 대마도에서 함정 6~12척을 동원해 3~4일 육해공군 합동훈련을 한다. 훈련 명칭은 '다케시마 방어훈련(竹島防禦訓練)'으로 대내외에 선언한다.
ii) 한국은 항의를 할 것이고, 미국은 주의 깊게 관측을 한다. 이때에 국내외로 한국을 자극하는 언행을 동원해서 방영하고, 한국인들을 '비창조적 흥분'의 도가니로 몰아넣는다.
iii) 한국 국회에서 현재 경찰인력으로는 부족하니 '독도의 예방적 방어를 위한 최소한의 군대파견을 고려해야 한다.'라는 발언을 유도한다. 유사한 발언에 대해 강력한 항의와 일본 국내외 반한감정을 고조시킨다.
iv) 한국인의 방심을 초래도록 위장진정 시간을 갖다가, 서서히 독도를 향해 10여 척의 최신정예 함정이 접근한다. 미군은 알겠지만 확인하고는 침묵하며, 한국의 레이더에서는 포착되어도 몇 차례 확인만 하고 말 것이다.
iv) 독도 경비대에 육안시계에 들었을 때, 포사거리 밖에서 아무런 대응도 없이 섬 주변을 포위한다. 준전시 사태로 급변해 대구공항 발진 폭격기(KF-15)가 접근하며, 일절대응을 하지 않고 서서히 퇴각한다.
v) 이에 따라 KF-15 폭격기가 퇴각해, 발진공항으로 귀항 중간지점에 비행할 때에 포사거리 밖에까지 전속력으로 진격해 10여 척이 포위한다. 이 순간을 포착해 "평온하게 실효적 지배를 하고 있는 일본의 다케시마 영토에 한국 군대 진격은 선전포고다."라고 대내외 선언을 한다. 미국의 방어체계(MD) 안에서 무혈포위작전으로 국제분쟁지역으로 만든다.

일본의 NHK방송 등에 일제히 선전포고를 방영할 때, 비로소 한국 청와대는 독도 포위 사태가 발생하였다는 첩보를 국정원과 군부대를 통해 확인해서 알게 된다. 긴급히 국가안전보장회의(National Security Council)를 2시간(14:00 정각) 개최하기로 긴급 통보한다. 국회 국방위원회에서는 긴급위원회를 소집한다. 외교부 동북아시아 국장은 동북아1과장에게 실태보고서를 작성하라고 지시를 내린다. 국방부는 사상 초유의 우방국가인 일본과의 전시상황이 전개됨에 따라 기획조정실장은 국방정책실과 전력자원관리실과의 어느 부서의 업무인지를 놓고 의견분란을 없애고자 전시에 준해 전력자원관리실에서 맡아달라고 업무를 넘긴다. 청와대 NSC에서 장관과 해당차관이 참석한다. 어느 한 부처에선 성급하게 작성된 보고서를 대충 훑어볼 시간도 없다. 선전포고 방영으로 서울 시내는 아우성이다. 모두가 제정신이 아니다. 국회에 참석하려던 국장이 청와대에 참석했다. 한편, 해당 국장과 과장은 국회 국방위에 참석하기로 했으나, 장·차관의 사건으로 과장만이 현황보고를 한다. "승리는 스피드보다 타이밍에 있다(To win is not at speed, but at timing)."라고 했다. 일본 정부는 10분 내에 소집된 NSC에서 장관들은 한국의 '비창조적 흥분' 상태에 대한 담소를 나누면서 '샤덴프로이데(schadenfreude)'란 진미를 맛보면서 회심의 미소를 짓는다.

　신문과 방송에서는 긴급뉴스(Breaking News)를 방영하고, 발 빠른 언론사에서는 '독도사태 긴급진단'이라는 특별프로그램을 제작하여 방영한다. 국영방송에서는 청와대와 국회의 독도사태에 대한 청와대 국가안전보장회의(National Security Conference) 결정사항과 국회국방위 의결사항을 발표한다. 주요내용은 일본 정부에 항의와 유엔안보리에 긴급회의를 소집하여 대일본 성토와 결의를 이끌어낸다는 것이다. 종편 언론기관에서는 전문가, 예비역 장성, 정치평론가 등을 동원해 '우리 땅 독도를 지키자'는 성토를 한다. 뾰족한 수는 없고, 소란스러운 말만 양산할 뿐이다. 이념논쟁, 세대갈등 및 빈부의 상대적 감정 등으로 국론통일은 임진왜란이나 6·25전쟁 때와 같이 여전히 언쟁만 지속된다. 한국은 전시작전권을 모두 연합군사령관에게 이양했다. 나당연합군 소정방(蘇定方)에게, 임진왜란 때 조명연합군 사령관 이여송(李如松, 1549~1598),[239] 그러나 수군작전권은 명 수군제독 진린(陳璘, 1543~1607)에게, 6·25전쟁으로 1950년 7월 14일 유엔군사령관 맥아더(Douglas MacArthur, 1880~1964)에게 이양한 전시작전권을 아직도 되찾지 못했다.

만일, 일본의 의도대로 독도 분쟁문제를 국제사법재판소(International Court of Justice)로 끌고 간다고 가상하고 예상시나리오를 쓴다면, 일본에 의해 국제사법재판소에 제소되어 보름이 지나도 외무부는 물론 국방부 등 관련 부서에서는 속칭 '시한폭탄 돌리기(passing time-bomb)' 게임이 시작된다. 무엇 하나 결정은 되지 않는다. 겨우 마지못해 외교부에서는 국제사법재판소에 결정하기로 가결정하고 대책팀을 꾸리기로 했다. '상식적으로 이해할 수 없는 일'이라고 버티기 혹은 뭉개버리기 전략을 구사했던 청와대에서는 수석비서관 회의를 통해서 '국제사법재판소(International Court of Justice, ICJ)의 결정에 따르자'는 결정을 했다. 일본에서 희색만면(喜色滿面)의 표정관리를 하고 있는 반면에, 한국은 '호떡집에 불난 꼴'이다. 국제사법재판소에 간다고 해도 3~4년간 외교부 담당관 혼자만이 국내외 비난을 몸으로 받아야 한다. 수천 페이지가 넘는 쟁송자료를 작성해야 함은 물론 청와대, 국회, 장·차관 등과 인연이 닿아 국제쟁송대응 전문가팀에 구성원이 된 분들의 치다꺼리까지 해야 한다. 그러나 담당과장은 '1년 이내에 끝내겠다'고 만용을 보인다. '독도영유권을 한국이 갖고 해저자원개발권을 일본에 줘 협상하자'는 개인 의견을 청와대, 일본 정부 및 언론에 내놓아 유능함을 과시하고자 한다.[240] 여기에다가 일본 정치인의 망언과 미국의 친일 언론의 한국 농락 발언이 이어진다. 한국의 외무부는 난파선처럼 아수라장이 된다. 일본의 '물을 흘려서 물고기를 몰아 잡는다(混水模魚)'는 계략이 먹혀들고 있다.

≡ 07
독도 '실질적·효과적인
관리(practical & effective control)'를

'해적 떼'[241]로 매도되었던 독도의용수비대(獨島義勇守備隊)

　다시 6·25동란 이후로 역사를 살펴보면 일본의 독도 침범과 남획이 끊이지 않았다. 그러나 우리나라의 정부는 6·25전쟁으로 본토에서 먼 울릉도와 독도를 경비할 여력이 전혀 없었다. 1953년 4월 20일 울릉도 주민 홍순칠(洪淳七, 1929.1.23.~1986.2.7.)[242, 243] 예비역 특무상사는 독도에 상륙해 태극기 게양대를 설치하고, 21일 아침에 태극기 게양식까지 거행했다. 4월 27일 독도수비를 결의한 참전용사 30명과 지원자 4명이 자진하여 '독도의용수비대(獨島義勇守備隊)'라는 명칭으로, 군인 출신 중심으로 15명씩 2개 전투편대를 편성했다. 여기에다가 보급연락요원 3명, 예비대 5명, 보급선 선원 5명 등 모두 45명으로 구성되었다. 전투장비는 경상북도 울진군 경찰서에서 지원받은 경기관총 2정, M2 중기관총 3정, M1 소총 10정, 권총 2정, 수류탄 50발, 0.5톤 보트 1척이 전부다. 제1차 교전은 5월 28일 안개 낀 날 천 톤급 회색경비정이 독도 근해 150m까지 접근하자 기관총과 M1소총을 발사해 격퇴했다.[244] 이에 대해 6월 22일 격퇴경위서를 정부에 제출했다. 제2차 교전은 6월 25일 오후 4시 30분경 일본 경비정이 일장기(日章旗)를 휘날리면서 독도의용수비대 막사 인근 서도(西島) 앞을 지나 가제바위에 정선(停船)하기에 사격을 했다. 곧바로 동도로 방향을 돌려 퇴각했다[245]. 6월 26일 정부는 이를 기초로 해 일본 정부에 반박구술서(反駁口述書) 보냈다. 또한, 일본 오게(大毛)수산고등학교 연습선 지토마루호(地頭丸號)가 독도 150m 인근 해상에 접근해 나포하고 보니 교사 7명과 학생들이 탄 실습선이라서 하선케 하였으며, 독도가 한국 영토임을 주지시키

天天看歷史
(洪純七,kknews.cc)

고, 의약품과 식량 따위를 압수하고 환송시켰다. 7월 8일 국회에서 울릉경찰서 소속 경찰관 경비대원 5명을 상주(常住) 파견하도록 결정하였다.

1954년 8월 5일에 독도 동도(東島) 큰 바위(해발 98m)에 '한국령(韓國領)'이라는 한문 석 자를 음각으로 새겨 한국의 영토임을 명확히 했다. 일거수일투족을 눈여겨보던 일본과 제3차 교전은 1954년 8월 23일 새벽 5시, 일본 해상보안청 소속 순시선 PS(Patrol Ship) 오끼호(隱崎號)가 동도(東島) 인근 500m까지 접근하고 있다는 김은호 대원의 긴급보고가 있었다. 즉각 전투태세에 돌입하고, 쌍안경으로 관측하던 중 200~300m까지 근접하자 대원들은 즉각 전투 위치로 흩어졌다. 곧바로 서기종 대원의 지휘로 엄호사격에 들어갔다. 홍순칠(洪淳七) 대장은 조상달, 이상국, 황문영 대원과 함께 전마선(戰馬船)에 기관총을 설치하고 일본 함정 20m까지 돌진하여 순간 20여 발의 총탄을 함정에 쏴붙였다.[246] 8월 26일, 일본은 곧바로 외무부에 항의구술서를 접수시켰다[247]. 이때까지 정부는 독도의용수비대에 대해서 공식적으로 인가한 바가 없었기에 존재 자체를 모른다고

했다. 일본의 항의에 백두진(白頭眞, 1908~1993) 총리는 '해적인지 모르겠다'고 아리송하게 흘려 답변할 정도였다. 그 사건을 계기로 국무총리의 친서가 홍순칠 대장에게 전달되었다. 격퇴사건의 보고를 접한 경상북도 경찰국장 김종원(金宗元, 1922~1964)은 홍순칠(洪淳七)을 대구로 호출하여 격려했다.

일본은 여기에서 포기하지 않았다. 제4차 교전은 1954년 11월 21일 해 뜰 무렵 일본 경비정이 나타났다는 보초병의 고함이 나 먼저 전투1대장에게 확인하도록 조치했다. 이어 홍순칠(洪淳七) 대장이 나가 다시 확인하니 동·서·남쪽 3개 방향에서 일본 경비정이 몰려오는 것이었다. 쌍안경의 렌즈를 당겨서 몇 차례 확인을 하니 PS(Patrol Ship)9, PS11, PS16 3척이었다. 곧바로 전투태세를 취하게 하였고, 박격포를 장진해 발포신호를 기다리도록 했다. 일본 경비정이 약 500m까지 근접했을 땐 한쪽 날개에 폭탄 6개씩 장착한 일본 공군 폭격기가 저공으로 독도의용수비대 머리 위를 선회하기 시작했다. 홍순칠(洪淳七) 대장은 권총을 신호탄으로 일본 경비대에 집중공격하자, 동쪽의 PS16 함정은 박격포에 맞아 연기를 내면서 도주했다. 나머지도 도주했다. 이를 지켜보는 양, 머리 위를 몇 번 선회하고 있던 폭격기를 향해서 대공사격태세를 취하자, 곧바로 퇴각했다. 이때에 박격포탄 9발, 중기관총 탄환 500여 발, 경기관총과 소총탄환은 500여 발 정도 발사했다. 오후 5시에 치안국(治安局)에서 총격전 전황을 통신으로 자세히 알려달라고 했고, 이를 보고했다. 일본은 NHK 정오뉴스로 해상보안청 소속 함정에 포탄과 총격으로 16명의 사상자가 발생했다고 보도했다.

이에 대해서 1954년 11월 30일 일본 정부는 11월 21일 일본 해상 순시선 포(총)격사건에 대한 항의구술서(抗議口述書)와 '독도 기념우표'가 첨부된 한국(일본 도착) 우편물을 모두 한국으로 발송하는 조치를 취했다. 이뿐만 아니라 1952년 2월부터 시작해서 추진해 오던 한·일 국교정상회담을 중단한다는 선언까지 했다. 항의구술서(抗議口述書)에는 "1954년 11월 21일 아침 일본 순시선 오끼(Oki)호와 헤쿠라(Hekura)호가 조사차 독도 인접수역에 이르렀다. 헤쿠라호(Hekura)가 서도의 북·서방 3마일 지점에 접근하자 불법적으로 이 섬을 점령하고 있는 한국 당국이 오전 6시 58분과 7시 사이에 5발의 포탄 등을 일본 순시선에 발사했다."라고 적혀있었다. 또한, "독도 영유권 문제를 평화적으로 해결하기 위하여 일본 정부는 이를 국제사법재판소에 제소하자는 제의를 하였으나, 한국 정부는 제기를 거절하였을 뿐만 아니라, 다케시마(竹島)에 계속 주둔하고 있다."고 주장했다.

한편, 1951년도 『사막의 여우, 롬멜 작전(The Desert Fox : The Story of Rommel)』이라는 영화가 우리나라에서도 상영되었다. 영화 장면 중에 사막 그늘에서 숨었던 탱크가 갑자기 몰려나오고 있다는 연합군의 항공정찰기 무선망을 타고 본부에 보고가 접수되었고, 나중에 알고 보니 군용지프(Jeep)를 탱크 모양으로 위장했던 롬멜(Johannes Erwin Eugen Rommel, 1891~1944) 장군의 위장전술이었다는 장면이 있다. 삼국사기에 나오는 신라 이사부(異斯夫) 장군의 '나무사자 위장술(木獅僞術)' 아이디어를 회상했다. 독도의용수비대는 날로 늘어나는 일본 순시선에 효과적인 대응책 강구에 고민이 많았다. 머리를 맞대고 숙의한 끝에 '나바론 요새(The Gun of Navarone)'를 만들기로 했다. 미국산 최신형 대포모형을 제작하여 신중히 은폐시켜서 요새화를 만들었다. 그러자 일본 마이니치신문(每日新聞)은 1954년 10월 4일 자 기사에 '다케시마에 대포를 설치(竹島に大砲を設置)'한다는 보도를 했으며[248], 월간지 『킹(キング, King)』 잡지에서 "죽도에 거포설치(竹島への巨砲の設置)"라는 기사와 망원경으로 찍은 거포사진을 공개 게재했다.

이뿐만 아니라 1954년 10월 21일 일본 외무성이 우리 정부에 독도 대포설치에 관해 공식적으로 항의했다.[249] 일본 함정들은 근접하지 않았고, 유효사거리 밖 먼 곳에서 배회만 했다. 이후도 끊임없이 일본을 독도 도발을 감행했으나 교전상황은 한 번도 없었다. 1953년 7월 27일 6·25전쟁이 휴전협정에 접어들었고, 점차 국민에 대한 치안과 국토경비에 신경을 쓰게 되자 일본의 도발행위도 잦아들었다. 1956년 12월 30일에 독도의용수비대는 공식적으로 해체하면서 무기를 국립경찰(울진군)에 인계했다. 이들은 3년 8개월(1953.4.27.~1956.12.30.) 동안 일본과 4차례 교전을 하면서 독도를 수비했다.

우리나라 정부는 독도의용수비대가 왕성하게 활동할 당시에는 6·25전쟁으로 지원할 여유가 없었다고 해도, 그 이후에도 예우, 보훈 등의 지원조차 하지 않았다. 2000년대에 들어오면서 일본은 독도 영유권에 대해 관심을 고조시켰다. 여론조사에서 60~70%의 일본 국민들이 독도는 일본 땅으로 인식하기 시작했다. 2005년 3월 16일 시마네현(島根縣)에서는 '2월 22일을 다케시마의 날(竹島の日)'로 지정하는 조례까지 제정했다. 우리나라도 이젠 현수막 시위 혹은 일회성 행사로 끝낼 것이 아니라고 인식하기 시작했다. 2005년 7월 29일에 '독도의용수비대 지원법'을 제정하였고, 10월 30일에 시행령을 제정함으로써 50년이나 뒤늦게 과거 독도의용수비대의 합법적인 국토방위에 대한 추인(追認)과 관련자의 지원이 가능하게 법적제도를 마련했다. 왜냐하면, 무엇보다도 국제사법재판소에 제소되었을 때 독도의용수비대의 교전행위와 활동 일체가 국내법으로도 불법행위라는 사실에 변명의 여지가 없었다. 뒤늦은 법제적 구색을 맞춰놓아야 하지만, 그것보다도 한때는 목숨 걸고 국토를 수호했던 의용수비대를

국무총리까지 해적단체로 매도했다는 사실을 일본은 악용할 소재가 충분하였다. 이런 국내법상 빈틈을 매우기 위해 독도의용수비대 지원법 제2조에서 '울릉도민으로 우리 영토인 독도를 일본의 침탈로부터 수호하기 위해 1953년 4월 20일 독도에서 상륙하여 1956년 12월 30일 국립경찰에 수비업무와 장비일체를 인계할 때까지 활동한 33명의 의용수비대원이 결성한 단체'로 독도의용수비대에 대한 법적 개념 정의를 정립했다.

이렇게 법제적 하자(legislative error)를 사전에 보완한다는 게 천만다행이다. 지금까지는 독도수호 애국민병대를 우리 스스로가 법제상 불법단체로 낙인을 찍었다. 일본 정부는 이 취약점을 이용해서 당시 국무총리가 발언한 '국제해적단'을 이용하면 '평온한 일본 영유권 행사를 방해'했다고 극언까지 할 수 있었다. 과거 동래인 안용복(安龍福)의 도일외교활동을 조선 조정은 국법 위반으로 처벌을 하였다. 이에 대한 발언 등의 일체 증거는 국제사법재판소 등에서는 우리나라가 불법으로 확인했기에 증거로 진정성을 잃고 만다. 이런 자가당착(自家撞着)을 독도의용수비대의 활동에서도 범했다는 것을 뒤늦게나마 알고 겨우 매웠다.

2005년 일본은 한 발 앞서 '2월 22일을 다케시마의 날'로 정해 국가행사 혹은 국제적 축제로 만들어가고 있는데, 우리나라는 그런 쓸데없는 짓은 안 한다고 하면서 2010년 8월 10일 이명박(李明博, 1941년생) 대통령은 격발이슈용 이벤트(issue-triggering event)로 독도를 일 회 방문했다.[250] 한·일간 외교문제와 국제사법재판소에 제소해 결정을 받아보자는 한·일 갈등을 빚었다. 2012년까지 대한민국 국회에 3번이나 '독도의 날 제정' 청원[251]이 제출되었으나 도외시하고 말았다. 경상북도의회는 2005년부터 10월을 '독도의 달'로 조례를 제정해 운영하고 있다. 2010년에 교원단체 등 16개 시민단체가 '10월 25일 독도의 날'을 지정해 선포했다. 2005년 3월 '다

케시마의 날(竹島の日)'은 '시마네현 편입 100주년 기념' 조례[252]로 제정했는데, '독도의 날'이란 제정시점에서 i) 11년이나 뒤졌으며, ii) 동일한 명칭으로 일본을 뒤따라하고 있다는 인상을 주고 있다.[253] 사실, 국제관계에 있어 제3국의 입장에선, 국가지도자의 이벤트성 행사[254]나 앞뒤가 맞지 않는 국책사업과 같은 '화려한 자승자박(作繭自縛)'을 자제해야 한다. 이보다 외교상 분쟁에 작은 메모쪽지 한 장이라도 타이밍을 놓치지 않는 게 더 중요하다. 국제법상 상당기간 타이밍을 놓친다면 '묵인(connivance)' 혹은 '행정실효(ineffective administration)'를 면하지 못한다. 이렇게 해서는 절대로 행정의 실효성 확보 수단을 확보하지 못한다. 국민의 정서와 맞고, 평온한 질서 속에서 일상적이고 현실적인 효과적인 관리가 가장 바람직하다.

광복 이후 20년간 한·일국교정상화의 줄 당기기

1951년 10월 21일, 미국 연합군 최고사령부 외교국장 윌리엄 시볼드((William Sebald, 1901~1980)[255]의 알선으로 한·일국교정상화를 목적으로 한·일예비회담이 물밑으로 이뤄졌다. 제1차 회담은 1952년 2월 15일 이승만(Syman Man Rhee, 1875~1965) 대통령과 일본 총리 요시다 시게루(吉田茂, よしだ しげる,1878~1967)와 회담이 시작되었다. 양측의 주장이 엇갈려 4월 21일 중단, 제2차 회담은 1953년 4월 15일에 개최되었으나, 평화선 문제·재일교포의 강제퇴거 문제 등으로 7월 23일에 결렬되었다. 제3차 회담은 10월 6일 일본 측 수석대표 구보타 강이치로(久保田 貫一郎, くぼた かんいちろう, 1902~1977)[256]가 (일본의) 한국 병합이 결과적으로 인프라(infrastructure) 투자 등으로 한국의 생활 수준 향상에 기여했다고 발언하여 한국에서 '구보타 망언(久保田妄言)'이라고 하며 반발을 샀다(韓國併合が結果的にインフラ投資等で韓國の生活水準向上に貢獻したと發言し,韓國か

ら「久保田妄言」として反發され). 이로 인해 10월 21일 다시 중단되었다. 제4차 회담은 1957년 연말 예비회담과 1958년 4월 15일 재일교포의 북송문제로 난항을 거듭했다. 드디어 10월 25일에 제5차 회담을 열었으나 한 발도 앞으로 나가지 못했다. 1960년 4·19의거로 자유당 정권이 붕괴되어 또다시 중단되었다.

한·일정상화 회담의 주요 의제는 i) 1910년 경술국치는 국새(國璽)가 날인되지 않은 사기에 의한 조약, ii) 36년간 침탈에 대한 보상, 어업권 및 재일한국인(在日韓國人)의 처우 문제, iii) 북한의 위치 부여 등이 갑론을박으로 되었다. 초대 이승만 대통령의 철저한 반일정책(反日政策)으로 1951년 1월 18일 해양주권선언(Peace Line 혹은 Lee Line), 1953년부터 출어금지선 침범한 일본 어선의 나포가 새로운 '뜨거운 감자(hot potato)'가 되었다. 이에 일본은 일제식민지는 철도 및 도로 등의 SOC 건설, 발전소, 그리고 경공업시설 등으로 한국의 근대화산업에 크게 기여했다는 '식민지 근대화론(植民地近代化論)'을 들고 나왔다. 이에 우리나라는 일제는 한반도 GDP의 55% 이상을 수탈해 갔기에 1930년의 경우 조선인은 가구당 연간소득 11환 79전 9리(11圜 79錢 9厘)인데 반해, 일본인 가구당 연간소득 103환 4전 9리로 9배가 넘었다는 일본 통계로 반박했다.[257] 한·일간 감정 대립으로 회의는 한 치도 앞으로 나가지 않았고 서로에게 감정의 골만 깊어져 갔다.

그런데 1961년 5월 16일 군사정변으로 박정희 정부가 태어나자, 한국의 입장에선 '경제개발계획에 따른 대규모 투자재원 확보'의 절박함으로 한·일관계 개선에 적극적으로 나섰다. 또한, 당시 극동아시아의 역학관계는 급변했다. 일본에서도 i) 중국의 세력 확장을 한국과 동맹하여 견제할 필요성과 ii) 동시에 동아시아 해외 진출해야 하는 당위성에 맞아떨어

졌다. 드디어 1961년 10월 12일 도쿄에서 중앙정보부장 김종필(金鍾泌, 1926~2018)과 일본 외무장관 오히라 마사요시(大平正芳, おおひら まさよし, 1910~1980)[258]와 서로의 복안을 메모(김-오히라 메모)해 교환함으로써 성사시켰다. 한국의 최대 현안인 '대일청구권 문제'에 대해 '유·무상 5억 달러의 경제협력'을 실행하는 양쪽 입장에 각서(memorandum) 형식으로 작성해 상호 교환했다. 속칭 '김종필·오히라 마사요시 메모(金鍾泌·大平正芳の メモ)'[259]가 크게 진전되었다. 그러나 국내 언론과 여론은 반대운동으로 격화되어 협상은 지체되었다. 김종필 특사를 파견해 타결조건에 대한 '협상테이블 밑 합의(under-table agreement)'를 끌어내게 되었다. 1965년 3월 20일, 한·일 기본조약이 국회 비준이 되기 전 가조인(假調印 Initialing)을 했다. 주요 의제는 대일청구권문제, 어업문제, 문화재 반환문제 등에 음모적이고 굴욕적인 양보라고 반대투쟁이 거세게 일어났다. 6월 3일에 비상계엄령을 선포하고 무력진압까지 했다. 6월22일, 한·일기본조약 및 부속협정(한·일협정)을 정식조인(正式調印)했다. 7월 14일, 국회에 '한·일협정비준 동의안'을 놓고 여야 단상난투가 벌어졌고, 8월 14일, 공화당 의원만 참석해 비준함으로 14년간의 난제가 국내에서 마무리 되었다. 12월 18일 한·일기본조약 비준서를 교환했다.

1965년 6월 22일 도쿄에서 정조인(officially signed)된 한·일 기본조약[260] 이외 '한·일어업협정', '청구권·경제협력협정'과 '재일한국인의 법적지위·대우협정' 등 관계문서의 조인(調印)이 함께 이뤄졌다. 이어 12월 18일 서울에서 개최된 비준서 교환에서도 같이 이뤄졌다. 1910년 8월 22일 조인되고 8월 29일 발효한 한·일합병조약(日本, 韓國倂合ニ關スル條約)의 실효시기(失效時期)를 놓고 한·일 양측에 이견이 생겼다. 실랑이 끝에 '이미 무효(すでに 無効)임을 확인한다(もはや 無効であることが確認される, already null and void)'[261]는 표현을 공히 사용하기로 결정해 끝맺었다.[262] 1997년 12월 24일, 강제징용 피해자 여운택, 신천수 씨는 오사카 지방재판소에 신일철주금(新日鐵住金)을 상대로 손해배상소송을 제기했으나 기각되었다. 2005년 2월 28일, 강제징용 피해자 여운택, 신천수, 이춘식, 김규식 씨는 서울중앙지법에 신일철주금을 상대로 손해배상소송을 다시 제기했으며, 법정공방으로 번복되어 2018년 10월 30일 대법원은 "신일본제철(新日鐵住金)이 강제징용 피해자 4명에게 1인당 1억 원씩 배상하라."고 판결했다. 여기서 '1965년 한·일청구권협정으로 강제동원 피해자의 손해배상 청구권이 소멸했는지'에 대해 7 대 6으로 "피해자들의 개인청구권은 한·일협정에 불구하고 소멸하지 않았다."라고 판시했다. 이로 인해서 일본 아베신조(安倍晋三) 총리는 '1mm도 움직이지 않겠다'[263, 264]며 2019년 7월 4일 속칭 '강제징용 배상에 대한 경제보복'까지 단행했다.

'국제분쟁지역(ICZ)' 고도전략에 말려들지 말아야

1945년 8·15광복 이후 한·일 어민들의 어로구역을 놓고 20년 동안 갈등을 겪어왔다. 자세히 언급하면 1952년 1월 18일 이승만 대통령의 해양주권의 평화선(Lee's Peace Line) 선포, 1952년 9월 27일 유엔 사령관 클라크(Mark Wayne Clark)의 전시 봉쇄선(Wartime Blockade Line) 혹은 한국 방위수역(Korean Sea Defence Zone)이란 클라크 라인(Clark Line) 획정 등으로 독도 근해의 어업활동에 한·일간의 갈등이 격화되어 갔다.

1962년 11월의 '김종필·오히라' 회담에서 일본 측이 제시한 메모에 따르면 일본은 "쌍방이 체면을 유지하면서 어려운 문제를 일시 보류하는 효과도 있기 때문에 한국 측 국교 정상화 후 독도문제 해결에 대해 국제사법재판소 제소에 응하는 것만은 꼭 예약해주었으면(제소·응소는 국교 정상

화 후가 된다)한다."고 주장했다. 주일대표부 대사가 외무장관에게 공식적인 전화를 했는데, 김종필 중앙정보부장이 "제3국 조정에 맡기는 것은 어떨까?"라고 응답했다. 한국은 그 조약체결까지 일관되게 "독도는 한국의 고유의 영토이다. 그래서 회담의 의제가 될 수 없다."고 협의자체를 피해왔다. 1962년 9월 3일 도쿄에서 열린 제6차 회담 예비절충기록에 따르면 일본 외무성 아시아국장이 "(독도란 섬은) 히비야 공원(日比谷公園) 정도로 작고 무가치 한 섬인데, 폭발해 없애버리면 문제가 없어질 것이다(無価値な島で大きさも日比谷公園程度.爆發でもしてなくしてしまえば問題がない)."라고 격한 발언까지 했다.[265] 겉으로는 그렇게 표현하면서도 1965년 6월 22일 한·일어업협정에서 독도 인근 바다를 공동 어로구역으로 설정하는 속셈을 드러냈다. 공동어로구역 설정은 이후 독도를 둘러싼 갈등의 빌미에 단초를 제공한 셈이다. 그럼에도 1995년 일본은 한·일어업협정을 일방적으로 파기했다. 이에 따른 1998년 11월 28일 잠정공동수역에 한정해서 체결했으며, 1999년 1월 22일부터 신(新)한·일어업협정이 발효되었다. 이렇게 함으로서 일본은 1965년 협정보다 한발 더 나간 날카로운 '유능한 일본 독수리의 발톱(有能な日本ワシの爪)'을 숨겼다. 단적인 실례를 들면, 한·일어업협정의 <부속서Ⅰ> 2항에선 '제9조 1항에서 규정한 중간수역의 추격권'을 제외했다. 즉, 독도 영해를 침범한 일본 선박을 동해 중간수역에서 추적할 수 없도록 규정했다. 이는 일본에 독도 침범에 대한 자위적 영유권 행사를 우리나라 스스로 포기한 의지의 표명이다.[266]

먼저 구(舊)한·일어업협정을 보다 더 자세히 살펴보면 전문과 10개 조문, 부속문서로 구성되어있다. 주요 내용은 i) 자국 연안 기선에서 12해리 이내 수역을 배타적 관할권(exclusive control right)을 갖는 어업 전관수역

(exclusive fishery zone)으로 설정, ii) 어업수역 바깥쪽에 띠 모양의 어업 자원 보호의 규제조치를 강구한 한·일 공공수역(joint regulation zone)을 설정, iii) 공동수역에 단속 및 재판 관할권은 어선 소속 국가의 기국주의 (principle of the exclusivity of the flag state), iv) 협정 목적달성을 위한 양국 어업공동위원회 설치 운영, v) 공동자원 조사 수역(joint resource investigation zone) 설정, vi) 분쟁해결 관련 규정 등이었다.

김·오히라 메모(日每日新聞)

이어, 20세기부터 거론해왔던 200해리 독점적 관할권의 첫 주장은 1945년 9월 28일 미국 트루먼 대통령의 선언에 기원하고 있다. 1947년 6월 23일과 6월 27일에 칠레와 페루는 먼저 200해리의 해상구역을 주장했다.[267] 국제적으로 현실화는 1976년 1월부터 미국의 투르먼 선언에 이어 1977년 3월 소련이 먼저 200해리(nautical miles)의 어업보존 수역(fishery conservation zone)을 설정하고 배타적 경제수역(exclusive economic zone)을 주장했다. 1977년 5월에 일본 역시 자국 연안으로부터 200해리까지 모든 자원에 대한 배타적 권리(독점적 권리)를 행사할 수 있다는 EEZ(Exclusive economic zone)을 선포했다. 이에 이어 '트롤어선 조업금지 라인(Trawler Fishing Ban Line)'을 일방적으로 설치했다. 1979년 8월 하순에 홋카이도(北海島) '무로랑(むろらん, 室蘭)' 항구가 있는 명태 황금어장에서 조업하던 한국 9척을 둘러싸고 160여 척의 일본 어선이 갑자기 화염병과 돌로 공격한 '무로랑 사건'이 터졌다. 일본 어민들은 정부보조금 지원을 요구하고, 일본 외무성은 한·일어업협정을 압박하는 고도의 작전이었다. 이로 인해 한·일 어업갈등은 격화되었고, 양국은 1980년 10월

에 합의를 통해 자율적 규제(self control)라는 신사협정(gentleman agreement)을 맺었다. 지난 1973년부터 논의되어왔던 국제해양법 협약(United Nations Convention on the Law of the Sea, UNCLOS)이 1982년에 채택되었다. 이 협약은 1994년 11월부터 공식적으로 효력이 발효되었다.

이런 국제적 해양관할권에 대한 변화 추세에 일본은 민첩하게 받아들었다. 이에 독도 및 어업협정에 대해 일본 정치인들이 빈발하게끔 망언을 지속했고, 한국 정치계를 자극시켰다. 우리나라 김영삼(金泳三, 1927~2015) 대통령은 액면 그대로 받아들여서 극도로 흥분했다. 1995년 8월 15일, 광복 50주년기념으로 조선총독부 건물을 폭파하면서 '일본 놈들의 버르장머리를 고쳐놓겠다'는 극언까지 서슴지 않았다. 이어 11월 14일, 중국 국가주석 장쩌민(江澤民, 1926년생)과 김영삼 대통령의 정상회담의 기자회견장에서 장쩌민은 "덕망이 있으면 혼자가 아닌, 반드시 좋은 이웃이 있다(德不孤必有隣)."라는 논어 구절을 인용했다. 그러나 김영삼 대통령은 일본 정치인들의 망언에 대해 '버르장머리를 고쳐야 한다'고 했다.[268] 일본은 1996년 200해리 EEZ제도를 선포하고, 1965년 체결한 한·일어업협정을 일방적으로 종료시켰다. 곧바로 새로운 어업협정을 체결해야 한다고 한국을 겁박했다. 우리나라는 일방적인 일본의 주도에 이끌리어, '쌍끌이어선(two-boat trawler)'이란 용어조차 몰랐다. 한국의 쌍끌이어선의 현황을 한·일회담 석상에서 일본 외무성 공무원으로부터 들었다. 그들은 1965년 이후에 지속적으로 협상 개정을 대비했다. 1997년 일본 자금을 한꺼번에 모두 인출하는 바람에 한국 경제는 난파선처럼 침몰 직전에 도달했다. 10월 10일, 도쿄에서 재차 한·일실무회담을 진행, '독도 영유권이 훼손되지 않는 조건하에서 이 안을 철회한다'는 전제를 우리나라는 고수했다. 10월 22일에 일본 측은 독도 주변 수역을 제외하고 신어업

협정 타결을 한국 측에 전송했으나 응답을 늦췄다. 한국은 11월 7일 독도 접안시설을 건립했다. 이에 하시모토 류타로(橋本龍太郎, はしもと りゅうたろう, 1937~2006) 총리까지 한국 비난에 나섰다. 11월초에 미국의 클린턴(William Jefferson Clinton, 1946년생) 대통령은 일본 하시모토 류타로(橋本龍太郎, はしもとりゅうたろう)[269] 총리에게 '금융위기 국가가 발생하더라도 양자(한·일) 간 해결방식은 취하지 말라'는 내용의 공한을 보냈다. 11월 10일에 임창렬(林昌烈, 1944년생) 경제부 총리가 일본의 '미스터 엔(Mr. Yen)'으로 통하는 대장성 사카키바라 에이스케(榊原英資, さかきばら えいすけ, 1941년생) 차관을 찾아가서 지원을 요청했다. 결과는 보기 좋게 냉대만 당하고 빈손으로 11일 귀국했다. 한국 정치계는 '비창조적 흥분(uncreative excitement)' 상태에 빠져있을 때 일본은 차분하게 악화되는 한국의 상황(유동성 함정에 빠지는 모습)을 역이용했다. IMF로 인한 경제 비상사태로 정신없는 틈을 타서 1997년 7차례, 12월 29일 한국의 양보가 없으면 기존 어업협정을 파기하고 재교섭하겠다고 일방통행으로 선언했다. 참으로 다양한 일본의 계책에 우리는 말려들었다. '불난 집에 도둑질하기(趁火打劫)' 전략을 기본으로 깔고, '풀을 쳐 뱀(蛇)을 놀라게 한다(打草驚蛇)'는 겁박전략, '물을 혼잡하게 해서 고기를 몰다(混水模魚)'는 일망타진 전략까지 구사하자 한국은 그대로 당하고 말았다.

1998년 1월 23일 일본에 '신이 내린 축복(神の祝福)' 혹은 천재일우의 기회인 한국의 '정권교체와 IMF외환위기 사태'를 틈타서 기존 한·일어업협정을 일방적으로 파기했다. 그러자 한·일 양국은 새로운 상황에 맞게 영토문제와는 상관없는 어업협정을 우선 체결하기로 해 17차례에 걸친 실무자 회의와 고위급 회담을 거쳐, 1998년 9월 25일 신(新)한·일어업협정을 타결했다. 타결안을 기반으로 그해 10월 9일 신(新)한·일어업협정에 가

서명(假署名)했고, 11월 28일 정식 서명과 이듬해 1999년 1월 6일 국회비준을 거쳐 1월 22일부터 정식 발효했다. 그러나 상대국의 배타적 경제수역(EEZ)의 입어조건에 대해 1999년 2월 5일 양국 수산당국자 간 합의로 완전 타결됐으나, 우리나라는 실태마저 몰랐던 쌍끌이어선 문제로 1999년 2월 5일 합의된 실무협상에 문제점을 설명했고, 1999년 3월 8일부터 10일간 일본 도쿄에서 추가협상을 했다. 끝내 1999년 3월 17일 쌍끌이어선 80척 정도만 추가 확보했다. 결국, 우리나라는 한 번 더 '호떡집에 불난 야단법석'을 떨었다. 당하고 있다는 사실조차 모르는 사이에 일본은 "유능한 독수리는 발톱을 감춘다(有能なワシは爪を隠す)."라는 그들의 속담처럼 속내를 감추고 상대방의 숨통을 거머쥐었다.

☰08
우리나라가 '실효적 지배유지'를
잘하고 있는가?

쌍끌이 어선 얻었다고 독도 인근 수역 내준 게 아닌가?

일본은 지난 1965년 한·일국교정상화 기본조약 체결 이후에 한·일어업협정에 대해 언젠가는 있을 개정사항에 대해서 지속적으로 실태조사, 분석, 개정방안 및 대응전략을 마련해왔다. 여기에다가 정치인을 통한 한국을 자극하는 망언 시나리오까지 마련해서 한국의 정치인끼리의 내분조장과 결정에 혼선을 초래하는 '혼탁한 물을 휘저어 자기네들이 의도한 곳에 물고기를 모아서 손을 집어넣어 잡아들이는 계략(混水摸魚)'을 챙겨놓았다. 더욱 5년 주기 대통령 선거 시기와 IMF 외환위기까지 가세해준, 신이 내린 순풍에 돛을 달았다. 여기에 반해서 한국은 평소에도 준비가 하나도 없었는데, 대선과 외환위기라는 큰일을 당면하자 좌충우돌했다. 외교담당관조차 생소한 '쌍끌이 어선(two-bout trawler)'이란 용어를 회담좌석에서 처음 들었다. 사전준비는 고사하고 한국의 어업현장의 실태조차도 몰랐다. 복잡한 국제해양법과 한·일어업협정에 관련된 복잡한 관계성과 과거 숙제 따위는 전혀 몰랐다. 결국, 삼십육계(三十六計) 활용에 능숙한 일본 외무성 관료의 손아귀를 벗어날 수 없었다. 일본 관료는 쌍끌이어선을 회담에서 한국 측에 알려준 것은 '벽돌을 던져주고 옥을 돌려받을 속셈(抛塼引玉)'의 미끼였다. 즉, 협정을 발효한 뒤 1998년 3월 17일 쌍끌이어선 80척 정도를 추가로 인정해준 건 독도 인근 수역을 챙기기 위한 미끼 혹은 떡밥이었다.

더 자세히 언급하면 1998년 11월 28일 양국 외무부 장관이 서명하고, 1999년 1월 6일에 우리나라 국회가 비준동의를 했다. 신(新)한·일어업협정에서는 울릉도를 배타적 경제수역(EEZ)에 넣었으나, 독도는 중간수역(intermediate zone)에 넣었다. 즉, 독도가 울릉도의 부속도서로 취급된 게 아니라 다른 수역으로 분리시켰다. 이로 인해 울릉도는 국제해양법상 섬으로 인정을 받았으나, 독도는 인정을 받지 못한 결과를 낳았다. 그 이유는 유인도만이 EEZ의 기점이 될 수 있다는 일본의 논리에 말려들어서 그렇게 인정하고 말았다. 설상가상으로 독도(獨島)란 지명

구한일어업협정도
(cdn.ironna.jp)

을 명시하지 않고 좌표로 표시했다.[270] 그래서 결국은 현실에 착안해 어업협정의 효력에만 한정하기로 했다. 협정의 만료기간을 3년으로, 한쪽의 일방적 파기가 가능하도록 잠정적으로 협상했다.

한마디로, 1965년 구(舊)한·일어업협정에서는 공동규제수역(Joint regulation zone)으로 되었던 것을 중간수역(intermediate zone)으로 결정했다. 일본은 중간수역을 잠정수역으로 보고 있다. 단속과 재판 관할권은 기국주의(principle of the exclusivity of the flag state)를 원칙으로 하며, 양국은 자국 법령을 적용하지 못하고, 어업공동위원회의 권고에 따라야 한다. 이

는 우리나라 '독도의 영유권'에 있어 추적권(right of hot pursuit)을 포기한 것이다.[271, 272] 2005년 이런 점에 대해서 김영삼(金泳三) 정부에서 문제조항을 수용한 것이며, 김대중 정부가 최종 타결했다는 논란을 피할 수 없게 되었다. 2006년 노무현 정부는 독도에 대한 강제관할권을 배제한다는 선언을 했다. 이로 인해 유엔해양법 제287조에 의거한 선언으로 일본은 독도 문제를 국제해양법 재판소에 가져 갈 수 없게 되었다. 또한, 국내법으로도 2001년과 2009년에 헌법재판소에 두 차례나 '한·일어업협정에 대한 영토조항 위반'이란 사유로 헌법소원을 제기했다. 헌법재판소 판시는 '어업협정은 영토나 영유권 문제와는 관련이 없다'는 이유로 기각판결을 내렸다.[273] 이는 국제법상, 한국 국내법상 유권해석에 불과하며, 국제법상 '국내법 완료 이후 제기'라는 전제조건을 충족시켰다는 의미를 갖는다.

이런 문제점을 해결하기 위해서 i) 신한·일어업협정(新日韓漁業協定)이 잠정기간인 2002년 1월 22일 효력이 만료되었다는 사실에 일방적 파기와 협상교섭을 하는 방법도 있었으나, ii) 과거 일본처럼 장기적으로 현안 문제, 국제법 해석상 취약점, 현황 및 어민들의 바람 등 분석해서 대안을 먼저 마련했어야 했다. iii) 과거 이용당했던 상황, 정치인의 망언과 언론의 공격 등의 최악 시나리오를 가정해 차분하게 최선방안으로 대응했어야 했다. 그러나 그렇게 하지 않았고, 일본 당국자들은 36계 병법[274]과 능수능란한 수완에 말려들었다. 속된 말로 '한국을 갖고 놀았다'는 사실을 바로 인지해야 한다. 앞으론 같은 '수수방관(袖手傍觀)' 혹은 '일본에 못 당해!'라는 언행을 보면, 일본은 '황국신민의 서사(皇國臣民の誓詞)'라는 프로그램을 우리나라 관료의 뇌리에 심어놓았다.

"성을 쌓기는 쉬우나 지키기는 어렵다(築城易,守城難)."

새로운 것을 만드는 것은 생색나는 일이다. 그러나 만들어놓은 것을 선량하게 유지하고 관리하는 일은 더욱 어렵다. 시스템공학(system engineering)에 '빙산의 법칙(law of iceberg)'이 있다. 물 위에 떠 눈에 보이는 것은 10%이나, 90%는 물밑에서 가라앉아 있어 겉에서는 보이지 않는다. 생색나는 게 10%이고 유지관리, 보수개선과 같은 얼굴도 나지 않고 아무도 알아주지도 않는 것이 90%다. 그래서 우리나라는 생색나는 것을 소중히 생각하고 보이지 않는 걸 소홀히 한다. 대표적으로 '독도의 영유권(occupation right of Dokdo Island)'에 대

신한·일어업협정도
(cdn.ironna.jp)

한 격발이슈를 만들고, 애국애족의 정황증거를 보여주고자 매달렸던 것을 보면 알 수 있다. 그러나 막상 '실효적 지배를 위해 평온한 유지(peaceful maintenance for effective control)'를 하는덴 아무도 관심을 쏟지 않았다. 중국 속담에 "성을 쌓기는 쉽다. 그러나 성을 지키기는 어렵다(築城易守城難)."라는 말이 있다. 평소에 우리의 땅 독도라는 사실을 누가 봐서도 자기 땅이라는 인정을 받을 수 있게 현실적이고 효과적으로 관리해야 한다. 자연환경 훼손, 국제평화와 질서 파괴, 문화전통과 국민정서에 역행, 평온한 일상적인 삶을 해치는 군사시설물 설치 혹은 정치적 쇼맨십 등 '실효적 지배를 위한 유지'조치는 금지해야 한다. 마치 '솔로몬의 심판(Judgment of Solomon)'[275]에 '자기 아들이라고 주장하는 어머니가 칼로 자기 아들을 반쪽으로 자르는 데 찬성하는 꼴(Claiming to be a mother's son, in favor of cutting her son in half with a knife)'이 된다.[276] 이는 바로 독도영

유권을 저해하는 역행이고, '아니다(No)'를 반증하는 결과를 낳는다. 2019
년 9월 5일과 2020년 6월 26일 일본 국제문제연구소가 했던 '강치 멸종'
동영상 홍보 혹은 '후손의 선조가 했던 강치 마구잡이 증언'은 '정작 자기
들의 영토라면 저렇게 생태환경을 멸종시키는 마구잡이 강태사냥을 하겠
나?'라는 반감으로 i) 식민지 강점의 행태, ii) 1974년 강치 멸종의 주범이
라는 강변(强辯)만을 하고 말았다.[277]

　한·일국교정상화와 한·일어업협정을 체결한 뒤에 우리의 독도영유권을
지키기 위한 '실효적 지배와 평온한 유지'를 위해 어떻게 해왔는가를 살펴
본다면 1981년 동도(東島)에 20m 정방형 10톤급 헬기의 이·착륙이 가능
한 헬기장을 설치했다. 무인도(uninhabited island)라는 사실을 지워보고
자 1991년부터 '독도리 산 20 번지'에 살고 있던 김성도, 김신열 부부 2명
을 국내 치안 담당의 일환으로 대한민국 경찰이 경비를 하고 있다. 1993
년 레이더 기지, 1997년 11월 24일 500톤급 선박의 접안시설과 어민 숙
소를 설치했다. 그럼에도 1998년 신한·일어업협정에 울릉도를 유인도(有
人島)라는 사유로 배타적 경제수역의 기점으로 했으나, 독도는 무인도(無
人島)로 인정해주는 한·일공동수역 내에 획정에 동의했다. 이를 보완하겠
다고 '독도 영유권 침해(獨島領有權侵害)'에 대한 헌법소원을 했고, 헌법재
판소의 판결은 "어업협정은 어업을 위한 양국이 정한 수역과 섬의 영유권
내지 영해 문제는 서로 관련이 없다."로 기각했다. 1998년 12월에는 유인
등대를 설치했다. 이렇게 시설이나 기념물을 세울 때마다 일본 외무성은
'국제법상 묵인의 빌미가 될지 모른다'는 이유로 어떤 언행 하나도 그냥 넘
어가는 법이 없다. 빠짐없이 우리나라 정부에 항의문서를 전달했고, 증인
수만 명보다도 진정성(眞正性)이 확실한 서류증거를 남겼다.

　평화롭고 조용한 유지관리로는 2000년 3월 20일 울릉군의회가 독도

의 행정구역을 '경상북도 울릉군 울릉읍 도동리 산42-76번지'에서 '경상북도 울릉군 울릉읍 독도리 산1-37번지'로 변경하는 조례를 통과했다. 2005년 말 현재 「독도는 우리 땅」[278]이라는 노래를 부르던 정광태 가수를 비롯해 독도에 호적을 둔 사람이 2005년에 1,000명이 넘었다. 일본 사람은 26명이었으나, 2019년 7월 4일(한국 경제보복) 이후, 독도 주민등록증 발급자는 2019년 한 해에 13,416명이 증가해 2020년 6월 10일 현재 60,484명이다. 국적별로 보면 외국인이 1,700여 명인데 이중 일본 국적은 16명으로 줄어들었다.

2005년 1월 14일 시마네현 의회는 '독도 시마네현(島根縣) 편입' 100주년 기념으로 2월 22일을 '다케시마의 날(竹島の日)'로 정하는 조례안을 제정한다고 2월 23일 의회에 상정했다. 그리고 3월 16일에 최종 통과했다. 우리나라 정부는 시마네현의 조례로 '다케시마의 날'을 제정한 것에 항의했다.[279] 이에 맞대응해 경상북도는 4월 1일부터 독도 관광을 일반인에게도 개방했고, 4월 23일 전통무예가 김종복(당시 39세)과 연극인 송희정(당시 32세)은 동도 접안시설(물량장)에서 결혼식을 올렸다. 관광객 140여 명이 축하를 했다. 국내법제상 법제화에도 가속하여 4월 26일엔 우리나라 국회는 「독도의 지속 가능한 이용에 관한 법률」을 의결했다. 이에 의거해 해양수산부는 5년마다 독도 이용 기본계획을 수립하기로 법제화했다. 6월 9일엔 경상북도의회에서는 10월을 '독도의 달'로 정하는 조례를 가결하였다.

2006년, 노무현(盧武鉉) 대통령은 한·일관계 특별담화문에 "독도는 우리 땅입니다. 그냥 우리 땅이 아니라 40년 통한의 역사가 뚜렷하게 새겨져 있는 역사의 땅입니다. 독도는 일본의 한반도 침탈 과정에서 가장 먼저 병탄되었던 우리 땅입니다. 일본이 러일전쟁 중에 전쟁 수행을 목적으로 편

입하고 점령했던 땅입니다."라고 했다. 또한, 일본의 독도 영유권 주장은 '제국주의 침략 전쟁에 의한 점령지 권리, 나아가서는 과거 식민지 영토권을 주장하는 것이기 때문에 독도는 완전한 주권 회복의 상징'이라고 하여 양국 외교관계는 급랭해졌다. 주일대사 소환사태까지 벌어졌다. 그해 10월엔 세종대 호사카 유지(保坂 祐二, ほさか ゆうじ)280 교수는 '독노의 조선 영토' 사실이 그려진 19세기 고지도 「조선국전도(朝鮮國全圖)」와 「대일본전도(大日本全圖)」 2점을 울릉도 독도박물관에 기증해 공개했다.

이에 일본 외무성은 2008년 2월에 독도에 대한 일본의 영유권을 주장하는 '竹島(Takeshima)'를 팸플릿과 웹사이트를 통해 다양한 외국어로 제작해 국제사회에 배포했다. 이에 대응해 우리나라 동북아역사재단도 이미 2006년 9월 27일 '독도(獨島)' 소책자를 발간해서 배포했다. 한국해양수산개발원은 일본 외무성의 주장을 반박하는 자료를 발표했다. 2008년 7월 일본 정부는 '중학 사회교과서 학습요령해설서(中學社會敎科書 學習要領解說書)'에 독도를 일본 영토로 표기하고, 2012년부터 '다케시마는 일본 고유 영토'로 교육하도록 훈령을 발표했다. 우리나라 정부는 곧바로 항의했다. 지난 2010년 7월 22일, 동북아역사재단 수요포럼에서 '일본의 최대 과제: 안전보장과 상징천황제'라는 제목으로 일본 민주당 도이 류이치(土肥隆一, どいりゅういち,)281 의원의 강의를 마련했다. 2011년 2월 27일 한·일 기독교교의연맹의 독도영유권 한·일공동성명에서 그는 '일본 정부가 역사교과서 왜곡과 영유권 주장은 후세에게 잘못된 역사를 가르치는 것 (日本政府は歴史敎科書歪曲と獨島の領有權主張により,後世に誤った歴史を敎え)'이라고 주장했으나282, 3월 9일에 일본 정부의 독도 영유권을 주장하는 선언에도 서명했다.

2012년 8월 10일, 이명박 대통령은 정부 수립 이후 현직 대통령으로 최초로 독도를 방문했다.[283] 국내외의 관심을 모으는 개인적인 이벤트성 격발이슈로는 성공했으나, 일본은 즉각 항의하고 제3차 국제사법재판소에 제소를 하겠다고 제안했다. 2016년 7월 25일 당시 더불어민주당 대표 문재인(2017.5.9. 제19대 대통령 당선) 독도를 방문해 수비대원과 점심식사를 했다. 8월 3일에 일본 자민당에서 파악하고 일본 외무성에서는 난리가 났다. 이참에 2016년 8월 15일 광복절을 맞아 여·야국회의 10명이 나경원 의원을 단장으로 독도를 방문해서 한·일 외교적 분위기를 흔들어 놓았다.[284] 이에 일본은 항의를 표명했다.[285] 일본 외무성은 독도 홈페이지 (mofa.go.jp)에 'i) 국제법상 일본 영토, ii) 한국은 법적근거 없이 불법 점거, iii) 일본은 국제법에 따른 평화적 해결 모색'을 제시하는 '다케시마 영

독도에 대한 일본 공식입장(mofa.go.jp)

유권에 관한 일본의 일관된 입장'[286]을 올려놓고 있다. 2018년 8월 3일 문재인 대통령은 현직 대통령으로는 최초로 독도명예주민에 등록했다. 2019년 8월 13일 문재인 대통령은 도쿄 올림픽 지도에 독도가 일본 영토로 표기된 문제에 대해 적절한 대응을 주문했으며, 9월 16일 아직

도 무관하게 사용해왔던 일본해(日本해 Japan Sea), 다케시마(Takeshima, 竹島) 등의 일본 명칭을 사용하지 말도록 공공기관에 엄중 경고조치를 내렸다.[287]

제2장

동서양 고지도에서, 신기루 같은 독도

☰01
눈으로 보여줌으로써
믿음을 얻다(示卽得信)

백 마디 말보다 한 번 눈으로 확인하는 게 낫다(百言不如一見)

한서조충국전(메모)

　　예부터 인간은 자신의 꿈, 생각, 아이디어, 정보, 사상 등을 기억하거나 말로 전달하는 데 한계를 느꼈다. 그래서 그림을 그렸고, 문자를 만들어 기록을 남겼다. 이렇게 남긴 기록을 통해서 보는 데는 보다 구체적이고 사실적인 그림을 보고서 분명하게 이해를 했고, 기억하게 되었다. 그래서 중국 고전『한서조충국전(漢書趙充國傳)』에 조충국이 "백 번 듣는 게 한 번 보는 것만 못하다. 병사들이 금성(金城)이 너무 멀다고 하나, 말 타고 가서 살펴보고 방략(方略)을 그림으로 그려야지요."288라고 하는 장면이 있다. BC 500년경 공자는 "말하면 이해가 되지만, 보여주면 믿음이 더 간다(言則得理,示則可信)."라고 실토했다. 19세기 아메리칸 인디언들에겐 "말하면 이해가 되며, 보여주면 믿음이 가고, 같이하면 감동한다(Say, we understand; show, we believe; Inclusive, we move)."라는 속담까지 있었다. 그들은 보다 믿음을 얻고자 글에다가 그림을 그려서 사용했다. 처음에는 동식물의 그림을 그렸으나, 경제, 사회 및 정치 등에 필요한 행사 기록, 범인의 얼굴, 전투장면 및 군사적 지도를 그렸다. 또한, 지상담병(紙上談兵) 혹은 도상방략(圖上方略)을 수립하기 위해선 반드시 i) 현지실태를 파악하고, ii) 적군의 정황을 탐지하고, iii) 유경험자의 의견을 수렴하여 이순신이 '견문을 갖고 결정(聞見而定)'으로 연전연승을 할 수 있었다. 불교에서는 보는 것을 i) 눈으로 보는 것(眼見)과 ii) 귀로 들어보는 것(聞見)으로 양분하고 있다.[289]

오늘날도 지도상의 군사시설 등을 국가기밀로 취급하고 있다. 대표적인 사례로는 2016년 구글(Google)이 우리나라의 지도를 공개하겠다고 하니, i) 국가기밀 군사보안시설 40% 노출과 ii) 국가안전보장에 침해를 이유로 반대하는 의견이 2020년 6월까지 지속되고 있다.[290] 『손자병법(孫子兵法)』에서 "상대 적군을 알고 나를 알아야 매번 싸워도 위험하지 않다."[291] 라는 사실에 입각해서 전쟁은 정보수집으로부터 시작했다.[292] 옛날 동양에서는 대부분의 왕조에서는 지도를 국가기밀로 취급했고, 대부분이 군영(軍營)에서만 보유할 수 있었다. 대표적인 사례로 641(榮留王, 재위기간 618~642)년 7월초 당나라 태종은 사신으로 병부직방낭중(兵部職方郎中) 진대덕(陳大德)[293]을 파견해서 고구려 국경지대 관수자(管守者)들에게 비단을 뇌물로 주며, "내가 평소에 산수(山水)를 좋아하니, 만약 좋은 곳이 있으면 부려고 한다."라며 평양성까지 고구려를 빠짐없이 정탐하고 8일 10일 귀국해서 고구려 정벌을 간언했다.[294] 그렇게 군사시설, 지형지물, 군사기밀 등을 수집하여 군사지도를 작성했고, 고구려 침략에 활용했다. 해양국 왜(扶桑)[295]국은 기원전부터 3,000여 회 왜구침략(倭寇侵略)으로 혹은 상인, 승려 등 신분위장을 통해서 정탐하고 지도를 작성했다. 임진왜란을 7년간 정보수합과 정밀한 군사지도를 비밀리 작업했다. 우리나라도 고대 지도는 대부분 관찬(官撰)이었다.[296] 현행 군사기밀보호법에 의거해 국립지리원에서도 항공사진으로 기본 지도를 작성하는데 한정된 실용성을 가미할 뿐 군사적 시설이나 보안지역을 표시할 수 없다.

먼저 고지도(古地圖)는 오늘날처럼 관련 정보, 관련 지식, 작도 도구, 계측 장비 등이 발달하지 않았다. 따라서 현대적 수준으로 비교·분석하거나 증거로 채택하는 건 현시점 투사, 논리적 비약, 혹은 자의적 해석이라는 오류를 범하게 된다. 따라서 작도에서 원근(遠近), 방향(方向), 축척(縮尺), 고저(高低) 혹은 심천(深淺) 등의 개념이 없었다. 존재 혹은 인식을 도시했다는 점에서 평가를 해야 한다. 원근법(遠近法, perspective)을 무시하고 관념상 큰 존재라면 크게 그렸고, 동양위정(東洋爲政)에서는 좌숭상문화(左崇尙文化)가 있어 보다 소중한 것은 고의적으로 왼쪽에다가 그렸다. 때로는 목적과 관계에서 중시하는 걸 가깝게 그렸다. 지도 한 장에도 당시의 우주관, 철학과 관념을 이해하고 난 뒤에 살펴봐야 한다.

우리나라의 고지도엔 위정철학인 사대주의(事大主義), 충효사상(忠孝思想), 삼강오륜(三綱五倫) 등이 녹아있다. 1745년경에 그려진 김홍도의 민속

김홍도의 서당(문화재청)

화「서당(書堂)」을 보면 현대적 원근법에 따르면 멀리 있는 훈장선생님이 가장 작게 그려져야 하나, 관념적 원근법(ideological perspective)으로 가장 큰 존재로 그려졌다. '스승님의 그림자도 밟지 않는다(師影莫踏)'는 군사부일체(君師父一體)의 존경심을 표현했다. 결혼해 갓을 쓴 학동을 맨 앞에 그려놓은 건 장유유

서(長幼有序)다. 질문에 답을 못해서 우는 학우에게 몰래 책을 펴서 앞에 내밀어 보고 대답하게 도와주는 건 교유의신(交友以信)이란 문화가 스며있다. 지도도 이와 같이 보여주고자 하는 의도(목적, 관계, 중요도)에 따라 가깝게 혹은 진하게 표시했다. 선의 굵기, 색채의 농담, 크기 등을 이탈리아 문예부흥기 이후에 체계화된 서양의 원근법과는 아주 달랐다. 어릴 때에 화가 삼촌에게 엿들었던 말인데 "먼 산은 주름 골짜기가 없고, 멀리 있는 물은 물결이 없으며, 먼 나무는 가지가 없어야 한다. 또한, 멀리 있는 사람은 눈이 보이지 않는다(遠山無皴, 遠水無波, 遠樹無枝, 遠人無目)."라고 하셨다. 이처럼 인문화의 기본화법으로 오늘날 사실화(事實畵)와는 아주 다르다.

인류 최고(最古)의 세계지도로는 1899년 바빌론에서 97km 이라크 남쪽 시파르(Sippar)에서 발견된 「바빌로니아 세계지도(Babylonia Map of the World)」는 가로 21cm, 세로 18cm의 점토판에 설형문자와 그림이 그려져 있었다. 현재는 대영박물관(British Museum 92687)에 소장 중이다. 지도 한 가운데 원형 2개를 그리는 데 사용한 컴

바빌로니아 지도(Wikipedia)

퍼스(compass) 자국이 선명하다. BC 600년경 제작된 것으로 추정된다. 바빌론을 지도의 가운데 그려놓았고, 내부의 원은 강(water)과 밖의 큰 원은 바다(bitter water)를 표현했고, 하단의 선은 남부 습지, 동북쪽 선은 그로스산맥을 나타냈다. 이 고지도엔 강물과 바닷물에 의한 메소포타미아(Mesopotamia) 문명발상지답게 물 중심의 세계관[297], 즉 그리스어로 메소포타미아(Μέσωποτάμια)는 '두 강(potam) 사이(meso)의 나라(ia)'를 의미하기에 2개의 원을 그렸던 것이다. 바빌론을 가운데 그렸다는 의미는 아시리아 전쟁으로 바빌론을 지켜야 한다는 관념이 녹아있다.

한편, 동양 최고의 세계지도로 인정받고 있는 1402(太宗 2)년 좌정승 김사형(金士衡, 1341~1407)과 우정승 이무(李茂)가 발의해 의정부 검상(議政府 檢詳) 이회(李薈)가 실무를 맡고, 이슬람 계통의 「성교광피도(聲教廣被圖)」와 일본의 「혼일강리도(混一疆理圖)」를 참고해서 제작한 세계지도로, 가로 148cm, 세로 164cm의 「혼일강리역대국도지도(混一疆理歷代國都之圖)」이다. 아프리카에도 38개 국가와 라일강과 아라비아 사막 등이 정교하게 그렸다. 오늘날 시각에서 본다면 아메리카와 오세아니아 대륙이 모양이 제대로 그려지지 않았다. 현재 우리나라 서울대 규장각엔 필사본(筆寫本)만 있고, 원본은 일본 류코쿠대학(龍谷大學) 도서관에 소장되어 있다. 당시로는 동서양을 막론하고 가장 훌륭하다는 평가를 받았다. 중국을 중앙에 그려놓았으며, 조선은 오늘날의 면적에 비해 크게 그려져 있다. 당시 대사성 권근(權近, 1352~1409)은 발문에서 "지도를 보고 지역의 멀고 가까움을 아는 것은 천하를 다스림에도 보탬이 되는 법이다(夫觀圖籍而知地域之遐邇. 亦爲治之一助也)."[298]라고 했다. 이 지도에 녹여진 주요 관념을 보면 중국을 중심에 배치한 사대사상(事大思想)이다. 도서(島嶼)로는 대마도, 울릉도 및 제주도만 표시하고, 나머지 해안엔 나룻명칭(港口地名)을 적었다. 국토의 영유권보다는 국토 수호를 위한 방어포진(防禦浦津)을 중심으로 도시했다. 진관(鎭管) 중심의 방어체제(防禦體制)와 독도에 대한 수토정책(守土政策)을 머리에 두고 세계지도를 제작했던 것이다. 이후 독도가 표시된 고지도에도 나타난 것은 1463(世祖 9)년 「조선지도(朝鮮地圖)」 혹은 「조선증도(朝鮮證圖)」에서 나타나기 시작했다. 그러니 현존하는 고지도 가운데 독도가 표시된 것은 1530(成宗 35)년에 관찬한 「신증동국여지승람(新增東國輿地勝覽)」이다.[299] 이후 많은 우리나라의 고지도에선 독도가 울릉도보다 내륙 본토에 가까이, 울릉도의 동서남북에 어느 쪽에든 그리기도 했으며, 때로는 더 크게 그렸던 것은 오늘날처럼 사실적으로 표현하는 개념도 없었으며, 오늘날처럼 회화적 원근법(painterly perspective)보다도 당시 고정관념을 표현하는 관념적 원근법((ideological perspective)을 사용했기 때문이다.300 '주군(임금)의 마음을 헤아려서 진언(進言)'하는 데 중점을 두었다. 우리나라에 관련된 현존하는 서양 고지도까지도 동양 고지도를 그대로 필사(筆寫)한 것이 대부분이다.

이런 점을 고려하지 않고 현대적 기술, 정보와 시야로 판단하는 건 고지도의 진정성을 훼손하는 행위다. 자유심증주의(principle of free evaluation of evidence)에서 진정성(眞正性)을 판단하는 데 관습적으로 형성된 채증법칙(採證法則, evaluation evidence rules)이 있다. 속칭 '처심촌 벌초하듯이' 건성으로 하는 것이 아니다. 과거의 지능, 사상, 습관, 풍습 및 경험에 빠져서 진정성(authenticity)을 따진다. 바로 경험칙(經驗則) 혹은 논리칙(論理則)이다. 만약에 고지도가 오늘날 현대 지도와 같다면 이는 i) 최근에 어떤 의도를 갖고 작성한 가짜 지도라는 사실을 스스로 입증할 뿐이다. 만약 서세동점 시기 이전에 독도를 울릉도보다 동쪽에 작은 2개의 섬으로 거리와 크기를 비례해서 그려졌다면, 당시는 아무도 그렇게 생각조차 할 수 없었기에 고지도의 진정성은 상실된다. 당시의 시대적 경험, 제작당시의 세계관, 정치관, 목적 등이 스며들여 있지 않았다면 진정성(眞正性)이 하나도 없다. 또한, 역사적 사실을 입증하려는 그 자체까지도 의심받게 된다. 진정성엔 그려진 내용, 사상, 개념 및 목적 등으로 판단하는 내용상 진정성(content authenticity)뿐만 아니라, 제작자(관찬 혹은 사찬), 사용처(관용, 군사용, 민간용) 보관소(상태), 제작 물질(천, 지류, 귀금속), 인장(관인) 여부 등의 형식상 진정성(formal authenticity)까지를 판단하게 된다.

널빤지 간판	철제 광고판
농장계란 ○	비행학교 ○
비행학교 ×	농장계란 ×

만약 시골길을 자동차로 달리는 데 길섶에 추잡한 나무 널판과 나뭇가지로 '농장계란(farm egg)'이란 간판이 있고, 바로 옆에 철제로 정교하게 디자인해서 제작된 '농장계란'이라는 광고판이 설치되어 있다면 당신은 어디에서 계란을 살 것인가? 반대로, 널빤지에 비행기 조종사를 양성하는 '비행학교(aviation school)' 간판과 철제로 된 비행학교 광고판이 있다면 어디에서 비행 조종 기술을 배울 것인가? 이때 우리는 심증(진정성)에 따라 선택한다. 대부분은 널빤지 농장계란을, 철제광고판의 비행학교를 선택한다. 널빤지 농장계란은 어딘가 신선하고, 농민의 정성이 깃든 것 같다. 철제 비행학교에서는 간판처럼 정교한 최단기술을 배울 수 있다는 심증이 간다. 이것이 바로 '경험칙(experiential rule)'이다.

고지도에서 나타난 동해(東海)와 독도(獨島)

고지도(古地圖)는 일반적으로 외교문서, 학술자료 등의 문자로 기록된

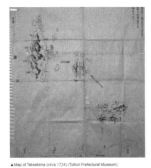

▲Map of Takeshima (circa 1724) (Tottori Prefectural Museum)

독도의 지도(1724년, 일본 외무성)

문서보다도 더 명확하고 객관적인 판단을 쉽게 할 수 있도록 구체적인 자료를 제공한다. 또한, 고지도는 매체적 진정성이 높아서 심증(evaluation of evidence)이 높다. 고지도를 중심으로 국제적 분쟁 소지가 높은 동해(東海)와 독도(獨島)에 대해 '무시신 살인사건(corpse-less murder accident)'을 입증하는

포렌식 절차(forensic process)를 지켜서 미리 챙길 필요가 있다. 특히, 독도쟁송을 대비해서 고지도를 깊이 연구할 가치가 있다. 일본은 지난 1954년 국제사법재판소에 제소하겠다고 우리나라의 동의를 요청했다. 이후 몇 차례 입증자료를 수정·보완했고, 시뮬레이션까지 마쳤다. 1962년과 2012년에도 국제적 전문가들이 자문하는 사항에 체크리스트(checklist)까지 마련해서 하나하나 다 챙겼다. 지난 2016년 8월 15일 여·야 국회의원이 독도를 방문했을 때에도 국제사법재판소의 제소를 언급했다. 일본의 관계자들은 하나같이 '패소하기가 이기기보다 더 어렵다(敗訴するのが勝つより難しい)'는 자긍심을 갖고 있다. 그들의 이런 오만은 완벽한 '유비무환(有備無患)'에서 나오고 있다.

그러나 우리는 아직도 역사, 문화, 국제법 등의 학제 간 연구(interdisciplinary research)는 거의 없었다. 대부분 역사학자는 역사만, 국제법 전문가는 국제법률만, 서지학자들은 고문헌이나 고지도만을 분석하고 주장해왔다. 일본처럼 통섭연구(統攝研究, consilient study) 혹은 학제 간 연구(學際間研究)란 용어조차 처음 듣는다고 한다. 이런 점에서 2009년 국토연구원의 「고지도에 나타난 동해와 독도 표기에 관한 연구」는 비교적 많은 국내외 고지도를 챙겨 분석했다는 점과 '국토'라는 개념에서 더 큰 의미를 던져주었다. 그 연구에서 독도에 관련해 요약하면 국내 소장, 온라인(인터넷)으로 제공이 가능한 고지도 140종을 분석했다. 7세기 일본이 제작한 최고의 독도 지도엔 조선(한국) 영토로 표기했다. 이에 반해, 우리나라 최고지도는 1530년 신증동국여지승람의 팔도총도(八道總圖)였으며, 독도 명칭은 우산도(于山島,Yusandao)[301]로, 표기는 울릉도 서쪽(본토 가까이)에 140종 가운데 60.7%(85종)가 한국 지역에 표기했다. 우산도(于山島)에서 '어조사 우 자(于)'를 필사 혹은 옮기는 과정에서 장정 정 자(丁), 방패 간 자

(干), 일천 천 자(千) 혹은 아들 자 자(子)로도 표기했다. 이에 반해, 일본식 명칭 다케시마(Takeshima)는 12.9% 18종에 불과했다. 독도 서양 명칭은 11종으로 리앙꼬르암(Liancourt Rocks), 호넷암(Hornet Rocks), 메넬라이 혹은 올리부차(Menelai et Olivoutza) 등의 지명은 19세기 후반에 나타났다.[302]

우리나라, 일본 및 중국의 고대문서는 대부분 한문(漢文)으로 기록되어 있다. 한문을 정확하게 배우지 않았던 사람들이 필사하는 바람에 비슷한 모양을 보고 그렸다. 한자란 심지어 중국인 학자마저도 "물고기 어 자(魚)와 노나라 노(魯) 자를 분간하기 어렵다(魚魯不辨)."라고 할 정도다. 사서삼경 중에 대학엔 친민(親民)이라고 적혀있지만 신민(新民)으로 해석한다. 친할 친(親) 자를 새로울 신(新) 자로 해석하는 걸 상통관계(相通關係)라고 한다. 최근 중국어는 간체자를 사용한다. 따라서 과거보다 더 많은 상통관계를 갖는다. 획수가 간편한 한자일수록 다양한 해석을 한다. 실례를 들면, 갈 지(之) 자는 간다(直之), ~의(我之權利) 혹은 그것(易地思之) 등으로 해석을 한다. 우산도(于山島)에서도 어조사 우(于) 자와 상통관계에 있는 한자로는 장정 정(丁) 자, 일천 천(千) 자, 방패 간(干) 자, 소 우(牛) 자, 낮 오(午) 자 등이 있다. 중국식 발음을 외국어로 표기로 천산도(千山島)를 Chiangsandao, Tchiangsandao, Tiansandao, Chyanshandao 등으로 포기한다. 한편, 울릉도(鬱陵島)를 얼핏 보면 반릉도(礬陵島) 혹은 반릉도(攀陵島)와 혼동해서 중국인마저도 울릉도(鬱陵島, Yulingdao)를 Fanglingdao(攀陵島) 혹은 Fanlingdao(礬陵島)로 발음을 그대로 적었다.

≡ 02
동서양의 고지도에서
독도

7세기 일본 지도엔 신라 땅 '안도(雁道)'[303]로

삼국사기(三國史記)에 의하면 660년에 당나라 장수 소정방을 나당연합군의 총사령관(神丘道大摠管)으로 하고, 신라장수 김인문((金仁問, 629~694)을 부사령관(神丘道副大摠管)으로 하여 나·당연합군을 결성해서 백제를 정벌했다.[304] 백제가 멸망했다. 그로부터 10년이 지나서 이제까지 중국에서 부상(扶桑)이라고 했던 왜가 '스스로 해 뜨는 곳'이라는 의미로 '일본'이라고 국호를 정했다(自言近日所出以爲名). 왜가 스스로 일본이라고 자칭하고 나왔다. 678년까지 당나라에서는 백제를 일본으로 알았고, "일본(日本)의 잔병은 부상(扶桑)에 의지하여 죽음을 피해 도망쳤다(日本餘噍, 据扶桑以逋誅)."라는 예군(禰軍, 613~678) 묘지명(금석문)이 발굴되었다.

고대 왜인(오늘날 일본)들은 물론, 지금도 일본 사람들은 '기러기가 물고 오는 나뭇잎에 가을이 찾아든다(雁道尋秋)'고 믿어왔다. 그래서 일본에 날아왔다가 죽어서 돌아가지 못하는 기러기의 영령을 위해서 위령제(慰靈祭)를 지내주곤 했다. 안도(雁道, がんどう)의 기원은 나라 시대(奈良時代)로 본다. 위령제를 지내던 그들의 마음속엔 고구려, 신라 및 백제에서 일본으로 이주해 살고 있지만, 한반도에 대한 귀소본능(歸巢本能)은 감추지 못했다. 자신의 처지를 생각하고 위령제(慰靈祭) 혹은 안도축제(雁道祝祭)를 가졌다. 오늘날도 안도문화(雁道文化)로 남아있는 건 '카모후로(雁風呂, がんぶろ)'로, 아오모리현 쓰가루지방(靑森縣津輕地方) 등에 지켜 내려오고 있다. 카모후로(雁風呂)란, 계절별로 목욕탕에 나뭇잎을 띄워서 목욕하는 것을 말한다. '안도(がんどう 혹은 かりのみち)'는 나라 시대(奈良時代)의 일본 사람들에게는 그들이 살아서 꼭 가고 싶었던 이상향(utopia)이었다. 에도 시대(江戸時代)에 와서는 안도(雁道)를 '한당(韓唐, からとう)'이라고 했다.305 현재는 나고야 시(名古野市) 한 지역의 지명으로 간미츠쵸(雁道町, がんみちちょう)으로 남아있을 뿐이다.

불노장생의 부상(扶桑)(2020)

　이와 같은 믿음을 지도로 명시했던 사람은 7세기에 살았던 교키(行基: 66.8~749.2.23.)306라는 승려다. 그는 백제에서 일본으로 넘어가 나라(奈良) 동대사(東大寺)를 창건하는 등 대형 토목공사를 했으며, 일본 전국에 다니며 포교를 하면서 「일본도(日本圖)」를 작성했는데, 그 지도에서 독도를 '안도(雁道)'로 표기했다. 이뿐만 아니라 "안도, 비록 섬(城)은 있으나 사람은 살지 않았으며, 신라국의 땅이었고, 그 나라는 566개의 작은 나라로 구성되어 있다(雁道, 雖有城非人, 新羅國, 五百六十六國)."라고 명기했다. 일본에서 가장 오래된 독도 지도이지만 메모한 것에 불과하다. 그러나 이를 기반으로 해서 1662년 9월에 교토(京都)의 테라마치 니죠(寺町二條)에서 살면서 지역 향토사를 연구하던 데라다 시케헤에이(寺田重兵衛)307가 서양

측지법 기술을 이용해서 '안도(雁道)'라는 신비의 전설을 현실적으로 파헤쳐봤다. 그가 탐사해서 그렸던 지도가 「부상국지도(扶桑國之圖)」다. 여기서 부상국(扶桑國)이란 고대 왜(일본)를 말하는 명칭이다. 그는 '안도(雁道)'를 에도 시대의 용어인 '한당(韓唐, からとう)'[308]으로 표기했다. 교키(行基)의 「행기도(行基圖)」[309]는 현재 도쿄 가네자와 문고(金澤文庫)에 소장되어 있고, 교토 니와지(仁和寺)사찰에도 보관 중이다.[310]

옛날 우리나라에선 같은 부모 밑에서 자라는 형제를 안행(雁行)이라고 했다. 또한, 족보(族譜)에선 같은 안행(雁行)에 해당하는 후손들은 항렬(行列)이라고 호칭했다. "멍에에 걸린 두 마리 말이 앞을 다투어 달리는데 양측 말은 조금씩 지쳐져 가네."[311]라는 시경(詩經)의 구절이 있다. "부모님 연세와 비슷하면 뒤따라가고, 형님뻘이 되면 같이 걸어가도 된다."[312]라고, 예기(禮記)의 행동거지는 '기러기 움직임(雁行)'에서 배웠다. 일본에서도 이런 안도문화(雁道文化)가 지켜지고 있다. 특히 나고야, 오사카 등지에 아직도 '기러기 공양(雁供養)' 혹은 '기러기 자선(雁宣)'이란 안도문화(雁道文化)가 살아있다. '기러기가 비행을 할 때 나뭇잎 혹은 나뭇조각을 입이나 발로 잡고 날다가 지치면 물 위에 띄워 휴식하고 다시 날아오른다.'라고 믿고 있다. 땅위의 나뭇잎이나 나뭇조각은 기러기가 떨어뜨린 것으로 보고, 죽은 기러기의 것이라고 생각해서 위령제(慰靈祭)를 지냈다. 안도는 일본 사람들의 정신적 이상향(spiritual utopia)이다. 그들의 정신 한 가운덴 바로 '다케시마가 우리의 안도(すぐに竹島が私たちの雁道だ)'라는 문화적 DNA인 밈(meme)[313]이 이식되어 있다. 아예 정신적 유전인자(cultural genetic element)가 되었다. 그들에겐 단순한 독도에 대한 영토 야욕으로 생각할 사항이 절대 아니다.

우리나라에 현존하는 최고 독도 지도

우리나라 고지도에 독도가 나타난 건 1463(世祖 9)년에 제작된 「조선지도(朝鮮地圖)」와 「조선증도(朝鮮增圖)」에 울진 동쪽에 2개의 섬으로 울릉도와 독도를 표기했다고 주장하는 학자도 있으나 현존하지 않는다. 그러나 세조가 수양대군 시절 1454(端宗 2)년에 삼각산 보현봉(普賢峰)에서 한양의 산세수형(山勢水形)을 보고 직접 한양 지도 초안을 그렸다. 국왕이 아닌 자는 대역죄에 해당하는 조선 전도를 그린 야심을 가졌다. 그는 아버지 세종이 북방국경지역에 4군 6진의 개척과 영남유민을 이주시키는 사민정책을 고민할 때 지도를 펼쳐놓고 도상방략(圖上方略)을 도출하는 걸 봤다. 세조로 등극하자마자 국토방위를 위한 진관체제와 방어체제 정책입안을 위해 양성지(梁誠之, 1415년~1482)에게 "의정부와 의논하여 전국지도를 완성하라."고 명했다. 1463년엔 동국지도(東國地圖) 완성은 1557년에 이어지는 현존하는 「조선방역지도(국보 248호)」의 기초자료가 되었다.

한편, 1435(世宗 17)년에서 1481(成宗 12)년에 제작된 것으로 추정되는 「8도지도(八道地圖)」는 현존하는 고지도 중 최고의 조선팔도 전도라고 할 수 있다.[314] 제작연도의 추정근거로는 평안도(平安道) 강동현(江東縣)이 폐지된 것을 본다. 즉, 1435(세종 17)년에 폐현(閉縣)했다가 1481(성종 12)년에 복현(復縣)했던 역사적 사실로 상대적 제작연도를 추측할 수 있다. 1432(世宗 14)년에 「팔도지리지(八道地理志)」가 편찬되었고, 1478(成宗 9)년에 양성지(梁誠之, 1415~1482)가 「팔도지리지(八道地理志)」를 재찬(再纂)했다. 팔도지리지(八道地理志)의 지리 정보를 토대로 그렸던 조선전도(朝鮮全圖)에선 울릉도와 독도가 본토 가까이 그려져 있으며, 독도는 울릉도보다 서쪽에 육지에 아주 인접해 그렸다. 명칭은 울릉도를 '무릉도(武陵島)'로, 독도는 '우산도(于山島)'로 표시했다.

1530년 발간된 「신증동국여지승람(新增東國輿地勝覽)」에 첨부된 지도인 팔도총도(八道總島)엔 강원도 지도(江原道地圖)가 첨부되어 있다. 먼저 명칭 '동국(東國)'이란 해동성국(海東盛國) 혹은 동방예의지국(東邦禮義之國)의 준말로 우리나라를 예찬하는 용어였다. 여지(輿地)란 제왕이 다스리는 영토인 강역(江域)의 경계로, 때로는 지역별 인물(충효)과 인심 등을 의미한다. 승람(勝覽)이란 명산대천으로, 국가의 안녕과 사직을 기원하는 중사(中祀) 및 소사(小祀)를 지내야 할 명산대천과 선비들이 풍유를 즐길 수 있는 명승지(名勝地)를 칭한다. 맨 앞의 신증(新增)이라는 새롭게 수정하고 보완했다는 의미다. 따라서 「신증동국여지승람」은 1481(成宗 12)년에 편찬된 동국여지승람을 수정·보완한 판본이다.

　「팔도총람(八道總覽, 東覽圖)」이란 지도에서 '한반도 본토-우산도-무릉도' 순으로, 독도를 울릉도 서쪽에 비슷한 크기로 그려놓았다. 울진현조(蔚珍縣條)에서 "우산도와 무릉도 두 섬이 현의 동해바다 가운데에 있다(于山武陵二島,在縣正東海中)."라고 적었다. 이에 대해서 일본은 'i) 한 쌍의 울릉도를 그려놓았던 것이거나, ii) 혹은 울릉도의 동쪽엔 어떤 섬도 없다는 것이다. iii) 울릉도 동쪽에 위치해야 할 다케시마(竹島)가 아니다315'고 주장한다. 그러나 이런 고지도(古地圖)는 아주 높이 확실하게 믿고 있던 것을 어떤 기교나 가감 없이 그렸다는 데 진정성이 높다. 일본의 주장은 현대적 측량기계기술과 지리적 지식을 잣대로 판단하고, 의도와 목적이란 편협적인 관점을 투사하고자 함이다. 다시 말하면, 현대적 측량기술, GPS의 방향감각 및 영유권 주장이라는 현미경으로 보고 있다. 마치 고대 인물화나 풍경화를 오늘날 사진과 비교해서 물체의 비례성, 사실성 및 채색도 등을 기준으로 무가치하다고 평가하는 것이다. 고대 지도를 그렇게 본다면 그는 진정성의 생명인 표현기법, 목적, 스며든 철학, 시대적 사조,

문화적 인습 등을 싹 무시하는 문외한(門外漢)이다. 아니라면 현대적 지식과 사고로만 재단하는 속칭 '배운 자의 무식(doctorial ignorance)'을 범하는 행위다.

고지도와 같은 고증자료(考證資料)는 제작연대의 정치적 상황, 국민의 주요 관심사, 제작 목적, 당시 지도제작 기술 등 종합적인 시각을 갖고, 현대적으로 재해석 혹은 '과거와 현재의 끊임없는 대화(unending dialogue between the past and present)'316를 해야 한다. 이런 관점에서 보면 i) 신증동국여지승람의 제작 목적은 국방 혹은 영역경계를 위한 것이 아니라, 국가사직을 위한 제사와 선비들의 명승고적 유람을 위한 인문지지서로 명산대천에 중심을 두었다. ii) 이런 위민위정이 투사된 관념적 원근법(ideological perspective)으로 그렸다. ① 신하된 도리로 하명했던 군주의

▲ Revised and Augmented Edition of the Survey of the Geography of Korea
The Map of Eight Provinces of Korea (Copy) (National Archives of Japan)

고지도로 외치와 규모를 부인(일본외무성)

속내를 살폈다. ② 보고자의 의중(의지적 비중)도 크지 않게 감추었다. ③ 시대적 상황은 울릉도와 독도에 일본 어민이 남획하는데 거주민의 원망이 심각했다. ④ 이를 반영해서 두 섬의 순서와 크기를 결정했다. iii) 따라서 우산도(于山島)에 대한 관심이 우선순위였다. 그래서 본토 옆에다가 그려 놓았다. 절대로 일본에게 내줄 수 없다는 의미다. 아들처럼 아낀다는 의미에서 숙종(肅宗)은 자산도(子山島)라고도 했다. 크기 역시 '손톱 밑 큰 가시(big thorn under a fingernail)'처럼 일본 어민들의 남획 차단이 급선무였고, 이를 크게 봤다. 그래서 울릉도보다 우산도를 더 크게 그렸다.

이런 시대적 관점에서, 현존하는 국내외 고지도에선 우산도(독도)를 오

늘날 우리가 알고 있는 동(東)쪽에 그린 것보다 울릉도의 서(西), 남(南) 및 북(北)에다가 더 많이 그려 넣었다. 심지어 1762(英祖 38)년에 제작된 '환영지(寰瀛誌)', 즉 '대왕께서 다스리고 있는 영지와 영해'라는 '환영(寰瀛)'의 의미를 살려서, 국왕의 의중을 헤아려 오히려 울릉도보다 우산도(獨島)를 더 크게 그렸던 것이다.[317] 이런 배경을 무시한 현대적 목적, 시각 및 기술로 의도적·편협적인 재단(裁斷)하는 해석은 채증(evaluation of evidence)에서 있어 곧바로 경험원칙(experiential rule)을 위배하는 결과다. 또한, 과거와 현재라는 시간을 계산하지 않는 시대착오로 논리원칙(logical rule)까지 위배하고 있다.

맑은 날 독도를 볼 수 있다

울릉도 바닷가 마을에 전해 내려오는 구전설화 하나가 있다. 아주 먼 옛날에 눈앞이 보이지 않게 몰아치는 해풍을 피하고자, 해변 마을에 들렀던 십여 명의 왜구를 주민들이 온정으로 대접했다. 밤이 어두워지고, 바람이 잦아들자 왜구들은 인면수심(人面獸心)을 드러냈다. 부녀자들을 겁탈하고, 온 동네의 남정네들을 죽이며 온 마을 집에다 불을 질렀다. 그 난리 중에도 구사일생(九死一生)으로 살아난 한 소녀는 동해 용왕이 갑자기 품안에 들어왔기에 온몸으로 잡았더니 배가 불렀다(懷海龍王,可以避姙). 그녀는 임신 사실을 동네 사람들에게 말하지 못하고 가슴앓이를 한다는 소문이 온 동네를 뒤덮었다. 만삭되어 쌍둥이 아들을 낳았다. 두 아들 녀석들은 무럭무럭 자랐고, 동네 아이들로부터 '후레자식'이라는 놀림을 받을 때마다 아버지에 대해서 물었다. 할 수 없어 어느 날 어머니는 이렇게 얘기를 했다. "동해 용왕이 아버지이며, 천둥치고 해풍이 몰아치는 날에는 번개를 타고 하늘에 날아오르는 아버지의 모습을 볼 수 있다(父東海龍王,可以逢電

天)."라고. 두 형제는 그 이야기를 가슴에 새기고, 아버지를 꼭 만나 어머니의 가슴 아픈 사연을 전하겠다고 작심을 했다. 장성한 두 형제는 해풍이 몰아치던 날 어머니 몰래 동해바다에 나갔다가 영원히 돌아오지 못했다. 세월이 지나 전해오는 소식은 동해바다에 없던 형제 섬(東島와 西島)이 생겼다는 것이었고, 그 섬이 쌍둥이 형제라고 믿고 있다. 어머니는 매일 성인봉(聖人峰)에 올라 언제나 그 형제 섬을 바라다봤다. 그녀는 할머니가 되었고, 죽어서 해신할머니(海神婆)가 되었다. 그래서 할머니의 두 아들, 해돋이(東島)와 해넘이(西島)는 언제나 어머니의 눈앞에서 떠나지 못한다.[318]

1990년 한돌이 작사·작곡하고 서유석(1945년생)이 가요로 불렸던「홀로 아리랑」에 "저 멀리 동해바다 외로운 섬/ 오늘도 거센 바람 불어오겠지/ 조그만 얼굴로 바람 맞으니/ 독도야 간밤에 잘 잤느냐/ 아리랑 아리랑 홀로 아리랑/ 아리랑 고개를 넘어가 보자/ 가다가 힘들면 쉬어 가더라도/ 손잡고 가보자 같이 가보자."라는 가사가 있다. 이 노래는 오늘날 국민가요다. 2005년 조용필이 평양공연에서 마지막을 장식했던 노래다. 물론, 1982년에 정광태가 불렸던「독도는 우리 땅」도 국민들에게 익숙한 노래다. 1983년 전두환 정부 때 금지곡이었다가 풀렸으며, 1996년 김흥국(金興國, 1959년생)의「독도로 날아간 호랑나비」는 "울릉도 동남쪽 뱃길따라 날아간 호랑나비 호랑나비 성난 호랑나비/ 왜 왜 독도로 날아갔을까 기회만 있으면 자기네 땅이라고 우겨/ 조금만 틈을 줘도 자기네 땅이라 우겨 으아 정말 열받는구나~ 대한민국~ 대한민국~/ 호랑나비야 지켜라 아름다운 독도 지켜라~ 호랑나비야 외쳐라 동쪽에다 크게 외쳐라~/ 독도는 우리 땅 독도는 한국 땅."이라는 가사로 유행했다. 2005년 이후에는 초등학생들도 패러디해서 "울릉도 피시방 한 시간에 오백 원/ 아저씨 백 원만 깎아주세요/ 안 된다 안 된다/ 네 머리나 깎아라/ PC방은 내가 지킨다. PC방!"

이라는 노래로 불리기도 했다. 2020년 21대 국회의원선거(총선)을 앞두고 미래통합당의 공식로고송으로도 채택되었다.

한편, 울릉도에서 독도가 가깝다는 표현으로『고려사』에서는 "울릉도와 독도는 서로 거리가 멀지 않고, 바람이 불어서 맑은 날에는 눈으로도 가히 볼 수 있다(山武陵,本二島 相距不遠 風日淸明 則可望見)."[319]라고 적고 있다. 같은 내용을『세종실록지지(世宗實錄地理誌)』에서도 "(울릉도에서) 바람 부는 맑은 날에는 바라보면 가히 볼 수 있다(風日淸明, 則可望見)."[320]라는 구절이 있다. 이어 1694(肅宗 20)년 9월 20일부터 10월 3일 울릉도에 체류하면서 조사했던 장한상(張漢相)의 「울릉도사적(鬱陵島査積)」이란 보고서에서도 "동쪽을 내다보면 바다 한가운데 하나의 섬이 보이는데 멀리 진방(辰方)에 놓여있으며, 규모는 울릉도의 3분지 1 정도, 삼백여 리(里)에 지나지 않았다."[321]라고 적혀있다. 한편으론 1882(高宗 19)년 4월, 이규원(李奎遠)이 실사했던 내용을 적었던 「검찰일기(檢察日記)」에서도 "울릉도 최고봉인 성인봉 정상에 올라가 동서남북을 둘러봤으나, 섬 하나도 볼 수 없었다."라고 고종에게 보고했다.

울릉도
검찰일기(한국학중앙연구원)

이런 다른 기록에 일본 학자들은 눈여겨봤고, 자신들의 의도를 드러냈다. i) 맑은 날에도 볼 수 없다. ii) 맑은 날에도 볼 수 있는 것은 죽서도(竹嶼島) 혹은 관음도(觀音島)다. iii) 또한, 본토에서 울릉도를 봤다는 표현이라고 반박한다. 입씨름할 문제가 아니고, 간단한 현장 점검만으로 풀릴 문제다. 많은 실제 거주민의 주장은 폭풍우 치는 날에도 볼 수 있다. 오히려 '바람 부는 맑은 날'이란 표현을 거짓말이라고. 1966년 일본 외무성 조사관 가와카미 겐조(川上建三, 1905.~1995.8.22.)[322]가 교토대학교(京都大學校)

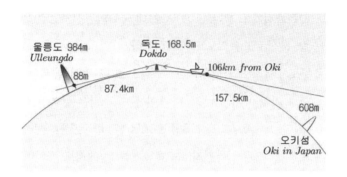

울릉도·독도의 가시거리(세정신문)

에 「다케시마(竹島)의 역사 지리학적 연구(竹島の歴史地理學的研究)」[323]를 학위논문으로 제출하여 1967년 문학박사학위를 취득하였다. 주요 주장은, 울릉도의 해발 130m 아래에서는 독도를 볼 수 없다. 또한, 괴상망측한 '해상 가시거리 공식(D)'을 만들어 불가함을 입증하겠다고 제시했다. 즉, 'D=2.09($\sqrt{H}$+$\sqrt{h}$), D: 시달거리(海里=1.852km), H: 목표물의 수면으로부터 높이(m), h: 관측자의 눈의 높이(관측 지점 해발높이+관측자의 눈높이)'이라고 전제하면서, "독도의 서도 높이를 157m로 관측자의 눈높이를 4m로 대입해 산출하면 30.5해리다.

울릉도 관망고 (m)	울릉/독도 거리 (km)	독도 가시부분 및 확률	
		독도 가시고(m)	가시확률(%)
984	92,000	168.5(105.8)	100.0(62.8)
900	91,607	168.5(124.2)	100.0(73.7)
800	91,140	168.5(142.9)	100.0(84.8)
700	90,672	168.5(157.3)	100.0(93.3)
600	90,205	168.5(166.2)	100.0(98.7)

524	89.850	168.5	100.0
500	89.737	168.2	99.8
400	89.270	160.9	95.5
300	88.802	150.3	83.3
200	88.335	98.4	58.4
100	87.867.	14.9	8.8
88	87.811	0.0	0.0
0	87.400	−	−

독도와 울릉도의 거리가 92km이기에 적어도 34km 이상 동쪽으로 나아가야 하고, 이 해역은 한류와 난류가 교차하기에 잦은 안개로 볼 수 있는 맑은 날은 극히 한정되어 있다."[324, 325]라고 반론을 제시했다.

이 논리는 자가당착(自家撞着)을 불러왔다. 찬찬히 읽어보고 계산하면 오히려 '맑은 날이면 충분히 볼 수 있다'는 반증이 되었다.[326] i) 즉, 울릉도(성인봉, 984m)와 독도(174m)의 거리는 92km가 아닌 87.4km로 이를 해리로 환산하면 47.526해리다. ii) 울릉도 120m 높이에서 독도(174m)를 향해서 봤다고 하자. iii) 그리고 나머지는 가와카미 겐조(川上建三)의 주장대로 적용하면 서도의 높이를 157m로 하고, $D=2.09(\sqrt{157}+\sqrt{120})$에 대입하면 49.08해리가 나온다. iv) 따라서 47.526해리에 있는 독도는 충분히 보인다. v) 이뿐만 아니라 110m 높이에서도 충분히 독도를 볼 수 있다는 결론이 나온다. 더욱이 92km는 49.67해리로 130m 높이에서 볼 수 있다는 계산이 나온다. 이와 같이 전문기관의 실험으로 입증하는 실험칙(實驗則, experimental rule of evidence)이 있다. 만약 객관성과 신뢰성에 의심이 난다면 세계적인 국제법학 전문가를 입회시켜서 '국제법학회 독도촬영 경연

대회'를 개최해 영상자료를 작성해놓으면 더 이상 이설이 생기지 않는다.

여기서 바람 부는 맑은 날(風日淸明)이란 '비가 오거나 구름이 낀 날'이 아닌, 모든 날이 아니다. 계절풍, 계절해류, 공기의 혼탁 등에 좌우된다. 1694년 장한상(張漢相)은 9월과 10월 초, 여름 태풍으로 대기(하늘)를 물청소라도 한 듯이 깨끗했던 가을하늘이었다. 중국인의 표현으로는 청공만리(晴空萬里)로 가정하면 만리(萬里)까지 보인다. 1882년 이규원은 4월에 빈발하는 황사현상으로 황사입자가 하늘을 뒤덮었기에 가시거리가 짧았던 것이다. 이렇게 계절과 날씨상태에 따라 가시거리가 다르다. 또한, 개

세종실록지지(독도)

인적인 시력, 망원경 혹은 쌍안경과 같은 과학적인 각종 도구나 장비를 사용한다면 가시거리(可視距離)는 확연하게 다르다. 맑고 투명한 창해(동해)와 창공(동해 영공)이 '신기루의 거울 역할(mirror role of mirage)'을 한다면 손에 잡힐 듯이 독도가 보인다. 동해를 우리나라 많은 기록에서는 맑다고 해서 창해(滄海)라고 했다. 사신도의 동창용(東滄龍)이라는 의미도 있다. 때로는 과학적인 공식과 혹은 '논리칙(論理則, logical rule of evidence)'에만 의존해 주장하는 건 자기당착(自家撞着)에 빠진다. 해박한 지식과 논리는 양잠농부의 말을 빌리면 '자신의 몸을 묶는 누에고치(作繭自縛)'[327]가 된다.

☰ 03
고지도에서
독도의 모습은?

조경이란 생명체의 감옥(Landscape, Prison of Living Things)

노장사상(老莊思想)에선 "자연섭리에 순응하면 생존할 수 있고, 거슬린다면 살아남기 어렵다(順天者存, 逆天者亡)."라고 하고[328], 영국 파이낸셜 타임스 기자 출신 팀 마셜(Tim Marshall, 1959년생)[329]의 저서『지리의 힘(Prisoners of Geography)』의 서문(introduction)에서는 "국토가 크든 작든 간에 그곳에 사는 지도자들은 환경(조경)이란 감옥(監獄)에 갇히게 되어 사고나 선택의 여지가 보다 좁아지게 된다."[330]라고 했다. BC 230년경 순자(荀子, BC 298~238)는 이미 "눈으로 보이는 것만 보게 되고, 귀로 듣는 것만 듣게 된다. 마치 다북쑥이 삼밭에 자라게 되면 삼 따라 곧게 자라는 된다."라는 주장을 했다.[331] 오늘날 이런 현상을 누고 심리학에서는 '큰 바위 얼굴의 피그말리온 효과(Pygmalion effect of Great Stone Face)' 혹은 호손 효과(Hawthorne effect)라고 한다.

이와 같은 자연환경의 영향은 동양 도교에서는 순천사상(順天思想)으로 발전했다. 그러나 맹자(孟子, BC 372~289)는 "하늘이 준 좋은 때라도 지리적 이점만 못하고, 지리적 이점도 사람의 지혜를 활용하는 인화만 못하다(天時不如地利地利不如人和)."[332]라며 사상적 발전을 꾀했다. 우리나라에서는 불교사상과 이를 융합시켜 신라의 왕성기 원효대사는 "세상만사가 마음먹기에 따라 달라진다(心生卽種種法生)."[333]라고 설파했다. 신라 말에는 적극적인 순천사상인 비보풍수설(裨補風水說)이 민중 속으로 파고들었다. 자연환경이 좋지 않으면 인위적으로 보완하여 현생을 천국으로 생각하고 살자는 계몽사상(啓蒙思想)이었다. 비보사상의 핵심은 i) 자연 여건을 순치하기 위해서 만수산(萬壽山)을 만들고, 방풍림 등의 나무를 심으며, 비보사찰을 건립하는 등의 자연비보(自然裨補, natural patching)를 했다. ii) 난세에 공포와 흉측한 민심을 달래기 위한 축제, 풍물놀이 등의 민심비보(民心裨補, psychological patching)가 필요하다. 또한, iii) 국토와 산천을 인체와 같이 생각하는 신토불이(身土不二) 사상을 가져야 한다. iv) 천재지변 혹은 각종 재앙에 대한 원인을 인체와 같이 치유하려는 의지사상(醫地思想)을 낳았다.

자연비보(自然裨補)는 곧바로 국가위정(國家爲政)에 도입되어 고려 건국의 도읍지로 장풍형(藏風形)인 개성송악(開城松嶽)을 선택했다. 이에 반해, 조선 건국을 기획했던 정도전은 득수형(得水形)인 한양(서울)에 천도하였다. 득수형에선 허약한 배산기운(背山機運)이 보완되어야 했다. 대표적인 보안프로젝트론 1393년에 경복궁(景福宮)을 건립하는데, 배산기운을 위해 교태전(交泰殿, 왕비 침실) 뒤에 중국 명산 아미산(峨眉山)이라는 인공산(造山)을 만들었다. 조산 아미산을 궁전도(宮殿圖)는 물론 모든 지도엔 북한산보다 더 크게 그렸다. 왕비의 존재감을 크게 하여 백성들로부터 위엄을 느끼게 하고자 하는, 오늘날 용어로 이미지 메이킹(image making)이었다. 같은 사례로 북경 이화원(頤和園)의 만수산(萬壽山)도 조산이다. 지금도 안동시엔 이런 조산이 22개나 남아있다.

민심비보(民心裨補)란 전쟁, 천재재앙, 국가 대란 등으로 갈기갈기 찢어진 백성들의 마음을 짜깁는 비책이다. 임진왜란 때 명 지원군 장병들에게 영접(성접대)을 위해 노리개로 제공되었던 '꽃 같은 아가씨들(花樣女)'과 병자호란 때 전리품으로 잡혀갔다가 '고향에 돌아온 부녀자(還鄉女)'로 조선사회는 혼비백산(魂飛魄散)이었다. 가문의 명예를 위해서 자결하라, 치욕스러워 이혼하겠다는 등 온 세상은 윤리 도덕과 국가 기강까지도 뒤집혔다. 인조(仁祖)는 민심을 어루만지기(宣撫) 위해 "홍제천(弘濟川)에 몸을 씻은 부녀자들에게 어떤 과거도 묻지 못한다(若洗弘川, 莫問過去)."라고 어명을 내렸다. 보다 적극적으로 찢어진 마음을 깁고자 구설판예물[色婚許容], 탕평채(탕), 비빔밥 등 비보음식(裨補飲食)까지 생겨났다. 계, 향약, 품앗이 및 두레 등 상부상조(相扶相助)로 서로 다독거렸고, 어루만져주었다. 이렇게 전쟁참화를, 오늘날 용어로 전쟁 트라우마(war trauma) 혹은 재난 후유증(post-traumatic stress disorder)을 이겨내었다.

이와 같은 사례는 성경이나 서양 역사에서도 많다. 구약성서(열왕기하 2:18~21)에서도, 선지자 엘리사(Elisha)가 예리고(Jericho)에 도착했을 때 성읍 사람들이 그에게 "자연환경은 좋으나 물이 나빠서 살기가 어렵습니다."라고 애로사항을 말씀드렸다. 엘리사는 선지자답게 민심비보를 위해 소금(salt)을 담아오게 했다. 주민들이 가져오자 그 소금을 물에 던지고, "소금을 던졌으니 물이 좋아졌느니라."라고 주문을 외쳤다.[334] 여기서 소금(salt)이란 상징이다. 아마도 오늘날의 말로 '말보다 먼저 행동하고, 말하기보다 먼저 들어라(Say after action, listen before talking)'라는 말로 '언행일치 혹은 인화단결'을 주문했다. 좀 더 풀이하면, "먼저 미소를 지어라(smile). 말에 앞서 행동하라(act). 서로 사랑하라(love). 그리고 모든 걸 용서하라(tolerate)."라고 할 수 있다. 현대에 들어와서도 전쟁참화를 극복하기 위한 민심비보로 독일이 제1, 2차 세계대전의 참화를 '텃밭 가꾸기(Aufrechtzuerhalten)' 국민운동으로, 미국의 '국민정원(people's garden)' 운동으로 극복했던 사례가 있다. 동병상련(同病相憐) 하면서 희망의 씨앗을 뿌리고 꿈을 가꾸어 가는 민심비보였다.

대륙과 해양의 교두보였던 한반도의 우리나라는 반만년의 역사를 통해 998번이나 외침을 당했다. 특히 임진·병자, 양란을 당한 국민들의 마음속엔 '성 밖에 청군을 맹수처럼 달려드는데. 남한산성 안 만조백관들은 말싸움만 하고 있네, 백성들의 마음이야 녹아 없어져 버리네(淸軍入城擊, 只南山城內, 萬官說戰樣, 民心鎔消無).'라는 생각이 있었다. 국가 조정의 불신은 하늘을 찔렀다. '스스로 살길을 찾아야 한다(各自圖生)'는 마음뿐이었다. 언제 전쟁이 나고, 적군이 쳐들어올지를 몰랐기에 자식을 품안에 껴안고 잤다. 심지어 아내까지 껴안고 잠을 자야 했다. 속칭 '아내와 자식을 껴안고 자야 한다(懷妻子宿)'는 의식과 인습이 생겨났다. 전쟁이 빈발했던 이탈리아반도에서도 우리나라와 같은 회처숙(懷妻宿) 습관이 있다. 그런 의식에서 임진·병자 양란 이후에 지도(地圖)에서도 자식처럼 소중한 독도를 더 가까이 있는 울릉도보다 크게 그렸다. 물론 i) 국방상 왜곡된 지리정보를 제공해서 적에게 혼선을 주지만, ii) 그것보다는 너무 소중하니 반드시 수호해야 한다는 표현이었다.

의지사상(醫地思想)은 도선(道詵, 827~898) 스님이 "산천은 인체와 같아 사찰과 불상을 설치해 침과 뜸으로 치유할 수 있다(山川如人, 寺佛如鍼, 治癒地體)."라고 하신 비보풍수설에 기원을 두고 있다. 크게는 자연재앙 예방을 위한 국토개발, 지기회생(地氣回生)을 위한 거름주기, 돌려짓기(輪作) 및 객토 작업이 여기에 속한다. 작게는 집터(陽宅)와 무덤(陰宅)을 명당에

쓰려고 했다. 이런 의지사상이 지도에 도입은 영조(英祖) 때 신경준(申景濬)은 한반도의 산천을 인체의 경혈(經穴)에 비유해서 재해석했다. 백두산에서 지리산을 하나의 척추로 보고 백두대간(白頭大幹)이라고 했다. 나머지 14개[335]의 정맥(正脈)을 갈비뼈 혹은 동맥 핏줄로 봤다. 이렇게 본 한반도를 한 장의 표로 「산경표(山經表, 1769년)」를 저술했다. 그의 휘하에 있던 고산자(古山子) 김정호(金正浩)는 스승의 사상을 그대로 「대동여지도(大同輿地圖)」에 녹여냈다. 이런 신묘한 사상을 알아차린 일본 선각자들은 1902년부터

산경표(한국학중앙연구원)

산경이론(山經理論)을 박살내고자 하는 흑심으로, 일본 지리학자 고토 분지로(小藤文次郎, 1856~1935)[336]를 비롯하여 동경대학 제자들인 이토분지(伊藤文治, イトウ ブンジ), 야마다 스미로(山田澄良) 및 야마모토 구마타로(山本熊太郎) 등은 「산맥체계론(山脈體系論)」 혹은 「산악론(朝鮮山岳論)」이란 논문을 쏟아내었다. 총대를 짊어진 고토 분지로(小藤文次郎)의 산악론(山岳論, 1902)에서 "형태는 노인의 모습이며, 허리는 굽고 양손은 팔짱을 끼고 중국에 인사하는 모습과 같다. 조선은 중국에 의존하는 게 마땅한 일이라고 여기는데, 이런 생각은 사대부들의 마음속에 깊이 뿌리박혀 있다."[337]라고 주장했다. 더 자세히 언급하면, 고토 분지로(小藤文次郎)의 1902년 「조선북부지세(朝鮮北部の地勢)」 및 1902년 「산악론(山岳論)」을 필두로 야먀 스미료(山田澄良)의 1929년 「조선의 산맥(朝鮮の山脈)」, 이어 이토분지(伊藤文治)가 은사의 1931년 「조선산맥론을 소개하다(小藤博士の朝鮮山脈論を紹介す)」, 그리고 야마모토 구마타로(山本熊太郎)의 1935년 「조선론(朝鮮論)」이 대표적인 논문이다. 지금까지 우리나라 학교와 대만학교

(臺灣學校)에서 교과서로 배웠던 산맥론(山脈論)이다.[338] 현재 우리가 사용하고 있는 지도가 일제의 산맥체계를 그래도 옮겨놓은(繼受) 것이다.

이와 같은 우리나라의 자연보존과 지속개발의 개념을 현대적으로 풀이하면 1987년 '우리의 공동재산 미래(Our Common Future)'라는 논제로 환경과 개발에 관한 세계위원회에서 '지속 가능한 개발(Environmentally Sound and Sustained Development)' 개념을 창시해냈다. 세대 간 형평성과 환경용량 내 개발로 새로운 의미를 인류에게 던졌다. 이뿐만 아니라. 1997년엔 구체화된 범죄예방 환경디자인(crime prevention through environment design)으로 도시개발에 활용되었다. 작게는 놀이터 안전, 주거지역 범죄예방, 사소한 안전사고 방지 등에도 접목하게 되었다. 1,000년이나 앞선 우리의 선각자 선인들은 보다 크게 봤다. 즉, 대형재난 예방 환경디자인(catastrophe prevention through environment design)으로 이용했다. 전쟁, 천재지변, 각종 재앙은 물론 사회적 안전화에도 지혜(비보풍수설)로 사용했다.

주군위정(主君爲政)을 위한 지도제작

한편, 16세기에 작성된 것으로 보이는 조선전도(朝鮮全圖)는 전도(全圖)와 도별지도(道別地圖)로 작성했다. 조선전도에선 독도는 우산도(于山島)로, 울릉도의 북녘(위쪽)에 그려져 있다. 16세기 후반 팔도총도(동람도) 목판본, 동람도(東覽圖)란 팔도총도(八道總圖)의 다른 이름이다. 여기에서도 독도는 우산도(于山圖)로 표기했고, 울릉도의 북쪽에

朝鮮半島の 地形(1930年代教科書)

그렸다. 과거 선인들의 글을 읽는 시각적 방향은 오늘날 우리와는 달랐다 (좌우가 뒤바뀌었다). 오늘날은 서양식의 문서편집 순서로 위에서 아래로 그리고 왼쪽에서 오른쪽으로 읽도록 되어있다. 즉 상하좌우(上下左右) 관행이다. 그러나 1980년대까지 대부분의 신문이나 책은 상하우좌(上下右左) 관행에 따랐다. 따라서 지도의 북쪽이나 왼쪽에다가 올려놓았다는 건 그만큼 중요하다는 뜻이다.

16세기 중반으로 추정되는 동국지도(東國地圖)의 강원도(江原道) 분도 (分圖)에서는 독도를 우산도(于山島)로 표기하고 울릉도의 서쪽(왼쪽)에 그려놓고 있다. 16세기 후반에 그려진 것으로 보이는 동국여지승람에 첨부된 지도로 팔도총도(八道總圖), 즉 동람도(東覽圖)에서 독도를 우산도(于山島)로 표기했다. 울릉도의 서편(왼쪽)에 그려놓고 있다. 16세기 후반으로 추정되는 강원도(동람도)는 신증동국여지승람에 첨부된 지도로 독도를 우산도(于山島)로, 울릉도보다 육지에 가까운 서측(좌측)에 그려놓았다. 1594년도 중국인 왕반(王泮, 1514~1574)[339]이 그린 천하여지도(天下輿地圖)에 첨부된 지도에선 독도를 울릉도의 서쪽에 표시하고 명칭을 정산도 (丁山島)로 적고 있다.

1662년 일본인 데라다시게 헤에이(寺田重兵衛)가 7세기 행기도(行基圖)에서 독도를 '안도(雁道)'로 표기한 신비를 풀고자 서양의 측량기술을 활용해 작도했던 「후소국 지도(扶桑國之圖)」가 탄생되었다. 독도 혹은 독도와 울릉도를 합쳐서 안도(雁道)로 표시했다. 안도는 에도시대엔 한당(韓唐)으로 호칭했다. 임진왜란 이후는 대부분이 조선과 중국이 연합했던 권역을 삼한당국(三韓唐國)이라고 표현했다. 여기서 한당(韓唐)은 일본어 불한당(不汗黨)을 교모하게 숨긴 비하표현(卑下表現)이었다. 1673년으로 추정되는 「조선팔도 고금총람도(필사본)」는 1674년에 김수홍이 목판본으로 간행했던 「조선팔도 고금총람도(목판본)」다. 여기선 독도를 우산도(于山島)로 표기하고, 울릉도의 북쪽에 그려놓고 있다. 또한, 17세기 후기 조선팔도 총람지도(목판본)는 조선 전기의 지도를 바탕으로 윤곽을 그린 지도다. 이곳엔 독도가 우산도(于山島)로 울릉도의 북쪽에 배치되어있다. 17세기 후반이 제작연도가 추정되는 「해동팔도 봉화산악지도(海東八道烽火山嶽地圖)」는 채색본(彩色本)으로 전국적 봉화를 올리는 산악을 중심으로 그렸으며, 여기선 독도는 우산도(于山島)로 울릉도의 서쪽에 그려놓았다.

1682년 제작이 추정되는 『동여비고(東輿備考)』는 명칭에서부터 동국여지승람(東國輿地勝覽)에 비견될 참고지도라는 의미를 갖고 있다. 32여 종의 지도가 60여 면 수록되어 있으며, 도별지도와 군현별 지도가 그려져 있다. 제작연도는 역사적 사실을 확인해 상대적 연대를 추측한다면: i) 도성도(都城圖)에서 경희궁(慶喜宮)을 경덕궁(慶德宮)으로, 소의문(昭義門)을 소덕문(昭德門)으로 표기했다는 점, 1711년에 축조된 북한산성(北漢山城)의 표기가 없다는 점, 1712년 백두산정계비(白頭山定界碑)의 표시가 없다는 점을 종합하면 1712년 이전이다. ii) 1678(肅宗 4)년에 축조해 1682(肅宗 8)년에 완성한 강화도 돈대(墩臺) 49개가 설치되어 있는 걸로 봐, 1682년 이전으로 좁혀진다. iii) 경상도북부주현도(慶尙道北部州縣圖)에서 영양현(英陽顯)과 순흥부(順興府)가 표시되어있는 것으로 봐, 영양현은 1681(숙종 7)년에 설치했고, 순흥부는 세조 때 폐지했다가 1682(숙종 8)년 다시 설치했다.[340] 따라서 제작연도는 1682년으로 추정된다. 이 지도에서는 울릉도와 독도가 본토 가까이 표시되어 있고, 죽변곶(竹邊串) 앞바다 서쪽에 무릉도(茂陵島), 동쪽에 울릉도(鬱陵島)를 표시했다. 독도의 명칭은 무릉도(武陵島)라고 적었다. 옆에다 "다른 말로 우산(一云于山)"이라고 명기하고 있다. 또 다른 독도 명칭은 독섬(돌섬, 又云石島)이라고 했다. 지금도 무안(務安) 앞바다에도 독도(獨島, 독섬)라는 섬이 있다. 이를 호남지역의 사람들은 돌섬(石島) 혹은 바위섬(岩島)을 독도(獨島), 독섬, 홀섬(獨島)이라고도 했다.[341]

1683년으로 제작연도가 추정되는 팔도총도(채색도)는 조선 전기의 지도를 윤곽으로 그렸으며, 독도를 우산도로 표기하고 울릉도 서측에 그리고 있다. 1691년도 일본 당대에 유명한 불교학자이며, 지도 제작자인 이시가와 유센(石川流宣)이 제작한 「해산조육도(海山潮陸圖)」엔 시마네반도(島根半島) 북쪽에 위치한 오키 섬(隱崎島)의 오른쪽에 울릉도와 독도를 합친 섬이 그려져 있다. 이 섬을 한당(韓唐)이라고 표시했다.

부상국지도, 1662, 일 교토대도서관

해산조륙도, 한당(일, 국제문화연구소)

이런 표현은 임진왜란 때 납치했던 조선 도공들을 당인(唐人)이라고 표현했다. 이는 세분하여 울릉도와 독도를 표기하기보다 조선 땅이라는 대충 표기했다.

강원도 울진, 울릉도 등에서 고기잡이를 했던 조선 사람만이 아니라 일본 어부들도 독도 인근 해상에서 태풍을 이곳에서 피했다. 이런 어부들의 입을 통해 '독도가 울릉도 동쪽'에 있다는 사실을 조선은 물론 일본 사람들도 주지했던 사실이다. 그러나 당시 관료들은 동서양을 막론하고 선량의식(善良意識) 혹은 관존민비사고(官尊民卑思考)에 사로잡혀 있었다. 진리(사실)보다도 주군의 위신과 자신의 권위에 대한 어떤 도전 행동도 용납할 수 없었다. 1625년대 영국 프란시스 베이컨(Francis Bacon,1561~1626)

의 「말 이빨」 우화가 이를 극명하게 보이고 있다. 그의 저서엔 1432년 영국 왕립학회가 '말의 이빨 수가 몇인가?'라는 논쟁으로 13일 소일했다. 신학 자는 성경, 철학자는 소크라테스의 저서 등을 뒤졌으나 답이 없었다. 젊은 학자가 말을 끌고 와서 현장에서 확인하면 된다고 주장했다. 기라성 같은 노령의 학자들은 '사탄이 성현과 고인들을 모욕하고 있다'며 젊은이를 처 벌하자고 결론이 내려졌다.[342] 당시 조선 조정에다가 누군가 '우산도는 울 릉도 동편에 있다.'라는 상소문이나 저술을 보냈다면 작게는 국가기밀 누 설에서, 크게 대역죄로 죽음을 아무도 면하지 못했다.

1693(肅宗 19)년 안용복(安龍福)은 독도 인근 바다에서 왜인들이 물고 기를 마구 잡는 꼴불견을 참지 못했고, 의분을 짓누르지 못해 꾸중을 하 다가 일본 어부들의 떼거리에 잡혀서 일본 오기섬(隱崎州)에 끌려갔다. 국

안용복의 조선지도(1696)

경을 넘어온 간자(間者) 혹은 피역자(避役 者) 등으로 몰려서 '쥐도 새도 모르게 죽을 목숨'이었다. 이왕 간이 배 밖에 나왔으니, 왜놈들의 자존심을 깡그리 뭉개버리게 큰 소리를 쳤다. 울릉도와 독도가 조선 땅인데 왜 국경을 불법적으로 넘어와 물고기를 남 획하느냐며 책임을 물었다. 그의 언행은 막 무가내였다. 끝내 죽음이 아닌 기회가 왔다. 도쿠가와 막부(德川家康)의 관 백과 안용복은 부산 왜관에서 익혔던 유창한 일본어로 담판을 했다. 결 과는 안용복의 판정승, "울릉도는 일본의 영토가 아니다(鬱陵島非日本 界)."라는 서계를 써주면서 설득했다. 일본 오끼주(隱崎州)에 도착해서 진 술했던'안용복의 공술조서(安龍福の公述調書)'[343]를 보면, 안용복은 조선 전도를 품안에 품고 있었다. 당시(17세기)에 동행했던 어부들까지도 소지

했던 강원도 지도였다. 그 지도에선 울릉도(鬱陵島) 남쪽에 독도를 자산(子山)이라고 적혀있었다. '자식처럼 소중한 섬(如子貴島)'이라는 뜻이다.

실사구시(實事求是)의 삶을 위한 지도로

1712년에서 1767년 사이에 제작이 추정되는 조선전도(朝鮮全圖)의 관동지도(關東地圖)에서는 독도를 우산도(于山島)로 표기하고, 울릉도의 서쪽에 그려놓고 있다. 또한, 같은 연대에 그려진 강원도(江原圖)에서도 독도를 우산도(于山島)로, 울릉도의 서쪽에 도시하고 있다. 1720년 프랑스인 장 당빌(Jean Baptiste Bourguignon d'Anville, 1697~1782)이 필사한 조선왕국전도(朝鮮王國全圖)에서는 울릉도를 중국 발음인 '빤링따오(Fan-ling-dao, 攀陵島)'로, 독도(獨島)는 '차인찬따오(Tchain-chan-dao,千山島)'로 적었고, 울릉도 서쪽에 그려놓았다.[344] 1732년도 프랑스인 앙빌레의「중국전도(中國全圖, Carte generale de la Tartarie Chinonise)」인쇄본 지도엔 조선, 중국, 일본 및 러시아를 함께 그렸다. 독도를 당시 천산도(千山島)라는 중국어 발음인 치안찬따오(Tchian-chan Tao)로, 울릉도는 빠링따오(Fan-ling Tao)로 적었고, 독도를 본토 가까이에 반면 울릉도는 더 먼 곳에 그렸다.[345] 독도를 울릉도 서쪽에 그려놓았다.

1735년 프랑스인 자크 니콜라스 벨린(Jacques Nicolas Bellin, 1703~1772)의 조선전도(Carte de la Coree)에는 울릉도와 독도를 육지 아주 가까이에 두 개로 그려놓았다. 독도는 거의 육지에 붙어있다시피 그려놓았으며, 명칭은 차인친따오(Tchainchantao, 千山島)로, 울릉도는 판링따오(Fanlingtao,攀陵島)로 표기하고 있으며[346], 엄격히 독도를 울릉도 남서쪽에 배치하고 있다. 1737년 프랑스인 장 당빌(Jean Baptiste Bourguignon d'Aville)의 조선전도(Royume de Coree)에서도 울릉도를 판링따오(Fanling

Tao)로 독도를 치안찬따오(Tchianchan Tao)로 적었으며, 울릉도의 서남쪽에 독도를 배치하고 있다.[347] 1740년경 영국인 솔로몬 볼트(Solomon Bolton)가 제작한 아시아지도(Saia, plate VI : Japan, Corea, the Monguls and part of China)는 극동아시아를 그렸던 지도로 울릉도와 독도는 한국의 본토 가까이에, 독도를 울릉도 서남쪽으로 배치했다. 명칭은 울릉도는 판린따오(Fanlintao)와 독도는 찬산따오(千山島, Tchanshantao)로 적어놓았다. 1745년경 영국인 토마스 키친(Thomas Kitchin)이 제작한 요동조선지도(A Map of Quan-tong or Leatonge Province and the Kingdom of Kau-li or Corea)에선 먼저 제목에서 '까우리 혹은 꼬레아(Kau-li or Corea)'란, 고려(高麗)의 중국식 발음인 까우리(Kauli)와 프랑스식 꼬레아(Corea)가 혼합되었다. 여기선 울릉도와 독도를 본토 가까이, 독도는 울릉도 서남쪽에 그리고 울릉도(鬱陵島)를 판링따오(Fanling tao)로, 독도(千山島)를 치안산따오(Chyanshan tao)로 표기했다.

윤두서(尹斗緒, 1668~1715)와 정상기(鄭尙驥, 1678~1752)의 지도

18세기 초기 초상화 및 민속화로 유명한 윤두서(尹斗緒, 1668~1715)가 그린 동국여지지도(東國輿地之圖)엔 독도를 우산도(于山島)로, 울릉도의 서쪽에 그렸다. 독도와 울릉도 사이에 '사방백리(四方百里)'라고 이수(里數)

팔도총도,18c중, 국립중앙도서관

를 적었으며, 울진현과 울릉도·독도 사이의 거리를 '뱃길로 2일 정도(水路二日程)'라고 표기했다. 18세기 초기에 중국에서 제작된 것으로 추정되는 「천하대총일람지도(天下大總一覽地圖)」엔 독도를 우산도(于山島)로 표시하고, 울릉도 서쪽에 그려놓았다. 18세기 중기에 제작된 것으로 추정하는 『팔도총도(八道總圖)』의 「첩조선지도병팔도천하지도(帖朝鮮地圖并八道天下地圖)」는 조선 후기에 필사되어 책으로 유행했던 지도였다. 여기엔 독도를 우산도(于山島)로, 독도의 위치를 현실과 상이하게 서쪽에 배치했다.

1745년경 프랑스인 자크 니콜라스 벨린(Jacques Nicolas Bellin, 1703~1772)이 제작한 요동·조선지도(Carte de la province de Quantong ou Lyautong et du Royaume de Kau-li ou Coree)엔 울릉도를 빵링따우(Fan-gling tau)로, 독도를 치앙산따오(Chiang san tao)로 적었고, 독도를 울릉도 서쪽 본토 가까이에 작게 그렸다. 여기서 특이한 '고려(高麗) 혹은 한국(de Kau-li ou Coree)'라는 표현으로 봐서 '까우리(Kau-li)'는 고려(高麗)의 중국식 발음이며, '꼬레(Coree)'348는 고려(高麗)의 프랑스식 발음이다. 결국은 같은 뜻이며, 중복한 것이다. 18세기 전반 제작된 것으로 추정되는 「여도(輿圖)」에는 조선 전도가 그려져 있고, 독도는 우산도(于山島)로 표기하고 울릉도 서측에 도시하고 있다. 18세기 전반으로 보이는 조선전도(天下地圖)는 조선 후기 민간에 유행되었던 지도첩으로 '천하지도(天下地圖)'에 채색본 지도로 실려 있으며, 독도는 '평화로운 동해바다에 오뚝하게 솟아난 산 모양의 섬(方出山島於平大海)'이라는 방산도(方山島)로 표기하고 울릉도 서쪽에 그려져 있다.

1750년 혹은 1751년에 제작된 해동지도(海東地圖)란 책에 실린 대동총도(大東總圖)에서는 독도를 울릉도의 서쪽에 그렸고, 명칭은 우산도(于山島)로 표기하고 있다. 1750년에서 1768년에 사용되었던 것으로 보이는 조선지도(朝鮮地圖)에 실린 울릉도(鬱陵島)의 부분 지도엔 해변 인근에 대나무밭(竹田)이 여러 곳에 표시되어 있었고, 성인봉을 중봉(中峰)으로 표시하고 있다. 독도는 울릉도 동쪽에 그려져 있으면 우산(于山)이라고 표기하고 있다. 지도상 형상은 '겁 없이 덤벼든 왜구들이 혼미백산으로 도주하는 바람에 던져버리고 간 방패모양의 뫼섬(干山)349'이란 주술적 의미를 속에 감추고 우산(于山)으로 표현했다. 1750년에서 1768년에 유행되었던 목판본 강원도(江原道) 지도는 조선지도(朝鮮地圖)라는 책 속에서 실린 지도로 울릉도 남쪽에 그렸으며, 독도를 방패산(shield island), '간산(干山)'으로 표현하고 있다. 간산(干山)이란 표기는 필사(筆寫)를 바르게 했더라도 각수

대동총도(해동지도), 서울대규장각

(刻手)가 확인하지 않고 보이는 대로 새겼을 수도 있다. 그렇지만 우리는 '왜구 침입에 방패 산이다(防寇干山, shield mountain against Waegu's invasion)'는 기원의 의미도 담겨있었다고 봄이 바람직하다. 뒤집어 말하면 우산국(于山國)

혹은 우산도(于山島)가 아니라 왜구 침입을 막아주는 '방패 산(干山)'이라는 의미를 부여했는데, 멋있게 붓끝을 끝처리하는 습관에서 우산(于山)으로 통용할 수 있다. 혹은 '간산곤지(艮山坤池)' 주역 괘상에서 벗어나고자 발음이 다르면서 상통관계에 있는 글자로 통용했다. 따라서 실수가 아니라 강직하게 바로잡겠다는 선비정신이 숨어있다. 1750년경 프랑스인 로버디바곤디(Robert de Vaugondy, 1688~1766)의 일본 지도(L'empire du Japan)에서는 조선 본토 가까이, 울릉도 서쪽에 보다 작은 섬으로 독도를 그려놓고 있다. 여기선 울릉도를 판링따오(Fanling tao)로 그리고 독도를 치앙찬따오(Tchiangchan tao)로 표기하고 있다.350

☰04
지도, 국가기밀에서
삶의 정보까지 담아서!

중국 지리 정보로 서양인의 조선 지도가 제작되었다

　18세기 중엽으로 제작연도를 추정하는 강원도(지도) 지도책으로 만들어져 지도(地圖)라는 명칭으로 통용되었으며, 독도를 우산(于山)으로 표기했는데, 울릉도의 남쪽에 그려놓은 점이 특이하다. 명산대천(五峰山,雪岳山), 명찰(落山寺), 포구(三日浦), 정자(叢石亭,清井亭) 등을 기록한 것으로 봐서 일상에 사용된 것으로 보인다. 1753년부터 1767년경에 제작된 것으로 추정하는 조선팔도지도(朝鮮八道地圖)에 실린 전도 부분도이며, 울릉도 동쪽에 독도를 그려놓았고, 우산(于山)으로 표기했다. 울릉도에 "울진에서 뱃길 이틀 정도 거리(自蔚珍界舟便二日程)"이라고 적고 있다. 1758년부터 1767년경에 만들어진 것으로 보이는 팔도지도(八道地圖) 책에 게재된 강원도(江原道) 지도엔 울릉도의 동쪽에 독도가 그려져 있고, 명칭은 간산도(干山島)로 적고 있으며, 울릉도 해변엔 동남측에만 대나무밭(竹田)이 표시되어있었다.

　1764년경에 프랑스인 자크 리콜라스 벨린(Jacques Nicolas Bellin,

1703~1772)이 제작한 조선지도(Carte du royaume de Kau-li on Coree)에서는 평해(平海, Ping hay)와 영해(寧海, Ning hai) 앞바다에 독도를 그렸고, 동쪽에 울릉도를 그렸다. 독도는 Chiang san tau(千山島)로 표기하고, 울릉도는 Fang ling tau(攀陵島)라고 중국식 발음을 적고 있다. 1767년에서 1776년에 제작된 목판본 강원도(八道地圖)는 당시 지식층인 선비들은 필사해 소지할 수 있으나, 민간인들은 목판본으로 유인하였을 때에 통용하게 되었다. 그래서 비교적 9년 정도 통용된 것으로 보이며, 독도의 명칭은 우산(于山)으로 표기하고, 울릉도의 남쪽에 그렸다. 목판본이라서 필사본처럼 정교하지는 않다.

18세기 후반에 활용되었던 것으로 보이는 「천하도(天下圖)」에 수록되었던 「동국도(東國圖)」는 채색필사본으로 도별로 색채를 달리하였으며, 산천과 마을을 중심으로 표시했다. 단순한 민간용으로 쓰였던 것으로 보인다. 독도는 울릉도의 서쪽으로 본토 가까이 작게 그렸으며, 명칭은 독특하게 평산도(平山島)로 표기하고 있다. 필사자(筆寫者)는 고령자로 작은 글씨로 된 우산도(于山島)를 착오로 적었거나 아니라면 자신의 특이한 희망사항을 기원하는 의도적인 행동일 수도 있다. 18세기 후반에 제작된 조선전도(朝鮮全圖, 各道地圖)은 채색필사본으로 18세기 이후에 민간인에게 널리 활용되었던 것으로 보인다. 도로, 마을명 등을 표시(道里圖標)해서 행정과 민간인의 유람에도 편하게 사용될 수 있게 만들었다. 독도는 울릉도의 동쪽에 표시하고 있으며, 섬 이름은 우산도(于山島)로 표기하고 있다.

1771년 프랑스인 리고베르 본(Bonne Rigobert, 1727~1795)이 제작한 중국지도(Carte de la Tartarie Chinoise : projettee et assujette aux observations astronomique)는 중국식 표기로 봐서 중국 기초자료를 보고 작성한 것으로 보인다. 독도는 본토 가까이 배치했으며, 울릉도의 서쪽에 배치했

다. 명칭은 울릉도는 'Fan-ling-tao'로, 독도는 'Tchain-chan-tao'로 표기하고 있다. 1774년 영국인 사무엘 던(Samuel Dunn, ~1794)[351]이 제작한 중국·조선지도(A Amp of Chinese Tartary with Corea)에서 코리언 영해(Corean Sea) 안 본토에 접근해서 울릉도와 독도를 그려 넣었다. 울릉도를 판린따오(Fan-lin-tao), 독도는 치안산따오(Tchian-shan-tao)로 표시하고 있다. 1775년 영국인 로버츠 (Roberts Jr.)가 제작한 중국 지도(The

강원도(지도), 18c중엽, 영남대박물관

empire of China, with its principal divisions: drawn from the surveys made by the Jesuits)에서는 중국 및 한반도 전역을 표시했다. 동해안 평해(Ping hai) 인근에 울릉도 서남쪽에 독도를 배치했다. 또한, 명칭은 울릉도는 판링따오(Fanling-tao), 그리고 독도는 치앙찬따오(Tchiang-chan-tao)로 표기했다.

서양 측량기술을 활용한 일본 지도

1775년 일본 지리학의 선구자로 추앙받고 있는 니가쿠보 세키스이(長久保赤水, ながくぼ せきすい, 1717~1801)[352]가 제작한 「일본여지로정전도(日本輿地路程全圖)」는 측량기술을 활용하였고, 최초로 경도와 위도를 표시했다. 울릉도와 독도는 북위 37도와 38도 사이에 그려 넣었으며, 울릉도는 죽도(竹島, Takeshima), 일명 '기석도(磯竹島, Iso Takeshima)'[353]라고 한다 (竹島一云磯竹島)고 설명까지 붙였다. 독도는 울릉도 아래 오른쪽(下左)에 마스시마(松島)로 표시하고 있다. 당시는 획기적인 지도로 19세기까지 많은 분야에 표본으로 삼았으며, 독도가 울릉도 인근에 있음을 설명하고 있

다.354 1776년도 제작된『지승(地乘)』이라는 지도책에 수록된 강원도(江原道) 지도에는 울릉도(鬱陵島)와 우산도(于山島)로 기록을 하였으나, 그림을 그리지 않았다. 울릉도의 동쪽에 우산도를 적어놓았다. 산천, 읍지, 역 등을 표시하고 있어 역참 등에도 활용되었던 것으로 보인다. 지도 제작연도의 추정은 i) 행정 변경(행정구역, 지명 혹은 경계선 등) 사항의 반영, ii) 특이한 정책 사건이나 통치자의 지시 등을 반영한 것으로 보인다. 여기에서는 1787년 장진, 1789년 수원의 읍치, 1795년 시흥(始興)으로 변경된 경기도 금천(衿川), 1800년 노성(魯城), 이원(利原)으로 변경된 이성(尼城)과 함경도 이성(利城) 등이 지명이 바뀐 것들을 변경해서 적지 않았다.

1777(正祖 1)년에서 1787년에 제작된 해동여지도(海東輿地圖)의 강원도 지도로 산천과 주요 읍지(팔도주현)를 표시하고 있으며, 남북으로 함경도를 1로 해남을 118로 하는 모눈(方眼)을, 동서로 함경도를 1로 평안도 76으로 눈금을 긋

해동여지도(강원도),국립중앙도서관

고 8,968개의 방안(方眼)에 그렸다. 오늘날 경위선식(표)의 지도로 실학적 영향을 받았다. 독도는 울릉도 동쪽에 작게 표시하고, 명칭은 우산도(于山島)로 명기하고 있다. 18세기 말기로 추정되는 조선팔도지도(朝鮮八道地圖) 채색 사본은 우리나라의 전도를 그렸다. 독도는 울릉도의 동북쪽에 그려져 있으며, 우산(于山)으로 표기된 것으로 보인다. 18세기 말기의「아국총도(我國總圖, 帖輿地圖)」는 정조(正祖)시대『여지도(輿地圖)』책에 수록된 전국 전도다. 독도는 울릉도의 동쪽 바다에 우도(于島)로 표시하고 있다. 이렇게 특이하게 표시한 것은 i) 작은 섬이라 그림 안에 적고자 줄였을 경우도 있고, ii) 우산도의 중간의 뫼산(山)자를 적지 않았다.

18세기 말엽 제작으로 추정되는 강원도(帖 輿地島) 여지도(輿地圖)라는 지도책에 수록된 채색 사본의 강원도의 지도다. 여기선 산을 녹색(green)으로 강을 푸른색(blue)으로 채색했으며, 팔도의 군현을 구분하기 위해 색채를 달리하고 있다. 독도는 울릉도의 동북쪽에 배치하고 명칭으로 간산도(杆山島)로 표기하고 있다. 이에 대해서는 i) 우산도(于山島)를 글자모양이 유사하다고 착오로 적었거나, ii) 왜구 침략의 방패 역할을 한다는 의미로 간산도(干山島)로 적어야 하나 특이하게 '박달나무(杆) 방패처럼(干)' 막아달라는 기원을 담아서 간산도(杆山島)로 표기했을 경우도 있다. 18세기 말엽의 조선전도(朝鮮全圖, 帖海東圖)는 『해동도(海東圖)』라는 지도책에 수록된 조선전도(朝鮮全圖)로 독도는 울릉도의 동남쪽에 배치하고 있으며, 조선 후기에 제작된 지도 가운데 비교적 정확하게 도시(圖示)되었다. 독도의 명칭을 우산(于山)으로 표시되었다.

　18세기 말기의 강원도(江原道, 帖輿地圖)는 여지도(輿地圖)라는 지도책에 실려 있는 강원도의 지도에서 독도(獨島)를 울릉도보다 본토 가까이 남서쪽에 작은 타원형으로 자산(子山)으로 표시하고, 울릉도는 장방형(長方形)으로 그려놓고 있다. 단순한 실수라고 보기보다는 현장답사를 하지 않았지만, 확신과 기원을 적었다. '자식처럼 소중한 섬(子山)'이라는 바람(祈願)을 적었다. 1780년 영국인 키친(Thomas Kitchin, 1718~1784)[355]의 요동·조선지도(A map of Quan-tong, or Lea-tonge province; and the kingdom of Kau-li, or Corea)에선 산동반도(山東半島), 요동반도(遼東半島) 및 한반도를 종합적으로 도시했다. 제목에서 고려왕국 코리아(the kingdom of Kau-li or Corea)라며 신비스러운 나라로 생각했다. 독도를 평해(Ping hai) 앞 바다에 손을 뻗으면 닿을 듯이 가깝게 배치해 놓았고, 조금 위 북동쪽에 울릉도를 그려놓았다. 섬 이름은 울릉도를 팡링따우(Fang-ling-tau)로, 독도는 치안산따우(Chyan-shan-tau)로 적었다.

　1785년에 일본의 실학자 하야시 시헤이(はやし しへい, 林子平, 1738~1793)[356]가 중국, 한국 및 일본의 국경을 중심으로「삼국 접양지도(三國接洋地圖)」를 제작했다. 삼국의 영토구역을 구분하기 위해 중국은 적색, 한국 황색, 일본 청색으로 확연하게 채색했기에 독도는 울릉도 바로 옆 동쪽에 그려놓았고, 앞에다가 "조선의 소유다(朝鮮の持に)"라고 표기했고, 울릉도와 독도에다가 "두 섬은 오끼섬(隱崎島)에서 바라다보면 조선도 보인다(二島には隱州て望へ朝鮮をも見る)."라고 적고 있다. 시각적으로 명확하게 국가적 소유를 표시하고 여기에 퇴색될 경우를 대비해 메모까지 해놓았다. 독도를 당시 명칭으로는 다케시마(竹島), 마스시마(松島) 혹은 칸도(韓唐)라고 적었다면 금상첨화였(錦上添花)을 것이다. 이에 대해 일본 학자들은 울릉도의 작은 섬은 독도가 아닌 죽도서(竹島嶼)라고 주장하고 있다. 1785년 독일인 율리우스 하인리히 클라프로트(Heinrich Julius Kla-proth, 1783~1835)[357]는 탐험가이며 일본어, 중국어, 산스크리트어 및 터키어 등을 연구했던 동양 언어학에 흥미를 가졌다. 그가 제작한「삼국접양지도(Carte des Trois Royames)」는 일본 실학자인 하야시 시헤이(林子平, 1738~1793)의 저서『삼국통람도설(三國通覽圖說)』을 번역한 부록의 지도였다. 원본처럼 독도를 울릉도 동쪽에 인접시켰으며, 명칭은 표기하지 않았고, 울릉도만을 다케노시마(Takenosima)로 표기하고 있다.[358] 여기서 'Takenosima'라는 표현에 주목이 간다. 당시 일본에서는 울릉도를 대나무 섬이라는 인상에서 타케시마(竹島)라는 호칭을 사용했으며, 다케노시마(Takenosima)는 '대나무의 섬(竹の島)'이라는 단순한 일반명사가 아니었다. "독도는 한국의 영역임(Takenosima á la Corée)"라고 주석은 단 것은 하야시 시헤이(林子平)의 '조선의 소유다(朝鮮ノ持二).'를 프랑스어로 번역한 게 명확하다.

1797년 프랑스인 장프랑수아 드 갈롭 드 라페루즈 백작(Jean-François de Galaup, comte de Lapérouse, 1741~1788?)[359]은 자신의 『세계탐함기(Voyage de La Perouse Autour du Monde)』라는 책 속 「중국해 및 타타르 해협, 마닐라에서 캄챳카까지(Carte Generale de De Couvertes)」라는 지도에 울릉도와 독도를 그렸다. 기초자료는 중국에서 구했다. 울릉도를 Fanling(攀陵)로, 독도를 Tchiang-chan(千山)으로 보다 정확한 동해영일만 이북에다가 그려놓았다. 그가 새로 발견했다는 다즐레 섬(Dagelet Island, 鬱陵島)을 울릉도 서북 인근에 그려놓았다. 그는 다즐레 섬(Dagelet island)이 바로 울릉도(Fanling)라는 사실을 알지 못했다.[360]

☰05
'은자의 나라 조선(Corea, The Hermit Nation)' [361]
마술카펫

서세동점(西勢東漸)으로 계몽사상도 밀려들어왔다

조선은 중국 혹은 일본을 통해서 서양에 알려졌다. 미국인 윌리엄 엘리어트 그리피스(William Elliot Griffis, 1843.9.17.~1928.2.5.)[362]는 저술가, 목사 및 동양학자로 일본 동경대학교(1870년 도일)에서 물리학과 화학을 강의하면서 중국과 일본에 연구를 하다가 중간이 조선에 대해서 관심을 갖고 귀국하여 1882년에 『코리아, 은자의 나라(Corea, The Hermit Nation)』를 출판했다. 또한, 미국인 퍼시벌 로런스 로웰(Percival Lawrence Lowell, 1855.3.13.~1916.11.12.)[363]은 1883년 조·미통상수호조약의 사절단의 일행으로 한국에 인연이 되어 그해 12월에 와서 3개월간 체류하면서 조선의 사회상을 스케치해 1885년 『조선, 아침이 조용한 나라(Chosön ; the Land of the Morning Calm)』[364]를 저술하여 서양세계에게 조선을 알리게 되었다.

19세기 초기에 조선전도(朝鮮全圖)가 채색 사본으로 제작되어 사용되었다. 울릉도와 독도의 위치와 크기를 비교적 정확하게 그려놓았다. 명칭은 과거처럼 우산도(于山島)로, 당시 지도는 국가기밀로 취급해서 관헌이 아니고서는 소지가 불법이었다. 지도를 수정하거나 보완한다는 생각은 엄두도 못 내었다. 두 말 할 필요도 없이 울릉도 및 독도에서 어로작업을 하던 어부들은 실정을 잘 알았지만, '작게는 매를 버는 일, 크게는 구족멸문의 대역죄(大逆罪)로 몰리는 처사'였다. 독도가 울릉도 동쪽에 있는 것을 알면서도 서쪽에 그려진 지도를 간과했다. 사실은 정작 지도를 볼 수 있는 지식인들은 독도를 평생에 한 번도 갈 기회가 없었던 사람들이었다.

19세기 초기에 제작되어 사용된 것으로 보이는 여지도(輿地圖) 지도책의 강원도 지도에 울릉도(鬱陵島)와 독도가 그려져 있다. 독도는 울릉도의 서남쪽 평해(平海) 앞 바다에 배치되어 있다. 명칭은 우산도(于山島)로 표기했다. 여지도의 제작연도를 1822년 이전으로 보고 있는 사유는 1822년에 함경도 후주(厚州)가 신설되었는데, 지도상에 표시하지 않을 것을 봐서 이전임을 알 수 있다.[365] 19세기 초기에 제작 사용된 것으로 보이는 조선전도(朝鮮全圖)는 당대 최고의 지리학자인 정상기(鄭尙驥, 1678~1752)가 최초로 백리척(百里尺)을 활용한 동국지도(東國地圖)를 그렸다. 여기서 백리척(百里尺)인 100리(40km)를 1자(尺, 30.3cm), 10리(4Km)를 1촌(寸)으로 계산해 대략 1/132,000의 축척을 사용했다. 또 하나의 특징은 군현의 연혁, 산천도리(山川道里), 관방의 성곽, 해도, 북간도강계(北間島疆界), 궁실 등에 역사적 변천을 기록했기에 위정 중심 관점에서 벗어나 실용성에 중점을 두었다. 영조 때 지리학자 신경준(申景濬, 1712~1781)[366]은 척량촌탁(尺量忖度)으로 지도 제작에 사용해 정상기가 최초로 제작했다고 동국여지도 발문을 적고 있다. 신경준은 동국지두를 바탕으로 동국여지도(東國輿地圖)를 만들어 영조에게 바쳤다. 19세기 전반에 사용되었던 해동여지도(海東輿地圖)는 필사본으로 336개의 고을을 그린 군현지도(郡縣地圖) 책으로, 조선 후기에 활용되었다. 동해에 울릉도, 동쪽에 독도를 우산도(于山島)라는 이름으로 기록하고 있다. 이 지도에서는 울릉도 옆의 죽도 서(竹島嶼)는 평지이기에 독도의 산봉우리를 선명하게 그려놓아서 이제까지 일본인들이 울릉도 옆의 독도라고 주장하는 것이 죽도(竹島嶼) 혹은 관음도(觀音島)가 아니라는 사실을 밝혀주고 있다.[367] 19세기 전반에 제작되고, 사용된 것으로 보이는 강원도(八道全圖) 지도는 팔도전도(八道全圖) 지도책에 실린 강원도의 지도에서 울릉도 북동쪽에 작은 점으로 독도를 표시하고, 우산도(于山島)로 표기하고 있다. 19세기 초기에 제작된 팔도전도엔 팔도지도(八道地圖)라는 지도책 속에 독도를 울릉도의 동쪽에 그려넣고 우산(于山)이라고 이름을 명기했다. 고지도 가운데 비교적 독도를 선명하고 정확하게 표기했다.[368] 19세기 초엽에 제작된 강원도(여지도) 채색 필사본 지도에선 울릉도를 동해바다에 울릉도 동쪽에서 독도를 그리고 있다. 명칭은 우산(于山)으로 적고 있다. 19세기 초기에 제작된『광여도(廣輿島)』라는 지도책에 실려있는 조선지도(朝鮮地圖)에 강원도의 삼척(三陟) 동해 앞바다 가까이 독도가 우산도(于山島)라는 이름으로 울릉도의 서쪽에 그려져 있다. 19세기 초엽에 통용되었던 것으로 보이는 강원도(帖 海東輿地圖)는 해동여지도(海東輿地圖)라는 지도첩에 수록된 강원도 지도에 울릉도 동쪽에 보다 정확하게 섬(산)모양을 그려놓았으며, 명칭은 정산도(丁山島)라고 표기하고 있다. 독도 명칭 우산도(于山島)를 과오로 정산도(丁山島)로 표기했다고 하기보다는 상통관계의 글로 알고도 갑-을-병-정(甲-乙-丙-丁)의 순서처럼 중요시해야 할 섬이라는 의미를 강조했다. 이뿐만 아니라 전국 지도를 도시했는데, 주요주현의 읍성 이수(里數)를 환산할 수 있는 이정표(milestone)와 같은 매트릭스(matrix)를 작성하고 있다.

19세기 중기에 제작된「해좌전도역대총도성현통도(海左全圖歷代總圖聖賢統圖)」에 그려진 독도와 울릉도는 상당히 정확하게 도시했다. 독도는 울

릉도의 동측에 가까이 우산(于山)이라는 이름을 붙였다. 19세기 중엽에 일본에 통용되었던 「해좌전도(海左全圖)」는 기록하는 일본 민족답게 조선인의 지도를 그대로 필사해 남겼다. 독도는 울릉도 동쪽에 산봉우리 모양으로 그렸으며, 정확한 명칭 표기는 확인하기 어렵다. 최근 호사카 유지(保坂祐二, ほさかゆうじ, 1956년생)[369] 세종대학교 독도종합연구소장은 "당시 조선인은 독도의 지형을 분명히 산봉우리 모양으로 그렸고, 조선 땅이라는 영유의식마저 가졌다."라고 이 지도의 의미를 덧붙였다.

1807년 영국인 존 애로우스미스(Aaron Arrowsmith, 1750~1823)[370]가 제작한 일본지도(Empire of Japan)에 울릉도와 독도가 조선 본토 가까이 인접하게 그려져 있으나 명칭을 붙이지 않고 있다. 1815년 영국인 존 톰슨(John Thomson)이 제작한 한국일본지도(Corea and Japan)[371]에서는 아마도 손쉽게 수집할 수 서양지도와 청나라의 지도를 종합해 제작했다. 그러나 울릉도나 독도에 대한 정확한 인식을 하지 못했다. 그래서 독

한국일본지도(존 톰슨, 1815)

도(Tchainchan-tao)와 울릉도(Fanling-tao)는 본토 인접하게 배치하고, 서양지도에서 나오는 다즐레(Dagelet Island)와 아르고노트(Argonaut)를 중복해서 그려 넣었다. 1820년 미상인의 해좌전도(海左全圖)에서는 울릉도를 동해에 그렸고, 동쪽에 독도를 배치해서 우산(于山)이란 이름을 붙였다.

구미호(九尾狐) 전설과 신비의 조선

1832년도 독일인 학자 율리우스 하인리히 클라프로트(Julius Heinrich Klaproth, 1783~1835)가 1785년 일본인 헤세이(林子平)가 저술한 삼국통

람도설(三國通覽圖說)을 삼국통람도설(SAN KOKFTSOU RAN TO SETS OU APERCU GENERAL DES TROIS ROYAUMES)라는 이름으로 프랑스 파리에서 번역했다. 이 지도책에서 수록된 삼국접양지도(三國接洋之圖, Carte des Trois Royaumes)엔 울릉도 동북쪽에 경위 38N와 156-20E에 독도를 그렸으나 이름은 적지 않은 가공의 섬(Argonaute)으로 표시했다. 이 지도책은 불어로 번역되어 서양에 독도 혹은 울릉도를 알리는데 이용되었다. 경위표시 38-30N와

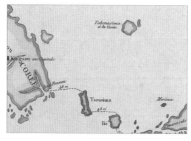

삼국접양지도(1834,삼국통람도설)

160E에 울릉도를 다케노시마(Takenosima)로 적어놓고 옆에 '조선의 소유다(朝鮮ノ持二)'라는 일본어 원본에 충실히 프랑스어로 '고려의 소유다(a la Coree)'라고 명기하고 있다.[372] 그는 국가소유권을 명확히 하고자 조선(Coree)은 황색(黃色)으로 일본은 청색(靑色)으로 채색을 했으며, 울릉도의 명칭을 명기하면서 독도와 같이 황색으로 채색하면서"다케노시마, 한국의 땅임(Takenosima a la Coree)."라고 이중 명기했다.

1834(純祖 34)년 김정호(金正浩)는 우리나라에 현존하는 고대지도 중에서 462cm×870cm의 최대 지도인「청구도(靑邱圖)」를 제작했다. 청구(靑邱, Green Hill)란 BC 3~4세기 때 동양의 신화를 기록했던 지리서『산해경(山海經)』에서 "꼬리가 9개나 되는 여우가 산다는 청구(靑丘)의 나라(靑丘國在九尾狐)."는 한반도(조선)를 칭했다. 청구도(靑邱圖)의 축척은 216,000분의 1 정도이며 행정구역, 거주 남녀 인수, 전답, 민호(民戶) 등의 정보와 수계(水系), 지형, 성곽, 창고, 역참(驛站), 봉수(烽燧), 교량, 고개, 시장, 군영, 풍속, 능묘, 사찰 등을 총괄한 종합적 인문지리 도면이었다. 외형상 특성은 가로 22판, 세로 29층으로 구성, 책첩(冊帖)으로 32번, 모눈(方眼) 획정

지도다. 내용상 특성은 '하늘의 1도는 땅의 200리가 되고, 시간의 4분에 해당한다'는 최한기의 제작원리를 엄격하게 지켰다. 지도 제작에 배수육체(裵秀六體)라는 표현기법, 즉 분율(分率), 준망(準望), 도리(道里), 고하(高下), 방사(方邪), 우직(迂直)을 사용했다. 청구도 제18층 1(靑邱圖第十八層一)에 울릉도에 대 밭(竹田), 딱나무 골(楮洞) 등을 그려넣고, 가까이 우산(于山)이라고 도시했다. 또한, 위 여백에 "신라 지증왕 때 우산국을 쳐 항복받았으며, 고려 현종 때 우산국 백성들에게 농기구를 하사했다(新羅智證王擊降于山國, 高麗顯宗時賜于山國人農器)."라고 약사(略史)를 기록했다.

1834년 영국에서 제작된 중국·버마지도(China and the Birman Empire)에서 조선 지형이 일부 나오고 있는데 울릉도는 판링타오(Fan-ling-tao)로 표시하고, 그 옆 본토 가까이에 작은 섬을 그렸으며, 이는 당시 서양지도에선 독도를 세칭 치안찬타오(Tchianchan-tao, 千山島)로 추정했음을 알 수 있다. 동북쪽 멀리에 아르고노트(Argonaut) 섬을 명기하고 그려놓았다. 서양에서 유행하던 프랑스인의 지도와 동양을 대표하던 중국 청나라의 지도를 종합해 보정했다.

1835년 일본에서 제작된 「청조일통지도(淸朝一統之圖)」에서 당시 지도 제작자는 많은 혼동을 가졌던 모양이다. 마스시마(松島)와 다케시마(竹島)는 일본 본토 가까이 그려놓았고, 울릉도와 독도는 조선 본토에 가까이 그렸다. 독도는 강원도 양양(襄陽) 앞바다에 자산(子山)이란 이름으로 표시했고, 울릉도(鬱陵島)는 남쪽에 작게 그렸다. 경주를 동경(東京)으로 표기하고 곧 신라(卽新羅)라는 주석까지 달고 있음을 봐서 확실한 기초자료에 입각한 것이 아닌 풍문과 믿고 있었던 것을 그렸던 것 같다.

1837년 프랑스인 모냉(C.V. Monin)[373]이 제작한 중국·일본 지도에선 상해 앞바다를 중국식 발음인 동해(Toung Hai)로, 서해를 황해(Houang Hai)

로 하고, 한국 본토에 인접해 울릉도로 판링타오(Fan-ling-tao)와 다즐레(I. Dagelet)로 2개를, 그 서쪽에 독도를 치안찬따오(Thsian-chan-tao)로 표기하고, 동북쪽에 아르코노트(I. Argonaut)라는 '가공의 섬'을 도시하고 있다. 울릉도는 이미 1789년 영국의 탐험가 코넷(Jame Colnett, 1753~1806)[374]에 의해서 발견되어 서양에 알려진 상황이었다. 아르고노트(Argonaut)이란 코넷의 탐험선 이름으로 그리스 신화에서 영웅 야손 일행이 황금 양(gold sheep)을 찾아 나설 때 탔던 배 이름에서 따왔다. 또한, 그의 울릉도를 탐험선 명칭으로 사용했다고 항해일지(voyage log)에 기록했다.

1844년 영국 런던에서는 앨렌(W. H. Allen & Co., a bookselling and pub-lishing business, Penguin Random House, London, England)이 제작한 인도, 중국 및 버마 등 지도(Map of India, China, Burmah, Siam, Malay Penin-sula and Anam Empire, compiled from the lastest survey)에서 조선(Corea)의 울릉도와 독도로 추정되는 2개의 섬이 그려져 있다. 울릉도로 추정되는 2개의 섬, 하나는 프랑스의 울릉도 명칭인 판링따오(Fanling-tao)로 인근엔 1789년 영국 탐험가의 신발견 무인도였던 아르고노트(Argonaut)로 표기와 이중 도시했다. 울릉도 판링따오(Fanling-tao, 攀陵島)의 서남쪽에 작은 무명의 섬을 그렸다. 이것이 독도였다. 울릉도를 중복 도시하는 바람에 독도는 정착 명칭을 표기하지 못했다. 당시 독도 명칭 치안산타오(Tchiansan-tao, 千山島)를 포기하는 대신에 영국인이 발견했던 아르고노트로 표기했다.

그리스신화의 아르고노트(Argonaut)[375]가 이곳에

1846년, 김정호(金正浩)의 대동여지도(大東輿地島)보다 15년이나 앞서 근대적 작도법을 활용해서 그린 김대건의 조선전도(Carte de la Coree8)엔 비교적 정확하게 독도를 울릉도 동쪽에 그렸으며, 명칭도 우리말에 가깝게 프랑스어로 오우산(Ousan, 于山)으로 표기했다. 또한, 울릉도는 오울랑도(Oulangto, 鬱陵島)로 표기했다. 청나라 주재 프랑스대사를 통해 1849년에 프랑스로 건너갔으며, 6개 국어로 번역해 서양에 널리 알려지게 되었다. 현재는 프랑스 국립도서관에 소장되어 있다. 1849년에 제작된 동국여지도(東國輿地圖)의 지도책에 수록된 강원도 지도에선 독도를 울릉도의 남쪽에 강원도 경포대(鏡浦臺) 앞바다에 그려놓았다. 섬 이름을 우산도(于山島)로 표기하고 있다.

19세기 중엽 북경 주재 프랑스 대사 샤를 드 몽타니(Louis Charles de Montigny, 1805~1868)[376]는 김대건 신부가 제작한 조선지도(朝鮮地圖)를 바탕으로 해서 제작한 지도를 프랑스로 가져갔다. 이 지도에서는 영일만 인근 바다에 4개 이름 없는 섬과 양양(壤陽) 앞바다 2개 섬을 표시하고 있다. 동해에 울릉도를 Oulangto(울릉도)로, 독도를 Ousan(우산)으로 호칭했으며, 독도는 울릉도의 동쪽에 표시했다. 서양 고지도 가운데 최초로 조선지도에 독도가 오른쪽(동쪽)에 그려졌다.

1855년 미국인 하버드대 출신 역사작가, 여행기 작가, 혹은 한때 정치가였던 리차드 힐드레스(Richard Hildreth, 1807~1865)[377]의 저서 『일본의 어제와 오늘(Japan as it was and is)』에서 첨부된 일본 지도(Japan)에서 울릉도와 독도가 그려져 있으나 명칭을 표기하지 않았다. 1854년 3월 31일 미 해군 페리제독과 미일화친조약을 체결하고, 개혁과 개방을 하는 일본의 사회적 분위기는 전반적으로 독도에 대한 영유권을 인정하는 현상 유지로 미국인 여행가 작가는 관심을 갖지 않았다.

1855년 미국인 모리(Lieuts. W. L. Maury)와 벤트(Silas Bent)가 제작한 『중국·일본에 대한 페리제독(1794~1858)의 원정기(Narrative of the Expedition of American Squadron to the China Seas and Japan, performed in the year 1822,1833 and 1854, under the Command of Commander M. C,. Perry volume II)』저서에 첨부된 중국·일본지도(Chart of the Coast of China and of the Japan Islands)[378]에서 북위 10도에서 40도, 동경 110도에서 150도 범위를 그렸는데, 평해만(Pinghai B)의 앞바다에 2개의 섬인 치안산타오(Tchian-shan-tao)와 판링타오(Fanling-tao)를 그리면서도 동시에 먼 동해바다엔 가공의 섬을 I. Argonaut(not existing)라고 명기해놓고, 울릉도는 다즐렛(Dagelet) or 마츠시마(Matsusima)로, 독도는 호넷(H. M. Sh. Hornet 1855)로 표시했으며 대한해협은 코리아해협(Korea Channel)로 표기했다.

≡ 06
김대건 신부는
한국의 건달(Gandalf)[379]인가?

조선 지도까지 제작한 앙드레아 김(Andrea Kim)

1855년 프랑스에 제작된 조선지도(Coree)[380]는 1831년 15세 나이로 마카오 프랑스 신부 리부아(N. Libois)의 도움으로 신학을 마친 앙드레아 김(김대건)이 신부 수업을 마치고, 1846년 조선 지도를 작성해 프랑스 대사 드 몽타니(De Montigny)에게 전달했고, 말티 브룅(Malte Brun)은 이를 정리·축소해서 프랑스 파리의 지리학회지에 게재했다. 이렇게 하여 울릉도와 독도가 서양에 비로소 알려지게 되었다. 강원도 울진(Oultin)과 삼척(Samtsek)의 앞바다에 울릉도를 Oulangtao로, 독도는 울릉도 동쪽에 Ousan으로 표기했다. 그러나 서양에서는 명확한 고유명사로 정립되지 못하고, 1870년에 앙리 쥐베르(Henri Zuber, 1844~1909)[381]의 조선 지도(Carte de Corée)에서 다즐레 섬(Dagelet island)으로 알려졌다.

1858년 독일 무역 전문 잡지로 세계의 지리 메시지를 게재했던 『피터만의 지리적 보고서(Petermanns Geographischen Mitteilungen, 1855~2004)』에 한반도의 지리적 정보를 게재하고 있는데, 여기에 첨부되었던 만주남부해안선도(Die Aufnahmen an der sued Koeste der Mandshurei)에 동해를 일본해(Japansea)로 표기했다. 이곳에 3개의 섬을 배치해, 본토 가까이는 가공의 섬인 아르고노트를 점선으로 Argonaut I.로, 울릉도는 Dagelet I.로, 독도는 Hornet In.(Oliwuz & Menelai d. Russ. Karten)로 표시하고 있다. 이어 1859년 네덜란드 해군작전용 일본 지도(Kaart van Japan)에선 동해를 표시하지 않고, 일본해(Japansche)로, 한반도 가까이 3개의 섬을 그렸다. 가공의 섬인 아르고노트는 Argonaut etland로, 울릉도는 마츠시마(Matsu-sima)로 그리고 독도는 호넷 바위(Hornet rosten)으로 표기하고 있다.

1859년경 영국인 제임스 와일드(James Wyld, 1812~1887)[382]가 제작한 일본열도(The Islands of Japan)에서 동해바다에 3개의 섬을 배치했고, 가장 가까이 가공의 섬인 Argonaut I.를 그리고, 울릉도를 Matsu-shima, I. Dagelet으로 병기, 울릉도의 동남쪽에 독도를 Hornet I.로 표기하고 있다. 제임스는 지도 제작을 하던 아버지의 가업을 이어 받아서 지도, 통계 및 관계 정보를 추가해서 세인(世人)들의 관심을 모아 인기 높은 지도를 제작했다. 실례를 들면 1849년 지리 정보와 화폐를 조합한 캘리포니아 금광지도, 골드러시(Gold rush) 광풍을 유발시켰던 호주 전역의 금광분포도와는 달리 오스만제국의 흑해지역 및 수문정보(水文情報)로 제작된 크림전쟁 당시의 세바스토폴지도는 당대 히트작이었다. 그리고 1851년부터 1862년까지 레스터 광장(Leicester Square)에 설치했던 와일드 그레이트 글로브(Wyld's Great Globe) 전시물은 높이 60ft, 직경은 40ft나 되었다. 지금도 지도 제작으로 그 기록을 깨지 못하고 있다. 또한, 그는 정치, 교육, 지역사회개발 분야에서도 파란만장(波瀾萬丈)의 인기몰이를 했다.

대동여지도(大東輿地圖)의 옥에 티, 독도

1861년경 김정호(金正浩)의 대동여지도
(大東輿地圖, 보물 제850호)가 22첩으로 제
작되어 최신정보를 총망라했고, 이용하기
에 편리해서 크게 유행했다. 소설이나 영
화에서는 현장 확인과 측정으로 제작하였
다고 하나 많은 부분에서는 문헌정보를 토

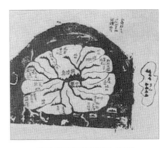

대동여지도(김정호,1861)

대로 만들어졌다. 특히 목판본 전도(全圖)에 있어 어쩌다가 독도를 빼뜨리
는 과오를 범했다.383 2009년 이명박(李明博) 대통령 당시 10만 원권 화폐
의 배경소재로 대동여지도(大東輿地圖)와 울산반구대(蔚山盤龜臺)를 한
국은행에서 공고해서 여론을 물었던 결과 '독도 없는 대동여지도는 일본
의 영유권을 자인하는 매국행위'라는 여론까지 일어났다.384 그러나 필사
본 대동여지도에선 그것이 아니다. 울릉도 동쪽에 독도를 우산(于山)이라
고 그려 넣었으며, 도명을 표시했다. 아주 인접시켜서 한국의 영토임을 강
조했다.

1863년 영국에서 제작된 일본·니폰·큐슈·시코쿠·한국 일부
(Japan·Nippon·Kiusiu·Sikok and part of Korea)385 지도에선 동해바다에 3
개의 섬을 그렸고, 가공의 섬 아르고노트는 타코시마 혹은 아르고코트
섬(Tako sima or Argonaut P.D.)로, 울릉도는 '마쓰시마(다즐레섬, 4,000피트),
부솔바위, 물개바위(Matsushima-Dagelet I., 4000ft-Boussole RK, Seal Pt)'
로, 독도는 울릉도의 동남쪽에 배치하고 명칭은 '1849년 프랑스인에 의해
발견된 리앙쿠르트 바위, 영국인에 의한 호넷 섬, 러시안 사람의 메넬라이
와 올리부차(Liancourt Rks discovered by Francais 1849, in English Hornet
I., in Russian Menelai & Olivutsa)'로 백과사전식으로 명칭을 모두 다 명기

하고 있다.

1864, 프랑스 해군의 해도(海圖) 아시아 동안, 일본 지도, 시베리아, 중국, 인도차이나-동해, 한국, 남부 일부에 3개의 섬을 도시하고 있으며, 가공의 섬인 아르고노트(Argonaut)는 타케시마(Take-shima)로, 울릉도는 '마츠시마, 다즐레 섬 및 부솔(Matsu-shima, Dagelet Island, Boussole)'로 표시했고, 독도는 '1849년 1월 27일에 프랑스인에 의해 발견된 라앙쿠르트 바위, 호넷섬, 메넬라이 및 올리부차(Rochers Liancourt, descouvers les Francais en 1849, en anglais I. Hornet, en russe Menelai et Olivutsa)'로 표기했다. 1865년 프랑스 파리에서 출판된 조선 지도(Coree)엔 1855년도 처음으로 발간되었던 지도와 같은 체제로 되어있으며, 한국의 발음을 로마자로 표기하기 위해서 울릉도는 울릉도(Ulleungdo)로, 독도는 우산(Usan)으로 명기했다.

1867년 일본 메이지유신(明治維新) 때 해군 장관으로 근대화에 큰 공적을 남긴 가쓰 요시쿠니(勝義邦, かつ かいしゅう, 1823~1899, 改名勝安芳別名勝海舟)[386]이 목판본으로 제작한 「대일본국연해약도(大日本國沿海略圖)」는 1863년 영국 해운성이 발간했던 일본과 한국(Japan and Korea) 지도에서 북위에선 30~40N에서 41~30N까지, 동경에선 128~00E에서 143~10E까지의 지도를 간추려 작성한 약도였다. 울릉도는 마츠시마(松嶋)로 독도는 리앙쿠르트 암(リヤンコヰルトロワアク, Liancourt Rock)으로 표기하고 있다. 또한, 울릉도의 서쪽 섬을 다케시마(竹嶋)로 표시하고 있다. 아마도 이런 결과는 우리나라의 잘못 그려진 지도를 참고했을 가능성이 크다.

19세기 후기에 사용된 「대조선국전도(大朝鮮國全圖, 揷域地圖)」에서 도별 도면, 한양 경성도, 경성 부근 지도 등이 첨부된 지도책이다. 조선 중기

목판본에서 동판유인(銅版油印)으로 만들어지던 때였다. 이 지도책은 동판본이며, 울릉도는 울릉도(鬱陵島)로 명칭을 기록했으며, 동남쪽에 독도를 우산(于山)으로 명기했다. 1870년 이후에 민간용으로 유행되었던 목판본에다가 채색을 입혔던『도리도표(道里圖表)』지도책에 붙어있었던 팔도전도(八道全圖)가 있다. 여기엔 독도는 울릉도(鬱陵島)의 동쪽에 우산도(于山島)로 표기하고 있다. 제작연도의 추정은 여백에 붙여놓은 설명 가운데 좌측 상단에 1868(高宗 5)년에 평안도 무창군(茂昌郡)이 설치되었기에 기록으로 봐서 1870년 이후에 제작 유포되었다.

국가정벌에 앞서 군사기밀(지도)부터 장악

조선국세면전도(노부후사, 1873)

1873년경 조선을 기행을 하고『조선사정(朝鮮事情, 1874)』이라는 저서를 내었던 일본 희극작가인 소메자키 노부후사(染崎延房, そめざき のぶふさ, 1818~1886)[387]는 조선 지도를 참고해 다채롭게 필사본으로 예술작품을 만들었다. 1873년 예술작품과 같은 그의「조선국세견전도(朝鮮國細見全圖)」[388]에서 울진 앞바다에 울릉도를 울릉도(鬱陵島)로 표기하였으며, 월송포(越松浦) 앞바다, 울릉도의 남쪽에 독도를 우산도(于山島)로 표기하고, 울릉도 옆에다가 "일본에선 이를 죽도라고 부른다(日本ニテハ是ヲ竹島)."라고 설명까지 붙였다. 울릉도와 독도 빈 공간에 "또한, 우산도라고 한다(卜云 于山島)."라는 명확한 부기했다. 1874년경 일본인 기와구찌 츠네키치(川口常吉, Kawaguchi Tsunekichi)와 이시다 교쿠야마(石田旭山, Ishida, Kyokuzan, 1847~1926)가 제작한「오기팔도조선국세견전도(五畿八道朝鮮國細見全圖)」[389]라는 필사본 채색지도

에서는 강원도 평해(平海) 앞바다 본토 가까이 독도-울릉도 순서로 도시했다. 즉 울릉도의 서쪽에 독도를 표시하고 우산도(于山島)로 표시했다.

1874년경 일본엔 명치유신(明治維新)으로 정한론(征韓論)이 팽배하였고, 육군참모국에서는 '기무밀모(機務密謀)에 참획(參劃)하고, 지도정지(地圖政誌)를 편집하며, 아울러 간첩통보(間諜通報) 등의 일을 관장한다'는 업무를 담당했다. 여기서 일했던 육군소좌 기무라 노부아키(木村信卿, きむらのぶあき, 1840~1906)[390]는 군사용 지도를 제작했다. 동아시아를 한 장에 다 담아내는 역작이었다. 일본 지도와 달리 울릉도보다 독도를 더 크게 작성했다. 이를 두고 i) 틀린 조선의 지도를 그대로 묘사했기에 착오했다고 평가절하하지 않는다. ii) 당시 시대 상황으로 봐서 국제역학상 군사적 가치와 비중을 부여했다고 해야 한다. 명칭을 정확하게 울릉도는 다케시마(竹島)로, 독도는 마츠시마(松島)로 표기했다. 굳이 평가절하를 한다면, 함경도 북부지역이 지나치게 북으로 치중되었고, 전라도 서부해안이 동쪽으로 기어들어 왔으며, 군산과 전주가 인접해 장항과 거리가 벌어졌다. 이런

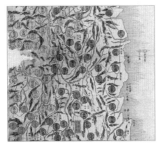

오기팔도조선국세견전도(1874)

과오를 1880년대 서양지도의 맹신에서 온 착오라기보다는 오늘날도 군사기밀상 특수지역을 확대 혹은 축소해서 민간용으로 제작했다.

1874년 프랑스인 선교사이며 시인이었던 클로드 샤를르 달레(Charles Dallet, 1829~1878)[391]가 저술한 1,000페이지에 달하는 방대한 『조선 천주교회 역사(Histoire de L Eglise de Coree)』에 첨부된 조선 지도(Coree)는 주로 프랑스 파리의 위상을 기준으로 해 북위 32도 30분에서 42도 40분과 동경 122도에서 129도 사이를 표시하고 있

다. 동해를 일본해(MER DU JAPON)로 표기하고, 그 가운데 울릉도는 'Oul-leng-to'로 독도는 'Ou-san'으로 표기했다. 울릉도와 독도를 합쳐서 다즐레 섬들(Is. Dagelet)로 적었다. 그는 일본, 한국, 중국, 인도차이나를 거쳐서 베트남 하노이에서 세상을 떠났다.

1874년 프랑스 자크 미네온(ANTIQUE MAPS BY J. MIGEON)의 고지도가 웹사이트(raremaps.com/category)에 114개가 있는데 한 일본 지도(Parti Du Japon ou Nipon)[392]에서 동해에 울릉도와 독도가 그려져 있으나 명칭을 확인하기 어렵다. 그는 프랑스의 세계 고지도 제작자로 그의 지도

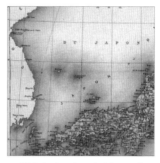

일본지도(프랑스 미네온, 1874)

책엔 43매의 지도가 있으며, 세계지도 2, 유럽 18, 아시아 4, 아프리카 8, 아메리카 4와 오세아니아 1매로 구성되어있다. 장식용 그림과 채색을 손으로 제작했다. 해당 지역에 대한 지리적, 정치적 그리고 역사적 정보에 두 페이지를 할애하고 있다.

07
일본 지성인이 발광했던
정한론(征韓論)

군사기밀을 장악했으니 이젠 정한론으로

1875년 10월경에 일본 육군참모국에 근무하던 일본인 세키구지 비쇼(關口備正, Sekiguchi Bishō)은 7월과 8월에 조선 해안을 측량하고, 함경도 출신 밀정자 김인승(金麟昇)393의 협조로, 영국, 프랑스, 미국 등에서 간행된 지도를 기초로 실측(축도, 100만분의 1)된 해안을 종합해서 조선여지도(朝鮮輿地圖)를 제작했다. 서울을 한성(漢城), 서해를 황해(黃海), 동해를 일본해(日本海)로 표시했고, 울릉도는 다케시마(竹島)로 표기하고, 옆에 "마케시마 일명 울릉도 및 우산도(竹島一名鬱陵島于山島)"라고 부기했다. 독도는 동남쪽에 그려놓고 마츠시마(松島)라고 명기했다. 1875년경 조선 국교 관련 외교관이었으며, 정한론(征韓論)을 개척한 일본인 사다 하쿠보(佐田白茅, さだ はくぼう, 1833~1907)394는 1875년에 『정한평론(征韓評論)』, 1903년엔 『조선 정복의 지난 꿈 이야기(征韓ノ舊夢談)』을 저술했다. 이런 조선 정복의 야욕을 한 장의 그림으로 그렸던 게 「개정신경조선전도(改訂新境朝鮮全圖)」라는 지도였다. 여기에 일본 신문기자 출신이며, 교육자였던 기시다 긴코(岸田吟香, きしだ ぎんこう, 1833~1905)[395]와 마스다 아츠도모(松田敦朝, まつだあつとも, 1837~1903)[396]가 동참하였다. 이 지도에서는 일본해에 울릉도와 독도를 한반도 가까이 표시하면서 명칭마저 기록하지 않았다. 1875년 12월에 제작되어 1876년부터 배포되었던 조선전도(朝鮮全圖)이며, 아마도 1894년 7월 2일에 다시 인쇄된 것으로 보인다. 여기엔 동해를 대일본해(大日本海)라고, 울릉도는 다케시마(竹島)로 독도는 마츠시마(松島)로 표기하고 크기는 울릉도보다 독도를 더 크게 작성했다. 울릉도를 독도의 왼쪽에 독도는 일본 오른쪽에 표시를 했다. 정확성과 공신력을 자긍하고자 해안을 측량했던 일본 육군참모국(陸軍參謀局)이었지만 독도와 울릉도에 사실성보다 상징성에 중점을 두었다. 점선을 그어서 독도가 한국 영토임을 확인하는 정확성을 기했다.

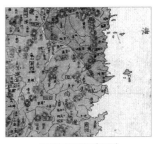

조선국지전도(1876)

1876년경 일본인 히라타 케이(平田繁, ひらた けい)가 제작한 「조선국지전도(朝鮮國之全圖)」에서 울릉도 남쪽에 독도를 그리면서 두 섬을 다케시마(竹島)로 표기했다. 1876년 일본인 카시하라 요시나가(樫原義長, Kashihara Yoshinaga)가 제작한「장중일본전도(掌中日本全圖)」[397]에선 울릉도와 독도를 그려놓고, 울릉도에서 "일본에서는 다케시마라고 하고, 조선에선 울릉도라고 함(日本ニテハ竹島, 朝鮮ニテハ鬱陵島)."로, 독도는 미유루사키 마츠시마(ミユルサキ松島)라고 표기하고 있다. 여기에서 이미 '운허한(ミユルサキ)'이라는 의미를 덧붙인 제작과정에 관청으로부터 명칭에 대해서 사전허락을 받았다고 짐작할 수 있다. 1876년 일본 해군성 수로국 제작, 1857년도 러시아 해군이 4대의 함정으로 실측해서 작성한 조선동해안도(朝鮮東海岸圖)를 기초로 해 군사

작전용 지도를 재작성하여 발행했던 조선동해안도(朝鮮東海岸圖)에선 한 반도의 동해의 나루터(항포구), 해안선 및 울릉도와 독도는 물론 주변의 부 속도서를 자세히 표시하고 있다. 독도를 조선의 영토임을 명확히 그리고 있다. 특히 독도를 정북 방향 3.5마일, 북서 10도 방향으로 5마일, 북서 61 도 방향에서 14마일에 본 독도 모습 3개를 스케치했다. 이 지도 한 장에 영국 해군의 탐험, 러시아 해군함정의 실측과 항해일지 등의 정보와 최신

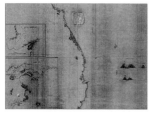

조선동해안전도(1876, 일해군성)

제작기법까지 총동원했다.

1876년 무라카미 마사타게(村上正毅, Mu-rakami Masatake)가 편찬한 소학교용 지도 집 내 「산음도지도(山陰道之圖)」에는 일본에 서 독도와 가장 가까운 오키섬(隱崎島), 시 마네현(島根縣)은 다른 색채로 채색하고 있다. 그러나 이들 지역 서북쪽 바 다에 위치한 독도와 울릉도는 일본과 무관하다는 의미에서 아무런 채색 도 되어있지 않았다. 또한, 1876년 오츠키 슈지(大槻修二, Ōtsuki Shūji)[398] 가 집필한 지리 교과서 일본지지요략(日本地誌要略)에는 울릉도와 독도를 주인 없는 무주지(無主地)로 표현했다. 이어 그는 1886년 펴낸 개정판에서 "(오키국) 서북 해상에 독도와 울릉도 두 섬이 있고, 서로 거리가 약 1백 리 로 조선에서 울릉도라 칭하고, 근래에 결정했는데 조선에 속하는 섬이 되 었다(近來めて其國の屬島たすると云す)."[399]라고 표기했다.

삽화지도로 세계지도 시장을 장악

1876년 삽화지도 제작자(cartographer)였던 피터만(August Heinrich Petermann, 1822~1878)[400] 박사가 발간했던 독일 지리학회지인 '피터만의 지리적 보고서((Petermanns Geographischen Mitteilungen)'에서 북위 28

도에서 43도, 동경 128도에서 142도의 범위 내에 일본 지도(Die Neuen Departements- Hauptstaedte von Japan)에서 동해라는 명칭 대신에 일본해(Japanisches Meer)로 표기했으나, 울릉도는 Matsu sima(Dagelet I.)로 표기하고, 독도는 울릉도의 동남쪽에 Liancourt In.(a. Franzosen), Hornet In.(a. Englaender)로 적고 있다. 1877년 일본인 희극작가이며 여행작가였던 소메자키 노부후사(染崎延房, そめざき のぶふさ, 1818~1886)는 메이지 정부의 태정관(太政官)과 내무성이 울릉도와 독도가 조선의 영토라고 결정할 당시에 참고했던 지도, 「기죽도약도(磯竹島略圖)」를 모사해 속칭 「기죽도약도 모사도(磯竹島略圖模寫圖)」를 제작하였다.[401] 이 지도엔 울릉도를 이소다케시마(磯竹島)라고 표기하고, 북동쪽에 과거 우산도(于山島)와 비슷한 그림을 그리고, 실재 독도 위치에 가까운 지점에다가 동서 2개의 섬을 그려 마츠시마(松島)로 표시를 했다. 울릉도(磯竹島)의 왼쪽에 주석은 "기죽도(鬱陵島)에선 조선을 바라보면 서북에 해당되며 해상 약 50리 정도", 독도(松島) 서북쪽에 주석은 "송도(松島)에서 기죽도(磯竹島)까지 서북쪽 40리 정도", 독도와 오키섬(隱崎島) 사이에 주석은 "오키도고후쿠우라(隱崎島後福浦)에서 독도(松島)까지 서북쪽 80리 정도"라고 명기하고 있다. 1877년 3월 2일에 내무성에 하달한 공문서에는 "다케시마 외 1도는 본방(일본국)과 관계가 없음을 명심하는 것이 좋을 것임(御指令欄:書面竹島外一島義本邦關係無之義可想得事)."이라고 하달했다.

1878년 일본인 야마무라 기요스케(山村淸助, Yamamura Giyoseuke)가 일상생활에 용이하게 18절 접이식(folder-type)으로 제작한 「대일본분견신도(大日本分見新圖)」에서 조선의 8도 구분, 산맥 표시와 색채로 구역과 국경을 표시하여 울릉도와 독도는 조선 영토임을 명확히 밝히는 황색(黃色)을 표시했다. 그러나 한반도의 서쪽을 조선군(朝鮮群)으로, 동쪽 바다

를 일본해(日本海)로, 울릉도는 다케시마(竹シマ)로, 독도는 마츠시마(松シマ)로 2개의 섬을 표시하고 있다. 이에는 당시에 팽배했던 정한론(征韓論)의 시대적 감정이 녹여져 마치 '시간문제일 뿐이다(時間の問題であるだけだ)'는 자성예언(self-fulfilling prophecy)이 그려진 것 같다. 1880년 프랑스 선교사 펠릭스 클레르 리델(Felix Clair Ridel, 1830~1884)의 주관으로 일본 요코하마 레비(Levy) 인쇄소에서 조선 선교사들의 도움을 받아서 출간했던 『한불자뎐(韓佛字典, Dictionnaire Cor en-Franéais)』402에 첨부된 조선지도(Coree)엔 동해는 없고 일본해(Mer du Japon)에 울릉도와 독도를 표시하고, 울릉도를 원음에 가깝게 불어로 Oul-neung-to, 독도도 Ou-san으로 표기하고, 울릉도와 독도를 합해서 다즐레 섬들(Is. Dagelet)로 적었다. 1874년 샤를르 달레(Charles Dallet)의 세계지도를 기반으로 작성했다.

1882년경 일본 이바라기 겐(茨城縣, いばらきけん)의 무사족(武士族) 출신인 후쿠쇼 코마타로(福城駒多郎, フクジョウ コマタロウ)가 제작한 「조선국세도(朝鮮國細圖, 45.5×34.3cm)」에서 산천, 행정구역 및 강 유역 등이 비교적 상세하게 표시되어있으나 울릉도와 독도는 과거 고지도처럼 본토 가까이 울진포(蔚珍浦) 앞바다에 독도, 울릉도의 순서로 배치했다. 독도는 우산도(于山島)로, 울릉도는 죽도(竹島)로 표기하고 있다. 지도의 특성은 범례(Remarks)를 활용, 산을 우모(牛毛)로 표시, 도별로 박스(box)를 사용해서 민호(民戶)수, 인구수, 전답을 적었다. 심지어 임진왜란 당시 전투장면과 일본장수의 전공(武勇談)까지 기록하고 있다. 경도는 동경(東京)이 아닌 그리니치(Greenwich) 기준으로 했다는 데 장점이 있다. 조선 초기의 지도를 기반으로 제작하였기에 북방 국경선은 동서로 수평선을 이루며 한반도의 윤곽도 1512년 신증동국여지승람(新增東國輿地勝覽)의 부록 목판본 '동람도(東覽圖)'에도 수준이 못 미치게 굴곡이 과장되어 표현되었다.

탐험가, 자신의 꿈을 독도 이름에 담아내고자

1882년 일본인 와카바야시 토쿠사부로(若林篤三郎, Wakabayasi Dogsaburo)가 그렸던 「신찬조선여지전도(新撰朝鮮輿地全圖)」[403]에서 조선의 고지도를 바탕으로 그렸으나 전라도 화순(和順)의 고지명인 능주(綾州)를 능성(綾城)로, 사천의 니산(尼山)을 논산의 옛 고을 이름 노성(魯城)으로, 백두산을 장백산(長白山)으로 표기한 점이 믿음을 깎고 있다. 또한, 삼척포(三陟浦) 앞바다에 독도-울릉도 순서로 표시하고 명칭은 독도는 울산도(亐山島)로 표기하였고, 울릉도는 죽도일명울릉도(竹島一名鬱陵島)로 표기하고 있으며, 실제 독도의 위치에 보다 크게 마츠시마(松島)를 도시했다. 여기서 우산(于山)을 울산(亐山)으로 표기한 것은 유사한 글자 혹은 상통관계에 있기에 항다반사(恒茶飯事)의 오류다.

1882년 당시 시대적 지식인으로 자타가 공인하는 기무라 분조(木村文造, Kimura bunzō)는 명치 영명문 백수(明治英名文白首, 1883)[404] 등의 저술을 비롯해 지식인의 명함이었던 지도 동판 조선국전도(銅版 朝鮮國全圖)를 제작했다. 이 지도의 특색은 국가 영토를 분명히 하고자 채색을 달리해서 일본은 적색으로 대마도(對馬島)를 일본의 영토로 표시했고, 조선은 백색으로 하여 울릉도와 독도를 조선의 영토임을 명시했다. 강원도 삼척 앞바다에 울릉도를 죽도(竹島)라는 이름으로, 독도는 실제적 위치에 송도(松島)라고 표시했다. 1882년 러시아 해군작전도(海軍作戰圖)로 사용되었던 조선동해안도(朝鮮東海岸圖)는 1854년 울리부차(Olivutsa)호 함정의 실측으로 1857년에 제작했던 해도를 1876년에 수정 보완해 다시 작성했다. 이 해도에서는 울릉도를 마츠시마(Matsu-shima)로 독도의 서도는 울리부차 바위(Olivutsa)로, 동도는 메넬라이 바위(Menelai)라는 러시아로 표기했다. 보다 명확한 독도의 모양을 기록하고자 정북(N) 3.5마일(6.5km) 3개의 바위, 북서(NW) 10도 5마일(9.3km) 2개의 바위와 북서(NW) 61도 13마일 (20.9km) 1개의 바위로 본 모양을 스케치까지 해서 명확하게 기록했다.

1884년 프랑스 해군해도 「아시아 동안, 일본, 시베리아, 중국, 인도차이나-동해, 남부일본」라는 제목으로 제작된 이 지도는 1864년 해군해도에서 변경사항을 수정 보완한 개정판이다. 독도는 울릉도의 남동쪽에 배치해서 명칭은 Rochers Liancourt, I. Hornet, Menelai et Olivutsa로 표기하고 있다. 1864년도 초판에 있었던 Take-shima와 Argonaut라는 명칭은 삭제하였으나, 울릉도와 독도에 대해서는 변동이 없다. 1884년에 아일랜드 태생으로 로마가톨릭의 언어학자이며, 민속적 작품을 즐겨 쓰는 케인(Augustus Henry Keane, 1833~1912)[405]이 1882년도 프랑스어 출판물을 영어로 번역해『지구촌의 거주: 동아시아, 중국, 조선과 일본(The Earth and Its Inhabitants vol VII, East Asia : Chinse Empire, Corea and Japan)』책을 뉴욕에서 발간했다. 이 책 속에 첨부된 일본, 중국, 만주, 러시아지도(The Islands of Japan with Corea, Manchooria and the New Russian Acquisitions)에선 울릉도를 Dagelet I.로, 독도를 Hornet Is.라고 했다.

1884년 시미즈 미츠노리(淸水光憲, Shimizu Mitsunori)이 혼자서 제작했다는 조선여지도(朝鮮輿地圖)는 한국의 개화파 박영효(朴泳孝) 및 김옥균(金玉均)이 메이지 초기에 한·일 울릉도 문제에 대해 긴밀히 관계로 제작되었다.[406] 이 지도의 축척은 110만 분의 1, 거리는 조선리척(朝鮮里尺)과 일본리척(日本里尺)을 같이 그려놓았고, 경위선(經緯線) 혹은 방안선(方眼線)을 대신해 점으로 표시했다. 지면의 고저를 우모(牛毛)로 표현하였으나 수면의 심천(明暗)은 고려하지 않았다. 이 지도의 탄생배경에는 1875(高宗 12)년 9월 20일 운양호사건(雲揚號事件)에 이용되었던 군사지도를 바탕으로 갑신정변(甲申政變)에 활용되었던 지도가 바로 조선여지도라는 사실이다.

여긴 울릉도와 독도가 인접해 표시되었으며, 명칭은 각각 죽도(竹島)와 송도(松島)로 명기되었다.

1886년 오사카에서 남종화와 판화로 활약했던 예명 향천당(響泉堂)인 모리 킨세기(森琴石, Mori Kinseki, 1843~1921)[407]가 편찬했던 「대일본해육전도부조선유구전도(大日本海陸全圖 附 朝鮮琉球全圖)」의 부분도 조선국전도(朝鮮國全圖)에 울릉도와 독도가 비교적 정확하게 그려져 있고, 명칭은 죽도(竹島)와 송도(松島)로 표기되어 있다. 더욱이 강원도 앞바다에 두 섬을 도시하고 채색(軟豆色)으로 조선국 강원도의 소속임을 명확

대일본해륙전도부조선유구전도
(1886. 모리)

히 했다. 1886년 프랑스인 언어학자로 우리나라의 일본어 교수였던 홍종우와 함께 「춘향전」을 프랑스어로 공동번역까지 했던 레옹 드 로니(Léon Louis Lucien Prunol de Rosny, 1837~1914)[408]는 『한국인, 인류학적 역사적 고찰(Coréens, Revue chronologique anthropologique)』이라는 저서에 첨부된 조선지도(La Corea) 역사지도에 본토를 까오꾸리(Kao kiu li, 高句麗), 보우저(Wou Tsiu, 沃沮), 혹은 예맥(Wei Meck, 濊貊)이라고 옛 국가명칭까지 표시했다. 동해에 울릉도를 Ul-leng-to(鬱陵島)로, 독도는 울릉도의 동남쪽에 배치해 Usan(于山)으로 적었다. 그는 일본대사관에서 통역을 담당하면서 한국에 온 경험은 없지만, 한국 언어, 지리, 역사에 관해 연구를 해서 서양에 알리는 데 큰 역할을 했다. 어기서 우리 한민족 예맥(濊貊, Wei Meck)이란 기원전 2~3세기 송화강(松花江)과 압록강 유역과 동해안 일대에 정착했으며, 낙원조선(樂園朝鮮)을 찾아서 민족대이동으로 한반도 혹은 만주→ 러시아(베링해협)→ 알레스카(해안)→ 미국(미시시피 평원)→ 남미 멕시

코(Mexico) 골짜기까지 이동해서 '조국이 제일이다(La Patria Es Primero).' 라는 모토로 오늘날 멕시코(Meck's Corea)를 건국했다.

☰08
현해탄(玄海灘)에 숨은
일본제국의 속셈들?

일본의 오방신앙의 북현무해(北玄武海)

1887년경 일본에서 제작된 세계지도(世界地圖)로 유일하게 세계지도에서 한국의 동해를 일본해(日本海)로 표기하고, 그 가운데 울릉도와 독도를 동시에 표시했다. 두 섬의 명칭은 울릉도를 송도(松島)로, 독도를 이랑고루도암(岩)으로 표기했다. 일본(下關)과 부산 간의 해협을 이 지도에서

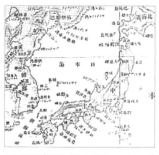

세계지도(1887, 일본 최초 독도 표기)

는 조선해협(朝鮮海峽)으로 표시했으나 곧이어 이제는 일본의 북해(北海)라는 의미의 현해탄(玄海灘) 혹은 대마도(對馬島)가 있는 해협이라는 대마해협(對馬海峽)이라고 하고 있다. 지도가 제작될 당시는 1875년 운양호사건 이후 정한론(征韓論)이 일본 전역의 지식인에게 물들고 있었다. 일본제국은 조선의 식민지화에 한 치 오차도 없이 진행했다. 우리나라의 지명, 점포명 등으로 마쓰시마(松島)라는 이름이 부산송도, 인천송도, 포항송도

등 수없이 많이 쓰이는 걸 보고 일본 지식인들은 '조선엔 아직도 황국신민(皇國臣民)의 골통들이 많구나!' 하며 흐뭇해한다.

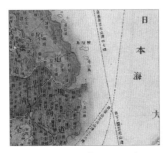
삼국전요지도(1894, 일본)

1894년경 일본에서 제작된 「삼국전요지도(三國戰要地圖)」는 명칭에서 전투용을 밝히고 있으며, 동해를 일본해(日本海)로, '나가사키에서 원산나루까지 47해리(自長崎至元山津四七哩)'라는 노정을 표시하고 있다. 울릉도와 독도는 강원도 울진과 삼척의 앞바다에 울릉도는 울릉도(鬱陵島)로, 독도는 울릉도의 남쪽에 울산도(亐山島)로 표기하고 있다. 표기의 정확성은 조선학자가 아닌 일본에서 제작하였기에 정확한 지명보다는 유사한 한자인 영덕(盈德)을 성덕(盛德), 함창(咸昌)을 위창(威昌), 예천(醴泉)을 예종(醴宗), 대구(大邱)를 대구(大丘) 등으로 표기하는 과오가 있다. 따라서 우산(于山)을 비슷한 글자로 울산(亐山)으로 적었다. 일본 국내에서 문부성(文部省)이 1894년도 간행한 소학교용 황국지리서(皇國地理書)[409]를 보면, 울릉도와 독도 어업면허를 낼 때에 외국으로 표기했다[410]며 조선 영토로 기술하고 있다. 1894년 7월 일본인 소오모칸(宗孟寬, So Mokan)이 오사카의 세키젠칸(積善館, せきぜんかん)에서 「실측조선전도(實測朝鮮全圖)」를 제작하였다.[411] 33~43N와 124~132E의 구간을 실측하였고, 울릉도는 37.9N와 130E, 독도는 37.5N와 130.9E의 해상에 표시했다. 명칭은 울릉도엔 울릉도·죽도·우산도(鬱陵島·竹島·于山島)로 표시했고, 독도는 송도(松島)로 적었다. 그러나 37.2N와 131.9E 해상에 표시된 섬은 명칭을 표시하지 않았다.

한편, 1894년 중국 상하이(上海)에서 제작된 조선여지도(朝鮮輿地圖)

에서 동해에 울릉도와 독도를 정확한 위치에 배치를 하고 명칭은 울릉도는 竹島, Syong I. Dagelet로, 독도는 松島, Juk I.로 하고 표시는 영문의 명칭을 뒤바꿔놓은 상태였다. 그해는 청일전쟁으로 일본제국에 패했던 때이기에 혼돈했다. 두 섬의 영유권은 오른쪽으로 자르는 선(右斷線)을 작도(作圖)해 조선의 영유권을 명확하게 표시하고 있다.[412] 1894년 독일 드레스덴(Dresden)에서 오스트리아인 여행작가였던 헤세 바르텍(Ernst von Hesse Wartegg, 1851~1918)[413]이 발간했던 『아침의 나라 한국, 여름여행(Korea, Ein Sommerreise nach dem Lande der Morgeruhe, 1904)』라는 저서에 삽입되었던 지도 가운데, 북의 31도에서 44도, 동경 118도에서 140도 사이 '조선·중국·일본 지도(Korea, Nordost-China und Sued-Japan)'에서 동해는 일본해(Japanisches Meer)로 표시되어 있고, 울릉도는 Matsu-shima(Dagelet l.)로, 독도는 Liancourt(Hornet In)로 적었으며, 보다 자세하게 서도(西島)는 올리부차 바위(Skala Oliwutsa)로, 동도(東島)는 메레라이 바위(Skala Merelai)로 명기하고 있다. 그가 '아침의 나라, 조선(Lande der Morgeruhe)'을 찾아온 때는 1894년 동학혁명이 한창이었던 6월이었다. 부산, 제물포(인천) 및 한성(서울)을 다녔으며, 군대, 관리의 부패상, 고종 및 대원군에 대해 자세히 적고 있으며, 수십 장의 삽화가 흑백 또는 칼라(color picture)로 담겨있다.

1894년 10월에 소오모칸(宗孟寬, So Mokan) 일본 지식인들이 오사카의 세키젠칸(積善館, せきぜんかん)에선 18~45N와 100~152E의 구간의 위치하고 있는 일·청·한 삼국을 실측해 「최신실측일청한삼국도(最新實測日淸韓三國圖)」[414]를 간행했다. 이 지도에서는 동해를 일본해(日本海)로 표기했으며, 울릉도를 죽도(竹島)로 그리고 독도를 송도(松島)로 도시하고 있다.

'파란 눈' 사람들이 봤던 조선의 신비경(神秘境)

1895년 중국 북경 주재 러시아 대리대사 미카일 포지오(Mikhail Alexk-sandrovic von Poggio, 1777~1825)[415]가 저술한 독일어 저서 『러시아에서 본 한국(Korea Aus dem Russischen von (Stanislaus) Ritter von Ursyn-Pruszynski)』에 첨부된 조선전도(Karte von TIO SIONJ order Korea)에서 동해는 일본해(Japanisches Meer)로 표시하고, 울릉도는 Olan-to(Dajelet)로, 독도는 러시아의 명칭으로 올리부차 바위(Oliwuc Felsen)과 메넬라이 바위(Menelaus Felsen)으로 적었으며, 울릉도로 착각한 가공의 섬을 Argonaut I.로 표시하고 있다. 그는 조선의 지리적 사항, 종교, 정치 형태, 인구 및 언어, 사회계급, 경제 등을 서술한 인문지리서로 『조선(Korea)』을 저술했으며, 조선전도(朝鮮全圖)는 1845년 김대건 신부(Parter kim)의 지도, 프랑스의 달레(C.C. Dallet)의 조선교회사 등을 참고했다. 그가 울릉도와 독도를 조선 지도(영토)에 포함시켰으며, 현재의 대한해협을 Krusemstern Canal(東水道, 玄海灘) 혹은 Brouton Canal(西水道)을 Koreanischer Canal(大韓海峽)으로 명확하게 표기했다.

당시, 일본 해군수로부(海軍水路部)는 명치 정부 해군성의 외국(外局)으로 해도 제작, 해양 측량, 해상기상 천체 관측 등을 임무로 1869년 7월에 설치되어 1945년 11월 29일에 운수성수로부(運輸省水路部)로 이관되었던 군사기밀부서였다. 1896년 개국기념으로 출간했던 조선전안(朝鮮全岸) 지도에서 울릉도를 송도(松島)로, 독도를 리앙쿠르트암(リアンタルト岩)으로 1904년까지 표시했으나 1905년 시마네현 고시 이후로부터 아예 표시조차 하지 않았다. 이에 반해, 1898(光武 2)년 대한제국의 학부(學府)에서 제작하여 출판했던 대한여지도(大韓輿地圖)에는 울릉도와 독도가 그려져 있었다. 독도는 울릉도의 오른쪽에 우산(于山)이라는 이름으

로 도시되었다. 민간인이 개인적으로 제작했던 지도와는 달리 정부가 공식적인 과정을 거쳐서 제작했다는 점에서 진정성에 있다. 1898년 영국 여성으로 여행가이며 저술가였던 이사벨라 버드 비숍(Isabella Bird Bishop, 1832~1904)[416]의 『한국과 주변국(Korean and her Neighbours, 1898)』 저서에 첨부된 「한국과 주변국 총도(General Map of Korea and Neighbouring Countries)」란 지도에선 북위 32도에서 46도, 동경 116도에서 134도의 구간을 범위로 해서 작도했다. 동해가 아닌 일본해(Sea of Japan)로 표기되었고, 울릉도는 Matsu Shima(Dagelet)로, 독도는 울릉의 동남쪽에 Liancourt Rock(Hornet Is)로 표기하고 있다. 그는 1865년 65세 나이로 중국을 통해서 한국을 4차례나 여행을 했다. 당시 한국의 삶의 실상을 묘사했으며, 자신의 가치 판단, 명성왕후(明聖王后)의 회견기, 고종(高宗)의 인상과 인간상 등의 기록이 생생하다. 1901년에는 91세의 나이로 아프리카 사하라사막을 횡단했다. 대표적인 작품으로는 1879년의 『로키산맥의 숙녀생활(A Lady's Life in the Rocky Mountains)』이란 여행기가 베스트셀러가 되었다.

　1899(光武 3)년 대한제국 학부편집국에서 제작한 조선전도(朝鮮全圖)에 북위 37도와 38도 사이 동해에 울릉도를 그렸고, 동쪽에 작은 점으로 독도를 표시하면서 우산(于山)이라고 도명을 표시하였다. 같은 해(1899년) 학부편집국에서 간행한 대한전도(大韓全圖)의 도별지도에서 강원도지도(江原道地圖, 인쇄 가채본)에선 울진 앞바다에 울릉도를 그렸고, 울릉도 동북쪽에 작은 점으로 독도를 그렸으며, 도명을 우산(于山)으로 표기했다. 또한, 같은 지도인 대한전도(大韓全圖)의 경상북도지도(인쇄 가채본)에선 점선으로 강원도 경계선을 표시하고, 동해에 울릉도와 독도를 강원도 지도와 같이 그렸다. 울릉도(鬱陵島)엔 도명을 표기했고, 동쪽에 독도를 그렸으나

도명을 쓰지 않았다. 강원도 지도에 속했기에 생략하거나, 중복했어야 했다. 취모멱자(吹毛覓疵)를 하려는 일본 학자들에겐 '국가에서 간행한 공식적인 지도에서 독도를 도시하지 않았음은 영토가 아님을 공식인정하는 증거'라는 두들겨 맞을 매를 벌었다.

한편, 같은 해(1899) 대한전도(大韓全圖) 혹은 대한제국전도(大韓帝國全圖)는 전국을 13도로 관찰(觀察), 목사(牧使), 부윤(府尹), 군수(郡守), 부윤

대한전도(경상북도, 1899)

겸 감리(府尹兼監吏)라는 행정단위를 기호로 표시했으며, 행정구역의 경계선까지 표시했던 행정지도였다. 보다 정밀하고 경도와 위도를 표시한 근대적 작도기법을 활용했다. 울릉도 바로 동쪽에 작은 섬 우산(于山)이라는 명칭으로 독도를 표시했다. 이에 대해서는 일본은 우산(于山)이 현재의 Takeshima(竹島)가 아니라 울릉도 옆에 있는 죽도(竹島)라고 주장하고 있다.[417] 이 주장에는 일본 정부의 속셈이 들어있다. i) 한국인들에게 실제로 현존하는 죽도(竹島)와 혼동하게 만들며, ii) 영유권에 관한 애착을 크게 누그러뜨린다. 그 대섬[竹島]은 울릉도 인근 44개의 작은 섬 가운데 가장 큰 유인도(有人島)다. 규모는 면적 207,818㎡, 해발 116m, 산책로 약 4km이고, 특산물로는 대나무, 더덕, 명이나물, 수박이 생산된다. 또한, 1993년부터 관광개발을 위해 선착장, 달팽이 모양 계단(364개 계단)의 진입로, 헬기장 등을 설치했다. 만약에 '독도가 죽도가 아니라 울릉도 옆이 죽도다.'라고 부인한다면, '아~ 그래, 울릉도 옆 죽도까지 일본 다케시마(竹島)라고?'라는 말을 인정하는 함정에 빠진다.

이뿐만 아니라, 제3자 혹은 외국인 학자들에게도 구체적 확인을 하

지 않고서는 인지 오류와 동일지명으로 착오를 범하게 하는 함정을 파놓고 있다. 만약 국제사법재판소에 상정되었다고 하면, i) 한국의 죽도(竹島, Jukdo)와 일본의 다케시마(竹島)가 같은 지명으로 갈등을 빚는 것으로 인식해서, ii) 세계적 웹사이트나 서지학적 인지도가 높은 일본의 다케시마(竹島)는 그대로 사용하고, 한국은 죽도(竹島)를 '대섬' 등 한국명으로 개명하게 하는 해프닝을 유도하고 있다. iii) 일본이 먼저 다케시마(Takeshima, 竹島)로 독도를 호칭했는데 하필이면 한국이 같은 한자명 죽도(竹島)를 울릉도 주변 섬에다 붙여서 국제적 분쟁지역으로 만들었다는 '허수아비 오류(scarecrow's error)'를 범하도록 함정을 파놓았다.

1900년경에 대한제국 학부편집국에서 발간한 「대한여지도(大韓輿地圖)」에선 동해에 울릉도와 독도를 그려 넣었고, 울릉도 동쪽에 독도를 배치하며 섬 이름은 우산(于山)으로 명확하게 표기하였다. 19세기 이후로 보이는 단군조선 이후 고도(古都)를 신라, 고구려, 백제, 발해 및 고려까지 강역(疆域)을 7폭으로 그렸으며, 간단한 왕조의 강역(疆域), 연혁 및 고도에 주석을 달고 있는 필사 채색본의 지도였다. 울릉도와 독도는 동해 울릉도 동쪽에 독도를 배치했다. 신라의 강역 마운령(摩雲嶺)과 황초령(黃草嶺)에 진흥왕 순수비가 그려진 것을 봐서 발견연도를 감안하면 19세기 이후에 제작되었다.[418]

☰ 90
우리의 행동으로
독도의 지도가 그려진다

대영백과사전에선 다케시마(Take Shima)로

1903년 대영백과사전(Encyclopaedia Britannica) 제10판 제34권 부록 지도(appendix atlas)의 46번째 일본·대한제국 지도(Japan and Korea)에서 동해는 일본해(Sea of Japan)으로 표시되었고, 울릉도는 Matsu Shima로, 독도는 Hornet Is. (Liancourt Rocks)로 지칭되고 있었다. 울릉도 서북쪽에 하나의 섬을 더 도시해서 Takeshima로 표기하고 있다. 아마도 서양에 널리 활용되던 지도를 갖고 제작했다. 1905년 6월 일본 박물관(博文館, はくぶんかん, 1887~1948)[419]에서 간행한 일로전쟁실기(日露戰爭實記, 1904~1905)[420] 제76편의 부록에 게재된 한국전도(韓國全圖)에선 북위 33도에서 43도, 동경 123도에서 132도 사이에 그려진 울릉도와 독도는, 울릉도는 鬱陵島·松島로, 독도는 竹島·リヤソコルト岩으로 표시하고 있다. 랴소고루도 암(リヤソコルト岩)은 리앙쿨트岩(Liancourt Rock)이란 표기다. 또한, 동해를 동조선만(東朝鮮灣), 남해는 남조선만(南朝鮮灣), 인천항은 경성만(京城灣)으로, 대한해협은 조선해협(朝鮮海峽)으로 표시했다.

1906년 프랑스인 앙리 갈리(Henri Galli, 1853~1922)[421]가 제작한 대한제국지도(大韓帝國地圖)라는 조선전도에서도, 삼척(Sam Tck) 앞바다에서 울릉도와 독도(2개의 점)를 배치하고, 울릉도는 I. Dagelet으로 지칭하고, 독도는 I. Hornet로 적어놓았다. 앙리 갈리(Henri Galli)는 1905년 한반도를 가운데 놓고 청일전쟁, 러일전쟁 등은 물론이고 을사보호조약과 을미사변 등을 겪으면서『극동전쟁(1905)』을 출판했다. 특히 "한국 모자의 모든 형태를 나열한다는 건 불가능하다. 다양한 종류는 대가 4,000종은 넘을 것이다."라고 서술할 정도로, '파란 눈에 비친 하얀 조선(Blanc aux yeux bleus reflète dans la construction navale)'의 모습은 이방인(異邦人)인 그를 놀라게 했다. 1912년 영국 스코틀랜드의 출신으로 삽화가 및 지도 제작자로 국왕의 신임을 받았으며, 별칭 '삽화의 왕자(Prince of Cartographer)'라고 불리던 존 바솔로뮤(John George Bartholomew, 1860~1920)[422]가 제작한 일본 지도(Japan)엔 대한해협(Korea Strait)으로 표시했으나 동해는 별도표시 없이 일본해(SEA OF JAPAN)라고 크게 표시했다. 울릉도는 Matsushima(Dagelet)로, 독도는 Liancourt Rks로 적고 있다.

1936년 4월 일본제국은 대륙침략의 야욕을 불태우면서 작전계획(作戰計劃)을 수립하던 육군참모본부(1871~1945)가 육지측량부에서 점령지역의 지도 제작에 나섰다. 어느 때보다 정확성을 기했는데,「지도구역일람도(地圖區域一覽圖)」에서 울릉도는 鬱陵島로 독도는 竹島로 표기하고, 전도를 보면 한반도 다각형 박스(multiple box)를 만들어서 대한제국의 영토임을 명시했다. 그들은 이렇게 일본의 본토와 점령지를 분리하여 앞으로 대동아공영권(大東亞共榮圈)[423]

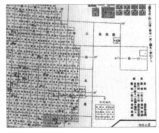

육지측량부 구역일람도(1936, 일본)

의 꿈을 하나하나 챙겨가는 로드맵(road map)으로 생각했다. 1936년 일본 하시모토 후쿠마츠(橋本福松)가 제작한 「지구여지전도(地球輿地全圖)」에서 일제식민지시대의 일본인답게 동해를 일본해(日本海)로 하고 울릉도와 독도는 한반도의 본토 가까이 배치해 그렸으나 명칭을 기재하지 않았다. 거제와 남해 사이에 사각박스 안에 임나(任那), 경상도 신라(新羅)라는 역사적 국가를 명시하고 있다. 우리가 알기로는 백제 시대엔 충주(강수·우륵)→ 거창(함창)→ 김해(금관가야)→ 대마도에서 이동했던 임나(任那)라는 지명이 AD 660년 백제 멸망(일본국 호칭) 이후엔 고베(神戸) 이구다진자(生田神社, いくたじんざ)에 적혀있던 전설을 일본서기(日本書紀, 편찬 AD 680~720)[424]에 기록했던 임나일본부(任那日本府)를 부활시킬 단서로 적어 넣었다. 특이하게 한반도를 고려아(高麗亞, コレア)라는 명칭을 붙이고 있는데, 이는 코레아(Korea)를 음역한 것으로 보이나 본색은 대동아공영(大東亞共榮)의 의식이다.

1945년 미 국립지리학회 제도부(National Geographic United States Atlas)에 제작한 일본 및 한국 지도(Japan and Korea)에서 울릉도와 독도를 표시하고, 울릉도는 Utsuryo To(Ullung Do) Dodo로, 독도는 Take Shima(Liancourt Rocks)라고 표기했다. 울릉도를 Utsuryo To(ウチロヨト) 혹은 Dodo라고 하는 표현은 에도막부(江戸幕府) 당시에 많이 사용하던 명칭이었으며, Dodo 혹은 Toto(トト, Thoth)[425]는 독도에 많이 잡히던 강치(sea lion)를 대칭했던 말이었다. 이집트 신화의 토트(Thoth,トト)처럼 조선의 동해 수호신인 강치(强赤)를 제1 공격점으로 인식했다. 일본의 전투용 지도를 그대로 옮겨놓은 모양이거나 일본의 의도를 읽고 접대용으로 제작한 속뜻도 있다. 일본의 동영상에서는 오늘날도 여전히 강치(sea lion)를 대신해서 토토(Toto)를 사용하고 있다.

SCAPIN 지령 677호에서도 '다케(Take)'로

1946년 1월 29일, 연합군 최고사령부(Supreme Commander of the Allied Power, General Headquarters)에서 전후(戰後) 일본과 신생 한국의 행정관할 구역을 명확히 구분하기 위해 연합국 최고사령부 지령 677호(SCAPIN 677)를 발령하였다. 이에 첨부된 지도에서 관할구역을 명확히 도시했다. 한국의 행정관할구역에 울릉도와 독도를 명시하였으며, 울릉도를 울릉(Oullung)으로 독도는 다케(Take)로 명기하였다.[426, 427] 지령문에서는 울릉도(鬱陵島)를 Utsuryo(Ullung) Island로, 독도(獨島)를 Liancourt Rocks(Take Island)로 표시했는데, 하나는 한국 발음으로, 하나는 일본발음으로 표기하는 묘미까지 살려 부도(Appendix map)를 작성했다. 식민지 점령의 야욕을 버리지 못 하고 있었지만, 앞으로 다가올 전범국가의 후환이었던 배상책임과 배상금을 고려해서 독도를 일본 영토에서 제외시켰다.

1946년 제2차 세계대전 직후 일본 내무성 지리조사소(內務省地理調査所)에서 지도 발행을 위해 정리한 발행지도 일람도(發行地圖一覽圖)에서는 독도를 일본의 영토에 포함시키지 않았다. 1945년 8월 15일 종전으로 육군 참모본부 육지측량부에 있던 모든 지도 등의 문서를 소각하고, 내무성 지리조사소로 인원과 업무를 이관해 1961년까지 존속했다. 또한, 1946년 연합국에서도 전국토측량사업(全國土測量事業)을 지시했다. 물론 패전국으로서 국제적 강화조약 등에 의해서 전쟁범행에 대한 배상 혹은 반환해야 할 피점령국가의 일부도서(一部島嶼)라는 시대적 상황을 충분히 고려했다. 1946년 6월 22일, 1월 29일에 지령(SCAPIN677)호를 발령했음에도 '실효적 지배를 하고

연합국 최고사령부, 지령677호
부도(1946)

있다는' 사실행위를 남기고자 일본제국은 문제의 소지를 끊임없이 만들었다. 또다시 연합군 최고사령관은 훈련 1033(SCAPIN 1033)호를 재발령했다. 그 훈련 제3항(b)목에서 "일본 선박이나 선원들을 다케시마(37-15N,131-53E)에 12마일 이내로 접근하거나 동 도서에 어떠한 접촉도 해서는 안 된다."[428]라고 명확하게 금지하고 있다.

그러나 이에 대해 일본은 "제5항 본 훈련이 승인하는 바는 국민적 관할권, 국제적 경계 또는 관계구역이나 기타 어떤 구역 내의 어업권에 대한 최종적 결정과 관련된 연합국 정책의 한 표현은 아니다."[429]라는 명문규정을, 일본은 그 당시 일시적으로 규정한 것이라고 해석하고 있다. 일본 정부는 1952년 11월 14일 이전의 미군 지령에 대하여 미국 정부의 공식적인 입장을 조회하는 외교문서를 보냈으며, 미국은 대사를 통해서 "1946년 1월 29일 SCAPIN-677호에 근거한 권리주장을 한국은 일본의 시정(adminstration) 중단을 주장하지만, 일본의 그 지역에 대한 지속적 주권행사(exercising sovereignty)를 배제하는 것이 아니다."라고 해명을 했고, 후속조치로 SCAPIN-1778호로 독도를 극동공군의 사격장(bombing range for the Far East Air Force)으로 지정했다.[430] 이렇게 우리나라는 우리 속담으로 "닭 쫓던 개 지붕을 쳐다보는 격"이었다.

1949년 12월 29일, 미국 샌프란시스코에서 제2차 세계대전의 전승연합국이 일본의 전후독립을 위한 평화조약을 1947년부터 논의하여 제6차 평화조약 초안을 놓고 회의를 거듭하였다. 1947년 3월 19일 제1차 초안[431]에서 패전국 일본의 영유권에서 한국의 영토에 포함시켰던 독도(獨島, Liancourt Rocks)를 줄기찬 일본의 외교적 로비와 미국의 주장으로 뒤집히는 사태가 벌어졌다. 즉 '일본의 영토는 4개의 본도를 포함해서 … 쓰시마(對馬島), 다케시마(獨島) … 위에 언급한 도서는 전적으로 일본의 영유권에 속한다.'432로 슬쩍 변경되었다. 또한, 어떤 연유로 우리나라는 전승국에서도 제외시켰다. 이때 영국, 호주, 뉴질랜드 등이 미국에 강력히 항의를 하고 영국을 중심으로 독자적인 초안을 마련하였다.433 독도를 울릉도와 같이 일본의 영토에서 제외시켰다. 이때 작성된 영국 초안의 지도에서 독도는 '리암쿠르트 암(Liancourt Rocks)'이라는 이름으로 다시 지도에 표시되었다. 결과는 아쉽게도 일본의 끈질긴 외교적 수완으로 본 조약의 본문에선 제외시키기로 흥정을 했다.

1951년 9월 8일, 샌프란시스코 평화조약에 연합국 48개국이 서명함으로써 체결했다. 1952년 4월 28일에 발효함으로써 일본은 독립국으로 거듭났다. 현재 미국 문서보관소(National Archives of the United States)에 보관 중인 1951년 평화조약 당시 한국의 독도 영유권에 관한 지도를 살펴보면434, 동해는 일본해(Japan Sea)로, 서해는 황해(Yellow Sea)로 표기하고 있다. 물론 독도는 한국의 영토 안에 리암쿠르트(Liancourt Rocks)이라는 이름으로 표시하고 있다.

'다케시마의 날(竹島の日)' 기념, 독도 해상 에어쇼까지

1952년 1월 18일 대한민국 국무원(國務院) 고시 제14호로 우리나라 연안수역 보호를 목적으로 해양주권선 일명 평화라인(Peace Line) 혹은 이승만 라인(Syngman Rhee Line)을 선언했다.435 해안으로부터 평균 60마일, 해저자원 보호, 일본과 어업분쟁 사전봉쇄, 영해확장과 주권적 전관화의 세계적 추세에 대응하는 선제적 선언이었다. 1월 28일 일본은 '다케시마를 일방적으로

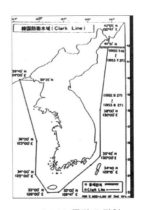

1952.9.27. 클라크 라인

한국 영해에 넣은 건 영토 침략'이라는 논쟁을 했다. 7월 18일에 선포수역에 외국 어선은 국적을 불문하고 나포하라는 지시를 내렸다. 이에 대응해서 9월 20일 일본은 'ABC 라인(日本警備區域線)'을 설정해 해상보안청 감시선을 출동시켜 한국 경비정과 마찰을 빚었다. 9월 27일엔 유엔군 사령관 클라크(Mark Wayne Clark, 1896 ~1984)[436]는 북한 침투를 막고 전시 밀수출입품의 유통봉쇄를 위해 클라크 라인(Clark Line)이란 한국방위수역(sea defense zone in Korean waters)을 한국 연안해에 선포했다. 이런 선언들은 1965년 6월 한·일정상화로 사실상 폐지되었다.

1951년 3월 22일 6·25전쟁에 중국공군의 MIG-25, IL-28 제트폭격기로부터 한국 방공망을 강화함과 동시에 극동 방위체제의 일환으로 미군 태평양 공군사령부가 설치되었고, 연합군 사령관(Commander-in-chief of the United Nations Command)이란 이름으로 한국 방공식별구역(Korea Ait Defence identification Zone, KADIZ)을 설정해 선포했다. 이 방공식별구역에 독도를 한국 영토임을 명확하게 명기하였으며, 일본도 1969년에 일본 방공식별구역(JADIZ)를 설정해 공포하였다. 일본 방공식별구역(IADIZ)에 독도 상공이 제외됨으로써 한국 영토임이 자동으로 확인되었다. 평화롭게 잘 지켜지다가 2005년 3월 16일 시마네현(島根縣) '다케시마의 날(竹島の日)' 제정 기념행사로 아사히신문(朝日新聞)의 경비행기와 일 해상보안청의 초계기가 KADIZ에 접근하려다가 우리 공군의 경고를 받고 회항했다.

또한, 1952년 5월 25일에 일본 마이니치신문사(每日新聞)에서 1951년 9월 8일 샌프란시스코 평화조약에서 48개국 연합국이 서명하고, 그해 4월 28일에 발효에 대한 「일본영역도(日本領域圖)」를 게재하였다. 이 지도에선 독도는 한국의 영유권에 속함을 분명하게 표시하고 있다. 이때 그 조약에서 규정된 일본의 영토를 국제분쟁을 예방하고자 일본 외무성에서는 616쪽이나 되는 해설서를 내놓았다.

그러나 일본 정부의 속내로는 식민지국 조선을 고스란히 넘겨주는 치욕을 당할 수 없었다. 독도(獨島)만이라도 일본 영유권역 안에 넣고자 갖은 로비를 다했다. 즉 1950년에 평화조약에서 담을 일본의 영유권이 미치는 영역에 대한 준비작업(preparatory works)으로 '구(舊) 일본 영토 처리에 관한 합의서(Agreement Respecting the Disposition of Former Japanese Territories)'에다가 독도(獨島, Liancourt Rocks)와 관련해 "대한민국의 완전한 주권 영토(full sovereignty of the Republic of Korea)"라고 명기된 연합국의 합의서를 입수했다. 일본 내각은 곧바로 '외교적 뒤집기 프로젝트(diplomatic turning-up-down project)'를 감행했다. 곧바로 평화조약의 본문에선 독도가 한국 영역에서 빠지는 결과를 만들었다. 즉 준비합의서에선 '한국의 완전한 주권 영토'라고 명기했다가 본조약의 본문에서 독도라는 말조차 들어가지 않았다. 한국 영토에 있던 독도를 일본의 영토에 뒤집어 넣는 100% 완승보다도 150% 완결승이었다. 뜻하지 않았던 대마도를 일본 영토화(100%)로 한 데에다가 독도를 최종 조약의 본문에서 제외(50%)시켰다. 이에 반해 우리나라는 6·25전쟁 중이라고 손 놓고 미국만 쳐다보고 있었다. '6·25전쟁 중이라고 어쩔 수 없었다'는 핑계에다가, '독도를 평화조약의 본문에 제외시킨 건 '현상 유지(maintenance of the status quo)의 인정'이라는 꿈보다 멋진 해몽을 내놓았다. 이에 대해 일본의 해석은 '처음엔 독도를 한국의 영토로 인정한 과오를 시정해 본문에서 제외시켰다는 건 곧바로 일본의 영토임을 확인한 뜻이다.'였다.

'지록위마(指鹿爲馬)'를 그린 지도

BC 80년경 중국 사마천(司馬遷)이 저술한 '사기(史記)'의 진시황제본기 (秦始皇帝本紀)에 BC 207년 9월 27일, 환관 조고(趙高)437가 진시황의 생전유서(生前遺書)를 조작해 호해(胡亥)를 황제로 세우고, 장자 부소(扶蘇)를 죽이며, 권력 실세로 등장하자 승상 이사(李斯)를 비롯해 저항권신을 뿌리째 뽑았다. 조고는 저항세력을 발본색원하고자 국왕 앞에서 "사슴을 가리켜 말이라고 했다(指鹿爲馬)."라고 말했다. 이를 듣고 있던 국왕이 의아해하자, "사슴이다. 말입니다."라는 답변이 나왔다. 조고는 '사슴을 사슴이다.'라는 사람을 제거하였다. 모두가 그의 뜻에 거스르는 사람은 없었다.438 BC 560년경에 저술한 『춘추(春秋)』라는 역사서를 귀감으로 하여 '역사적 사실을 기술하되 짓지 않는다(述而不作)'는 원칙으로 객관적인 사실만을 역사에 기록하는 임무를 사관(士官)들은 생명처럼 중시했다. 그럼에도 조선실록에서 국왕의 권력이 개입되어 사초(史草) 문제로 무오사화(戊午士禍)가 발생되었다. 국왕이나 권신(權臣)의 하명으로 제작된 지도는 윗분의 뜻을 거역하거나, 심상을 해치는 글 한 줄 혹은 그림 하나도 권력에 도전할 수 없었다. 사슴을 보고 말을 그리기(見鹿畵馬)도 했다. 오랫동안 독도가 울릉도보다 본토 가까이 혹은 울릉도 서쪽에 그려져 있었다는 건 누군가 윗분들의 마음을 헤아려 울릉도보다 독도를 더 크게 그렸기 때문이다. 일반 백성들은 '매 맞을 일을 만들지 않겠다'는 의미에서 틀렸음을 알고도 입 밖에 내지 않았다. 국가기밀 혹은 군사적 보안사항을 누설하지 않겠다는 의미에서 '고의적 왜곡(deliberate distortion)'이다. 그럼에도 경험 많은 동해안 혹은 울릉도의 어부들은 독도의 위치를 정확하게 알고 있었다.

서양에서도 틀린 글이나 표현을 그대로 고치지 않고 준수하는 것을 권위로 인식하고 있었다. 신약성서 마태복음(Mark 10:25)에서 "부자가 천국에 들어가는 건 낙타가 바늘귀로 들어가는 것보다 더 어렵다."439, 440라는 표현이 있다. 과거 수도승이 성경을 필사했는데 아랍어 Gamta(밧줄, ﺟﻤﻞ)를 Gamla(낙타, ﺟﻤﻞ)로 오기했다. 오늘날까지 수정하지 않고 그대로 준수하는 것이 권위가 되었다. 또한, 오늘날 우리가 홍해(紅海, red sea)라는 바다는 고대 히브리어 성서의 '얌수프(Yam soof, ים־סוף)'를 영어로 갈대바다(Reed Sea)로 번역하였고, 수도승 중 누군가 필사하는 도중에 홍해(Red Sea)에 e자 하나를 탈락시키는 실수를 했다. 이렇게 해서 홍해가 되어 오늘날까지 권위를 유지하고 있다. 동양의 유교경전에서는 무수히 많다. 대표적으로 4서 3경인 『대학(大學)』의 첫 구절 "대학의 길은 시도사가 지도력을 명확하게 발휘하는 데 있고, 백성을 날로 참신하게 함에 있으며, 자신에게 지극히 최선을 다함에 있다."441에서 친민(親民)이라고 적혀있으나 신민(新民)으로 해석한다. 그것이 경서로 권위다. 실수를 인정하지 않고 해석을 바르게 하여 본질을 파악하는 게 권위였다. 한마디로 권위가 높을수록 실수를 인정하지 않는 것을 진정한 권위라고 여겼다.

천손사상(天孫思想)에 빠져, 천황폐하(天皇陛下)를 모시고, '기미가요(君が代,きみがよ)'를 애국가로 노래하던 그들은 한반도의 조선과는 남달랐다고 생각을 했다. 메이지유신(明治維新)을 성공하면서 자존심과 우월감을 표현한 게 정한론(征韓論)이었고, 이를 구체화시킨 것이 식민지사관(植民地史觀)과 황국신민사상(皇國臣民思想)이었다. 이런 사상을 세계를 향해 펼치는 작업이 바로 일본해(日本海)와 다케시마(竹島)를 지구촌 모든 사람에게 인식시키는 것이었다. 지구촌 어느 시골 학교의 교과서에 일본에 대한 나쁜 기술(記述)이 있다면: i) 바로잡을 올바른 정보와 ii) 동시에 인쇄할 비용까지 제공한다. iii) 스스로 할 여력이 없다고 판단하면 교과서를 대신

제작해 무상으로 배부한다. 따라서 이런 노력 속에 동해는 일본해로, 독도는 다케시마(竹島)로 둔갑해 일본 영토로 소리도, 소문도 없이 뒤바뀌고 있다.

일본어 속담에 "약삭빠른 고양이 밤눈 어둡다(すばしこい猫夜目暗い)."라는 표현이 있다. 그렇게 조선(韓國)에 대해 국제고시(國際告示), 외교문서 및 지도 제작 등에 다케시마(竹島)를 줄기차게 주장했지만, 정작 자국에서 발간했던 일본의 고지도(antique maps)에서는 다케시마(竹島)를 일본의 영토로 표시하는 일은 못했다.[442] 특히 13~19세기의 유럽인 제작은 물론이고 일본인 자체 제작에서도 일본 영토에 포함시키지 못했다. 1983년 미국 뉴욕과 일본 동경에서 동시 출간되었던 휴 코타지(Hugh Cortazzi, 1924~2018)[443]의 『일본 고지도집(Isles of Gold: Antique maps of Japan)』[444]에서 일본의 속셈이란 맨얼굴 혹은 속살을 드러내었다. 휴 코타지는 1980년에서 1984년까지 일본 대사관을 역임했던 영국인 외교관으로, 1985~1995년까지 영국 거주 일본인사회 회장을 맡아서 유명한 일본통(日本通)이었다. 그의 지도 모음(map collection)에는 13~19세기에 유럽과 일본에서 제작된 90여 장의 지도로 아예 독도가 그려져 있거나, 일본 영토와 다른 채색으로 칠해져 있었다. 1291년 제작 「대일본국도(大日本國圖)」와 1305년의 「일본변계도(日本邊界島)」엔 시마네현(島根縣) 위쪽의 오끼섬(隱崎島)과 쓰시마(對馬島)는 도시되었으나 독도는 제외되었다. 이뿐만 아니라 1305년 지도엔 대마도마저 일본 영토 밖으로 표기되었다. 17세기 초 제작된 일본 전도엔 다른 것은 상세하면서도 독도는 아예 없다. 19세기까지 독도 무시 일변도를 지켜왔다. 그는 1960년 중반부터 세계각지를 돌며 일본 고지도를 수집해서 제작했다며, "독도가 한국 영토임을 입증하는 자료로 소중하지만 일본 스스로 독도를 자기 땅이 아니라고 밝히

는 자료로도 충분하다(Although it is valuable as proof of Dokdo's Korean territory, it is sufficient to confirm that Japan does not own it)."라는 말을 덧붙였다. 이에 대해 일본 메이지대학(明治大學)[445]에서는 최근 독도가 일본 영토로 기록된 고지도만을 골라 지도 모음(地圖集, Koreto Ashida Map Collection)[446]을 출간해 맞불작전(counterpunch)에 나섰다. 이런 고의적 작업은 일방적인 주장으로 객관성을 결여시켜 진정성에 큰 흠집을 낼 뿐이다.

지도는 역사적 박제(剝製)가 아닌 재해석의 기초자료다

아직도 발견되지 않는 고지도 혹은 앞으로 제작될 현대적 지도에서 독도가 그려지는 것은 역사적 박제(剝製)일 뿐이다. 그러나 우리는 이를 기초자료로 의미를 살려내고, 주장을 전개함에 진정성을 창생(蒼生)시켜야 한다. 이런 과정을 지도의 재해석이라고 한다. 독도는 지도 위에서 존재하는 역사적 박제가 아니라 우리의 행동지도에서 되살아나는 해석을 우리는 해야 한다. 영국 역사학자 에드워드 카(Edward Hallet Carr)은 저서『역사란 무언인가(What is history)?[447]』에서 "역사란 해석을 뜻한다(History means interpretation)."[448]라고 정의했다. '역사는 현재와 과거 사이의 끊임없는 대화(a continuous process of interaction between the historian and his facts, an unending dialogue between the present and the past)'를 통해서 재해석된다. 과거의 단순한 사실(mere fact)을 새로운 해석과 가치를 부여하어 역사적 사실(historic fact)로 창출하는 작업이 역사다. 지도상의 독도를 재해석하는 건 우리 역사에 주인공인 우리의 몫이다. 지도상의 독도를 역사상 사실로 의미와 가치를 부여해야 한다.

가장 먼저 우리가 범할 수 있는 과오는 오늘날의 지식, 가치관, 문화적 감각, 방법론, 사고방식으로 고지도나 근대지도를 자의적으로 잘라서 판단하는 것이다. 이러한 행동은 해석이 아닌 아집(我執)이고 독단(獨斷)이다. 적어도 역사와 대화 혹은 해석이란 제작 당시의 목적과 관념의 가치, 동시대를 살았던 선인들의 사고와 이념의 렌즈(lens of ideology)를 통해서 봐야 한다. 제작자의 마음을 역지사지(易地思之)는 못 하더라도 의미와 가치의 차이는 반영해야 한다. 또한, 시대 감각과 처신의 양태를 이해하려 들어야 한다. 이를 위해 적어도 고지도에 반영된 관념적 원근법(觀念的 遠近法)과 지록위마(指鹿爲馬)의 세태권위(世態權威)를 고려해야 진정성(眞正性)이 되살아난다.

이런 지도 해석의 전제조건을 무시하고, 아전인수(我田引水)식으로 재해석한 것이 바로 일본 학자들의 주장이다. 지도상에 드러난 취약점은 일본 학자들에게 공격 포인트(攻擊ポイント)로 제시하는 결과가 된다. 첫째로 고지도에선 독도(于山)의 위치가 실제와 달리 서쪽이 대부분이고, 남동, 북서, 북, 남쪽에 그려져 있다. 둘째, 명칭이 명확하지 않고 우산(于山), 자산(子山), 천산(千山), 울산(亐山), 티안산다오(千山島), 리앙쿠르트 암(Liancourt Rocks) 등 다양하다. 셋째, 독도(獨島) 혹은 죽도(竹島)라는 섬 이름이 전국에 너무 많다. 심지어 울릉도 옆에도 죽도(竹島)가 있다. 넷째로 작은 섬 독도가 오히려 더 크게 그려져 있다. 다섯째, 대동여지도 목판본에 독도가 제외되었으며, 관찬지도에까지 독도와 죽도를 병기했다. 여섯째, 민간외교관 안용복(安龍福)에게 월경죄(越境罪)로 처벌, 독도의용수비대를 해적단(海賊團)으로 국가(국무총리라)가 비난함으로써 독수독과(毒樹毒果)로 만들었다.

구 분	연구소		섬 이름(한자)		섬 이름(영문)	
	獨島研究所	竹島研究所	獨島	竹島	Dokdo	Takeshima
단위(천건)	311	1,060	206	5,999	1,600	1,470

역사적 해석(historic interpretation)이란 목표와 기본방침을 갖고, 충분히 자료를 수합하고 분석해서, 재구성(再構成)과 정리(整理)를 통해서 새로운 의미와 부가가치를 창출하도록 결과물을 만들어야 한다. 여기서 교육, 외교, 일상생활에서 조율과 환류(feedback)를 통해 재해석(re-interpretation)하는 노력이 필요하다. 이런 점에서 일본 메이지대학(Meiji University, 明治大學)의 일본 영토인 고지도를 편집하는 재해석 과정은 본받을 만하다. 유투브(Youtube), 웹사이트(Web-site) 및 인터넷에서 일본 사람들이 고지도 혹은 근현대지도를 활용해서 '다케시마(竹島)가 일본 영토' 테마로 많은 재해석 결과물을 올리고 있다. 학문적인 논문, 저서, 문학작품을 물론이고 오페라, 영화 및 연극 등 장르를 가리지 않고 스토리텔링(storytelling)으로 역사적 해석을 끊임없이 하고 있다. 심지어 T셔츠, 모자, 그림카드(postcard) 등 관광기념상품, 빵과 같은 식품에까지 역사적 의미를 담고 혹은 녹여내고 있다. 최근에는 초등, 중등 및 고등학교 교과서까지 '독도는 일본 고유의 영토다(竹島は日本固有の領土だ)'라는 왜곡된 역사를 가르치고 있다[449]. 한국이 열손재배하고 있다면 "거짓말도 만 번을 반복하면 진실이 된다(嘘も万回を繰り返すと眞實になる)."라는 일본 속담처럼 세계인을 대상으로 세뇌할 수 있다. 그러나 쌍방이 같은 사안을 놓고 쌍나팔을 분다면 소음으로 들릴 뿐이다. 적어도 보편성, 객관성 및 진정성(眞正性)에서는 낮은 평가를 받을 수밖에 없다.

제3장

한·일
외교문서에서,
드림랜드 독도

≡ 01

'종이는 말을 씹지 않는다(本稿では話を嚙まない)'

"회의는 춤춘다. 그러나 진전은 없다."

1814년 5월 유럽 전역을 위협하던 프랑스 황제 나폴레옹 보나파르트(Napoleone Buonaparte, 1769~1821)[450]가 잡혀 엘바(Elba)로 추방되었다. 나폴레옹 전쟁에서 승리에 도취한 오스트리아, 영국, 러시아, 프로이센 등이 유럽에 새로운 질서를 재편하자는 목적으로 9월부터 오스트리아 빈(Bien)에서 국제회의를 개최했다. 이곳에서 90개

왕국(王國)과 53개 공국(公國)이 모였다. 합스부르크가(Haus Habsburg)의 별궁인 쇤브룬궁전(Schönbrunn Palace)에 연일 연회(宴會)가 열렸으나, 회의를 좀처럼 열리지 않았다. 흥청망청 먹고 마시며 시끌벅적하기만을 10개월 동안이나 지속했다. 당시 외교관은 '하루의 75%는 왈츠와 댄스로 보냈다'고 한다. 10만여 명의 명사(名士)들이 '최고의 와인' 프랑스 그라브(Graves)산 샤토 오브리옹(Chateau Haut Brion)에 입맛이 들었다. 이 광경을 봤던 오스트리아 폰 리뉴(Karl Fürst von Ligne, 1735~1814)[451, 452]

장군은 "회의는 춤춘다. 그러나 어떤 진전도 없다(Le congrès danse, il ne marche pas)."라는 명언을 남겼다. 곧이어 1815년 2월에 나폴레옹이 엘바 섬을 탈출했다는 소식에 혼미백산(昏迷魄散)했고, 회의는 더 이상 열리지 않았다. 모두 각자도생(各自圖生)의 길을 찾아야 했다. 이런 국제회의가 춤 추는 사례는 독일 히틀러의 등장으로 또 한 차례 반복되었다. 우리나라의 국정에서도 여러 번 '국정은 논쟁 중, 진전은 없다'는 상황이 발생했다.[453]

"우리엔 영원한 우방도 없고, 또한 영원한 적국도 없다. 우리의 국익은 영원히 그리고 지속적일 것이다. 이런 국익을 추구해야 하는 것이 우리의 의무다."[454]라고 영국의 정치인 헨리 팔머스톤(Henry Temple, 3rd Viscount Palmerston, 1784~1865)[455]이 1848년에 했던 말이다. 똑같은 말을 "미국 에겐 영원한 친구도, 적도 없다. 오직 국익뿐이다(America has no perma- nent friends or enemies, only interests)."라고 미국 국무장관을 지냈던 헨 리 키신저(Henry kissinger, 1923년생)[456]가 다시 한 번 강조했다. 그는 '핑퐁 외교(Ping-pong diplomacy)'로 '죽(竹)의 장막(Bamboo Curtain)'을 걷어 젖 히고, 1972년 2월 21일 중국 지도자와 '상하이 공동성명(上海共同聲明)'을 이끌어내었다. 이를 계기로 우리나라는 영원한 우방으로 여겼던 자유중 국(타이완)과 외교단절을 선언했고, 곧바로 중국과 국교정상화를 도모했 다. 그의 어록 가운데 가장 많이 인용하고 있는 건 "대안부재는 마음을 경 악스럽게도 맑게 한다(The absence of alternatives clears the mind mar- velously)."[457] 혹은 "정치의 가장 근본적 문제는 악(惡)을 제어함이 아니라 선(善)의 한계에 있다(The most fundamental problem of politics is not the control of wickedness but the limitation of righteousness)."[458]이다.

"이 칼을 받아라. 이 칼은 많은 적병을 물리칠 수 있는 것. 제후국의 왕자 에게 나눠주니 후세에 전하라."[459]라고 백제의 국왕이 많은 제후에게 전했던 칠지도(七枝刀)에 새겨진 기원문이다. 백제 근초고왕(近肖古王)이 하사했던 칠지도(七枝刀)는 우리나라엔 하나도 없다. 오히려 일본에 넘어가 4

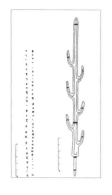

세기 임나일본부설(任那日本府)의 근거(日本書紀)가 된다고 주장했다[460]가 오히려 전면명문(前面銘文)에 백제왕(百濟王)이 왜후왕(倭侯王)에게 하사한다고 새겨져 있다. 다시 말하면, 한반도 식민지 지배를 조작하는 자료가 되어 1953년 일본은 국보로 지정했다. 이때는 신라-백제-고구려는 가마솥 발처럼 정립(鼎立)하고 있어서 호시탐탐 보복전을 감행했다. 371년 백제의 근초고왕이 이끈 백제군이 예성강(禮成江)변에 매복했다가 쏜 화살에 고구려 고국원왕(故國原王)이 바로 맞아 비운에 세상을 떠났다. 이에 고구려 장수왕(長壽王)은 첩자 도림(道琳) 승려를 백제에 보내 개로왕(蓋鹵王, 455~475)의 바둑 스승으로 하여금 정치적 도탄에 빠뜨렸다. 결국, 개로왕은 고구려 군대에 사로잡혀 단성(斷城) 아래에서 참(斬)을 당했다. 이뿐만 아니라 나제동맹(羅濟同盟) 결의는 나당연합군(羅唐聯合軍, 648~668)이 결성되자 헌신짝처럼 버려졌고, 백제는 660년 멸망했다. 국제전, 외교전, 경제전 혹은 어떤 종류의 전쟁이든 동서고금을 막론하고 영원한 우방도, 적군도 없다. 때로는 "적국의 적국은 진정한 우방인 셈이다(The enemy of enemy is my real friend)." 사실 김춘추(金春秋, 604~661)는 i) 고구려, 백제, 일본 등에서 군사외교에 실패하고 ii) 648년 결국 자기의 아들 문왕(文王)을 당나라에 볼모로 잡히고, iii) 연합군사령관은 소정방(蘇定方, 592~667)[461] 장군이 맡기로 하며, iv) 신라군의 일체의 군사작전권(軍事作戰權)을 연합군사령관에게 인계함으로써 나당연맹의 약조를 이끌어 내었다.

양국의 신뢰를 기반으로 백제와 고구려를 공동으로 멸망시켰다. 공동의 적이 사라지자 한반도에 남아 신라까지 점령하겠다던 당나라의 속셈을 신라는 간파했다. 오늘날 우리는 사분오열(四分五裂)하는 개판을 보고 '당나라 군대 같다(分如唐軍)'고 한다. 우리나라 역사에서 군사작전권을 외국에 넘겨준 사례는 i) 나당연합군, ii) 고려 시대 여몽연합군, iii) 임진왜란 당시 명조연합군 그리고 iv) 1950년 6월 25일 한국 동란이 발생하자 7월 14일 이승만 대통령은 유엔연합군 사령관 맥아더 장군에게 군수통수권을 이양했다.

'말 폭탄'이 난무하는 총성 없는 외교전

사실 외교전은 바다의 파도와 같이 잠시도 멈추지 않고 변동한다. 그러나 바닷물을 끓이면 최종 침전물로 소금이 남듯이 외교전의 최종 결과물은 말을 담은 종이, 조약문 혹은 외교문서다. 이렇게 종이에 말을 남기기 위해 외교수사(diplomatical rhetorics)와 만찬기술(luncheon technique)이라는 여과과정이 필요하다. 외교관은 국가를 대신하는 전사(戰士)들이다. 전사들은 국익을 위해 싸운다. 따라서 외교전의 상징적 결과물은 바로 국익이다. 외교문서는 국익을 보장하는 보증서다(Diplomatic papers are the very guarantees of national interests). 서로가 국익을 위해서 상대방의 마음에 파고드는 비위 맞추기를 한다. 때로는 배를 채워주는 음식을 제공한다. 그래서 어떤 외교관은 "외교는 설득전쟁이고, 설득은 배를 재워줌으로써 끝난다(Diplomacy is the war of persuasion, and persuasion ends by filling the stomach)."라고 한다. 이 배를 채워주는 온갖 방법을 유식하게 말하면 런천 테크닉(luncheon technique)이다.

한편 외교수사(diplomatic rhetorics)는 대단하다. 속칭 접대성 멘트(entertainment-specific speech), 중의적 혹은 반어적 표현, 언중유골(言中有骨) 등이 있다. 어느 산전수전을 다 겪은 외교관은 '외교적 표현은 연인의 말과 같다. No가 Yes가 될 때도 있다'고, 만나기만 해도 '많은 진척이 있었다'고 과장하기도 한다. '절대로 그런 일은 없을 것이다'고 단언하고도 역시나 했던 일이 벌어지고 있다. 외교는 한마디로 '혹시나 했더니 역시나 결과다'. 특히 평소에 속셈 '혼네(本音)'와 태도 '다테마에(建前)'가 다른 일본과의 외교는 한마디로 '지뢰밭 걷기(walking in the mine field)'다. 일본과의 외교관계에서 우리나라가 매번 당하기만 했다. 명(明) 수군제독 진린(陳璘, 1543~1607)이 이순신(李舜臣)에게 보낸 퇴군하는 '일본 군병을 치지 말라고 보낸 패문(禁討牌文)'에 대해서 답변을 드리는 답금토패문(答禁討牌文)에서 "변화와 꼼수에 능수능란한 일본이 자고로 신의를 지켰다는 건 듣지 못했다(日本之人變詐萬端, 自古未聞守信之義也)."라고 적었다. 이후 오늘까지 우리는 당하기만 했다.

지난 2017년 1월 미국에 도널드 트럼프(Donald Trump) 정부가 출범하고 2017년 8월 8일부터 2018년 6월 11일까지 줄곧 트럼프 대통령과 북한 김정은 위원장 사이에 오간 '말 폭탄'은 참으로 전대미문이며 대단했다. 기억나는

트럼프와 김정은 말 폭탄(빌링스가젯)

것 몇 가지만 간추린다면, 트럼프의 말로는 '로켓 맨(rocket man)'과 '화염과 분노(fire and fury)'이며[462], 김정은의 말은 '노망난 늙다리, 전쟁광(Old Dotard, War Pig)'이 있다. 숨 가빴던 10개월은 약속, 취소 소동도 잦았으며, 전쟁과 평화가 교차하는 오리무중을 걸었다. 그러나 결과는 2018년 6월 12일 싱가포르 정상회의를 이끌어내었다.[463]

사실 외교상 설득비결은 '먼저 상대방에 주고 더 많이 받아내라(Give little, and take more).'다. 좀 더 어려운 국방외교 혹은 경제외교전에서는 고차원의 '어르고 간 빼기(KNK)[464]' 전략이 구사되고 있다. 1905년 11월 17일 일본제국은 대한제국의 보호를 표방해 '을사보호조약(乙巳保護條約)[465]을 체결하였다. 조약명칭처럼 보호가 아니라, 고관대작들에게 일본의 작위(爵位), 천황의 은사금(恩賜金)까지 제공하는 달콤한 키스(kiss)였다. 좋아라 하며 넋을 놓고 있던 사이에 아무도 모르게 대한제국은 일제의 식민지라는 나락(kick out)으로 떨어졌다. 이런 것이 고차원의 외교전에는 포커카드의 블러핑 기법(bluffing)이다. 첫째는 외교적 몸집 불리기(diplomatic bluffing)다. 과거 중국 춘추전국시대에만 합종연횡(合縱連橫), 오늘날 NATO, 군사적 동맹 혹은 경제전에서 FTA(Free Trade Agreement)과 같은 연합체다. 둘째로는 군사적 혹은 경제적으로 허세 부리기(power bluffing) 또는 '벼랑 끝 작전(brinkmanship tactics)'이다.

역사적으로 '벼랑 끝 작전(cliff-edge tactics)'의 대가(大家)는 일본이다. 우리가 잘 아는 가미가제(神風特攻隊, かみかぜとくべつこうげきたい)[466], 주부죽창부대(主婦竹槍部隊)와 같은 무모한 조직도 있었으나, 자살행위와 같은 군사작전을 감행하는 경우도 많았다. 대표적으로 무타구치 렌야(牟田口廉也, 1888~1966)[467] 장군의 1936년 북경 노구교(盧溝橋) 선제공격 사건으로 중일전쟁을 발발시켰으며, 1944년 버마전선에 인도의 임팔선제공격 참모회의에서 적지(賊地)에 병참이 부족하다고

주부죽창부대(1943, 나고야)

하자 '일본 사람들은 초식동물이기에 행군하다가 풀을 뜯어 먹으면 된다 [468]'는 취지로 현지조달(現地調達)을 강변하면서 임팔을 공격했다가 참패를 당했다. 자살행위인 반자이 공격(萬歲攻擊)과 집단 할복(集團割腹)도 수시로 감행했다. 그러나 북한의 '벼랑 끝 작전(涯端作戰)'은 죽기 위한 벼랑 끝이 아니라, '새로운 세상을 볼 수 있는 곳, 새로운 바람을 맞이하는 곳이 벼랑 끝이었다(The Cliff-edge is where we can see a new world and face a new wind)'.

"종이는 식언하지 않고, 두 말도 하지 않는다."[469]

1970년대 시골에선 농사를 지으면서 향토예비군 훈련을 받았다. 새벽 6시에 속칭 '얼룩무늬 개구리복'이라는 베트남전쟁에서 미군 전투병이 입었던 군복 무늬를 그대로 입었다. 재향군인회에서 운영하는 전세버스를 탔다. 9시까지 군부대에 들어가서 오전 정신훈련과 재식훈련을 시작해서, 4일간은 숨 쉴 틈조차 주지 않고, 속된 말로 뺑뺑이를 돌았다. 이렇게 해서 5일째 훈련은 예비군중대장의 교육으로 농담도 오갔다. 기억나는 일화 하나가 '사람과 개는 종이 한 장 차이'이다. "개는 똥 누고도 뒤를 닦지 않으나 사람은 휴지로 반드시 뒤를 닦기 때문에 딱 종이 한 장 차이다."라고 했다. 공직사회에 들어가 깨달은 게 '공직사회도 인사발령을 내는 종이 한 장 차이로 승진하고 좌천된다.'이다. 물론 여기서 종이는 휴지(tissue)가 아닌 A4(용지 크기 210×297mm) 한 장 차이다. 그래서 공무원들을 '정부미(政府米)'[470] 혹은 'A4 인간'이라고 했다.

미국 하버드 로스쿨(Harvard Law School)에서는 법문작성(legal writing)[471]에 많은 시간을 할애하고 혹독한 훈련을 시키고 있다. 법문작성의 비결은 i) 판례, 통설, 사계권위자의 말을 인용해 설득력을 최고로 하고, ii)

불필요한 말을 없애 흠 잡힐 틈새를 주지 않게 하며, iii) 동시 몇 번이고 수정 보완해서 오탈자는 물론이고 군살까지 하나도 없는 미니스커트 미스 월드(Miss World)를 만든다. 물론 우리도 어릴 때에 "어떤 기억 천재도 연필을 못 당한다(聰明不如鈍筆)."라는 말을 선생님에게 많이 들었다. 세계적 지도자 중엔 수첩공주 혹은 수첩왕자들이 많았다. 대표적으로 우리나라 대통령 가운데 김대중(金大中, 1924~2009) 대통령이 수첩왕자[472]이고, 박근혜(朴槿惠) 대통령이 수첩공주라는 별명을 갖

이낙연의 메모수첩(2019. 국민일보)

고 있다[473]. 공직사회 혹은 여하한 조직사회에선 기관장의 훈시(訓示) 혹은 지시사항을 업무수첩(비망록)에 메모해 민원현장에 이행 처리한다. 이를 적는 사람이 살아남는다고, 적자생존(survival of the fittest)[474]이라고 한다. 요사이는 비망록(備忘錄) 대신에 휴대폰에 녹음을 대신한다. 이뿐만 아니라, 미국에서 변호사를 하는 초등학교 때 단짝이었던 친구 녀석도 늘 "나는 변호사라서 그런지, 사람(말)보다 종이(서류)를 더 믿는다(As for me, I a layer, believe papers the more than human being)."라고 한다.

지난 2016년 5월에 우리나라 청와대에선 대통령이 고산지대 케냐를 순방한다고, 이를 대비해 고산병 약으로 다량의 비아그라(Viagra)를 구입했다. 국내외 언론에서는 청와대의 해명과는 달리 여운을 남기는 보도를 쏟아내고 있다. 케냐에서도 "왜 케냐 방문에 비아그라냐?"[475]라고 하며 외국인들의 인식에 한국에선 대통령이 순방하는 선이 굵은 외교활동을 '비아그라 들고 가는 해외나들이(overseas outings with viagra)'라는 오해를 만들었다. 뉴욕 타임 신문에서는 "비아그라 알약이 한국 대통령에 대한 새

로운 스캔들을 만들었다."라고 보도했다.[476] 일본 오락방송에서는 혐한 우익들은 물 만난 물고기처럼 '비아그라, 팔팔정'을 소재로 우리나라를 조롱했다. 국가지도자들은 외교활동을 '총성 없는 전쟁(銃聲のない戦争)'이라고 인식한다. 외교문서에 남는 용어 하나에 온 정성을 쏟으며, 문서에 담기지 않는 언행과 움직임에까지 세심하게 고민한다.

≡02
에도바쿠후(戶江幕府, えどばくふ)⁴⁷⁷ 때
독도에 대한 인식

이전, 고려인의 이나바슈(因幡州)에 표류 기록

일본의 고문헌에 울릉도가 최초로 나타나고 있는 기록은 '대일본사(大日本史)'⁴⁷⁸의 인물열전 "고려 시대 1004(睿宗 7)년 3월 7일, 고려 사람 11명이 해풍에 휩쓸려 오늘날 돗토리겐(鳥取縣, とっとりけん)에 해당하는 이나바슈(因幡州, いなばしゅう) 혹은 이나바노쿠니(因幡の國, いなばのくに)에 표류해 왔는데, 그 가운데는 옛 신라의 울릉도에서 살았던 사람이 있었다. 이들에게 식량과 비용을 주어서 본국으로 되돌려 보냈다(高麗蕃徒, 芋陵島人, 漂至因幡, 給資糧回歸本國)."라는 사실 기록이 남아있다.⁴⁷⁹ 앞에선 고려 태조왕건(太祖王建)의 아버지 왕융(王隆)에 대해 "자세하게는, 특히 가문에 대해선 알 수 없으나 총명하였기에 후삼국의 변혁을 읽었고, 도적들이 날뛰던 난세를 활용했다. 아들 왕건(王建)을 낳았으며, 그 아들은 궁예의 산하에 들어가 철원(泰封)의 태수가 되었으나, 군주가 극도로 난폭해지는 바람에 국가지도자로 신봉(信奉)을 받아 왕이 되었다. 신라가 멸망하고 옛 땅을 모두 차지하게 되었다."라고 설명을 하고 있다.

이 기록을 보다 자세히 뜯어본다면, 연호(年號)가 간코(かんこう, 寬弘)인 데, '마음이 너그럽고 활달하여 작은 일에 구애되지 않는다(寬弘磊落)'는 의미를 지녔다. 관홍(寬弘)이란 연호는 1004년 8월 8일(甲辰)부터 연호를 사용하여 1012(壬子)년까지 지속했다. 이 연호는 사용했던 일본천황은 이 치조텐노(一條天王, Ichijō ten'nō)와 산조텐노(三條天王, Sanjō ten'nō)다. 이 땐 '글을 좋아하는 현명한 왕(好文の賢皇,こむんのげの)'이어서 궁정문학의 최성기였다. 헤이안지다이(平安時代, へいあんじだい, 794~1192)의 귀족들의 삶을 일기형식으로 기록한 후지와라노 유기나리(藤原行成, ふじわらのゆきなり/こうぜい)[480]의 저서『곤기(權記, ごんき, 記錄期間 991~1011)』[481, 482]에 나오는 고려번의 무리(高麗蕃徒)란 표현은 본조려조(本條麗藻)에 의한 것이다. 울릉도를 우릉(芋陵)이라고 한 것은 동국통감(東國通鑑)에 근거를 두었다. 곤기(權記)에서는 우릉(芋陵)을 우릉(于陵)으로, 여조(麗藻)에서 우릉(迂陵)이라고 적혀있다. 또한, "표류해온 고려인들에 대해서 문서로 작성하여 보고를 했으며, 본국으로 돈과 식량을 제공하여 본국으로 보냈다. 배송(拜送)했던 사람들(餞送部)의 말에 의하면 신라국의 울릉도 사람(うるま)들이 있었다."라는 말이 실려있다.

이게 나라냐? 고관대작이 국토까지 넘겨주다니!

일본의 천하통일을 도모했던 도요토미 히데요시(豊臣秀吉,とよとみひでよし, 1537~1598)는 논공행상에 불만을 품은 제후와 장수들에게 조선의 땅을 나눠주고, 자신은 일본 본토를 완전히 통치하고자 하는 야욕을 갖고 조선정벌(壬辰倭亂)을 기획한 분로쿠노에키(文祿の役 혹은 慶長の役) 프로젝트를 감행했다. 조선에 대하여 7년간 승려, 상인 등으로 위장하여 정보를 수합하고 지략을 강구한 결과 i) 당파싸움에 매몰된 정국을 십분 활용,

ii) 문신들의 문약함을 조종해 삼분오열 조장, iii) 북방변계에 집중된 국방 정책의 허점 이용, iv) 황제국(皇帝國) 명나라와 신하국(臣下國) 조선을 이 간계략을 마련했다. 일본이 내세운 조선전쟁의 대의명분은 정명가도(征 明假道)였다. 이 계략은 바로 중국 36계(三十六計)의 제24계 가도벌괵(假 道伐虢)을 원용했다. 즉 처음에는 길을 빌려서 적국을 정벌하고 되돌아오 는 길에 빌려준 나라까지 집어삼킨다는 계략이다. 이에 조선 조정의 대응 논리는 '신하 나라로 황제국 명나라 정벌의 길을 막아서겠다(小以保大).' 혹 은 '황제국의 섬김에 극진을 다하겠다(以盡事皇).'라는 일념뿐이었다. 실익 차원에서 왕권유지와 사대명분만으로 화친(和親), 협상(協商) 등의 대안을 찾을 생각조차 하지 않고 단칼에 잘랐다. 사대대의(事大大義)를 위해 '똑 부러질지언정 굽히지 않겠다(寧折不屈)'는 충의로 7년 전쟁을 자초했다.

마침, 철두철미하게 준비했던 일본은 조선 정벌을 곧바로 감행했다. 임 진왜란은 1592년 5월 23일(음력 4월 13일)에 시작해 1598년 12월 16일(음 력 11월 19일)까지 7년간 전쟁이다. 전쟁터는 명나라가 아닌 한반도 조선(朝 鮮)이었다. 결과는 이상하게도 전화(戰禍)를 몽땅 뒤집어썼던 조선의 명운 은 건재했다. 그렇게 꼼꼼하게 챙겼던 일본 전략가들이 생각도 못 했던 정 변이 발생했으니: i) 동래성주 정발(鄭撥, 1552~1592) 장군이 도주하고, 대 구 부사 윤현(尹睍)의 외출 무혈입성 등으로 한양에 5월 5일에 당도하고 보니 국왕마저 몽진(蒙塵)하고 그림자조차 없었으며, ii) 난데없는 선비들 이 의병, 승려들이 승병이란 이름으로 '귀중한 목숨을 파리처럼' 육로로 이동하는 보급을 차단하자 굶어 죽게 되었는데, iii) 국왕의 어명까지 거역 했던 이순신을 백 번 죽여야 함에도 '백의종군(白衣從軍)'이라는 이름으로 사면하여 남해와 서해의 해상보급로가 차단되었다. iv) 탄금대배수진(彈 琴臺背水陳)이란 작전으로 오합지졸 조선 관군 8,000여 명을 한곳에다가

쓰려 모아주어 4월 28일 고니시 유키나가(小西行長, こにし ゆきなが, 1555~1600)를 위한 '인간 사냥 피범벅 연회'를 하도록 베풀어준 신립(申砬, 1546~1592) 장군의 의도를 몰랐다. 일본 국내에선 전범자 풍신수길(豊臣秀吉)은 1598년 9월 18일에 세상을 떠났고, 정권은 도쿠가와 바쿠후(德川幕府)로 넘어갔다. 명나라 정벌을 막아서면서 대리전쟁을 하면 목숨 걸고 섬겼던 대명제국(大明帝國)도 변방이었던 만주족(滿洲族)의 손아귀에 넘어갔고, 청나라가 건국되었다.

죽도지도에 한 메모

　임진왜란으로 한반도를 휩쓸고 다녔던 사실에 일본인들의 가슴엔 자신의 강인함과 연약한 조선에 대한 멸시로 안하무인(眼下無人)이었다. 특히 울릉도와 독도에는 일본 어민들이 종횡무진으로 황금어장을 남획해서 황폐화시켰다. 이를 두고만 볼 수 없었던 동래수군(東萊水軍) 병졸(兵卒)로 왜관에 드나들면서 일본어를 익혔던 안용복(安龍福)은 울산 박어둔(朴於屯)과 40여 명의 어민을 모아 일본 어부들에게 혼쭐을 내주겠다는 각오로 울릉도와 독도를 향했다. 그때는 1693(肅宗 19)년 어느 봄이었다. 일본 호키주 요나코무라(伯耆州米子村)에 사는 오야진기츠(大谷甚吉, おおやじんきち)[483] 가문에서 일한다는 어민들을 만났다. 울릉도와 독도 근해의 조업권(操業權)을 따져서 그들을 설득하려고 했으나, 떼거리로 달려드는 바람에 중과부적(衆寡不敵)이었다. 뜻하지 않게 안용복(安龍福)과 박어둔(朴於屯)은 달싹 잡혀 일본으로 끌려갔다. 이나바슈(因幡州, 오늘날 鳥取縣)에 조사를 받았으나 국경을 넘었다는 사실을 조금도 인정하지 않았다. 오히려 막무가내(莫無可奈)로 영유권만을 주장하자, 감당을 못해 관헌들은 중앙조정인 막부에 보고했다. 공연히 조·일 외교문제로 비화시키지 말고 조용히 돌려보내기로 했다.

여기에 대해 일본은 "1693(元祿[484] 6)년, 계유년 바쿠후(幕府)에서 내려온 지시는 '조선 어민들이 다케시마(竹島)에 와서 고기잡이와 해산물까지 채취하였음으로 이나바슈(因幡州)의 어부들이 잘 설득해서 돌려보냈으나, 오히려 40명이나 떼를 지어 되찾아서 고기를 마구 잡기에 조선 어민 두 명만을 잡고 왔다. 바쿠후에서 그냥 돌려보내라'는 명에 따라 조선 어부 2명을 나가나키(長崎)에 압송해, 그곳에서 신병을 넘겨 조선으로 보냈다. 다시는 다케시마(竹島)에 오지 못하게 (조선 조정에) 통고하였다."[485]라고 기록했다.

이에 조선의 조정에서는 다음 해 회답서(回答書)로 "저희 바다에 금지명령은 아주 엄격해, 어민들은 먼바다에 나가지 않곤 합니다. 비록 저희의 영토인 울릉도라 할지라도 또한 멀기에 절대로 마음대로 내왕을 하지 않았습니다. 하물며

안용복 공술조서(1696, 시마네현)

그 밖이었다니? 지금 어민들이 감히 귀 일본국의 경계인 죽도에 들어가서 (敢入貴界竹島) 번잡스럽게 일을 만들었음에도, 멀리까지 호송해서 서계까지 적어주시며, 참된 인정스러움을 베풀어준 데 진심으로 감사합니다. 어민들은 고기잡이를 해서 먹고 살기에 혹시나 뜻하지 않는 바람으로 표류 사건으로 귀국경계를 월경하여 혼잡스럽게 고기잡이를 할 경우를 대비해서 법령으로 엄중히 징계하겠습니다. 이번에 월경한 범인을 엄히 다스려 처벌할 것이며, 차후엔 연해뿐만 아니라 엄히 법령을 확립해서 각별히 단속을 하겠습니다."[486] 다치바나 마사시게(조선명 橘眞重, Tachibana Makoto Shige, 일본명 多田與左衛門, Tada Yojaemon)[487, 488]을 통해서 대마도 도주

(對馬島主)에게 보냈다.

　"자라를 보고 놀란 가슴 솥뚜껑을 보도고도 놀란다."라는 우리나라의 속담이 적용되어 임진전쟁 중 1593년 명나라 장군 심유경(沈惟敬, 1526~1597)과 왜장 고니시 유키나가(小西行長, 1555~1600)가 오사카성 도요토미 히데요시(豊臣秀吉, とよとみ ひでよし, 1537.~1598.9.18.) 앞에서 받아온 조·일 종전화친협약의 조건인: i) 명의 황녀를 일본의 후비로 삼을 것, ii) 감합인(勘

일본 만화에서 평양성 전투(2017, 동경)

合印)을 복구할 것, iii) 조선팔도 중 4도를 일본에 할양할 것, iv) 조선 왕자 및 대신 12명을 인질로 삼을 것 등을 거짓으로 보고하였음에도 조선은 정보 수합도 확인도 하지 않고 명국의 하명만을 받아들어야 했다. 나중에 승려 사이쇼 조타이(西笑承兌, 1548.~1608.2.13.)가 솔직하게 위계문서를 읽어줌으로 1597년 정유재란(丁酉再亂)을 야기시켰다. 혼쭐이 난 과거 경험에서 조선 조정은 대마도주가 막부서계를 조작하여 농간한 낌새를 차렸음에도 사실을 확인조차 하지 못 했다. 더욱 납작이 엎드려서 울릉도는 물론이고 독도마저 조선의 영토임에도 외교문 회답서(返書)에서 "감히 귀국의 영토인 다케시마에 들어갔다니(敢入貴界竹島)."라는 말을 국제 간 외교문서에까지 남겼다. 이 외교문서를 들고 대마도 도주에게 간 일본 사신 다치바나 마사시게(橘眞重)는 "조선, 이게 나라냐? 고관대작들이 자신의 권력 욕심만 채우기에 혈안이고, 백성도 나라도 없구나!"라고 실소를 감추지 못했다.

독도를 넘겨주었으니, 울릉도까지 받아야지!

1694(肅宗 20, 元祿 7)년 정월 대마도 도주 소 요시쓰구(宗義倫, そう よし つぐ/よしとも, 1571~1694)를 만난 마사시게(橘眞重)는 조선 조정으로부터 받은 외교문서를 일본 본토 바쿠후간바쿠(幕府關白, かんぱく)에게 전달하지 않았다. 울릉도에 대한 수토정책(搜討政策)을 실시하고 있는 상황을 활용해서 대마도 어민들을 울릉도에 이주할 수 있게 만들 속셈이었다. 울릉도마저 조선 영토에서 일본 영토를 확대해석이 가능하도록 '우리의 영토 울릉도(我界鬱陵島)'라는 표현을 삭제하자는 계략을 세웠다. 대마도 도주는 이렇게 기발한 계책을 본국 바쿠후(幕府) 관백(關白, かんぱく)에게 진언했고, 모르는 척 대외적 표정관리만 했다. 대마도 도주는 중앙막부의 회신으로 가장해 외교서계(外交書契)를 작성해 조선 조정에 보냈다.

간략히 말하면, '1694(元祿 7)년 정월, 회답서 초고가 도착, 죽도(竹島)란 울릉도의 다른 이름이니, 울릉도란 말을 삭제하라. 빼지 않으면 막부에 보고드릴 수 없다. 울릉도에 대한 공도정책(空島政策)을 추진하고 있으니, 지운다고 해도 아무런 문제가 없다. 그대로는 올릴 수 없으니 울릉도 명칭을 삭제해서 회답서를 보내라.'489라고. 대마도 도주는 막부관백(幕府關白)에게 보고를 드렸다. 그해 2월에 대마도 도주는 조선의 동래왜관에 특사를 보냈다. 대마도의 도주의 서계 내용은 '일본 서신에서 울릉도의 일을 말하지 않았으나, 이번 회답서에는 울릉도 이름이 있으니 이해하기 어려우므로 다만 바라건데 울릉도의 지명을 삭제해달라.'였다. 도주의 속셈은 '우리 영토 울릉도(我界鬱陵島)가 없어지면 곧바로 귀국의 영토 죽도(貴界竹島)만 남으니 동해를 통째로 차지한다'는 속셈이었다.

1694(肅宗 20)년 갑술환국(甲戌換局)이 발생, 온건파였던 남인들이 폐비복위운동을 전개하다가 실패했고, 노론과 소론의 강경파가 재집권하

게 되었다. '귀국의 영토 죽도에 감히 들어갔다니(敢入貴界竹島)'라는 표현에 대해 조선국 명분마저 말살했다는 사실에 사관(史官)들과 승지(承旨)들까지 비분감개(悲憤感慨)했다. 국왕에게 보고를 드렸더니 "교활한 일본의 버르장머리를 헤아리면 필히 점거하고자 하는 욕심이 깔려있다(上曰 狡倭情狀, 必欲據而有之)."라며 아예 싹을 잘라 결정하고 조치토록 했다. 이렇게 험악한 분위기를 모르고 들이밀었던 대마도주의 잔꾀(計策)는 허용되지 않았다. 외교서계의 논지는 뒤집혀졌고, 내용의 요지는 이와 같았다. '죽도가 일본의 영토가 아닐 뿐만 아니라, 죽도는 울릉도의 또 다른 이름일 뿐이다(一島二名). 울릉도에 대한 옛 기록은 명확하게 분명하다. 후하게 예우하고, 은혜를 입게 대군의 현명한 보살핌으로 예우해 보내줌(幸蒙大君, 明察事情, 優加資遣)에 선린양국 간의 신의(信義)를 높이 받아들인다. 울릉도 왕래를 금지시켜주시면 우리 역시 금지시키겠다.'[490, 491]라고 회신을 작성했고, 한 글자도 수정하지 않았다. 한편 거들먹거리던 특사에게 KNK(kiss & kick) 전략으로 선상연회를 베풀어주어(受上船宴) 악의를 품지 않게 했다. 이와 같은 외교자료를 일본은 공식문서로 수록하지 않고 조선 관리의 주장 정도로 처리했다. 외교적인 공식적 국가품격(國家品格)과 이미지(image)에 훼손이 없도록 기록해 보관했다.

울릉도까지 탐내다가 다 먹었던 독도까지 토해내다

1694(肅宗 20, 元祿 7)년 8월(乙亥), 대마도 3대 도주 소 요시자네(宗義眞, そう よしざね, 1639~1709)[492]는 재판겸사자(裁判兼使者)를 동래로 보내 위의 사항에 대해, 동래부사(東萊府使)에게 서울(漢城)에 보고해 회답서를 전해주기를 기다려 일본행 선박까지 준비하고 있었다. 마침 동래부에서 전달한 답서계가 와서 이를 들고 바다를 건너가, 가을이 되어서야 일본

막부에 들어가 죽도의 일을 집정관(執政官)에게 보고했다. 집정관의 말이 "다케시마(竹島)는 바다 가운데 있어 일본에선 멀고 조선에선 가깝다. 지금부터는 우리나라 어선의 왕래를 금하니, 이를 조선에 알려야 한다."[493]라고 내부방침을 확연하게 내려 시행토록 했다.

1696(元祿 9)년 병자년(丙子年) 봄, 소 요시자네(宗義眞, そう よしざね)은 대마도로 돌아와 조선 역관을 초빙했는데, 겨울에 다 되어 건너왔다. 역관 사자(譯官使者)에게 일본 막부 집정관의 뜻을 전했다. 역관은 상경하여 예조(禮曹)에 관수(館守)[494]의 서신을 전달했다. "통역관으로부터 귀국의 뜻을 잘 전해 들어 많은 의미가 있었습니다. 울릉도가 우리 땅임은 여지도(東國輿地勝覽圖)에 실려 있으며, 문헌상 기록에 분명하니, 서리(海里)를 논하지 않더라도 국경이 자연스럽게 분명합니다. 귀국이 해금령(海禁令)을 내린다니 영구히 보장하겠습니다. 양국 간에 다행입니다. 우리나라 역시 관리에게 분부해서 왕래혼란의 폐단을 금하겠습니다."라고 답서를 적었다.[495] 이렇게 적은 예조의 서계는 일본 막부에 전달되었고 보고되었다.

1699(元祿 12)년에 대마도 도주 소 요시자네(宗義眞, そう よしざね)를 통해서 예조에 답서가 도착했다. 조선 관리가 국제관계를 염려해서 "감히 귀국의 땅 다케시마에 들어가다니(敢入貴界竹島)"라고 일본 영토임을 자인하는 양 오해의 소지를 범한 실책을 빌미로 "우리나라의 땅 울릉도(我界鬱陵島)"까지 삭제해 달라고 잔꾀를 부렸다가 "본토의 거리상으로 봐서 (울릉도는 물론 독도까지) 조선의 영토이기에 해금령(海禁令)을 내리겠습니다."리고 자인하고 말았다. 대마도 도주는 스스로 판 함정이 사기의 무덤이 되었다. 3월에 대마도 도주는 "지난해에 조선의 상관(象官)[496]이 대마도에 왔기에 죽도에 관해 대화 중 종합적인 상황을 파악해보니 조선과 일본 양국 간에 우호가 돈독해졌고, 신뢰가 쌓이게 되었으니 잘된 일입니다. 보내 주

신 뜻을 벌써 전달드렸습니다."라고 글을 써서 동래왜관의 관수(館守)를 통해 전달했다.[497]

≡ 03
기타자와 마사나리(北澤正誠, Kitazawa Masanari)의 죽도 고증(竹島考證)⁴⁹⁸

죽도(울릉도) 대한 일본고문헌 요약⁴⁹⁹

1836년 일본 막부의 항해금지령을 위반하고 다케시마(竹島, 現鬱陵島)에 도착한 세키슈 하마다(石州浜田)의 운송선 위탁매매인 이자마야 하치우에몬(會津屋八右衛門, あいづやはちえもん, 1798~1837)⁵⁰⁰은 대나무, 목재 등을 벌

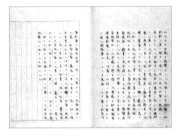

竹島考証(北澤正誠, 1881)

채해 밀무역하다가 적발되어 재판을 받았고 사형에 처해졌다. '마쓰시마 항해 명목으로 다케시마로 건너감(松島へ渡海の名目をもって竹島に渡り)'라는 재판판결문의 제목으로 봐선 '문제가 되는 건 조선 영토인 울릉도를 항해한 것이지, 독도에 건너간 건 특별히 처벌 대상은 아니다.'⁵⁰¹라는 의미였다고⁵⁰² 오늘날 일본은 반박하고 있다.⁵⁰³ 1853년 미국 동인도함대 사령관 M.C. 페리와 개국조서를 전달하고, 1854년에 일·미 화친조약을 맺었다.

1867년엔 대정봉환(大政奉還)이라는 기치를 들고 막번체제(幕藩體制)를 왕정복고(王政復古)하는 변혁을 추진했다. 일명 메이지이신(明治維新)이다. 이에 따라 1871년 9월 청·일 수호조규를 맺고, 1874년 11월 외무대승 모리야마 시게루(森山茂)은 조선 정부와 국교수립을 했다. 일본 국내에서는 신분제도가 무너지자 무사족의 불만(士族の不滿)이 팽배하였고, 또한 조선과의 불협화의 격랑(激浪)이 최고조에 도달했다. 이들 문제를 한꺼번에 해소하는 방안으로 민안국태(民安國泰)의 방책이 바로 사이고 다카모리(西郷隆盛, さいごう たかもり, 1828~1877)[504]를 중심으로 제기된 정한론(征韓論)이었다. 이런 일본 국내의 조류에 편승해, 1877년 3월 20일 일본 내무성에는 '울릉도 밖에 하나의 섬(鬱陵島外一島)'이란 조선의 영토인 것이 분명히 기록되어있다. 한국은 여기에 "'독도 외 하나의 섬(竹島外一島)'에서 '외일도(外一島)'의 표기는 다케시마(獨島)라고 하는데, 적극적인 증거는 없다. 다케시마 이외 하나의 섬은 알고노토(アルゴノ一ト島, Argonaut Island)와 다주레 섬(ダージュレ一島, Dagelet Island)라고 보는 것이 자연스럽다."[505]라는 통지문을 조선 조정에 송달했다.

일본 외무성에선 1878년부터 1880년까지 조선 해안과 해양측량을 단행했다. 아마기형순양함(天城型巡洋艦, あまぎがたじゅんようせんかん)[506]을 조선에 파견해서 1880년 9월에 울릉도를 측량한 결과 '마쓰시마(松島)라고 칭했던 섬이 울릉도임이 확인되었다(松島と称せられていたのが,古来の鬱陵島であることが確認された).' 따라서 다케시마(竹島)라고 불리던 섬이 울릉도였고, 마쓰시마(松島)라고 불리던 섬이 리앙크루트 바위(Liancourt Rocks)라는 사실을 확인했다.[507] 서양의 잘못된 지도가 일본에 역수입되면서 빚어진 오류임을 현장실사로 확인했다. 외무성에서는 황당한 결과에 대해서 앞으로 '조선 정벌의 원대한 꿈(遠大な征韓の夢)'을 그리기 위해

서도 작은 섬 독도부터 차지해야 하겠다는 분위기였다. 1881년 5월 조선 조정에서는, 일본인들이 독도는 물론이고 울릉도까지 건너와서 벌목과 어로작업으로 황폐화를 만들었기에 항의문서를 작성해 일본 외무성에 '울릉도의 도항(渡航)와 불법입도 금지조치'를 요청하는 외교문서를 보냈다. 일본 외무성은 외교회신을 보내지 않았고, 메이지유신에 몸담아 태정관(太政關) 좌원중의(太政官左院の中議に任官)인 기타자와 마사나리(北澤正誠, Kitazawa Masanari)[508]에게 독도(울릉도) 영유권에 대해 조사연구용역을 의뢰했다.

기타자와 마사나리(北澤正誠)에게 의뢰한 죽도고증(竹島考證)에 관한 프로젝트는 '죽도판도소속고(竹島版圖所屬考)[509]'라는 제목으로 1881년 8월 20일(음력 7월 26일)에 외무성에 제출되었다. 광범위한 서지학적(書誌學的) 자료를 종합적으로 분석한 문헌조사였다. 먼저 일본 국내에 있던 다케시마(竹島) 관련 역사적 자료를 모두 수합·정리

기타자와 마시나리(1881)

한 내용으로: "아츠우치 다게시로(松浦武四郎, まつうら たけしろう)[510]가 낸 『죽도잡지(竹島雜誌)』의 일본풍토기(日本風土記)에선 1853년 가나모리 겐사코(金森建策, かなもり けんさく)학회에서 펴낸 독도도설(竹島圖說)[511]을 빌려서 적었다. 섬 이름에 다케시마(他計甚麽[512], タケシマ)라고 음(音) 달아놓았는데, 그곳 동쪽 기슭엔 이척(二尺)이나 되는 대죽(大竹)이 있어서 죽도(竹島, 일명 磯竹島)라고 했다. 북사(北史) 권14 왜전(北史卷十四倭傳)에선 '수(隋)나라가 문임랑(文林郎)과 배세청(裵世淸)을 사신으로 608년에 보냈다. 백제를 지나 죽도에 도착해 보니 남쪽 멀리 탐라도(耽羅島)가 보였다.'[513] 초려잡담(草廬雜談)[514]에 따르면 겐나[515] 2(1616)년 오늘날 돗토리현(鳥取縣)

중서부와 시마네현 동부 지역인 하쿠슈(伯州)의 요나코쵸(米子町) 상인 오야 진키츠(大谷甚吉, おおやじんきち)와 무라가와 이치베(村川市兵衛)라는 두 사람이 죽도에 가겠다고 도해 허가를 신청했다. 겐나 3(1617)년 무라카와 이치베가 하쿠슈(伯州)의 관리가 되자 도해 신청을 막부에 올렸다. 겐나 4(1618)년에 에도막부에선 두 상인을 불러 목적을 묻고 어주인(御朱印)을 날인한 죽도 도해면허를 내렸다.[516] 두 상인이 도해한 지 74년이나 지속되었다. 겐나 9(1624)년 봄, 조선이 죽도가 자기 나라의 영토 안에 있다고 주장하여 마침내 조선에 내주었다."[517]라고 요약할 수 있다.

한편 인슈(因州)의 사람 오카시마 마사오시(岡島正義, 1784~1858, 江石梁)[518]가 문정 11(1828)년에 편저한 『죽도고(竹嶋考)』에서는 관문 7(1667)년 아라가와 소쵸(荒川宗長, Arakawa Sōchō)가 저술한 일본국사적고(日本國事跡考ニホンコク ジセキコウ)를 인용해, '오끼쿠니(隱崎國) 해상에 다케시마(竹島)가 있고, 대나무와 전복 맛이 일미였다. 바닷가 사슴과 같은 위록(葦鹿,アシロ, 강치) 등이 언급되었다.' 그리고 가나모리 겐사코(金森建策)의 죽도도설(竹島圖說)은 오키섬 북쪽에 죽도가 있는 것을 알고, 고기잡이를 처음 한 건 하쿠슈(伯州)의 한 어부였다고 한다. 조선에 인접해 있지만, 오히려 그들은 알지 못했다. 이 섬의 북쪽 3리에 또 하나의 섬이 있는데 이곳엔 전복이 많고, 조선에선 3~5년에 주기적으로 채취해 갔다. 그들은 이 섬을 알지 못했다가 원록 5(1692)년 봄에 이 섬을 표류했다가 다케시마라는 사실을 알게 되었다고 주장했다.[519]

죽도잡지(竹島雜誌), 죽도고(竹島考) 및 죽도도설(竹島圖說) 3편의 고증자료를 종합할 때 우리나라 사람이 발견한 것이었고, 우리의 판도(영토) 안에 있었던 섬이었기에 바다에서 조업권(이익)을 장악한 지도 74년이 지난 장기간이었다. 조선은 일찍이 이를 알지도 못했던 것 같다[520]. 원록 5(1692)

년 봄에 조선인이 다케시마에 와서 어획(漁獲)을 하고 다음 해에도 다시 왔기에 2명을 잡아 그들은 에도바쿠후(江戸幕府)에 압송하여 기소했다. 막부에서는 대마도 도주를 통해서 조선 정부에 서신을 보내어 조선인의 월경을 금하도록 했다. 여러 차례 외교 문서가 왕래하더니 우리의 다케시마가 조선의 울릉도로 예부터 조선의 영토 (판도)였음을 알게 되었고, 오히려 우리 인민이 그 섬에 이르는 것을 금하였다. 그동안 오갔던 서신을 모았던 죽도기사

磯竹島覺書(1696, pp49~50)

(竹島記事)와 1696년 호기슈(伯耆州) 태수(太守)가 작성했던 이소다케시마 오보에쇼(磯竹島覺書)가 있어 이를 간추려 별책으로 붙였다.[521]

죽도(울릉도)에 대한 조선 고문헌 요약

동국여지승람(東國輿地勝覽 卷首八道總圖)에선 강원도 해상에 두 개 섬이 있고, 서쪽의 것은 우산(獨島)이고, 동쪽은 울릉도(鬱陵島)라고 한다. 이는 일본이 말하는 마쓰시마(松島)와 다케시마(竹島)다. 울릉도를 무릉(武陵) 혹은 우릉(羽陵)이라고도 한다. 울진현 동쪽에 있어 삼봉이 높이 치솟아 하늘을 떠받치고 있고, 남봉은 낮아 바람이 불고 맑은 날에 산봉우리 꼭대기의 나무와 산기슭 모래를 똑똑히 볼 수 있다. 순풍이 불면 이틀에 도착할 수 있다. 이 책은 조선 성종 13(1482)년, 일본의 문명[522]14(1482)년에 저술한 것으로, 400년 전 당시는 조선의 영토(屬島)로 되어있었다는 것은 과오가 아니다.[523]

보다 상고시대(上古時代)로 거슬러 올라가면, 고사(古史)에선 우산과 울릉은 동일한 섬이다. 1485(成宗 16)년 관찬 동국통감(東國通鑑,卷五)[524]에

선 신라 지증왕 13년 6월, 우산국이 신라에 항복해 조공을 바쳤다. 명주(溟洲)의 정동해상(正東海上)에 섬 이름을 울릉도, 땅의 규모는 사방 100리, 험준한 지형으로 쉽사리 항복하지 않았다. AD 512년 아슬라주 군주(阿瑟羅州軍主) 이사부(異斯夫)는 우산국 사람들은 어리석어서 위협이 먹혀들지 않았기에 잔꾀를 써서 항복시켰다. 나무사자[木獅] 모형을 전선에 나눠 싣고 주민들 앞에 "항복하지 않으면 이 이 사자들 풀어서 밟아죽이겠다."라고 했다. 이때는 512년 일본의 게이다이덴노(けいたいてんのう, 繼體天皇) 6년 임진년(壬辰年)의 고사로 1370년 전의 일이다. 그 후 오랫동안 신라의 영토에 복속되어있었다.[525]

고려사(高麗史)에 의하면 930년 태조 13년 울릉도 섬사람들이 백길(白吉)과 토두(土豆)를 대표로 보내 지방특산물(方物)을 바쳤다. 이때 일본은 다이고덴노(醍醐天皇, だいごてんのう)의 나가오쿠(長興, なかおく) 원년 경인(庚寅)해로 952년 전이다. 의종 13(1159)년에 국왕이 명주감창(溟州監倉) 김유립(金柔立)에게 울릉도가 비옥하고 살기 좋다니 살펴보라고 했다. 그는 갔다 와 "섬 가운데 큰 산이 있으며, 섬의 규모는 동쪽에 바다가 있고, 서쪽엔 만3천 보, 남쪽으로 만5천 보, 북으로 8천 보이며, 촌락의 터는 일곱 군데, 석불, 불종과 석탑이 있었습니다. 시호(柴胡), 고본(藁本), 석남초(石南草)와 같은 약초도 많이 자랍니다."라고 보고를 드렸다. 그 후 최충헌은 의견을 모아 토양이 비옥하고 수목과 바다 먹거리[海錯]가 많으니 백성을 보내 살도록 지시했다. 이후에 자주 바람과 파도로 어부들의 해난 사고가 잦아 되돌아오게 했다. 의종 13(1159)년은 이조덴노(二條天皇, にじょうてんのう) 헤이지(平治, へいじ) 원(1159)년으로 722년 전의 일이다. 그러므로 당시엔 백성을 본토로 옮겨 섬을 비웠던 것 같다.[526]

1696년 조선인 안용복(安龍福) 등 두 사람을 심문해서 받아놓았던 각

서로 편찬된 이소다케시마 오보에쇼(磯竹島覺書)에 따르면, 동국여지승람 (東國輿地勝覽)과 지봉유설(芝峰類說)을 인용해 언급하고 있는데, 조선 태 종 때 울릉도에 유민이 많이 흘러들었다고 삼척 안무사(按撫使) 김인우(金 麟雨)에게 섬에 있는 유민을 본토로 쇄환(刷還)하고 섬을 비우라고 명했다. 김인후의 보고서엔 "토지가 비옥해 대나무는 큰 장대(杠)와 같고 쥐는 고 양이만 하며, 복숭아는 한 되(升)나 된다. 모든 토산물이 이렇게 크다."라고 했다. 조선 태종 때는 일본의 고코마츠덴노(後小松天皇, ごこまつてんのう) 오에이[應永][527] 7년에서 19년에 해당되는 시기라서 대략 480여 년 전이 다. 고려 왕씨왕조(王氏王朝) 때는 공도정책(空島政策)을 행하지 않았고, 한 반도(본토)의 해변 어민들이 빈번히 들락거렸다는 사실을 알 수 있음이 충 분하다.[528]

세종 20(1438)년에 울진현 만호(鬱珍縣萬戶) 남호(南顥)로 하여금 울릉 도로 도망갔던 김환(金丸) 등 70여 명을 본토로 데리고 섬을 비웠다고 한 다. 세종 20년이란 일본의 고하나조덴노(後花園天皇, ごはなぞのてんのう) 에이교(永享,えいきょう) 4년 임자(壬子)로 450년 전의 일이다. 40년 후 성 종 2(1471)년에 누군가 삼봉도(三峰島)를 보고하는 사람이 있어 박종원(朴 宗元)을 보내 현장 확인토록 하명했는데 바람과 파도로 정박하지 못했으 나 같이 갔던 두 척은 머물고 살펴봤다. 섬 안에는 거주하는 백성은 없었 다면서 대나무(大竹), 살무사 뱀[蝮], 물고기[魚曲]만을 갖고 돌아왔다. 울 릉도 이외에 다른 섬 하나가 더 있다는 말을 듣고 실사를 해봤으나 찾지 못하고 되돌아왔다.[529]

1614(光海君 6)년 이수광(李晬光)이 저술한『지봉유설(芝峰類說)』[530]을 빌리면 울릉도는 무릉(武陵) 혹은 우릉(羽陵)이라 했으며, 울진현 앞 동해 상에 있고, 큰 산이 가운에 있어 사방백리, 순풍을 만나면 2일이면 도달

할 수 있다. 신라 지증왕 때에 우산국이라고 했고, 신라에 항복해 토산품을 진상했다. 토지가 비옥해 대나무가 장대만 하고, 쥐는 고양이 크기며, 복숭아는 한 되나 된다. 임진왜란 이후에 가본 사람들은 여전하게 일본 놈(왜)들이 분탕질과 노략질을 일삼았기에 다시 살 수 없었다고 했다. 근래에 와서 왜놈(倭奴)들이 이소다케시마(磯竹島)를 점거한다고 하는데, 이곳이 울릉도다. 지봉유설엔 토지가 비옥하고 대나무가 장대만하게 크다 (地沃饒, 竹大如杠)는 표현이 일본의 이소다게시마 오보에쇼(磯竹島覺書)의 표기와 부합되는 것이 기이하다. 임진왜란(壬辰の變)이란 것은 1592(文祿元)년 일본의 정한군벌(征韓軍伐)를 지칭한다. 지봉유설은 교호(享保)531 11(1727)년 죽도기사(竹島紀事)를 편찬할 시기보다 80년 전에 저술했던 것이다. 연호 관영(寬永, 1624년)532 이전의 서책이다. 그러니 당시 일본 사람들이 다케시마(竹島)를 점거(침입)했음은 분명하다고.533

　게이죠(慶長, けいちょう)534 19(1614)년 갑인(甲寅) 대마도 도주 종(宗)씨가 다케시마(竹島)에 관련 일로 조선에 보내 통보한 일이 있었는데, 조선은 동래부사 윤수겸(東萊府使, 尹守謙)535에게 다케시마가 조선의 울릉도라고 말했다. 그의 회신이야말로 이웃 나라 간에 선린(善隣) 서신소통(善隣通書) 및 통교(通交)가 큰 줄기였다. 요지는 이소다게시마의 해명은 은근하며 놀라워서 이런 계책이 누구에게서 나온 것인지 알지 못하겠다. 그 섬이 경상도와 강원도의 중간 동해상에 있다고 하니, 곧바로 이는 울릉도라고 했다. 그리고 부사 박경업(府使 朴慶業)536의 서신에 되받아 묻기를 "이소다케시마, 그대(일본)들이 조선의 영속 섬이라는 사실을 알지 못한 게 아니고, 그 섬을 마음대로 점령할 수 없음도 알지 못하지도 않을 것인데. 넘어와서 엿보고자 하니 이는 실로 무슨 흑심인가? 이른 이소다케시마는 참으로 조선의 울릉도다."라고 했다. 또한, 명나라의 한림시강 동월(翰林侍講 董越)

이 1557년에 편찬한 조선부(朝鮮賦)537 앞에 팔도총도(八道總圖)가 붙어있는데 강원도 울진포 동해상에 능산(陵山)이라고 하는 섬이 울릉도다. 위의 사실이 조선국사에 나오는 다케시마 관련 사항의 요약이다. 본문을 따르자면 다케시마의 항해는 중단되어야 한다. 그런데 겐나(元和) 4(1618)년 호슈(伯州) 요나코초(米子町) 상인 오야 진기츠(大谷甚吉)와 무라가와 이치베(村川市兵衛)538라는 두 사람이 요청한 '다케시마 항해[竹島渡海]' 허가를 내주었다. 그 후 74년이라는 오랜 세월이 흘렀다. 조선은 실제적으로 관계가 없다고 겐로쿠(元祿, げんろく)에 이르러서 비로소 일본 사람들이 그 땅에 있음을 고사에서 언급하고 있는 것은 의심스러운 일이다.539

명(明) 고문헌에서 죽도가 일본 영토란 증거를 찾고자

가장 먼저 기타자와(北澤)가 명나라의 고문헌을 고찰한 목적은 일본이 울릉도(죽도)를 점거했다고 생각했던 1618년부터 1695년 77년간을 명나라의 문헌에서 서지학적 증거(書誌學的 證據)를 찾으려고 했다. 조·일 간의 공방주장(攻防主張)에서 벗어나서 제3자적 객관성을 확보하고자 시도했다. 이런 시도의 배경엔 512(지증왕 13년)년부터 1592년 임진왜란까지 다케시마(竹島)는 조선의 판도(영토)였고, 임진왜란 이후 1696(元祿 9)년까지 104년간 조선은 전쟁의 영향으로 울릉도를 도외시(度外視)했다고 여기고, 그간은 일본이 점거했다는 논증을 해보겠다는 야욕이었다.

그의 논증을 요약하면, i) 명의 제원의(第元儀)의 저서 『무비지(武備支卷 二三一日本考)』엔 다케시마(竹島)를 일본 영역 호키슈(伯耆州)에 부속시키고, 섬 이름을 '타계시마(他計什麼)540'라고 일본어 음(音)으로 적었다(고 일본 영토로 인식했음 주장)고 한다. 일본어 훈(訓)으로 "그의 속셈은 뭘까(彼は何を獲得しました)?" 혹은 영어로는 "그는 뭘 챙기려고 하는 줄 아나(What does he count)?"로 조선에 경고를 주고 있었다. ii) 명의 유학자이고 역학자인 장황(章潢)[541]은 『도서편(圖書編, 日本圖)』에선 동해의 울릉도를 '죽도(竹島)'로 적었다. 왜구토벌의 명장이었던 왕명학(王鳴鶴)[542]이 쓴 『등단필구(登壇必究, 卷二二, 日本圖)』에서도 울릉도가 아닌 '죽도(竹島)'로 적었다고. iii) 죽도(竹島)란 일본의 다케시마(竹島)만을 칭하는 것이 아닌 조선에서 '대나무가 자라는 섬(竹島)'이라는 일반적인 섬 이름이었다. 아무리 속국 조선이라고 하지만 "위험을 보고 목숨을 내놓는다(見危授命)."[543]라는 유교의 선비정신을 봐서도 왜구에게 유리한 해석이 되는

明 張潢의 圖書編(1613)

지명을 적을 리는 만무하다. iv) 중국 명나라 지성인들은 일본의 병서를 자주 탐독했기에 적군에 대항해서 죽창, 화살 등의 무기로 사용하는 '대나무 섬[竹島]'으로 적었던 것이다. v) 그러나 일본에 아전인수로 주장했다고 한들 1696년 1월 28일 외교문서 '죽도 도해 금지령'을 발령함으로써 '울릉도는 조선의 판도'임을 확인[544]해줌으로 애석함을 감추지 못했다.

보다 자세히 그의 논증을 살펴보면, 신라 지증왕 13(512)년부터 1592년 4월 13일(양력 5월 24일) 분로쿠노에키(文祿ノ役, ぶんろくのえき[545], 壬辰倭亂)까지 다케시마의 땅은 조선의 판도였으나, 분로쿠 게이죠노 에키(文祿慶長ノ役, 壬辰丁酉兩亂) 이래 1696년 겐로쿠(元祿 9)년까지 조선은 전쟁의 여파로 그곳(다케시마)에 신경을 쓸 여유가 없어 일본 사람들이 점거(침입)하게 된 것 같다고 당시 일본의 저서 혹은 명나라 저서에서 그렇게 기록하고 있다. 빈번히 다케시마(竹島)를 드나들어(침입해) 일본 판도(日本版圖)에 속한 것(약탈사)으로 볼 수 있는 증좌(corroborative evidence)를 열거하고자 했다.[546]

명나라 1621년 병법전략가였던 제원의(第元儀)의 저서『무비지(武備支 547, 卷231, 日本考, 島名部)』에선 사츠마(薩摩)의 다네가시마(種子(が)島), 히 젠(肥前)의 히라도마(平戶島), 아키(安藝)의 미야지마(宮島) 등과 같이 호키 (伯耆)에 다케시마(죽도)를 포함시켜 음역하여 타계시마(他計什麽, タケシ マ)라고 적었다. 이 섬이 조선 땅이었다면 죽도(チクトウ, 竹島)로 음독해서 적었을 것인데, '타계시마(他計什麽)'548라고 일본어의 뜻(和訓)을 붙인 건 일본 사람들이 점거하고 있다고 명나라 사람들은 그렇게 알았고 또한 일 본의 판도라고 인식한 것으로 봤다.549이는 지나친 견강부회(牽强附會)다. 왜냐하면, 중국어 '타계시마(他計什麽)'란 일본어로 '가레와 나니오 카조 에마스가?(彼は何を數えますか?, Karewa nanio kazoemasuka?)'로 병법책 략가(兵法策略家)답게 "그네들의 속셈이 무엇인지를 알겠네."라는 의미를 담고 있다.

여기에다가 명나라의 역학자 장황(章潢, 1527~1608)의 저서 1613년 '도 서편(圖書編)'550, 551의 일본 지도에선 산인(山陰, さんいん) 혹은 호키(伯崎, ほうき)의 서쪽에 한 섬을 그리고 죽도(竹島)라고 적었다. 그 책의 일본국 서문에서 왼쪽엔 빗쥬(備中)552이고, 오른쪽에 이나바(因幡)553가 된다. 오 른쪽의 서편엔 "호기(伯耆) 지역이다(左之西爲備中, 右亦爲因幡, 右之西爲伯 耆)."라고 적었고, 그 아래에 다시 풀이(註)를 달았다. 해안이 온통 백사장 으로 펼쳐져 배가 정박한 여지가 없다. 배를 정박하고자 한다면 인근 항 구(鎭)로는 오늘날 아가사기(赤崎, アカサキ)인 오카사키(阿家雜記, ヲカサ キ), 오-시가(大塚, ヲ-シカ)의 옛 라코스케(倭子介, ラコスケ)와 오늘날은 알 수 없는 곳인 다도쿠지(他奴賀知, タトクチ)에서 정박했다. 그 북쪽으로 30 리에 죽도(竹島)다. 정박항 3개 모두가 오늘날 돗도리겐[鳥取縣]의 야바세 군(八橋郡, やばせぐん)554에 속하고 있다. 이렇게 상세히 '도서편(圖書編)'에

명기함은 일본 내륙의 지리를 잘 알았고, 호슈(伯州) 해안의 다케시마[竹島]를 일본의 판도(영토)로 인식하고 있다는 두 번째로 실례다.[555]

이뿐만 아니라 명의 왜구토벌장군이었던 왕명학(王鳴鶴)이 쓴『증단필구(登壇必究, 卷二十二,日本國圖)』에선 이와미(石見, いわみ)[556]와 다지마(但馬, たじま)[557]의 앞바다 가운데 다케시마(竹島)가 있다고 그려놓았으나 명나라 사람들은 이 섬을 일본 판도로 알았다는 것리 세 번째의 실제다. 위의 '무비지(武備支)' 외 두 책에서도 모두 '분로쿠게이죠노에키(文祿慶長ノ役)' 이후에 당시 상황을 근거해서 저술했기에 모두가 일본 판도에 죽도를 넣었다.[558]

이상을 종합하면, 동양삼국의 고문헌에서는 1,300년 이전부터 임진왜란(文祿征韓の役)까지는 죽도가 조선의 영토였다는 것은 의문의 여지가 없다. 임진왜란 이후로는 단지 일본 사람들만이 다케시마(竹島)를 영토로 여겼을 뿐만 아니라, 명나라의 많은 지성인의 임진왜란 당시 원병을 했다는 사실만으로 저서에서 죽도(竹島)를 일본 판도라고 알고 있었다. 단지 명나라 사람들만 그렇게 인식한 것이 아니라 조선인 또한 묵인(黙認)한 듯하다. 지봉유설(芝峰類說)에 임진왜란 후에 가서 봤다는 데도 죽도(竹島)는 왜에 의해 불타고 노략질 당하고 다시 인연(人煙)이 없었다. 근래에 와 듣기로는 왜놈들이 이소다케시마(磯竹島)를 점거했다고 한다는 등(壬辰變後,人有往見者.亦被倭焚掠,無復人烟.近聞倭奴占據磯竹島,云云)이[559] 기록되어있다. 이 말을 곧바로 조선 사람들조차도 은연중에 독도를 일본 사람들이 점거(침입)하도록 방임했다는 것이다. 따라서 게이죠(慶長) 19(1614)년 에도바쿠후(江戸幕府)는 대마도 도주 소 요시토시(宗義智)[560]에게 지시해서 부산에 사신을 보내 죽도(竹島)에 대해 담판을 했다. 조선이 이에 따르지 않았다고 해서 더 이상 사람을 죽도에 이주시키지 않았다. 1619년 겐나 4년 호슈(伯

州) 상인이 다케시마(竹島)의 도해를 청해 막부가 그를 허가해주었다. 이로부터 해상의 권리를 장악한 것(침략으로 약탈과 분탕을 지킴)으로 70여 년 동안, 겐로쿠 9(1696)년까지 여러 차례 서신을 주고받았다.[561]

조선판도 죽도에 대해 일본이 도해 면허를 내주다니!

1614(光海君 6, 慶長 19)년 갑인(甲寅), 대마도 도주 소 요시토시(宗義智)는 일행 14명을 파견해 조선 동래부사(東萊府使)에게 외교문서를 보냈다. 이소다게시마(磯竹島)를 현장방문해서 자세히 살펴보겠다(看審)는 통보였다. 당시 동래부사 윤수겸(尹守謙)과 후임 부사 박경업(朴慶業)은 단호하게 이소다게시마(磯竹島)란 다름이 아닌 조선의 울릉도이고, 조선 영토이기에 일본의 현장 확인이 용납될 리 만무하다고 답(善隣通書, 朝鮮通交大紀)을 줬다[562]. 같은 해(1614), 호키슈 요나코(伯耆州 米子)의 성주(城主) 나카무라호키노카미쥬이치(中村伯耆守忠一)[563]는 후사(後嗣)가 없어서 번이 폐지되었다. 바로 그해 막부의 성주를 대신하는 죠다이(城代, じょうだい)인 아베 시로고로(阿部四郎五郎)가 번주를 대신해 일을 봤다. 이때 상인 오야 진기츠(大谷甚吉, おおや-じんきち)[564]와 무라가와 이치베(村川市兵衛, むらかわ いちべえ)[565] 두 사람이 죽도 도해 면허(竹島渡海免許)를 공식적으로 관아에 청을 올렸다. 울릉도는 일본 영토가 아니기에 외국인 일본 사람이 조선 영토에 들어가 고기잡이는 한다는 건 조·일 간의 문제가 예상되기 때문에 번주들이 내주지 않았다. 1616(元和 2)년 운슈(雲州, うんしゅう) 미호세끼(三保關)에 사는 일곱 명이 다케시마에 들어가서 고기잡이를 하다가 해풍을 만나 표류해 조선에 도착했다. 조선의 예조참의(禮曹參議)가 서신을 대마도 도주 소 요시토시(宗義智)에게 건네주면서 그들을 호송했다(竹島紀事). 1617(元和 3)년 마츠다이 아라타로 미츠마사((松平新太郎 光政, まつ

だいらぁあらたろうみつまさ)가 호키슈(伯耆州)를 다스리게 되어 막부에 들어가 되었다. 오야(大谷)와 무라가와(村川) 두 사람은 또다시 다케시마도 카이멘교(竹島渡海免許)를 신청했다[566]. 1618(光海君 10, 元和 4)년 미츠마사(光政)는 막부에 요청했고, 이에 대해 막부에선 오야(大谷甚吉)와 무라가와(村川市兵衛) 두 상인을 에도(江戸, 오늘날 東京)[567]로 불러서 면담을 해보고 죽도 도해 면허를 내주었다(竹島圖說,伯耆民談).[568] 이렇게 하여 두 사람을 어로채취업자로 어선단을 이끌고 울릉도에 건너가 고기잡이를 하였다. 울릉도의 특별 해산물인 전복을 장군가문(將軍家門)에 상납하면서 알현하였다. 이에 고맙게 여겨 철 따라 옷까지 내려주었다. 이렇게 8~9년이 지나 두 상인 가운데 한 명씩 호출해 격년으로 찾아오라고 했다.[569]

우리나라는 임진왜란 7년 전쟁을 치르고 '모든 전쟁의 승리는 단지 화약총포에 있었다(全勝只在火砲)'는 교훈을 체득했다. 따라서 북벌계획을 구상했던 효종은 훈련도감 훈련대장에 이완(李浣, 1602~1674)을 임명하고 신예무기인 총포로 재무장하도록 지시했다. 문제는 버드나무 숯으로 만드는 염초(焰硝)는 중국에서 구입이 가능하나 유황(硫黃)은 일본에서만 구입할 수 밖에 없었는데, 1663년 에도막부에서 무기금수조치(武器禁輸措置)가 내렸다. 유일한 방안은 일본 밀무역을 통해서 극비밀리 획득해야 하는데, "1663년(작년 가을) 왜인들이 유황 1만3천600여 석을 싣고 어둠을 틈타 가덕도(加德島)에 정박(備邊司謄錄顯宗五年, 1664년)"이란 기록과 "가덕도(加德島)뿐 아니라 남해안 가까운 섬들은 일본 무기밀매 상인들에게 좋은 은신처이자 접선지가 되었다. 1665년에는 일본인들이 탄 배가 몰래 용초도(龍草島)로 들어왔다. 왜인들이 탄 배 한 척이 몰래 용초도(龍草島)에 정박하다(顯宗改修實錄六卷, 1665년)."라는 적발사건이 조정대신들 사이에서도 언급되었다. 결국, 1667년에 나가사기(長崎, ながさきし)

에서 동아시아 사이 최대무역상 이토 코자에몬(伊藤小佐衛門, いとう こざえもん)[570] 가문이 무기밀매로 100명이나 적발되어 43명이 참형을 당했다. 그의 죄목은 '조선에 무기를 밀매했다는 것'이다(武具を朝鮮に密賣したというものであった).

　　당시 시대 상황으로는 다케시마(울릉도)는 조선 판도에 속했기에 조선 조정의 동의 없이는 다케시마도카이멘쿄(竹島渡海免許)란, 속칭 권한 없는 자의 불법처분(不法處分)을 알고도 조선 조정의 국경초계(國境哨戒)가 못 미친다는 사실을 관행적으로 이용했다. 그럼에도 일본 에도바쿠후(江戶幕府)에는 죽도 도해 면허(竹島渡海免許)가 일본 국내에서 내주는 일방적인 면허장(passport)이었다. 일본의 국경을 넘어서 조선 영토에 입경할 경우에는 조선 조정의 입국허가(Visa) 혹은 조회(照會,しょうかい)조차 하지 않았다. 다시는 조선 조정은 일명 쇄환정책 혹은 공도정책(空島政策)[571]으로 비워놓았기에 몰래 어획활동을 하자는 속셈이었다. 설령 이렇게 해 일본 판도에 넘어 조선 판도에 들어선 건 '촛불을 훔쳐 성경을 읽었다고 해도 죄는 죄다(キャンドルを盗ん聖書を讀んだと言っても罪は罪で).'[572] 논리가 적용되었다. 이런 사실을 몰랐던 것은 아니다. 왜냐하면, 일본 막부에서도 격년제로 어획을 하다가 꼬리가 잡히기 전 1696년엔 죽도 도해 면허를 취소하고 끝내 해금지시(海禁指示)를 내렸다.

80년 황금어장을 하루아침에 잃어버리다

　　1636(仁祖14, 寬永13)년 호슈(伯州)의 요나코(米子)마을의 무라가와 이치베(村川市兵衛) 집안에서 일하던 장정들(家丁)이 울릉도(竹島)에 고기잡이를 갔다가 해풍으로 떠내려가다가 조선 본토에 도달했고, 조선 조정에서는 대마도를 통해 보내주었다.[573] 1666년(顯宗 7, 寬文 6)[574]년은 오야 진기

츠(大吉甚吉)가 막부에 제출했던 죽도 도해의 해당연도라서 오타니 쿠워몽(大谷九右衛門, Ōtani kuuemon)이 처음엔 대리로 지로베(次郎兵衛, じろべえ)575를 내세워 배 2척에 50명을 태워 2월에 요나코쵸(米子町)를 출발해서 오키시마(隱崎島)를 지나 4월에 다케시마(울릉도)에 도착해 고기잡이를 했다. 그곳에선 다시 배 한 척을 건조해서 7월에 다케시마(竹島)로 출발했다. 해풍을 만나서 3척이 분산되었고, 지로베(次郎兵衛, じろべえ)가 탄배 한 척은 조선 본토의 경상도, 오늘날 포항의 호미곶(虎尾串), 과거 장기곶(張鬐串)576에 닿았다. 부산을 거쳐 대마도에 도착해, 다음 해에 오사카(大阪)의 요나코테(米子邸)에 도착했다.577

1681(天和578元)년 7월 오타니 쿠워몽(大谷九右衛門, Ōtani kuuemon)과 무라가와 이치베(村川市兵衛, むらかわ いちべえ)가 도꾸가와 쓰나요시(德川綱吉, とくがわ つなよし)579 장군을 찾아가서 인사를 올렸다. 1684(貞享元)년 에도바쿠후의 동조궁(東照宮)에 사는 도꾸가와 이에야스(德川家康, とくがわ いえやす)는 가문의 혈통을 잇는 자손들의 계보와 사연을 올리도록 하명하였다. 호슈 요나코(伯州 米子)에 살던 오타니 쿠워몽(大谷九右衛門, Ōtani kuuemon)과 무라가와 이치베(村川市兵衛, むらかわ いちべえ) 두 사람은 다케시마(죽도)에 가서 고기잡이를 하고자 하는 동기와 이유를 올렸다. 1692(肅宗 18, 元祿 5)년은 독도에 출어할 수 있는 연번(年番)이 되었던 무라가와 이치베(村川市兵衛, むらかわ いちべえ)의 집안에서는 배 한 척에 21명이 타고 2월에 요나코(米子)에서 돛을 올려서 오끼(隱崎)섬의 후쿠우라(福浦, ふくうら)를 지나 3월에 죽도에 도착했다. 낯선 조선 어선 2척을 만나 처음으로 조선인이 이곳에 고기잡이를 하러 온다는 것을 알게 되었다. 그해는 별다른 일은 일어나지 않고 무사히 귀국했다.580

1693(肅宗 19, 元祿 6)년에는 오타니 쿠워몽(大谷九右衛門, Ōtani kuuemon) 집안의 출어 해당 연번(出漁該當年番)이 되어, 2월 요나코(米子) 마을을 떠나 운슈(雲州)를 통과하고 오끼섬 후쿠우라(隱岐島の福浦)를 거쳐 독도 인근 도센사키(唐船崎) 항구에 정박했다. 이때에 조선인 42명이 배 3척으로 일찍 와서 어획작업을 하고 있는 것을 보고, 그들을 꾸짖고 2명을 인질로 잡아끌고 요나코 마을에 와서 상부 기관에 송치해 돗도리현(鳥取縣)에 보냈고, 취조 심문을 한 결과를 막부에 보냈다. 내려온 지시에 따라 나가사키(長崎)항구를 통해서 귀국조치를 취했다. 1694(元祿 7)년 오타니 쿠워몽(大谷九右衛門, Ōtani kuuemon)은 에도바쿠후(江戶幕府)에 가서 장군 도꾸가와 쓰나요시(德川綱吉)를 알현해 그간의 사연을 말씀드렸다. 또한, 무라가와 이치베(村川市兵衛, むらかわ いちべえ)도 죽도에 출어를 나갔는데, 조선인 어부들이 먼저 와서 고기잡이를 하곤 했기에 황금어장의 이익을 크게 상실하고 있다는 하소연을 했다.

1695(元祿 8)년에 이와 같이 조선인 먼저 와있었기에 계속해서 황금어장을 독점하였던 큰 이익은 줄어들었다. 이로 인해 조선 어부들은 해마다 많은 사람이 몰려와서 여러 척의 배를 끌고 와 일본의 어엽(漁獵)을 방해하게 되니 이런 사정을 막부에 보고하여 상응하는 조치를 요청했다. 1696(元祿 9)년 1월 18일, 막부에서도 고민을 했으나 국제적 문제로 번지기를 원하지 않아 향후 다케시마에 건너가는 걸 금지시켰다. 그때 내린 봉서(節奉書)의 내용의 요지는 오타니(大谷九右衛門)와 무라가와(村川市兵衛)에게 오늘에 이르기까지 죽도에 도해를 하도록 하였으나 향후는 도해를 금지한다는 취지로 하명을 내려 보낸다. 위와 같은 내역으로 오타니(大谷)와 무라가와(村川)의 죽도 출어(竹島出漁)의 어로채취사업이 하루아침에 80년간의 황금어장을 상실하고 말았다. 또 이들에게 딸렸던 뱃사공들의 곤궁을 긍휼했던 바도 있었기에 무라가와 이치베(村川市兵衛, むら

かわ いちべえ)는 그해 11월부터 막부에 빈번히 하소연하는 상소를 올렸다. 겐로쿠(元禄) 16(1703)년까지 6년간 갖은 방법을 다해 다시 항해할 수 있도록 청원을 했음에도 은혜로운 윤허(允許) 따위는 없어 빈손으로 귀향했다.[581]

≡ 04

안용복(安龍福),
조선판도를 지켰다

나라도 못한 판도 확인을 백성이 했다고 역적이라니!

1693(肅宗 19, 元祿 6)년 2월, 호슈(伯州) 요나코(米子)의 상인 오타니(大谷九右衛門, Ōtani kuuemon)의 대리인 헤이베(平兵衛, へいべえ) 등이 다케시마로 넘어가 고기잡이하던 조선인 2명을 잡아 나가사키(長崎)에서 귀환했던 일이 있었다. 5월 13일에 츠치야 사가수오(土屋相模守, つちや さがみのかみ)가 대마도주 소 요시쓰쿠(宗義倫, そう よしつぐ, 1671~1694)[582]의 부하를 호출해 조선인 어부 2명을 나가사키에서 인도받아 본국으로 보내도록 지시를 내렸다. 대마도 도주는 다치바나 마사시게(橘眞重)를 차사(差使)로 조선 조

왜놈보다 조국이 배신하다니!(안용복)

정 예조에 파견했다. 대마도 도주 소 요시쓰쿠(宗義倫)가 예조참판에게 보낸 서한 제1호로 핵심내용은 다케시마(竹島)라는 섬이 조선의 울릉도가 아닌 양 '빠른 시일 내로 인근 해변 항포(港浦)에 명을 내려, 조선 어민들의

출어금지를 엄격히 조치해주시기 바람(速加政令於邊浦, 堅制禁條於漁民).'을 일본 막부의 뜻이라고 전했다.583 1694(肅宗 20, 元祿 7)년 정월 15일, 일본 사신을 맞이하는 담당 총괄(接慰官)로 홍문관교리(弘文館校理) 홍중하(洪重夏), 담당자(使者)로 차비관(差備官)584 박동지와 김판사, 훈도(訓導)585로 변동지를 보냈다. 전날에 한양(京城)에서 온 예조참판 권계(權瑎, 1639~1704)586의 답신이 내려왔다.587 주요 내용은 양국 간 문제 야기를 방지하고자, "이번 우리나라의 어선이 감히 귀국의 영토인 다케시마(竹島)에 들어갔다고 하니(今此漁船, 敢入貴界竹島) 의당 법에 따른 호된 응징을 해야지요. 지금부터 앞으로 법률에 따라 조치하겠습니다. 연안과 바다에 어떤 곳에도 엄격하게 법질서를 세우겠습니다(法當痛懲, 今將犯人等依律科罪, 此後沿海等處嚴立科條)."라고588 했다.

대마도주의 머릿속엔 '다케시마(竹島)를 아예 일본의 영토(貴界竹島)라고 명확하게 인정하는 외교서계'라는 생각을 했다. '울릉도를 통째로 대마도에 복속시킬 있는 천재일우(千載一遇)다.'라고 쾌재를 불렀다. 아예 외교서계에 '비록 저의 영토인 울릉도(雖弊境之蔚陵島)'라는 구절만 없앤다면 본토 몰래 울릉도를 삼킬 수 있다는 계략을 구상했다. 그래서 에도막부를 핑계로 삼아서 "이번 답신에 울릉도라 섬 이름이 나오는데 본국에서 언급한 것이 아니니, 이런 이름을 넣어서는 명확한 결말이 어렵습니다(我書不言蔚陵島之事, 今回簡有蔚陵島名, 是所難曉也)."589라며 문서조작을 했다. 그해 3월 다시 다치바나 마사시게(橘眞重)를 시켜 서한을 조선 예조참판에게 보냈다.590

그런데 그해 3월에 폐비(廢妃) 민씨(閔氏)의 복위운동으로 소론이 남인을 축출하는 갑술옥사(甲戌獄事) 혹은 갑술환국(甲戌換局)으로 조정 권신이 뒤집혔다. 이에 따라 대일본외교도 온건노선에서, 영의정 남구만

(南九萬), 좌의정 박세채(朴世采), 우의정 윤지완(尹趾完) 등으로 강경노선의 손에 넘어갔다. 대마도주의 외교서계를 받은 예조는 물론 대신들은 '귀국 영토인 다케시마(貴界竹島)'라는 표현을 문제로 삼아 교활한 일본의 계략에 넘어가지 않도록 강경전선이 형성되었다. 예조참판 이여(李畬, 1645~1718)[591]는 "울릉도(鬱陵島)와 다게시마(竹島)는 같은 섬의 두 가지 이름이라는 사실은 우리나라의 서적에 기록된 것이며, 귀국 사람들도 다 아는 바이다(一島二名之狀,非徒我國書籍之所記,貴州人亦皆知之島二名). … 이후로 울릉도에 도해하는 일이 없도록 바란다(國邊海之人, 無令往來於蔚陵島)."[592] 9월 12일에 부산 왜관(和館)에 머물고 있던 대마도 차사 다치바나 마사시게(橘眞重)에게 예조참판의 회신이 전달되었다.[593] 이보다 앞서 강원도 순찰사, 김병비(金兵備)는 무관에게 지시해 큰 배 1척과 작은 배 6척을 보내 울릉도를 시찰할 수 있도록 만반의 준비했다. 이런 사실을 박동지, 박첨지라는 조선 사람을 통해 동래 왜관에 알리도록 했다. 이때는 예조참판의 울릉도에 대한 강경한 의견을 표명한 서계를 받고 부산 왜관에 머물고 있던 차사 다치바나 마사시게(橘眞重)는 그 사람들에게 뜻대로 되지 않았다고 욕설을 퍼부었다.[594]

다치바나 마사시게(橘眞重)의 서계농간(書契弄奸)

소 요시쓰쿠(宗義倫, そう よしつぐ, 1671~1694), 대마도 도주의 속셈이 단칼에 거절되어 심기가 불편함을 헤아린 차사 다치바나 마사시게(橘眞重)는 1695년 5월과 6월에 왜관에 머물면서 더 이상 물러 설 수 없다는 궁지에서 뾰족한 묘수를 구상하고 있었다. 울릉도(鬱陵島)라는 3자를 삭제하려고 했다가 일본 영토인 다케시마(貴界竹島)라는 명기마저 달아나버렸다. 더 이상 물러날 수 없었다. 이젠 '개 꼬리로 개를 흔들자(以尾搖體).[595]' 계

략을 구상했다. i) 첫째 이전에 3번(78년 전, 59년 전, 30년 전)이나 일본이 조선을 선처했는데도 1693년 한 번만으로 '쳐들어옴(侵涉)'이라고 하니 알지 못하겠다(言侵涉我境者, 不知何意也). ii) 둘째 울릉도와 다케시마(竹島)가 일도이명(一島二名)이라고 하는데, 일본엔 그러한 기록도 없고 알지도 못한다(弊境蔚陵島云, 蔚陵島名我書中所不載也). iii) 셋째로 도리어 일본 어민들이 다케시마(竹島)에 아무런 방해 없이 78년간 어획을 했는데, 적극적인 영유권 행사보다 섬을 비웠으니 일본 영토임을 자인한 것이

귤진중, 꼬리로 몸통 흔들기(1695)

다(今雖廢棄, 豈可容許他人之冒居以啓鬧耶). iv) 넷째로 조선 고문헌의 기록은 82년 전까지 울릉도가 조선 판도였다는 증거이지, 최근 공도정책(空島政策)은 사실상 점거(real control)를 포기한 것이다(然則無只禁多年住居,而不禁一時往漁之理矣)."596라는 4대 의혹을 적시했다. 꼬리로 몸통을 흔든다는(以尾搖體) 외교문서를 동래부사(東萊府使)를 통해서 한양에 있는 예조참판에게 전달해 30일 내로 회신을 달라고 했다.597

다치비나 마사시게(橘眞重)는 30일 기한을 말했기에 25일까지 답장이 없자 더 이상 기다려도 오지 않겠다는 생각을 하고 대마도로 떠나려고 목도(牧島, 現 影島)에다가 배편을 마련하고 도주에게 할 결과보고를 마음속으로 구상하고 있었다. 때마침 동래부사가 차사에게 회신이 왔다고 전달했다. 회신의 내용은 "일본 고문헌에 없다고 하니 이참에 관련 고문헌을 보내드리니 확실하게 바로 고치시고, 의문하실 사항을 바로잡으시길 바랍니다(此際貴州出送其書,而請改,故朝廷因其請而改之)."라고, 바라던 바는 아니지만 완곡한 회신598이었다.599

몇 차례 읽고 읽었으나 조목조목 해명하는 게 아니고, 완곡하고 애매하게 포섭하는 답변이라고 다시 재회시하는 서한600을 작성하여 "이번 문건은 양국 간에 큰일로 고착될 것이며, 예조(南宮所)에서 답변을 주시지 않는다면 곧바로 조정에서 사리를 가리지 못했다는 것입니다. 누군가 지금 서한을 펼쳐보는 순간 심히 귀국의 부끄러움 그 자체일 것입니다(今番一件固兩國之大事,則無南宮所作答書,朝廷不閱之理矣.某今讀開示書,而深爲貴國耻之)."601라는 힐난하는 뜻을 전달했다. 그런데 동래부사(東萊府使)가 이 서신을 한양 예조에 보내지 않았는지는 모르지만, 도대체 회신이 없었다. 1695년 6월말에 대마도주 소 요시자네(宗義眞, そう よしざね, 1639~1702)602는 죽도쟁계(竹島爭契)로 인해 조선 조정이 2번이나 되돌려 보내는 서간(再度返簡)에 대해서 부적합하다는 이유로 정관 스기무라 우네매(杉村采女, すぎむらうねめ), 부관 기도로쿠에몽(幾度六右衛門, きど ろくえもん), 도선주 스야마 쇼에몽(陶山庄右衛門, すやまそょえもん)을 파견해 항의하기로 했다. 그러나 7월로 보류하였다603. 이와 같은 외교문서로 농간을 부려 대일외교의 창구인 대마 도주로서 울릉도를 자신의 판도(손아귀)에 넣은 뾰족한 수(妙數)라고 생각했었다. 그러나 결과는 바둑의 자충수(自衝數)였고, 외교상 작견자박(作繭自縛)이었다.

쟁계(爭契)로 자초한 죽도 출어 금지령(竹島出漁禁止令)

1696(肅宗 22,元祿 9)년 정월 28일 형부대보(刑部大輔, ぎょうぶたいふ)를 맡고 있던 대마도 도주 소요시자네(宗義眞, そう よしざね, 1639~1702)은 소요시쓰쿠(宗義倫, そう よしつぐ, 1671~1694)의 뒤를 이어서 새로 취임하였기에 막부의 집정관(관백)에게 신년인사를 드리고자 에도성(江戶城)에 입궐(入覲)했다. 마침 태수(老中) 4명과 줄을 지어 앉아있는데 도다야마(戶田

山) 성주(太守)가 '죽도 문제에 대한 문건'을 좌중에 돌렸다. 대마도주 역시 한 통을 건너 받았다. 주요 내용은 "이제까지 호슈(伯州) 요나코(米子)마을 사람 2명이 다케시마(竹島)에 가서 어획을 해왔는데, 조선 어부들도 그 섬에 와 일본 어부와 함께 뒤섞여 조업을 하는데 시비가 빈발하고 있으니 결단이 있어야 한다."였다. 그 자리에서 관백은 대마도주에게 날카로운 질문을 던졌고, 일본보다 조선이 훨씬 더 가깝다고 대답했다. 막부 관백은 결론적으로: i) 죽도는 일본 호슈(伯州)로 160리 거리이나 조선에선 40리 정도이니 조선 영토로 보이며, ii) 그동안 일본 사람들(大谷/村川)에게 1618

죽도출어금지령 날조주장
(pref.shimane.lg.jp)

년 죽도 도해면허(竹島渡海免許) 혹은 1656년 송도 도해면허(松島渡海免許)를 내주었더라도 철회하고 도해를 금지한다. iii) 대마도 태수(島主)는 조선 조정에 이런 뜻(敎旨)을 전하고, iv) 대마도 태수는 조선에 사신을 파견해 결정을 알리고, 그 결과를 관백(執政)에게 보고하도록 지시를 내렸다.

그럼에도 머뭇거리고 있는 대마도주의 행동의 낌새를 차린 조선 어부 안용복(安龍福) 등 11명은 1696년 5월 20일 오끼(隱崎)섬과 이나바(因幡)의 관청에 죽도(竹島)에 대해서 조정과 분쟁을 하고 있다는 사실을 접했다. 그는 8월 6일에 배를 타고 대마도로 귀국했다. 10월엔 소 요시자네(宗義眞)가 대를 이어 도주로 올랐음을 축하하는 조선의 사절단이 2명, 역관 변동지(卞同知)와 송판사(宋判事)가 이미 건너왔다. 1696년 10월 16일 대마도 도주(刑部大輔)는 조선의 두 역관에게 "죽도는 이나바(因幡) 혹은 호키(伯耆)에 소속되지 않는 빈 섬이었기에 호키(伯耆)섬 사람들이 그곳에

가 어렵(漁獵) 하게 된 것인데, 근래 조선 어부들이 건너와 같이 뒤섞여 조업함에 왈가왈부해서 앞으로 일본에서 도해하지 않도록 하는 에도막부의 분부가 있었다."[604]라고 말했다. 조선 역관들에게 이를 받아 적게(口上書) 했다.[605] 또한, 안용복(安龍福) 등 12명의 조선 어부가 울릉도가 조선의 영토임이 확실함에도 국경을 넘어서 고기잡이를 하는 일본의 불법행위에 항의해서, 양국 간의 선린우호를 위해서 도해금지를 내렸다고 언급했다.[606] 이렇게 역관들이 도주의 말을 적어서 조선 조정에 전달한다고 해서 결말이 날 것 같지 않다. 공식적인 외교문서로 작성해줄 것을 조선에 파견된 역관들이 요청했다. 할 수 없이 서계를 작성하고 참석한 직책(연령) 순(年寄, としより)으로[607] 연명하고 주인(朱印)을 찍있다.[608]

그 서계(書契)의 주요 내용은 "죽도가 위치상 일본에선 멀리 떨어져 있고, 귀국 조선에 가까움으로(本邦太遠而去, 貴國却近), 양국의 어부들이 뒤섞여 개인이나 어장에 폐단이 반드시 생길 것이니 이에 따라 즉각 하명하여 영원히 사람들이 들락거려서 고기잡이를 허락하지 않는다(隨卽下令,永不許人往漁採). 큰 틈에 사소한 빌미로 천민들에게 화환(禍患)이 일어났음은 예부터 지금까지의 골칫거리였다. 이런 고민을 어찌 안 할 수 있겠나?"[609] 또한, 안용복 등 12명이 이나바(因幡)에 제소한 것에 대해 "양국 간에 오랫동안 유지해왔던 우호를 고려해서(兩邦之間,專掌通好,其來久矣), 불문에 부치겠다. 귀국에서 옛날처럼 엄격히 명령해서 개인적이 폐해가 없도록 막아주시는 것이 양국 간의 일이다(故置而不問,貴國宜嚴申舊令,杜防私弊,務使兩國之好)."라고 작성하고 주인(朱印) 날인해 외교공문서로 격식을 갖췄다.[610]

대마도 도주로부터 일본어로 받아쓴 제8호 및 제9호의 구술서(口上書) 2건, 이를 다시 공식적인 외교문서로 작성한 제10호 및 제11호 외교 서계

를 받아든 조선 역관 변동지와 송판사는 외교상 연회와 예물을 배에 싣고 대마도를 떠나 12월에 동래에 도달했다. 곧바로 역참파발(驛站擺撥)을 통해 조선 조정(禮曹)에 올렸다. 그리고 곧바로 대마도 도주에게 "지난번 도주께 말하신 죽도는 동해상 무인도이므로 이나바(因幡)와 호키(伯耆) 어민들이 공지(空地)로 생각하고 왕래하였다. 일본에 멀고 조선에 가까운 위치에 있다(厥島相距在日本頗遠, 在朝鮮稍近). 따라서 이제부터 왕래를 절대 금지하라는 에도막부의 명령이 내려와 양국 간의 신의성실을 돈독히 하라는 뜻을 전했습니다(自今以後,日本之人,切勿往來事.自江戶分付以來云,實是兩國誠信之愈篤)."라는 서한을 제12호[611] 및 제13호[612]의 서계로 대마도 도주에게 알렸다.[613] 대마도 도주 소 요시자네(宗義眞)는 에도막부의 첫 지시를 받고 이행하는 것이라서 조선의 역관들이 전송한 전달확인서에 연서를 해, 스즈키 곤헤이(鈴木權平, すずきこんへい)를 특사로 에도바쿠후(江戶幕府)에 보냈다. 이를 집정관(關白)에게 보고하고자, 그달에 업무 당번이었던 츠치야 사가미노카미(土屋相摸守, つちや さがみのかみ)에게 제14[614], 제15[615] 및 제16호[616]의 3통을 제출했다.[617]

외교는 문서전쟁, 표현이 실탄!

한편 1697(肅宗 23, 元祿 10)년 정월 10일 변동지와 송판사가 조선으로 귀국하겠다고 해서 재판관(裁判官) 다카세 하치에몽(高勢八右衛門, Tagase Hachiemon)을 시켜 호송하도록 했다. 4월 27일에 조선 예조참의(禮曹參議) 박세준(朴世, 1634~1700)[618]의 감사와 예의를 표명하는 서한(제17호)[619]이 도착했다.[620] 그 서한의 내용엔 '우리나라 울릉도(我國鬱陵島)', '대마도 측에서 틀렸소(貴州始錯).' 그리고 '몇 가지 지시사항 이행(諸奉行)[621]'라는 용어가 심기를 상하게 했다. 이를 빌미로 조선 조정에 개정을 요청하기로

했다. 5월 10일 동래 왜관의 관수(館守)가 재판(裁判)의 거처로 훈도(訓導)와 별차(別差)를 호출해서 개정에 대한 문제를 협의하고, 그 뜻을 알겠다고 돌아갔다. 14일 동래부사로부터 두 역관을 시켜 위에 대한 해명을 해왔다. 그럼에도 다시 변교(辨驕)해 다시 개정을 요구했다. 7월 21일에 한양으로부터 개정본이 도착하였는데, 제18호[622] 서계였다.[623] 그러나 불온한 말을 고치도록 했는데, "울릉도는 동국여지승람의 지도에선 거리의 원근보다도 기록상에 분명하게 조선의 영토로 구분된다(疆界自別). 울릉도와 죽도가 하나의 같은 섬으로 두 이름을 갖고 있다. 이름이 달라도 같은 우리나라의 땅이다(則其名雖異,其爲我地卽一也). 귀국이 출어금지령을 내려 영원히 어획을 못 하게 함을 문서로 명기하였다니, 정녕 오랫동안 다른 뜻이 없다니 좋다. 울릉도가 우리 땅이니 관리(巡査)에 엄격히 살피도록 하겠다."라고 조선의 영유권과 관리권을 더욱 명확히 확정했다.

새로운 대마도 도주가 7월 21일에 훈도와 재판이 갖고 온 조선 조정의 서한 필사본을 읽어보니 '지시사항을 행함(奉行)'과 '조선 땅 울릉도(我國鬱陵島)'라는 표현을 고쳐달라고 했으나 동래부사는 처음부터 거절해왔는데, '대마도 측이 틀렸소(貴州始錯).'라는 표현은 삭제했을 뿐이었다. 1698년 1월에 신임 동래부사가 왔기에 다시 개정을 신청하였고, 신임부사는 한양에 개정 요청의 뜻을 송달하였다. 1698년 3월에 한양에서 다시 개정했다는 예조참의 이선부(李善溥, 1646~1721)[624]의 서한(제19호)[625]이 도착했다.[626] 5월에 '다케시마 관련 건(竹島一件)'에 대한 조선 조정(예조)으로부터 감사문시(謝書)를 에도막부에 올리고자 문서 전달자[使者]로 하다 나오시(平田直, Hirata Naoshi)를 보냈다. 그는 7월 15일에 에도바쿠후(江戸幕附)의 아베 분고마모루(阿部豊後守 Abe bungomamoru 혹은 阿部忠秋, あべ ただあき, 1602~1671)[627] 태수(太守)에게 제출했다. 이로 관백(關白)

으로부터 지시받은 다케시마에 관련 사항을 모두 종결하였다.[628]

한편 대마도 도주 소 요시자네(宗義眞)는 1699(元祿 12)년 정월에 사자(使者)로 아비루 소헤에(阿比留惣兵衛)를 보내서 예조참의 이선부(李善溥)에게 답서(제20호)[629]를 전달했다.[630] 또한, 에도막부에서 조선 조정의 사서(謝書)를 받았던 아베 분고마모루(阿部豊後守) 태수가 '처음부터 부주의했던 그곳에 신경을 써달라는 당부'를 말한 것을 구술서(口上之覺)로 작성해 동래부사에게 전달해 달라던 서한(제21호)[631]과 대마도 도주의 답서 2건을 지참한 아비루 소헤에(阿比留惣兵衛)는 3월 20일에 동래 왜관에 도착했다.[632] 21일에 관수(館守) 도보 신고로(唐坊新五郎)에 보여주고 훈도 박첨지(朴僉知)와 별차 최판사(崔判事)를 호출해 조선 조정 예조에 보낼 답신을 주고, 대마도 도주의 구술서(口上書) 내용을 모두 두 역관에게 전언했다.[633] 같은 달 26일에 훈도 박첨지가 왜관에 들어와 예조에 갈 서한과 구술서를 경성에 보내야겠다고 말했다. 4월 3일 사신(使臣)들이 대마도로 돌아가겠다고 해서 조선에서 백미 18가마니를 선물로 내주었다.

1699년 10월 19일 대마도 도주는 오우라 주자에몬(大浦忠左衛門, おおうら ちゅうざえもん)을 시켜, 아베 분고마모루(阿部豊後守) 태수의 집을 방문해 인사말씀(口上之覺)을 동래부사에게 잘 전달했다는 서찰(제22호)[634]을 올렸다.[635] 이로 인해 아베 분고마모루(阿部豊後) 태수는 '다케시마에 관한 사항(竹島一件)'을 모두 잘 해결했다고 태청(台廳)의 관백(關白)에게 보고를 드렸다. 이렇게 모든 일이 종결되자 대마도 도주가 아베 분고마모루 태수에게 감사편지(제23호)를[636] 올렸다.[637] 이에 대해서 아베 분고마모루(阿部) 태수 또한 대마도 종도주(宗島主)에게 답신(제24호)[638]을 내렸다.[639] 울릉도와 독도의 조선 영토로 재확인은 이렇게 모든 절차가 문서로 완결되었다.

기타자와(北澤正誠)의 장탄식(長歎息)

죽도(日本竹島, 朝鮮鬱陵島)를 일본은 겐나(元和) 연간 이래 80년 동안 일본 어민들이 고기잡이를 하였던 장소로 일본 판도에 있었다고 믿어왔다. 조선 어민들이 와서 남획하는 것을 금지하고자 했다. 그런데 조선은 당초에 보다 효과적인 쇄환정책(刷還政策)으로 실효적 지배를 하겠다고 울릉도에다가 공도정책(空島政策)을 한 것을 일본에서는 폐도조치(廢島措置) 혹은 포기조치로 오해를 불려왔다. 일본에서 주장하는 죽도(竹島)가 울릉도라는 사실조차 모르고 있다가 일본의 다케시마(竹島)는 조선의 울릉도와 동일한 섬이며, '같은 섬으로 두 개의 다른 이름(一島二名)'이라는 주장으로 열을 올리더니 끝내는 '국경을 넘어서 침입한 범월도해(侵越犯涉)'했다고 책망까지 했다. 고문헌을 살펴봐도 울릉도가 조선의 영토라는 사실이 처음부터 논의조차 없다. 분로쿠(文祿) 연간 이래 버려주었던 것을 우리 일본 어민들이 빈 섬에 가끔 드나들면서 거주했던 일본의 땅이었다. 양국 간에 영토 경계(疆界)에 대한 법칙은 누구 차지하느냐에 따른다. 300년간 동양제국의 실례를 보면 명나라 땅 타이완(臺灣)을 어느 날 네덜란드[荷蘭]가 점거하여 차지했다. 그 뒤에 정씨왕조(鄭氏王朝)가 병력을 동원해 그 땅을 빼앗았고, 그의 땅이 되었다. 헤이룽장성(黑龍江省)의 흥안령(興安嶺) 남쪽은 청나라 땅인데 러시아(俄羅斯)가 습격해 점검했다. 영국의 인도 점령, 프랑스의 베트남(安南) 점령 등이 그런 것이다.[640]

그런데 조선의 작은 섬을 일본이 점검하지 않고 80년간 버려둔 섬을 점거하지 않았는데도 오히려 구경 침입이라는 책망은 관계를 단절하자는 것이다. 한때 오가사하라시마(小笠原島)를 개척하자는 제안이 나왔으나 실행되지 못했던 상황으로도 충분히 알 수 있다. 당시 정략은 '국가와 사회의 안정(靖康)'에만 힘을 쏟았고, '국토 혹은 국력 신장(경장)'엔 소홀했던 것이다. 만일 당시 외교사례를 보고 교훈을 얻었다면 조선의 사례는 적으로 간주하고 응징을 가했을 것이다. 고래 같은 파도(鯨濤)를 부수고, 대붕의 날개(鵬翼)를 달아서 국태민안의 큰 뜻을 품었다고 해도, 공허하게 백옥 아래서 늙어 죽는 것밖엔 없었다니 통탄스럽기만 하다. 죽도에 대해선 '산산조각이 난 꿈(彈九黑誌)'의 섬으로 존재 유무를 논하기보다 당시 판도 확정을 못 했음에 장탄식(長歎息)을 금하지 못한다.[641] 이것은 죽도 고증을 했던 일본 고급관료이자 노학자인 가타자와(北澤正義)의 장탄식이었다.

천수각에서 탄환흑지(2015)

≡ 05
탄구흑지(彈九黑誌)642의
후속타와 결론

아이츠야 하치에몽(會津屋八右衛門)의 밀무역 사건

1699(元祿 12)년 다케시마의 판도에 관련 '조선 영도에 귀속됨'으로 결론이 났다. 이후 139년이 지지나 마츠다이라(松平右近) 장감(將監)643이 관할하던 세키슈(石州,せきしゅう, 石見國の別称) 나가군(那阿郡,なかぐん) 하바다(濱田, はまだ)에 사는 무숙자(無宿者) 하찌에몽(八右衛門, はちえもん)이 울릉도에 항해했다가 처형당한 일이 있었는데, 하찌에몽(八右衛門, はちえもん)은 하바다(濱田)에서 해외 밀무역하던 상인이고, 아이쟈하찌에몽(廻船問屋會津屋, アイヅヤハチエモン)은644 세이스케(淸助)의 아들이며, 아버지 세이스케(淸助)는 원래 마츠다이아오우(松平周防守) 영주(領主)의 물품을 조달하면서 살다가 병사해 가문이 끊어졌다. 그런데 무숙자 하찌에몽(八右衛門)은 덴보(天保645) 2(1831)년 아오우(周防守) 영주의 에도(江戶) 저택에 찾아가서 아버지 세이스케(淸助)가 여러 후한 은혜를 입었다고 사례를 했다.646 그리고 말씀을 드리기를 하바다(濱田) 앞바다의 다케시마(竹島)는 황금어장이라서 어획한다면 이득도 많다고 하면서 도해면허를 내어주시

면 매년 약간의 어세(漁稅)를 드리겠다고 청원하였다.

　　그러나 그곳은 막부에서 도해금지(渡海禁止)를 하는 곳이라서 허락하지 않았고, 하찌에몽(八右衛門)을 귀향하도록 조치했다. 하찌에몽은 저택 관리인 오야사쿠비(大谷作兵衛), 미자고로사에몽(三澤五郎左衛門), 마쓰이조세키에몽(松井莊右衛門) 3명에게 어획의 사업성을 설명했다. 그 사업정보를 좋은 소식으로 여겼던 관리인 오카다 다노모(岡田賴母)의 집사람 하시모토 산비(橋本三兵衛)와 린비헤이비(林品兵衛)에게 전달되어 오카다 다노모(岡田賴母)를 설득시켰다. 오카다 다노모(岡田賴母)는 처음엔 그런 노다지가 어디에 있느냐고 의심을 했으나 2~3번 얘기를 듣자, 때마침 마츠다이 아오우(松平周防守)의 사업 재정상태가 피폐해 곤궁한 때라 무슨 뾰족한 수가 없나 찾고 있던 참이었기에, 매혹적으로 받아들여 몰래 동료 마쓰이도쇼(松井圖書)와 의론하였다. 겉으로는 금지한다고 했으나 속으로는 묵인할 생각이었다. 하찌에몽(八右衛門)은 다케시마 조업을 명목으로 하고 일본에서 생산되는 총검류(銃劍類)를 사들여서 죽도로 가는 척하여 외국인과 밀무역을 하는 사업을 구상했다. 그런데 오사카죠부교(大坂町奉行) 관할의 활(무기)을 제작하던 스루가노가미(駿河守)에 의해 발각되어 6월 10일에 체포되었다. 심문을 받는데 피의자로 연류된 사람은 5명으로, 송사 담당 지샤부교(寺社奉行, じしゃぶぎょう)에 근무하는 이노우에 가와나이슈(井上河內守)에게 인계되었다. 쇠창살 감옥에 가둬 오사카죠부교(大坂町奉行)의 부하들이 호송해 이노우에 가와나이슈(井上河內守) 저택으로 압송해 한 차례 심문한 뒤에 하옥시켰다가 유곽으로 보내졌다. 같은 날 에도막부에 해당 근무자(御用番)[647] 마쓰다이라에찌센(松平越前)[648] 태수(太守)에게 심문서류(제1호)[649]를 제출하였다.[650]

　　하찌에몽(八右衛門)의 자백서(白狀)에 의해 오카다 다노모(岡田賴母)의 밀매사건으로 숨어있던 아키히도시(秋齊)와 마쓰이도쇼(松井圖書)를 에도로 호송했다. 호출장이 하바다(濱田)에 도착하자 같은 달 28일에 아키히도시(秋齊)는 자살했고, 도쇼(圖書)마저도 29일에 자결했다. 7월 9일에 오야 사쿠비(大谷作兵衛) 및 3명은 이시이(石井, 現茨城縣坂東市)의 휴가노가미(日向守)에 넘겼고, 하찌에몽(八右衛門)과 헤이스케(平助)는 이도(伊東)의 바리마가미(播磨守)에게 신병을 넘겼다. 같은 달 21일에 아오우(周防守)의 집에서 일하던 오쿠사(大草) 겐타이후(權大夫)는 에도막부의 근무 담당 마츠다이호키(松平伯耆) 태수에게 서신(제2호)651 한 통을 제출했다. 이후에 조사를 한 뒤 텐보(天保) 8(1837)년 정유년(丁酉年) 2월에 각기 형량을 고지하고 관련 사건을 마무리하는 보고서(제3호)652를 내놓았다.653 이에 관련된 사건 일체를 조선 조정에 알리지도 않았고, 중형에 처해짐으로 인해 메이지 유신(明治維新) 이후에도 어느 한 사람도 죽도에 대해 한마디로 끄집어내는 사람이 없었다.654

도다다가요시(戶田敬義)의 울릉도 도해 계책

1838년 하찌에몽(八右衛門)이 죽도 밀무역사건으로 처형을 당한 지 40년이지 지났고, 막부체제가 붕괴되어 메이지이신(明治維新)으로 새로운 정권이 수립되었다. 정한론(征韓論) 등으로 대외팽창에 고취되어 있었을 때인 1878년 메이지(明治 10)년 1월 27일 시마네겐(島根縣) 사무라이(士族) 도다다가요시(戶田敬義, とだたかよし)655는 죽도(竹島)의 어획에 뜻을 두었고, 도쿄부(東京附)에 죽도 도해 허가원(竹島渡海許可願, 제4호)을 제출하였다.656 그는 어렸을 때부터 동해에 있는 다케시마(竹島)에 대해 많은 걸 얻어듣고 자랐기에 메이지 정권이 수립된 이후에 죽도 도해기(竹島渡海記) 등의 문헌자료는 물론 풍문과 같은 각종 정보를 수합하고 정리해 도해(점

거)프로젝트를 기획했다. 동경부에서 회답을 하지 않았고, 그는 3월 13일에도 도해허가원(제5호)를 제출하였고, 4월에도 다시 출원(제6호)을 내었다. 지속해서 원서를 내겠다는 의지를 드러내었다.

竹島渡海免許(1618, 尾註105,
竹島問題研究所)

시마네겐(島根縣)의 사무라이(士族) 도다다가요시(戶田敬義)의 죽도 도해 허가원(竹島渡海許可願)의 내용을 간략하게 요약하면: i) 오끼섬(隱崎島) 70리 정도 서북 해상에 고도(孤島) 죽도(竹島)가 있으며, ii) 하바다(濱田) 사람 하찌에몽(八右衛門)의 밀무역과 호슈 미나코(伯州米子) 사람 무라가와(村川)의 어획사업에 대한 선인들의 활약상과 후쿠우라항(福浦港)에 후쿠우라벤호고텐(福浦弁戈天) 사당의 전설도 잘 알고 있습니다. iii) 어릴 때부터 가슴에 품고 있었던 죽도도해기(竹島渡海記)로 꿈을 키웠으며, iv) 마침 북해 개척과 오가사와라쇼도(小笠原諸島)에 사람을 보내고 있기에 같은 맥락에서 다케시마(竹島)에 가고자 하오니 조속히 윤허해주시기 바랍니다.657

그런데 허가원을 제출하고 출항 준비를 다했는데도 지령(허가)이 떨어지지 않았다. 3월 13일 도쿄후(東京附)에 다시 추가로 허가원(제5호)658을 내었다.659 추가원의 요지는 i) 1월 27일 자로 죽도 도해 허가원을 내었는데 회신이 없어 추가로 냅니다. ii) 사익이 아닌 황국 영토의 확장이라는 국익을 도모함이며, iii) 금년도 적기(適期)를 놓치면 1년을 기다려야 하니, 긴급한 조치를 바랍니다. 이렇게 추가원서를 제출했는데도 지령을 얻지 못하였다. 4월에 금년도 도해 적기를 놓쳤으니 명년에 추진하겠다는 뜻을 도쿄후(東京府)에 출원(제6호)660했다. 제3차 출원의 요지는 i) 금년 죽도 도해는 좋은 때를 놓쳤기에 명년으로 연기하며, ii) 1월 27일, 3월 13일에도 출

원하였는데 조치 회신이 없어 다시 출원합니다.[661] 6월 8일에 동경부에서 회신(指令, 제7호)[662]에 떨어졌다. 죽도 도항청원에 대해 의견을 들어봤으나 일을 벌이긴 어렵다(書面竹島渡航願之儀難聞啓候事)는 거절이었다. 동경부지사(東京附知事)의 쿠스모토 마사타카(楠本正隆, くすもと まさたか, 1838~1902)[663]의 성명에 붉은색 직인(朱印)이 찍혀있었다.

무토헤이가쿠(武藤平學)의 독도 거점 계책(松島開拓之議)

1877(明治 9)년 7월에 무츠노쿠니(陸奧國, むつのくに)[664]의 사무라이 무토헤이가쿠(武藤平學, Mutō Heigaku)가 러시아영 블라디보스토크(浦潮港, Vladivostok)에 항해를 하던 중에 동해상에 울릉도가 아니면서 상당히 크고 자연경관이 수려한 곳이며, 수천여 명이 거주할 수 있는 '마츠시마(松島)'라는 새로운 섬을 봤다고 주장하였다. 그는 마츠시마 카이타구노기(松島開拓之議, Matsushima kaitakunogi)을 외무성에 제출하였다.[665] 그는 제안서(제8호)에서 3~4차례 블라디보스토크(Вл

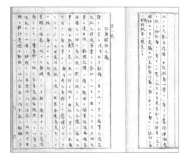

武藤平學の松島開拓之議(1877)

адивостóк)를 오가면서 매번 마츠시마(松島) 가까이 목격했는데 수목이 울창하고, 평지엔 경작이 가능하고, 3~4곳에 큰 폭포가 있으며, 거목과 광산도 틀림없이 있을 것 같았다. 일본 황국의 부강에 디딤돌이 될 것이니 조속히 이곳에 등대를 세우는 것이 필요하다고 건의했다[666]. 이에 대해 일부에선 송도(독도)에 일본이 손을 대면 조선과 외교상 문제가 될 것이지만, 일본 판도에 들어있는 일본 영토라고 주장했다. 죽도(竹島)는 도쿠가와(德川) 막부정권 때 조선 영토로 확인했으나 마츠시마(松島)는 논의된 적이

없으니, 거리의 원근(遠近)으로 보면 일본 판도가 분명하다. 국제적인 항해 질서를 위해 양국이 등대를 설치는 하는 좋은 방안이 현재로써 당면과제다고 적혀있었다.[667]

코다마 사다요(兒玉貞陽, Kodama Sadayō) 등 송도개척에 대한 각종 건의

'러시아 항구 잡지(露港雜誌)'에 세쇼(瀨照)의 글과 무토헤이가쿠(武藤平學)의 건의서를 '러시아 항구 기행문(露港記聞)'에서 읽고, 송도 개척을 뜻을 같이한다는 코다마사다요(兒玉貞陽)는 제안서(제9호)[668]를 1877년 7월 13일에 일본 외무성에 제출했다. 이에 송도 개척에 단계적 추진 10대 사업목록(제10호)[669]을 동시에 제출하였다. 코다마사다요(兒玉貞陽)의 건의 제안서(建白書)의 주요 내용은 i) 송도 개척은 다른 도서개발(島嶼開發)보다도 급선무(急先務)이며, ii) 북방 러시아 사람들이 낚아챌 수도 있으니 시기를 놓치지 마시길 바랍니다. 또한, 그는 단계적 추진 10대 사업 목록으로, 1) 개척민들의 거주지를 마련, 2) 벌목(伐木), 3) 개항장을 마련, 4) 등대 건설, 5) 목재 등 토산품 수출, 6) 경작지 개간, 7) 선박용 물류장소(物流場所) 건설, 8) 주민 이주와 정착, 9) 어획 작업을 지원, 10) 농사경작 착수 등 기타 산천과 구릉지(丘陵地)를 활용해 사업을 추진하는 것.

이에 대해 외무성 기록국장인 와다나베 히로모토(渡辺洪基, わたなべ ひろもと)[670]는 죽도(竹島)와 송도(松島)가 동일한 섬인지 혹은 2개의 다른 섬인지 일본 사람뿐만 아니라 서양 사람들 사이에서도 혼동이 있으니 먼저 시마네겐(島根縣)에 문의를 하고, 다음에 군함을 보내 실사(측량)을 하고자 한다는 의견서 2통(제11호와 제12호)을 내었다. 마츠시마에 대한 제1의 견(松島之議一)에선 i) 죽도와 송도가 같은 섬인지, 다른 섬인지도 모르고,

서양 명칭으로 죽도는 아르고노트(Argonaut)이고, 송도는 호넷락스(Hor-
net Rocks)이다. ii) 먼저 시마네겐(島根縣)에 서면으로 물어보고, 나중에
군함을 보내서 지세(地勢)를 살펴봄이 바람직하다.[671] 또한, 다른 의견(松
島之議二)에선 i) 오키(隱崎)의 후쿠시마(福島)에서 송도까지는 해상 약 60
리, 송도에서 죽도는 40리쯤이라고 할 뿐, ii) 송도의 위상을 북위 137도
25분, 동경 130도 56분이라고 하나 명확하지 않음[672]을 요지(要旨)하고
있다.

한편, 1877년 11월 블라디보스토크(浦潮港) 무역사무관 세와키 히사
토(瀨脇壽人, Sewaki Hisato)는 러시아 영토에서 근무함에 따라 송도(松
島) 점거에 대한 야욕을 갖고 있었다. 치바겐(千葉縣) 사쿠라(佐倉)에서 일
하던 사토 시치로베에이(齊藤七郎兵衛, Saitoilgob Langbyeong Mamolu)
라는 상인이 러시아 이곳 항구에 드나드는데 마츠시마(松島)에 접근해서
대략적인 지형을 알고 있다면서 이 섬을 개척했으면 하는 건의서(제13
호)[673]를 세와키 히사토(瀨脇壽人)에게 12월 19일에 건네주었다.[674] 그 건
의서(松島開島願書幷建言)의 주요 내용은 i) 블라디보스토크, 이곳엔 목
재 등 품귀현상(品貴現狀)이 일고 있어 ii) 송도에 있는 목재, 전복 등의 채
취하는 개척이 황국이익(皇國利益)에 도움이 될 것이다. 사토(齊藤)로부터
건의서를 받은 세와키 히사토(瀨脇壽人)는 송도 개발 건의서(松島開招願)
을 작성해, 외무대신에게 건의서 제
14호로[675] 1878(明治 10)년 4월 25
일에 제출하였다. 그 건의서의 요지
는: i) 러시아가 조선(鷄林)을 노리고
있으니, ii) 일본이 먼저 선제적으로
송도를 개척해야 하며, iii) 송도를

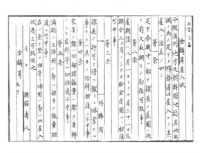

세와키(瀨脇壽人)고용계약서(1876,한겨레신문)

점거의 거점으로 해야 함이었다. 또한, 블라디보스토크 항해일지(浦潮港日記)에도 송도에 관련 사항을 별첨으로 추가해 5월에 송도 개발을 촉구하는 건의서(제15호)[676]를 재차 제출했다. 첨부된 내용의 요지는 i) 송도에 거목이 울창하고 전복이 콩을 흩뿌려놓은 것처럼 지천이며, ii) 우호적 문화동일체(舊好舊屬同文同體)의 설득논리로 조선 복속이란 대계책을 구상해야 한다. 공신국장(公信局長) 다나베 타이치로(田邊太一郎, Tanabe Taichiro)는 '송도는 조선의 울릉도로 우리 일본의 영유권 안에 있는 것이 아니기에 사토(齊藤)의 건의에 허가할 권한이 없다(松島ハ朝鮮ノ蔚陵島ニシテ我版圖中ナラス齊藤某ノ願意ハ許可スルノ權ナキ).'라는 취지의 사견을 적어 보냈다.[677]

송도로 국운을 열고, 복을 불러 들이자(松島開運招福)

1878(明治 10)년 5월 6일 송도 개척 건의에 대해 시대적 사명감을 갖고 있다는 지성인들의 지지가 날로 고조됨을 느끼고 있던 무토 헤이가쿠(武藤平學)는 다시 송도 개척을 해야 한다는 건의서(제16호)를 제출했다. 주요 내용은: i) 송도 개척의 취지는 부국강병의 실마리(一端) 하나를 마련함이다. ii) 송도에 대한 첩보를 수합한 결과, 작은 섬이나 개척할 가치가 있고, iii) 지난해 4월에 러시아에서 이미 군함으로 측량을 했고, 송도 거점화 속셈이 보인다.[678] 이뿐만 아니라 블라디보스토크 무역사무관인 세와키(瀨脇壽人)가 1878(明治 10)년 6월 7일에 송도에 대한 공식문서로 2건(제17호[679], 제18호[680])을 제출하였다. 시대를 앞서가는 지성인들의 '마쓰시마로 국운을 열고 복을 불려 들이자(松島開招)'는 주장을 거듭 강조하며, 강력한 추진을 건의하는 내용이었다.

당시 외무성 공신국장(公信局長) 다나베 타이치로(田邊太一郎)는 업무처

리에 참조하고자 메모쪽지(下ヶ紙)에다가 "i) 송도는 조선의 울릉도이며, 일본 영유권 내에 있는 것이 아니다. ii) 17세기(文和年間) 말엽에 조선과 외교문서에서 일본이 손댈 사유가 없음을 회시했다."681라고 적었다. 기록국장이던 와다나베 히로모토(渡辺洪基, わたなべ ひろもと / こうき, 1848~1901)682는 "i) 세와키(瀨照) 등이 송도의 실체를 봤다는 주장에 관한 실지조사를 한다면, 해군 군함 1척 혹은 미스비시(三菱)의 기선 1척 빌

은주시청합기(1667, 외무부)

려야 하며, ii) 무토(武藤) 그들의 주장은 몽상이며, 그들은 의문시 되는 인물이다."683라고 부전지(附ケ札)에 적었다. 기록국 담당관 사카다 쇼토(坂田諸遠, Sakata Shotō)은 다른 생각을 갖고 있다고 이견서(異見書, 제19호)684를 적었다. 그의 남다른 의견서는 '은주시청합기(隱州視聽合記)'뿐만 아니라 각종 최신 국내외의 지도 등의 자료를 종합하니, 송도(松島)는 조선의 독도(獨島)이고, 죽도(竹島)는 조선의 울릉도(鬱陵島)로 서로 다른 2개의 섬이라는 사실이다."라는 소견을 조심스럽게 내었다.

나가사키(長崎, ながさきし)에 사는 시다자이 와히토로(下材輪人郞, Shi-tazai Wahitoro)가 1878년 8월에 블라디보스토크로 항해를 하다가 송도(松島) 인근에서 살펴보니 섬 전체가 울창한 숲으로 덮여있었다는 사실을 사토 시치로베에이(齊藤七郞兵衛)와 같이 연명으로 송도 개발 청원서(松島開招願)을 작성해 무역사무관 세와키(瀨脇壽人)에게 1879(명치 11)년 8월 15일에 청원서(제20호)685로 제출했다. 내용의 요지는: i) 1877(明治 9)년 9월 12일에 송도 개척 제안을 내었으며, ii) 올해 6월에 나가사키에서 시다자이(下材輪人郞)와 장사하려고 이곳으로 오는 도중에 송도를 봤으며, iii) 배를 빌려서 실지조사를 하고자 하니, 개척에 윤허해주시기 바랍니다.

다나베(田邊太一郞) 국장의 메모쪽지로 비등여론을 평정하다

일본 외무성에서는 송도(松島) 실지조사 시행을 놓고 여론이 비등하고 있었다. 공신국장(公信局長) 다나베 타이치로(田邊太一郞, Tanabe Taichiro)는 갑론을박(甲論乙駁)하고 있는 여론을 수합하여 갑설(甲說), 을설(乙說) 및 병설(丙說)로 분류해서 요약한 '송도 순시 여부의 의견(松島巡視要否の議)'이라는 보고서(제21호)를 작성했다. 갑설(甲說)의 요지는: i) 마쓰시마(松島)란 일본의 호칭이며, 조선은 울릉도다. ii) 바쿠후(幕府)에서 공식 외교문서로 일본 영토가 아니라고 확정했다. iii) 조선 영토를 실지조사하는 것은 타인의 보물을 탐하는 것이고, iv) 따라서 국익을 해하기에 송도 개척은 불능·불가하다.[686] 을설(乙說)은: i) 개척 여부는 실사를 끝낸 후에 결정하자. ii) 일본 영토가 아니라는 과거 문서는 국익만 좀먹는다. iii) 러시아와 조선의 항해에 일본 근해에 있어 반드시 조사해야 한다. iv) 무주지(無主地)라는 사실이 확인되면 일본 영토화가 가능하다.[687] 나머지 병설(丙說)은 i) 러시아가 송도지역을 조사해 무슨 일이라도 도모할 기세다. ii) 송도 개척은 다음에 의결하고 당장은 실지조사를 서둘려야 한다. iii) 세와키(瀨脇壽人) 측에서 약간의 비용을 지원하니 송도 순시조사를 시행하자.[688]

이렇게 외무성 내부의 여론을 수합해 정리한 보고서를 놓고 기록국장 와다나베 히로모토(渡辺洪基)는 평론(제22호)를 내놓았다. 따라서 공신국장 다나베 타이치로(田邊太一郞)도 평론서(제23호)를 제출했다. 와다나베(渡辺洪基) 기록국장의 평론서의 요지는 i) 먼저, 송도 순시 조사를 시행하자. ii) 울릉도와 송도가 일도이명(一島二名)인지 확인해서 다른 섬이라면 일본 영토에 귀속이 가능하다. iii) 송도가 일본의 속도(屬島)인지 혹은 죽도가 일본의 속도인지 알 수 있다.[689] 다나베(田邊太一郞, Tanabe Taichiro) 공신국장의 평론은 i) 송도는 일본명, 조선명은 울릉도(于山島)의 부속도서로 막부 때 조선 영토로 인정했다. ii) 국경 침범의 순시보다 해군함정을 통해 실사 후에 기회를 봐서 무주지(無主地)임이 확인된 뒤 개척도 할 수 있다. iii) 그때서야 세와키(瀨脇壽人)의 개척 건의도 채택할 수 있다.[690]

이렇게 갑을병설(甲乙丙說)과 양정평론(兩丁評論)으로 1878년을 허송세월로 보냈고, 송도 실지조사는 하지 못했다. 1881년 9월에 일본해군 아마기(天城, あまぎ)함정[691]을 송도에 파견하여 해양측량을 실시하였더니 송도(松島)는 조선의 울릉도(鬱陵島)라는 결론을 얻었다. 아마기함(天城艦)의 해군소위 미후라 시게사토(三浦重鄕, Mihura Shigerato) 등은 죽도(竹島)를 울릉도 옆의 죽서도(竹嶼島)로, 송도(松島)실사는 막대한 예산을 들여서 시행했다. 이후에 일본해군에서는 공식적으로 송도(松島)라는 명칭을 시작했다. 독도(獨島)에 대해서는 서양인들이 말하는 리앙쿠르트 암(Liancourt Rocks)를 차용했다. 이에 대해 일본 외무성 수로국장(水路局長) 해군소장 야나기 나라요시(柳楢悅, やなぎ ならよし, 1832~1891)[692]는 아마키함(天城艦)의 송도 순시 조사보고서(제24호)[693]를 제출하였다. 송도에 대해 측량한 결과 하나의 암석에 지나지 않을 알게 됨으로써 다년간의 의심과 논의가 하루아침에 해결되었다.[694]

기타자와 마사나리(北澤正誠, Kitazawa Masanari)의 '죽도 고증'의 결론

1696(肅宗 22, 元祿 12) '다케시마는 조선의 땅(竹島の地朝鮮の者)'이라고 인정해준 뒤로 일본인들은 이 섬을 점거하려는 자는 없었다. 100년이 지난 뒤에 세키슈(石州) 하바다(濱田)의 무숙자 하찌메몽(八右衛門)이란 자가 에도(江戶)에 친분이 있는 관리의 묵인 아래 죽도에 들어가 고기잡이와 동시에 일본 물품을 조선 등에 밀무역했다가 막부에 적발되어 사형 당했다. 이후에 죽도 혹은 송도마저도 말을 끄집어내는 사람은 하나도 없었다.

메이지이신(明治維新) 이후 1876년 1월에 시마네겐(島根縣) 사무라이 도다다 가요시(戶田敬義)가 죽도도해원(竹島渡海願)을 도쿄후(東京府)에 제출하였다. 전후해서 무토 헤이가쿠(武藤平學) 및 사토 시치로베에이(齊藤七郎兵衛) 등이 블라디보스토크를 오가면서 송도를 발견하였다고 하면서 개척방안을 건의했다. 무역사무관 세와키(瀨脇壽人)를 통해서 도해 신청을 했다. 일본 외무성에서는 죽도(竹島)와 송도(松島)에 대해서 일도이명(一島二名)인지를 놓고서 갑론을박했다. 순시조사의 의견에 반대의견이 설득력을 얻어 중지되었다. 1881년 해군 아마키(天城)함을 송도에 파견해 순시조사하게 되었고, 그 결과는 송도(松島)란 조선의 울릉도의 도서이며, 그 옆에 있는 하나의 암석에 지나지 않는다는 결론을 얻었다.[695]

☰06
일제식민지대국의
해군력 팽창의 요새 거점화

일본의 조선 상권 장악 → 내치와 외교 간섭 → 청군 축출

1871년엔 청나라와 일·청(日淸) 수호조약 체결, 1874년에 류쿠인(琉球人)을 타이완인(臺灣人)이 살해했다는 빌미를 잡아 병력을 동원하여 진압하고 청의 타이완에 간섭할 수 없도록 세력권을 장악했다. 1879년 오키나와(沖繩)가 무주지(無主地)라는 핑계로 오키나와현(沖繩縣)을 설치했다. 중국은 묵묵히 지켜봄으로써 용인되었다. 1876년 조·일 수호조약을 강제적으로 체결했고, 부산·인천·원산 등의 개항을 추진했고, 거침없이 한반도 진출에 발판을 마련했다. 1882년에 임오군란(壬午軍亂)이 일어나자 청군이 적극적으로 개입하는 것을 보고 조선의 주도권 장악에 문제점을 인식했다. 1884년 갑신정변(甲申政變)으로 인한 3일천하(三日天下)를 청군이 진압하는 것을 보고, 일제는 전면적으로 전략과 전술 수정에 들어갔다.

당시 수정된 전술전략을 간략하게 요약하면 i) 청과 러시아 병력규모, 작전능력 및 한반도 요새지 확보활용 등을 종합적으로 분석할 경우에 육군에서 해군병력으로 작전한다. ii) 장기적으로 청로군(淸露軍)을 한반도에서 국지전으로 세력팽창을 거세하고, 동시에 축출한다. iii) 조선을 식민지화해 대륙침략의 발판으로 삼아 대일본제국을 건설한다.

일제는 직접적인 청군견제(淸軍牽制)를 위해 1883년 텐진조약(天津條約)으로 i) 조선으로부터 양국은 군대를 철수한다. ii) 출병할 때에는 상호통보를 약정하고 철군했다. 그러나 청의 위안스카이(袁世凱, 1859~1916)는 철군하다가 상주시켜 내치(內治)와 외교를 간섭했다. 1894년 동학혁명(東學革命)이 일어나자 청군파병을 틈타 일본도 텐진조약(天津條約)을 근거로 조선에 파병했다. 일본 세력의 확장에 좋은 기회임을 알고 동학군 토벌작전을 주도하고 철군을 거절하면서 오히려 갑오경장(甲午更張)을 강요했다. 조선 조정에다가 조·청 통상무역장정(朝淸通商貿易章程)의 폐지까지 강요했고, 내정간섭을 강화했다.

한편, 1883년 일본제국(日本帝國)은 조선에 경부간 전선(電線)을 가설하고, 1884년 6월 21일 병력을 동원해 왕궁과 4대문을 장악했다. 청과 통상무역장정을 폐기시켰으며, 나아가 조청국교(朝淸國交)를 단절시켰다. 청군의 공격을 대비해 아산만 앞바다 풍도(豊島)에 정박 중인 청(淸) 육군의 함정을 기습해 격침시켰고, 1,200여 명의 병사까지 수장(水葬)시켰다. 1894년 7월 23일, 7월 25일 두 차례 격돌했다. 천안(天安)의 전략 요새지 성환(成歡)에서 제3차 충돌에서도 일본군은 연승했다. 이어 평양전투에서 일본군이 승리했고, 압록강 어귀 바다에서도 청군(淸軍)은 패주했다. 1895년 4월 17일 미국의 중재로 시모노세키(下の關)강화조약이 체결되었다.

일제 군부, 러시아 해양세력팽창의 거세와 축출

이어서 청일전쟁(淸日戰爭) 승리와 청군세력의 축출경험을 기반으로 러시아의 조선반도에서 팽창거세와 축출작전에 들어갔다. 일본 해군은

1904년 2월 8일 조선 인천(仁川)과 중국 여순(旅順)군항에 정박 중인 러시아 군함 2척을 기습적으로 공격해 격침시켰다. 이렇게 서해안 해상군사 작전권을 일본 해군이 장악했다. 이전부터 동해에선 러시아의 블라디보스토크 함대가 남하를 감행하고 있어, 러시아 군함이 동해안에서 기선(機先)을 잡고 있었다. 서해안의 해상권을 장악한 일본 해군력이 동해상 해상권을 장악하려는 첩보를 접한 블라디보스토크 함대는 곧바로 보복전에 들어가 대마도해협에 출현해 일본 육군수송선이던 히다츠마루(常陸丸, ひたちまる)호와 이즈미마루(和泉丸, いずみまる)호를 격침시켰다. 일본 해군은 본격전의 빌미를 잡았다. 곧바로 모든 군함에 무선전신 시설을 완료함과 동시에 블라디보스토크에서 동해로 남하하는 러시아 군함을 감시하고자 1904년 6월 21일까지 한반도의 동해안 울진죽북변만(鬱珍竹邊灣)을 비롯해 전략적 요새에다가 무선시설과 초소(望樓, guard post)를 설치 완료했다. 7월 5일까지는 남해상 홍도(鴻島)와 절영도(絶影島, 오늘날 影島), 그리고 동해상 울릉도에 무선시설과 망루(2개씩) 설치와 동시에 해저전선(submarine cable)을 연결했다. 죽변초소(竹邊哨所)는 1904년 6월 27일 기공해, 7월 22일에 준공되고, 8월 10일에 업무를 시작했다.

좀 더 자세히 살펴보면 울릉도(鬱陵島)의 동서 2개 초소(guard post)는 1904년 8월 3일에 기공, 9월 1일에 완공, 9월 2일부터 근무를 개시했다. 죽변(竹邊)과 울릉도 해저케이블(submarine cable) 공사는 9월 8일에서 9월 30일에 완공, 울릉도는 일본 해군의 감시초소(監視哨所)와 통신기관설비지(通信機關設備地)로 징발되었다. 일본 해군은 원산(元山), 제주(濟州), 울산(蔚山), 거문도(巨文島), 홍도(鴻島), 우도(牛島) 등 한반도 해상전역에 20개의 감시초소를 설치했다. 울릉도뿐만 아니라 독도에까지 초소(哨所)를 설치했다. 이렇게 완벽한 감시체제를 정비함으로써 러시아 군함의 감

시는 죽변만 통신시설을 통해서 일본 본토 나가사키(長崎) 사세보(佐世保) 항에 있었던 해군진수부(海軍鎭守府)와 직접 교신했다. 해저케이블공사를 맡았던 일본 해군의 니이타카호(新高號) 군함은 울릉도와 독도에 공사를 하면서 지역주민(日本人)들로부터 독도에 대한 청취조사(여론 및 정보 수합)를 실시했고, 1904년 9월 24일 독도 실사를 실시했다. 니이타카호(新高號)의 9월 25일 자 항해일지(ship's log)를 요약하면[696] 'i) 조선에선 독도라고 하며, 일본인은 라앙코르트암(リアンコルド岩)이라고 하는 동서(東西)의 2개의 바위덩이, ii) 동도에서 담수가 있어 피풍(避風)하는 소수 인원은 거주 가능, iii) 해마(海馬)잡이 어선이 6~7척 작업을 하고, 6월 17일 러시아 군함이 북서진(北西進)했음'이다

1904년 11월 13일 일본 해군 군령부(日本海軍 軍令部)에서 리아코르트암(獨島)에 전신소 설치의 적합 여부를 시찰할 것[697]이라는 임무가 대마도해협에 초계 중인 쓰시마호(對馬號)군함의 함장 해군중좌 센도 다케히데(仙頭武英)에게 하달되었다. 날씨 관계로 사세보(해군진수부)로부터 파견원이 3일 늦은 18일에 도착했고, 쓰시마호 군함은 11월 18일에 죽변항으로 출항했다. 11월 19일 오전 8시 40분에 죽변만에 도착하여, 9시 20분에 울릉도로 항해, 오후 4시 20분 울릉도 초소 인근 도동각묘지(道洞角錨地)에 정박했다. 이튿날 11월 20일 오전 7시 20분 독도에 표박(漂迫), 부함장 소좌 야마나카 시나기츠(山中柴吉)와 군의장(軍醫長) 대군의(大軍醫) 이마이 게비타로(今井外美太郎)가 독도에 상륙해서 시찰을 했다. 부함장과 군의장은 3시간가량 독도를 시찰하고 함정으로 돌아왔고, 쓰시마호 군함은 오후 7시 8분에 벳부만(別府灣, べっぷわん)에 입항했다. 이것이 일본 해군의 최초 상륙 시찰한 경위다. 그동안 한국 영토인 독도를 실지조사하지 않았다가 러일전쟁을 도발한 후에 해상전략상 첨단요새(尖端要塞)로 독도에

초소를 설치하게 되었다.

쓰시마호(對馬號) 함장 센도 다케히데(仙頭武英)는 독도 시찰을 마치고 1905년 1월 5일 자로 일본 해군성(海軍省) 수로부장(水路部長)에게 공식 보고서를 제출하였다. 공식보고서의 요지는 'i) 망루의 대상지로는 동쪽 섬 어부들이 해풍을 피신한 움막의 터, 서쪽 섬의 동면 하반부, 동도의 남단 평탄지가 가능, ii) 바다표범(강치)을 잡던 어부들이 평온하게 취사했던 것을 봐서, 많은 양의 식수를 공급해야 함. iii) 러시아 군함의 감시초소 및 통신시설의 가설엔 문제없음.[698]'을 보고했다. 이 보고를 통해서 일본 해군성은 검토를 거쳐서: i) 독도는 국제해양법상 무주지 선점(無主地先占)의 주장이 가능하고, ii) 1879년 오키나와겐(沖繩縣) 편입 선례처럼 지체 없이 영토화가 필요하며, iii) 일본의 영토화로 러시아 해군의 해상권을 일본으로 전환시킴을 내각에 지급(至急)으로 요청했다. 1905년 1월 28일 일본 내각은 각의를 소집했다. 국제법상 무주지 선점(terae nullius)과 실효적 지배(effective control)를 병행해서 국제법규상 일본 영토화가 가능하다고 판단하게 되었다. 곧바로 영토화 선언을 단행하기로 결정했다.[699] 독도에 가장 가까운 시마네현(島根縣)은 2월 22일에 시마네현고시 제40호(島根縣告示第四十號)로 "북위 37도 9분 30초, 동경 131도 55분, 오키시마(隱崎島)와의 거리는 서북 85리에 달하는 도서 죽도(竹島, 다케시마)라고 칭하고, 지금부터 본현 소속 오끼시마시(隱崎島司)의 소관으로 정한다."[700]라고 고시했다.[701]

유일한 극동 부동항인 블라디보스토크(Vladivostok)에서 벗어나 일본의 해상권에 선제적으로 한반도에 전항(戰港)을 확보하려던 러시아의 속셈은 오히려 일본의 선제적 원천봉쇄작전으로 물거품이 되었다. 결국은 발트해(Baltic Sea) 리트비아(Litvia)의 리바우(Libau)항에서 출항해 아프리카 최남단을 우회한 빌틱함대(Baltic Fleet)는 장기간의 항해로 전력과 전의는 고사하고, 극도로 피로했던 최악의 시점에 이를 대마도에서 기다리고 있던 일본연합함대와 해전이 시작되었다. 1905년 5월 27일 새벽 5시 45분 진해만(鎭海灣)에 대기 중인 도고 헤이하치로(東鄕平八郎, 1848~1934)[702] 사령관은 24시간 지속해서 추격하여 발틱함대는 격파되어 침몰되었다. 이뿐만 아니라, 발틱함대 로제스트벤스키(Z. P. Rozhestven-sky, 1848~1909)[703] 제독은 생포되었다. 일본은 승기를 잡았고, 6월 8일에서 10일까지 미국 루즈벨트(Theodore Roosevelt) 대통령의 중재안을 12일 자로 받아들였다. 1905년 9월 5일 포츠머스강화조약을 체결함으로써 러일전쟁(1904.2.8.~1905.9.5)은 종전되었다. 1906년 러일전쟁의 평화정착을 위한 협상 공로로 일본은 루르벨트(Theodore Roosevelt, 1858~1919) 대통령을 노벨평화상 후보자로 추천해 1906년 '미국 대통령으로서 다양한 평화조약에 중재함(Collaborator of various peace treaties, President of United States of America).'[704]이라는 공로로 노벨평화상을 수상했고, 이로 인해 일본과 미국은 밀월관계에 들어갔다.

리앙코르트島에서 드림랜드(Dream Land)를 구상

1876년 메이지이신(明治維新)을 통해 국가 전반의 개혁과 인재양성을 도모했고, 국운 상승의 분위기를 확산시켰다. 일본 군부 엘리트들은 한 치의 오차도 허용하지 않는 철두철미한 사

리앙코르트암(태평양사령부, 24부대 지도, 1945)

전대응(有備無患)을 했다. 금상첨화(錦上添花)로 상대방의 빈틈을 절대로 놓치지 않고, 적기(適期)라고 판단되면 일도양단(適時企劃)하는 최선 타이

밍(timing)에 체질화되었다. 양손에 큰 칼과 비수를 쥐고 적을 향해 시선 하나, 발걸음 하나에도 빈틈을 주지 않으면서 상대방의 빈틈을 절대로 놓치지 않고 허점을 찔러서 쓰러뜨리는 미야모토 무사시(宮本武藏, みやもと むさし, 1584~1645)[705]의 병법책략서 오륜서(五輪書, ごりんのしょ)의 혼이 깃든 사람들이었다. 이뿐만 아니라 민간인들까지도 일본 해군성에서 감시 초소, 해저케이블 등의 통신시설을 울릉도와 독도(리앙코르트암)에 가설하는 것까지 눈여겨보고 무인도 독도를 활용해 어로 채취 독점권 등의 드림 랜드 프로젝트(dream land project)를 정부에서 신청했다.

대표적인 사례로는 1904년 9월 29일 나카이 요자부로(中井養三郎, なかい ようざぶろう, 1864~1934)[706]의 '독도 편입 및 차용청원(リャンコ島領土編入竝ニ貸下願)'[707]을 위해 도쿄 정부요인을 만나 요청했고, 내무성, 외무성 및 농상무성에 출원서를 동시 제출했다. 청원은 받아들여지지 않았으나, 1905년 1월 10일에 각의(閣議)에 회부되었고, 1월 28일 각의(閣議)에서 독도를 일본의 영토로 편입하기로 결정했다.

나카이(中井養三郎)는 더 이상 기다릴 수 없어 1910년에는 자신의 이력서와 사업경영개요(事業經營槪要)를 작성해 시마네현(島根縣)에 다시 출원했다. 그의 이력서엔 소학교 졸업 후 아이조가쿠사(相長學舍, 私立學塾)를 마쳤고, 도쿄(東京)로 유학해 사분오우(斯文黌, 私立學校)에 교육을 13년 간 받았던 엘리트로 1890년부터 잠수기(潛水機)를 활용한 외국 영해 어로 채취사업가였다. 1891년부터 1892년까지 러시아 블라디보스토크에서 잠수 도구를 사용한 해서어업(海鼠漁業)을 경영했으며, 1893년 조선의 경상도와 전라도 연안에 해표(海豹)잡이와 어포(魚鮑)에 종사했고, 1903년에 독도에 해려(海驢, 강치)잡이를 시도했는데 수익이 높아서 경쟁 남획이 심각해 독점 이권을 확보하고자 했다.

1905년 2월에 협정도 없이 경무고문(警務顧問)과 학부참여관(學府參與官)을 파견해 한국 내정을 장악하는 것을 나카이(中井)는 눈여겨봤다. 직감적으로 머지 않아 독도 침탈과 편입이 예상되어 독도 독점사업(dream land project)이란 구상을 구체화해 나갔다. 그것이 바로 다케시마 게이에이(竹島經營)다. 프로젝트의 용어로, 1905년 2월 22일 시마네현의 고시 제40호에서는 리앙코르트암(Liancourt Rocks)라고 표기했는데, 다케시마(竹島)로 표기된 것을 봤다. 1910년 이후에 다시 수정해 제출했다. 1905(明治 38)년 2월 28일 제출된 나카이 요자부로(中井養三郞)의 죽도경영(竹島經營)에 대한 처리사항을 요약하면 'i) 현재 독도가 조선 소령(朝鮮所領)으로 생각했으나 장차 총독부가 통치할 것으로 예상되며, ii) 수산국장(水産局長) 마키 나오마사(牧朴眞, まき なおまさ, 1854~1934)[708]는 주의를 시키며, 수로국장(水路局長) 기모츠기 가네류기(肝付兼行, きもつき かねゆき, 1853~1922)[709] 중장은 무인도(無人島)로 단정을 하였으며[710], iii) 경영상 이유는 일본 영토에 편입해 대부(임대)를 요청해 내무, 외무, 농상무 3대 대신(大臣)에 동시 신청, iv) 외무성 정무국장(政務局長) 야마자 엔지로(山座圓二郎, やまざ えんじろう, 1866~1914)[711]가 진술하기를 시기상조라고 답변'이었다.[712]

독도 영토 편입, 각의 요청→각의 결정→내무성 훈령→시마네현 고시

나카이 요자부로(中井養三郞)는 리앙꼬도(リアンコト, 獨島)를 한국 영토로 확신하고 한국 정부에 점용 허가를 얻고자 먼저 일본 정부 관료를 만났다. 관련 부처(省)의 국장들과 해군성(海軍省) 수로부장이 러일전쟁의 승리를 위해 독도에 해군초소를 건설 중이라고 했다. 또한, 그들은 하나같이 이런 절호의 기회를 틈타서 아예 독도를 '일본 영토로 편입과 점용 허가'를 제출하면 독점적 지위를 인정하겠다고 자문을 했다. 1904년 9월 29일에 나카이(中井養三郎)는 그 자리에서 '리앙꼬섬 영토편입 및 점용 허가 요청서(リャンコ島領土編入竝二貸下願)'를 내무성, 외무성, 농상무성의 대신(大臣)들 앞으로 제출했다. 이를 받아서 마침내 1905년 1월 10일 자로 내각회의 결정을 요청하게 되었다.

일본 정부의 대신들이 독도를 일본 영토로 편입하려는 근거는 '독도는 조선이 이를 점거해서 평온하고 실효적인 지배를 했다는 사실이 없었다. 즉 독도는 주인이 없는 무주지(無主地)다.'라는 논리로 '무주지 선점(無主地先占)'의 국제적인 원칙을 견강부회시키고자 내각회의에 부의안건 '37-337호, 무인도 소속에 관한 건(三七秘乙第三三七號ノ內, 無人島所屬二關スル件)'을 상정했다. 교묘하게 그들의 내각부의 안건엔 독도를 '무주지(無主地)'가 아닌 '무인도(無人島)'로 표기되었다.[713] 내무대신 자작(內務大臣 子爵) 요시카와 아키라마사(芳川顯正, よしかわあきまさ, 1842~1920)[714]의 내각회의 요청에 1905년 1월 28일에 소집되어 i) 리앙꼬도(リャンコ島)를 다케시마(竹島)로 하며, ii)'어떤 나라에서도 이 섬을 점유했다고 인정할 형적이 없다(他國二於テ之ヲ占領シタリト認ムヘキ形迹ナク).'고 명기, iii) 1903년 이후 나카이(中井)가 무인도를 평온히 점거해 국제법상 점령 사실을 확인했다.[715]

내무대신은 내각회의 의결을 얻은 뒤에 오키시마시(隱崎島司)의 관할지역으로 훈령형식으로 내정했다. 그러나 중앙정부의 각의 결정을 국가고시(국제사회에 포고)로 관보에 게재하지 않았다. 그 이유는 i) 국가적 분쟁 지역화로 소탐대실(식민지화 의도탈로) 방지, ii) 조선 조정과 시마네현의 갈등 조정자 및 후견자 견지, iii) 한마디로 '유능한 독수리는 발톱을 감춘다(有能なワシは爪を隱す)'는 전략이었다. 따라서 1905년 2월 15일 자로 호사다마(好事多魔)의 예방책으로 내무대신의 명의로 훈령을 포고했다.[716] 시마네

현 지사(島根縣知事) 마츠나가 다케요시(松永武吉)는 지체 없이 내무성의 훈령에 의거해 일자와 명의만 변경하고 1905년 2월 22일 자로 시마네현 고시 제40호를 관보에 게재했고, 산음신문(山陰新聞)에만 게재했다.

한편, 자국의 국민에게도 비밀로 하고, 상대 국가(조선 정부)에 통보조차 하지 않는 조치에 대해선 '무주지 선점의 원칙(無主地先占の原則)'에 해당 요건의 부합 검토에 앞서, i) 적법절차(due process of law)에서 이해당사자의 의견 제시 기회를 사전 통보조차 없이 원천 봉쇄했으며, ii) 특히 절차적 공정성(procedural fairness)[717]에서 사전협의 혹은 사전 통보가 없어 의견제시 기회의 박탈, 형평성의 결여, 결과 및 성과에 대한 안분, 형평성 등에 흠결을 안고 있고, iii) 명치연간(明治年間) 태정관(太政官)의 조선 영토의 확인 등에 대한 국제관습법상 신의칙(信義則) 혹은 공정성 및 선의(fairness and goodness)의 위배를 들 수 있다.

태정관 일지(1868)

이와 같은 일본의 불신사례는 역사상 빈번했다. 1594년 3월 6일 명국칙사(明國勅使) 담종인(譚宗仁)은 명군에 평양성에서 왜군에게 대패한 후 왜장과 강화협상을 하는 중, 삼도수군통제사 이순신에게 명황제의 성지(聖旨)라고 '왜의 각장수가 모두 갑옷을 풀고 본국으로 돌아가고자 하니. 왜군 진영에 가까이 주둔조차 말며, 고집을 피우면 병화의 죄로 문초할 것이다.'라는 내용의 '금토패문(禁討牌文)'을 급송했다. 이순신은 10여 일 와병 중에서도 분노해, "왜는 간사스럽기 짝이 없어 예로부터 신의를 지켰다는 말을 들은 적이 없습니다(日本之人, 變詐萬端, 自古未聞守信之義也)."라고 답담도사종인금토패문(答譚都司宗仁禁討牌文)을 써서 담종인 칙사에게 보냈다. 또한, 선조에게도 장계를 올렸다. 그래도 분노가 가시지 않아 그날의 일기에 "왜적은 믿을 수 없다. 화친을 하자는 건 사기다 (倭賊無信, 欲和者詐也)."라고 적었다. 아주 가깝게는 1998년 IMF 외환위기를 당하고 있을 때에 일본은 한·일 어업협정(조약)을 일방적으로 파기했다. 최근 미국 전(前) 국가안보보좌관 존 볼턴(John Bolton, 1948년생)의 회고록『그 일이 일어났던 그 밀실(The Room Where It Happened)』[718]에서 i) 반기문 유엔사무총장 반대공작, ii) 2018년 하노이 북·미 정상회담의 협상 반대(NO Deal) 등 일본의 한국 방해공작이 낱낱이 밝혀졌다.[719] 이와 같은 잔꾀를 낼 것을 미리 알아차린 대한제국의 고종은 선제적으로 1900년 10월 25일 대한제국 칙령 제41호로 독도를 울릉군 소속으로 영유권을 선포했다.

1905년 5월 27일 동해상에서 일본은 군사력으로는 10배가 넘는 러시아를 대파했다. 울릉도와 독도에 해군 전략상 요새화를 공고하게 하고자 5월 30일 울릉도 북망루(초소)에 무선전신소(無線電信所)까지 부설했다. 독도에도 은폐초소(隱蔽哨所)를 계획[720]해서 해군대신에게 재가를 올렸다. 6월 12일에 현지실사를 위해 군함 하시다테호(橋立號, はしだて) 방호순양함(防護巡洋艦)을 파견해 6월 13일 오후 2시에 도착하여 1시간 40분간 입지조건과 소요 자재를 파악했다. 8월 19일에 설치를 완료하고 업무를 개시했다. 9월 5일에 포츠머스강화조약 조인과 10월 15일 종전으로 10월 19일 울릉도의 초소를, 10월 24일에 독도의 초소를 철거했다.

≡ 07
독도의 국제분쟁 지역화로
영토 편입 프로젝트

한국전쟁(Korea War), 참전해 그대로 눌러앉자!

1950년 6월 25일 한국전쟁(Korea War)이 발발했다는 소식은 세계 2차 대전의 패망국가 일본에는 하늘이 준 천재일우였다. 대외적 표현은 옆집에 전쟁이라는 대형화재가 발생했으니 이를 잘 이용하면 비싼 물건들을 긁어모을 수도 있고, 속내는 참전형식으로 진주해서 눌러앉으면 제2의 조선식민화 기회였다. 일본은 곧바로 '한국전쟁 발발로 인한 일본열도의 군사적 공백과 중국 공산화 세력확장을 예방'한다는 취지로 주일 미군사령관을 설득시켜서 '경찰예비대(警察豫備隊)'를 8월 10일에 75,000명의 병력을 창설했다. 이들을 한국전쟁에 참전해 지원한다는 대의명분(大義名分)을 만들었다. 유엔군 사령관 맥아더를 설득시켜 한반도 참전을 거론했으나 당시 이승만(李承晚) 대통령은 "일본 경찰예비대가 참전하면 우리는 총부리를 그들에게 향할 것이다."라고 완강히 반대했다. 이에 미국은 주한미8군사령부와 CIA에서 비밀리 이승만 참수작전(Decapitation Strike)을 기획했고, 더 나아가(명목은 중공군 격퇴로) 유엔군을 일본으로 철수시켜 전

열을 재정비하자고 했다. 1950년 12월 29일 맥아더 장군은 "철군을 대비하라."721라고 하명을 내렸다.722

그러나 6·25전쟁에 일본 경찰예비대 참전이 완강한 저항에 부딪혔다. 부작용으로 이승만 대통령은 일본의 속셈을 간파하고 1952년 1월 19일 고시 14호로 평화선(Peace Line)을 선포하고 독도 영유권을 재확인했다. 2월에 일본은 한·일 국교정상화를 제안하면서 속셈을 감추고, 장기적 안목에서 신생 한국 정부는 전쟁하는 동안 국방 이외엔 관심을 쏟을 여유가 전혀 없다는 사실을 간파했다. 이런 틈을 적극 활용해 과거 식민지였던 조선 영토를 재침탈할 수 있는 계기를 마련한다. 그것이 안 되더라도 보이지 않는 덫(invisible trap)이라도 설치하겠다는 액션 플랜(action plan)을 수립했다. 요약하면: i) 대마도와 독도를 샌프란시스코(대일강화)조약에서 일본 영토(Plan A)에 명확하게 규정한다. ii) 일본 영토로 명기가 안 될 경우는 조선 영토에서 제외(Plan B) 시킨다. iii) 만일 그것도 실패했을 경우에는 독도를 국제분쟁지역으로 만든다(Plan C). iv) 이렇게 해서 국제사법재판소 등에서 전쟁 폐허로 국력이 소진된 한국을 상대로 '호랑이 개 잡아먹는 싸움(虎犬相戰)'을 전개한다. 이는 한마디로 '불난 집에 도둑질하기(趁火打劫)'였다.

때마침, 1953년 1월 12일 평화선 획정과 침입월경선 나포를 선포했다. 일본은 독도 침탈작전 개시 신호탄은 6월 22일에 어선이 독도 근해 항해한 것이었다. 이어 6월 25일엔 목선(선원 9명) 독도 상륙, 또다시 6월 27일 청색목선(靑色木船)으로 8명이 독도 상륙, 6월 28일 해상보안청 선박 2척, 30명이 독도를 침범했다. 7월 12일 해상보안부의 순시선 헤쿠라(舳倉, へくら)723호가 독도 인근에 접근해 피격하고, 8월 23일 해상보안청 오키호(隱崎號) 경비정이 동도(東島)에 접근하자 민간인으로 조직된 독도의용수

비대의 기관총 사격에 퇴각했다. 그러나 다시 9월 17일 어선으로 독도 해역을 침범했고, 9월 26일 외무성에 8월 23일 사격에 대해서 구술항의서를 한국 정부에 제출하였다. 이렇게 국제분쟁지역으로 증빙서류를 챙긴 일본은 1954년 9월 25일 국제사법재판소 제소를 제안했다. 다시 한국에 숨 쉴 틈조차 주지 않았고, 11월 21일 경비정 3척으로 동틀 무렵 독도 접근과 폭격기(폭탄 6개 장착)로 영공경호에도 독도의용수비대와 접전(接戰)이 일촉즉발까지 갔다. 외무성에선 11월 30일 일본 순시선 항의를 했다. 한·일 국교정상화까지 328척의 일본 선박이 습격, 쌍방 44명 사상자와 3,929명의 일본 어민이 한국에 억류되었다.

한국전쟁이란 빈틈을 활용해서 독도 영유권을 확보하기 위한 일본의 기획은 i) 독도 집중 침탈하기, ii) 미국 및 UN 등 국제외교에서 지원과 묵인 등의 지지세력 확보, iii) 국제사법재판소 제소를 위한 한국의 뿌리 돌리기 작업(根絶し作業)에 들어갔다. 특히 한국의 설득 혹은 방어논리(defence theory)에 대한 반박논리(counter theory)를 마련했다. 일본 외교문서에 i) 조선이 제시한 문헌 혹은 인용문구가 부정확하고 오류가 있어 근거가 되지 못한다. ii) 한국 정부는 외교적 각종 조치사항 등을 철저하게 무시하고 외면하고 있다. 또한, iii) 외교적 조치의 정당성을 제시하기 위한 반증 논리(counter-proof logic)로는 '그것은 아니다. 왜냐하면, ~이기 때문이다(No. Why).'라는 논박 구조를 개발했다. 속칭 '간보기(testing the waters)' 작업이고, 한국맞춤논리(Korea-specific theory)로 타격을 마련했다.

죽도 영유권 주장으로 한국 정부 간 보기

1953년 9월 17일 일본 수산시험청(日本水産試驗廳) 선박 1척으로 어업시험관 및 관료의 독도 상륙에 대한 우리나라의 항의구술서(抗議口述書),

한국 정부 견해(1)[724]에 대해 10월 3일 자로 반박하겠다고 예고했다. 1954년 2월 10일에 항의답변서[725]로: i) 인용문헌이나 인용구가 부정확하고, 오류가 많은 아전인수(我田引水)의 주장이다. 즉 동국여지승람과 세종실록에선 죽도(竹島)와 우산(于山)은 같은 섬이 아니다. 또한, 심흥택 보고서[726] 이전엔 어떤 문헌이나 지도에도 죽도(竹島)의 존재는 없었다. ii) 숙종실록의 안용복은 조선법령에 의거 처형했기에 불법을 원인으로 한 진술이므로 주장

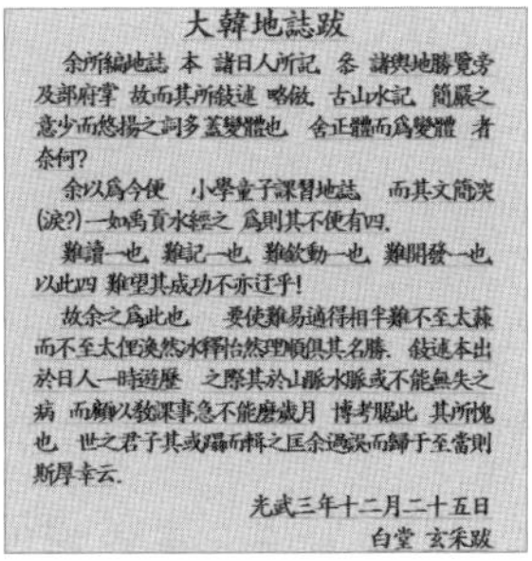
大韓地誌跋

余所編地誌 本 諸日人所記 叅 諸輿地勝覽旁
及部府掌 故而其所敍述 略備 古山水記 簡嚴之
意少而悠揚之詞多 蓋變體也 舍正體而爲變體 者
奈何?

余以爲今使 小學童子課習地誌 而其文簡深
(淚?)一如禹貢水經之 爲則其不便有四.

難讀一也 難記一也 難歆動一也 難開發一也
以此四 難望其成功不亦迂乎!

故余之爲此也 要使難易適得相半難不至太蘇
而不至太俚渙然冰釋怡然理順俱其名勝. 敍述本出
於日人一時遊歷 之際其於山脈水脈或不能無失之
病 而顧以敎課事急不能磨歲月 博考證此 其所愧
也 世之君子其或踊而辨之匡余過誤而歸于至當則
斯厚幸云.

光武三年十二月二十五日
白堂 玄采跋

현채 대한지지발문(1901)

자체가 불법이다. iii) 죽도의 실효적 통치했다는 주장은 부정확하고 증명되지 않았다. 즉 1906년 심흥택 보고서는 원본이 아니고, 시마네현지(島根縣誌)의 인용구는 편찬자의 오류였다. 따라서 히바타 세코(桶畑雪湖, Hibata Seko)의 논문은 저자의 오류이고, 조선수로지(朝鮮水路誌)는 사용자의 편의적(片義的) 편찬이며, 쓰시마호(對馬號) 군함의 보고서는 풍문에 지나지 않는다. 1910년 5월 대한제국의 한국수산지(韓國水産誌)의 죽도와 동일성은 발견되지 않았다. iv) 1904년 2월 23일과 8월 22일 한·일 양국간 조약은 전략적 지역의 일시적 수용일 뿐, 일본 정부와는 무관하다. v) 대일강화조약 조항, SCAPIN 제677호 명령은 일본의 정치적 행정적 권리행사 정지조치가 아니다. vi) 도쿠가와 바쿠후(德川幕府) 때 오야(大谷) 및 무라가와(村川) 가문에 죽도 검거(control)를 허가한 사실을 조선은 인정했다. 조선 이후 공도정책(空島政策)은 행정적 또는 여하한 지배력이 미치지 못했고, 일본이 실효적 지배(effective control)를 했다. vii) 국제법상 영토 취득 필요조건에 1905년 1월 28일 내각회의에 충분히 검토하고 결정했다. 따라서 2월 22일 시마네현(島根縣) 고시 40호로 완결되었다. 실효적

지배로 4월 14일 현령 제18호 어업통제규칙 제정과 허가제 실시, 5월에 오키시마시(隱崎島司)에서 국유지 편입, 6월 5일 해로(海驢)잡이 허가, 8월에 현지답사 등으로 충분하다. 이뿐만 아니라 1940년 8월 17일 쿠레해군기지(吳海軍基地) 사령관에 해군소유지 사용허가 등 수 없이 많다. viii) 반면 한국 독도 영유권을 포기한 증거로는 1901(광무 5)년 현채(玄采, 학부편찬국 간부)[727]의 『대한지지(大韓地誌)』에서 동단(東端)을 130도 35분까지로 기재했고, 태백광노(太白狂奴)[728]의 『한국통사(韓國痛史, 1915)』 동단 130도 50분까지로 보고 독도를 제외했다고 밝히고 있다는 통고했다.

1954년 9월 25일 기다렸다는 듯이 '죽도 등대 설치에 대한 항의 구술서'에서 i) 수차례 반복적인 항의표시를 했음에도 영공 및 영해를 침해하고 있어 피해에 대한 조사를 했다. ii) 양국 간의 평화적인 해결을 위해서 국제법의 기본적인 해석과 영유권 등에 대해 국제사법재판소에 위탁하여 공정한 판결을 받고자 하오니 동의를 기대한다[729]고 했다. 이것은 이제까지의 논리에 대한 i) 상대방에 대한 설득력 판단, ii) 상대방의 대응과 속셈을 탐색, iii) 미흡한 점이나 문제점을 보완하려는 '간 보기' 제스처(gesture)였다. 한마디로 그들은 '밑져야 본전'이라는 속셈이다. 여기에다 한술을 더 떠 '독도 문제로 한국에 지는 것은 이기는 것보다 몇 배나 더 어렵다(獨島問題で韓國に負けるのはあるより何倍も難しい).'라는 구호로 자신감을 표명하고 있다.

귀신은 경문에 막히며, 한국 외교는 대응논리에 막혔다

1956년 9일 20일, '한국 정부 견해(2)'에 대한 반박과 일본 영유권 주장이 보완된 '일본 정부 견해(3)'를 1956년 9월 25일에 통보했다.[730] 수정 혹은 보완된 논리를 중심으로 요약하면 i) 세종실록(世宗實錄)엔 우산·무릉이도설(二島說) 혹은 일도이명설(一島二名說)이 공존해 우산(于山)이 죽도 (竹島)란 명확한 증거가 부재하다. ii) 이에 반해 일본인은 1004년경 우르 마도(島)로 도항(渡航)했으며, 이는『권기(權記, 1379년)』등에 기록이 있다. 조선 초기부터 공도화(空島化) 시기에 일본인들에 의해 100년(1593년까지) 이상 어채지화(漁採地化) 되었다. 1667년 사이토(齋藤)의『은시청합기(隱 州視聽合記)』등에 죽도(竹島)와 송도(松島)를 실제적 활용한 명확한 기록 이다. iii) 숙종실록(肅宗實錄)의 안용복(安龍福) 관련 기록은 일본 기록과 대조 확인하면 허위와 윤색된 기록이다. iv)「은주시청합기(1667)」의 지도 에선 일본의 북서단(北西端) 한계는 죽도와 송도다. v) 1618(元和 4)년 오야 (大谷)·무라가와(村川)에 발급한 죽도 도해면허(竹島渡海免許)는 주인장(朱 印狀)[731]이 아니라, 단순한 도해면허(渡海免許)이다. 이미 1656년에도 송도 도해면허(松島渡海免許)를 허가했다. vi) 본도에 가까운 울릉도에 공도정 책을 했는데, 작은 도서 독도를 지배했다는 건 억지 논리다. 이뿐만 아니 라 수토관(搜討官)은 죽도 도해 금지조치 이후 울릉도에만 한정했다. vii) 이에 반해 일본은 항해에 길목[道項] 혹은 기항지(寄港地)로 이용해 어획 (漁獲)을 했다는 기록이 다수다. viii) 당시 국제통상적 관습법에 따르면 영 토취득의 고시는 상대국에 통보가 절대 요건이 아니다.[732] ix) 1946년 1월 29일 자 SCAPIN 제677호 6항의 규정 "일본 정부의 행정관할권으로 반 환된 섬"에 대해 "국제연합의 신탁통치하에 있던 섬"으로 해석함은 오류 다. x) 강화조약 제2조 규정은 한일합병 당시의 조선이 일본으로부터 독립 함을 인정함일 뿐 한일합병 전의 일본영토가 독립조선에 할양이 아님을 반박했다.

우리나라에서 1959년 1월 7일 자로 일본의 반박논리에 '한국 정부견해 (3)'을 보낸 뒤에 장기간 준비한 '일본 정부견해(4)'를 1962년 7월 13일 자로 외교 구술서로 통보하였다. 앞에서 언급한 반박논리를 제외하고 새로운 것만을 요약하면 i) 조선을 공도정책(空島政策)을 했음에도 일본은 명확하게 지속적으로 실효적 지배경영을 해왔기에 울릉도에 내왕하는 일본인이 조선인보다 더 많았다. 16세기 말부터 100년간 어채지(漁採地)로 1618년 오야(大谷)와 무라가와(村川)에게 도해면허를 해서 종사시켰다. 1696년 1월에 도쿠가와 바쿠후(德川幕府)에서 잠시 방기 결정을 했을 뿐이다. 오늘날까지 일본영토로 경영했다. 18세기 중엽 '죽도도설(竹島圖說)', 1801년 '장생죽도기(長生竹島記)'에 묘사되어 있다. 이외도 3개의 고지도에 기록이 있고, 1837년 하치에몽(八右衛門)의 밀무역사건의 사건판결문에 송도 도항을 처벌하지 않은 이후 일본영토로 인식해 왔다. ii) 조선의 고문헌 증보문헌비고, 세종실록지리지, 신증동국여지승람의 기록은 허구적인 주장일 뿐이다. 현재 독도를 입증하는 것도 아니다. iii) 신증동국여지승람의 팔도총도(八道總圖)에 우산도가 울릉도보다 더 본토에 가깝고 더 크게 그린 것은 허구다. iv) 독도 경영 사실에 대해 조선

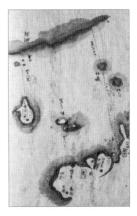

하치에몽 심문,
죽도도항도(1836)

의 실효적 경영한 사실 입증도 없이 침략적이라고 폄하했다. v) 숙종실록과 증보문헌비고의 안용복 기록은 조선이 인정하는 국법위반범의 진술을 인정하려는 불법행위다. vi) 독도와 송도의 혼돈해서 사용한 것은 유럽인의 오류였다. vii) 1876년부터 1878(명치9~11)년까지 외무성 공신국장 다나베(田邊)의 '송도개척원(松島開拓願)' 불허는 조선영토와 무관한 오류이다. 1880(明治13)년 9월 아마키호(天城號) 군함으로 실측한 결과 송도는 울릉도였다. viii) 시마네현 고시 이전, 즉 20년 전 소위 송도개척원에 외무

성에서 일본영토임을 조선에서도 이설이 없었다. 그뿐만 아니라 국제법상 조약상 특별의무도 부여되지 않는 경우였다. 자기의 영토를 취득할 때 상대국에 통고가 필요가 없었음에도 2월 24일 자로 산음신문(山陰新聞)에 제5912호로 고시했다. ix) 연합국의 일본영토처리 방침은 한일합병으로 인한 영토에 한정하며, 고래부터 평화적으로 공공연히 유효하게 경영해온 죽도는 제외된다고 반박논리(counter logic)를 전개했다.

이에 대한 우리나라의 반박논리는 1965년 12월 17일에 "과거 여러 차례 논란의 여지 없이 명백히 밝혀진 바와 같이, 독도는 대한민국 영토의 불가분의 일부이고, 한국의 합법적 영토권 행사 밑에 있다. 독도 영유권에 관련하여 일본 정부가 제기한 어떠한 주장도 전혀 고려할 가치가 없다." 라는 한 문단 소감(one-paragraph opinion)으로 끝냈다. 이렇게 허망하게 끔 간단한 외교 구술서는 i) 1965년 6월 22일 한일회담 결과 한일기본조약 체결과 한일국교 정상화를 위한 외교적 화해 분위기도 조성하지 못했다. ii) 종결되지 않은 독도영유권 분쟁엔 소극적 조치한 결과였다. 논쟁패배의 자성적 불만 표시, 논리 빈약으로 자포자기 혹은 반박논리의 수용이란 오해 여지만 남겼다. iii) 심하게 표현해서는 미래세대를 위해선 역사적 직무유기다. 속된 표현으로는 "똥을 눈에 당장 보이지 않게 신문지로 덮었다." 분명한 건 언젠간 악취가 나고, 똥에 미끄러져 크게 다칠 것이다. 당시 외무부는 물론, 관료들과 학자들 사이에도 "우리나라 영토인 독도는 집의 마누라처럼 도망치지 않는 것인데, 남들에게 '내 마누라다.'라고 떠벌린 필요는 없다."는 속칭 '고전적 마누라 이론(classic wife theory)'으로 중무장해 있었다.

이것을 일본은 놀리고 있었다.'자기 마누라 바람난 걸 온 동네 사람이 다 아는데, 혼자만 모르는 오쟁이 진 남편(綠帽子, cornuto)'을 만들자

는 속셈이었다. 러시아의 39세 젊은 시인 알렉산드르 푸시킨(Alexander Puskin(1799~1837)은 아내 나탈리아 곤차로바(Natalia Goncharova)와 통정한 프랑스 장교 샤를 당테스(Georges Charles de Heeckeren d'Anthès, 1812~1895)와 1837년 1월 27일 오후 5시에 페테르부르크 교외 설원 위에서 결투를 벌였다. 공정한 신의 심판은 푸시킨을 한 방에 흰 눈 위에 쓰러뜨리고, 그는 붉은 선혈을 남기고 세상을 떠났다. 이런 '푸시킨의 꼴불견(プーシキンのみっともない)'을 한국인에 의해 똑같이 독도에서 벌어지기를 기획하고 있는 일본인, 바로 그들이다.

외교전쟁은 논리 폭탄을 문서미사일로 발사

외교상의 논리폭탄(메모, 2020)

평화란 칼과 창을 녹여서 쟁기를 만드는 과정이다(Peace is the process of making plow by melting knife and spear). 하지만 한편으로는 무기를 내려놓았던 손으로 악수하면서 치열한 말싸움을 시작한다. 이런 이전투구(泥田鬪狗)의 언쟁은 짧은 때는 수개월에서 길게는 수십 년을 지속한다. 이렇게 한바탕 입씨름을 하고 난 뒤에서는 강화조약이란 문서작업을 한다. 이렇게 국교정상화 혹은 화친 관계가 형성되고부터는 평상적인 외교관계가 형성된다. 외교전이란 국익을 위해서 논리 폭탄을 문서미사일로 발사하는 공방전이다. 한일 국교정상화 이후에도 독도라는 눈앞의 이득을 놓고 외교문서를 통해서 논리 폭탄을 주고받았다. 일본은 한일 국교정상화를 계기로 독도대국(獨島對局)에 있어 눈앞의 국익을 놓고 '분노의 점 바둑(怒りの点▦碁)'에서 '대마불사(大馬不死)'로 전략을 전환했다.

　가장 두드려진 게임 방법에서 올인 게임(all-in game)에서 멀티트랙 (multi-track)[733]과 멀티플레이(multi-play)로 전환이다. 평화적인 수단으로 i) 과거처럼 한일외교 표방을 기반으로 하지만, ii) 미국 등 제3국의 지원, 중재 등 가능한 모든 방법을 동원하고, iii) 유엔 안보리 상임이사국 진입 으로 국제사법재판소 등을 지렛대로 적극 활용한다. iv) 국제역학관계의 세력권 내 진입과 선제적이고 주도적 세력으로 부상한 뒤 장악한다. 보다 더 자세하게 전략을 언급하면, i) 한일군사정보보호협약 체결, ii) 태평양 공동안보체제의 활용, iii) 통미봉남(通美封南)의 특이사항 등 극동아시아 정세 혹은 역학관계 활용방안, iv) 한국 관련 다국적 조약체결 시에 독도 영유권을 확보하는 방안, v) 6·25동란 혹은 IMF 외환위기와 같은 국가 대 란을 포착해 제2 진화타겁(趁火打劫), vi) 1867년 미국의 알래스카 720만 $ 매입처럼 유상 구매방안, vii) 1905년 을사늑약 때처럼 국가지도자 매수 방안 등을 마련할 수 있다. 장기적인 안목에서 일본은 역사적 영토화 방 안을 추진하고 있다. 즉 i) 일본의 국내 교과서뿐만 아니라, ii) 한국을 제외 한 지구촌 모든 나라의 모든 교과서에 일본 영토화, iii) 국제기구 혹은 다 국적 웹사이트 등에도 일본 영토화, iv) 실효적이고 평온한 지배방안으로 행정조치(독도 어업허가, 독도행정구역 관리자 임명 등), 관광 자원화(독도이미지, 관광기념품, 상품디자인, 각종 스토리텔링), 예 술작품 등으로 독도 테마에 대해 일본 엉 토화를 지속한다는 거다.

'다케시마의 날'(2016, 시마네현)

　우리나라가 가장 경계해야 할 것으론 샌프란시스코조약 체결 때처럼 '비창조 적 흥분(uncreative excitement)'을 일본이 활용해서 본문조항에 '대마도 일본 영토화, 독도 한국영토 제외'되었던 아픈 치욕을 당했다. 일본이 획책할 수 있는 건 i) 독도를 국제분쟁지역으로 만들어 안전보장이사회에 제소하는 방안, ii) 일본이 안보리 상임이사국으로 선임된 뒤 안보리에서 독도 문제를 의결 혹은 국제상설중재소 등 단독 제소방안, iii) 2016년 7월 12일 필리핀의 제소와 미국의 무력시위로 PCA(Permanent Court of Arbitration)에 승소했던 것처럼 우방국, 특히 미국과 '다케시마 영유권화 협업(Takeshima Sovereignty Joint-Project)'을 할 수 있다.

'일본 정부견해(4)'에 무응답, 어떻게 했어야 좋았나?

1962년 7월 13일, 일본 외무성이 '일본 정부견해(4)' 외교 구술서(diplomatic verbal note)를 통보하였음에도 우리나라는 반박논리를 보내지 않았다. 그렇다고 통 큰 양보로 양국 간 선린을 도모하기는커녕 일본은 독도 침범이란 국제분쟁 지역화(international trouble area)를 격화시켰을 뿐이다. 1962년 12월 22일 순시선 오키호(隱崎號)를 독도에 파견해 한국인에게 불법점령 항의 소동, 1963년 1월 8일 울릉도 경찰서 순시선 화랑호(花郞號)가 폭풍에 표류해 시마네현 도착(독도항해)에 항의, 1964년 1월 31일 해상보안청 순시선 헤쿠라(舳倉,へくら)호를 독도에 파견, 동시에 일본잡지『오늘의 일본(今日の日本)』에 "일본영토인데 한국이 불법점령" 게재, 1965년 2월 13일 해상보안청 순시선 오키호를 독도에 파견, 1965년 2월 22일 한일국교 정상화 기본조약 조인을 했음에도 1969년 8월 15일 광복절에 해상보안청 순시선 헤쿠라(舳倉)호 독도에 파견해 한국인 철수를 요청, 1970년 9월 13일 순시선 헤쿠라(舳倉)호 독도 파견, 1971년 7월 1일 해상보안청 순시선 나가라(長良,ながら)호 독도 파견, 1972년 8월 22일 해상보안청 순시서 헤쿠라호 독도 파견, 1975년 9월 19일 해상보안청 순시선 헤쿠라(舳倉)호 파견, 1979년 8월 13일 해상보안청 순시선 쿠주류(九頭龍,くずりゅう)호 734 독도에 파견해 독도 영해 침범을 항의했다. 이렇게 매년 혹은 정기적으로 해상보안청의 순시선 등을 독도에 파견해 한국인에게 불법점령을 항의하고 철거를 요구하는 현장 영상자료는 물론 외교 구술서까지 빈틈없이 챙겼다. 이는 평온한 방법으로 '실효적 지배경영(effective control, 實効的な支配経營)'을 했다는 사실(fact)을 만들고자 했다. 국제분쟁지역 문제를 제소할 때에 '실체적 진실(real fact)'을 밝히겠다는 속셈이다.

우리는 늘 "일본은 양파와 같이 까고 까도 속이 보이지 않는다."라고 불평을 한다. 러시아의 인기가 높은 관광기념품 '마트로시카(matryoshka)'가 있다. 여성의 애칭 '마트로나(Matryona)에서 따온 것으로, 1890년 일본 기념품에서 착안해서 만들었다. 적어도 6~10번이나 깜찍한 인형이 같은 모양의 인형 속에 숨겨져 있다. 이렇게 비장(秘藏)된 마지막 인형이 가슴에 품고 있는 건 다이아몬드와 같은 소중한 것이다. 일본의 속셈, 마트로시카 인형의 마지막 품 안엔 '독도는 일본 땅'이다. 이런 속셈을 감춘 일본의 외교 구술서는 일종의 매직 쇼(magic show)다. 1983년 자유의 여신상(Statue of Liberty)을 군중의 눈앞에서 사라지게 했던 데이비드 코퍼필드(David Copperfield)의 마술이 있었다. '우리의 시대에 최대 마술사(The Greatest Illusionist of Our Time)'라고 오프라 윈프리(Oprah Winfry)는 그를 극찬했다. 이처럼 머지않아 "독도는 한국 땅에서 일본 땅으로 옮겨졌다(獨島は韓國の地で日本の地に移された)."는 외교 마술을 일본은 기획하고 있다.

가장 먼저 우리나라는 '일본 정부 의견(4)'에 대해 조목조목 반박하지 않는 건 사소한 불찰을 넘어서고 있다. 아무리 사소한 불찰이라고 해도 그

것이 개미구멍(蟻穴)이 되어 대한민국이란 대천방제(大川防堤)를 무너뜨릴 수도 있었다. 즉, 위기상황(蟻穴壞堤)을 초래할 때는 불찰 차원이 아닌, 미래 세대에겐 대역죄(大逆罪)가 된다. 며칠간의 노고로도 가능했던 반박 논리다. 반박문서는 개인의 능력을 초월한 명철한 두뇌의 천년책략이 아니다. 2014년 인기리 방영되었던 드라마 『정도전(鄭道傳)』에서도 고려의 멸망원인을 "불가능한 일이 아니라, 할 수 있는 것을 하지 않은 것이다(非不能也 是不爲也)."라고 했다. "디테일 속에 신도, 악마도 숨어있다(In the detail, God or devil hides)."라는 서양속담을 명심해야 한다. 죽어가면서 뼈저린 후회를 하는 아우슈비츠 수용소(Auschwitz Lager) 가스실 벽의 유태인 낙서는 "아무것도 하지 않았는데 무슨 죄냐고? 그래서 우리 모두 이 꼴이 되었다. 아무것도 하지 않는 게 가장 큰 죄이다. 다음은 제때에 하지 않는 거다(Was hast du gemacht, als du nichts gemacht hast? Also kamen wir alle dazu. Nichts zu tun ist die größte Sünde. Das nächste ist, es nicht rechtzeitig zu tun)."[735] 또 하나의 낙서 메모엔 "나와 상관없다가 가장 큰 죄악이다(Die größte Sünde war nichts zu tun)."라고.

이제는 사실(fact)과 증거(evidence)에 입각한 반론이 아닌 억지 논리는 안 된다. 과거처럼 i) 아전인수(我田引水) 혹은 견강부회(牽强附會)의 얄팍한 논리전개, ii) 고문헌이나 지도 등의 목적과 맥락을 도외시하고 짜맞춘 악마의 편집(evil's edition), iii) 증거의 진정성(evidence authenticity)을 비틀거나 윤색(潤色) 혹은 절장보단(切長補短)한 기교가 다 보이는, 정성마저 녹아들지 않은 '겉절이 김치(fresh Kimchi)'로는 일본을 이겨내지 못한다. 이제까지 한일외교 구술서로 주고받았던 정부견해(official opinion)는 하나같이 '악마의 편집(惡魔의 編集)'이고, 진정한 국가 천년사직을 생각한 '아주 숙성된 김치(all-matured Kimchi)'는 아니었다.

거창하게 학자적 양심과 관료의 윤리까지는 바라지 않는다. 단지, 한국 국민이란 자존감에 있어서 적어도 i) 팩트 체크(fact check), 현장 점검(field check), 서지학적인 점검(bibliographical check), 당시 국내·국제법 및 관습법 점검(legal check)을 통한 사실 확정(fact confirmation)만은 기본적으로 해야 한다. ii) 언어학적인 의미 확인(內意·外意), 비틀거나 색깔 바꾼 '악마의 편집' 확인, 상징성과 행간 읽기, 그리고 메타 분석, 빅 데이터 분석, 국제법규상 법리, 국제관습, 통설적 학설 등, 다른 한편으로 수사학, 논리 및 학설 점검(rhetorical, logical & theory check)을 필수적으로 해야 한다. iii) 각종 증거의 형식적 진정성(서식, 서명과 날인, 기록상태, 기록자, 출판주체, 목적 및 배경 등), 내용상 진정성(일관성, 논리성, 인과성, 관습성 등)을 확인하고, 이를 각종 채증법칙(논리칙, 경험칙, 신의칙, 비례칙, 평등칙, 실험칙)에 위배 여부를 따져서 적어도 증거의 진정성을 판단(judgement of evidence authenticity)해야 한다. iv) 상대방의 증거나 각종 행정조치에 대해 국제법규의 적법절차, 국제평화와 질서유지를 위한 형평성,결과배분, 기회균등,의견제시 등을 따져봐야 한다. 즉, 적법절차(due process of law)와 절차적 공정성(procedural fairness)736까지 판단해야 한다. v) 마지막으로 사실확정, 판단 시점(critical time), 증거의 진정성, 국제법규상 적법성, 실효적 지배(effective control), 세계 평화수호와 질서유지 등의 항목으로 매트릭스(matrix)와 같은 종합평가 및 판단모델(general evaluation & judgement model)을 통한 종합분석을 해야 한다. 마지막으로, 일본 외무성처럼 수시로 국제적인 전문가의 모의재판(mock trial)을 통해 수정하고 보완해야 한다.

외교적 대응논리개발 및 판단

확인 및 판단의 단계	세부 확인 사항
사실 확정 (fact confirmation)	○ 팩트(fact) 체크, 현장 확인, 서지 점검, 리갈체크(legal check) 등
수사학, 논리 및 학설 확인 (rhetorical, logic & theory check)	○ 의미(內意, 外意) 확인, 악마의 편집, 상징성, 행간읽기, 빅 데이터 분석, 메타분석, 국제법규의 법리, 국제관습, 학설 등
증거의 진정성 판단 (judgement of evidence authenticity)	○ 형식적 진정성(서식, 출판주체, 저자 등), 내용상 진정성, 채증 법칙의 위배 여부 등
적법절차 및 절차적 공정성 (duo process & procedural fairness)	○ 국제법규상 및 조약, UN 결의, 양국 간 호혜성, 상대국의 적법절차, 실효적 지배 등
종합평가 및 판단모델 (general evaluation & judgement model)	○ 판단 시점, 증거의 진정성, 국제법규상 적법성, 실효적 지배, 세계평화와 질서유지 등
모의재판(mock trial)	○ 해당 부처 직원 간 수시 모의재판, 국제 최고 전문가와 모의재판

서양속담에 "늦더라도 안 하는 것보다 낫다(Better late than never)." 비록 일본 외무성에 제출되지 않는다고 해도 우리나라의 양심과 양식이 있는 몇 사람이라도 바르게 알았으면 하는 의미에서 일본 정부의 견해를 반박하고자 한다. 비전문가로 갈고 다듬지 않았지만, '첫 펭귄의 행동(action of the first penguin)'으로 의미를 부여할 뿐이다. 이왕에 국제사법재판소 규정(Statute of the International Court of Justice) 제38조 제1항의 판단 근거는 i) 일반화되고 특별한 국제협약(international conventions), ii) 법리상 받아들이는 실제적인 증거로 국제관습(international custom), iii) 문명

국에 의해 인정된 법의 일반원칙(general principles), iv) 사법 판결 및 가장 우수한 국제법학자의 학설(judicial decisions and teachings) 등[737]으로 일본 정부의 견해를 판단해 본다.

한마디로 좋게 표현하면 아전인수(我田引水)식 반박논리다. 전체적으로 속셈을 감추기 위한 '악마의 편집'이 대부분이다. 조금만 들여다보면, i) 적법절차(due process of law) 혹은 절차적 공정성 무시, ii) 신의성실의 원칙(Treu und Glauben) 위배, iii) 판단과 주장에 논리칙(general logic principles) 위배, iv) 독수독과학설(毒樹毒果學說, Früchte des vergifteten Baumes)의 위배, v) 전체 맥락에서는 벗포룰(but-for rule)[738] 위배가 메인 스트림(main stream)을 형성하고 있다. 간략하게 머리에 떠오르는 것을 도표로 요약하면 아래와 같다.

판 단 항 목	위배한 구체적인 사항
절차적 공정성 (procedural fairness)	○ 한문유교문화권 내 동양 삼국의 무신불립(無信不立) ○ 1880년대 편의적 선택설에서 21세 적법절차가 정설화 ○ 1905년 2월 22일 시마네현 고시 40호 일방적 선언
신의성실의 원칙 (Treu und Glauben)	○ 1699년 도쿠가와 바쿠후(덕천막부)의 조선영토 확인 ○ 1881년 기타자와(北澤正誠)의 죽도고증(竹島考證)
논리적 기본원칙 (general logic principles)	○ 고지도를 현재 기술·지식·관점으로 판단하는 논리적 모순 ○ 자국영토에 중앙정부의 도해 면허는 경험칙의 위배
독수독과설 (毒樹毒果說)	○ 1693 안용복의 월경범죄, 진술로 조선판도 확인 ○ 1838 하찌에몽(八右衛門)의 죽도 밀무역 처형

'한방의 블루스(Kingpin Striking)' 전략으로 리셋(reset)했는데

우리나라는 아직도 독도 문제의 해결책을 과거 역사적 사실, 외교문서, 고지도 등에 매달리는 과거 지향 해결책(past-driven solution)을 찾고 있다. 이에 반해 일본은 이미 다 챙겨놓은 점도 있지만, 현재·미래 중심기획(present-future-oriented planning)으로 대응전략을 바꾸었다. 이런 전략 대전환의 계기(critical time)는 1965년 6월 22일 한일국교 정상화를 위한 '대한민국과 일본 간의 기본관계에 관한 조약(Treaty on Basic Relations between Japan and the Republic of Korea)'이다. 이에 따라 '다케시마 따먹기(竹島占居)' 게임을 과거 버전에서 새로운 버전으로 리셋(reset) 혹은 연장전이 아닌 '제2라운드 게임(2nd-round game)'에 진입한 전략의 대전환이다. 가장 큰 이유는 한일관계의 변화는 단순한 조약이 아니다. 과거 일본제국의 식민지라는 국익을 내주어야 했다(already null and void)[739]. 마지못해도 황국신민(皇國臣民)의 지위와 신분에서 벗어나야 했다. 모든 백조는 희다는 사고의 틀에서 벗어나서 흑색백조(black swan)를 인정해야 하며, 동시에 분로쿠세이칸노에키(文祿征韓の役, 壬辰倭亂)의 정한론에서 벗어나 "태평양을 타고 넘어 희망의 골짜기로 바다의 아들(太平洋を乘り越えて,希望涯ない海の子)"이라는 「타이헤이요 교신고쿠(太平洋行進曲)」을 부르면서 세계 해양을 주름잡을 '팩스 재팬(Pax Japan)'으로 전환했다. 현재 국제재판소(international court)로는 전 세계를 범위로 하는 국제사법재판소(International Court of Justice, 1945), 국제형사재판소(International Criminal Court, 2002), 상설중재재판소(Permanent Court of Arbitration, 1899) 및 국제해양법재판소(International Tribunal for the Law of the Sea, 1994)를 통해 독도분쟁지역에 대한 해결방안 모색이 새로운 일본 외무성의 과제다.

이와 같은 동향을 우리나라 외교 및 학계에서도 낌새를 차렸다. 가장 먼저 외교적 조직에서 우리나라는 국제법국(國際法局)으로 조약과, 국제법규과 및 영토해양과로 구성되어 있으나, 일본은 국제법국(國際法局)으로 국제법과, 해양법실, 국제사법재판 대책실, 조약과, 경제조약과, 사회조약실로 구성되어 있다. 여기서 해양대국 야망이란 비장의 밑그림을 그리고 있는 곳이 해양법실(海洋法室, Law of the Sea Divison)이다. 과거 비장의 '전가의 보도(傳家の寶刀)'는 i) 동경대 출신에 옥스퍼드대학에서 조나스 존슨(Henry Jonas Johnson) 교수의 수제자 박사들, 각종 국제재판기관의 재판연구관 등의 다양한 경륜을 쌓았던 인재로 국제재판대책실장 카도 기쿠코(加藤喜久子, かと うきくこ)[740, 741]을 비롯해, ii) 국제법, 역사학, 지리학, 고문학, 서지학, 인류 문화학 등 잡학[742]으로 무장된 일당백의 정예요원으로 충당된 소송팀(legal action team), iii) 1950년에 완료된 국제사법재판소(ICJ) 제출용 변론서를 수시로 최신 판례와 이론으로 업데이트, iv) 세계적인 교수, 국제공법소송 전문 로펌과 변호사를 섭렵하여 대응하고 있다.[743] 최근 일본 외무성은 10국 3부로 2,550명의 직원이 근무하고 있으며, 평상시에 독도 문제를 담당하고 있는 곳으로는 아시아대양주국(アジア大洋州局, Asian and Oceanian Affairs Bureau)에는 북동아시아 제1과(First Northeast Asia Division)에서 한국 문제를 취급한다. 만약 국제재판소 등에 제소되었다면 유사시로 국제법국(國際法局, International Legal Affairs Bureau)으로 넘어가서 2016년 4월 10일에 국제재판대책실(國際裁判對策室, International Judicial Proceedings Division)을 설치 운영하도록 규정했다. 곧바로 국제법국 국제법과의 아래 국제재판대책을 설치했다. 국제사법재판소(ICJ) 등에 재판절차에 관한 지식을 축적하여 외무성으로 국제재판에 임하는 체제를 한층 강화하고자 설치했다.[744]

일본이 현재에 해양대국을 지향하고 있다. 그들이 안고 있는 10대 당면 과제를 '한방 블루스(一打悉倒)'로 해결하고자 하는 전략을 구상했다. 볼 링게임에서 "한꺼번에 10개의 모든 핀을 쓰러뜨리기 위해 1번과 3번 사이

해양대국전략 메모(일 외무성)

를 파고들어서 5번을 강타해서 그 여력을 활용한다."라는 킹핀 강타기획(king-pin striking planning)이다. 10개 핀에 해당하 는 당면과제는 한·일 외교전(독도 문제), 미 국·UN 등 국제간의 국력 신장, 일·중 외교전 (센카쿠 문제), 대일본 팽창의 국제소송 등(북 방 4도)의 해결, 국제해양법재판소 등 국제 재판기관에 영향력 강화, 해양대국 일본의 환태평양 제해권 초석 마련, UN 안보리 상 임이사국 및 국제기관에 사자 몫(lion's share) 차지, 미래의 창공에 욱일승천기(旭 日昇天旗) 휘날리기, 환태평양 해상의 독도, 센카쿠 및 북방 4도는 일본 영 토화, 해양대국으로 'Pax Japan' 행진곡 부르기다. 이렇게 또다시 지구촌 의 최강자로 등극하려는 야심작이 바로 정세론(征世論)이다. 미래의 불모 지는 차지하려는 꿈을 갖고 실행하는 사람을 가만히 앉아서는 당해 내지 못한다는 건 역사적 입증이다.

일반적으로 국제간에 '총성 없는 전쟁(Sans-Gun War)'이란 외교전에서는 i) 각종 홍보를 통한 국제여론, ii) 군사력 등의 역학관계를 활용한 심리전, iii) 각종 국제재판소를 통한 법률전이 언제나 상존하고 있다. 지구촌의 밀 림(global jungle) 속에선 '현재 당장은 새빨간 거짓말이라고 생각되지만, 백 번까지 반복하면 의심이 생겨날 수 있다. 천 번 이상 노력한다면 진실로 굳

어져 간다. 만 번이면 역사가 된다.'[745] 그래서 중구난방(衆口難防) 혹은 중구삭금(衆口鑠金)[746]이라고 했다. 독도의 일본 영토화의 기본전략이 이것이다. 세계 유수의 대학도서관에 일본 내 300여 개의 다케시마 연구소(竹島研究所)에서 발간하는 책자를 보내며, 웹사이트에 자료를 제공한다. 대부분 일본어보다 한국어 혹은 영어 등으로 작성한다. 특히 외국의 교과서에 일본에 관한 내용을 수시로 조사해서 '바른 정보'와 인쇄비용까지를 민간단체에서 지원해 그들의 입맛에 맞게 잡아가고 있다. 그뿐만 아니라, 우리나라는 어떤 자료도 해외에 제공하기를 기피하고 있으나, 일본에서는 하버드(Harvard) 대학, 옥스퍼드(Oxford) 대학 등 세계 유명대학은 물론이고, UN 등 국제기관의 도서관에도 무료로 자료기증의 국민운동을 펼치고 있다.

최근 일본 정부는 스가 정권의 지지율 제고 차원에서 혐한세력(嫌韓勢力)을 부추기는 방안으로 독도를 이용하고 있다. 1959년부터 일본국제문제연구원(日本國際問題研究員, The Japan Institute of International Affairs, JIIA)은 120개 법인회원과 540명의 개인연구원이 활동하고 있다. 2019년부터 「강치잡이 후손들의 증언」 동영상을 제작하여 다국어로 국제사회를 겨냥한 유튜브(Youtube)로 방영했으며, 2020년 7월 10일 현재 독도(다케시마)에 관한 연구와 활동은 51건이 검색되고 있다. 한편, 일본 정부(문부과학성, 외무성, 방위성)에서는 일본 내부 혐한여론과 한국의 메이저 언론을 겨냥해 일본 학생들의 역사 및 사회 교과서에 '일본 고유영토 죽도' 교육을 확대하는 시책을 추진했다. 그리고 한국 정부(국방부 및 외교부)를 표적으로 외교청서(외교청서)에서 '중요한 이웃 나라(重要な隣國)'[747] 혹은 '다

강치 포스터(2016, 시마네현)

케시마는 일본 땅(竹島は日本の領土)'이라는 표현[748]으로 격발이슈를 만들고 있다. 우리나라 외교부에서 대변인 논평으로 되받아쳤다.[749] 2010년 12월 4일부터 2014년 6월 30일까지 국방부 장관을 역임한 김관진(金寬鎭, 1949년생)은 집무실에 북한 무력부장 김영춘 및 김격식의 사진을 걸어 놓고 있어 복수의 일념을 불태우기 위해 스스로를 마음을 다독이는 "와신상담(臥薪嘗膽)"[750] 고사를 연상시켰다. 2016년 6월 27일, 합장의장들이 김관진 장관을 따라 '적장 사진 걸기'를 했다.[751] 이는 2020년 5월 20일 고노 다로(河野太郎, 1963년생) 일본 방위상이 집무실에 '한반도 지도'를 걸어놓고[752] 있다고 했다.[753]

해중국(海中國) 일본은 정보의 이용가치를 위하여

태평양 바다 가운데 있는 일본은 아시아 대륙정벌(亞細亞大陸征伐)의 야욕을 언제나 버리지 않았다. 한반도(조선반도)를 발단으로 중국 대륙을 차지한다는 환상을 위해서 늘 대륙 정보에 목말라했다. 일본 사람들에게 정보란 뉴스, 지식의 파편이라는 의미가 아니라, 상대방에 대한 실정과 허점을 노려 노획하겠다는 지피지기(知彼知己)의 첩보로서 의미가 된다. 1941년 12월 7일 진주만 공습(Attack on Pearl Harbor) 당시 가미가제(神風) 특공대원에게 지급된 공습작전도(攻襲作戰圖)는 하와이에서 발행한 관광용 엽서지도에다가 위도와 경도를 그어서 제작해 이용하곤 한다. 오늘날 일본은 "죽도는 고유한 일본 영토다."라는 사실을 갖고 i) 언론 및 저서 등의 혐한자료, ii) 국내외용 외교청서, 국방백서 및 교과서, iii) 상대국가의 반대세력에 제공하여 내분과 반격을 지원, iv) 미래의 역사적 기록과 중구난방(衆口難防)을 위해 세계 유수 대학도서관에 기증한다. 장자(莊子)의 '무용지용(無用之用)'을 이용한 정보 부가가치론을 창출하고 있다.

특히 에도바쿠후(江戸幕府)의 도쿠가와(德川) 집안에서는 '모든 정보를 내게 먼저 보고하라(關悉我白)'라는 뜻에서 수장(首長)을 '관백(關白, かんぱく)'[754]이라고 불렸다. 정보를 먼저 차지하고, 정확하게 상대를 알자는 의미다. 그래서 선교사 로드리게스(Rodriguez Jean, 1561~1633)의 「극동보고서」에서 "일본사람들은 세상에 보여주기 위해 입에 물고 있는 거짓 마음(建前)과 자기만 알고 있는 진짜 마음을 보여주지 않는 숨겨진 마음(本音)을 갖고 있다." 즉, "드러내지 않으면 귀신도 모른다(掛け出さなければ鬼かもしれない)."라는 의식이다. 또한, 1946년 『국화와 칼(The Chrysanthemum and the Sword)』이란 저서로 일본을 분석한 루스 베네딕트(Ruth Benedict, 1887~1948)[755]는 "일본사람은 죄의 중요성보다 수치(수치)의 중요성에 무게를 두고 있고, 일본은 수치의 문화이며 치욕을 원동력으로 한다(Japanese people put more emphasis on the importance of shame than the importance of sin, and Japan is a culture of shame and motivates guilt)."라고 했다. 일본인의 수치는 "감추면 꽃이 된다." 혹은 "유능한 독수리는 발톱을 감춘다."라는 속담처럼 거짓말과 위장으로 태연작약(泰然作若)하게 생활한다.[756] 밖으로 드러났을 때 비로소 수치가 된다. "십계명을 다 어겨도 들키지 않으면 죄가 되지 않는다."라는 11계명을 갖고 있다. 가장 큰 수치는 더러운 것으로 생각하고 늘 "신사에서 먼지를 털어서 깨끗한 척한다(神社のはたき)."라는 의식이 야스쿠니신사(靖國神社)에서 행해지고 있다. 그들은 거짓말을 손쉽게 순간을 모면할 수 있는 하나의 방편으로 생각한다. "진실을 말하면 바보이고, 그뿐만 아니라 거짓말도, 진실도 말하지 말라."라고 철저하게 숨겨서 꽃을 피우자는 것이다. 오늘날 일본의 코로나 19에 대한 통계조작 여론이 있지만, 통계를 입맛에 맞게 마사지하는 것이며[757], 이용가치를 제고하는 행위라고 생각한다.[758]

제4장

국제재판소에서,
희생양 독도

≡ 01
정의는 약자 편인가,
강자의 이익(正也强利)인가?

국제문제 해결의 '5A 원칙'

1950년에 제작되어 상영되었다가 1985
년에 리메이크(remake)했던 영화『킹 솔로
몬의 보물(The King Solomon's Mines)』은
아프리카 현지에서 촬영되어 당시 국제
사회에 통용되었던 '정글의 법칙(Law of
Jungle)'을 생생하게 보여주고 있다. 힘 싸
움(power game)이 지배하는 오늘날 국제

정의, 강자의 이익?(2020, 가디언)

사회의 모습을 연상하게 한다. 아프리카 정글에서 아사직전(餓死直前)의
맹수 떼를 만났을 때 취하는 행동은 i) 안전한 곳으로 도망치거나 피신해
야 하며(avoid or flee), ii) 위장해 몸을 숨기거나 막대기라고 갖고 몸집을
크게 하고(hide or enlarge), iii) 만약 총을 갖고 있다면 물러가는 맹수에
게 총질한다(bang back). 국제사회에서도 난처한 문제를 직면했다면 i) 도
망칠 수 있다면 도주하고, 그렇게 할 수 없다면 피하라(avoid for abscond-

ence). ii) 적수가 되지 않으면 아예 수용하거나 쥐 죽은 듯이 받아들여라 (accept, acquiescence or acknowledge). iii) 불이익을 받아가면서 사과하라(apologize to accept disadvantage). iv) 우방이 있다면 국제재판소 등에 항소하라(appeal to international courts). v) 마지막으로 생사의 결투를 한다. 최선의 방어는 공격이다(attack as the best defence). 이런 방법은 개인의 문제 해결에서도 사용되고 있다. 이와 같은 내용은 중국의 『삼십육계(三十六計)』 병서에서도 마지막의 계략으로 "여의치 않으면 도망치라(走爲上)."라다. 초등학생들의 말을 빌리면 '36계 줄행랑'759이다.

한편, 2016년 10월부터 한국사회를 분노로 들끓게 했던 '최순실 국정농단' 사건으로 1,000만 명이 넘는 군중이 '분노의 촛불'을 들었고, 다른 한편에서는 태극기를 높이 들어 올렸다. 이를 식히고자 국회는 '대통령 탄핵소추'를 단행했다. 이런 일련의 상황을 볼 때 세계적인 지성들이 인지하고 있는 '사회변혁의 티핑 포인트(tipping point of social revolution)' 3.5% 선, 160만 명의 군중이 하루에 넘어섰다. 최고 230만 명의 촛불 군중이 운집해 '분노의 도가니'가 되었다. 이는 곧 민주주의 최종 저항권행사였다.

이에 반해 국정농단에 관련된 사람들은 하나같이 i) 도피(逃避), ii) 부인(否認), iii) 백(background)을 들이대었다. 아이러니하게도 '정의사회구현(正義社會具顯)'이란 기치로 들었던 제5공화국이었다. 이어 '보통 사람들의 시대(Common People's Age)'를 개막하면서도 1988년 10월 18일 탈주범 안광술(安光述)이 남긴 유서에서 "돈 있으면 죄가 안 되나, 돈이 없으면 죄가 된다(유전무죄: 無錢有罪)."라는 말이 세상에 나왔다. 1991년 7월 4일, 제5공화국 비리관련자 가운데 3분의 2 이상 복역한 모범수 대부분을 가석방한 데 대해 유전무죄(有錢無罪)라는 말이 유행하였다760. 2016년에 대유행했던 말은 "i) 돈도 실력이야. 너희들 부모나 원망해. ii) 대한민국은 상위

1%가 움직이고, 그 외의 민중은 개·돼지와 같다(나향욱)[761]."

이와 같은 가진 자는 더욱 많이 가지게 된다. 없는 자는 갖고 있던 것까지 빼앗기게 된다. 오늘날 이런 현상을 "부익부빈익빈(富益富貧益貧)"이라고 표현을 한다. 성경(마태복음 25:14~30)에서도 이런 현상을 빗대어 언급한 '황금 주머니의 비유(parable of gold bags)'가 있다. "그에게 한 달란트를 가진 자의 것을 빼앗아 열 달란트를 가진 자에게 줘라. 무릇 있는 자는 받아 풍족하게 되며, 없는 자는 그가 가진 것까지 빼앗기리라. 돈 한 푼 없는 무능한 종내기는 바깥 어두운 데로 내쫓으라. 거기서 슬피 울며 이를 갈게 하여라."[762]라고 했다. 물론 기원전에도 같은 빈익빈부익부 현상이 존재했다. 가진 자가 모든 것을 다 갖게 되는 힘을 권력(權力, power)이라고 했다. 이런 권력의 속성을 한자 '권세 권(權)' 자의 상형(象形)에서 짐작할 수 있다. 즉. 저울(權衡)을 상징하며, "무겁고 가벼운 건 저울로 달아봐야 알 수 있고, 길고 짧음은 자로 재어봐야 알 수 있다(權然後知輕重 度然後知長短)."[763] 여기서 권력을 가진 자는 저울 눈금(balance)과 잣대(scale)를 쥐고 있는 사람이다. 조선 시대 지방수령들이 속였던 잣대를 검사하는 암행어사의 유척(鍮尺, scale)이 바로 '권력 위의 권력'이었다. 이것은 곧바로 동서양을 막론하고, 권력에 의한 새로운 세상이 만들어졌다(權故創新). 이를 좋게 표현하면 '사람에 의한 지배(人治, rule by man)'에서 '법의 지배(rule of law)'로 변혁되었다.

권력의 속성에 대해서는 오늘날에 "한강에 홍수가 나서 사람이 떠내려 간다면 정치인(권력가)부터 먼저 건져내어야 한다. 왜냐하면, 한강 물을 가장 많이 오염시키기 때문이다."라는 우스갯소리가 한때 유행했다. 1960년대 시골에서 어른들이 하셨던 골계(滑稽)가 "권세 권(權) 자는 사기꾼 박(朴) 씨, 장사꾼 채(蔡) 씨, 노름꾼 엄(嚴) 씨, 그리고 싸움꾼 최(崔) 씨가 다

모여서 되었기에 아무도 그들을 당하지 못한다." 어떤 의미에서는 오늘날 정치 혹은 권력을 외부에선 본 속성이다. 제탕소(劑湯所) 한의사의 말을 빌리면 "권력이란 박 씨, 채 씨, 엄 씨와 최 씨의 사물탕(四物湯)이다." 칵테일 술처럼 처음과 다른 술맛을 낸다. 즉, 법치주의의 근본이념이었던 파사현정(破邪顯正)이 때로는 당리당략을 위하고, 정치적 공인으로서 사익부터 챙긴다. 물론 정의의 왜곡(twist of rightness)이다. BC 380년경 아테네(Athens)의 철학자 플라톤(Platon)의 『국가론(The Republic)』에서 갑론을박했던 주제가 "정의는 한낱 강자의 이익에 불과하다(Justice is merely the interests of the strong)."[764]였다.

그러나 국제사회나 국제기구에서 강대국은 자신의 국익 혹은 사익을 챙기고자 한다. 대표적인 사례가 2017년 1월 20일 미국 제45대 미국 대통령에 취임한 도널드 트럼프(Donald Trump, 1946년생)는 태평양연안국 경제동반자협정(Trans-Pacific Strategic Economic Partnership), 파리 기후변화협약(Paris Climate Change Accord), 세계무역기구(World Trade Organization) 및 지난 2020년 7월 6일에 '중국을 개발도상국의 대우를 제외'하라는 일방적인 의견을 무시한다고 국제보건기구(World Health Organization)에 탈퇴를 선언했다. 또한, 미국에 할당된 국가별 예산분담금의 '사자 몫(lion share)'에 해당하는 국익과 발언권을 챙겨주지 않는다고 압박하고 있다. 일본 아베 신조(安培晉三, あべしんぞう, 1954년생) 정부도 유네스코(United Nations Educational, Scientific and Cultural Organization) 및 세계무역기구(WTO) 등에 국가별 예산분담금을 갖고 미국처럼 압박하여 국익(사익)을 챙겼다. 중국 시진핑(習近平, Xi Jinping, 1953년생) 역시 G2 국력에 걸맞은 국제발언권을 확보하고자 2020년 4월 20일 현재 국제기구 15개소 가운데 유엔식량농업기구(FAO), 유엔산업개발기구(UNIDO), 국제

민간항공기구(ICAO), 국제전기통신연합(ITU) 4개소를 장악하고 있고, 세계보건기구(WHO) 사무총장 마거릿 챈(陳馮富珍, Margaret Chan, 1947년 생)[765]이 2006년부터 2017년까지 차지하고 있었다.[766] 이를 통해서 2019년 후베이성 우한(湖北省 武漢)에서 발원한 코로나 19(COVID 19)가 전 지구촌 대유행(pandemic)에 대한 책임공방, 미·중 통상전쟁 등에 국익(一帶一路事業, 通商去來 등)에 반하는, 약소국가에 각종 불공정한 통상물량 공세를 가하고 있다. 물론 2016년 현재 우리나라도 반기문(潘基文, 1944년생) UN사무총장, 김용(Jim Yong Kim, 金墉, 1959년 12월 8일 생) 세계은행(Bank of World) 총재와 530여 명의 한국인 직원들에 비해, 일본은 국제원자력기구 IAEA 수장 아마노 유키야(天野之弥, 1947~2019)와 764명의 직원이, 중국인은 1,100여 명으로 국제기구를 장악하고 있다.

무기대등의 원칙(Principle of Equality of Arms)

1947년에 상영된 미국 영화『신사협정(Gentleman's Agreement)』에선 6개월간 유대인의 생활상을 특집으로 게재하기로 하고, 절차상 공정성을 위해 기자 자신이 유대인이라는 입소문을 내어 '입장 바꿔 생각하기(易地思之)' 기법으로 유대인의 삶을 경험하는 사례가 나온다. 또한, 1957년『오케이 목장의 결투(Gunfight at the O.K. Corral)』에서 총잡이들이 서로 결투를 했다. 가장 먼저 그들은 i) 서로 결투를 하자고 동의를 하면 보안관이 보는 앞에서 서명하는 신사협정(gentleman's agreement)을 체결하고, ii) 갖고 있는 총을 보안관 앞에 끌어놓고 대등한 무기인지를 확인시킨 뒤에 실탄을 한 발씩 건네

오케이 목장의 결투(흑백영화, 1957)

받았다(check for equal arms). iii) 그러자 그들 앞에서 보안관은 '교전규칙 (engagement rule)'을 설파했다. 불평등한 사항이 발견되면 곧바로 정지시켜 시정했다. iv) 공정한 심판(fair trial)을 위한 심판자(judge)를 선정함에 있어 불공평하다는 사람을 교체했다. v) 한판 결투로 결정하되 결과에 무조건 승복(unconditional acception)하기로 한다.

물론 역사상 국제사회에서 발생했던 모든 전쟁이나 결투는 늘 공정한 게임만은 아니다. 때로는 '기울어진 운동장에서 하는 경기(game in the twisted playground)'가 더 많았다. 100m 경주에 50m 이상 앞세워주고 출발해야 하는 경우도 있다. 2014년『폼페이 최후의 날(Pompeii)』영화에서 카시아(Cassia, 폼페이 성주의 딸)가 보는 앞에서 검투사 마일로(Milo) 한 사람에게 스무 명의 검투사를 대적하게 했다. 이런 건 불공정하다고 생각했던 카시아는 "이것은 검투가 아닙니다. 살인행위입니다."라고 집정관 킨타스 아티스(Quintas Attis)에게 항의했다. 그는 그녀를 차지하고자 하는 정략에서 "이것은 검투가 아니다. 단지 내가 하는 정치일 뿐이다(This is not a gladiator's game, but merely my politics)."라고 말했다.

오늘날 우리가 살고 있는 지구촌은 제1차 세계대전의 아픔과 고통만을 없도록 하자고 국제연맹(League of Nations)을 창설했다. 그러나 독일, 일본 등 소수의 강대국이 국익을 위해 파기하는 바람에 또다시 제2차 세계대전에 휩싸여 전화(戰禍)를 겪었다. 한 번 더 세계평화와 질서 유지를 위해 국제연합(Union of Nations)을 재창설했다. 국제법질서와 평화수호를 위한 활동을 강화하면서 오늘날까지 유사 이래 가장 평온한 지구촌을 만들어가고 있다. 1899년 상설중재재판소((Permanent

權衡(scale of justice)

Court of Arbitration)를 시작으로 현재 국제재판소(international court)로는 전(全) 세계를 범위로 하는 국제사법재판소(International Court of Justice, 1945), 국제해양법재판소(International Tribunal for the Law of the Sea, 1994), 국제형사재판소(International Criminal Court, 2002) 등이 상설되어 있으며, 수십여 국제재판소가 지역적 필요성에 따라서 수시로 설치했다가 임무가 끝나면 폐지되곤 했다. 다양한 국제재판소는 국제분쟁을 다양하게 해결한다는 긍정적인 측면도 있으나, 다양한 판결과 국익에 맞는 속칭 법정지어(法廷地漁, ほうていちほう, lex fori)[767] 혹은 법정쇼핑(forum shopping)[768]이란 부정적인 측면도 생겨나고 있다.

한편, 이들 국제법정 가운데 국제사법재판소의 재판과정을 간략하게 살펴보면 영화 『오케이 목장의 결투』를 닮아 있다. i) 국가 간에 해결해야 할 두 나라가 재판을 받기로 동의한다. ii) 재판관 등에 대해 공평한지를 체크를 한다. 무기대등의 원칙(principle of equality of Arms)이다.[769] 한쪽 나라의 국적을 가진 재판관이 있다면 반대쪽에서는 한 사람의 임시재판관(judge ad hoc)[770] 혹은 국적 재판관을 요구할 수 있고, 요구에 따라 선정한다. iii) 결투의 신사협정처럼 재판 기간, 재판 근거 등에 대해 상호 협의해 꼼뿌라미(compromis)[771]를 작성해 재판소 사무처에 제출한다. iv) 필요하다면 전문교수, 변호사 등 10명의 카운슬(counsel)을 채용할 수 있다. 물론, 본 재판 과정상의 공정한 재판(fair trial)을 위해서 무기대등의 원칙(POEOA)을 준수한다.

1945년 8월 6일 히로시마(廣島), 9일에 나가사키(長崎)에 원자폭탄이 투하되고 난 뒤엔 강대국과 약소국의 전쟁에서 핵무기(전략적 무기) 사용을 자제하고 재래식 무기로 전쟁을 하여왔다. 따라서 비대칭적 전력(asymmetric warfare)에 따라서 승패가 좌우되었다. 약소국가가 승리한 경우는 명청전쟁(明淸戰爭), 청일전쟁, 러일전쟁, 베트남 전쟁, 중국의 국공내전, 미국과 베트남 전쟁, 미국과 이라크전쟁, 소련과 아프가니스탄 전쟁 등이다. 2005년 이반 토프트(Ivan Arreguin Toft)[772]의 『어떻게 약소국이 전쟁에 승리했는가(How the Weak Win Wars)?』 저서에선 1800년에서 2003년까지 대규모 전쟁에선 강대국의 승률은 72%였으나, 작은 규모까지 합친다면 50% 정도라고 했다. 2009년 미 해군사관학교 잭 하티갠(Jack Hartigan)의 학위논문 「약소국의 승전: 비대칭전쟁에서 추진전략의 요인분석」에서도 '약소국의 승전' 현상을 밝혔다.[773] 이는 UN과 국제재판소 등에서 전쟁에 있어 무기대등의 원칙(Principle of Equality of Arms)을 강요하고 강대국에 자제를 요청하고 있기 때문이다.

이런 현상은 파워게임의 정글 속에서도 비대칭적 전략(asymmetric strategy)이 먹혀들고 있다. 코끼리와 불개미의 싸움에서 불개미는 코끼리의 콧구멍에 떼거리로 들어가서 점막을 물어뜯는다. 코끼리는 물속에 들어가서 날뛰다가 질식사를 당한다. 일전에 텔레비전에서 방영된 월드 사진(동영상)에서 호랑이와 오리가 물에서 만났다. 호랑이는 자신의 앞에서 겁도 없이 유유히 노는 오리에게 공격을 했으나, 물속으로 호랑이 뒤로 빠져나와 약을 올리는 것이다. 몇 번이고 호랑이는 사력을 다했으나 결국은 물만 먹는 꼴불견이었다. 그 호랑이는 죽기보다는 도망을 선택했다.

그뿐만 아니라, 1980년 국제물품매매계약에 관한 UN협약(Convention on Contracts for the International Sale of Goods)에서는 이익의 공정한 균형(fair balance of interests)[774]을 제시하고 있었다. 2010년 OECD에서 회원국 사이의 형평성, 기회균등, 의견청취 및 결과 배분까지 공정성을 도모하고자 하는 절차적 공정성(procedural fairness)[775] 혹은 절차적 정의(procedural justice)[776]를 꾀하고자 노력해왔다. 이와 같은 불균형(unbalance)문제는 오늘날뿐만 아니라, BC 500년대 실존했던 공자는 "가진 것이 적은 것보다도 고르지 못한 것이고, 가난하다는 사실보다도 균등하지 못한 게 바로 문제다."라고 지적했다.[777] 오늘날 공정한 재판을 위한 심리미진(審理未盡)이란 소극적 차원을 넘어서 석명권(Fragerecht, 釋明權) 행사는 재판관에게 석명의 의무(duty to be enlightened)가 되었다.

≡ 02

지구촌 최고사법기관
국제사법재판소(ICJ)

그곳은 우리의 홈그라운드일까?

국제사법재판소(International Court of Justice)는 유엔헌장에 근거해 1945년에 상설한 사법기관이다. 유엔 6개 주요기관 중 유일하게 뉴욕(New York) 밖 네덜란드 헤이그 평화궁(Peace Palace, The Hague, Netherlands)에 소

국제사법재판소·상설중재재판소
(네덜란드, 헤이그)

재하고 있다. 분쟁 당사국 간의 합의하에 제소된 사건에 한정해 관할권(jurisdiction)을 행사한다. 국제법에 따라 재판과 유엔 총회 및 안전보장이사회의 법적 문제에 대한 유권해석을 낸다. i) 상설중재재판소(PCA)의 국별재판관단(國別裁判官團)이 지명자를 대상으로 유엔 총회와 안전보장이사회에서 선출된 15명의 재판관으로 구성된다. ii) 동일국가의 국민은 2명 이상은 금지하고 있다. iii) 재판관의 임기는 9년이며 재선될 수 있으며, 3년마다 5명씩 개선, 임기종료가 되어서 충원 시까지 직무 지속과 착수한

사건을 완결을 해야 한다. iv) 재판소장은 임기 3년이며 재선할 수 있다. v) 원칙적으로 15명 전원 출석 전원재판부 재판이며, 최소한 정족수는 9인이며, 판결은 출석재판관의 과반수이다. vi) 가부동수인 경우는 소장 혹은 소장 대리 재판관이 결정투표권(casting vote)을 행사한다. vii) 국적재판관의 기피사유가 없는 한 참여하고, viii) 국적재판관이 없는 경우는 1명의 임시재판관(ad-hog judge)을 임명할 수 있다. 임시재판관은 자국민 혹은 제3국민으로도 가능하다.

현재 제25대 재판소장은 2021년 2월 8일 취임한 미국인 여성재판관 존 도너휴(Joan E. Donoghue,1956년생)[778]이며, 제24대 재판소장은 말리아인 아둘카 워 아메드 유수프(Abdulqawi Ahmed Yusuf)였다. 이전 제23대 재판소장은 프랑스인 로니 아브라함(Ronny Abraham)이었으며, 그 이전 제22대 재판소장은 일본인 재판관 오와다 하사시(小和田恆, 1932년생)[779]는 2003년부터 2012년까지 역임했으며, 2018년까지 재판관을 역임했다. 그는 현재 일본 나루히토(なるひと,德仁, 1960.2.23.) 국왕의 부인(日王德仁親王妃) 마사코(雅子,マサコ)의 아버지이며, 영국 케임브리지대학 법률 박사 취득 후, 30여 년간 동경대학, 하버드, 헤이그 아카데미 등 세계명문대학 법률 교수를 역임했으며, 물론 일본 외무성 근무, 국제연합 대사 등 다양한 법적 경륜이 많다. 2018년 2월 6일 부(副)재판소장으로는 중국 여성 쉐 한친(薛捍勤, Xue Hanqin, 1955년생)[780]이 취임하여 역임했다. 그는 2010년 5월 28일까지 스 주융(史久鏞, Shi Jiuyong, 1926년, 1994.2.6.~2010.5.28.)[781]의 사임에 따른 보궐 후임으로 추천되어 재판관으로 일하고 있다. 일본인 재판관으로는 유지 이와사와(Yuji Iwasawa, 1954년생)[782]가 있으며, 그는 1977년 동경대학교 법학 학사학위, 1978년 하버드법대 석사학위, 1997년 버지니아대학교 법학박사를 받고 오와다 하사

시(小和田恆, 1932년생)의 후임자로 2018년 6월 22일에 재판관에 추천되어 임명되었다.

국제사법재판소는 분쟁 당사국이 상호주의의 원칙(principle of reci-procity)에 입각한 합의를 통해서 관할권이 있는 재판소에 제소하는 임의적 관할을 원칙으로 한다. 제소는 분쟁의 주체 및 당사국이 하는 특별협정(special agreement)의 통고 또는 서면신청에 의한다. 유엔 회원국은 국제사법재판소의 당연당사국으로 관할권이 생긴다. 비회원국은 안전보장이사회의 권고에 의해 총회가 결정하는 조건으로 당사국이 될 수 있다. 이때는 예외적으로 재판소가 강제적 관할권(compulsory jurisdiction)을 행사할 수 있는 건 특정 조약체결로 강제적 관할권의 재판조항을 끼워 넣었거나, 사전에 약정관할권의 동의가 있는 경우다. 즉 국제사법재판소 규정(Statute of ICJ) 제36조2항 선택조항을 수락하는 거다. 권리보전을 위해 필요성이 인정될 때 재판소는 잠정적 보전조치(provisional measure of protection) 혹은 가(假)보전조치(interim measures of protection)를 취할수도 있다.[783] 2018년 7월 현재로 36번이나 잠정조치를 취한 적이 있으며, 단 1번 사용하는 '무력사용의 적법성(Legality of the Use of Force)'이란 의미에서 2008년 9월 13일 남(南)오세티야 전쟁(South Ossetia War)에서는 8대7로 가결되기도 했으며, 2020년 1월 미얀마(Myanmar)에 저항하는 이슬람교도 로힝아(Muslim Rohingya)를 보호하는 예비조치를 성공적으로 추진했다. 공용어는 프랑스어와 영어로, 사용언어의 선택은 당사자의 합의에 따르고, 합의가 없으면 영불공용(英佛共用)으로 판결을 내리며, 판결문 정본은 둘 중 하나를 결정한다.

어떤 준칙(law applied)으로 분쟁 해소와 의견을 내는가?

국제재판소 규정 제38조(Article 38 of the ICJ Statute)에 의해, 국제사법재판소라는 명칭 그대로 국제법(international law)에 따라 재판함을 사명으로 국제협약(international conventions), 국제관습(international cus-

경대 독도연구소, 대화 메모(2016)

tom), 문명국가에 의해서 인정된 법의 일반원칙(general principles of law recognised by civilized nations), 판례(previous judicial decisions) 및 다수국가에서 최고권위를 인정하는 학설(the teachings of the most highly qualified publicists of the various nations)만을 적용해 판단한다. 다만, 당사국의 합의는 정의와 공정(ex aequo et bono)에 따라 해당 사건을 해결한다. 심리(hearing)는 관할권 심리와 본안심리로 양분되며, 통상적으로 관할권(jurisdiction)이 인정된 뒤에 본안심리가 있으나 일괄적으로 행해진다. 당사국 가운데 일방에서 재판소의 관할권을 부인하는 '선결적 항변(Preemptive plea)'을 했을 땐 반드시 짚고 넘어간다. 당사국가가 아니더라도 필수적 공동당사자(essential co-party)인 제3국이 불참할 경우도 거부된다. 판결은 분쟁당사자와 특정 사건에 구속력(binding power)을 가진다. 판결은 종국적으로 상소할 수 없다. 판결의 의미와 범위에 대한 분쟁은 당사자의 요청으로 재판소가 해석한다. 재심은 선고 당시에 과실이 있었다는 결정적 사실이 있을 경우에만 한정해서 청구할 수 있다. 10년 지나면 재심청구권은 없어진다. 판결 이외에도 재판소에서는 법적 구속(legal binding power)을 갖지 않는 권고적 의견(advisory opinions)을 낼 수 있다. 이런 권고적 의견은 일명 유권

해석(authoritative interpretation)이라고도 한다. 즉 대부분 유엔총회, 안전보장이사회, 총회로부터 승인받은 유엔 산하 기관과 전문기구가 의뢰하는 법적 문제에 관해 유권해석(有權解析)이다.

국제적 분쟁해결은 어떻게 하는가?

양국의 분쟁을 해결해야 하는 논쟁사건(contentious case)에 있어, 재판소의 판결을 받아들이겠다는 동의를 한 국가에 구속력(binding ruling)이 있는 판결이 된다. 당사자는 분쟁사건인 경우는 국가만이 가능하며, 기업, 연방정부의 일부, NGO 유엔기관 및 자치단체는 직접적인 참여는 배제된다. 국제사법재판소는 이들 공공 국제기구로부터 정보를 받을 수 있다. 외교적 보호(diplomatic protection)와 같은 비국가적 이익(non-state interests)이 절차상 대상이 되는 건 배제하지 않는다. 이때는 국가는 국적자(nationals) 또는 기업 중 한 사람을 대리해 사건을 제기할 수 있다. 재판 관할권은 빈번히 논쟁 여지가 발생하곤 한다. 핵심원칙은 동의하에서만 관할권을 갖는다. 국제사법재판소 규정 제36조에서 관할권을 갖는 4개의 경우로 i) 특정협정(compromise) 혹은 타협(agreement)으로 재판 관할권을 명시한 경우(§36), ii) 시행 중인 조약 및 협약에 구체적으로 규정된 경우(§36) 예시로는, 이란 인질 위기(Iran hostage crisis)에 이란이 거부한 사례가 있었다. iii) 문제의 본질(ratione materia) 및 호혜주의 원칙(principle of reciprocity)에 따른 선택적 조항선언(optional clause declarations)에서 법원의 관할권을 수락하는 경우(§36), iv) 암묵적 동의(tacit consent) 혹은 법정 계속성(forum prorogatum)에 의해 관할권을 법원에서 결정하는 경우(§36)로 1949년 영국과 알바니아의 코르푸해협 사건(Corfu Channel Case)이 있다.

실제로, UN 회원으로 국제사법재판소 규정 제36조 2항의 의무적 관할 조항(compulsory clause of jurisdiction)을 수락하는 경우는 다른 국가에 대한 관계에서 당연히 또는 특별한 합의가 없어도 의무적으로 관할되는 것은 i) 조약의 해석, ii) 국제법상의 문제, iii) 확인된 경우엔 국제의무의 위 반이 되는 사실의 존재 여부, iv) 국제의무 위반에 대한 배상의 성질과 범 위다[784].

대표적인 분쟁사건의 사례로는 1980년 미국과 이란의 국제법을 위반 해 미국 외교관을 억류(detaining American diplomats)한 사건, 튀니지와 리비아의 대륙붕(continental shelf)의 분쟁, 이란 항공기 655를 미 해군 유도미사일 순항함이 격추한 사건, 걸프만(Maine Gulf)에서 미국과 캐나 다의 해상경계의 분열 과정상 문제, 코소보 전쟁(Kosovo War)에 취한 행 동에 관련 마케도니아(Macedonia, former Yugoslav) 공화국과 북대서양 조약기구 회원국의 불만사항, 마케도니아 공화국의 그리스 나토가입 거 부 사건, 콩고민주공화국의 우간다에 주권침해에 대한 사건(DRC's sover-eignty had been violated by Uganda) 등이 있다.

2020년 7월 13일 현재 국제재판소에 계류사건은 17건이 있으며, 4건은 심리진행이고, 13건은 심리대기계류에 있다. 현행 심리 중에 있는 사건은 i) 적도기니와 프랑스(Equatorial Guinea v. France)의 면제 및 형사소송, ii) 가이아나와 베네수엘라(Guyana v. Venezuela)의 1899년 10월 3일의 중재 문제, iii) 바레인, 이집트, 사우디아라비아, 이란 및 카타르(Bahrain, Egypt, Saudi Arabia and United Arab Emirates v. Qatar) 사이의 국제민간항공협 약(ICAO) 제84조의 따른 위원회 관할권에 대한 항소와 iv) 3번의 사건 당 사국으로, 1944년 ICAO 항공서비스 운송계약 제2조 2항에 다른 위원회 관할권에 대한 항소가 있다. 이외 13건의 계류사건은 i) 국제프로젝트의 문제 1건, ii) 무장활동 및 대량학살 사건 2건, iii) 국경문제 2건, iv) 국제협약 위반 3건 및 v) 유권해석 및 항소 5건으로 분류할 수 있다.

국제사회 정의구현을 위해서 조직된 국제재판소라고 생각하면 약소국의 하소연이 더 많다고 생각하나, 국가별 제소(피소)사건을 분석하면 강자의 이익을 위해서 제소하고 있는 경향이 강하다. 2020년 7월 13일 현재 미국이 25건, 영국 및 프랑스가 14건, 독일 및 벨기에 7건, 스페인 및 그리스가 4건, 이상하게도 일본은 고래잡이 문제 1건(Whaling in the Antarctic, Australia v. Japan: New Zealand intervening, 2010)에 피소되었다가 중재 되었다. 물론 약소국의 하소연으로 니카라과(Nicaragua) 15건, 세르비아 9건, 코스타리카(Costa Rica) 및 리비아(Libyan Arab Jamahiriya) 6건 등이 있다.

이렇게 '강자의 이익(the Strong's interest)'과 '약자의 하소연(the weak's complain)'이 뒤섞여 있어 이해상반에 따라서 정확한 판단잣대는 있을 수 없다. "국제소송은 일종의 스포츠 게임과 같다. 진실과 거짓의 판결이 아니다."라는 표현도 한다.[785] 여하한 국제역학관계를 이용하는 강대국 혹은 제소국의 우월적 지위에 대해 상대국가의 불평이 끊이지 않고 있다. 국제재판소에 재판관을 끊임없이 배출하고 있는 일본 관료사회에서는 "독도문제가 국제재판소에 가면 한국에 이기기보다 질 확률은 Zero다(獨島問題が國際裁判所に行くと, 韓國に勝つよりなること確率はZeroだ)."라는 말부터 먼저 하고 있다.

권고적 의견을 어떤 경우에 어떻게 내는가?

국제사법재판소(ICJ)는 각국에서 혹은 유엔 산하 기관에서 자문요청을 서면 혹은 구두진술로 받으면 유용한 정보를 제공한다. 자문 의견은 각각의 권한 아래에서 속하는 것이래서 복잡한 법률적인 문제 해결에 대한 도움을 요청하는데, 이에 사법기관으로 기능을 다하기 위해서 원칙적인 권고적 의견(advisory opinion)을 제공한다. 법적 영향력(legal effect)은 협의적이며, 상대방을 존중한다. 특정 문서 또는 규정에 기속되어야 구속력을 가질 수 있으나, 본질적으로 구속력(non-binding character)이 없다. 구속력이 없다는 자문의견이라고 해서 법적 효력이 전혀 없다는 의미는 아니다. 우리나라에서 흔히 비송사건(non-contentious case)이라고 하는 것에 해당한다. 강제적 관할권(compulsory jurisdiction)을 넘어서는 범위나 자문 혹은 법률적 유권해석을 해야 할 경우에 법적 자문권(advisory jurisdiction)을 갖는다. 이런 법적 자문권이 최악의 시나리오로 움직인다면 '톱니바퀴처럼 맞물려 돌아가고 있는 국제사회(cog-wheel international society)'에서는 국가의 이미지 손상 및 국가신용도 추락 등에도 '보이지 않는 손(invisible hand)'으로 작용할 수 있다.

또한, 국제법의 중요한 쟁점에 대한 권위 있는 견해(유권적 견해)를 반영할 수 있기 때문이다. 권고적 의견 혹은 자문의견은 유엔의 주요사법기관의 공식적 발표라는 사실에서 자체적 지위와 권한을 가진다. 때로는 자문의견에 논쟁의 여지가 있거나 법원에 진정성 논쟁에 여지가 있는 사안도 발생한다. 간접적인 방법으로 사건이 제기되고 종종 논란의 여지가 있다. 대표적인 논란이 되었던 자문의견은 1993년과 1995년에 내놓았던 핵무기 사용에 대한 적법성(legality of the use of nuclear weapons) 유권해석 사례가 있다.

2020년 7월 13일 현재 ICJ에 게재된 '권고적 의견(advisory opinion)'은 27건이며, 대부분이 유엔 가입국의 조건, 유엔기관 업무상 부상에 대한 보상, 총회의 권한, 국제적 위상, 평화조약의 해석 등의 유권해석이 가장 많다. 법적 절차, 유엔의 행정재판소 등의 심판에 대한 해석과 신청절차 등도 있다. 가장 영향력을 끼쳤던 1993년 '무력 충돌 시 핵무기 사용에 대한 적법성'과 1995년 '위협 또는 핵무기 사용의 적법성'에 대한 유권해석이었다. 2010년 이후 최근 사례로는 3건으로 2010년 코소보와 관련, 일반적인 독립선언(unilateral declaration of independence in respect of Kosovo)에 관한 국제법 준수, 2012년 국제농업개발기금(International Fund for Agricultural Development)에 대한 이의신청에 관련된 국제노동기구 행정재판소의 심판(2867호), 2019년에 1965년도 모리셔스로부터 카토스 군도 분리(Separation of the Chagos Archipelago from Mauritius in 1965)의 법석 해석이었다.

만일, 한·일간 독도분쟁이 국제사법재판소에 제기된다면

국제사법재판소의 재판절차는 ICJ 규정에 절차는 1978년에 제정했고, 2005년 9월 29일에 개정해 명시한 바 있다. 신청국가는 법원 관할권의 근거와 주장을 설명하는 서면 신청서를 제출하고, 상대국가에서 법원 관할권을 수락해 사안에 따른 변론 서면 기록물을 제출할 수 있다.[786] 보다 자세하게 i) 국제사법재판소 사무처장(registrator)에게 특별합의 통고(notification of special agreement) 또는 서면신청(written application)을 제출, ii) 공소제기를 받은 사무처장은 ICJ 규정에 적합한지를 검토, 적합하면 유엔사무총장, 회원국 및 해당 재판소 및 재판을 받을 국가에 통고, iii) 9명이상의 재판관 출석과 출석자의 과반수 찬성으로 결정, 가부동수인 경우는 재판장이 결정권을 가짐, iv) 당사국의 국적을 갖은 재판관이 없는 경우는 국적재판관(judge ad hoc)을 선임할 권한이 있으며, 최고 17명의 판사 전원합의심(全員合議審)을 할 수 있음, v) 분쟁 타방 당사국이 판결에 의

해 발생한 의무를 이행하지 않을 경우는 분쟁의 일방 당사국에 조치 혹은 안전보장이사회의 소집요청을 할 수 있다.[787]

한편, 한·일 양국 간 독도분쟁으로, 1945년 이후 장기적·감정적 대립으로 격화되어 왔기에 해결방안을 살펴보면, i) UN 안전보장이사회에서 세계평화와 질서유지 차원에서 국제사법재판소에 제소해서 결정을 받으라는 권고안, ii) 한·일 양국이 합의해 국제법적 판단을 받자고 할 경우, iii) 일본의 도발 행위 혹은 우리나라의 여하한 비창조적 흥분(uncreative excitement) 상태를 이용해서 일본이 제소하고 맞대응 차원에서 응소하는 경우가 있을 수 있다. iv) 차분하게 모든 가능성을 열어놓고 시뮬레이션을 하여 대응한다면 현재와 같이 응소하지 않고 실효적 지배를 지속화, 군사적 혹은 민간인의 무단 독도 점령으로 국제분쟁지역으로 만들 경우, 한반도 역학관계를 이용한 차도살인계략(借刀殺人計略)을 사용할 경우, 미국, 중국, 러시아 등의 묵인하에 일본의 공격으로 전면전 직전까지 상황을 상정해야 한다.

일본은 이미 국제재판소에 제소를 위해서 유비무환(有備無患) 상태다. i) 1954년 9월 25일 독도에 경찰인력 상주에 항의, 1962년 2월 한일국교 정상화 회담 중에 김종필(金鐘泌) 대표의 제3국 조정제의에 반박, 그리고 2012년 8월 15일 이명박(李明博) 대통령의 독도방문 사건 때, 세 차례나 국제사법재판소에 제소해 해결하자고 제안했다. ii) 이뿐만 아니라 국제사법재판소에 끊임없이 일본인 재판관을 확보하고 동료재판관들에게도 우호적인 관계를 유지하여 '파이팅 투나이트(fighting tonight)' 상태를 유지하고 있다. '다케시마 국제재판 관련 워크숍(竹島國際裁判關連のワークショップ)'을 일본대학 혹은 해외 우수대학에 과제로 제출·지원하여 이론적 근거를 수정·보완해 왔다.

이에 비해서 우리나라는 대응은 "독도 문제로 재판을 받을 이유도 없고, 그에 대한 동의를 절대로 해주지 않을 것이다. 그렇기 때문에 독도 문제가 국제사법재판소에 갈 가능성은 털끝만큼도 없다."[788]라는 게 우리나라의 대응논리 전부다. 참으로 마음 편한 생각이다. 언제나 최선 상황만 연속된다면 그렇게 될 수도 있으나, 경제적·외교적·군사적인 분야에 의도하지 않는 경우수로 혹은 비창조적 흥분으로 말려드는 경우가 있다.

다시 말하면 우리가 상상하기 싫지만, 일본이 유엔 안전보장이사회 상임이사국(UN, Security Counsel, permanent member)으로 등장했을 때는 독도분쟁 문제를 안보리에서 ICJ(국제사법재판소)행 권고안을 낼 가능성이 더 커진다. 권고안이 만들어졌을 땐 유엔안보리 권고안 그 자체는 권고 결정으로 법정구속력(legal binding power)은 없으나 한국은 UN 회원국이고, 심지어 유엔사무총장(Secretary General of United Nations)을 배출했던 나라, 경제 및 군사적인 역할관계를 종합할 경우엔 무시할 수 없고, 억지 춘양으로 응소할 수밖에 없다. 물론 국가 주권의 침해, 극도의 내정간섭, 국익의 침해 등으로 응소할 수 없을 경우는 예비적 이의제기(preliminary objections)를 해서 법원 관할권(jurisdiction)과 사건의 허용 불가(Inadmissibility)을 중심으로 심리할 수 있다. 일단 접수되면 계류 중에 잠정조치(provisional or interim measure) 혹은 미국법상의 국제교섭금지(interlocutory injunctions)가 내려질 수도 있다.

이땐 우리나라 외교부와 일본의 외무성은 국제사법재판소에 재판을 의뢰하는 특별협정 혹은 합의서(compromise)를 작성할 것이다. 가칭 '대한민국과 일본 간의 독도/다케시마 영토분쟁 해결을 위한 특별협정(Special Agreement between the Repunlic of Korean and Japan for the Settlement of Territorial Disputes in Dokdo Island/Takeshima)'을 작성해 국제사법재판소 사무처장(The Registrar) 필립 쿠브르(Philippe Couvreur)[789]에게 제출한다.

가상 특별협정을 작성해 본다면 "제1조(합의): 양국은 위 분쟁을 국제사법재판소 규정 제36조 제1항에 따라 국제사법재판소에 제소하는 데 합의한다. 제2조(재판 대상): 국제사법재판소는 독도/다케시마 대한민국과 일본 중 어느 나라의 영토주권에 속하는지 결정한다. 제3조(명칭): 특별협정에 사용하는 '독도(獨島)'와 '다케시마(竹島)' 또는 '다케시마'와 '독도'의 명칭의 순서는 판결에 아무런 영향을 미치지 않는다. 제4조(절차): 소송절차는 서면절차와 구술변론 절차로 이뤄진다. 서면절차에 필요한 서류는 특별협정(compromis) 제출 후 6개월 이내에 국제사법재판소 사무처장(the Registrar of ICJ)에게 제출해야 한다. 구술변론절차에 대해 진술순서는 양국 간 합의로 결정한다. 다만, 그 순서는 증명책임에 영향을 주지 않는다. 판결 선고는 구술변론이 끝난 후 1개월 이내에 이뤄진다. 제5조(판단근거): 국제사법재판소는 국제사법재판소 규정 제38조 제1항에 따라 국제협약, 국제관습, 문명국에 의해 인정된 법의 일반원칙, 사법 판결, 최고 우수한 국제법학자의 학설 등에 의해 본 사건을 재판한다. 제6조(이의 금지): 양국은 국제사업재판소의 판결에 이의를 제기하지 않고 충실히 따를 것을 합의한다. 제7조(효력): 본 특별협정은 비준문서가 교환되는 즉시 효력을 발생한다. 양국은 유엔 현장 제102조에 따라 본 특별협정을 유엔사무국에 등록한다. 이상의 증거로 양국 대표는 독도(협의 장소)에서 서명한다. 대한민국 정부대표, 외교부 장관(서명), 일본 정부대표, 외무대신(서명)."[790]

제3국의 중재, 개입, 구제 및 비판

복잡·다양한 국제분쟁을 해결하는 데 각종 국제재판소에서는 자체적으로 해결 혹은 구제할 수 있는 문제까지 국제분쟁의 문제로 떠맡는 경향이 많아서 i) 국제재판소에 오기 전에 국내에서 할 수 있는 모든 구제수단을 다 쓰고 완료한 후에 오도록 하고 있다. 외교적 문제로 해결, 경제적 문제로 해결 등이 여기에 포함된다. 국가의 내정간섭이나 주권적 침해의 오해를 없애고자 하는 원초적인 '자국구조완료의 원칙(exhaustion of local remedies rule)'[791]을 준수하고 있다. ii) 국가에 먼저 분쟁사건을 예방하고, 최선을 쏟아야 하지 여하한 핑계로 내팽개쳤다가 국제기관을 통해서 얄미운 상대방을 한 방에 제압하고자 하는 함정에 빠지지 않고자 '사전예방의 원칙(principles of prevention)'이 준수되었는지도 따진다. iii) 이뿐만아니라 특히 해양사건 가운데 납치, 테러 등에서 보석금 요구에까지 '이익의 공정한 균형(fair balance of interests)'을 잣대로 들이대고 있다. 평소에우리나라는 독도에 대한 '실효적 지배(effective control)'를 할 때는 이런 국제재판소에서 통용되는 원칙들을 생각해야 한다.

노사합의를 할 때도 장외시위를 해 심리적인 변화를 유도하듯이, 국제사법재판소에 국제분쟁을 제소해 놓고 가만히 기다리지 않고, 때로는 무력시위(military demonstrations), 국제적 교섭(international negotiations) 등을 할 수 있다. 이런 행동이 공정한 심판에 악영향을 미친다면 유엔 등에서 못하도록 잠정조치(interim measures)를 내린다. 제3국의 이해타산에도 영향을 끼칠 경우는 개입 프로그램(application to intervene)을 가동한다. 국제사법재판소 규정 제62조에 의거해 '법적 성격의 이익을 가진 국가(state with interest of a legal nature)'에 정당한 참여 혹은 중재를 허용하도록 재량권을 가진다. 개입 프로그램을 가동하는 경우는 극히 드물다. 1991년에 성공적인 개입 프로그램이 처음 나타났다.

일단 심의가 이루어지면 재판소는 다수 의견을 발표한다. 재판소가 판결을 도출한 결과에 대해 동의하지만, 추론이 다른 경우 개별재판관의 의견이나 반대의견을 발표할 수 있다. 항소할 수는 없지만, 당사자는 판단의 의미와 범위에 관한 논쟁이 있을 때는 재판소에 요청할 수 있는 구제제도를 갖고 있다. 재판소는 판결, 절차 및 권한에 대해 비판을 받는다. 구체적인 문제보다 유엔헌장을 통해 회원국의 기관에 부여하는 일반적 권한에 더 많이 관련되어 있다.

주요비판을 요약하면 i) 강제적 관할권(compulsory jurisdiction)은 분쟁 당사국 양측이 결정에 복종하기로 동의한 경우에만 국한되며, ii) 침략의 사례는 안전보장이사회에 자동으로 확대되어 재판을 받는 경향이 있다. iii) 국가 주권원칙에 따라 어느 나라도 우월하거나 열등한 국가는 없다(No nation is superior or inferior against another). 따라서 국제법을 위반했을 경우는 국가는 해당 법률을 시행하거나 처벌할 수 있는 존재가 아니다. iv) 국제사법재판소의 구속력이 없다는 건 ICJ 193 회원국이 반드시 관할권 수락을 할 필요가 없다는 의미가 된다. v) 국제재판소는 권한의 완전한 분리(full separation of power)가 되지 않아 유엔 안보리 상임이사국은 구속력(binding force)이 있다고 보이는 경우도 집행을 거부할 수 있다. 침략사건(instance of aggression)은 안전보장이사회가 결의안 채택으로 판결하고 있는 실정이다.

일본은 독도 문제를 해결하기 위해서 국제재판소를 이용하는 데 방점을 두고 추진해 왔다. 일본이 국제재판소를 이용할 방안으로는 i) 국제재판소에 한국을 직접 제소할 방안을 희박하나, 국제기구에 문제를 제기해서 국제사법재판소의 법적 자문권(advisory jurisdiction)을 활용하거나 권고적 의견(advisory opinion)을 이용해서 '승소 효(winning effect)'를 도모할 수 있다. ii) 한반도 주변 강대국을 움직여서 팀플레이로 타국에서 제소하도록 하는 방안이 있다. 2016년 미국, 일본 및 필리핀이 중국을 대상으로 남중국해 분쟁을 팀플레이 해서 상설중재재판소에서 승소한 사건 (Award in Republic of the Philippines v. People's Republic of China, PCA Case No. 2013-19)이 모델 사례다.[792] iii) 이뿐만 아니라 일본외교의 특유한 이간계략(離間計略), 차도살인(借刀殺人) 등을 구사할 땐 경제, 외교, 군사 및 문화문제 등을 뒤섞어서 인수분해가 불가능하게(因數分解不可化), 한반도 주변 강대국의 감정적 대립으로 얽히게 이간하여 복함수화(復函數化) 혹은 서로 이해상반으로 결합하게 상반 방정식화(相反方程式化)해 고차 방정식으로 꽈배기 만들기 방안이 있다. 마치 러시아 마트료시카 (Matryoshka) 인형처럼 겉으로 보기엔 단순한 문제 같이 포장을 하고 여러 개의 문제를 10겹 이상 숨겨 문제 양파 만들기, 6·25전쟁 당시에 주일 미 공군에 영유권이 없었던 한국 독도를 폭격훈련 연습장으로 빌려준 사례 혹은 미군으로 일본 경찰예비대가 참전했던 것처럼 호가호위(狐假虎威)하는 방안이 있다.

☰ 03
한·일이 각축하는
국제해양법재판소^(ITLOS)

오쟁이 진 남편의 가슴앓이를?

2015년 12월 28일, 위안부에 관한 최종적 불가역적인 한·일협정을 체결하고, 10억 엔의 치유 화해기금을 출자했는데, 이에 반해 일본 대사관 앞 위안부 소녀상 철거는 고사하고, 새롭

국제해양법재판소(독일, 함부르크)

게 설치했다고 항의하면서 2017년 1월 6일에 본국으로 대사를 소환했다. 이로 인해 아베 신조(あべしんぞう, 安倍晋三, 1954년생) 총리의 혐한세력 결집과 한국 때리기(Korea Bashing) 차원에서 지지율은 60%나 급상승했다. 한일외교 갈등 시기를 틈타서 경기도 의회에선 2017년 1월 17일 독도에 소녀상을 설치하겠다고 보도를 내었다. 한국은 소녀상을 세우지 말라(竹島は日本の領土だ, 韓國は慰安婦像を立ててはいけない)고 일본은 단호하게 외교적 항의를 했다. 행정자치부에서는 1월 18일, 경기도 의회의 소녀상 설치를 위한 '기부금품의 모집 및 사용에 관한 법률 위반'이라고 발표했고

793, 경상북도지사는 "장소를 신중히 고려해야 한다."라고 했다.794 이에 대해 우리나라 정부는 박근혜 대통령의 탄핵소추로 직무정지 상태에 있었다. 마침 이때 미·중·일 삼각 외교 파도가 겹쳤고, 탄핵소추의 태풍에 넋을 잃은 우리나라 정부는 일본에 대해 묵묵부답이었다. 이에 경기도 의회는 행정자치부와 외교부의 제동795에 혼비백산하는 해프닝으로 끝났다.

이제 천재일우(千載一遇)가 왔다고 생각한 일본 외무성은 1월 19일엔 2018 평창 동계올림픽 홈페이지 (pyeongchang2018.com)에 게재된 동해안 독도(獨島) 표시에 대해서 "다케시마는 국제분쟁지역(international conflict area)인데, 정치적 홍보는 올림픽헌장 제50조2항을 위배하고 있다."라며, 삭제해야 한다고 항의했다.796 마치 기다렸다는 듯이 한 치 오차도 없이 일본 정부는 착착 진행하고 있다. 일본이 이런 기회를 절대로 놓치지 않았고 독도를 국제분쟁 지역화에 혈안이 되었다. 이틀 전에 이미 일본은 확실하게 독도 문제화를 명확히 하고자 1월 17일에 기시다 후무오(岸田文雄, きしだ ふみお)797 외무대신은 기자회견을 했고, "다케시마는 그 자체도 국제법도, 역사적으로도 일본의 고유영토이다(竹島は, そもそも國際法上も歷史的にも我が國固有の領土である)."라고 재천명했다.

한편, 우리나라는 "독도가 한국영토임이 분명하고, 현재도 차지하고 있는데, 가만히 있으면 된다."라는 속칭 '내 마누라 이론(My Wife Theory)'이 먹혀들고 있고, 대표적인 학설로 굳어져 왔다. 마누라는 같이 잘 있으면 되지, 내 마누라라고 떠벌릴 필요가 전혀 없다는 거다. 대표적인 사례로는 2009년 3월 6일, 유엔본부 유엔해양법협약 특별당사국 총회에서 서울대학교 백진현(Paik Jin-hyun, 1958년생) 교수가 국제해양법재판소 재판관으로 선출되었다. 당시 그는 51세로 평균연령 69세에 비해 21명 가운데 최연소였다. 4월 30일 『미래한국(futurekorea.co.kr)』과 인터뷰 도중에 질문을 받았다.[798] "독도는 대한민국 영토여서 재판할 사항이 아니다."라고 대답했다. 이에 "문제가 발생했을 때 분쟁 당사국들이 합의해서 따져보자는 건 가능하다. 독도는 엄연히 한국영토이니 우리나라에서 독도를 재판에 맡겨 누구 땅인지 알아보고자 할 이유가 없다. 일본이 재판하자고 해도 우리가 응하지 않으면 되는 거고, 명분이 없는 일본은 그런 제안을 하지 않는다."라고 잘라 말했다. 독도를 일본이 자기네 땅이라고 우기는 속셈에 대해선 "어느 나라나 국수적인 사람이 있다. 독도 인근 시마네겐(島根縣)에서 독도 주변 조업을 못 하니까 불평이 나오고, 결국 일본 국내정치적 요인이다."라고 그는 설명했다. 2017년 10월 2일, 백진현 재판관(Judge Jin-Hyun Paik, 1958년생)은 2020년까지 국제해양재판소장으로 당선되었고, 부소장으로는 영국인 데이비드 아타르드 재판관(Judge David Joseph Attard)이 당선되었다. 현재 일본인 순지 야나이(柳井俊二, Shunji Yanai, 1937년생)는 2005년 국제해사재판소 재판관으로 추천되어 2011년에 국제해사재판소장을 3년간 역임했다. 외무성에서 스캔들로 해임되기도 했으며, 재판관의 직위에서 중국에 대한 특별한 행동의 조작으로 고발되었다. 아베 신조의 특별자문회의를 운영하면서 일본 헌법 제2조의 개정에 깊이 관여하고 있다.[799]

그러나 일본의 독도 문제 해결에 있어 근본전략은 우리나라와 다르다. 우리나라는 속도전이라면 일본은 우공이산(愚公移山)이다. 즉, 국제재판소에서 한국에다가 케이오펀치(knockout punch)를 날려 "다케시마는 일본 땅이다."라는 판결을 받기를 바라는 것이 아니다. 그것보다 수시로 잽싸게 잽(jab)을 날려 얻어터지면서 우왕좌왕하는 꼴을 보고 싶어 한다. 특히 혐한극우파(嫌韓極右派)는 '한국 때리기 망언(Korea-bashing ludicrous statement)'에 대리만족까지 느낀다. 또한, 그런 망언을 함으로써 정치적 지지율이 상승하고 있으며, 한·일간 통화 SWAP 등의 경제적 제재까지 들먹거린다. 속칭 '불난 집에 부채질'만큼 재미나는 게 없다. 2019년 7월 1일, 강제징용 인건비 대법원 배상판결에 보복한다고 경제규제를 했다. 이를 통해서 혐한세력의 결집과 반한 극우를 움직여서 지지율을 상승시켰고, 미국을 조정해서 한국이 지소미아(GSOMIA) 중단을 들먹거렸지만, 미국이 "즐겁게 춤을 추다가 그대로 멈춰라(Standstill)."라고 한마디 하자 모두가 '동작 그만'이었다.

특히 한국의 비창조적 흥분을 적극적으로 활용한다면 의외로 많은 것을 얻는다는 계산이다. 대표적인 사례로는 6·25전쟁으로 연평균 30~40%의 고도성장을 했으며, G2 경제 대국으로

국제해양법재판소 홈페이지(ITLOS)

부상했다. 그들의 표현을 빌리면 신의 축복을 받았다. 좀 더 노골적으로 풀이하면, 한국에 '오쟁이 진 남편(綠帽子, cornuto)'의 가슴앓이를 안겨다 주겠다는 속셈이다. 플레이보이들(playboy)에겐 유부녀(有夫女)란 의미는 i) 아무리 갖고 놀아도 꼭 결혼해야 한다는 양심의 부담이 하나도 없다. ii) 남편이 있기에 돈줄이 되고, 아무것도 없다고 해도 이혼하면 돈이 되니, 유별히도 돈이 되는 여자로 인식하고 있다. 아무리 콧대 높은 남편이라도 "자기 계집 하나 제대로 관리도 못 하는 주제에…."라는 남들의 시선을 받고서는 무슨 일이든 잘할 수 있을까? 이렇게 국제사회에서 한국이 '오쟁이 진 남편' 꼴을 당하도록 만들고자 한다.

한·일 결투의 '오케이 목장(O.K. Corral)', 국제해양법재판소

국제해양법재판소(International Tribunal for the Law of the Sea)는 유

엔 국제해양법 협약(UN Convention on the Law of the Sea)의 해석 및 운영에 관련된 각종 분쟁을 해결하기 위해서 설립된 국제사법기구로, 1982년 12월 1일에 채택해 1994년 11월 16일 운영에 들어갔다. 유엔 국제해양법 협약의 기원은 1967년 11월 1일 몰타공화국(Republic of Malta)의 아르비드 파르도(Arvid Pardo)[800] 대사가 유엔총회 연설에서 '명확하게 정의된 관할권을 넘어서 해저와 해저에 대한 효과적인 국제주권'을 요구했다.[801] 이를 시작으로 1973년 제9차 유엔해양법 회의가 개최되어 9년간의 진통 끝에 협정을 끌어냈다. 해양을 '미래 인류의 공동유산(common heritage of future's human being)'이라는 근본정신에 입각해 국가관할권을 넘어서 지구촌의 평화와 질서에 크게 이바지함을 사명으로 하고 있다.

유엔 국제해양법협약 제15부(Part XV)는 협약의 해석 및 적용과 관련 분쟁해결을 위해 UN 헌장에 따른 평화적 수단으로 당사국의 분쟁을 규정했다. 평화적 수단에 의한 해결원칙과 예외적인 강제분쟁 해결절차에 의존하기로 했다. 협약 부속서 VIII에 따른 국제해양법재판소(ITLOS)가 설립되었다. 당사국은 유엔협약 제287조에 따라 작성된 서면 선언을 유엔사무총장에게 위탁해 평화적 수단과 강제적 수단을 자유로이 선택한다. 분쟁 당사국이 같은 합의 절차를 수락하지 않을 경우 부속서 VII에 의거 중재에 회부할 수 있다.

국제해양법재판소의 규정에 따라 재판소는 2020년 7월 13일 현재, 소장 1명, 부소장 1명 및 재판관 21명이 정식 구성원으로, 법정은 i) 해저분쟁법정과 국적재판관의 법정(Seabed Disputes Chamber and Ad Hoc Chambers of the Seabed Disputes Chamber)에서는 호프만(Hoffmann) 재판관이 의장을 맡고, 11명의 재판관[802]으로 구성되어 있고, 유엔헌장 제187조와 188조 및 해양재판소 규정 제36조에 따라 ii) 특별법정(special chamber)은 5개 분야의 특별법정을 설치·운영하고 있고, i) 요약절차법정 (Chamber of Summary Procedure)은 백진현 소장이 의장을 맡고, 아트르드 부소장(Vice President Attard)과 4명의 재판관과 2명의 교체재판관(alternative judge)이 배속되어 있다. ii) 어업분쟁법정(Chamber for Fisheries Disputes)은 하이다르 재판관(Judge Heidar)이 의장을 8명의 재판관이 맡고 일본인 재판관 야나이(Judge Yanai)가 있으며,, iii) 해양환경분쟁 법정 Chamber for Marine Environment Disputes)은 파우락 재판관(Judge Pawlak)이 의장을, 그리고 8명의 재판관이 있는 중국인 카오 재판관 (Judge Gao)이, iv) 해양확정분쟁 법정(Chamber for Maritime Delimitation Disputes)은 백진현 소장이 의장이며, 부소장 및 8명의 재판관이, 그리고 v) 규정 제15조에 의한 법정(Chambers under article 15, paragraph 2, of the Statute)에는 라오 재판관(Judge Rao)이 의장을 4명의 재판관이 관장하고 있다.

최근 독도 문제가 빈발함에 따라 한·일어업협정과 관련해서 해양법재판소에 대해서 한국과 일본에선 관심을 쏟고 있다. 특히 한·일 국적의 재판관에 대한 신경전은 대단하다. 전직 재판관으로는 1996년 일본인 소지 야마모토(Soji Yamamoto,山本草二)[803] 재판관은 2005년에 끝냈고, 한국인 박춘호(Choon-ho Park, 박춘호) 재판관은 2008년에 별세하였다. 현직 재판관으로는 순지 야나이(Shunji Yanai) 재판관은 2005년에서 2008년 야마모토(山本)의 뒤를 이어, 2005년에서 2008년까지 잔임을 마치고 재선되어 2013년에 재판소장으로 출마하기도 했다. 우리나라도 박춘호 재판

국제해양재판소장(2020, 홈페이지)

관의 후임으로 2009년에 백진현(Jin-Hyun Paik) 재판관이 선출되어 잔임을 마쳤으며, 2017년에 재판소장에 임명되어 2020년까지 역임했다. 재판에 있어 자세히 언급한다면, 일반법정에 한·일 국적의 재판관 두 분이 동시에 참석하고 있으나, 특별법정에서는 순지(Shunji) 재판관은 어업분쟁법정에 배속, 백(Paik) 재판소장은 요약절차법정, 해양확정분쟁법정에서 의장을 맡고 있다.

또한, 국제해양법재판소 규정 제32조 및 39조의 역할을 하는 사무처(Registry)는 사무처장(registrar)을 보좌하는 사무차장(deputy registrar) 및 업무담당자로 구성되어 있다. 이들은 법률, 행정, 재정, 자료, 회의 및 정보를 제공하는 기능을 하고 있다. 재판관과 제소하는 국가들을 보좌하는 기능을 갖는다. 임기 5년의 사무처장(registrar)엔 벨기에 출신 필립 고티에(Philippe Gautier)가 맡고 있다. 사무차장으로는 2002년 6월 25일부터 한국인 김두영(Doo-young Kim)[804]이 근무하고 있었으며, 2012년 3월 22일에 임기 5년의 사무차장에 재임용되었다. 그러나 2020년 7월 13일 현재 사무처장은 칠레 여성 시메나 오이르세(Ximena Hinrichs Oyarce) 부처장이 사무처장으로, 부처장으로 프랑스 남성 앙토네 올리버(Antoine Ol-livier)가 맡고 있다.

일본의 국제해양재판소 재판경험과 현재 재판현황

일본은 과거 해양법재판소에서 4차례나 재판을 받았다. 첫 번과 두 번은 1994년에 남방 참 다랑어 보존 협약(Committee for Conservation of Southern Blue-fin Tuna)을 체결했다. 어획 총량(TAC)을 11,750톤을 유지하기로 약속했다. 1998년 보존협회(CCSBT) 과학위원회에 참 다랑어 감소추세를 확인하였으며, 1980년 상태의 자원상태 회복을 위해 합의했다.

이에 따라 일본, 호주, 뉴질랜드 등 회원국은 매년 국가별로 어획량을 배정했는데, 일본에 6,065톤, 호주 5,265톤, 뉴질랜드 420톤으로 1999년에 배정을 받았다. 그해 6월에 일본은 '실험적 어획(experimental fishing)'이라는 이름으로 추가 참치잡이를 했다. 7월 3일에 일본 남획을 중단해달라고 국제해양법재판소에 요청(Southern Blue-fine Tuna Case), 8월 19일과 20일 독일 함부르크에 공판을 열어 "실험적 어획량도 합의할 때만 가능하니 일본은 즉각 중단하라."라는 결정을 받았다.

세 번째 사건은 호신마루(Hoishinmaru)호가 러시아의 배타적 수역에 어업면허를 하지 않고 어획했다. 러시아에선 선박과 승무원을 함께 구금했기에 석방요청을 2007년 7월 6일에 제소했다. 네 번째 토미마루(Tomimaru)호 사건도 배타적 수역에서 참치잡이를 하다가 러시아에 선박과 승무원이 구금되었다. 이에 석방을 같은 날짜 7월 6일에 해양법재판소에 신청했다. 상응하는 보상금을 부담했고, 즉시 석방 판결(judgment on prompt release)을 했다.

일본은 이외에도, 1902년 독일, 프랑스 및 영국이 일본 정부를 상대로 상설중재재판소(PCA)에 '일본 주택세금징수 사건(PCA-77: Japanese House Tax)'이 제소했다. 간단한 내용은 1894년, 1896년에 외국인에게 영구적 임대주택에 국세 및 비용을 면제하는 조건으로 협약하였음에도 지방정부에서는 부동산(real property)에 과세를 했다. 상설중재재판소에서는 1899년 국제협약에 위배를 확인했고, 과세한 일본 정부의 주장을 중재 법정의 다수결로 기각해 패소했다.

분쟁사건 및 비송(자문)사건 관할 사례

국제해양법재판소의 관할권(jurisdiction)은 협약에 의거 분쟁사건 혹은 비송(자문)사건이든 신청해야 시작된다. 재판소 규정 제21조(Statute, article 21)에서 분쟁이 있는 사건의 관할권(contentious jurisdiction)과 법적 질의와 같은 비송(자문)사건의 관할권(advisory jurisdiction)을 규정하고 있다. 분쟁사건의 관할권은 규정 제297조에 따른 협약의 해석과 적용에 관련 모든 분쟁에 관해 관할권을 가지며, 협약 제298조에 따라서 신청서가 작성된다. 제299조에 의한 재판 절차상 쌍방동의권(right of the parties to agree on a procedure)이 준수되고 있다. UN 협정 제191조에선 국제해저 관련 기관이나 유엔총회의 행동에서 제기된 법적인 질문에 대해서 해저분쟁법정(Seabed Disputes Chamber)에서 자문(비송)적 의견을 제공할 권한을 가진다. 재판소 규정 제138조에 의거 유엔협정의 목적에 관련된 국제적 합의(an international agreement related to the purposes of the Convention)에 제기된 법적 질문(legal questions)에 한해 자문적 의견 (advisory opinion)을 제공한다.

1998년 1월 13일 세인트 빈센트와 그레나딘과 기니국 간의 분쟁사건 (The M/V 'SAIGA' Case)이 제1호 사건이다. 1997년 10월 27일 오전, 서아프리카 연안국 기니(Guinea)의 배타적 경제수역(EEZ)에 진입해 어선경유를 공급하던 배 한 척(SAIGA)을 기니 순찰선이 나포했다. 기선주의 국적은 중앙아메리카 세인트빈센트 그레나딘(Saint Vincent and the Grenadines)이었고, 기니를 상대로 선박과 선원의 억류 사실을 통보하지 않고, 협상노력도 하지 않는다고 유엔해양법 위배를 주장했다. 사이가호는 국적인 세인트 빈센트 그레나딘으로 볼 수 없어 권리행사는 부당하다고 맞대응했다.

국제해양재판소에서 i) 선박안전협약 관련 감독권, ii) 사고 당시 계양하고 있던 국기를 근거로 세인트 빈센트로 판단했고, 담보금(financial security)을 내고 선박과 선원을 석방하는 판결(prompt release)을 내렸다. 이를 제1호 사건으로 하고 있다. 2020년 7월 13일 현재 29건의 해양사건이 제출되어 27건은 분쟁사건으로 해결되었다. 나머지 제17호와 21호 사건은 비송(자문)사건으로 해결되었다. 자세한 내용은 해저분쟁법정에 제출된 해양지역 활동과 관련된 개인과 단체를 후원하는 국가의 책임과 의무(제17호)에 법적 질문이다. 국제해양재판소 산하 기관 수산위원회(SRFC)에서 문의한 자문 의견을 수렴(제21호)한 사례다.

04

국제상설중재재판소

(Permanent Court of Arbitration, PCA)

남사군도(南沙群島)에 대한 판시를 독도에 적용하면?

상설중재재판소(헤이그, 1899)

중국명 남사군도(南沙群島), 1943년부터 1945년까지 일본점령 당시는 난사쇼도(南沙群島) 혹은 신사군도(新南群島), 베트남명 추온다오통사(長沙群島, Quần đảo Trường Sa) 및 필리핀명 스프래틀리 아일랜드즈(Spratly Islands)라고 하던 곳으로 i) 1930년대 인도차이나 반도를 식민지화했던 프랑스가 점령했으며, ii) 제2차 세계대전 1943년부터 1945년에는 일본이 점거하여 해군기지로 이용했고, iii) 일본의 패전으로 중국(중화인민공화국)이 1949년 12월 태평호(太平號)와 중업호(中業號) 2척의 구축함으로 군도 가운데 가장 큰 8.4㎢ 이투아바(중국명 太平, 필리핀명 ITu Apa, 베트남명 Sóng phẳng)을 점령하고 경계석을 설치했다. iv) 1951년 5월 베트남이 영유권을 주장하자, iii) 이를 지켜보고 있던 중국이 8월에 4개 섬의 영유권을 선언했다. iv)

동(東)으로는 100여 개의 산호초로 구성된 파라완 섬은 필리핀이 지배하고 있었다. 최대 섬은 8.4㎢의 타이핑(중국명 太平, 필리핀명 ITu Apa, 베트남명 Sóng phẳng)섬이었다. v) 1983년 4월 중국은 지명조사를 하여 1984년 5월 하이난 행정구(海南行政區)에 편입시키면서 베트남 지배에서 회복한다고 분명히 밝혔다. vi) 1980년 말레이시아의 경제수역(Economic Zone, 經濟水域) 선언으로 중국의 영유권 주장에 문제가 발생했다. vii) 1988년 3월과 11월 중국, 베트남 교전사건이 발생했다. viii) 이를 해결하고자 하와이대학의 벨렌시아(Mark J. Valencia) 교수는 1992년 남극조약을 모델로 공동개발을 위한 스프래틀리 조약(Spratly Agreement) 초안을 제출했다. ix) 1995년 중국(China), 필리핀(Philippines), 말레이시아(Malaysia), 타이완(Taiwan), 베트남(Vietnam), 브루나이(Brunei) 등 6개국이 서로 자기들의 영유권이라고 주장하면서 수비대를 주둔시켰다.[805]

2013년 1월 22까지 각국에서 영유권 주장 및 군사적 행동으로 문제가 많았다. 필리핀에서 2013년 1월 22일에 해양법에 관한 유엔협약(United Nations Convention on the Law of the Sea, UNCLOS)을 검토하고 '위법사항(unlawful)'이라는 사실을 말하고, 스프래틀리 아이랜드즈(Spratly Islands)에 대하여 '중국의 구단선(nine-dash line)' 영유권 주장에 대해서 국제상설중재재판소에 공식적인 중재소송을 제기했다. 해양법에 관한 유엔협약 부속서 VII에 의거 중재재판소를 구성하고, 3년 6개월만 2013년 7월 12일에 중재법원(PCA)에 본안심리를 하고 2016년 7월 12일 결정했다. 국제상설중재재판소의 만장일치로 필리핀의 영유권을 확인하고, "역사적으로 수자원에 대한 독점적 통제를 행사(영유권 행사)한

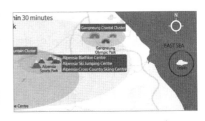

독도(2018, 평창동계홈페이지)

증거가 없다(no legal basis for China to claim historic rights)."라고 판시했다. 또한, 타이완이 지배 중인 이투아바(ITu Apa) 섬을 포함한 9개 섬이 암초(reef)나 간조노출지(low tide elevation)라고 판결했다.

국제상설중재재판소(PCA)의 판결 기준(해양법 협약 121조)은 단순하게 2가지, i) 인간의 거주 가능성(sustain human habitation)과 ii) 외부지원 없는 독자적 경제활동 유지 가능성(economic life of their own)이다. 해양법 협약상 '도서(island)'인지, '암석(rock)'인지, 간조노출지(low tide elevation)인지, 또는 수중 암초(reef)에 대하여 해양법 협약상 '도서(島嶼)'는 12해리 영해뿐만 아니라 200해리 배타적 경제수역과 대륙붕까지 가질 수 있는 반면, '암석(rock)'은 12해리 영해만 가질 수 있으며, 만조 때 수면 아래로 잠기는 간조 노출지(low tide elevation)는 영해도 가질 수 없다.[806] 또 하나, 중국은 1953년 중화인민공화국을 건립하면서 해양영토 경계선을 국민당 시절의 1947년 '11단선(十一段線)'을 중국 내해의 '남해구단선(南海九段線)'이라고 주장하면서 남사군도(南沙群島)와 싱가포르(Singapore) 앞바다까지 그어놓았고, 2000년에 들어와서 인공섬(인공건조물)을 설치했다. 이에 대해 PCA에서 해양법 협약 제194조 해양환경 오염의 방지, 경감 및 통제를 위한 조치(Measures to prevent, reduce and control pollution of the marine environment)를 위반하고 있다고 명확하게 언급하고 시정조치를 요구했다.[807]

이번 국제상설중재재판소의 판시를 우리나라 독도에 적용한다면 i) 1998년 신(新)한·일 어업협정에서 배타적 경제수역(Exclusive Economic Zone, EEZ)이 아닌, 한국과 공동관리해역(joint management area)에서 있다는 사실, ii) 해양법 협정 제121조의 '도서(island)', '바위(rock)', 암초(reef) 및 '간조노출지(low tide elevation)'의 규정을 PCA가 이번에 명확히 규명한 판시에 따르면, 독도는 암석(rock)으로 해석할 여지를 배제하지 못한다. iii) 2008년도 독도에 인공건조물 설치에 대한 검토와 2019년 12월 경북도에서 '국립 울릉도·독도생태연구센터' 건립방안을 공론화했으나, 여기에는 해양법 협약 제194조의 '해양환경 오염의 방지, 경감 및 통제를 위한 조치(measures to prevent, reduce and control pollution of the marine environment)' 위반성이 있다. 일본은 호시탐탐 위반 여부를 군사위성이나 순시선 등으로 감시하고 있다. 이에 대해 우리나라는 지난 2007년부터 6회에 걸쳐 해양환경오염과 훼손을 예방하고자 해저쓰레기 수거량이 2007년도 18.9톤, 2008년 3.7톤, 2009년 7.9톤, 2010년 1.3톤, 2013년 17.3톤, 2015년 4.3톤 등 총 53.4톤을 수거했다.[808] 2008년부터는 해양수산부와 해양환경공단이 i) 해양생태계 환경조사를 계획하고, ii) 해양생태계 환경개선사업을 전개했다. 해양생태계 조사로는 322종 생물과 68종의 해조류

독도 해양환경 오염방지조치(메모)

를 조사, 생태환경 개선사업으로는 갯녹음(白化現狀, blanching)을 방지하기 위해 동근성게의 천적을 활용한 생태균형[809] 및 강치 회귀 지원사업을 추진했다.

국제상설중재재판소(PCA)에서 독도 문제를 심판받을 가능성?

일본은 틈만 나면 독도 문제를 거론하고, 국제사법재판소에 제소하겠다고 한다. 이에 대해서 지난 2006년에 우리나라 정부에선 해양법 협약 제287조 제1항 '쟁송절차 선택(Choice of procedure)'[810]에 따른 '강제관할권 배제 선언(declaration to exclude compulsory jurisdiction)'을 국제적으

로 공시·선언했기에 국제사법재판소나 국제해양재판소로 제소(갈) 가능성을 차단했다.[811] 그러나 유엔해양법협약(United Nations Convention on the Law of the Sea)과 국제상설중재재판에 관한 제7부속서 규정(Arbitration in accordance with Annex VII)에 따르면 '협약 당사국 사이에 분쟁이 발생할 경우 상대국의 동의 없이도(심지어 결석재판까지) 일방에 의해 국제법원(국제사법재판소, 국제해양법재판소, 국제상설중재재판소) 제소가 가능한 강제적 분쟁해결 절차제도'가 있다. 우리나라는 2006년에 강제관할권 배제선언을 했기에, 일본이 독도 문제를 국제재판소(국제법정)에 제소하겠다고 한다면 자연스럽게 국제상설중재재판소에서 독도 문제를 다루게 된다.

국제상설중재재판소는 총 5명 재판관으로 구성하는데, '무기대등의 원칙(principle of equality of arms)'을 지켜서 '절차적 공정성(procedural fairness)'을 도모하고자 당사자국가 각 1명씩, 나머지 3명의 재판관은 합의(중립성)로 선임한다. 상대방의 지정하지 않거나 사사건건이 부결할 경우는 객관성이 있게 제3자적 입장을 가진 국제해양법재판소(International Tribunal for the Law of the Sea, ITLOS) 소장에게 선임을 요구한다. 이번 남사군도의 문제도 중국은 처음부터 재판참여까지도 거절했으며, 중국이 선임하는 재판관 1명과 나머지 3인의 재판관 선임도 거부했다. 결국은 필리핀이 선임한 1명을 제외한 4명의 재판관 선임에 대해서 국제해양법재판소 소장에게 임명을 요청하고 임명했다. 아시아와 무관한 유럽과 아프리카 국적재판관으로 유럽 4명과 아프리카 1명으로 재판관을 구성했다.

심리에 대해서 필리핀이 제소한 남사군도를 사례로 살펴보면[812], 필리핀 2013년 1월 22일 제소한 15개 항목에 관해 판단을 청구했는데, i) 요건심리(preview judgement)에서 관할권 성립 여부가 주요쟁점이 되었고, 중국은 외교부 성명으로 해양법 협약에서는 이번 문제로 제기된 도서 영유권

분쟁을 다루지 않고, 2006년 중국이 해양경계 획정 사안에 대해 강제관할권 배제선언((declaration to exclude compulsory jurisdiction)을 했기에 국제상설중재재판소 관할권이 없다. 2015년 10월 29일 국제상설중재재판소의 관할권 존부에 적극적으로 판정해 15개 항목에서 7개는 관할권을 인정하고 나머지 8개는 본안심리에서 판단해 보기로 했다.

한편, ii) 본안심리(main judgement)에서 관할권을 다시 짚어봤는데 군사활동을 이유로 한 관할권 부정하는 사항, 중국의 장래활동에 대해 판단할 당위성이 적은 부분은 제외하고, 나머지 사항에 대해 모두 관할권이 있다고 적극적인 판단을 했다. 국제적으로 관심이 집중되었던 중국내해구단선(中國內海九段線)에 대해 도서 영유권과 해양경계 획정 문제를 분리해서 관할권을 판단하여 역사적 권리주장은 해양법 협약에 반해 법적 효력이 없다고 판시했다. 그러나 '불고불리의 원칙(Nemo iudex sine actore)'에 따라 개별도서별로 영유권 문제에 관할권 인부를 판단하지 않았다. 중국이 간척을 통해 인공섬 건설에 대해 해양지형들의 법적 지위 판단에 대해 이투아바(Itu Aba, 太平島)에 대해 도서(島嶼)로 여건을 충족하지 못했고, 나머지 작은 섬들은 암초 혹은 간조 노출지로 봤다. 중국의 간척과 인공섬 건설에 대해 주변 해양 생태에 심각하고 회복 불가능한 피해를 일으켰기에 해양법 협약(제194조)의 해양환경보호 관련 조항 위반이라고 판단했다.

사실 국제상설중재재판소(Permanent Court of Arbitration)는 전통적인 기속력과 유엔헌장에 의거한 국제재판소라기보다 평화적 문제 해결을 추구한다는 취지로, 네덜란드 법학자 토비아스 아세르(Tobias Michael Carel Asse, 1838~1913)[813]에 의해 이준(李儁, 1859~1907) 열사가 참석하고자 했으나, 일본의 방해로 안타깝게 됐던 유명한 만국평화회의(萬國平和會議), 1899년 제1회 헤이그 평화회의에서 '국제분쟁의 특정한 처리방법을 위한 조약(Convention for the pacific settlement of international disputes)'을 법적 기반으로 1899년에 설립되었다. 기원연도로는 국제재판소 가운데 가장 오래된 재판기구다. 미국의 철강 재벌 앤드루 카네기(Andrew Carnegie, 1835~1919)가 150만 달러를 쾌척해 평화궁(Peace Palace)을 네덜란드 헤이그에 건립했다. 특별히 국가 간 분쟁을 해결하기 위해 '분쟁해결의 장(field of dispute resolution)'을 제공하는 의미와 국제법 기반에 현대적이고 다면적인 중재기관으로 운영되고 있다. 따라서 i) 국제사법재판소(ICJ)와 같이 재판관이 늘 근무하는 것이 아니고, 제소사건이 없으면 재판관이 없어서 명단조차 존재하지 않고 있다. ii) 사건이 제소되고부터 당사자국가의 동의와 선임이 되어야 재판관이 있다. 물론, 쌍방당사국의 반대에서 국제해양법재판소 소장에게 선임을 요청하여 선임되어야 재판관이 존재한다. iii) 관할 내용은 국가 간의 분쟁뿐만 아니라 범정부적 기구간의 분쟁이나 국제조약에 따른 개인, 정당 간의 분쟁을 해결하기도 한다. 내용상 범위로는 영토분쟁, 배타적 경제수역(Exclusive Economic Zone)과 같은 해양경계선, 주권(Sovereignty), 인권, 국제투자, 그리고 국제간 혹은 지역 간 무역까지 다양한 사건을 취급하고 있다. 크게 5가지로 분류하면 중재(arbitration), 관계 당국 지정(appointing authority), 협의·조정(mediation/conciliation), 실체규명 및 문의(fact-finding/cCommissions of inquiry) 및 게스트법정(guest tribunals) 등으로 세분할 수 있다.[814]

일반적 국제재판소와 달리 iv) 국제적 NGO(Non-governmental organization, 비정부 비영리기구)가 아니기에 유엔에서 지원하는 운영비도 전무하고, 사건마다 받는 분담금으로 중재재판을 하고 운영위원과 직원들이 사건별 성과급을 받게 된다. v) 우리나라 사람으로 국제상설중재재판소(PCA)에 재판관으로 참여했던 분으로는 전 대전고검장을 역임한 한부환

(韓富煥, 1948년생)[815], 서울대 교수였던 백충현(白忠鉉, 1938~2007)[816], 전 유엔대사 및 고려대학 석좌교수 박수길(朴銖吉, 1933년생)[817], 국제법률경영 대학원 총장 유병화(柳炳華, 1945년생)[818], 법무부 국제법무과장을 지낸 이성규(李盛圭, 1959년생) 등이 참여했다.[819]

국제상설중재재판소의 재판사례를 분석하면

2020년 7월 15일 현재, 전반적으로 국가 간 분쟁사건은 3건, 투자자와 국가 간의 분쟁은 109건, 국가 혹은 공적 기관의 계약 혹은 협의 관련 분쟁이 52건이 계류 중 처리되고 있다. 보다 자세히 분류하면 국가 간 중재(interstate arbitrations), 국가 간 화해(interstate conciliations), 기타 국가 간 분쟁(other interstate proceedings), 투자자·국가 간 중재(investor-state arbitrations), 계약기반의 중재(contract-based arbitrations), 계약기반 조정 화해(contract-based mediations/conciliations) 및 기타분쟁(Other proceedings)으로 볼 수 있다. 이제까지 재판한 124건의 사례를 세목별로 분류하면 아래 도표와 같다.

국가간 중재	국가간 화해	기타국가간 분쟁	투자자국가 중재	계약기반 중재	계약기반 조정화해	기타분쟁	계
3	40	1	2	58	17	3	124

우리에게 가장 잘 알려진 사례를 간추려 4가지만 소개하면, i) 1925년 1호 사건, 팔마스 섬을 가운데 놓고 미국과 네덜란드가 분쟁했던 사건으로, 심리한 결과 네덜란드 영토로 인정했으며(1925-01, Island of Palmas or Miangas, The Netherlands / The United States of America), 당시에는 식민지 시대에서 그랬던 것이나, 현재는 인도네시아 영토로 되어 있다. ii) 1996

년 4호 사건, 예멘과 에리트레아가 홍해에 있는 하니쉬 섬(Hanish Islands)에 대한 실효적 지배를 두고 분쟁할 때(1996-04, Eritrea/Yemen- Sovereignty and Maritime Delimitation in the Red Sea), 예멘의 영토로 영유권을 인정해줬다. 이 분쟁에선 실제로 1995년 12월 15일부터 12월 17일까지 3일간 총격전이 발생했다. iii) 2004년 제4호 사건, 바베이도스와 트리니다드 토바고 간에 해양경계를 두고 분쟁했던 사례로(2004-4, Barbados v. Trinidad and Tobago), 양국은 모두 카리브해의 섬나라로 해양경계선이 매우 중요했다. 유엔해양법협약(United Nations Convention on the Law of the Sea)에 의거한 해석으로 해결했다. iv) 2013년 제19호 사건, 남중국해 남사군도를 두고 중국과 필리핀의 영유권 분쟁에서 필리핀에 영유권을 인정했다(2013-19, The South China Sea Arbitration, Philippines v. China). 필리핀이 유엔해양법 협약의 권유 아래, 국제상설중재재판소에 문제 해결을 요청했지만, 중국은 남중국해 문제가 주권과 관련되었기에 판결(결정)은 효력이 없다고 주장하고 있다.

국제상설중재재판소의 각종 중재원칙들(Arbitration Rules)

국제상설중재재판소(PCA)에서 중재하는 원칙을 크게 양분하면 i) 2012년 최신 버전 세트(The PCA Arbitration Rules 2012)와 ii) 유엔 국제상거래위원회(United Nations Commission on International Trade Law)의 중재원칙(UNCITRAL Arbitration Rules)이 있다. 다시 2012 국제상설중재재판소 최신 버전 세트를 언급하면, 이전 4개 세트로 있던 절차적 규정을 강화한 것으로 1992년 국가 간 분쟁 중재의 선택(Optional Rules for Arbitrating Disputes between Two States), 1993년 분쟁 쌍방자 가운데 한 국가에 대한 중재의 선택(Optional Rules for Arbitrating Disputes between Two

Parties of Which Only One is a State), 1996년 국가와 국제기관 간 중재의 선택(Optional Rules for Arbitration Between International Organizations and States)과 1996년 국제기관과 개인 간의 분쟁에서 선택 원칙(Optional Rules for Arbitration Between International Organizations and Private Parties) 등에서 경험들을 2010년에 업데이트하였으며, 2012년 스웨덴 얀 폴슨 교수(Prof. Jan Paulsson)[820]가 의장을 맡고, 국제중재에 실무제도(초안)위원회의 위원들이 개발했다.

유엔국제상거래위원회의 중재 규정(UNCITRAL Arbitration Rules)은 관련 국제기구, 주요한 중재전문가들과 광범위한 심의를 거쳐 1976년 유엔총회에 채택된 원칙(규칙)으로, 2010년까지 진화를 거듭하여 개정되어 왔고, 2013년에 다시 개정을 했다. 가장 효율적으로 작동하려면 당사자는 계약기반에서 중재인을 임명하고, 필요한 경우 임명기관을 지정해야 한다. 당사자들이 임명기관의 선택에 동의하지 않거나 지정된 임명기관이 거부하거나 진전이 없을 경우, PCA 사무총장(Secretary-General of the PCA)에게 임명권한을 요청할 수 있도록 규정하고 있고, 사무총장은 또한 당사자들이 동의하는 경우 직접 임명권한을 부여할 수 있다. 2013년 협약기반의 투자자와 국가 중재의 투명성(Transparency in Treaty-based Investor-State Arbitration)에 관한 새로운 규정을 단락으로 추가했다. 투명성에 관한 규정(Rules on Transparency)은 유엔국제상거래위원회 중재 규정 이외 규칙에 따라 제정된 임시절차(계약기반) 또는 투자자·국가 중재(UNCITRAL Rules on Transparency in Treaty-based Investor-State Arbitration)에 사용할 수 있다.

05
독도에 관련한
국제법상 담론

실효적 지배와 실효적 권력행사

실효적 지배의 정의
(awinsider.com/dictionary)

국제법상 실효적 지배(effective control)란 영토 권원의 유지뿐만 아니라 영토취득에 대한 중요한 요소다(a crucial element for the acquisition as well as maintenance of territorial title)[821]. 유사한 개념으로 실효적 점유(effective possession)라는 개념은 영토 권원을 확인하는 요소이며, 재산법상의 점유의 증거(evidence of possession)다. 각종 국제재판소에서 분쟁사례들(contentious cases)을 통해서 발전되어 확립된 상태다. 1899년에 설립된 국제상설중재재판소(Permanent Court of Arbitration)에 제소되었던 1928년도 최초 사례인 팔마스 사건(Palmas Case)[822]이며, 실효적 지배에 관해 영토주권의 구성 핵심요소는 존속에 있어 흠결이 없어야 하며, 지속적이고 평온한 실질적인 영토주권의 현시(the

actual continuous and peaceful display of the State)가 중시되었다. 국제
상설사법재판소(Permanent Court of International Justice)에서 1933년
동부 그린란드 사건(Eastern Greenland Case)[823]에서 영주권 주장을 뒷받
침하기 위해선 할양조약과 같은 특정한 법이나 권원에 기초하지 않는 경
우는 반드시 존재가 입증되어야 하는 두 가지 요소는 i) 주권을 행사한다
는 의도 및 의사(the intention and will to act as sovereign)와 ii) 그러한 권
한의 실질적인 행사 또는 현시(some actual exercise or display of such au-
thority)를 포함한 지속적인 행정권한의 표현에 기초한 주권의 주장이 필
요하다.

이와 같은 맥락에서 1953년 12월 13일, 국제사법재판소(ICJ)에서 밍끼
에와 에끄레오 사건(Minguiers and Ecrehos Case)의 판결에서 영국이 자
국영토로 주장했던 근거는 국가권력의 지속적이며 평화로운 행사의 증거
를 바탕으로 실효적 지배를 주장하여 승소했다. 1998년 10월 9일, UN 법
무처(United Nation, Office of Legal Affairs)가 에리트리아와 예멘의 국경상
의 하니시 섬 갈등(Hanish Islands Conflict)에 관련해 영토주권과 분쟁의
범위(Territorial Sovereignty and Scope of the Dispute)에 관한 보고서에
따르면, "영토의 획득에 관한 현대 국제법은 지속적이고 평화적인 방법으
로 관할권과 국가기능의 행사를 통한 영토에 대한 권력과 권한의 국제적
현시를 일반적으로 요구한다."[824]라고 유권해석을 내놓고 있다.

한편, 실효적 권력행사(effective exercise of sovereign authority)란 실
효성의 원칙(principle of effectiveness)의 적용으로써 선점(先占) 또는 시
효(時效)에 대한 영토 권원을 주장하는 관련 국가에 의해서 행해지는 일
반적인 행위다.[825] 이는 한편으로 국가권력의 행사를 사실적으로 보여주
는 것이며, 행위의 부재는 법 위에 잠자는 모습(sleeping on the law)이다.

동·서양에선 "외출한 자식의 몫은 있어도 잠자는 자의 몫은 챙기지 않는다(There is one's share who goes out, but no that of who sleeps)."라는 속담이 있듯이, 국제재판소에서도 이런 판결이 내려지고 있다. 몇 가지 판결사례를 살펴보면, 1986년 12월 23일 국제사법재판소(ICJ)의 부르키나파소와 말리 국경사건(Case concerning the Frontier Dispute, Burkina Faso & Republic of Mali)[826]에 처음으로 사용했으며, 1992년 9월 11일 엘살바도르와 온두라스 국경분쟁사건(Land, Island and Maritime Frontier Dispute, El Salvador vs Honduras)[827], 1994년 2월 3일 리비아와 차드 영토분쟁사건(Territorial Dispute (Libyan Arab Jamahiriya vs Chad)), 2002년 10월 20일 카메룬과 나이지리아 경계분쟁사건(Land and Maritime Boundary between Cameroon and Nigeria)[828], 또한 12월 17일 리기탄과 시파단 섬 사건(Case Concerning Sovereignty over Pulau Ligitan and Pulau Sipadan)[829], 2005년 7월 12일 베닌과 니제르 국경분쟁사건(Frontier Dispute, Benin vs Niger)[830], 2007년 10월 8일 니카라과와 온두라스 영토 및 해양 분쟁사건(Case Concerning Territorial and Maritime Dispute Between Nicaragua and Honduras)[831], 2012년 11월 19일 니카라과와 콜롬비아 영토 및 분쟁사건(Territorial and Maritime Dispute, Nicaragua vs Colombia)[832] 등의 사례가 여기에 해당한다.[833]

여기에서 1986년 부르키나파소와 말리사건에서 국제사법재판소(ICJ) 판결에서 "식민지 기간의 실효적 행사(colonial effectivities)한 해당 지역 영토관할권의 실효적 행사의 증거로서 행정권을 이행하는 행위(the conduct of the administrational authorities as proof of the effective exercise of territorial jurisdiction in the region during the colonial period)"[834]라고 판시하고 있다. 실질적으로 2007년 니카라과와 온두라스 사건에서 ICJ의

판결에서도 제시된 입법 사실과 형사 및 민사재판권의 행사에 대해 실효적 주권행사의 해당 여부에 대해서도 판단을 했다[835].

독도의 실효적 지배와 지배관계

먼저 영토 권원(territorial title)에 살펴보면, 영토 권원은 취득해야 함은 물론 평온하게 유효한 상태를 지속적으로 유지해야 한다. 영토권원은 자연작용(natural

대한민국의 아름다운 영토, 독도(2020, 외무부)

operation)에 의한 천재지변 혹은 퇴적물 형성(thalweg) 등이 있을 수 있으나, 대부분은 인위적인 국가성립 이후에 획득하는 방법으로 선점(occupation), 할양(cession), 병합(annexation), 정복(conquest), 시효(acquisitive prescription) 등에 해당한다. 일본이 독도에 대한 역사적 권원으로 주장하는 '무주물 선점의 원칙(occupation)'을 주장하고 있다. 선점의 경우는 i) 취득 당시 당해 영토가 무주지(terra nullius)이어야 하고, ii) 당해 영토를 점유하는 과정에 주권자로 행동하려는 의사(영유 의사)와 iii) 상당 기간 실효적 점유(effective possession)가 필요충분조건이다. 1931년 1월 28일 클리퍼튼 섬 사건(Clipperton Islands Case)에서 '작고 본토로부터 멀리 떨어져 있고, 사람이 살지 않는 섬'[836, 837]에 대해 실효적 지배가 요구되지 않을 수 있다는 판시를 했던 바가 있다. 이는 독도분쟁에 i) 물리적 거리, 즉 인접성(隣接性)은 권원이 될 수 없으며, ii) 국가주체가 실효적 점유를 선점했느냐? iii) 무인도였기에 단순한 주권의 천명만으로도 실효적 지배에 충분하다고, iv) 발견은 불완전한 권원이며 지속적인 실효적 지배(권력행사)가 더 중요하다.

또한, 시효(acquisitive prescription)의 경우는 i) 타국의 영토를, ii) 영유 의사를 지니고, iii) 평화롭고 공연하게(peaceful and public) 한 점유행사를 해야 하며, iv) 점유에 대한 당해 영토의 원소유국이 이의제기를 하지 않는 상태로, v) 장기간의 시간이 경과해야 한다는 것이다. 또한, 할양과 병합(cession & annexation)의 경우는 영토 취득국과 이전국가 사이에 조약 등의 법적 문서를 기반으로 해서 양도가 이뤄진다. 당해 법적 문서의 유효성이 영토 권원 취득의 핵심요소가 된다. 첨부(添附)는 이미 영토주권을 확보하고 있는 영역 안에서 강 흐름에 의한 퇴적물로 섬의 생성과 같은 자연작용(operation of nature)에 의해 새로운 영토가 확장되는 경우 기존 영토주권이 확장된다. 최근 해양기지 혹은 석유 시추사업 등으로 생겨나는 인공 섬으로 영유권 사건이 빈발될 수 있다.

이어서, 1986년 ICJ의 부르키나파소와 말리 사건(Frontier Dispute Case, Burkina Faso vs Mali)에 실효적 지배와 영토 권원에 대한 사항에서 i) 실효적 주권행사가 당해 영토에 법적 권원에 상응, 단순히 이미 확립된 영토주권을 확인, ii) 법적 권원 보유국 이외는 영토주권의 우선권은 법적 권원의 부여 여부, iii) 법적 권원이 존재하는 않는 경우는 실질적 주권행사가 독립적인 결정, iv) 마지막으로 실효적 주권행사의 법적 권원이 어떻게 해석되는지에 따른다고 판시했다[838].

다른 한편으로 독도의 지배관계를 살펴보면, 독도에 대한 대한민국의 기본입장은 "독도는 역사적, 지리적, 국제법적으로 명백한 우리 고유의 영토(inherent territory)입니다. 독도에 대한 영유권 분쟁은 존재하지 않으며, 외교 교섭이나 사법적 해결의 대상이 될 수 없습니다. 우리 정부는 독도에 대한 확고한 영토주권을 행사하고 있습니다. 우리 정부는 독도에 대한 어떠한 도발에도 단호하고 엄중하게 대응하고 있으며, 앞으로도 지속

해서 독도에 대한 우리의 주권을 수호해 나가겠습니다."⁸³⁹ 이에 대응해서 일본 역시 "다케시마는 일본 고유의 영토라는 사실은 역사적이고 국제적으로 분명하다(竹島が日本固有の領土であることは, 歴史的にも國際法上も明らかです)."⁸⁴⁰, ⁸⁴¹라고 주장하고 있다. 이런 사실에 대해 우리나라는 영유권 행사로 i) 군사적 병력이 아닌 평온한 경찰이 주재하여 독도를 경비하고 있고, ii) 영토주권의 수호를 위해 실질적인 독도 영해와 영공을 지키며, iii) 독도의 지속가능한 이용에 관한 법률 등의 7개 현행법령⁸⁴²과 11개의 경상북도의 조례 등 자치법령⁸⁴³이 독도에 적용되고 있다. iv) 등대 등의 시설물을 설치·운영하고 있으며, v) 독도의 거주민이 사실로 거주하고 있다.

역사적 권원(historical title)이란 에리트레아와 예맨 사건(Territorial Sovereignty and Scope of the Dispute, Eritrea and Yemen)의 판시에서 "시효 또는 묵인의 절차에 의하거나 법적 권원으로 수용될 때까지 오랫동안 지속적인 점유에 의해 생성되고 응고된 권원(a title that has been created or consolidated, by a process of prescription, or quiescence, or by possession so long continued as to have become accepted by the law as a title)"⁸⁴⁴이라고 유권해석을 내렸다. 또한, 실효적 지배(effective control)의 연속성을 오랫동안 확립하고 지속적인 법적 존재를 나타내는 역사적 사실을 제시해야 한다. 그러나 i) 역사적인 권원엔 명백한 연계성, ii) 오랫동안 확립된 계속적인 실효적 권력행사 사실, iii) 제3국의 반대가 없었음이 입증되어야 한다.

실효적 지배를 위해 뭘 해야 할까?

이런 점에서 우산국(于山國)의 신라에 복속은 전부 할양의 정복으로 근대 국제법(modern international law)이 형성되기 이전의 역사적 권원

(historical title)이다. 우산국이 영토할양의 주체인지는 국제법상의 의문은 존재하고 있다. 물론, 일본도 역사적 권원을 찾고자 1881년 8월 외무성 퇴임관료였던 기타자와(北澤正誠)에게 '죽도에 대한 역사적 권원(historical title)의 실마리'를 찾고자 동양 3국의 고서를 중심으로 '죽도 고증(竹島考證)'이라는 연구용역을 했다. "1696(元祿 12)년에 i) 죽도의 땅은 조선의 것(竹島の地朝鮮の者)이라고 인정해준 것, ii) 100년 후에 하찌에몽(八右衛門)이 독도를 밀무역의 근거지로 한 사업으로 그를 사형에 처형했던 것, iii) 1881년 일 해군 아마키(天城) 군함의 송도(松島) 파견조사로 '송도(獨島)란 옛날부터 우리의 영토가 아닌 것(竹島ニシテ, 古來我版圖外の地タルセ知ルヘシ)'으로 알고 있다."고 사실을 확인했으나 역사적 권원을 찾지 못해 장탄식(長歎息)으로 결론을 내렸다.

우리의 욕심 같으면, 역사적 권원인 512(智證王 13)년 우산국(于山國)의 신라 귀속은 곧바로 고려-조선-대한제국으로 이어지고, 1900년 10월 25일 대한제국 칙령 제41호에 의한 독도의 실효적 지배가 현대적 국제법으로 권원변경이 되었다. 이런 권원변경(replacement of title)[845]이 일본의 아무런 항의 없이 묵인되고 국제법상 효력이 존재하는지는 의문시되고 있다.[846, 847] 역사적 권원에서도 무주지 선점(terrae nullius) 혹은 선점 소유의 원칙(uni Possidetis)에서도 끊임없이 일본과 갑론을박이 있었다. 우리의 입장에서는 권원의 판단에 결정기준일(critical date)[848]을 1952년 1월 18일 '평화선 선언' 선포일로 한다고 해도 실효적 지배에서 있어 실효적 지배행위의 강화와 역사적 응고(historical consolidation)에 의한 취득 효과 등이 고려되어야 한다.[849] 일부 국제법학자는 2008년 8월 15일 이후로 특별협정(compromise)에서 CD(critical date)를 정하는 것이 실효적 지배(effective control)에 유리하다는 주장도 있다. 공(球)은 어디로 잘라도 원(圓)

모양이 나올 것 같으나 실제 칼솜씨에 따라서는 한 개의 타원형, 두 개의 작은 타원형, 원 등으로도 모양이 나온다. 이처럼 결정 기준일(CD)에 따라서 견해 차이(stance difference), 입증 제출물, 반박논리 및 판단결과가 달라진다.

우리나라의 역사적 권원이 부정될 경우를 대비해 실효적 지배로 권원을 취득할 수 있게 예비적 청구(subsidiary submission)를 활용하자는 주장이 있다. 또한, 한일 어업협정(제9조, 부속서 제2항)에서 동해상 중간수역 내 독도의 배타적 경제수역(exclusive economic zone)에서 일본 선박에 대한 추적권(right of hot pursuit)을 배제함[850]에 대해 일본의 실효적 지배를 인정하는 명문규정화로 볼 수 있으나, 반면 일본의 독도에 대한 실효적 지배를 포괄적 배제로도[851] 해석이 가능하다.[852, 853] 이런 포괄적 배제를 방어할 목적으로 i) 다케시마(竹島)의 날 제정, ii) 방위청서(防衛靑書),

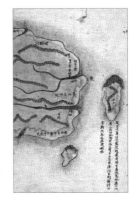

김정호의 「울릉도와 독도」
(1861, 維基百科)

외교청서(外交靑書) 및 교과서에 고유영토 게재, iii) 국제사법재판소 제소, 군·관·민 합동으로 영유권 주장을 거침없이 하고 있다.[854]

사실, 독도의 실효적 지배는 지금부터 시작이다. 실효적 지배란 우리나라엔 '제 역할 제대로 하기'에 해당한다. i) 국가로서 관련 법령을 제때에 제(개)정, 국회 비준동의 등 절차 준수, 외교적 묵인과 흠결 없애기, 입국심사와 외교적 대응과 같은 평시행정권 제대로 이행, 구체적인 행정행위 이행(건축허가, 조세부과, 어로작업 신고, 인구조사, 치안활동 등), 민·형사적 사항에 사법권 행사를 제때에 제대로 해야 한다. ii) 평온한 상태에서 법률적 혹은 비법률적 행위를 지속해야 한다. 실정법상 행정신고, 허가, 면허, 조세신고 및 공과금 부과, 외교상 항의문서(diplomatic protest) 및 행동(외교관 귀환 및 국교단절 조치, 국제회의 중단, 경제협력 중단 등)을 해야 한다. 이뿐만 아니라 비법률적인 치안경비, 국토방어 행위(병력주둔, 수비대), 민생복지증진과 보안·경비시설 운영 등, iii) 국민, 영토 및 주권이란 국가의 3요소에 대한 실질적 지배강화로 특히 영토 권원을 현시적 지배를 위해, ① 영토의 실효적 지배(effective control of territory)[855]로 출입국 허가, 병력 주둔(시설), 산림보호, 거주시설, ② 영해의 실효적 지배로 어업허가(신고), 배타적 경제수역의 추적권 행사, 연안무역, 해양실태조사, 해양자원조사 등, ③ 영공의 실효적 지배강화로 법령상 비행구역 설정, 강제착륙, 해상·영공 합동추적, 위법사항 처벌 등. iv) 실질적 점유로 주민에게 복리증진을 위해 민생치안과 해상도발에 대비한 병력의 주둔, 해양자원 및 산림자원의 보호, 관광문화 진흥, 도로항만 혹은 항공의 접근성 제고[856], 사소하지만 삶의 윤택함을 위해 홍보 우표 발행, 관련 법령[857] 및 자치법규 제정, 국제적 협력사업 추진 등이 필요하다.[858] v) 이외에도 우리나라는 무시하고 있으나 일본에서 강화하고 있는 건, 역사교과서를 통한 전 국민에게 '독도는 우리 땅'이라는 의식강화다. 더욱 나아가서 일본은 지구촌을 대상으로 다케시마(Takeshima)는 일본 땅으로 미래 인류를 교육하고 있다. 세계 유수 대학도서관, 유엔기구 및 국제재판소 등에 독도 관련 저서 기증, 웹사이트 혹은 SNS 등을 통한 자료제공이다. 일본 국내 300여 개의 다케시마 연구소에 1,000여 권의 연구출판물이 쏟아지고 있다. 이뿐만 아니라 다케시마(竹島)를 주제로 하는 관광기념품, 문화·음식 이벤트, 각종 스토리텔링이 예술작품도 지구촌을 덮고 있다.

이에 대해 하와이대학 국제법학자는, "한국학자들은 독도가 서기 512년 이후 수 세기 동안 한국에 귀속되어 이용되었다고 주장한다. 그러나

1905년 초 일본이 모든 걸 통제하고 있는 기간에 일본은 독도를 '무주지 (terra nullius) 선점의 원칙'에 따라 일본 시마네현의 영토에 귀속시켰다. 또한, 일본은 1945년까지 독도 등 한반도(한국 전체)를 식민지 통치를 했다. 1950년대 초 한국과 일본은 군사점령 상황을 끝내자마자, 한국은 그 섬에 대해 신속하게 각종 시설을 설치하였으며, 해양감시를 시행해 영유권을 주장했다. 이에 대해 일본은 한국의 행동에 대응해서 항의를 반세기 동안 정기적으로, 지속적으로 전개하여 왔다. 서로가 독도에 대한 영토주권을 계속 주장했다. 한국과 일본은 이 섬을 서로 자기네 영토라고 주장해 왔기에, 근린 양국(two neighbour nations)은 동해와 일본해의 배타적 경제 수역 (EEZ)과 대륙붕 경계를 정할 수 없었다."[859]라고 얘기했다.

☰06
한국 정부와 일본 정부의
갑론을박(甲論乙駁)

제1차전, 일본의 종이 폭탄(paper bomb)으로 독도 공략

한반도에 6·25전쟁이 터지자, 일본은 신(神)이 일본에 특별히 내려준 축복(神が日本に特別に降りた祝福)이라고 절호의 기회를 살렸다. 가장 먼저 일본 관료들이 구상했던 것은 i) '제2 한일병합의 천재일우' 기회로 살리기 위한 비밀프로젝트로 '한국전 참전과 종전주둔'을 구상했다. 실제로 주일 태평양 사령관 맥아더 원수와 제8사단 월턴 워커 장군과 협의를 끝내자, 워커 장군은 1950년 8월 '한국 망명정부와 피난민 이주(New Korea Plan)'에 한국군을 일본군에 합병방안, 맥아더는 1950년 8월에 창설된 일본 경찰예비대(자위대)를 1951년 1월 4일 후퇴를 빌미도 한국전에 참전을 건의했으며, 거절되자 참수계획까지 수립했으며, 주일 미 공군의 폭격훈련장소로 독도를 일본에 빌려서 작전을 감행했다. 독도의 영유권을 몰라서 한 것이 아니었다. ii) 전쟁 폐허의 일본경제에 부활의 계기를 만들자는 것이다. 후방 병참기지로 이용하고, 장병들의 휴가 및 모든 전투물자를 일본에서 조달했다. 그 결과 1950년부터 1953년까지 매년 60~70%나 고도성장을 했다. 종전 후에도 1960년부터 1970년까지 10년 동안 400%의 고도성장을 했다. 1970년 이후에도 일본의 소제·부품·장비로 조립·가공하여 수출하는 '가마우지 경제(鵜じ經濟)'860로 전락시켰다. 1980년엔 소칭 '떠오르는 태양(rising sun)'으로 세계경제대국으로 부상하였다. iii) 한반도의 분단고착화로 일제식민지에 대한 복수를 할 수 없도록 싹을 자르자고 했다. iv) 일본 안도문화의 이상향(utopia)인 독도를 국제조약에서 일본 영토로 만드는 '불난 집에 도둑질하기(趁火打劫)' 전략을 구사했다. 당장에 점거는 못 하더라도 우선 국제분쟁 지역화를 만들자는 전략으로, 외교문서로 '죽도는 일본 땅'이라는 주장을 하는 외교적 종이 폭탄(diplomatical paper-bomb)으로 집중포격을 감행했다.

한편, 손자병법(孫子兵法)에 "적을 알고 자신을 알면 백번 싸워도 위험하지 않다(知彼知己,百戰不殆)."861라고 했듯이, 여기선 한일 외교상에서 4차례에 오갔던 정부견해에서 일본 정부견해를 중심으로 살펴볼 필요성이 있다. 1953년 9월 17일 일본 수산시험청의 선박으로 일본 관료가 독도에 상륙한 사건 항의구술서로 한국 정부견해를 보냈다. 이에 대해 10월 3일 자로 반박견해를 예고했으며, 1954년 2월 10일 자로 일본 정부견해를 항의답변으로 한국에 제시했다. 요지만을 간추리면 i) 세종실록 및 동국여지승람의 인용이 부정확하고 오류다. ii) 안용복은 조선법령에 범법자로 증거능력이 없다. iii) 독도의 실효적 통치증거는 원본이 아니고, 편찬에 오류가 있으며, 풍문에 불과한 내용이다. iv) 1904년 2월 23일부터 8월 22일 한일 양국 조약은 일본 정부와는 무관하다. v) SCAPIN 제677호 명령은 일본의 정치·행정·권력행사 정지조치가 아니다. vi) 도쿠가와 바쿠후(德川幕府)는 오야(大谷)와 무라가와(村川)의 죽도 지배를 묵인한 건과 조선의 공도정책(空島政策)은 지배 포기로 일본의 실효적 지배를 인정했다. vii)

1905년 1월 28일 각의 결정, 2월 22일 시마네(島根)현 고시 제40호로 실효적 지배를 완성했다. viii) 1901년 대한제국 학부편찬국 현채(玄采)의 저서『한국지지(韓國地誌)』와 태백광노(朴殷植)의『한국통사(韓國痛史)』에서 한국의 동단(東端)에 죽도를 제외하였다.

또한, 1956년 9월 20일 자로 한국의견에 반박하는 일본 정부견해를 요약하면, i) 세종실록지리지(世宗實錄地理誌)에 죽도가 일도이명(一島二名)과 조선판도라는 증거가 없다. ii) 조선 공도정책으로 독도를 방기한 반면, 1004년경의 저서『권기(權記)』에 일본의 '우르미(鬱陵)' 섬으로, 1593년 후 100년간 일본의 어채지(漁採地)였다. iii) 숙종실록의 안용복(安龍福) 기사는 일본 기록과 비교하면 윤색(潤色)되었다. iv) 은주시청합기(隱州視聽合記, 1667)엔 동해와 죽도(竹島)는 일본 북서부의 판도한계(版圖限界)였다. v) 바쿠후(幕府)는 오야(大谷)과 무라가와(村川) 양가(兩家)에 1656년 송도도해(松島渡海)를 허가했다. vi) 조선의 공도정책은 수백 년간 방기증거(放棄證據)이며, 수토관(搜討官) 파견은 일본 도해 금지조치 이후에 가능했다. 또한, 도해금지는 울릉도에 한정했다. vii) 일본은 울릉도 도해와 독도를 기항지(寄港地)로 이용했으며, 그때 어획 기록이 현존한다. viii) 죽도가 조선영토인 근거는 전무하며, 1905년 1월 28일 각의 결정, 2월 22일 시마네현 편입을 고시했다. 비밀 공시했다는 건 당시 일본영토 취득의 관행이었으며, 외국통보는 취득요건의 절대 요건이 아님이 당시 국제적 통설이었다. ix) 1946년 1월 29일 SCAPIN 제677호는 미국이 행정·입법 및 사법상 권력을 행사한 것에 불과하다. x) 대일강화조약(샌프란시스코조약) 본문의 독도 제외된 것으로, 현상유지로 봄은 아전인수(我田引水)다. 합방 이전에도 조선영토란 입증이 없었기에 어불성설(語不成說)이다.

이어, 1962년 7월 13일에 한국에 던져준 일본 정부견해의 골자를 추려

본다면, i) 조선은 공도정책(空島政策)으로 방기한 반면, 죽도(竹島)에 대한 정확한 인식으로 실효적 지배(effective control)를 했으며, 16세기 말부터 100년 일본의 어채지(漁採地)로 오늘까지 죽도에 대해 도해금지(渡海禁止)도 하지 않았다. ii) 일도이명설(一島二名說) 혹은 이도설(二島說)로는 우산도가 죽도라는 사실을 입증하지 못한다. iii) 팔도총도(八道總圖)의 지도상 우산도가 울릉도와 본토 사이에 위치하고 크기도 달라서 죽도가 아니다. iv) 죽도경영(竹島經營)의 사실은 실효적 지배를 입증한다. v) 안용복은 조선 국법위반 범인이고, 개인주장이며, 일본 기록과는 불일치해 오류다. vi) 메이지(明治) 9~11년 송도개척원(松島開拓願)의 공신국장의 말은 송도는 울릉도(제1오류)이며, 송도를 독도로 주장함은 제2오류다. vii) 1905년 시마네현(島根縣) 고시 20여 년 이전 송도개척원松島開拓願)에 조선에 이론이 없었으며, 2월 24일 자 산음신문(山陰新聞)에 고시, 국제법상 1885년 베를린 의정서에 특정 의무부담이 없는 경우는 타국에 통고하지 않음이 통례였다. viii) 카이로 선언, SCAPIN 제677호는 독도영토 조치와는 무관, 샌프란시스코조약에서 비로소 시작되었고, 1947년 대일 기본조약에서 독도귀속은 확정하지 않았다.

이에 대해 우리나라는 3년 5개월이 지난 뒤 1965년 12월 17일에 "과거 여러 차례 논란의 여지 없이 명백히 밝힌 비와 같이 독도는 대한민국의 불가분 일부이고, 한국의 합법적 영토권 행사 밑에 있다. 독도영유권에 관련되어 일본 정부가 제기한 어떠한 주장도 고려할 가치가 없다."라고 반박답변마저 하지 않고, 전략적 무시(strategic neglect)를 택했다. 군이 해명한다면 한국인은 논어(論語)에 입각한 선비로서 상대방의 체면(文士體面)을 살려주었다. 그러나 일본의 오륜서(五輪書)에 기초한 사무라이 정신(武士精神)에서 본다면, 이전투구에서 꼬리를 내렸다(泥田鬪狗に尾を下げて逃げ

이고), 혹은 진검승부에서 칼을 내려놓았다(眞劍勝負にナイフを下に置い た)는 묵인(黙認) 또는 암묵적 시인(tacit recognition)으로 곡해(曲解)할 수 있었다.

제2차전, 선제타격 치킨스프 프로젝트(Chicken Soup Project)

2008년 2월 일본 정부는 외무성 아시아대양주국 북동아시아과(外務省 アジア大洋州局 北東アジア課) 명의로 <독도 문제를 이해하기 위한 10 포인 트(竹島問題を理解するための10のポイント)>라는 홍보 팸플릿을 10개 국어 로 외무성 홈페이지에 게재하였다. 이어 2014년 3월에도 "어째서 일본 땅 인지를 분명하게 알 수 있다! 죽도 문제 10포인트(なぜ日本の領土なのかが ハッキリわかる!竹島問題 10のポイント)"라는 표지 포함해 28쪽의 홍보 책 자도 발간하여 온라인과 오프라인을 통해서 지구촌을 향해서 알리기 시 작했다. 일본 정부의 입장에서는 i) 과거는 조용한 외교적 문제 해결(silent diplomatical problem-solving)에 착안해 우리나라 정부에 외교문서로 일 본의 입장과 항의를 해왔으나, 이제는 한국에 주장을 펼침은 물론 동시에 제3자적 객관성을 확보하며, 국력에 걸맞게 선제적·공개적·다국적 프레임 (preemptive, open & multinational frame)으로 대전환을 시도했다. ii) 이 로 인해 한국 정부는 '칼자루 쥔 사람 마음대로'라는 외교적 무시 전략을 구사했다. 이에 대한 곧바로 국제사회에선 '한국 때리기(Korea-bashing)' 혹은 '한국 따돌리기(Korea-dismissing)' 기미를 애써 눈감았다. iii) 가장 큰 효과는 "먼저 제기하면 뒤 사람을 제어하게 되고, 뒤에 따라가면 통제 를 받게 된다(先發制人, 後發制於人)."862라는 선제적 전환점(preemptive turning point)을 일본은 만들었다. iv) 뿐만 아니라 한국 표현으로 심심풀 이 땅콩 혹은 약국의 감초다. 언제든지 독도 문제로 한국을 걸고넘어질 수

있게 되었다. 미국용어론 치킨스프 프로젝트(chicken soup project)다. 일본 정치인들에게 한국에 대한 좋은 술안줏거리를 마련했다.

사실상 일본 정부에서 주장하는 요점은 i) 고문헌에서도 죽도(竹島)의 존재는 인식하고 있었고, 17세기까지 울릉도 도해에 정박지로 활용해 영유권 확보, ii) 18세기 강치 및 전복 등을 어획하여 왔음. iii) 1905년 1월 각의 결정을 통과해서 시마네(島根)현 영토로 편입하여 현대국제법상 영토 권원을 확보, iv) 1951년 9월 8일 서명한 샌프란시스코조약에서 한국이 주장하는 영토에서 제외하여 일본영토임을 재천명, v) 1952년 1월 '이승만 라인(Peace Line)'의 일방적 설정으로 이제까지 불법적 점거, vi) 1954년 이후 수차례나 국제사법재판소에 제소요청을 외면, vii) 국제법에 따라 냉정하고 평화적으로 분쟁을 해결하고자 노력을 천명하고 있다.[863]

여기 10개 포인트에서 10(十)이란 의미는 '양손을 모아 지성을 들인다는 의미(両手を集めて一所顯命に始めは意味)'다. 또한, 손해가 되지 않는 플러스(+)다. '죽도 문제 10 포인트(竹島問題 10のポイント)로 : 자고로 한국엔 죽도 존재 인식 부존, 한국이 죽도 존재에 인식한 근거 부재, 죽도는 울릉도의 정박지, 17세기 중반 무인도 영유 확립, 17세기 말 죽도 도해금지 전무, 안용복 진술 많은 의문점, 1905년 일본(시마네현) 영토 편입, 한국주장 미국거부로 대일강화조약 본문에 독도 제외, 1952년 주일미군이 죽도 폭격훈련장 지정은 일본영토로 인정, 한국에 죽도 불법점거에 지속적 엄중한 항의, 국제사법재판소 제소에 한국 정부 거부 등을 홍보 팸플릿으로 제작해 2008년 2월에 일본 외무성 공식명의로 국제사회에 공개했다.

이에 우리나라는 2008년 5월에 동북아역사재단(Near Government Organization)의 명의로 '일본 외무성의 독도 홍보 팸플릿에 대한 반박문'을 내놓았다. 이를 요약하면, 일본관청의 자료에도 독도는 한국영토로, 울릉

도에서 독도는 육안가시권내(肉眼可視圈內), 15세기 이후 고문서 기록, 17세기 중엽 19세기 일본의 고문서 일본영토에서 제외, 17세기 돗토리 번(에도막부) 조선영토 인정, 조선 비변사 기록존재, 일본 기록 독단, 1905년 한국외교권 박탈 후 요식적 편입조치, 대일강화조약은 독도를 일본점령지에서 제외, 한국의 항의로 독도훈련구역 미군철회와 통보, 일본의 독도영유권 확인 부존재, 일본은 센카쿠와 북방4도에 대한 국제사법재판소에 제소하지 않으면서 독도의 국제사법재판소에 제소는 '한국에 패소하는 게 승소하기보다 더 어렵다(韓國に敗訴するのが勝訴より難しい).'라고 생각한다.

정예(精銳)란, 적이 곤히 잠든 심야에 칼을 간다.

한국 사람들은 6·25전쟁을 하는 동안 "똥구멍에 불이 붙어야 앞으로 나간다"는 제트기를 닮아 있었다. 발등에 불이 붙으면 물과 불을 가리지 않는다. 이에 반해 일본사람들은 야마오카 소하치(山岡莊八)의 대하소설 『도쿠가와 이에야스(德川家康)』를 많이 읽었는지 "적이 잠든 심야에도 칼날을 간다(敵軍が眠っている間に刃を立てる)." 사실 정예(精銳)란 단어는 언제든지 싸울 수 있게 적이 잠자는 사이에도 칼날을 갈아 놓은 상태다. 주한미군의 슬로건 "오늘 밤 싸우자(fight tonight)!"[864]와 같이 사전에 만반의 준비를 한 상태를 의미한다. 30만 적병을 격파해서 대승을 차지했던 기드온(Gideon) 장군의 정예병 300명의 병사는 하나같이 훈련을 마치고 강물을 마시는데도 사방을 경계하면서 무릎을 끌고, 한 손에 창검을 들며 다른 손으로 물을 떠 혀로 적셨다.[865] 호시탐탐(虎視耽耽) 속에도 절대로 빈틈 하나도 주지 않는다. 상대방의 허허실실(虛虛實實)[866]을 포착하여 기회는 절대로 놓치지 않는다.

이에 우리나라도 이제는 일본의 예방적·선제적 타격(preventive proactive strike)에만 사후약방문과 같은 수세적인 대응만을 할 것이 아니다. 언제 어떤 국제재판소에 제소되더라도 이길 수 있도록 절차, 법리, 설득논리 및 대응방법 등을 마련해야 한다. 앞으로는 i) 절대로 '무대책이 대책이다.'라는 안일함은 없어야 한다. 미래 한국역사에 가장 큰 죄는 상대방에게 묵인(黙認)의 기회를 제공하는 것이다. 좋은 표현으로 전략적 무시(strategic neglect)이다. ii) "개에게 돌을 던지면 개는 돌만 보고 짖어댄다. 호랑이에게 돌을 던지면 호랑이는 돌을 던진 사람을 향해서 달려든다."**867** '개처럼 짖어대는 수준(dog's-barking level)'은 벗어나야 한다. 적어도 상대방의 허점을 활용하는 스리쿠션 당구(three-cushion billiard) 정도로 업그레이드(upgrade)되어야 한다. iii) 일본의 침략적 야욕(日本の侵略的野慾) 혹은 망언(妄言)이라고 비창조적·감정적 반응(uncreative emotional response)을 자제해야 한다. 장기적 안목에서 국제재판소 등에서 확실한 증거를 챙긴다는 마음으로 합리적인 진정성을 확보해야 한다. 내용뿐만 아니라 형식에서도 흠결이 없어야 한다.

07

최후일전에서도 살아남을
비장병기(秘藏兵器)

병기를 법리로, 포성을 변론으로!

우리는 총성을 내면서 싸우는 걸 전쟁(war)이라고 하고, 이에 반해 총성 없는 전쟁을 평화(peace)이라고 한다. 특히 국제간 경제적 갈등, 외교적 알력, 인종적 차별, 종교적 분쟁 등이 '총성 없는 전쟁(sans gun war)'으로 아옹다옹거리고 있을지라도 겉보기엔 평화롭게 보인다. 한·일간의 독도에 대한 영토주장이 대표적 사례다. 6·25전쟁을 계기로 지금까지 지속해서 종이전쟁(paper war)을 해왔다. 보다 진솔하게 표현하면, 한·일 외교문서는 OX 시험지처럼 '넌 틀렸어. 내가 맞아(You're wrong, I am right).'라는 반박논리뿐이었다. 게임레벨(game level)로는 닭싸움(cockfight)이고, 방식은 받아치는 핑퐁게임(ping-pong game)이다. 전의(戰意)로 봐서는 막고 찌르기만 하는 진검승부(防ぎ突きだけの眞劍勝負)다. 지켜보는 사람의 흥미 정도는 전형적인 진흙탕 속 개싸움(泥田鬪狗)이다. 조금만 지켜본다면 일본이 한국을 장난감(plaything)처럼 갖고 논다는 느낌을 받는다. "초가삼간 다 태워도 빈대 죽는 것이 고시다."라는 비창조적인 흥분(uncreative excitement)으로 한국 사람들이 살아간다.

외교문서에서 한국이 고지도(古地圖), 고문헌(古文獻) 등의 출처를 제시하면서 주장하는데, 일본은 '예리한 일본도(鋭い日本刀)'로 무 자르듯이, "아니다, 틀렸다, 의문이 많다, 오류투성이다, 근거가 없다." 등으로 말조차 붙이지 못하고 있다. 모르면 배워야 하고, 속셈을 헤아려 맞대응을 해야 한다. 우리나라는 "넌 틀렸어. 왜냐하면 ~이기 때문이야(No Why)." 반박논리만을 고집하고 있다. 조금만 뜯어보면, 일본의 국제사법재판소 제소 제안, 주일미군에게 미군공군 폭격훈련장으로 독도를 제공했다는 주장은 '밑져봐도 본전'의 논리다. 2008년 2월과 2014년 3월에 외무성의 '죽도 문제 10포인트'라는 홍보 팸플릿 혹은 동영상은 언제든지 도깨비방망이처럼 이용할 수 있는 치킨스프 프로젝트(chicken soup project)다. 한마디로, 일본은 유도기술인 업어치기로 매번 한국을 내동댕이쳐지고 있다.

한 번 비참하게 당했다면 적어도 i) 호미걸이 혹은 안다리걸기처럼 과거 주장을 걸고넘어지거나, ii) 빗당겨치기처럼 과거 주장을 물고 늘어지거나, iii) 씨름기술의 꽃이라는 뒤집기기술을 살려서 과거 주장 혹은 확증을 잡고 뒤집기를 해야 한다. iv) 국제사법재판소에 제출하는 어떤 진정서(memorial)에서는 첫 문장을 자기 나라의 전래동요(童謠)로 시작하기도 한다. 2016년 국제상설중재재판소에 필리핀의 증거제출 문서에는 동영상이 많았다. 딱딱한 법리적 반박논쟁보다 감성적 설득도, 일본처럼 동영상과 같은 시각화 매체를 활용도 할 수 있어야 한다. v) 말이나 글로는 이해시킬 수는 있으나, 아무리 잘해도 시각화처럼 믿음을 제공하지 못하고, 동영상이나 게임처럼 공감(sympathy)을 줄 수 없다.

우리가 벤치마킹해야 할 사례는 2016년 7월 12일 국제상설중재재판소(PCA)에서 판결한 '남중국해 중재 사건(South China Sea Arbitration)'에서는 현장 실사, 전문가 보고서(expert report), 지도(map)와 같은 시각적 홍보물(publication)은 물론 동영상 자료까지 활용해서 설득했다. 그 결과는 유엔 안전보장이사회 상임이사국인 중국(People's Republic of China)은 "불리한 영향력을 집행할 수 있는 권한을 선언한다."라고[868] 약소국으로 얕잡아봤던 필리핀(Republic of the Philippines)에 무참하게 되치기를 당했다.

씨름기술을 원용해 되치기(뒤집기)도 하자!

우리나라 조선 시대에 개혁군주 두 분은 세종(世宗)과 정조(正祖)다. 세종은 상왕 태종이 형제까지 손을 봤기에 같이 일하고자 하는 신하보다 사사건건 발목을 잡는 사람뿐이었다. 이에 반해, 정조(正祖)는 한국 역사상 최대 인적자원을 가졌다. 그러나 개혁업적의 평가는 천양지차다. 그런 결과는 군주의 설득논리(화법)가 좌우했다. 세종의 화법은 "대신의 말씀이 옳아. 그런데 난 이렇게도 생각하지(Yes. But)."라는 소통화법이었다. 정조는 "자넨 틀렸어. 왜냐하면~이기 때문이다(No. Why)."라는 불통화법이었다. 결국, 정조의 개혁이란 결과는 문체반정(文體反正)만 했다는 혹평을 받았다. 이제까지 우리나라의 외교상 반박논리는 정조의 설득논리인 'No. Why'만을 고집해왔다. 이제는 세종처럼 '되치기 설득(Yes. But)' 논리를 개발해야 하겠다. "주일미군에게 미국 공군 폭격시험지역으로 독도를 주었기에 영유권은 일본에 있다."라는 주장에 "그런 주장이 사실이라면 구약성서(열왕기상 3:16~28)의 솔로몬의 현명한 판결(a wise ruling) 이야기에, 아들을 절반으로 잘라서 가지겠다는 어머니와 같다.[869] 자기 아들이 아니기에 죽여도 좋기에, 자기 영토라면 빌려주겠나?"라고 되받아치기(Yes. But) 반박을 했다면 제3자 설득력은 통쾌감까지 줄 수 있다. '독도분쟁을 국제

사법재판소에 제소하여 판결을 받자'는 주장에 대해서도, 북방4도와 센카쿠열도에도 국제분쟁을 겪고 있으나, 유독 한국 독도에 한정해서 국제사법재판소에 제소를 요구하는 건, 일본속담을 빌리면 밑져봐야 본전(下になっても本錢)이기 때문이다. 일본영토가 아니기에 져도 현상유지(敗訴しても現狀維持)는 되기 때문이다." 이렇게 되치기를 할 수 있다.

씨름 뒤집기
(2008, 일요서울스포츠)

한 수 앞서 돌을 놓는다면, "송도 도해면허(松島渡海免許)를 통해서 실효적 지배를 했다."라는 주장에 도해면허(渡海免許)는 오늘날 국제간에 비자(Visa)처럼 도쿠가와 바쿠후(德川幕府)라는 국가 명의로 발급했다면 해외비자를 일본기관에서 받아서 일본 여행하거나 학업을 했다고 일본이 실효적 지배를 했다는 주장이다. 그뿐만 아니라 어로작업의 신고는 생업에 있어서 항다반사(恒茶飯事)다. 따라서 "중앙정부에 면허를 받는 것이 아니라 주민밀착 행정기관에 신고하는 게 국제적 기본상식이다."라는 샌드위치 논리(sandwich logic)을 구사할 수 있다. 같은 방법으로 "1905년 시마네현(島根縣) 제40호 고시를 산음신문(山陰新聞)에 고시했기에 비밀리 추진한 게 아니고, 당시 국제적 통설로는 특정 부담(협정)이 없어 무결(無缺)의 영토 권원을 확보했다."라는 주장에 "당시에 조선이 아닌, 세계 모든 나라에 그런 방법으로 무하자(無瑕疵) 영토 권원을 확보했다고 할 수 있을까? 먼저 일본이 미국과 그런 경우에 처했다면 절차적 공정성(procedural fairness)을 언급하지 않을 것인가? 이전에 일본에 외교권까지 박탈하여 수족을 묶어놓은 처지인데 '무기대등의 원칙(principle of equality of arms)을 말하지 않을까?"라고 역지사지(易地思之) 주장할 수 있다.

조금만 국제적으로 눈을 돌리면 미국의 형사소송법에 활용하는 '중과실(gross negligence)'을 판단하는 잣대인 벗포룰(but-for rule)을 활용해 몇 수 높은 반박을 할 수 있다. 같은 맥락으로 "안용복이 월경지죄(越境之罪)를 범했기에 그의 진술과 결과의 일체를 증거로 받아들일 수 없다면 일본의 오야(大谷)와 무라가와(村川)도 사형을 받은 범죄자인데도 그의 밀무역으로 마련했다는 독도 거점을 실효적 지배로 주장함은 '나 자신이 하면 로맨스이고 남이 하면 불륜이다(自分がやればロマンス,他人がやれば不倫).'라는 논리다. 서양 법리에서 '촛불을 훔쳐 성경을 읽어도 죄다(キャンドルを盗ん聖書を讀んでもことごとく).'라고 했다지." 따라서 불법을 원인으로 얻은 여하한 결과물도 불법이라는 사실이다.

일본의 반박논리에서 이것만은 배우자!

일본 사무라이(武士, さむらい)의 검투 장면을 보면 i) 몸의 무게 중심을 언제나 유지해, ii) 자기 발에 걸리거나 혹은 스텝이 꼬임을 방지해, iii) 몸의 균형을 잃어서 넘어짐이 절대로 없도록 훈련되어 있다. 스포츠 용어로는 농구경기의 피벗 풋(pivot foot)을 마련하고 있다. 이런 모습이 일본의 항의 혹은 반박문서에서 나타나고 있다. 솔직하게 말하면, 어떤 풍파와 조류에도 표류하지 않도록 단단히 고정한 닻(solidly-built anchor)을 내렸다. 이제는 닻을 기반으로 해양기지를 만들어가고 있는 모습이다. 우리나라는 반박논리에 닻을 내리지 않았기에 i) 과거와 현재의 반박근거에 일관성이 없어 보인다. ii) 같은 역사적 사실에 대해서 확고한 근거를 마련하지 못해 수시로 공격받고 있다. iii) 정치적 혹은 외교적 여건에 따라 강도와 심도가 변했다. iv) 뿐만 아니라 논리와 근거가 표류하는 모습을 보였고, 상대방에게 기선(flagship)이 제압당했다. 여기서 논리적 닻(logical anchor)

은 i) 역사적 근거의 데이터베이스(data base), ii) 연구기관 혹은 전문가 집단의 활용, iii) 글로벌 매뉴얼(국제적 법리, 증거의 진정성, 채증법칙, 최신 판례 등)로 스크린 하고, iv) 판단모형(TF, 통계기법, 연구·분석관 등 이용)을 통한 판단으로 논리가 구성된 주장을 한다.

1980년대 일본여행을 하다가 보면 일본 최고급 호텔인 동경 제국호텔(Imperial Hotel Tokyo)은 뭔가 다를까 많은 궁금증이 생겼다. 서비스에 "고객은 왕이다(顧客は王です)."라는 철학이 보인다. 특히 도자기 밥그릇의 뒷면 밑바닥을 보면 깔끔하게 끝마무리에다가 꽃장식까지 있었다. 물건 하나를 만들어도 자신의 분신으로 생각하고 "이것 하나에도 목숨까지 걸었습니다(一所懸顯命)."라는 철두철미함을 보인다. 일본엔 "체크리스트 없이는 완벽은 절대 없다(チェックリストなし完璧には絶對にない)."라는 말이 있다. 체크리스트를 갖고 수십 번이고 중복점검(double check)과 교차점검(cross check)을 한다. 이에 비해 우리나라는 '대충대충' 혹은 '빨리빨리'에 모든 가치가 묻혀 있다. 우리가 일본에 배워야 할 건 i) 현장점검, 현지인 여론 수렴, 역사적 근거 및 전문가 견해를 수렴한 사실 확인(fact check)을 하자. ii) 상대방이 제시하는 증거와 우리가 제시할 근거에 대해 체계적으로 전문적으로 인부(認否)를 하자. iii) 이해당사자는 물론이고, 기관 내 업무담당자의 의견까지 들어보자. iv) 국제재판소나 우리나라 헌법재판소처럼 법제연구관 혹은 국책연구기관의 분석과 연구를 종합하자. v) 보다 완벽한 판단을 위해서 판단모델(judgement model)을 마련해서 결정하자. 이렇게 하지 않고서는 설마설마했던 국제사법재판소에서 판단을 받아야 할 땐 속수무책(束手無策)이란 최악을 자초한다.

≡ 08
이젠, 언제라도, 어떤 곳에서도
당당히 맞설 각오를!

어디서도 '진실의 쾌도난마'와 '정의의 사도'는 없다.

사실, 성경에서 솔로몬의 현명한 판결을 법치주의의 참모습으로 생각해 왔다. 『판관 포청천』[870] 드라마를 봤을 때 저렇게 정의로운 현실의 꿈이 이뤄졌으면 하는 바람을 가졌다. 중국 원(元)나라 때 이행보(李行甫)의 『포대제지감회란기(包待制智勘灰闌記)』[871]라는 희곡집에 포대제(包待制, ほうたいせい)의 제4절에 우리에게 귀에 익은 북송(北宋) 때 포청천 작두 판결이 게재되어 있다. "정실(正室)의 아들이 죽자, 본처(本妻)의 아들을 자기 아들이라고 관가에 고소했다. 포청천은 그들 가운데에 커다란 동그라미(圓)를 그려놓고 어린 젖먹이를 갖다 앉혀놓았다. 서로 잡아당기라고 했다. 정실은 잡아당겼고, 본처는 손을 놓았다. 아이 손을 잡아당긴 여인을 잡아서 작두에다가 목을 잘랐다."[872] 참으로 쾌도난마의 판결이었다. 조선 시대 경상감영이었던 대구감영공원에도 구전설화, 「각자 한 냥씩 손해 보세(各損一兩)」가 있다. 신관 사또가 부임해서 민정순시(民情巡視)를 하는데, 젊은 장정이 결사적으로 다투기에 사정을 살펴보니, 서로가 자기 돈이 석 냥(三

兩)이라고 하는데, 눈앞에 있는 돈은 석 냥뿐이었다. "난 이곳 판관이네. 돈 이리 주게. 내일 이맘때 이곳에서 만나 해결하세."라고 돈을 빼앗아 왔지만 밤새워 고민을 했다. 다음 날 약속한 장소에서 가 "이렇게 하세, 모두 한 냥씩 손해를 보세. 나도 한 냥을 이곳에 보태니, 자네들 두 냥씩 갖게. 우리 모두 공평하네, 나도 한 냥 손해이고, 자네도, 자네까지도."

미국의 제임스 맥커천(James N. McCutcheon)의 100가지 이야기 가운데, "1930년대 미국 뉴욕에서, 판사 앞에 빵을 훔쳤다는 할머니가 벤치에 앉았다. 손녀, 손자들은 아버지가 가족을 버렸기에 굶어 죽어가고 있었기에…. 빵 가게 주인은 깎아주거나 용서를 하지 않았다. 판사는 한숨을 쉬면서 내키지 않는 판결을 했다. '법은 법이다. 10달러의 벌금에 처한다. 벌금을 내지 않으면 10일간 구치되어야 한다.'라고 판결을 내리고, 주머니 속에 10달러를 끄집어내어 자신의 모자에 넣고 군중을 향해 던졌다. '나는 법정에 있는 모든 사람에게 50센트씩 벌금을 부과한다. 같은 마을에 살면서 굶주린 손자를 구하기 위해서 빵을 훔치도록 보고만 있었다니 이것 또한 범죄다.'"[873]

우리나라에서도, 2016년 4월 10일, 서울중앙지법에서 선물투자자의 원금보장을 하겠다면 투자자를 모았다가 원금을 가로챈 사건에 투자자 보호제도를 담장(fence)에 비유해서 "좋은 담이 좋은 이웃을 만들기 때문이다(Good fence makes good neighbour)."라고 로버트 프로스트(Robert Frost)의 시를 인용했다.[874] 또한, "가을 들녘에는 황금 물결이 일고, 집집이 감나무엔 빨간 감이 익어간다. 가을걷이에 나선 농부의 입가엔 노랫가락이 흘러나오고, 바라보는 아낙의 얼굴엔 웃음꽃이 폈다. 홀로 사는 칠십 노인을 집에서 쫓아내 달라고 요구하는 원고(대한주택공사)의 소장에서는 찬바람이 일고, 엄동설한에 길가에 나앉을 노인을 상상하는 이들의 눈가엔 물기가 맺힌다." 2006년 11월 서울고등법원의 판결문의 한 구절이다.[875] 2010년엔 과거 집단폭행을 당해서 방황하는 삶을 살아온 소녀에게 '법정에서 일어나 외치기' 판결을 내렸다.[876] "이 세상에는 나 혼자가 아니다. 나는 무엇이든 할 수 있다."였다. 이어 부장판사는 "마음 같아서는 꼭 안아주고 싶지만, 너와 나 사이에는 법대가 가로막혀 있어 이 정도밖에 할 수 없어 미안하구나."라고.

한편, 우리나라는 '정의구현(顯正)'을 이념으로 한다는 취지에서 국회에 헌정기념관을 세웠고, 법치주의를 표방하는 선진민주주의를 자랑하고 있으나, 아직도 '유전무죄, 무전유죄(有錢無罪, 無錢有罪; No guilty with money, guilty without none)'라는 현실을 드러내고 있다. 세계적 법치표본국가라는 미국에서도 "어떤 법은 부자를 위해서 존재하고, 또 다른 법은 빈자를 위한다고 할 뿐이다(There's one law for the rich, and another for the poor)."라는 경고 문구가 하버드 로스쿨(Harvard Law School) 교수회 정문 벽면에 게재되어 있다. 그뿐만 아니라, 국제사회의 정의구현을 위해서 수많은 국제재판소가 있으나, 설령 재판을 받는 당사국가엔 실체적 진실(real fact)을 규명한다고 생각하지 않고, 정의의 사도(justice apostle)는 다 죽었다고 한다. 심지어 스포츠게임 같다(like sport game)고 표현한다. 유엔 안보리 상임이사국인 중국은 2016년 7월 12일, 상설중재재판소의 남중국해 중재(South China Sea Arbitration)를 절대로 받아들일 수 없다고 중재 후 힘겨루기(post-arbitration power game)를 하고 있다. 1946년 4월 18일부터 2013년 12월 31일까지 국제사법재판소에 제기된 129건의 분쟁사건 가운데 114건이 판결과 463건의 지시가 내려졌다. 다른 한편, 비송사건은 26건이 제소되어 27건의 자문의견과 37건의 지시가 있었다. 또한, 86개국의 나라가 국제사법재판소(ICJ)에 문제 해결을 위해 다녀갔다.[877] 2020년

7월 13일 현재로 144건의 분쟁사건이 접수되어 17건이 계류되어 있으며, 128건이 판결되었다. 이는 국제평화와 국제사회의 질서유지를 위해서 진실규명(판결)보다 때로는 중단(discontinuance)을 결정하고, 중재(arbitration), 개입(intervention), 협력(cooperation), 휴전(cease-fire), 잠정조치 (provisional measures), 화해(reconciliation), 협상(negotiation) 등으로 분쟁을 근본적으로 해결하고자 한다. 아무리 정의와 진실을 규명한다고 해도 당사국가가 수용하지 않는다면 분쟁은 지속되기 때문이다.

삶에 도전이 빠지면 거짓말
(메모, 2020)

언제라도, 누구와도, 어디서라도, 어떻게라도 이겨야 한다!

법의 적용을 보여주는 곳은 법정이지만, 법이 무엇인지를 실체를 실감나게 보여주는, 법 앞에 주먹(fist ahead of law)이 현실이다. 기원전부터 종교에서도 "열 달란트를 가진 사람이 한 달란트를 가진 사람의 것까지 빼앗아 가는데, 악한 사람이 더 잘 되면 착한 사람이 당하는 것"에 대해 설명뿐만 아니라 현실을 보여주지 못해 신(神)에 대해 의심을 받았다. 철학적으로는 '정의는 강자의 이익(Η δικαιοσύνη είναι τα συμφέροντα των ισχυρών.)'이라는 비난까지 받았다. 이를 시정하기 위한 법치제도를 발명하여 오늘날까지 실시해왔다. 그럼에도 절대적인 빈부(absolute wealth)의 문제인 '부익부빈익빈(富益富貧益貧)'의 현상은 더욱 심해지고, 상대적인 빈부 (relative wealth)라는 고르지 못한 걱정(患不均)은 더욱 심각하다. 생명권 혹은 생존권과 같은 천부인권마저도 지키지 못하자, 약소국가에서는 유엔 안전보장이사회 등에 의존하고 있다. 그러나 막상 유엔 안보리 상임이사국마저도 자신의 남음을 덜어서 부족한 약소국에 도움을 주고자(損上補下)[878] 하는 언행보다도 자기네 것부터 먼저 더 챙기는 모습을 지울 수 없다. 국제사법재판소(ICJ)에 분쟁 혹은 자문사건을 제소한 나라는 약소국가보다 미국, 영국, 프랑스, 독일과 같은 강대국이 3~4배나 더 많다. 한반도의 주변 국가인 일본과 중국도 몇 차례 제소 혹은 피소를 당했다.

법이란 무엇이기에, 지구촌에서 최고 지성의 전당이라고 하는 하버드 로스쿨(Harvard Law School) 교수회 정문 벽면에 종교적이고 철학적인 정의구현을 위해선 "믿는 자들아, 비록 네가 자신이나 부모와 친척을 거스를지라도, 증인으로 정의를 확실하게 지켜라. 사람이 부유하든, 가난하든 신은 둘 다 보호하리라(코란, 수라알니사 4절 135장#97).[879]"라는 이상을 장식하고 있다. 다른 벽면엔 "부자(富者)의 법이 있고, 빈자(貧者)의 법이 따로 있다(There is a law for the rich, and another one for the poor)."라는 현실을 적시하고 있다. 1726년 『걸리버 여행기(Gulliver's Travels)』에서 조나단 스위프트(Jonathan Swift, 1667~1745)는 "법은 거미줄과 같아 작은 파리는 잡히지만, 말벌과 같은 건 차고 나간다(Laws are like cobwebs, which may catch small flies, but let wasps and hornets break through)."라고 입바른 말을 게시하고 있다.

먼저 국제사법재판소의 재판과정을 개략적으로 살펴보면 "법적 쟁송사건에 있어 국제사법재판소의 권한이란 같은 의무를 수락하는 국가와의 관계에서 특정한 협정 없이도 사실상 강제적(as compulsory ipso facto and without special agreement)으로 할 수 있다."라는 국제사법재판소 규정 제36조 제2항(Article 36 of the court's statute)의 선택조항이 적용되고 있다. 여기선 사실상(ipso facto)이란 뜻은 "적군의 적은 사실상 친구인 셈이다(The enemy of one's enemy may be ipso facto a friend)."라는 외교용어에서 실감 나게 해명하고 있다. 분쟁 혹은 비송사건의 당사국가가 특정한 협정이나 여하한 합의에 의해서 국제사법재판소에 제소한다면, i) 관할권한의 유무를 판단하고, ii) 특정 협의(special agreement) 등의 합의를 거쳐서, iii) 제출된 자료의 서면심리(written proceeding)와 진술심리(oral proceeding)의 쟁송절차를 추진한다. iv) 먼저 서면심리와 다음 진술심리를 진행하는데, 진행에 앞서 예비적 항의(preliminary objection)를, 불참(non-appearance)하거나, 회생이 불가피한 피해인 경우엔 잠정조치(provisional measures)를 취하고, 반대주장(counter-claims)을 주고받는다. 유사한(중복되는) 경우엔 효과적으로 공동심리(joinder of proceeding)를 한다. 세계평화 혹은 질서유지를 위해서 평화유지군(peace keeping operation) 개입 등도 취해진다. v) 심리종료가 되면 판결(judgement) 혹은 중지(discontinuance)를 선택하는데, 법정의 표결은 비밀로, 판결은 공개적으로, 독립적이고 반대의견을 적시한다. 판결은 분쟁 당사국을 구속하며(A judgement is binding on the Parties), 판결은 당사국 간에만 기속력을 가진다(A judgement is binding only as between the Parties). 판결문의 번역과 수정을 요구할 수 있다.[880, 881]

Let's sharpen the knife while the enemy is sleeping.

어떤 의미에서는 국제사법재판소(ICJ)의 법정은 국제법의 한 조직체(organization of international law)로 국제법을 적용한다. 따라서 국제법은 곧바로 판결의 근거가 되고 있다. 이뿐만 아니라, i) 당사국 간의 협정, 국제조약 및 유엔결의(treaties and convention), ii) 법령으로 받아들여지는 일반 관행의 증거로 국제관행(international custom), iii) 문명국에 의해 인정된 일반적인 원칙(general principles of law), iv) 법칙 결정의 보조수단으로서 사법 판결(judicial decisions) 및 우수한 국제법학자의 학설(teaching)이다. 마지막으로 판단의 기반은 공정성과 선(ex aequo et bono)의 원칙에 따른다.

이런 근거에 따라 국제재판소에서 제소 혹은 피소되어 우리나라의 독도 분쟁사건을 심리한다는 가정에서 취약점을 살펴본다면, i) 일반적으로 성문화된 국제법에 대해서는 비교적 보편화 혹은 전문화되었다. 그러나 국제적 관습, 문명국에서 통용되는 법적 일반원칙 및 학설에 대해서는 그다지 연구하지 않았다. ii) 심지어 우리나라의 문화 인류학상 관습, 관례 등에 대해서도 분쟁사건에 제시할 근거가 될 문화적 인습, 법령화된 관습 등에 관해서도 연구하지도, 마련하지도 않았다. iii) 이렇게 무방비상태에 기습당한 사례로는 2004년 10월 21일, 신행정 수도법이 헌법재판소에서 관습 헌법에 의해서 위헌결정이 났다.[882] "강제력이 있는 헌법 규범으로서 인정되고, 엄격한 요건이 충족된다면 관습헌법으로써 성문헌법과 동일한 법적 효력을 가진다."라는 판시를 통해서 관습헌법으로 위헌결정을 했다. iv) 뿐만 아니라, 조선 시대 경국대전에 없는 '불경지죄(不敬之罪)'는 관존민비(官尊民卑)의 유교적 신분사회를 유지해온 기본적 관습법이었음에도 아무런 검토조차 하지 않고 있다.

국제사법재판소에 관습(custom) 중 재판의 근거인 관습 국제법(customary international law)으로 법정에 잣대로 판결에 적용하기엔 먼저 전제조건이 갖춰져야 한다. i) 첫째로 분쟁 당사국에서 관행으로 정착되어 법적 구속력을 받아들이겠다(custom has become so established as to be legally binding on the other party)는 입증이 선행되어야 한다. 대표적인 사례가 북해대륙붕의 분쟁(North Sea Continental Shelf cases)에서 관습 국제법(customary international law)으로 국제재판소에서도 판단근거로 삼았다. "관련 법령이 정착된 관행에 부합하고, 또한 관행이 반드시 이루어져야 한다. 이 관행은 법치주의의 현실적 실행과 법적 확신(actual practice and opinio juris)[883]을 입증해야 한다."[884] ii) 두 번째로 니카라과 군사력 및 준군사적 행동(Military and Paramilitary Activities, Nicaragua) 사건해결에서 특정다자조약으로도 분쟁을 막지 못했다고 보고, "다자간협약으로 성문화(구체화)되었다는 사실만으로 협약당사자의 국가와 관련된 관습법의 원칙에 부합한다는 것은 아니다."라고.[885] 마치 우리나라의 관습헌법으로 성문헌법을 뒤집은 사례와 같다. 기존법령의 조항에도 불구하고 관례적인 국제법의 일환으로 계속 기속력(binding force)을 가진다는 것이다.

같은 맥락에서 언급하면, 우리나라의 국가통치 이념에선 i) "백성이 귀하고, 국가는 다음이며, 국왕은 가볍다(民爲貴, 社稷次之, 王則輕)."라는 민본사상을 여하한 국법이상으로 지켜왔던 관습법이었다. 이에 따른 정책사례는 '섬을 지키기 위해 백성을 희생시키지 않고자' 실시했던 수토정책(守討政策)이다. 또한, ii) 반만년의 역사 속에서 998회나 외침을 받아왔기에 이산가족의 심통(心痛)만을 없애고자 생겨난 회처자관습(懷妻子慣習)이 당시 사회에서 관습법 이상으로 지배했다. 한편, 그때 인문화 및 동양풍경화 등에 관념적 원근법(ideological perspective)을 통용되었고, 지도를 그리는데도 적용되었다. 그래서 관심이 많은 독도(獨島)를 울릉도(鬱陵島)보다 더 크게 본토내륙 가까이 배치시켰다. 다른 한편으로 iii) 유교문화권의 영향인 무신불립사상(無信不立思想)에 기초한 중국엔 사대주의외교(事大主義外交)와 일본에 선린우방외교(善隣友邦外交)를 했다. 따라서 일본이 1905년 2월 22일 사전 사후의 통보도 없이 시마네현(島根縣) 고시 제40호를 주장함은 국제외교 신뢰기반(International diplomatic trust base)에서 도저히 받아들일 수 없었던 일이었다. 과거의 지배적인 법령과 문화적 관습법 등을 충분히 이해하지 않고, 당장 가시적인 외형만으로 혹은 현대적 법령 혹은 외래문화의 잣대로 재단하는 건 시대적 착오(historical error)다. 옛날에는 가난해서 밥을 못 먹었다고 하는 기성세대에게 오늘날 젊은이들이 '밥이 없으면 라면을 먹으면 되는데.'라는 말과 같다. 영어 표현으로 "그대들에게 비스킷을 먹도록 해라(Let Them Eat Cake)."[886]라는 1789년 프랑스 대혁명 당시 마리 앙투아네트(Marie Antoinette)의 하명과 같다.

다른 한편, 우리나라가 법리설득 논리개발에 칼을 갈아야 할 두 부분은 i) 국제재판소의 사법 판결(judicial decision)과 ii) 공정성과 선(Ex Aequo Et Bono)에 대해서다. 사법 판결(judicial decision)과 우수한 학설(teaching)엔 여타한 법규적 근원(source of law)은 갖고 있지 않다. 그러나 그들은 단지 '법의 규칙을 결정하는 보조적인 수단'으로 사용된다. 사법 결정 판례는 국제사법재판소의 결정에 있어 당사자들과 특정 사건에 한정하며, 여타에 대해 구속력은 갖지 못한다고 국제사법재판소 규정 제59조에 명기되어 있다.[887] 그럼에도 전례를 벗어나는 파격적인 판결 소란을 법정은 바라지 않는다. 자기모순(自己矛盾) 방지 차원에서 전례 판결을 준수한다. 우리나라 대법원의 판결은 모든 국내법원에 영향을 끼치는 사법적 면역(jurisdictional immunity)이 있듯이, 국제사법재판소의 판결도 i) 국제사법재판소의 나중 판결에, ii) 유사한 국제재판소에도 항상성(homeostasis)을 유지한다. 따라서 이런 판례를 통해서 우리는 경험칙(經驗則), 비례칙(比例則), 논리칙(論理則) 등의 채증법칙(evidence-adopting principles)을 준수해야 하고, 이를 통해 증거로써 진정성(authenticity)을 높여야 한다. 미국의 형사소송법에 활용하는 중과실을 판단의 '벗포룰(But-For Rule)'도 유용하게 사용된다. '독수독과(Früchte des vergifteten Baumes)'의 이론도 상대방의 주장을 반박하는 무기로는 유용하다.

마지막, 우리나라에서 거의 불모지인 공정성과 선으로부터(Ex Aequo Et Bono) 원칙이다. 국제사법재판소 규정 제38조 제2항, "당사국이 합의해서 재판을 받고자 했다면 재판소가 '공정성과 선(Ex Aequo Et Bono)'에 입각해서 결정하고자 하는 판결권한을 침해해서는 안 된다."라고 규정하고 있다. 합의가 전제된 공정성과 선(fairness and goodness)에 입각한 권한의 행사에는 어느 정도 제한이 있다. 재판소는 전적으로 사법역량을 발휘해야 하는 의무를 지니고 있으나, 규범을 뛰어넘거나 국제사회에 일반적으로 인정되는 평등과 타당성의 기준(standards of equality and reason-ableness)을 초과하지 않아야 한다.[888] 과거는 무기대등의 원칙(principle of equality of arms)에 한정했으나, 최근에는 유엔기관과 OECD 등에서도 절차적 공정성(procedural fairness)을 요구하고 있다. 이제 국제관습법으로 정착되고 있다. 참여기회, 의견제시, 결과물 배분 등을 합법적 절차(due process of law)로 지켜야 한다. 비밀리 혹은 힘 싸움(power game)에 의한 일방적인 최후통첩으로 밀어붙였던 국제적 고시는 강자의 이익을 위해선 존속하기 어렵다. 실례로, 1905년 시마네현(島根縣) 고시 제40호로 강자의 이익을 채우고자 했던 파워게임은 어렵게 되었다.

≡ 09

국제사법재판소에 독도분쟁 상정될 때
이런 결정도?

To leave no stone unturned!

2006년 WBC(World Baseball Classic) 한·일전에서 한국은 1차 3대 1, 2차 3대 2로 4강에 올랐으며, 일본은 구사일생(九死一生)으로 8강, 그리고 4강에 겨우 턱걸이를 했다. 당시 일본이 챔피언이 될 확률은 1/300,000 이하였다. 반면에, 한국이 챔피언이 될 확률은 60% 이상으로 가장 유력했다. 그런데 준결승전엔 운명의 장난(運命のいたずら)인지 2006년 5월 18일 17:00 한·일간 제3차전이 전개되었다. 결과는 0:6으로 한국이 참패했다. 일본은 기사회생(起死回生)했는지 쿠바(Cuba)마저 이겼다. 당당히 일본은 챔피언을 차지했다. 이뿐만 아니라 연이어 2010년에도 챔피언을 움켜쥐었다. 한국은 2006년에 겨우 4강에 나갔을 뿐 이후는 별 신통한 성과를 내지 못했다.

이런 결과는 예측되었다. 한마디로 한국 선수에겐 절박함이 없었다. 이에 반해 일본 선수들은 "이번 한 번에 목숨을 건다(一所懸命)."라는 간절함으로 매번 진검승부(眞劍勝負)를 했다. 이에 반해 한국 선수는 대충하는

근성(大まかにする根性で)이다. 만일, 독도 문제가 국제사법재판소에 피소되다면 일본이 한국에 지는 게 이기기보다 더 어렵다(日本が韓國に負けるのが勝つより難しい)는 표현이 성립되지 않을까? 진정으로 일본은 할 수 있는 모든 경우 수를 대비하고, 그들이 할 수 있는 모든 수단·방법을 취할 것이다. 아니, 이미 그렇게 마쳐놓았다. 이에 대비해 우리 한국도 뒤집지 않은 돌은 하나도 남기지 말아야 한다(to leave no stone unturned)는 각오로 지금이라도 해야 한다.

일본은 지난 1954년 국제사법재판소에 제소를 우리나라에 요청하면서 체계적·장기적 프로젝트인 헤이그 트로피(Hague Trophy)를 기획해 매년 점검과 전략수정·보완을 하면서 추진하고 있다. 개략적으로 i) 법정 외 설득(off-court persuasion)과 ii) 법정 내 설득(inner-court persuasion) 전략이다. 법정 외 설득(off-court persuasion)은 일본 국제교류장학재단(日本國際交流奬學財團), 일본 국제문화진흥원(日本國際文化振興院), 일본 국제교류기금(日本國際交流基金) 등을 통한 친일 파워엘리트(Japan-friendly power elite) 양성, 일본 학술진흥회(JSPS) 등을 통한 노벨상 수상자 배출, UN 분담금 지분 활용, 제3세력국가 지원, 자위대의 PKO 활동 등을 통한 국력 신장(Japanese Power up), 유엔 안보리 상임이사국 진출, 1,000명 직원의 UN 기구 진출이다. 이를 통한 국제재판소의 법관(국제사법재판소 및 국제 해상재판소 등) 진출과 지원 등 지구촌 지도자 배출(global leaders)이다. 남중국해에서 미국은 중국과 무력경쟁시위를 통해 지원했듯이, G7과 우방국의 지원을 활용하는 방법 등이 있다. 다른 한편, 법정 내 설득(inner-court persuasion)은 "지금 당장 싸우자(Now Fight)!"라는 슬로건으로, 평시 완벽한 인력과 제출서류를 준비해놓고, 수시로 모의법정(Moack Trial)과 점검을 통해 수정·보완한다. 국적 판사(judge ad-hog), 자문법무관

(counsel) 등의 국제법률시장에서 유수한 인력을 사전 독점적 장악, 국내외 유수대학 및 연구회에 연구과제로 아이디어 공모, 혹은 국제법률용역기관에 연구용역을 통한 필승전략(victory strategy)을 모색, 증거논쟁에 대비한 국내외 법제연구관 양성과 법리논쟁(legal argument) 및 증거논쟁(evidence argument)에도 만전을 기한다.

한편, 기반 뒤집기 전략(bases-turning-up-down strategy)으로, 일본은 "한국이 쌀자루만 움켜쥐고 있을 뿐 이름도 모르는 좀벌레는 그 쌀을 다 먹고 있다(If Korea hold the mouth of rice sack, world moths fret the rice there)."라는 현실을 만들기 위한 프로젝트를 마련했다. 일본국민의 역사(사회, 윤리, 경제 등)교과서는 물론, 세계의 교과서에도 "다케시마는 일본 땅(竹島は日本領土)" 구절을 명기한다. 지구촌의 웹사이트, 유엔기관 및 세계 유수대학 도서관에도 이런 도서와 기록물을 기증한다. 수십 년 혹은 수백 년 후에는 결과 뒤집기가 불가능하도록 만든다. 지금 한 페이지 먼저 내놓는다면 나중에 수십 페이지로도 해명되지 않는다. 한국의 역량에 대해 "아무리 튼실한 코끼리 허리라도 한계무게를 초과한다면 마지막 가벼운 깃털 하나에 부러진다(An elephant's waist can be broken by a light feather)."는 사실에 입각한다. 특히 역사적 사실에 대해선 "잊을 수 없는 코끼리는 심장 파열로 죽는다(An elephant who could not forget dies of broken heart)."라는 불경의 섭리까지 확신한다. 우주 끝까지 간다면, 끝내 "자신의 평화를 위해서 남을 용서할 수밖에 없다(Man must forgive others for one's peace)."라는 점을 눈여겨보고 있다.

시시비비(是是非非) 결정 ≤ 상생상존(相生相存)해법 모색

먼저 국제사법재판소(ICJ)의 기능부터 살펴볼 필요가 있다. 유엔기관인 안전보장이사회의 산하 기관이다. 따라서 UN 헌장과 안전보장이사회의 결정에 따른다. UN 헌장 서문에 "조약 및 기타 국제법의 근원에서 발생하는 의무에 대한 정의와 존엄성이 유지될 수 있는 여건조성을 설립목적으로 한다."[889] 또한, 유엔 홈페이지(www.un.org)에서 국제법이란 명확한 정의를 내린다. 즉, 국제법이란 "각국의 상호행위와 국가경계 안에서의 개인적 법적 책임을 규정한다. 영역은 인권, 군축, 국제 범죄, 난민, 이주, 국적 문제, 수감자 처우, 무력사용, 전쟁 수행과 같은 국제문제에 관한 광범위한 주제를 포함한다. 또한, 환경 및 지속 가능한 개발(ESSD), 국제수역, 우주 공간, 글로벌 커뮤니케이션(global communication) 및 세계무역과 같은 지구촌 공동체(global commons)를 규정한다."[890] 이런 사명을 구현하기 위한 총회, 안전보장 이사회, 총회 제6회 위원회(Sixth Committee, Legal), 국제법위원회(international law commission), 유엔 국제무역법위원회(UNCITRAL), 유엔 해양법협약(UN Convention on the Sea)이 있고, 마지막 정보의 공유를 위한 유엔조약 데이터베이스(UN Treaty Database)가 상존하고 있다.

국제사법재판소(ICJ)는 우리나라만을 위한 정의의 사도(apostle of justice)는 절대 아니다. 세계평화와 안전유지를 위한 유엔 산하 기관이라는 사실을 명심해야 한다. 우리나라만을 위해서 없는 증거를 보완해주고, 불리한 상황을 석명(釋明)해주는 적극적인 판결을 하지 않는다. 제출한 서류와 변론을 검토하는 우리나라의 법정처럼 불고불리의 원칙(Nemo iudex sine actore)이 적용되고 있다. 이는 아무도 자기 일에 대해 판사가 될 수 없다(Nemo judex in causa sua)는 라틴어에서 연유했다. 좀 더 풀이하면, i) 아무도 관심 없는 사항은 판단하지 않고, ii) 편향의 외관에도 엄격해야 하며, iii) 공정하게 끝내야 하고, 끝냄이 공정하게 보여야 한다.[891]

따라서 한·일간의 독도에 영유권의 분쟁은 i) 최근에 발생한 국제분쟁이 아니라, 17세기부터 오늘까지 지속되어 '불구대천지수(不俱戴天之讎)처럼 여하한 결정에도 받아들여지지 않을 것'이라는 사실에 착안해야 한다. ii) 아전인수(我田引水)의 주장과 악마의 편집까지 서슴지 않는 반박논리 등으로 명확하게 시시비비(是是非非)를 가릴 원시적 권원(natural title)이나 역사적 권원(historic title)을 절대로 완벽하게 제시하지 못한다. iii) 현대적 국제법에 적합한 조약이나 협정도 없다. 따라서 어떤 판결을 해도 쌍방이 수용할 수 없고 분쟁은 지속하거나 오히려 악화하여 무력까지 사용(use of military force)할 위험성이 존재하고 있다. iv) 이는 세계평화와 안전한 질서유지(to keep world peace and maintain safety order) 차원에서 판결하지 않고 해결하는 방안을 찾아야 한다. v) 심리종료를 꼭 한다면 판결(judgement)을 하지 않고 중지(discontinuance)하는 방안뿐이다. vi) 이외 제3의 방안으로는 국제사법재판소→ 해양법재판소→ 상설중재재판소 → 국제사법재판소 등의 여타 국제재판소로 이관(transfer)할 수 있다. 이 경우는 강대국이 법정쇼핑(forum shopping)[892]을 해서 특혜 발생의 개연성이 높다. 이렇게 '돌림빵(いじめ)'을 놓을 경우 우리나라는 속칭 '일본의 손아귀(Japan Hand)'에 걸려서 쥐도 새도 모르게 죽고 만다. 유엔안전보장이사회의 산하 국제법위원회(ILC)에서 비송사건으로 유권해석을 의뢰하는 방안도 있다. 국제사법재판소의 계류사건(pending case)으로 기한(10년)도 없이 숙성(long-term maturation)시키는 방안도 있다. 과거 한국이 제시했던 주변 선린국가 혹은 후견우방국 미국 등을 통한 제3국의 중재(arbitration)방안도 있다. 선린인접국(善隣隣接國)이란 한일 양국의 화해와 상생적 공동연구개발(win-win joint research and development)[893]하는 방안으로, 해상개발권(海上開發權)과 해저개발권(海底開發權)으로 양분하여 안배하는 방안도 있다. vi) 세계평화와 안보를 위한 유엔 해양평화공원(UN Peace Ocean Park) 등으로 활용방안이 있다. vii) 최악의 경우는 일본도 몇 차례 미 공군 폭격훈련장으로 사용했을 때와 한일 정상화협상 때 폭파해서 없애자고 했던 제안이 나왔다.[894]

물론 일본은 이렇게 국제사법재판소(ICJ)가 법대로 판결하도록 수수방관하지 않을 것이다. 그들은 적어도 i) 미국의 위세를 활용해서 1905년 을사늑약과 같은 외교권과 군사권을 장악하지는 못해도 우위에 설 수 있는 한일군사정보보호협정(GSOMIA) 등으로 군사적 정보와 전략적 자원을 장악할 것이다. ii) 군사정보위성을 통해 미·일간 암묵적 작전으로 독도 기습전을 전개할 것이다. iii) 한반도 남북한전쟁 유사시 혹은 제2의 IMF 외환위기를 유발시켜 적극적으로 활용한다. iv) 이렇게 군사적 혹은 경제적 우월한 지위를 마련한다. v) 한국의 대규모 장기적 5대 국란(疾亂, 戰亂, 經亂, 政亂, 災亂) 땐 1867년 미국의 알래스카 매입(Alaska purchase)처럼 독도 자체를 매입하는 방안도 생각할 것이다. vi) 경제지원 등에 국제조약 체결 때 과거 을사5적으로 한일병합조약을 조인했듯이 친일인물(土倭)을 이용해 이면협정(조약)을 추진할 것이다. vii) 가장 효과적인 방법은, 샌프란시스코조약에서 대마도를 일본에 넘겨줬던 것처럼 한국 국가지도자의 비창조적 흥분(uncreative excitement)을 적극 활용해 자충수를 쓰도록 유도할 것이다.

Wikipedia Temple Shall Hide Even Her Shadow in The Court of ICJ

일반적으로 "지식(knowledge)이란 공포의 해독제다(Knowledge is the antidote to fear)."[895]란 사실이다. 그러나 국제사법재판소 법정에선 "우리가 사는 지구촌의 지존 집단지성 위키페디아 신전은 자신의 그림자조차도 감춘다(Wikipedia Temple, our greatest global's group intelligence, shall hide even her shadow in the Court of ICJ)." 왜냐하면, 지식은 진실이 아닐 수 있다. 사실과는 동떨어질 수도 있으며, 때로는 꿈과 같은 이론에 지나지 않는다. 이곳(ICJ)에선 지구촌의 실체적 진실(real fact)은 수차례 여과(濾過)와 정제(精製)로 순도 100% 가까운 황금신탁(golden oracle)을 내린다. 즉, 지구촌의 평화와 안녕질서를 유지하기 위해 정의와 진실의 신전(Justice-&-Fact Temple)이 되고자 자임하고 나섰다. 따라서 이곳에서 제출한 진술서(memorials)나 변론(hearing)은 적어도 99.99%의 진실에 가깝지 않고서는 실체적 진실(real fact)에 접근이 어려울 것이다. 어떤 의미에서 ICJ의 황금신탁을 받을 수 있게 자기만의 진실의 신전(one's fact temple)을 짓는다는 마음으로 벽돌 한 장이라도, "목수는 두 번 이상 자로 잰 뒤, 그리고 두 번 이상 먹줄을 튕긴 다음에야 비로소 톱을 들고 자른다."라는 진정성을 건축물에 스며들게 한다.

그러나 지구촌에 존재하는 실체적 진실의 신전(real-fact's temple)도 인간이 만들 것이다. 위대한 건축물에는 장인의 영혼과 삶이 스며들어 있듯이, ICJ 법정에서 황금신탁과 같은 결정을 받아내고자 한다면 수십 번, 아니 수백 번 여과하고 정제하는 과정을 소홀히 하지 않아야 한다. 그러나 분명히 『반지의 제왕(King of Ring)』에서도 "모든 반지를 제압하는 절대 반지는 없다(There is no absolute ring to overcome all the rings)."라고 했다. 아무리 이방인이라도 앞서가는 사람에게 혹은 지역주민에게 방향과 방법을 물으면 헛수고는 하지 않을 수 있고, 같은 값에 다홍치마를 마련할 수 있다. 아무리 ICJ 법정이 지상지고(至上至高)의 신전이라고 한들, 눈치 빠른 사람은 절간에서도 새우젓 국물을 얻어먹을 수 있다(氣の利いた人は, 寺刹でもあみの塩辛汁を得食べることができる).

국제사법재판소(ICJ)에 제소해 실체적 진실(real fact)을 입증하는 걸 자신의 진실신전(fact's temple)을 건립하는 데 비유한다면, i) ICJ가 이미 해결한 분쟁사례(dispute case) 혹은 법정 판결(judicial decisions)은 처음 시작하는 사건 당사국가엔 건립하고자 하는 모델(model)이 될 수 있다. 2016년 말 현재, 이런 모델이 될 145개 ICJ의 법정 결정사례(judicial decision cases)가 있다. ii) 국제법(조약, 협약 및 결의) 및 국제관습을 기둥, 대들보 혹은 철골구조물로 삼으면 된다. 당사자국가의 역사기록, 고문헌 자료, 인류문화(인습), 행정법제적 기록 등은

Real Fact :
Love + Care = Mom
Love + Fear = Dad
Love + Help = Sister
Love + Fight = Brother
Love + Life = Life Partner
Love + Care + Fear + Help + Fight + Life = Friend

실체적 진실? (메모, 2020)

자갈, 모래 혹은 시멘트와 같이 구조물의 공극을 메우듯이 법리의 구체화에 활용된다. iii) 신전건립 청사진(plaintiff's memorials) 혹은 해체작업 지시서(defendant's counter-memorials)에서 유용하게 쓸 도구인 템플릿 혹은 계측기(레벨, 추, 평판 등)는 각종 학설(teaching) 혹은 각종 원칙(principles)이다. iv) 또한 건축자재를 적재적소에 적합하도록 먹통, 대패, 드릴(끌), 곡자, 톱, 도끼 등의 수동도구(hand tool)는 각종 법칙(rules)이 해당한다. 실제로 채증법칙(採證法則)은 증거를 단단하게 얽어매는 데도, 동시에 역으로 사용하면 상대방의 증거를 못 쓰게 풀어헤치는 데도 유용하게 사용된다. v) 마지막으로, 미관과 맛깔을 내는 작업은 독회(讀會), 세미나, 모의법정(mock trial), 법제연구회 등을 통해서 오류시정, 법리갱신, 수정·보완 등에서 설득력을 심는 명문장이 된다. 수십 아니 수백 번이고 절차탁마(切磋琢磨)해야 한다. 이렇게 해야 "잘 생긴 떡이 맛도 좋다(見榮えのよい餅が味もいい)."라는 평가를 받을 수 있다. 오늘날 우리들이 "말이 되고, 그림도 좋네!"라는 결과물을 얻을 수 있다.

국제사법재판소(ICJ)에서 명시하진 않으나, 법정 결정(judicial decision)에선 완벽에 가까운 영유(perfect-nearly sovereignty)란 소유(possession)뿐만 아니라 향유(enjoyment)에다가 인식(cognition)까지를 확보한 상태로 보고 있다. 따라서 철학적으로는 존재론(ontology)은 물론이고, 가치론(axiology)에다가 인식론(epistemology)까지를 녹여낸 하나의 보다 완전한 점유(more complete occupancy)를 의미한다. 권리론(theory of rights)으로는 소유권(혹은 점유권)과 향유권(이용권, 행사권, 관리권, 지배권, 개발권, 통치권, 지적 재산권, 인격권)은 물론이고, 여기에다가 명시적 인정이 아니더라도 적어도 묵시적 동의(implied consent), 암묵적 허락(tacit agreement) 등의 묵인(connivance)을 갖춘 완벽에 가까운 점유상태(state of perfect-nearly occupancy)를 뜻한다. 이를 다시 국제법 용어로 풀이하면 완벽한 영유권(perfect-nearly sovereignty)이란 점유권(취득, 병합, 할양, 이관, 추가, 점령, 시효)을 가지고 실효적 지배(평온하고 지속적인 권한행사) 했다는 인정(묵인, 명시적 인정)이 된 상태임을 객관적으로 입증되었을 때에 판시를 받을 수 있는 권한이다. 이런 맥락에선 분쟁해결인 다름 아닌 인정(recognition)을 입증하는 과정이다. 대부분 묵인(connivance)을 입증하고자 권원의 응고(solidification of title) 혹은 평화로운 권한의 현시(peaceful display of authority)를 제시한다. 때로는 상대국의 묵인을 간혹 양국의 관습법을 국제관습법으로 입증하기도 한다. 아주 드물게는 상대국의 변호인 팀을 교묘하게 이용하거나, 인맥(학연, 미인계, 이간계, 도중하차) 혹은 금맥으로 고의적인 불참(intentional disappearance)을 재치 있게 구사하기도 한다.

구 분	점 유	향 유	인 식
서양철학	존 재 론	가치(미학)론	인 식 론
동양철학	위 정 론	실사구시론	이 기 론
권 리 론	점유(소유)권	향 유 권	인 정 권
국 제 법	점 유 권	실효적 지배	인정(입증)

이와 같은 실제적인 개념(practical concept)에 따라 영유권을 확인받고 자 한다면, 현실적으로 i) 첫 단계로 소유(possession)를 입증하고자 역사 학, 고문헌(서지)학, 지질학, 법학, 군사학, 정치학 등이 동원되며, ii) 두 번 째 단계인 향유(enjoyment)엔 문화인류학, 민속학, 문학(시, 소설), 미술음 악학(민요, 동요, 민속화, 민간용지도), 관습(풍속)학(세시풍속, 전통인습, 족보학, 회 처풍습), 경제학(농업, 수산어업, 통상거래), 풍수지리설(비보풍수, 지의학, 산경표), 영해자원보조 및 활용, 국토이용, 환경보전 및 개발, 언어학, 기호학(지도 표기, 관념적 원근법) 등이, 그리고 iii) 마지막 과정으로 국제적 인정(interna-tional cognition)을 받기 위해서는 외교학(외교문서, 외교관습, 통상관례), 국 제조약 및 협정, UN 결의, 국제해양법, 국제재판소의 판례, 국제범죄방지, 국제관습법, 국제통상관습, 대기권환경 및 해양자원보존 및 개발(ESSD) 등에서도 확신(설득력)을 얻어야 한다. 마치 맞물려 돌아가는 톱니바퀴 (cogwheel)처럼 운용되었을 때에만 완벽에 가까운 점유상태(SNPO)로 인 지될 수 있다. 가장 중요한 건 모든 톱니바퀴를 목표 방향으로 돌아가도록 하는 피벗기어(pivot gear)의 역할이다. 농구경기에서 유능한 선수는 피 벗푸트(pivot foot)를 구사해서 많은 득점을 하듯이 국제재판소에서 제출 하는 원고 혹은 피고의 진정서(memorial) 말미에 구제기도(prayer for the relief)를 적는다. 신전에 신탁을 바라는 마음으로, 그 구제기도(注文)를 현

실로 이뤄지도록 하는 작업이 바로 서류작업(paper work)이다. 한국 속담에 "구슬이 서 말이라도 꿰어야 보배다(ビーズがいくら多くても貫さなければならぬ宝だ)."라고, 구슬을 꿰어 진주목걸이를 만드는 작업, 바로 농구경기에 득점의 피벗푸트(pivot foot for goal score)다. 기존 법정 결정(판례)을 모델로 하고, 한국적인 개념(concept)을 녹여낸 밑그림에다가 매뉴얼에 따른 작업을 해 역사, 외교, 관습 등의 한국산 진주 구슬(Korean pearl beads)을 초지일관(初志一貫)으로 꿰어 진주목걸이 품평회(국제재판소)에 내놓는다.

≡ 10

To Make A Necklace with Pearl Beads

'정의의 여신(Goddess of Justice)'에게 신탁을 받고자!

오늘날 법치주의(constitutionalism)란 고대 제정일치 혹은 신정주의 (theocracy)에서 본다면, 정의의 여신(Goddess of Justice)의 신탁으로 다스려짐이다. 모든 나라 법정 앞에 한 손엔 법형(法衡)을, 다른 손엔 정의구현의 의지(正顯意志)를 표명하는 칼을 든 동상을 세우고 있다. 법정이란 정의구현(正顯)을 위해서 정의의 여신의 신탁(oracle)을 대신하는 판결을 전달하는 신전(temple)이다. 신전의 영험함(charisma of temple)은 제전의식 (祭典儀式)을 통해서 느껴지는 신비감과 존엄성에서 나온다. 따라서 극도의 지극정성은 물론이고, 각종 금기사항과 독실한 행동을 요구한다. 제전절차에서도 성직자들만이 아는 신비스러운 고대 히브리어 혹은 산스크리트(Sanskrit) 말로 주술을 행한다. 그런 영향으로 오늘날 선진국의 법정에서도 법정절차에서 일반인들은 알 수 없는 라틴어를 많이 사용하고, 줄번호까지 적힌 정형화(定型化)된 서식을 사용한다. 국제사법재판소는 지구촌의 지고지성(至高至聖), 정의의 여신 신전(temple of Justice Goddess)으로 엄격한 절차와 문서의 정형을 갖고 있다. 단적인 사례는 청원서(memo-rial)의 말미에 구제(救濟)를 바라는 기도(prayer for the relief, 注文)를 하도록 하고 있다.

오늘날 우리는 아름다움을 화려한 치장으로, 고급상품은 화사한 포장으로 나타내고자 한다. 로마제국 최고 용병훈련소에 "형식이 강한 군대가 고로 강하다(The strong army in formal training is therefore strong)."라는 슬로건을 내걸고 고된 제식훈련(制式訓練)은 물론이고 실전경험을 강조했다. 같은 개념에서 고대 신전(神殿)이나 오늘날 법정(法廷)은 복잡하고 엄격한 절차와 서식을 요구한다. 이를 통해 권위(authority), 신비감(mystique) 혹은 영험(charisma)을 자아내게 함이다. 따라서 국제사법재판소의 SOP(standards of process)는 오랫동안 신비 속에서 감춰져 있었으나, 회원국의 아우성으로 최근 2014년 UN ICJ의 홈페이지 등[896]을 통해 모든 인류에게 공개했다.

우리나라에서 신필(神筆)의 경지에 도달하신 신품사현(神品四賢) 가운데 해동서성(海東書聖)이신 김생(金生, 711~791)은 "80세가 넘어서도 글쓰기를 중단하지 않았기에 글자 하나하나가 신묘한 경지에 들었다."라고 삼국사기에 적고 있다.[897] 제자가 어떻게 하면 신필의 경지에 도달하는지 물었다. 아무런 대답을 하지 않고, 고개를 넘어서 커다란 연못이 나오자 손가락으로 연못을 가리키면서 "이 정도의 먹물로 글을 썼다면야."라고. 어떤 글을 쓴다는 것은 천탁만마(千琢萬磨)의 수련이 없이는 불가능하다. 특히 서로가 상대방에 대한 분노 혹은 나쁜 감정을 갖고 있는데 설복(說服)시키고, 다른 한편으로 제3자의 심판을 설득(說得)시킨다는 건 "자, 여러분. 나를 보세요(Now you, see me)!"라는 마술(illusion)과 같다.

구슬을 꿰어 진주목걸이로 만들기

일반적으로 문서작업(paperwork)에 쏟았다는 지극정성은 헛되지 않다. 종이 위에 i) 글자 모양, 용어 선택, 행간 및 여백에 스며들게 된다. ii) 간략하면서 명쾌한 방식(concise and effective manner), iii) 선의경쟁 혹은 상대방의 배려까지 고려하는 양측이 똑같은 준비, iv) 강렬하면서 열정적인 지적토론, v) 설명과 항의(반박)가 조화를 이룬 설득력 있는 방식, vi) 돋보이게 마련한 진술과 진술서, vi) 진술서(brief) 세부사항에는 숙성된 내용, 간결한 섹션, 효과적인 표현방식, vii) 지침과 형식(서식)을 준수한 서면작업이다. 진술서의 섹션으로는 표제(title page, cover), 목차도표(table of contents), 판단근거(table of authority), 관할권 진술서(statement of juris-diction), 제시된 질문(questions presented), 사실 진술서(statement of the facts), 진정 요약(summary of the pleadings) 진정내용(pleadings, the argu-ment), 구제를 위한 기도(prayer for the relief) 순서로 구성된다.[898] viii) 사실진술서에서 구제를 위한 기도까지는 20페이지를 초과하지 않는 범위에서 간결하고 명쾌한 문장으로, '군살(fluff)'은 빼고 뼈대와 보완적 내용만으로 튼실하게 구성한다. ix) 바탕 폰트는 Times New Roman(12pt), 그러나 타이틀은 Times New Roman(14pt)로 하고, 1인치(inch)의 여백을 둔다.

실제적인 페이퍼워크(paperwork)는 세계적인 명문대학에서 법문작성(legal writing)에 숙달된 실무자들이 작성하기에 여기선 핵심사항만을 적는다. i) 표제(title cover)는 샘플케이스나 템플릿을 활용하면 무난하다. ii) 목차는 판단근거, 관할권 진술서, 제시된 질문, 사실 진술서, 진정 요약, 진정내용(구제안건별로 A. B. C.등으로 대문자로 표시), 구제를 위한 기도로 표시한다. iii) 판단근거(table of authority)엔 판례(case)는 목록을 작성하고, ICJ를 비롯한 국제재판소의 법적 결정, 최신 판결로 청원국 및 피소국 순으로, 법령(statute)으로 ICJ 규정, 유엔, 유엔채택의 법령과 결의, 회원국 및 탄원국, 조약(treaties)은 유엔비준, 모든 국가가 보편적으로 적용되는 조약 혹은 청원서에 채택된 모든 조약, 국제적 관습(international customs), 학설(teaching) 및 원칙(principles or rules), 기타사항 (miscellaneous)으로 모든 관련 정보의 출처, 고문헌, 시각자료, 전자문서, 동영상, 웹사이트 주소 등을 적시한다. 단지 위키페디아(wikipedia)는 사용자가 주관적으로 생성하기에 객관성이 없다. iv) 관할권의 진술(statement of jurisdiction)은 ICJ가 분쟁해결을 해야 하는 이유 제시(presentation)로 보통 두 단락 정도다. 관할권이 없을 건 심층적인 이유가 제시되어야 한다. 예비적 항의(preliminary objection)를 여기에 표명할 수 있다. 우리나라의 경우는 역사적 권원만을 주장하기보다 '예비적 항의'로 실효적 지배를 비장의 무기로 제시할 수도 있다.

추상적이고 입체적인 현실 상황을 평면적인 종이 위에서 문자를 통해서 진술해야 하는 절박성을 당면하게 되는데, 바로 v) 제시된 질문(questions presented)이다. 법정에서 판결해야 할 사항을 확인하기 위함이고, 제시하는 주장에 설득력 있는 반문하기 위함이란 두 가지 목적[899]을 충족하기 위한 주요쟁점을 설명한다. vi) 사실 진술(statement of the facts)은 사건을 뒷받침하는 사실 강조, 사건을 악화시키는 사실 소명, 사실적 증거로 반박, 스토리 개발은 가능하나, 디테일과 상황 정보의 조작금지(not fabricate false details or situations), 왜냐하면 "악마는 디테일 속에 숨어 있다(סינטקה סיטרפב אצמנ ןטשה)." vii) 진정요약(summary of pleadings)은 앞에서 '제출된 질문(questions presented)'에 답하면서 동시에 ICJ 법정에 결정을 해야 한다는 설명을 하는 것이다. 사실과 법령을 사용해서 설득력과 간결한 논증의 요체만으로 정제해야 한다. 또한, 앞으로 전개할 사항과 전체진술의 요약이다. viii) 진정내용(pleadings)은 가장 길고 혼잡스러운 섹션이지만, 진정서의 심장부다. 튼실한 구조를 짜야 한다. CRAC[900] 논리, 즉 결론(conclusion), 규칙(rule), 주장(argument), 다시 결론(conclusion)의 순으로 완봉승(完封勝) 하는 진술방법이다. 또 다른 논리로는 옥스퍼드 패러그래프 작성(Oxford paragraph writing) 기법이 있다. 일명 LF1F2F3 논리다. 풀이하면 리드(lead), 제1사실(1st fact), 제2사실(2nd fact), 제3사실(3rd fact)로 명쾌하고 깔끔하게 설명한다.

여기서 흔히 같은 태권도를 도장에서 배운 사람과 뒷골목에서 얻어터지면서 습득한 자의 진검승부는 분명히 다르다. 그런 실전의 의미에서 CRAC('폭~삭~' 상대방의 논리 무너뜨림) 논리로 '독도는 한국 고유영토다.' 논증의 간단한 예시를 작성한다면 다음과 같다.

결론(conclusion): 독도는 역사적 고유영토이고, 현재도 실효적 지배를 하고 있어 한국의 고유한 영토다.

규칙(rules): 금반언의 원칙(principle of estoppel), 현상유지(maintenance of the status quo)의 원칙과 공정성과 선(ex aequo et bono)의 원칙.

주장(argument): 1) 안용복의 월경사건 때에 일본 막부에서 조선의 판도를 외교문서로 인정, 태정각의 공식문서로 조선영토임을 판시, 오야(大谷)와 무라가와(村川)의 밀무역을 처벌했던 위법성 등에 '금반언의 원칙', 2) 한일국교 정상화 기본조약에서 '현상유지의 원칙'을 상호천명, 현재 한국이 평온하고 지속적인 실용적 지배를 하고 있는 현상유지를 위해, 3) 허구적인 불법점용을 빌미로 독도를 분쟁지역으로 몰아 국제사법재판소에 판결을 받아보자는 '밑져봐야 본전'이라는 속셈은 선린 우방국으로서 '공정성과 선의'를 저버리는 행위다.

결론(conclusion): 독도는 역사적 고유영토이고, 현재도 실효적 지배를 하고 있어 한국의 고유한 영토이다.

특히, 상대방의 청원서(memorial)에 대해 반증하는 반박청원서(counter-memorial)를 제출할 때 보다 강력한 반박논리구조가 필요하다. 이제까지 한·일간에 사용했던 논리구조는 '틀렸다, 왜냐하면(NO-Why)' 구조였다. 완봉승 하기 위해서 적어도 'No, Why1, Why2, Why3, Therefore' 정도는 되어야 한다. 한 수 높게 상대방을 존경하면서 은근히 설득하는 "맞는 말씀이네요. 그런데 이런 생각도(Yes-But) 있지 않을까요?"라는 논리구조를 개발시킨다면, 'Yes, But1, But2, But3, Therefore' 정도의 비장한 무기는 필요하다. 가장 권장하고 싶은 반박논리구조는 상대방의 의견을 존중하고(Yes), 함정에 빠뜨리며(But), 동시에 그들의 논리를 KO시켜(Rule), 우리의 주장을 인정하게 하는 한다(Conclusion).[901] 일명 샌드위치(sandwich) 논리구조다. 'Yes-But' 논리와 'CRAC' 논리의 혼합형이다. 능숙하게 치고 빠지지 못하면 결국 누에가 고치를 만드는(作繭自縛) 자기모순(自己矛盾)에 빠지는 경우가 있다.

마지막 섹션으로 vii) 구제를 위한 기도(prayer for the relief)다. ICJ 법정에 이렇게 결정해 주기를 바라는 것을 진술한다. 일반적 법적 소장(general petition)에서는 청구취지(relief sought in the demand)에 해당한다. 다름이 아닌 원하는 결정을 요구하는 것이다. 구체적인 금전적 보상, 제3자의 중재를 통한 타협 등으로 반 페이지 정도로 요약해서 작성한다.

독도분쟁으로 ICJ에 진정서(memorial)가 접수되었다고 가정하고, 한국을 대표해서 법문(judicial brief)을 담당해야 하는 공무원이라는 심정에서 이 책을 썼다. 당장에라도 활용할 수 있게끔 인명과 출처 하나라도 보다 품을 덜어주고자 노력했다. 이 책은 여기서 끝나지만, 현실적인 독도의 실효적 지배는 지금부터 시작이다. 뜻하지 않게 저자의 심정으로 국제사법재판소(ICJ) 진정서(memorial) 혹은 반박진정서(counter-memorial)의 마지막 섹션인 구제를 위한 기도(prayer for the relief)를 후손들이 쓰지 않기를 두 손 모아 기도한다.

자네들 타협하니 기쁘네! (2016, 프랑스)

/ 에필로그 /

인생이란 타이틀 매치(title match)?

일반적으로 영화를 구경할 때에 첫 화면으로 감독, 배우 등을 소개하는 메인타이틀(main title), 다음으로 협찬 혹은 후원을 표시하는 크레디트 타이틀(credit title)이 올라온다. 엔드 타이틀(end title)을 보면서 영화가 끝났음을 알아차리게 된다. 우리의 이름에도 직위, 학위, 성별 등을 알리는 타이틀(title)이 빠짐없이 나오게 된다. 오늘날 우리는 신분(계급), 직위 (작위), 결혼상태, 종교적(성직품급) 혹은 학문적 수준(학위)을 표시하는 각종 타이틀(title)을 수도 없이 갖고 있다. 남들이 무조건 붙여주는 Mr. Ms. Mx. 등 성별 구분 타이틀 (gender title); 대리인, 성직자, 대변인, 평의원, 회장, 사장, 비서관, 과장, 계장 등의 직업호명(work-position title); 자작, 남작, 국회의원, 장관, 공주 혹은 왕자 등과 같은 신분 명칭(life-station title)이 사회생활에 따라다닌다. 집에 들어오면 어머니, 아버지, 삼촌, 사촌 등의 가족 호칭(family title)을 듣게 된다. 복싱선수들에겐 라이트(light), 웰터(welter), 미들(middle), 헤비(heavy) 등의 체급타이틀(weight-class title)이 있다. 유도와 같은 경기에도 급수(級數)와 단수(段數)라는 칭호가 있고, 바둑에도 급(級)과 단(段)이 있다. 사람은 이런 타이틀(title)을 떠나서 살 수 없다. 사람이 산다는 건 보다 명예롭고 좋은 호칭을 얻기 위함이다. 명칭을 통해서 자신을 알아줌을 인식하게 된다. "여자는 자신을 봐주는 사람을 위해서 화장을 하고, 남자를 자신을 알아주는 사람을 위해서 목숨을 바친다(士爲知己者死, 女爲說己者容)."라는 만주속담이 있다. 어떤 의미에서 사람은 명호(名號, title)를 쟁취하는 동물이다.

우리나라에서는 신분적 칭호(life-station title)를 가장 많이 따지고 평가하는 과정이 바로 결혼 상대방의

타이틀매치 경기 포스터(2018, 영국)

선택과정이다. 조선 시대 때 결혼 시에 신분(양반, 상인, 중인, 천인)을 심각하게 따졌다. 신분이 다른 집안과의 결혼을 색혼(色婚)이라고 금기시했다. 심지어 홍길동전(洪吉童傳)에서 "아버지를 아버지라고 부르지 못하고 등~"의 표현이, 가족관계에도 서열이 존재했다. 국가의 관료 등용에도 서얼 차별이 심각했다. 조선 건국 이후 1400년경 노비의 매매가격이 소(牛)보다 낮았다. "소가 너를 보고 웃는다."라는 속담까지 생겨났다. 1592년부터 1598년까지 임진왜란(정유재란) 때는 왜장과 노예장사꾼이 같이 조선정복에 함께 다녔다. 1600년경에 일본 나가사키(長崎, ながさき)와 중국 마카오(Macao)에 장사했던 이탈리아 프란시스코 카르렛티(Francesco Carletti) 신부는 1597년 6월에 일본에 이듬해 3월까지 9개월간 체류하면서 안토니오 코레아(Antonio Corea, 1578~1626)를 비롯해 5명의 조선노(朝鮮奴) 소년을 사 인도 고아(Goa)에 가서 1명만을 로마로 데리고 갔다. 12년간의 세계여행기록(Elisabetta Colla'16th Century Japan and Macau Described by Francesco Carletti)은 1708년 피렌체에서 출판했다. 이 여행기에서는 "조선노(朝鮮奴)가 40만 명이 넘었고, 마카오에서는 6분의 1 가격으로 폭락했다. 비싸다는 아가씨가 술 한 잔 값이 안 되었다."라고 적고 있다.

한편, 국가에서도 다스리는 민가(民家)의 호수에 따라 천호국(千戶國), 만호국(萬戶國), 제후국(諸侯國), 제왕국(帝王國), 황제국(皇帝國) 혹은 천황국(天皇國)으로 칭호(title)를 붙였다. 더 높은 칭호를 위해 전쟁, 합종연횡 등의 생사여탈을 놓고 쟁취했다. 황제국(皇帝國)이란 로마제국, 몽골제국, 당제국(唐帝國), 대영제국 등이 있었다. 천황국(天皇國)은 일본제국이 대동아공영권(大東亞共榮圈)을 제창하면서 극동아시아를 신하국(臣下國) 혹은 식민지국으로 통치하던 때 자칭하던 국가 칭호(state title)였다. 역사적으로는 우리나라는 중국을 사대국(事大國)으로 모시는 조공국(朝貢國)으로 격하해서 국호(title of nation)를 가졌다. 한때는 '화령(和寧)'과 '조선(朝鮮)'이란 국명을 중국 명나라 황제에게 문의한 결과 "화령은 대국의 명호이니 제후국의 신분에 맞게 조선이라고 부르기를 윤허한다(和寧爲大國之名號, 而諸侯之者許名朝鮮)."라고 국서를 내렸다. 중국이 조선(朝鮮)이라고 한 것은 동이(東夷), 서융(西戎), 남만(南蠻), 북적(北狄)과 같은 욕설로 '아침 밥반찬으로 먹히는 물고기(朝飯生鮮)' 혹은 '조시에 제물로 올려놓은 물고기(朝市生鮮)'라는 악칭(惡稱)을 그대로 사용했다. 중국과 같은 국왕의 상징물인 용(龍) 무늬에도 주상국(主上國)은 발톱 5개인 오조용(五爪龍)이고, 이에 비해 조선 국왕은 삼조용(三爪龍)이었다. 이것이 국가의 역사적 권원(historical title of state)다.

그뿐만 아니라 땅에도 토지의 비옥도에 따라 옥토(沃土), 비토(肥土), 척박토(瘠薄土), 사토(死土), 생토(生土), 사토(死土) 등의 등급이 있었다. 여기에 소유자의 작위에 따라 자작봉지(子爵封地), 제후영지(諸侯領地), 하사전(下賜田), 경기전(京畿田), 공신전(功臣田), 역전(驛田) 등으로 토지 칭호(soil title)가 부여되었다. 통치자의 신분에 따라서 다스리는 영지 면적과 경계가 달랐다. 자유롭게 수레를 타고 다닐 수 있는 땅의 경계를 여지(輿地) 혹은 판도(版圖)라고 했다. 자신의 영지를 벗어나면 말 혹은 수레를 타고 다니지 못하고 걸어가(下馬)야 하며, 반드시 사전 혹은 사후에도 신고(出必告反必面)를 해야 했다. 땅의 가치는 비옥도를 따지는 현실성보다는 칭호(稱號, title)를 먼저 따졌다. 무주지(無主地)로 선점했느냐, 매입을 했다면 이전에 공신전(功臣田) 혹은 경기전(京畿田)이었다면 평민이 샀다고 해도 개인소유가 될 수 없다. 해방 이후에도 '무주토지 국유화 원칙'과 '행정용 우선원칙'이 적용되었다가 비로소 1995년 국·공유재산법을 개정하여 잡종지는 개인소유(민법 245조의 20년 이상 시효취득)가 가능하게 되었다. 이런 연유로 인해서 땅을 살 때는 가장 먼저 토지의 역사적 칭호(historical title)를 가장 먼저 따져봤다. 오늘날 중국, 러시아 등의 공산국가와 대만 등의 토지국유화 원칙을 준수하고 있는 나라에서는 아직도 역사적 권원(historical title)을 먼저 따져보곤 한다.

국제간엔 평화적·사법적으로 타이틀 매치!

오늘날 스포츠에서도 타이틀 매치(title match)를 한다. 과거 로마 시대 검투사들은 원탁(round table)에서, 오늘날 복싱, 레슬링 혹은 격투기는 링(ring)이라는 우리(cage)에서 사활을 걸고 싸운다. 테니스, 야구, 배드민턴 등의 공으로 하는 경기는 코트(court)에서 규칙에 따라 승부를 가린다. 때로는 타이틀 벨트(title belt), 챔피언 컵(champion cup) 혹은 트로피(trophy)를 걸고 열전을 벌인다. 세계평화와 안전보장을 위해서 유엔은 과거처럼 전쟁 등의 무력행사보다는 평화로운 스포츠처럼, 때로는 엄숙한 종교적인 의식처럼 분쟁문제를 해결하고자 국제재판소를 창설했다. 격분해 주먹을 앞세웠던 비창조적 흥분(uncreative excitement)보다 차분한 마음가짐으로 합리적으로 해결하고자 지구촌의 많은 국가가 유엔헌장을 결의했다. 영원한 지구촌의 평화를 위해서 지구촌의 공동자원인 대기권환경, 해양환경 등을 환경적으로 건전하고 지속 가능한 개발(environmentally sound sustainable development)을 위해서 해양법 협약을 하는 등 새로운 국제공법(international public laws)을 만들어가고 있다.

때로는 이렇게 평화로운 지구촌 나라 사이에 크고 작은 분쟁이 발생한다. 국가 간에 합의되지 않을 경우에는 최후수단으로 유엔안전보장 이사회에 중재, 화해를 시켜도 막무가내인 경우는 국제재판소에 판결을 의뢰하기도 한다. 특히, 영토의 소유권으로 분쟁이 발생했을 경우는 국제재판소에서는 단순하게 소유권(ownership right)만 확인하고 시비를 가리지 않고, 토지라는 특성이 가진 역사적 권원(historical title)을 따져본다. 영유(dominium)란 단순한 소유(possession) 혹은 점유(occupation)의 개념에다가 향유(enjoyment)를 하고 있으며, 이를 이해당사자들은 물론 제3자로부터 인정(cognition)까지 숙성된 상태가 확인되어야 비로소 결정된다. 철학적으로 말해서는 소유 혹은 점유의 존재론(ontology)은 기본이고, 향유라는 가치론(axiology) 혹은 미학(aesthetics)을 바탕으로 인식론(epistemology)까지 다 확인해 본 뒤에 결정하겠다는 신중성을 보여주고 있다.

정글의 법칙(rule of the jungle)에는 자신의 영역을 확보하기 위해서 생사쟁탈전을 전개한다. 가장 온순한 식물마저도 다른 식물을 죽이는 화학물질(phytoncide)을 분비한다. 대부분의 식물엔 3,600종의 식물화학물질(phyto-chemical)을 생산해서 방해되는 동·식물을 공격한다. 대부분의 동물은 소변 등으로 냄새를 풍겨서 자신의 영역표시(territory mark)를 한다. 사자와 호랑이 같은 맹수는 물론이다. 강아지를 공원에 데리고 나가도 나무마다 소변으로 세력권(繩張り)을 표시한다. 경험을 얘기하면, 한밤중에 아기 울음소리를 내는 세 모녀 고양이가족을 집에서 내쫓고자 냄새를 풍기는 커피가루(coffee powder)를 한 달포 간 그들의 서식처에 갖다놓았다. 그 커피 냄새로 자신의 세력 권역(territory) 이 아님을 알아차린 엄마 고양이가 추운 겨울날에도 어린 고양이들을 데리고 떠났다. 서양 도시의 조직폭력배(gang)들은 빈집의 벽면, 담장, 교량, 밴 등에 영역을 표시하고자 여성의 몸매를 원용해 자신들의 슬로건이나 지령 등을 그림(graffiti)으로 그려서 영역을 표시하고 있다. 참으로 지혜로운 방법으로 영역을 지키는 동물도 있다. 인도네시아(Indonesia) 자바(Java)엔 긴팔원숭이로 알려진 원인원(原人猿) 기번(Gibbon)은 영역표시로 노래로 한다. 특히 암컷 원숭이의 노랫소리는 기번가족(Gibbon family)의 생사를 좌우한다. 암컷 원숭이의 노랫소리가 사라졌다면 곧바로 온 가족이 떠난다. 이런 행위가 평상시 영역 다툼(繩張りの爭い)이 일어나지 않도록 하는 평시의 실효적 지배(effective control)다. 다른 말로 평화로운 권한행사의 외현(peaceful display of authority)이다.

'무주물 선점의 원칙(occupancy)'이 승자독식(勝者獨食)으로

1992년 상영되었던 미국 영화 『파 앤드 어웨이(Far and Away)』에선 땅을 먼저 차지하고자 말을 타고 달리면서 깃발을 꽂아나가면서 자기 땅임을 주장한다. 이것을 당시 사람들은 무주물 선점(occupancy)의 원칙이라고 주장했다. 우리나라에서도 가깝게는 1950년대 6·25전쟁으로 서울이 북한 인민군에 함락되자 피난하는 바람에 서울 시가지가 텅텅 비었다. 이때를 노려서 조직폭력배들은

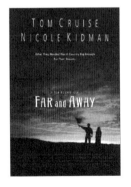

『파 앤드 어웨이』
영화 포스터(1992)

새끼줄로 자기 땅이라는 권역(なわぼり)을 표시하고 차지했다. 살아서 돌아왔지만 토지등기부 등본, 매입증명서 등을 소지한 주인이 아니고서는 돌려받지 못했다. 그들은 무주물 선점의 원칙으로 차지했다. 물론, 1945년 8월 15일 패전으로 귀국했던 일본인의 적산재산(敵産財産)에서도 무주물 선점의 원칙을 응용했다. 로마법 이래 많은 국가에서 민법상 무주물(지) 선점의 원칙을 입법화해 왔다. 우리나라선 무주지 국유화 원칙과 무주물(동산) 선점의 원칙을 살려 1995년에 민법을 제정했다.

오늘날 우리가 사는 사회에서도 무주물 선점의 원칙이 적용되고 있는 경우가 많다. 2010년 미국 하버드 로스쿨에서도 "미혼여성에게도 무주물 선점의 원칙이 적용된다."라는 한 학생의 짓궂은 주장으로 강의실이 웃음바다가 된 적이 있다. 한국사회에서 "눈먼 나랏돈(국가 예산)은 먼저 먹은 사람이 주인이다."라는 시쳇말이 지금도 유행하고 있다. 특히 최순실 국정농단사건 이후에 인구회자(人口膾炙) 했다. 여기에 한술 더 떠서 "나라가 돈이 없어 못 사는 게 아니라 도둑 많아서 돈이 없다(國がお金を持っていない貧しいのではなく泥棒が多くてお金がない)."[902]라고 했다. 해방 이후에 유행했던 "민나 도로보데스(みんな泥棒てす)"라는 말이 아직도 유행하고 있다. 가진 사람을 모든 것을 다 갖는다. 법정에서도 '유전무죄 무전유죄(有錢無罪, 無錢有罪)'의 불편이 쏟아지고 있다. 경제 혹은 정치에서도 '빈익빈부익부(貧益貧富益富)'의 볼멘 목소리가 흘러나고 있다. 이런 말을 종합하면, 돈과 권력 가진 사람이 무주물(無主物)은 물론이고, 유주물(有主物)까지 싹쓸이하고 있다는 말이다.

두말할 필요도 없다. 과거 국제사회에서는 무주물(지) 선점의 원칙을 외쳤으나, 오늘날은 승자독식(勝者獨食)의 원칙을 외치고 있다. 뮤지컬 『맘마미아(Mamma Mia)』 삽입곡으로 「승자독식(The Winner Takes It All)」에서 "이긴 사람은 모든 걸 다 갖게 마련이겠지요. 진 사람은 승리의 옆에서 초라하게 서 있을 따름. 그저 운명으로 받아줘야지요."903라는 가사는 현실을 돌아보게 한다. 뭔가를 참으며 억눌리고 있지만, 언젠가는 폭발해 솟아오를 휴화산처럼, 인류 문화사에서 동서

『맘마미아』 포스터(2013)

고금을 막론하고, 남성에게 가장 치욕은 오쟁이 지는 것(浮氣妻れるもの)이다. 세상 모든 사람이 다 알고 있는데 남편만 몰랐다는 사실만으로도, 오쟁이 진 남편의 마음(浮氣妻になった夫の心)이 휴화산의 마그마다. 얕은 안개처럼 독도 주변 해안으로 몰려오고 있는 기분이다. 독도야, 조강지처(糟糠之妻)처럼, 남편의 마음으로, 꼬마같이 곁에만 있다고 믿어도 될까?

2021. 5.

코로나19 환란을 극복하고자

강병홍, 권택성, 이대영

부록

참고자료
각주
색인

Contentious Case and Advisary Opinions of ICJ

✒ Contentious Case

1. Application for revision of the Judgment of 23 May 2008 in the case concerning Sovereignty over Pedra Branca/Pulau Batu Puteh, Middle Rocks and South Ledge (Malaysia/Singapore) (Malaysia v. Singapore), 2017

2. Request for Interpretation of the Judgment of 23 May 2008 in the case concerning Sovereignty over Pedra Branca/Pulau Batu Puteh, Middle Rocks and South Ledge (Malaysia/Singapore) (Malaysia v. Singapore), 2017

3. Certain Activities Carried Out by Nicaragua in the Border Area (Costa Rica v. Nicaragua), Maritime Delimitation in the Caribbean Sea and the Pacific Ocean (Costa Rica v. Nicaragua), Land Boundary in the Northern Part of Isla Portillos (Costa Rica v. Nicaragua), 2017

4. Obligation to Negotiate Access to the Pacific Ocean (Bolivia v. Chile), 2013

5. Jadhav (India v. Pakistan), 2017

6. Proceedings instituted by Ukraine against the Russian Federation with regard to alleged violations of the International Convention for the Suppression of the Financing of Terrorism of 9 December 1999 and the International Convention on the Elimination of All Forms of Racial Discrimination of 21 December 1965(2017)

7. Proceedings instituted by Costa Rica against Nicaragua with regard to a dispute concerning the precise definition of the boundary in the area of Los Portillos/Harbor Head Lagoon and the establishment of a new military camp by Nicaragua on the beach of Isla Portillos(2017)

8. Certain Iranian Assets (Islamic Republic of Iran v. United States of America),2016

9. Immunities and Criminal Proceedings (Equatorial Guinea v. France),2016

10. Dispute over the Status and Use of the Waters of the Silala (Chile v. Bolivia),2016

11. Maritime Delimitation in the Indian Ocean (Somalia v. Kenya),2014

12. Obligations concerning Negotiations relating to Cessation of the Nuclear Arms Race and to Nuclear Disarmament (Marshall Islands v. United Kingdom),2014

13. Obligations concerning Negotiations relating to Cessation of the Nuclear Arms Race and to Nuclear Disarmament (Marshall Islands v. Pakistan),2014

14. Obligations concerning Negotiations relating to Cessation of the Nuclear Arms Race and to Nuclear Disarmament (Marshall Islands v. India),2014

15. Maritime Delimitation in the Caribbean Sea and the Pacific Ocean (Costa Rica v. Nicaragua),2014

16. Questions relating to the Seizure and Detention of Certain Documents and Data (Timor-Leste v. Australia),2013

17. Alleged Violations of Sovereign Rights and Maritime Spaces in the Caribbean Sea (Nicaragua v. Colombia),2013

18. Question of the Delimitation of the Continental Shelf between Nicaragua and Colombia beyond 200 nautical miles from the Nicaraguan Coast (Nicaragua v. Colombia),2013

19. Obligation to Negotiate Access to the Pacific Ocean (Bolivia v. Chile),213

20. Construction of a Road in Costa Rica along the San Juan River (Nicaragua v. Costa Rica),2011

21. Request for Interpretation of the Judgment of 15 June 1962 in the Case concerning the Temple of Preah Vihear (Cambodia v. Thailand) (Cambodia v. Thailand),2011

22. Certain Activities carried out by Nicaragua in the Border Area (Costa Rica v. Nicaragua),2010

23. Frontier Dispute (Burkina Faso/Niger),2010

24. Whaling in the Antarctic (Australia v. Japan : New Zealand intervening),2010

25. Jurisdiction and Enforcement of Judgments in Civil and Commercial Matters (Belgium v. Switzerland),2009

26. Certain Questions concerning Diplomatic Relations (Honduras v. Brazil),2009

27. Questions relating to the Obligation to Prosecute or Extradite (Belgium v. Senegal),2009

28. Jurisdictional Immunities of the State (Germany v. Italy : Greece intervening),2008

29. Application of the Interim Accord of 13 September 1995 (the former Yugoslav Republic of Macedonia v. Greece),2008

30. Application of the International Convention on the Elimination of All Forms of Racial Discrimination (Georgia v. Russian Federation),2008

31. Request for Interpretation of the Judgment of 31 March 2004 in the Case concerning Avena and Other Mexican Nationals (Mexico v. United States of America) (Mexico v. United States of America),2008

32. Aerial Herbicide Spraying (Ecuador v. Colombia),2008

33. Maritime Dispute (Peru v. Chile),2008

34. Certain Questions of Mutual Assistance in Criminal Matters (Djibouti v. France),2006

35. Pulp Mills on the River Uruguay (Argentina v. Uruguay),2006

36. Status vis-à-vis the Host State of a Diplomatic Envoy to the United Nations (Commonwealth of Dominica v. Switzerland),2006

37. Dispute regarding Navigational and Related Rights (Costa Rica v. Nicaragua),2005

38. Maritime Delimitation in the Black Sea (Romania v. Ukraine),2004

39. Sovereignty over Pedra Branca/Pulau Batu Puteh, Middle Rocks and South Ledge (Malaysia/Singapore),2003

40. Certain Criminal Proceedings in France (Republic of the Congo v. France),2003

41. Avena and Other Mexican Nationals (Mexico v. United States of America),2003

42. Application for Revision of the Judgment of 11 September 1992 in the Case concerning the Land, Island and Maritime Frontier Dispute (El Salvador/Honduras : Nicaragua intervening) (El Salvador v. Honduras),2002

43. Armed Activities on the Territory of the Congo (New Application : 2002) (Democratic Republic of the Congo v. Rwanda),2002

44. Frontier Dispute (Benin/Niger),2002

45. Territorial and Maritime Dispute (Nicaragua v. Colombia),2001

46. Certain Property (Liechtenstein v. Germany),2001

47. Application for Revision of the Judgment of 11 July 1996 in the Case concerning Application of the Convention on the Prevention and Punishment of the Crime of Genocide (Bosnia and Herzegovina v. Yugoslavia), Preliminary Objections (Yugoslavia v. Bosnia and Herzegovina),2001

48. Arrest Warrant of 11 April 2000 (Democratic Republic of the Congo v. Belgium),2000

49. Territorial and Maritime Dispute between Nicaragua and Honduras in the Caribbean Sea (Nicaragua v. Honduras),1999

50. Aerial Incident of 10 August 1999 (Pakistan v. India),1999

51. Application of the Convention on the Prevention and Punishment of the Crime of Genocide (Croatia v. Serbia),1999

52. Armed Activities on the Territory of the Congo (Democratic Republic of the Congo v. Rwanda),1999

53. Armed Activities on the Territory of the Congo (Democratic Republic of the Congo v. Uganda),1999

54. Armed Activities on the Territory of the Congo (Democratic Republic of the Congo v. Burundi),1999

55. Legality of Use of Force (Yugoslavia v. United States of America),1999

56. Legality of Use of Force (Serbia and Montenegro v. United Kingdom),1999

57. Legality of Use of Force (Yugoslavia v. Spain),1999

83. Territorial Dispute (Libyan Arab Jamahiriya/Chad),1990

84. Arbitral Award of 31 July 1989 (Guinea-Bissau v. Senegal),1989

85. Certain Phosphate Lands in Nauru (Nauru v. Australia),1989

86. Aerial Incident of 3 July 1988 (Islamic Republic of Iran v. United States of America),1989

87. Maritime Delimitation in the Area between Greenland and Jan Mayen (Denmark v. Norway),1988

88. Elettronica Sicula S.p.A. (ELSI) (United States of America v. Italy),1987

89. Land, Island and Maritime Frontier Dispute (El Salvador/Honduras : Nicaragua intervening),1986

90. Border and Transborder Armed Actions (Nicaragua v. Honduras),1986

91. Border and Transborder Armed Actions (Nicaragua v. Costa Rica),1986

92. Application for Revision and Interpretation of the Judgment of 24 February 1982 in the Case concerning the Continental Shelf (Tunisia/Libyan Arab Jamahiriya) (Tunisia v. Libyan Arab Jamahiriya),1984

93. Military and Paramilitary Activities in and against Nicaragua (Nicaragua v. United States of America),1984

94. Frontier Dispute (Burkina Faso/Republic of Mali),1983

95. Continental Shelf (Libyan Arab Jamahiriya/Malta),1982

96. Delimitation of the Maritime Boundary in the Gulf of Maine Area (Canada/United States of America),1981

97. United States Diplomatic and Consular Staff in Tehran (United States of America v. Iran),1979

98. Continental Shelf (Tunisia/Libyan Arab Jamahiriya),1978

99. Aegean Sea Continental Shelf (Greece v. Turkey),1976

100. Trial of Pakistani Prisoners of War (Pakistan v. India),1973

101. Nuclear Tests (New Zealand v. France),1973

102. Nuclear Tests (Australia v. France),1973

103. Fisheries Jurisdiction (Federal Republic of Germany v. Iceland),1972

104. Fisheries Jurisdiction (United Kingdom of Great Britain and Northern Ireland v. Iceland),1972

105. Appeal Relating to the Jurisdiction of the ICAO Council (India v. Pakistan),1971

106. North Sea Continental Shelf (Federal Republic of Germany/Netherlands),1967

107. North Sea Continental Shelf (Federal Republic of Germany/Denmark),1967

108. Barcelona Traction, Light and Power Company, Limited (Belgium v. Spain) (New Application : 1962),1962

109. Northern Cameroons (Cameroon v. United Kingdom),1961

110. South West Africa (Liberia v. South Africa),1960

111. South West Africa (Ethiopia v. South Africa),1960

112. Temple of Preah Vihear (Cambodia v. Thailand),1959

113. Aerial Incident of 7 November 1954 (United States of America v. Union of Soviet Socialist Republics),1959

114. Compagnie du Port, des Quais et des Entrepôts de Beyrouth and Société Radio-Orient (France v. Lebanon),1959

115. Barcelona Traction, Light and Power Company, Limited (Belgium v. Spain),1958

116. Aerial Incident of 4 September 1954 (United States of America v. Union of Soviet Socialist Republics),1958

117. Arbitral Award Made by the King of Spain on 23 December 1906 (Honduras v. Nicaragua),1958

118. Sovereignty over Certain Frontier Land (Belgium/Netherlands),1957

119. Aerial Incident of 27 July 1955 (United Kingdom v. Bulgaria),1957

120. Aerial Incident of 27 July 1955 (United States of America v. Bulgaria),1957

121. Aerial Incident of 27 July 1955 (Israel v. Bulgaria),1957

122. Interhandel (Switzerland v. United States of America),1957

123. Application of the Convention of 1902 Governing the Guardianship of Infants (Netherlands v. Sweden),1957

124. Right of Passage over Indian Territory (Portugal v. India),1955

125. Certain Norwegian Loans (France v. Norway),1955

126. Aerial Incident of 7 October 1952 (United States of America v. Union of Soviet Socialist Republics,1955)

127. Antarctica (United Kingdom v. Chile),1955

128. Antarctica (United Kingdom v. Argentina),1955

129. Aerial Incident of 10 March 1953 (United States of America v. Czechoslovakia),1955

130. Treatment in Hungary of Aircraft and Crew of United States of America (United States of America v. Union of Soviet Socialist Republics),1954

131. Treatment in Hungary of Aircraft and Crew of United States of America (United States of America v. Hungarian People's Republic),1954

132. Electricité de Beyrouth Company (France v. Lebanon),1953

133. Monetary Gold Removed from Rome in 1943 (Italy v. France, United Kingdom of Great Britain and Northern Ireland and United States of America),1953

134. Nottebohm (Liechtenstein v. Guatemala),1951

135. Minquiers and Ecrehos (France/United Kingdom),1951

136. Anglo-Iranian Oil Co. (United Kingdom v. Iran),1951

137. Ambatielos (Greece v. United Kingdom),1951

138. Haya de la Torre (Colombia v.Peru),1950

139. Request for Interpretation of the Judgment of 20 November 1950 in the Asylum Case (Colombia v. Peru),1950

140. Rights of Nationals of the United States of America in Morocco (France v. United States of America),1950

141. Asylum (Colombia/Peru),1949

142. Protection of French Nationals and Protected Persons in Egypt (France v. Egypt),1949

143. Fisheries (United Kingdom v. Norway),1949

144. Corfu Channel (United Kingdom of Great Britain and Northern Ireland v. Albania),1947

✒ Advisory Opinions

1. Legal Consequences of the Separation of the Chagos Archipelago from Mauritius in 1965, 2017

2. Judgment No.2867 of the Administrative Tribunal of the International Labour Organization upon a Complaint Filed against the International Fund for Agricultural Development (Request for Advisory Opinion),2010

3. Accordance with international law of the unilateral declaration of independence in respect of Kosovo (Request for Advisory Opinion),2008

4. Legal Consequences of the Construction of a Wall in the Occupied Palestinian Territory,2003

5. Difference Relating to Immunity from Legal Process of a Special Rapporteur of the Commission on Human Rights,1998

6. Legality of the Threat or Use of Nuclear Weapons,1995

7. Legality of the Use by a State of Nuclear Weapons in Armed Conflict,1993

8. Applicability of Article VI, Section 22, of the Convention on the Privileges and Immunities of the United Nations,1989

9. Applicability of the Obligation to Arbitrate under Section 21 of the United Nations Headquarters Agreement of 26 June 1947,1988

10. Application for Review of Judgment No. 333 of the United Nations Administrative Tribunal,1984

11. Application for Review of Judgment No. 273 of the United Nations Administrative Tribunal,1981

12. Interpretation of the Agreement of 25 March 1951 between the WHO and Egypt,1980

13. Western Sahara,1974

Contentious Case and Advisory Opinions of ITLOS

✐ Contentious Case

Case No.25 : The M/V "Norstar" Case (Panama v. Italy)

Case No.24 : The "Enrica Lexie" Incident (Italy v. India), Provisional Measures

Case No.23: Dispute concerning delimitation of the maritime boundary between Ghana and
    Côte d'Ivoire in the Atlantic Ocean (Ghana/Côte d'Ivoire)

Case No.22: The "Arctic Sunrise" Case (Kingdom of the Netherlands v. Russian Federation),
    Provisional Measures

Case No.20 : The "ARA Libertad" Case (Argentina v. Ghana), Provisional Measures

Case No.19 : The M/V "Virginia G" Case (Panama/Guinea-Bissau)

Case No.18 : The M/V "Louisa" Case (Saint Vincent and the Grenadines v. Kingdom of
    Spain)

Case No.16: Dispute concerning delimitation of the maritime boundary between Bangladesh
    and Myanmar in the Bay of Bengal (Bangladesh/Myanmar)

Case No.15 : The "Tomimaru" Case (Japan v. Russian Federation), Prompt Release

Case No.14 : The "Hoshinmaru" Case (Japan v. Russian Federation), Prompt Release

Case No.13 : The "Juno Trader" Case (Saint Vincent and the Grenadines v. Guinea-Bissau),
    Prompt Release

Case No.12 : Case concerning Land Reclamation by Singapore in and around the Straits of
    Johor (Malaysia v. Singapore), Provisional Measures

Case No.11 : The "Volga" Case (Russian Federation v. Australia), Prompt Release

Case No.10 : The MOX Plant Case (Ireland v. United Kingdom), Provisional Measures

Case No.9 : The "Chaisiri Reefer 2" Case (Panama v. Yemen), Prompt Release

Case No.8 : The "Grand Prince" Case (Belize v. France), Prompt Release

Case No.7 : Case concerning the Conservation and Sustainable Exploitation of Swordfish
    Stocks in the South-Eastern Pacific Ocean (Chile/European Union)

Case No.6 : The "Monte Confurco" Case (Seychelles v. France), Prompt Release

Case No.5 : The "Camouco" Case (Panama v. France), Prompt Release

Cases No.3 & 4 : Southern Bluefin Tuna Cases (New Zealand v. Japan; Australia v. Japan),
    Provisional Measures

Case No.2 : The M/V "SAIGA" (No. 2) Case (Saint Vincent and the Grenadines v. Guinea)

Case No.1 : The M/V "SAIGA" Case (Saint Vincent and the Grenadines v. Guinea), Prompt
    Release

✎ Advisory Proceedings

Case No. 21 : Request for an advisory opinion submitted by the Sub-Regional Fisheries
    Commission (SRFC) (Request for Advisory Opinion submitted to the Tribunal)

Case No. 17 : Responsibilities and obligations of States sponsoring persons and entities with respect to activities in the Area (Request for Advisory Opinion submitted to the Seabed Disputes Chamber)

All Cases of Permanent Court of Arbitration

✔ Interstate arbitrations

[2019-28] Dispute Concerning the Detention of Ukrainian Naval Vessels and Servicemen (Ukraine v. the Russian Federation)

[2017-06] Dispute Concerning Coastal State Rights in the Black Sea, Sea of Azov, and Kerch Strait (Ukraine v. the Russian Federation)

[2015-28] The 'Enrica Lexie' Incident (Italy v. India)

✔ Investor-State arbitrations

[2020-11] Bacilio Amorrortu (USA) v. The Republic of Peru

[2020-07] Nord Stream 2 AG v. The European Union

[2020-01] Azucarera del Guadalfeo S.A. and Joaquín Francisco Martín Montero (Spain) v. Dominican Republic

[2019-46] The Renco Group, Inc. v. The Republic of Peru

[2019-44] Schindler Holding AG (Switzerland) v. Republic of Korea

[2019-43] IC Power Asia Development Ltd. (Israel) v. Republic of Guatemala

[2019-40] Leopoldo Castillo Bozo v. Republic of Panama

[2019-39] Jason Yu Song (United Kingdom) v. People's Republic of China

[2019-26] Panamericana Television S.A. et al v. The Republic of Peru

[2019-25] Chevron Overseas Finance GmbH v. The Republic of the Philippines

[2019-18] Olympic Entertainment Group AS (Estonia) v. Republic of Ukraine

[2019-17] Antonio del Valle Ruiz and others v. The Kingdom of Spain

[2018-56] 1. Alberto Carrizosa Gelzis, 2. Felipe Carrizosa Gelzis, 3. Enrique Carrizosa Gelzis v. The Republic of Colombia

[2018-55] 1. Mason Capital L.P. (U.S.A.) 2. Mason Management LLC (U.S.A.) v. Republic of Korea

[2018-54] Tennant Energy, LLC v. Government of Canada

[2018-51] Elliott Associates, L.P. (U.S.A.) v. Republic of Korea

[2018-50] Khaitan Holdings (Mauritius) Limited v. Republic of India

[2018-45] Alcor Holdings Ltd. (UAE) v. The Czech Republic

[2018-39] 1. The Estate of Julio Miguel Orlandini-Agreda, 2. Compañía Minera Orlandini Ltda. v. The Plurinational State of Bolivia

[2018-37] (1) Professor Christian Doutremepuich (France) (2) Antoine Doutremepuich (France) v. Republic of Mauritius

[2018-35] Conseil Economique Des Pays Musulmans (Switzerland) v. The State of Kuwait

[2018-20] Diag Human SE and Mr. Josef Stava v. The Czech Republic

[2018-18] Fynerdale Holdings B.V. (Netherlands) v. Czech Republic

[2018-06] OOO Manolium Processing v. The Republic of Belarus

[2017-41] Iberdrola Energía, S.A. (Spain) v. The Republic of Guatemala

[2017-26] ICL Europe Coöperatief U.A. (the Netherlands) v. The Federal Democratic Republic of Ethiopia

[2017-25] Bank Melli Iran (Iran) and Bank Saderat Iran (Iran) v. The Kingdom of Bahrain

[2017-16] NJSC Naftogaz of Ukraine (Ukraine) et al. v. The Russian Federation

[2016-39] Glencore Finance (Bermuda) Limited v. Plurinational State of Bolivia

[2016-23] Gold Pool JV Limited v. The Republic of Kazakhstan

[2016-13] Resolute Forest Products Inc. v. The Government of Canada

[2016-07] Cairn Energy PLC & Cairn UK Holdings Limited v. The Republic of India

[2015-29] (1) Limited Liability Company Lugzor, (2) Limited Liability Company Libset, (3) Limited Liability Company Ukrinterinvest, (4) Public Joint Stock Company DniproAzot, (5) Limited Liability Company Aberon Ltd v. The Russian Federation

[2015-21] JSC CB PrivatBank v. The Russian Federation

[2015-07] Aeroport Belbek LLC and Mr. Igor Valerievich Kolomoisky v. The Russian Federation

[2013-35] (1) Natland Investment Group N.V. (The Netherlands), (2) Natland Group Limited (Cyprus), (3) G.I.H.G. Limited (Cyprus), (4) Radiance Energy Holding S.à.r.l. (Luxembourg) v. The Czech Republic

[2013-34] Venezuela US, S.R.L. (Barbados) v. The Bolivarian Republic of Venezuela

[2013-09] CC/Devas (Mauritius) Ltd., Devas Employees Mauritius Private Limited, and Telcom Devas Mauritius Limited v. Republic of India

[2009-23] 1. Chevron Corporation and 2. Texaco Petroleum Company v. The Republic of Ecuador

[2009-04] Bilcon of Delaware et al v. Government of Canada

📌 Interstate conciliations

[2016-10] Timor Sea Conciliation (Timor-Leste v. Australia)

📌 Interstate conciliations

[2016-10] Timor Sea Conciliation (Timor-Leste v. Australia)

📌 Other interstate proceedings

[2018-13] Review Panel established under the Convention on the Conservation and Management of High Seas Fishery Resources in the South Pacific Ocean

[2013-14] Review Panel established under the Convention on the Conservation and Management of High Seas Fishery Resources in the South Pacific Ocean

📌 Investor-state arbitrations

[2019-10] PJSC Gazprom v. Ukraine

[2018-38] 1. Mr. Gokul Das Binani, 2. Mrs. Madhu Binani (India) v. Republic of North Macedonia

[2018-09] 1. Sunlodges Ltd (BVI), 2. Sunlodges (T) Limited (Tanzania) v. The United Republic of Tanzania

[2017-33] Consutel Group S.P.A. in liquidazione (Italie) c. La République algérienne démocratique et populaire

[2017-07] Mr. Oleg Vladimirovich Deripaska (Russian Federation) v. the State of Montenegro

[2016-21] (1) Mr. Josias Van Zyl (South Africa), (2) The Josias Van Zyl Family Trust (South Africa), (3) The Burmilla Trust (South Africa) v. The Kingdom of Lesotho

[2016-17] Michael Ballantine and Lisa Ballantine v. Dominican Republic

[2016-11] Albacora, S.A. v. La República del Ecuador

[2016-08] 1. Manuel García Armas 2. Pedro García Armas 3. Sebastián García Armas 4. Domingo García Armas 5. Manuel García Piñero 6. Margaret García Piñero 7. Alicia García González 8. Domingo García Cámara 9. Carmen García Cámara c. República Bolivariana de Venezuela

[2015-40] Indian Metals & Ferro Alloys Limited (India) v. The Government of the Republic of Indonesia

[2015-36] Everest Estate LLC et al. v. The Russian Federation

[2015-35] (i) Stabil LLC, (ii) Rubenor LLC, (iii) Rustel LLC, (iv) Novel-Estate LLC, (v) PII Kirovograd-Nafta LLC, (vi) Crimea-Petrol LLC, (vii) Pirsan LLC, (viii) Trade-Trust

LLC, (ix) Elefteria LLC, (x) VKF Satek LLC,(xi) Stemv Group LLC v. The Russian Federation

[2015-34] PJSC Ukrnafta v. The Russian Federation

[2015-32] Stans Energy Corp. and Kutisay Mining LLC v. The Kyrgyz Republic

[2015-13] Mr. Kristian Almås and Mr. Geir Almås v. The Republic of Poland

[2015-05] 1. Iberdrola, S.A. (España) 2. Iberdrola Energía, S.A.U. (España) c. El Estado Plurinacional de Bolivia

[2015-02] Financial Performance Holdings B.V. (the Netherlands) v. The Russian Federation

[2014-34] WNC Factoring Limited (United Kingdom) v. The Czech Republic

[2014-30] Mytilineos Holdings S.A. (Greece) v. The Republic of Serbia

[2014-26] Louis Dreyfus Armateurs SAS (France) v. The Republic of India

[2014-01] Antaris Solar GmbH (Germany) and Dr. Michael Göde (Germany) v. The Czech Republic

[2013-23] (1) Tenoch Holdings Limited (Cyprus) (2) Mr. Maxim Naumchenko (Russian Federation) (3) Mr. Andrey Poluektov (Russian Federation) v. The Republic of India

[2013-22] Windstream Energy LLC (U.S.A.) v. The Government of Canada

[2013-15] South American Silver Limited (Bermuda) v. The Plurinational State of Bolivia

[2013-06] U.S. Steel Global Holdings I B.V. (The Netherlands) v. The Slovak Republic

[2012-25] Detroit International Bridge Company v. Government of Canada

[2012-21] Ilya Levitis (United States) v. The Kyrgyz Republic

[2012-19] St Marys VCNA, LLC v. Government of Canada

[2012-17] Mesa Power Group LLC (USA) v. Government of Canada

[2012-16] Murphy Exploration & Production Company - International v. The Republic of Ecuador

[2012-14] The PV Investors v. The Kingdom of Spain

[2012-13] OAO Gazprom v. The Republic of Lithuania

[2012-12] Philip Morris Asia Limited (Hong Kong) v. The Commonwealth of Australia

[2012-10] Merck Sharpe & Dohme (I.A.) LLC v. The Republic of Ecuador

[2012-06] Peter A. Allard (Canada) v. The Government of Barbados

[2012-02] Copper Mesa Mining Corporation (Canada) v. The Republic of Ecuador

[2011-17] 1. Guaracachi America, Inc. (U.S.A.) & 2. Rurelec plc (United Kingdom) v. Plurinational State of Bolivia

[2010-21] Dunkeld International Investment Limited (Turks & Caicos) v. The Government of Belize

[2010-20] 1. China Heilongjiang International Economic & Technical Cooperative Corp., 2. Beijing Shougang Mining Investment Company Ltd., and 3. Qinhuangdaoshi Qinlong

International Industrial Co. Ltd. v. Mongolia

[2010-18] British Caribbean Bank Ltd. (Turks & Caicos) v. The Government of Belize

[2010-17] European American Investment Bank AG v. The Slovak Republic

[2010-13] Dunkeld International Investment Limited (Turks & Caicos) v. The Government of Belize

[2009-21] Melvin J. Howard, Centurion Health Corp. & Howard Family Trust v. The Government of Canada

[2009-12] InterTrade Holding GmbH v. The Czech Republic

[2009-11] HICEE B.V. v. The Slovak Republic

[2008-13] Achmea B.V. (formerly known as "Eureko B.V.") v. The Slovak Republic

[2008-06] 1. TCW Group, Inc. 2. Dominican Energy Holdings, L.P. v. The Dominican Republic

[2008-03] Vito G. Gallo v. Government of Canada

[2008-01] Chemtura Corporation (formerly Crompton Corporation) v. Government of Canada

[2007-07/AA280] Romak S.A. (Switzerland) v. The Republic of Uzbekistan

[2007-02/AA277] 1. Chevron Corporation and 2. Texaco Petroleum Company v. The Republic of Ecuador

[2007-01/AA278] 1. Centerra Gold Inc. (Canada) and 2. Kumtor Gold Company (Kyrgyz Republic) v. The Kyrgyz Republic

[2005-05/AA228] Veteran Petroleum Limited (Cyprus) v. The Russian Federation

[2005-04/AA227] Yukos Universal Limited (Isle of Man) v. The Russian Federation

[2005-03/AA226] Hulley Enterprises Limited (Cyprus) v. The Russian Federation

[2003-06] The Eurotunnel Arbitration

[2003-03] Telekom Malaysia Berhad/Government of Ghana

[2001-04] Saluka Investments B.V. v. Czech Republi

✎ Contract-based arbitrations

[2019-04] A. v. UN Organization

[2017-19] Gunvor SA (Switzerland) v. The Government of the Republic of Zambia (Ministry of Mines, Energy and Water Development)

[2017-04] International Management Group v. European Union, represented by the European Commission

[2017-03] International Management Group v. European Union, represented by the European Commission

[2016-36; 2016-37] Bangladesh Accord Arbitrations

[2016-28] Mr. Mohamed Ismail Reygal (Somalia) v. The United Nations High Commissioner for Refugees (UNHCR)

[2016-03] D. v. Energy Community

[2015-37] Maynilad Water Services, Inc. (Philippines) v. Republic of the Philippines

[2015-17] Indian Potash Limited (India) v. Agriculture Inputs Company Limited (Nepal)

[2014-38] District Municipality of La Punta (Peru) v. United Nations Office for Project Services (UNOPS)

[2014-33] Sterling Merchant Finance Ltd v. Government of the Republic of Cabo Verde

[2014-32] 1. EcuadorTLC S.A. (Ecuador) 2. Cayman International Exploration Company S.A. (Panamá) 3. Teikoku Oil Ecuador (Islas Caimán) c. 1. República del Ecuador 2. Secretaría de Hidrocarburos del Ecuador 3. Empresa Pública de Hidrocarburos del Ecuador EP Petroecu

[2014-24] Consorcio John W. Mcdougall Company Inc. y Dredge & Marine Corporation (U.S.A.) v. El Instituto Costarricense de Electricidad (Costa Rica)

[2013-33] Mattioli Joint Venture v. The Ministry of Water and Energy representing the Federal Democratic Republic of Ethiopia

[2013-32] Consta Joint Venture v. Chemin de Fer Djibouto-Ethiopien (the Ethiopian-Djibouti Railway), representing the Federal Democratic Republic of Ethiopia and the Republic of Djibouti

[2010-08] Polis Fondi Immobliare di Banche Popolare S.G.R.p.A v. International Fund for Agricultural Development (IFAD)

[1934-01] Radio Corporation of America v. China

✎ Contract-based mediations/conciliations

[2016-06] Consorcio Sogeosa-Tilmon(Costa Rica) c. El Instituto Tecnológico de Costa Rica (Costa Rica)

✎ Other proceedings

[2008-07] The Government of Sudan / The Sudan People's Liberation Movement/Army (Abyei Arbitration)

[2000-04] Bank for International Settlements

[1999-01] Larsen v. Hawaiian Kingdom

/ 각주 /

1) 동아일보, 1948.8.15. : "우리는 일본에 대마도를 한국에 반환할 것을 요구할 것이다. 대마도는 上島之下島(상도와하도)의 二島(두 섬)로 되어 한일 양국의 중간에 있는 우리 영토인데 삼백 오십 년 전 일본이 탈취한 것이다."

2) 島根縣告示第四十號: "北緯三十七度九分三十秒東經百三十一度五十五分隱岐島ヲ距ル西北八十五浬二在ル島嶼ヲ竹島ト稱シ自今本縣所屬隱岐島司ノ所管ト定メラル. 明治三十八年二月二十二日"

3) Theodore Roosevelt (Facts) : Role : Collaborator of various peace treaties, President of United States of America, Field : negotiation, Imperialist and Peace Arbitrator : Theodore Roosevelt, President of the USA, received the Peace Prize for having negotiated peace in the Russo-Japanese war in 1904-5. He also resolved a dispute with Mexico by resorting to arbitration as recommended by the peace movement. (nobelprize.org/nobel_prizes)

4) 乙巳保護條約 概要 : "第1條：日本國政府は今後外務省により韓國の外交を監理指揮するため,日本の外交代表者と領事は外國にいる韓國人とその利益を保護しなくてはならない.第2條：日本國政府は韓國が他國と結んでいる條約を實行する立場となるため,韓國は今後日本の仲介無しに他國と條約や約束を交わしてはならない.第3條：日本國政府は代表者として韓國皇帝の下に統監を置く.統監は外交を管理するために京城に駐在し韓國皇帝と親しく內謁することができる.また日本は韓國の開港場などに理事官を置くことができる.理事官は統監の指揮の下で,從來韓國にある日本領事が持っていた職權の全てを執行し,また本協約を完全に實行するための一切の事務を担当しなくてはならない.第4條：日本と韓國との間にある條約や約束は本協約に抵觸しないかぎり効力を繼續する.第5條：日本國政府は韓國皇室の安寧と尊嚴の維持を保証する."

5) 고대동양 오방색신앙(五方色信仰)에서 동 청룡(靑龍), 서 백호(白虎), 남 주작(朱雀), 북 현무(玄武), 중앙 황제(黃帝)라는 사상이 있었다. 현해탄(玄海灘) 혹은 현계탄(玄界灘)은 '북쪽 경계가 되는 바닷물'이라는 일본영토화 개념을 명확하게 하는 용어였다. 한때 동해(東海)와 일본해로 외교적 갈등이 계속되자 '창용(滄龍)'으로 하자는 제의가 있었으나 일본은 절대 반대했다.

6) 宗武志(そう たけゆき,1908年2月16日~1985年4月22日)は,本の英語學者, 詩人. 爵位は伯爵.旧姓は黑田(くろだ).麗澤大學名譽敎授.貴族院議員,麗澤大學學監,學校法人廣池學園常務理事などを歷任した.

7) 吉田茂(よしだ しげる, 1878年9月22日~1967年10月20日)は,日本の外交官,政治家.位階は從一位.勳等は大勳位.外務大臣(第73・74・75・78・79代),貴族院議員(勅選議員),內閣總理大臣(第45・48・49・50・51代),第一復員大臣(第2代),第二復員大臣(第2代),農林大臣(第5代),衆議

院議員(当選7回),皇學館大學總長(初代),學校法人二松學舍舍長(第5代)などを歷任した.

8) 영화 『십계명』 : "그대로 적고, 그대로 행하라(So that be written. So that be done)."

9) Edwin Wendell Pauley Sr. (January 7, 1903 – July 28, 1981) was an American businessman and political leader.

10) General of the Army Douglas MacArthur (26 January 1880 – 5 April 1964) was an American five-star general and Field Marshal of the Philippine Army. He was Chief of Staff of the United States Army during the 1930s and played a prominent role in the Pacific theater during World War II.

11) 李承晩(イ・スンマン, 1875年3月26日~1965年7月19日)は,朝鮮の獨立運動家で,大韓民國の初代大統領(在任1948年~1960年).本貫は全州李氏.号は「雩南」(우남).字は「承龍」(승룡).朝鮮民主主義人民共和國 (北朝鮮) では「リ・スンマン」と呼ばれるが,これは韓國では語頭子音ㄹの脱落が起こるためである. 韓國でも1950年代以前には「리승만 (リ・スンマン) 」と綴られていた (英文での本人の署名も"Syngman Rhee"となっている) .

12) 이성춘, 대마도반환과 어업협정(계산논단), 매일신문, 2008.7.21. : "對馬島(대마도)는 역사적으로 명백한 우리의 영토다. 섬의 어디를 파 보든지 조선과 관련된 유물이 나온다. 곧 미점령군사령부(GHQ)에 반환요청을 하겠다."

13) 매일신문, 2008.7.21. : 다음 날 도쿄에 있는 주일한국대표부의 鄭翰景(정한경) 대사는 외신기자로부터 "대마도가 정말 한국 영토인가. 본국으로부터 어떤 훈령이 있었는가?"라는 질문을 받았다. 이에 미국에서 30여 년간 이 대통령을 도와 독립운동을 했던 그는 "잘 모르겠다. 좀 심한 게 아닌지…." 하며 말끝을 흐렸다. 다음 날 회견기사를 읽은 이 대통령은 노발대발했고 정 대사를 즉각 경무대로 소환했다. 그는 "자네는 어느 나라 대사인가? 우리 역사도 잘 모르는가?"라며 질책한 후 해임했고, 이틀 뒤 후임으로 임명한 鄭恒範(정항범) 대사에게 "대마도를 반드시 찾아오라"고 엄명을 (?) 내렸다.

14) John Foster Dulles (February 25, 1888~May 24, 1959) was an American diplomat. A Republican, he served as United States Secretary of State under President Dwight D. Eisenhower from 1953 to 1959. He was a significant figure in the early Cold War era, advocating an aggressive stance against communism throughout the world.

15) JOHN FOSTER DULLES PAPERS. TELEPHONE CONVERSATIONS SERIES : "The Telephone Conversations Series consists of over 13,000 pages of memoranda of telephone conversations conducted by Secretary Dulles from 1953 through 1959…." https://www.archives.gov.

16) 위키백과, 홍진기(洪璡基, 1917년 3월 13일~1986년 7월 13일)는 일제강점기 친일 매국노이며, 해방 후 대한민국의 관료이자 언론인이다. 대한민국 제19대 내무부장관 직책을 지냈다. 경기도 고양에서 출생하였고 지난날 한때 경기도 파주에서 잠시 유아기를 보낸 적이 있으며 훗날 경성부에서 성장한 그는 당시 천재라 불리었으며 일제 강점기임에도 불구하고 그의 논문이 일본 학계에 큰 파장을 일으켰다. 하지만 조선인 차별정책에 의해 그의 꿈인 교수가 될 수 없게 되었고 이후 법을 공부하

여 전주에서 친일 판사를 역임하였다.(https://ko.wikipedia.org)

17) 한국, 샌프란시스코 조약 때 대마도 영유권 요구, 연합뉴스, 2005.4.10 : "연합뉴스가 미국 국립문서기록관리청(NARA)에서 입수한 미국 국무부의 외교문서에 따르면 한국은 제2차 세계대전 전승국들이 일본과의 평화조약 초안을 작성하고있던 시기인 지난 1951년 4월27일 미 국무부에 보낸 문서에서 대마도의 영유권을 주장했다. … "역사적으로 이 섬은 한국 영토였으나 일본에 의해 강제적, 불법적으로 점령당했다." … "이런 사실을 고려해 한국은 일본이 대마도에 대한 모든 권리, 호칭, 청구를 분명히 포기하고 그것을 한국에 돌려줄 것을 요청한다(In view of thisfact the Republic of Korea request that Japan specifically renounce all right, title and claim to the Island of Tsushima and return it to the Republic of Korea)."라고 했다. 당시 양유찬 주미대사는 약 3개월 뒤인 7월 9일 국무부에서 존 포스터덜레스 대사를 만나 얘기했으나, 덜레스 대사는 "대마도는 일본이 오랫동안 완전히 통제하고 있었으며, 평화 조약은 대마도의 현재 지위에 영향을 미치지 않는다." 라고 답변했다.

18) William Joseph Sebald (November 5, 1901, Baltimore, Maryland – August 10, 1980, Naples, Florida) served as United States Ambassador to Burma from April 1952 to July 1954, and to Australia from 1957 to 1961.

19) Treaty of Peace with Japan (with two declarations). Signed at San Francisco, on 8 September 1951, CHAPTER II TERRITORY. Article 2 : (a) Japan, recognizing the independence of Korea, renounces all right, title and claim to Korea, including the islands of Quelpart, Port Hamilton and Dagelet.

20) 寺內正毅(1852年2月24日~1919年11月3日)是日本一名陸軍軍人和政治家,曾任第18屆日本內閣總理大臣(首相),陸軍元帥,朝鮮總督.位階爲從一位,勳等爲大勳位,功級爲功一級,爵位爲伯爵,屬長州藩士出身.雅號有櫻圃,魯庵,也有比利肯宰相的別稱.

21) 朝鮮笞刑令,明治四十四年法律第三十號第一條及第二條ニ依リ勅裁ヲ得テ玆ニ之ヲ公布ス. 明治四十五年三月十八日 朝鮮總督 伯爵 寺內正毅,制令第十三號. 朝鮮笞刑令...第十三條 本令ハ朝鮮人ニ限リ之ヲ適用ス. 附則, 本令ハ明治四十五年四月一日ヨリ之ヲ施行ス.

22) 李舜臣, 答禁討牌文 : "朝鮮陪臣等, 謹答呈于天朝宣諭都司大人前. 倭人自開釁端, 連兵渡海, 殺我無辜生靈, 又犯京都, 行凶作惡, 無所紀極. 一國臣民, 痛入骨髓, 誓不與此賊共戴一天... 日本之人變詐萬端, 自古未聞守信之義也. 兌彼之徒, 尙不稔惡, 退去沿海, 經年不退, 豕突諸處, 劫掠人物, 有倍前日. 捲甲渡海之言, 果安在哉? 今之講和, 實涉詐僞. 然大人之敎, 不敢違越, 姑寬其限, 馳啓國王, 伏惟大人, 通曉此意, 俾知逆順之道, 千萬幸甚."

23) China vows to protect South China Sea sovereignty, Manila upbeat. Reuters, July 14,2016 : "China vowed to take all necessary measures to protect its sovereignty over the South China Sea and said it had the right to set up an air defense zone, after rejecting an international tribunal's ruling denying its claims to the energy-rich waters. Chinese state media called the Permanent Court of Arbitration in the Hague a 'puppet' of external forces after it ruled that China had breached the Philippines' sovereign rights by endangering its ships

and fishing and oil projects...'China will take all necessary measures to protect its territorial sovereignty and maritime rights and interests,' the ruling Communist Party's official People's Daily said in a front page commentary on Wednesday..."

24) JON M. VAN DYKE, Legal Issues Related to Sovereignty over Dokdo and Its Maritime Boundary, William S. Richardson School of Law, University of Hawaii at Manoa, Honolulu, Hawaii, USA. Ocean Development & International Law, 38:157–224, 2007. p.159 : "The international legal system has resolved ownership disputes over small islands and other territory by examining evidence related to the issues of : (a) discovery, (b) effective occupation, (c) acquiescence, and (d) contiguity. Sometimes a claim based "effective occupation" and "acquiescence" will also be characterized as a claim of "prescription" or "acquisitive prescription."As one commentator has explained, "whereas occupation is a means of acquiring territory which is res nullius, prescription is a means of acquiring territory which is subject to the sovereignty of another state."A series of decisions of the International Court of Justice and other international tribunals have applied these doctrines to disputes in all parts of the world. The tribunals almost always emphasize recent effective displays of sovereignty as the most important factor, but historical evidence can also be important."

25) 새누리당 "정신 차리자. 한순간 훅 간다", 한국일보, 2016.2.29. : "'정신 차리자 한순간 훅 간다.'라는 내용을 대표로 당 페이스북 공모로 달린 댓글 중 뼈아픈 문구만을 선정해 구성한 것이라고 조동원 홍보본부장이 설명했다."

26) Pearl Buck, Living Reed : A Novel of Korea, Moyer Bell, 2004 : "Korea is a gem of a country inhabited by a noble people."

27) 독도 주민 2호 조준기 씨 별세, 경향신문, 2013.4.22.

28) 2005년 41,134명, 2006년 78,152명, 2007년 101,428명, 2008년 129,910명, 2009년 135,376명, 2010년 115,074명, 2011년 179,621명, 2012년 205,778명, 2013년 255,838명, 2014년 139,892명, 2015년 178,785명, 2016년 206,630명, 2017년 206,111명, 2018년 226,645명, 2019년 258,181명, 2020년 6월 11일 현재 5,767명으로 총 2,464,322명임(dokdo.mofa.go.kr)

29) 日 수출규제가 불 댕겼다…독도 명예주민 6만 시대, 서울신문, 2020.6.11. / 독도 명예주민 6만 명 넘었다. 경북도민일보, 2020.6.11.

30) 성상훈, 독도의 생성과정 및 가치연구, 구미시 현일고등학교, R&E 역사팀 연구보고서, 2012(blog.naver.com/shnakata)

31) 위키페디아, 심흥택(沈興澤, 1855~미상)은 대한제국의 울릉군수로 독도(獨島)라는 이름을 대한제국 공식 문서 상에서 최초[1]로 사용한 인물로 알려지고 있으며, 일본이 독도를 시마네현에 편입시킨 사실을 최초로 알고 이를 조정에 보고하였으며, 일본관리들에게 강력히 항의한 인물이다.

32) 신라 때의 장군(출생 및 졸년 미상), 지증왕 13년(512)에 가야와 우산국을 정벌하였고, 진흥왕 11년(550)에는 고구려의 도살성(道薩城)과 백제의 금현성(金峴城)을 빼앗는 등 여러 지방을 공격하

여 신라의 영토를 크게 넓혔다.

33) 文武王(ぶんぶおう,626~681年7月21日,旧暦7月1日)は、新羅の第30代の王(在位:661~681)であり,姓は金,諱は法敏.先代の武烈王の長子であり,母は角干（1等官）の金舒玄の娘（金庾信の妹）の文明夫人.王妃は波珍飡（4等官）の金善品（眞智王の弟の金仇輪の子）の娘の慈儀王后.661年6月に先代の武烈王が死去し,王位に就いた.在位中に高句麗を滅ぼし,また唐の勢力を朝鮮半島から驅逐して,半島の統一を果たした.

34) 文武王, フリー百科事典『ウィキペディア（Wikipedia）』："在位21年にして681年7月1日に死去し,文武王と諡された.王自身のかねてからの遺詔によって,新羅では初めて火葬された王となり,骨壺は日本海の浜辺の大石の上に葬られた.有名な海中王陵である.俗伝では王は護國の大龍に化身したといい,この大石を大王岩といった.また,王のためにその地には感恩寺(慶尙北道慶州市陽北面)が建てられた.感恩寺に伝わる書物には,文武王が倭兵を鎭壓するためにこの寺を建てようとしたが完成する前に亡くなっており,同寺は神文王の2年(682年)に完成したという." (https://ja.wikipedia.org/wiki)

35) Wikipedia, Terra nullius (/ˈtɛrə.nʌˈlaɪəs/, plural terrae nullius) is a Latin expression deriving from Roman law meaning "nobody's land", which is used in international law to describe territory which has never been subject to the sovereignty of any state, or over which any prior sovereign has expressly or implicitly relinquished sovereignty. Sovereignty over territory which is terra nullius may be acquired through occupation,(see reception statute) though in some cases doing so would violate an international law or treaty. Terra nullius is derived from the 1095 papal bull, Terra Nullius, of Pope Urban II, which allowed Christian European states to claim land inhabited by non-Christians. That was clearly intended to establish a legal framework for the First Crusade, launched a few years later, and for the conquest of Muslim lands and the establishment on them of the Crusader Kingdoms.

36) Wikipedia, Res nullius (lit : nobody's property) is a Latin term derived from Roman law whereby res (an object in the legal sense, anything that can be owned, even a slave, but not a subject in law such as a citizen) is not yet the object of rights of any specific subject. Such items are considered ownerless property and are usually free to be owned.

37) Wikipedia, in property law, a title is a bundle of rights in a piece of property in which a party may own either a legal interest or equitable interest.

38) Title : n. 1) ownership of real property or personal property, which stands against the right of anyone else to claim the property. In real property title is evidenced by a deed (or judgment of distribution from an estate) or other appropriate document recorded in the public records of the county. Title to personal property is generally shown by possession, particularly when no proof or strong evidence exists showing that the property is belongs to another, or that it has been stolen or known to be lost by another. In the case

of automobiles and other vehicles title is registered with the state's Department of Motor Vehicles, which issues a title document ("pink slip") to the owner.

39) "일본 고교검정교과서 독도 기술 강화", 아주경제, 2016.03.18. : "일본의 역사 교과서는 1905년 각의결정으로 독도를 일본령으로 편입했다는 내용이 주로 서술돼 국제법상 무주지 선점의 취지에 입각한 서술을 보이고 지리 교과서 등에는 1905년 시마네현 편입조치를 한국에 영유의사를 재확인했다며 일본 정부의 고유영토론을 답습하고 있다"

40) 孟子 眞心編下 : "去者不追, 來者不拒."

41) 高麗史 卷第一百三十四 列傳辛禑 : "遼東移咨,督令發還同知,李兀魯思帖木兒等, 三十三人.又令刷還,黃城等處,移來人民."

42) 成宗實錄,卷第十 : "司憲府大司憲,韓致亨等上疏曰…果眞應屬之隸,當初刷還之時.何所厭憚,而至于今逃避漏落乎."

43) 倭寇(わこう)とは,一般的には13世紀から16世紀にかけて朝鮮半島や中國大陸の沿岸部や一部內陸,及び東アジア諸地域において活動した海賊,私貿易,密貿易を行う貿易商人の中國・朝鮮側の蔑稱.和寇と表記される場合もある.また海亂鬼(かいらぎ),八幡(ばはん)とも呼ばれる.

44) 朝鮮政府(朝鮮王朝) が日本からの通交特使のために設けた客館.漢城府に2館と入港指定地である乃而浦,釜山浦,塩浦の三浦所にあり,外交使節の接待と貿易の管理にあたった.慶長14(1609)年以後は,日本人使節の漢城府入京が禁止されたため,漢城府の2つの倭館は廢止され,浦所の倭館だけが,明治維新まで存續した.

45) 閻長 : "これを恨みに思った張は846年に淸海鎭で反亂を起こし,王は將軍の閻長を送り込んで,張を暗殺させることとなった.文聖王は張保皐の武力を恐れて討伐を躊躇していたが,ここで閻長という劍客が彼の暗殺を請け負った.閻長は張保皐に僞裝投降し,宴會の席で張保皐を暗殺した." 閻長によって暗殺されたことは『三國史記』新羅本紀には文聖王8年條に見えるが,『三國遺事』紀異・神武大王閻長弓巴條には神武王代のこととしている.

46) 원희룡 "독재 망령 되살아나…진중권마저 '토착왜구'로 공격" 서울신문, 2020.6.14. / 원희룡 "진중권도 '토착왜구'로 공격하는 광기는 뭐냐" 헤럴드경제, 2020.6.15. / 토착왜구보다 더 나쁜 대구일보, 2020.06.11. / 北 선전매체도 '윤미향 구하기'…"토착 왜구들의 모략" 동아일보, 2020.6.1.

47) 邪馬台國(やまたいこく/やまとのくに)は,2世紀,3世紀に日本列島に存在したとされる國((くに) のひとつ.邪馬台國は倭女王卑弥呼の宮室があった女王國であり,倭國連合の都があったと解されている.古くから大和國 (やまとこく) の音譯として認知されていたが,江戸時代に新井白石が通詞今村英生の發音する当時の中國語に基づき音讀した.ことから「やまたいこく」の讀み方が廣まった.邪馬台國の所在地については21世紀に入っても議論が續いている.

48) 日本では,大和政權が統一以降に自國を「ヤマト」と称していたようであるが, 古くから中國や朝鮮は日本を「倭」と呼んできた.石上神宮の七支刀の銘や,中國の歷史書 (『前漢書』『三國志』『後漢書』『宋書』『隋書』など) や,高句麗の廣開土王の碑文も,すべて倭,倭國,倭人,倭王,倭賊などと記している.そこで大和の代表者も,外交時には (5世紀の「倭の五王」のよう

に) 國書に「倭國王」と記すようになった.

49) 舊唐書,東夷傳倭國 : "日本國者倭國之別種也.以其國在日邊.故以日本爲名.或曰,倭國自惡 其名不雅,改爲日本或云日本舊小國倂倭國之地."

50) 山海経,海経第四卷第九海外東經 : "下有湯谷,湯谷上有扶桑.十日所浴,在黑齒北,居水中.有 大木,九日居下枝,一日居上枝."

51) 梁書 卷第五十四 : "扶桑在大漢國東二萬餘里,地在中國之東,其土多扶桑木,故以爲名."

52) 三國史記,新羅本紀,文武王十年十二月 : "倭國更號日本,自言近日所出以爲名."

53) 大唐故右威衛將軍上柱國禰公墓志銘幷序 : "公諱軍,字溫,熊津嵎夷人也...于時日本餘噍,据 扶桑以逋誅.風谷遺甿,負盤桃而阻固."

54) 三國史記,卷四十六,强首 : "中原京沙梁人也.父昔諦奈麻,其母夢見人有角.而妊身及生,頭後 有高骨.昔諦以兒就當時所謂賢者...任那加良.問曰此兒頭骨如此何也.答曰,吾聞之,伏羲虎形, 女媧蛇身."

55) 日學者擧證日本文字片假名源於新羅,朝鮮日報,2013.9.3. : "日本NHK2日報導說,廣島大學 名譽教授小林芳規從統一新羅時期製作並傳到日本的佛經中發現了可認爲是片假名起源的 角筆文字.角筆文字是指,用把象牙或竹子的一頭削尖而製作的筷子形傳統筆具"角筆"刻的 字.角筆字從韓日中古書中有所發現,刻在漢字旁用以標示發音.角筆字不易用肉眼解讀,只能 在暗室借助特殊照明裝置解讀.小林教授是在日本最早發現角筆文字的權威學者,曾獲得日 本學者的最高榮譽獎恩賜獎和日本學士院獎"(http://news.sina.com)

56) 塙保己一,續群書類從19上(管絃部), 1958, p.32 : "相す愚介末知女本知女作らずかづらにせ る木なれば古通ぜめをあちめと案.卷第き五あちめの作法 Ɛ...阿知女法五百からず拾遺に見 あ天鈿女神の於於於と十以上..."/ 御神樂, 鍋島家本 : "韓神(本)見志萬由不,加太仁止利加 介.和禮可良加見波.加良乎支世武也.加良乎支.加良乎支世牟也.(末)也比良天乎.天耳止利毛 知天,和禮加良加見毛.加良乎支世武哉. 加良乎支,加良乎支世牟也(本方)於介,阿知女,於於於 於(末方)於介."

57) わっしょい(感歎詞) : ① みこしなど,重いものを大勢でかつぐ時の掛け聲. ② 大勢で押し合っ たりする時の掛け聲.

58) 우산국(于山國)이란 명칭은 왜구의 침입을 방패산(干山)으로 역할을 한다는 기원적인 의미에서 간산국(干山國)으로 호칭하다가, i) 선비들의 멋있게 끝내고자 붓끝을 위로 올리는 습성에 따라서 우산국(于山國)이 되었거나, ii) 왜구의 침입으로부터 '방패산 나라(干山國)'라는 기원적 의미를 감 춰서 "감추면 꽃이 된다."라는 진중한 조선의 기상을 표현한 것임. 또한, iii) 주역의 '간산곤지(艮山坤 池)'의 나쁜 괘상을 기피하고자 발음조차 다르면서 모양과 의미는 그대로 둔다는 사려에서 우산(于 山)으로 했다고 볼 수 있음.

59) 三國史記卷四, 新羅本紀四 : "智證麻立干十三年, 夏六月, 于山國歸服, 歲以土宜爲貢. 于山 國在溟州正東海島, 或名鬱陵島. 地方一百里, 恃嶮不服. 伊湌異斯夫爲何瑟羅州軍主謂, 于山 人愚悍, 難以威來, 可以計服. 乃多造木偶師子, 分載戰船, 柢其國海岸, 誑告曰, 汝若不服, 則 放此猛獸踏殺之, 國人恐懼, 則降."

60) 三國遺事卷一, 紀異二 : "智哲老王 又阿瑟羅州【仐溟州】, 東海中, 便風二日程有亏陵島【今作羽陵】. 周廻二万六千七百三十步, 島夷恃其水深, 憍傲不臣. 王命伊喰朴伊宗將兵討之. 宗作木偶師子, 載於大艦之上, 威之云, 不降則放此獸, 島夷畏而降. 賞伊宗爲州伯."

61) 柳馨遠, 東國輿地志(1656)卷之七 : "江原道蔚珍于山島 : 鬱陵島一云武陵, 一云羽陵, 二島在縣正東海中. 三峯及業掌空, 南峯梢卑. 風日淸明則峯頭樹木, 及山根沙渚, 歷歷可見. 風便則二日可到. 一說于山, 鬱陵本一島. 地方百里."

62) 네이버 지식백과, 쇄환정책, 한국학중앙연구원

63) wikipedia, 國際法上の無主地, 國際法における"無主地先占"という槪念によると, 他の國が先にいずれの國にも屬していない土地を占據する上で, 自分の領土として領有するようになる. どの國にも屬していない (無主の) 土地を, 自國領に編入すること. 基本的に領有の意思表明を伴う. 國際法上の領土取得のあり方として認められている.

64) wikipedia, 先占せんせん, 獨語：Besitzergreifung, 羅語：occupatio) とは, 國際法において, いずれの國にも屬していない無主の土地を, 他の國家に先んじて支配を及ぼすことによって自國の領土とすることである. 無主地先占とも, 先占の法理ともいわれる.

65) 沖繩縣公文書館,1879.3.27. : "「沖繩縣」の設置, この日, 日本政府の命を受けた內務大書記官の松田道之は, 警官160名, 熊本鎭台分遣隊400人の武裝兵力をもって首里城へ向かいました. 松田は, 琉球藩王尙泰が, 日本政府のたびたびの命令に從わないので, 琉球藩を廢止し, 沖繩縣を設置するという命令書を讀み上げ, 「廢藩置縣」を通達しました. さらに尙泰の東京居住, 琉球の土地人民と書類の引渡し, 首里城明渡しなどを命じました."(archives.pref.oki-nawa.jp)

66) 동쪽 끝(독도) 화산지형- 자연의 보고(동영상) EBS, 2010.1.29.

67) 독도의 광물자원, 메탄하이드레이트(Hydrate), 한국광물자원공사,2014.2.17. blog.naver.com/kores

68) 윤석빈, (독도를 알자), 울릉도서 또렷이 보이는 우리 땅, 소년한국일보, 2008.7.27

69) [독도이야기] 日,"독도 국제법정 가자" …韓, "영토분쟁 없다" 조선일보,2020.6.28. / '수탈의 상징'이 영유권 근거?…日'독도 강치잡이' 영상배포, KBS, 2020.6.27. / 日 1905년 이전 조업 근거로 "독도는 일본 땅" 또 억지, 연합뉴스, 2020.6.27. / "일본인 1905년 이전에 독도서 조업"…日 연구소 `유튜브 증언 영상' 논란, 매일경제, 2020.6.27.

70) 李穡,浮壁樓 : "昨過永明寺,暫登浮碧樓,城空月一片,秋老雲千石,麟馬去不返,天孫何處遊,長嘯依風磴,山靑江自流"

71) 廣開土王墓碑 : "百殘, 新羅, 是屬民, 由來朝貢. 而倭以辛卯年來, 渡海破百殘□□新羅, 以爲臣民."

72) 廣開土王墓碑 : "守墓人烟戶. 賣句余民國烟二看烟三. 東海賈國烟三看烟五"

73) 金富軾,三國史記,新羅本紀第四,智證麻立干十三年 : "夏六月. 于山國歸服. 歲以土宜爲貢. 于山國在溟州正東海島. 或名鬱陵島. 地方一百里, 恃險不服. 伊湌異斯夫, 爲何瑟羅州軍主. 謂于山人愚悍. 難以威來. 可以計服. 乃多造木偶獅子. 分載戰船, 抵其國海岸, 誑告曰 汝若不

服, 則放此猛獸踏殺之. 國人恐懼則服"

74) 金富軾, 三國史記, 第四十四, 異斯夫 : "異斯夫... 至十三年壬辰, 爲何瑟羅州軍主. 謀拜于山國. 謂其國人愚悼, 難以威降. 可以計服. 乃多造木偶獅子, 分載戰航, 抵其國海岸, 詐告曰, 汝若不服, 則放此猛獸殺之, 其國恐懼則降."

75) 世宗實錄地理誌 江原道三陟都護府 蔚珍縣條 : "于山武陵二島,在縣正東海中. 二島相距不遠, 風日淸明, 則可望見. 新羅時稱于山國."

76) 日本 外務省(www.mofa.go.jp) : "しかし,『三國史記』には,于山國であった鬱陵島が512年に新羅に歸屬したとの記述はありますが,「于山島」に關する記述はありません.また,朝鮮の他の古文獻中にある「于山島」の記述には,その島には多數の人々が住み,大きな竹を産する等. 竹島の實狀に見合わないものがあり,むしろ,鬱陵島を想起させるものとなっています."

77) 太宗實錄 卷 三十二, 太宗 十六年 九月 庚寅條 : "以金麟雨爲武陵等處安撫使.戶曹叅判朴習啓. 臣嘗爲江原道都觀察使.聞武陵島周回七.傍有小島.其田可五十餘結.所入之路. 纔通一人,不可並行..."

78) 太宗實錄 卷三十三, 太宗 十七年 二月 乙丑條 : "命右議政韓尙敬六曹臺諫,議刷出于山武陵居人便否.僉曰,武陵居人,勿令刷出.給五穀與農器,以安其業仍遣主帥撫之.且定土貢可也.工曹判書,黃喜,獨不可曰. 勿令安置. 依速刷出.上曰,刷出之計是矣.彼人等,曾避役安居.若定土貢,有主帥,則彼必惡之.不可使之久留也.宜以金麟雨,仍爲安撫使.還于山武陵等處,率其居人出陸.仍賜,衣笠及靴.且賜于山人三名,各衣一襲.命江原道都觀察使.給兵船二隻,選揀道內水軍萬戶千戶中有能者. 與麟雨同往..."

79) 世宗實錄地理誌 江原道三陟都護府 蔚珍縣條, 前揭書

80) 萬機要覽 : "文獻備考曰鬱陵島在蔚珎正東海中與日本之隱岐州相近面三峯岌嶪撑空南峰稍卑日淸則峰頭樹木及山根沙渚歷歷可見風便二日可到"

81) 김명기, 독도강의, 독도조사연구학회, 책과 사람들, 2007, p.56 : "태조 13(930)년 백길(白吉)과 토두(土頭)가 울릉도에서 사절로 고려조정에 와 태조를 알현했다. 태조는 백길에게 정위(正位)의 관직을 수여했고, 토두에게 정조의 관직을 수여했다." 재인용, 엄정일, 독도특수연구, 책과 사람들, 2015. p.18

82) 목재조직학으로 본 팔만대장경판, 연합뉴스, 2007.5.28. : "경북대 박상진 교수, 산벚나무가 주류 ... 정확한 수량은 8만1천258장. 총무게는 280t으로, 4t 트럭 70대분에 육박한다. 글자 총수를 합치면 조선왕조실록 분량 전체를 모은 5천200여만 자에 이른다... 이를 위해 전자현미경 조사를 벌였다. 조사표본은 경판 209장과 마구리 27개, 나무못과 부위 불명 표본 8점을 포함하여 244점이었다. 그 결과 경판은 산벚나무가 압도직으로 많이 나타나 전체 64%인 135장에 달했다. 돌배나무 32장(15%), 거제수나무 18장(9%), 층층나무 12장(6%), 고로쇠나무 6장(3%), 후박나무 5장(2%), 사시나무 1장(1%)이 뒤를 이었다.

83) 高麗史 卷 一百三十四, 列傳 四十七, 辛禑 五年 七月條: "倭 寇樂安郡 遣永寧君王彬如北元 賀郊祀改元 前判三司事孫洪亮卒 贈謚靖平 李子庸 還自日本 九州節度使源了俊 歸被虜人二百三十餘口,獻槍劍及馬 倭 入武陵島 留半月而去."

참고자료 / 각주 / 색인 461

84) 유하영 & 조양현, 수토정책에 대한 국제법적 해석, 영남대학교 독도연구소, 독도연구, 2014.6월호 : "조선의 울릉도와 독도에 대한 수토정책은 국제법상 영토주권 포기의 '요건'인 영토 포기의 주체와 객체, 구성요건, 효과 등 요건 구비 분석 결과, 이는 결코 영토주권의 포기에 해당하지 않는다. 결론 적으로 설사 일부 일본학자의 주장처럼 공도정책이 맞는다 치더라도 수토정책이 국제법상 영토주 권의 포기에 해당되지도 않으며, 독도가 곧바로 무인도 또는 무주지가 되는 것이 아니다."

85) 世宗實錄券三十, 世宗七年十月二十日(乙酉)條 : "于山陵陵等處按撫使金麟雨, 搜捕本土避 役南婦二十八人來復命, 初麟雨令兵船二隻入茂陵島, 船軍四十六名所坐隻, 飄風不知去何, 上謂諸卿曰, 麟雨捕還二十餘人, 而失四十餘人何益哉."

86) 太宗恭大定王實錄: "七年三月十六日(庚午) 對馬島守護宗貞茂, 遣平道全, 來獻土物, 發還 俘虜.貞茂請茂陵島欲率其衆落徙居, 上曰:若許之, 則日本國王謂我爲招納叛人, 無乃生隙 歟?'南在對曰:'倭俗叛則必從他人, 習以爲常, 莫之能禁, 誰敢出此計乎?'上曰:'在其境內, 常事 也, 若越境而來, 則彼必有辭矣.'"

87) 배상렬, 아무도 조선을 모른다. 브리즈출판사, 2009. p.298

88) 光海君日記, 光海君六年九月 辛亥(二日) : "備邊司啓曰 鬱陵島禁止倭奴來去之意. 前日禮曹 書契中. 已爲據理回諭矣. 今者島倭猶欲來居鬱陵島. 又送書契 殊爲可駭. 本島之屬於我國.在 輿地勝覽. 或收方物. 或刷島民, 明有典故, 將此事節, 具載於回答書契之中. 據義切責, 以杜奸 猾之計, 似爲便益. 移文于慶尙監司釜山邊臣. 另諭來舡, 專齎此書, 作速歸報島主. 俾遵朝廷 禁約. 從之."

89) 世宗實錄, 卷四十七, 庚戌 : "奉常寺尹李安敬, 訪問蓼島而還.傳旨咸吉道監司:前此往見蓼島 之人及素見聞本島之狀者, 悉訪之.咸興府蒲靑社住金南連曾往還本島, 其給傳以送.若老病則 詳問本島形狀及人居殘盛衣服言語飮食之類以啓.

90) 世宗實錄,二十年四月甲戌 : "以前護軍南薈,前副司直曺敏爲茂陵島巡審敬差官.二人居江原 道海邊者.時國家聞茂陵島在海中多産異物, 土沃可居, 欲遣人尋訪, 而難其人, 乃募於海邊, 此 二人應募, 故造授敬差官之命以遣, 仍使搜檢逃匿人口."/世宗實錄(1454),世宗20(1438)年 7月 戊戌條 : "護軍南薈司直曺敏, 回自茂陵島復命, 進所捕男婦共六十六及産出沙鐵石鍾乳生.鮑 大竹等物.仍啓曰, 發船一日一夜乃至.日未明, 掩襲人家.無有拒者.皆本國人也.自言聞此地沃 饒,年前春,潛逃而來.其島四面皆石,雜木與竹成林,西面一處可泊,舟楫.東西一日程,南北一日 半程."

91) 成宗實錄, 成宗三年 丁卯朔日 : " 敎朴宗元曰. 三峰島在我封域之內, 海路險惡, 逃賦避稅者, 潛在居之往捕. 發船以後 所令軍士如, 有違令者以軍法從事."

92) 成宗實錄,卷八(成宗一年十二月甲寅條) : "下書永安道觀察使李繼孫曰 今悉所啓 其投往三 峯島者 逃賦背國 情犯甚惡.卿宜探問以啓.但今風高海惡.不可以本道小舫輕赴 卿其詳審施 行"/ 成宗實錄, 卷一一二(成宗十年十二月二十五日) : "丙子/下書永安道觀察使李克墩曰.今還 送金漢京,金自周,嚴謹,金呂强,可令保授,待來春,三峯島以指路入送."

93) 강원도, 전라도 등의 사투리에서 돌(석)을 '독'으로 발음해서 돌섬을 '독섬'이라고 한다. 독도는 돌로 만 된 섬이기에 한자로는 석도(石島)이다. 독도는 동도와 서도로 '외로운(獨) 섬(島)'이 아니다. 또한,

대나무가 우거진 적도 없고, 누군가 심은 적도 없다. 일본이 독도를 다께시마(죽도)라고 한 것은 아마도 독섬(石島)를 발음상 '도꾸소무(たくそむ)'라고 하다가 음가가 유사한 '다께시마'라고 의역해서 적었다.(http://blog.naver.com/steel3/)

94) 우산도(于山島)를 일본에서는 필사하다가 흡사한 글자로 보고 자산도(子山島), 천산도(千山島), 간산도(干山島)라고 하며, 독도를 죽도(竹島) 혹은 송도(松島), 석도(石島) 등으로 표시하기도 한다.

95) 우리나라에 섬 가운데 댓섬, 대섬, 대나무섬 혹은 죽도(竹島)라는 섬이 무수히 많다. 경상북도 울릉군 을릉읍 저동리 죽도(竹島), 경상남도 통영시 한산면 앞 죽도, 충청남도 보령시 남포면 월전리 죽도, 전남도 강진군 최남도의 죽도, 충청북도 홍성군 서부면 죽도리 죽도 등이 지도상에 도시되어 있음.

96) 日本 外務省(www.mofa.go.jp) : "また,韓國側は,『東國文獻備考』,『增補文獻備考』,『萬機要覽』に『輿地志(よちし)』を引用して,「于山島は日本のいう松島である」と記述されており于山島が獨島(竹島の韓國名)であることが明確だと主張しています.これに對し,『輿地志』の本來の記述は,于山島と鬱陵島を同一の島としており,『東國文獻備考』等の記述は『輿地志』から直接,正しく引用されたものではないと批判する研究もあります.その研究は,『東國文獻備考』等の記述は,安龍福という人物の信憑性(しんぴょうせい)の低い供述を無批判に取り入れた別の文獻(『彊界考(きょうかいこう)』,1756年)を基にしていると指摘しています."

97) 前揭書 : "なお,『新增東國輿地勝覽』に添付された地圖には,鬱陵島と「于山島」が別個の2つの島として描かれていますが,もし, 韓國側が主張するように「于山島」が竹島を示すのであれば,この島は,鬱陵島の東方に,鬱陵島よりもはるかに小さな島として描かれるはずです.しかし,この地圖における「于山島」は,鬱陵島とほぼ同じ大きさで描かれ,さらには朝鮮半島と鬱陵島の間(鬱陵島の西側)に位置している等,全く實在しない島であることがわかります."

98) 林子平(はやし しへい,元文3年6月21日~1738年8月6日) : 江戸時代後期の経世論家.諱は友直.のちに六無齋主人と号した..林子平が 三國通覽図說の中に描いた「三國接壤之図」には,主にロシア,朝鮮,日本が描かれていて,朝鮮のすぐ東に島が一つ,そして日本海の中央に竹嶋と記された島とその横に小さな島が描かれていて,この3島はすべて朝鮮と同じ黄色で塗られ,日本領ではないと區別されている.中央の2島の横には「朝鮮之持也」と記されていて,竹嶋(鬱陵島)とそのすぐ東にある小島が朝鮮領であると表示している.この小島を日本側は鬱陵島から約2kmの距離にある竹嶼だというが,保坂祐二はこの小島が松島(獨島)であり,朝鮮領となっているとする.その理由として,『三國通覽図說』の日本圖の部分は長久保赤水の地圖に據ったとした点を擧げている.

99) 三國通覽図說, 尖閣諸島・竹島問題に關して : "竹島や對馬や尖閣諸島の領有權において,韓國や中國から自國の領土である証據として『三國通覽図說』が取り上げられているものの,日本の研究者らによって反証がなされている."

100) 孟子, 眞心章下編 : "民爲貴,社稷次之,君爲輕.是故得乎丘,民而爲. 天子,得乎天子爲諸侯,得乎諸侯爲大夫.諸侯危社稷,則變置. 犧牲既成,粢盛既潔,祭祖以時.然而早干水溢,則變置社稷."

101) Wikipedia,阿只拔都 : "あきばつは,『高麗史』および『朝鮮王朝實錄』に登場する14世紀の倭寇の首領の名前.李成桂に討たれたとされるが,正体や出自等は不明.「高麗史」,「高麗史節要」によれば1380,倭寇が500艘の軍勢で攻め寄せた.鎮浦に停泊した船団は軍勢を上陸させ,密集して城壁のように防御態勢をとった.これが逆に仇となり,羅世,崔茂宣率いる水軍の（朝鮮半島國家で初の）火砲攻撃により撃沈された...その名聲が後に李成桂が勢力を築くきっかけの一つとなった.李氏朝鮮では太祖の輝かしい功績として語り継がれ,「朝鮮王朝實錄」でも,16世紀の倭寇や文祿の役の對策會議に,阿只拔都の名と成桂の戰功が擧げられているのが記録されている."

102) 北齊書·元景安傳 : "豈得棄本宗, 逐他姓, 大丈夫寧可玉碎, 不能瓦全."

103) Wikipedia, 混一疆理歷代國都之圖 : "這幅地圖是由兩幅早期的中國地圖混編而成,分別是元朝的李澤民于1330年的聲教廣被圖和淸浚1370年的混一疆理圖.《混一疆理歷代國都之圖》是公元1402年朝鮮人依據中國元代輿地圖所繪制,高158.5厘米、寬168.0厘米,現存於日本龍谷大學圖書館。跋文如下：天下至廣也, 內自中邦, 外薄四海, 不知其幾千萬里也.約而圖之於數尺之幅, 其致詳難矣.故爲圖者皆率略.惟吳門李澤民《聲敎廣被圖》,頗為詳備；而歷代帝王國都沿革.則天臺僧淸浚《混一疆理圖》備載焉.建文四年夏.左政丞上洛金公變理之暇,參究是圖,命檢校李薈.更加詳校,合爲一圖.其遼水以東, 及本國之圖.澤民之圖.亦多缺略.今特增廣本國地圖,而附以日本,勒成新圖.井然可觀,誠可不出戶而知天下也......"

104) 孟子, 梁惠王章上 : "權, 然後知輕重；度, 然後知長短. 物皆然, 心爲甚."

105) 徒伯耆國米子竹島江,先年船相渡之候,然者如其今度致渡海度之段, 米子町人村川市兵衛大屋甚吉申上付, 而達上聞候之處, 不可有異儀之旨,被仰出候間被得其意渡海之儀, 可被仰付候,恐恐謹言五月十六日松平新太郎殿

106) 日本 外務省(mofa.go.jp) : "鳥取藩伯耆國米子の町人大谷甚吉,村川市兵衛は.同藩主を通じて幕府から鬱陵島(當時の日本名「竹島」)への渡海免許を受けました.これ以降, 兩家は交替で毎年1回鬱陵島に渡海し,あわびの採取,あしかの捕獲,樹木の伐採等に從事しました. 兩家は,將軍家の葵の紋を打ち出した船印をたてて鬱陵島で漁獵に從事し, 採取したあわびについては將軍家等に獻上するのを常としており,いわば同島の獨占的經營を幕府公認で行っていました.この間, 隱岐から鬱陵島への道筋にある竹島は,航行の目標として,途中の船がかり(停泊地)として,また,あしかやあわびの漁獲の好地として自然に利用されるようになりました.こうして,我が國は,遲くとも江戶時代初期にあたる17世紀半ばには,竹島の領有權を確立しました.なお,當時,幕府が鬱陵島や竹島を外國領であると認識していたのであれば.鎖國令を發して日本人の海外への渡航を禁止した1635年には,これらの島に對する渡海を禁じていたはずですが, そのような措置はなされませんでした."

107) The Defense POW/MIA Accounting Agency (DPAA) is an agency within the United States Department of Defense whose mission is to recover United States military personnel who are listed as prisoners of war (POW), or missing in action (MIA) from designated past conflicts, from countries around the world.[3][4][5] It was formed on January 30, 2015, as the result of a merger of the Joint POW/MIA Accounting Command, the Defense Prisoner of War/Missing Personnel Office, and parts of the United States Air Force's Life Sciences Lab. Scientific laboratories are maintained at Offutt Air Force Base, Nebraska, and Joint Base Pearl Harbor-Hickam, Hawaii. Currently, DPAA is in a cooperative agreement with The Henry M. Jackson Foundation for the Advancement of Military Medicine, Inc, which provides operational support during worldwide recovery operations.

108) 惟政 (いせい、ユ・ジョン,1544~1610は,李氏朝鮮(朝鮮王朝)の僧.尊称は「松雲大師」.居所にちなみ「四溟堂」とも号する.文禄・慶長の役で,義僧兵の總指揮官として日本軍と果敢に戦い,また加藤清正や德川家康と會談して講和交渉を行うなど外交面でも大きな役割を果たした.

109) 宣祖實錄 三十九年 : "宣祖乙巳倭賊遣使求和首相柳永慶答以若縛送壬辰犯二陵賊則和可諧丙午冬倭使橘 ... 少壬辰則兒童安能掘陵命大臣議永慶欲獻廟陳賀尹相承勳以爲以此倭爲犯陵賊是.."

110) 여우길(呂祐吉, 1567~1632)은 조선의 문신, 외교관, 정치인이다. 본관은 함양(咸陽). 자는 상부(尙夫), 호는 치계(稚溪, 痴溪)이다.

111) 경섬(慶暹, 1562~1620), 조선 광해군대의 문신으로 본관은 청주(淸州), 자는 퇴부(退夫), 호는 삼휴자(三休子)·석촌(石村)·칠송(七松)이며, 헌납(獻納)을 지낸 경시성(慶時成)의 아들이다. 1590년(선조 23) 생원이 되었고 그해 증광시에서 병과로 급제하였다. 1597년 정유재란이 일어나 일본이 20만의 병력으로 조선을 침략했을 때 명나라가 다시 구원병을 보냈다. 이때 명(明)의 장수 양호(楊鎬)가 경략조선군대부사(經略朝鮮軍務使)로 참전했는데 일본의 카토오 키요마사(加藤淸正)와 고니시 유키나가(小西行長)의 이간책에 휘말린 명이 양호를 탄핵하려 하였다. 전후 사정을 간파한 조선은 이를 무마하기 위해 진주사(陳奏使)를 긴급히 명에 파견하였고 이 사절단에 경섬이 서장관으로 동행하였다.

112) 1602년(선조 35) 별시문과에 을과로 급제하고, 1607년 회답사 여우길(呂祐吉) 일행의 일본사행에 서장관으로 다녀왔다. 1613년(광해군 5) 사헌부지평 때 영창대군을 죄주자는 주장을 맨 처음 한 인물로 알려져 있다. 1614년 군자감정으로 있을 때 정온(鄭蘊)이 영창대군(永昌大君)의 처형에 대하여 부당함을 상소하였다가 논죄되자, 정온의 죄를 가벼이 해줄 것을 상소하였다가 파직되었다.

113) 橘智正(たちばな ともまさ), 江戸時代前期の武士. 對馬(つしま)(長崎縣)島主宗義智(よしとし)の家臣.義智の命をうけ,慶長5年(1600)慶長の役で捕虜とされた朝鮮人の送還にあたる.以後何度か朝鮮にわたり,國交回復について折衝した.別名に井手弥六左衛門.

114) 이경직(李景稷, 1577~1640)은 조선 중기의 문신이자 덕천군(德泉君) 이후생(李厚生)의 후손이다. 자는 상고(尙古), 호는 석문(石門), 본관은 전주. 이항복(李恒福)과 김장생(金長生)의 문인이다.

115) 박희근(朴希根)은 1592년(선조 25) 임진왜란이 일어나자 다섯 형제와 함께 의병으로 활동하였고, 이후 동래 지역 최초의 향안인 『만력 무술안』[1598년]의 작성을 주도하여 이름을 올렸다. 박희근은 1616년(광해군 8) 통정대부(通政大夫) 품계를 받았고, 1620년(광해군 12) 가선대부(嘉善大夫)로 승격하여 동지중추부사(同知中樞府事)에 임명되었다고 한다.

116) 日本 外務省(mofa.go.jp), 安龍福の供述とその疑問点 : "幕府が鬱陵島への渡海を禁じる
決定をした後, 安龍福は再び我が國に渡來しました。この後,追放され朝鮮に戻った安龍福
は, 鬱陵島への渡海の禁制を犯した者として朝鮮の役人に取調べを受けますが,この際の安
の供述は,現在の韓國による竹島の領有權の主張の根據の1つとして引用されることになりま
す。韓國側の文獻によれば,安龍福は.1693年に日本に來た際,鬱陵島及び竹島を朝鮮領とする
旨の書契を江戸幕府から得たものの,對馬の藩主がその書契を奪い取ったと供述したとされ
ています。しかし,安龍福が1693年に日本に連れ歸られ送還されたことを契機として日本と朝
鮮國との間で鬱陵島出漁をめぐる交渉が始まったので, 1693年の渡日時に幕府が鬱陵島と
竹島を朝鮮領とする旨の書契を與えるわけはな,實際にそうした事實はありません. さらに,韓
國側の文獻によれば, 安龍福は, 1696年の來日の際に鬱陵島に多數の日本人がいた旨述
べたとされています。しかし,この來日は, 幕府が鬱陵島への渡海を禁じる決定をした後のことで
あり,当時,大谷・村川兩家はいずれも同島に渡海していませんでした.安龍福に關する韓國側
文獻の記述は,同人が1696年に,國禁を犯して國外に渡航し,その歸國後に取調べを受けた際
の供述によったものです.その供述には,上記に限らず事實に見合わないものが數多く見られ
ます.韓國側はこうした事實に反する供述を竹島の領有權の根據の1つとして引用しています。"
117) 엄정일, 독도특수연구, 책과 사람들, 2011. p.157
118) 鳥取藩政資料からみた竹島問題安龍福の來藩の記錄, pref.shimane.lg.jp) : "...『因府年
表』元祿6年(1693):六月四日:米子詰の加藤郷右衛門と尾關忠兵衛が,朝鮮人アンピン
シヤ (東萊の人,年42歳,和語通詞である)とトラヘ (蔚山の人年34歳.最初から最後まで筆
と硯を採らなかったので,その本当の字は伝わっていない という,この兩客を連れて鳥府 (鳥取
城下) へ來た.しばらく本町の町會所 (2丁目にあった) に居らせることとなった.推察するに,こ
の度,朝鮮人を連れて來た理由は,近年,彼の國の魚船団が,大谷・村川の船が竹島に到着する
前に, 先に渡海して,此の方 (大谷・村川) の漁業を妨げるため, 兩家の者は大いに迷惑し,前に
もこれを呵禁 叱り 禁止した したけれども まったく許諾する... 様子はなく 以後はかえって多
くの船を渡しいよいよ狼藉の擧動が伺えるようになったので,最早,方法は無く,しいて異客等
を連れ歸り,ことの次第を詳しく申し上げて,幕府の裁定を受けるためと聞いている...『因府年
表』元祿9年(1696):六月四日,伯耆國赤崎灘 現 鳥取県琴浦町赤碕 へ朝鮮國の船. が着
岸した これは 事前に隱岐國の代官より竹島 (現,鬱陵島) へ渡海する朝鮮船32艘の內から,
伯耆國へ訴訟のため,使いの船を派遣する」という連絡があった船であり,乗組員は11人であ
った. 当時は,幕府が隱岐島に代官を置いていた.
119) 元祿六癸酉年幕府の命, 朝鮮漁民此年竹島に來て漁採す. 因幡國の人よく諭して還さしむ.
然るに漁民四拾人又來る. 爰に於いて其漁民貳人を留て質として幕府に申出, よつて彼二人
を長崎に送る, 使者を遣し長崎にて請取朝鮮に送り, 再ひ竹島に不可至事を可告との事.
120) 返書(1694, 穩健派, 朝鮮朝廷 回信) : 弊邦海禁至嚴, 濱海漁民, 使不得出於外洋, 雖敝境之
蔚陵島, 亦以遼遠之故, 切不許任意往來, 況其外乎哉. 今此漁民, 敢入貴界竹島, 致煩領送, 遠
勤書諭, 鄰好之誼, 實所欣感, 海氓捕魚, 以爲生理, 或不無遇風, 漂轉之患, 而至越境, 深入雜

然漁採. 法當痛懲, 今將犯人等, 依律科罪. 此後沿海等處, 嚴立科條, 各別申飭云.

121) 元祿七甲戌年正月返翰の草稿相達し本州はしめおもへらく,竹島は朝鮮の蔚陵島なり答る所如何といふことを不知と,此時草稿を見て又おもへらく, 竹島は則蔚陵島なり,今一島二名を音□□幕府へ啓すへからす,返翰蔚陵島の字を除て可也.と又是を告任官,答て云.請ふ熟く是を念へ今貴州の意を以て接慰官に告は則啓聞すべし,事不諧して兩國の障起しむ,貴州のいわゆる竹島は朝鮮の蔚陵島なり,朝鮮是を知さらんや,朝鮮彼島を空ふして民居を置さる事久し,竊に聞日本の人往來漁採すと,然りといへとも空島無人の地なる故. 置て問す,今貴州の書を得て我朝廷以爲く,鬱陵島は輿圖の載する處祖宗之地尺寸といへとも棄へからすと朝議紛紛多く,一人の曰彼島久く棄て人なし,且日本の人彼島に占據ары久し.若彼地を以て答は兩國の爭ひ是より興らんと云,仍て蔚陵島をもって竹島を以て貴國の地とす.我國敢て不諭して又彼名を我に存すといへとも何の不可成事かあらむ.若決せんとせは我國孱弱なりといへとも爭ってやまし,兩國の障是より興らむといふ,是に於いて使者一決して返書を受て歸る,本州おもへらく返書の内に蔚陵の文字あり受へからす,爰に於いて元祿七甲戌年二月又使者を遣して改撰を求む.本州の書契に曰,我書不言蔚陵島之事,今回翰有蔚陵之名是難曉也.只冀除却蔚陵之名.惟幸云.

122) 박병섭, 안용복 사건에 대한 검증, 한국해양수산개발원, 2007.12. 독도연구 2009-07 p.6 : "안용복이 끼친 영향 : 일본인이 울릉도에 들어가 70년이나 자원을 취하고 있었던 사실, 울릉도문제의 표면화로 조정정책 전환, 조정의 쓰시마번과의 교섭에서 방침전환, 다케시마가 일본 땅이 아니라는 결론, 독도를 실제 위치 명확화 등이다."

123) 弊邦江原道蔚陵縣, 有屬島. 名曰蔚陵島, 歷代相傳, 事跡昭然. 今者我國漁氓, 往于其島, 而不意貴國之人. 自爲犯越, 與之相値, 乃拘執二氓. 轉到江戶, 幸蒙大君, 明察事情, 優加資遣. 可見交隣之情, 出於尋常, 感激何言. 雖然我氓漁採之地, 本是蔚陵島而, 以其産竹, 或稱竹島. 此乃一島而二名也. 一島二名之狀, 非徒我國之所記, 貴國之人, 亦皆知之. 而今此來書中, 乃以竹島爲貴國之地. 亦欲令我國禁止漁船更往, 而不論貴國之人侵涉我境. 拘執我氓之失, 不有欠於誠信之道乎云.

124) 鳥取藩政資料からみた竹島問題(安龍福の來藩の記錄),委員(鳥取縣立博物館長) 谷口博 : "第1次 : 元祿6年4月28日米子へ朝鮮人連行の報,米子荒尾修理より届く.江戶へ報告の飛 控帳4月28日條脚差し出し.江戶から指示ある迄,大谷宅に置き,番人を付けるよう指示.5月11日朝鮮人の外出無用,酒は3升以下との指示. 控帳5月11日條...5月26日朝鮮人を長崎へ送るよう幕府からの指示届く.第2次 元祿8年 春竹島渡海するも,朝鮮人在島のため歸帆,途中松島で鮑を獲て歸 鳥取藩史.(1695) 12月24日幕府老中より竹島に關するお尋ねあり. 2月25日幕府老中へ返答. 元祿91月25日松島について幕府のお尋ねへ返答する.(1696)1月28日幕府老中より,竹島渡海制禁の奉書受取." (pref.shimane.lg.jp)

125) 우리나라의 역사에서 애국을 하고도 국가로부터 배신을 당했던 신라 석우로(昔于路)와 그 부인, 조선의 안용복, 한말의 의병대장과 의병, 일제식민지시대에 조선의 독립을 위해 헌신하신 독립운동가, 독도의용수비대장 홍순칠, 1995년 한국인으로 미군해군장교였던 로버트 김 등 무수히 많다.

126) ウィキペディア, 式盤は天地盤と呼ばれることもあり, 天盤と呼ばれる円形の盤と地盤と呼ばれる方形の盤を組み合わせたものが基本形で, 円形の天盤が回轉する構造となっている. 天盤や地盤の形狀は, 天は円く地は四角いとする中國の天地觀に基づいている. 天盤や地盤には十干, 十二支, といった占うために必要な文字や記号が記入されており, 天盤の文字や記号を地盤のそれと合わせることで簡單な計算を行ったのと同じ効果が得られる. 式盤を作成するにあたって, 材料は非常に限定されており, 天盤では楓(ふう)にできるコブである楓人(ふうじん), 地盤では雷に撃たれた棗の木が正しい材料とされている. 正しい材料で正しく作成した式盤には呪力があるとされ, 調伏などの儀式で使用されることがある. 代表的な式占には, 太乙式(「太乙神數」), 遁甲式(「奇門遁甲」), 六壬式(「六壬神課」)があり, これらをまとめて三式と呼ぶ. なおこれら三式の他に名前だけが伝わっていて具体的な內容が不明の雷公式があり, 三式に雷公式を加えて四式と呼ぶことがある. 三式それぞれで異なる形態の「式盤」を使用する. 六壬式の式盤では地盤の十二支に天盤の十二神や十二天將を合わせるので12の要素を基本とし, 遁甲式の式盤は八卦で表される8の要素, 太乙式の式盤は, 十二支に四隅の門を加えた16の要素を基本としている. このうち六壬式は, 平安時代から鎌倉時代にかけて陰陽師にとって必須の占術であった. 陰陽師として名高い安倍晴明は子孫のために『占事略決』を殘した. 六壬式の式盤では, 地盤に十二支, 十干, 四隅の門, 東西南北の四方の門が記入されており, これが二十四山の原型ではないかとする說がある. また六壬式盤の地盤中央に天盤の代わりに匙形の方位磁石を置いたものである『指南』が, 後に風水で使用される羅盤の原型ではないかと推測されている[4]が, 實際の『指南』をみれば頷ける說である.

127) 三國史記六卷新羅本紀, 文武王九年夏五月 : "泉井比列忽各連等三郡民饑. 發倉賑恤. 遣祇珍山級湌等. 入唐獻磁石二箱. 又遣欽純角干, 良圖波珍湌入唐謝罪."

128) 三國史記, 新羅本紀, 文武王九年 : "夏五月泉井比列忽各連等三郡民饑發倉賑恤遣祇珍山級湌等入唐獻磁石二箱又遣欽純角干良圖波珍湌入唐謝罪冬唐使到傳詔與弩師仇珍川沙湌廻命造木弩放箭三十步聞在爾國造弩射一千步今纔三十步何也"

129) 정시스터즈, 님은 먼곳에(앨범), 울릉도 트위스 : "울렁울렁 울렁대는 가슴 안고/ 연락선을 타고가면 울릉도라 /뱃머리도 신이 나서 트위스트 / 아름다운 울릉도 / 붉게 피어나는 동백 꽃잎처럼 / 아가씨들 예쁘고 / 둘이 먹다가 하나 죽어도 모르는 호박엿 / 울렁울렁 울렁대는 처녀 가슴 /오징어가 풍년이면 시집가요 / 육지손님 어서 와요 트위스트 / 나를 데려가세요 / 울렁울렁 울렁대는 울릉도길 / 연락선도 형편없이 지쳤구나 / 어지러워 비틀비틀 트위스트 / 요게 바로 울릉도 / 평생 다가도록 기차 구경 한 번 못 해보고 살아도 / 기차보다 좋은 비행기는 구경 실컷 하며 살아요 / 싱글벙글 생글생글 처녀총각 / 영감마님 어서 와서 춤을 춰요 / 오징어도 대풍일세 트위스트 / 사랑을 합시다..."

130) Logbooks de navires rapye Rouge, 1787 : "J'ai découvert ces îles astronome Le Port jolre est appelée l'île julre (île Dagelet) au nom de (Joseph Lepaute Dagelet, 1751-1788) ... on a la même forme que le navire chinois dans un petit port (seulement) Bo est venu aux navires étant à sec .... Coréens ont vu le menuisier dans le pays ne tombe pas, juste 110km de l'extérieur de l'île se vendent julre prendre un bateau à la terre ferme pendant l'été

avec de la nourriture et sec derrière elle. J'ai découvert ces îles astronome Le Port jolre est appelée l'île julre (île Dagelet) au nom de (Joseph Lepaute Dagelet, 1751-1788) ... on a la même forme que le navire chinois dans un petit port (seulement) Bo est venu aux navires étant à sec .... Coréens ont vu le menuisier dans le pays ne tombe pas, juste 110km de l'extérieur de l'île se vendent julre prendre un bateau à la terre ferme pendant l'été avec de la nourriture et sec derrière elle."

131) 天城の艦名は靜岡縣 伊豆半島の中央にある天城山に因んで名付けられた.

132) Argonautika : 그리스의 시인 아폴로니오스 로디오스가 쓴 영웅서사시, 테살리아의 이오루코스의 영웅 이아손을 수령으로 한 50인의 용사들이 인류가 최초로 만들었다고 하는 큰 배인 '아르고호'를 타고, 금빛 양의 털을 구해 돌아온다는 이야기이다.

133) 한철호, 일본 수로국 아마기함의 울릉도 최초측량과 독도 인식, 동북아역사논총 50호, 2015. p.1

134) 第二十四號, 水路報告 第三十三號 : "此記事ハ現下天城艦乘員海軍少尉三浦重鄕ノ略畵報道スル所ニ係ル. 日本海,松島(韓人之ヲ蔚陵島ト稱ス)錨地ノ發見.松島ハ我隱岐國ヲ距ル北西四分三約一百四十里ノ處ニアリ. 該島從來海客ノ精撿ヲ經サルヲ以テ其假泊地ノ有無等ヲ知ルモノナシ.然ルニ今般我天城艦朝鮮ヘ廻航ノ際此地ニ寄航シテ該島東岸ニ假泊ノ地ヲ發見シタリ卽左ノ圖面ノ如シ.右報告候也. 明治十三年九月十三日水路局長.海軍少將柳楢悅證."

135) 國際法において無主地先占は先占の法理ともよばれ,他の國家によって實効的支配が及んでいない土地を領土として編入する際にも適用される.また、領土問題が發生した場合には,領土の權源のひとつとしても採用される法理である.

136) Wikipedia, Island of Palmas Case : " Under the Palmas decision, three important rules for resolving island territorial disputes were decided : Firstly, title based on contiguity has no standing in international law. Secondly, title by discovery is only an inchoate title. Thirdly, if another sovereign begins to exercise continuous and actual sovereignty, (and the arbitrator required that the claim had to be open and public and with good title) and the discoverer does not contest this claim, the claim by the sovereign that exercises authority is greater than a title based on mere discovery."

137) 對馬島 ページ : "さらに1876年 (明治9年) 4月三潴縣に合併され,8月には長崎縣の管轄にうつされた.最後の藩主となった義達は,名を重正と改め,華族令の施行された1884年明治17年) には伯爵を授けられた."

138) 李奎遠, 鬱陵島檢察日記 : "1883년 4월(고종 20년) 울릉도의 잔작지푸(長斫之浦)에서 통구미(桶邱尾)로 향하는 바닷가 돌길 위에 일본인이 세운 표목(標木)에 '일본국 송도규곡 명치 2년 2월 13일 암기충조 건지(日本國 松島槻谷 明治二年二月十三日 岩崎忠照 建之)'라고 쓰인 푯말을 발견하기도 하였다. 141명의 조선인의 경우 출신도별로 보면 전라도 출신이 115명이었다. 이 중에서 흥양(興陽) 삼도(三島) 출신으로는 김재근(金載謹) 등 24명·이경화(李敬化) 등 14명·김내윤(金乃允) 등 23명, 흥해(興海)의 초도(草島) 출신으로는 김내언(金乃彦) 등 13명·김근서(金謹瑞) 등 20

명, 낙안(樂安) 출신으로는 이경칠(李敬七) 등 21명이었다. 강원도 평해 출신이 최성서(崔聖瑞) 등 14명, 경상도 출신은 11명[경주 7명, 연일 2명, 함양 1명, 대구 1명], 경기도 파주 출신이 1명이었다. 이들을 직업별로 보면 조선[채곽(採藿) 포함]이 129명으로 압도적 다수를 차지하고 있고, 그 외 산삼 등을 포함한 채약(採藥), 예죽(刈竹)에 종사하고 있었다."

139) 울릉군청 홈페이지 : 1883년 울릉군으로 주민이주 추진, 16호 54명이 들어왔음.

140) dagelet에 대해 : i) dage는 중국어로는 두목 혹은 보스의 의미인 따꺼(大哥)이며, ii) 서양에선 대학생의 은어로 '낮술 마시기(drinking during the day)', '낮축제 때에 빈둥거리는 대학생 녀석들 (generally used by college kids when referring to daytime festivities)'혹은 '대낮에 치솟는 분노(day rage)'를 의미한다. 여기에 접미사 '~let'은 '작은 것'을 의미한다.

141) 隱州視聽合紀 : "戌亥間行二日一夜有松島. 又一日程有竹島「俗言磯竹島多竹魚海鹿 按神書所謂五十猛歟」. 此二島無人之地. 見高麗如雲州望隱州, 然則日本之乾地. 以此州爲限矣."

142) 會津屋八右衛門氏頌德碑 : "今から約170年ほど前(江戸時代・天保年間),松原の廻船問屋,會津屋八右衛門は,家運の盛り返しと窮迫した浜田藩の財政に寄与するため,外海に向けて何とか活路を開きたい一心で,浜田藩勘定方橋本三兵衛らと当時禁止されていた海外密航を企てました.はじめは,竹島 (現在の鬱陵島) から大きい竹や珍しい木,大きい鮑等を持ち歸っていましたが,次第にエスカレートし,朝鮮・中國等と交易を進めるようになりました.これにより八右衛門は巨利を博し,浜田藩にも莫大な獻上金を納め,藩財政の確立に大いに役立ちました."

143) 朝鮮竹島渡航始末記 : "今度松平周防守元領分石州浜田松原浦罷在候無宿八右衛門, 竹嶋へ渡海いたし候一件 吟味之上右八右衛門其外, 夫々嚴科. 被行候 右嶋往古は 伯州米子のもの共 渡海魚漁等いたし候といへども 元祿の度 朝鮮國へ御渡相成候 爾來渡海停止. 被仰出候場所に有之. 隨而異國渡海之儀は重き御禁制候條. 向後右嶋之儀も同樣相心得 渡海いたすましく候 勿論國々の廻船等 海上におゐて異國舶に不出合樣 乘筋等に心かけ申べく旨.先年も相触候通 弥相守 以來は成べくたけ島沖乘不致樣乘廻り申べく候. 右被仰出候触書之趣無違失屹度可相守之者也. 天保八酉年四月 奉行."

144) 一竹島松島朝鮮附屬ニ相成候始末 : 此儀 松島は竹島之隣島ニ而.松島之義ニ付是迄揭載せし書留も無之.竹島之義ニ付而は 元祿度之往復書翰手續書寫之通二有之.元祿度後は暫く之間朝鮮より居留之もの差遣置候處.当時は以前の如く無人と相成 竹木又は竹より太き葭を産し人參等自然に生し其餘漁産相應ニ有之の趣相聞候事. 右は朝鮮國事情實地偵索いたし候處大略書面之通御座候間一ト先歸府仕候 依之件々取調書類繪圖面とも相添此段申上候 以上 午四月 外務省出仕.佐田白茅/ 森山茂 / 齋藤榮

145) 木戸孝允文書, 日本史籍協會編, 東京大學出版會, 2016 : "使節を朝鮮に送って,彼らの無礼を聞き不服するときは,罪を計算して攻撃して,その地で日本の權威が廣がるようにしなければならない."

146) 朝鮮國交際始末內探書』は1870年4月,朝鮮の釜山に出張した外務省出仕の佐田白茅等の復命書で.その調査項目の中に,「竹島松島朝鮮附屬に相成り候始末」(竹島〈鬱陵島〉と松島

〈現在の竹島〉が朝鮮の附屬の島となった経緯について）の一項があることから,それを根據に松島 (竹島) は朝鮮領になったというのである.だがそれは調査項目であって,「獨島は韓國領土」とする証據にはならない. "一. 竹島松島朝鮮附屬ニ相成候始末：此儀松島ハ竹島ノ隣島ニチ松島ノ儀ニ付是迄掲載セシ書留モ無之. 竹島ノ儀ニ付テハ元祿度後ハ暫クノ間朝鮮ヨリ居留ノ爲差遣シ置候處當時ハ以前ノ如ク無人ト相成竹木又ハ竹ヨリ太キ葭ヲ産シ人參等自然ニ生シ其餘漁産モ相應ニ有之趣相聞ヘ候事. 右ハ朝鮮事情實地偵索イタシ候大略書面ノ通リニ御座候間一ト先歸府仕候依之件々取調書類繪圖面トモ相添此段申上候以上."

147) 竹島松島朝鮮附屬ニ相成候始末："此儀松島ハ竹島ノ隣島ニチ松島ノ儀ニ付是迄掲載セシ書留モ無之. 竹島ノ儀ニ付テハ元祿度後ハ暫クノ間朝鮮ヨリ居留ノ爲差遣シ置候處當時ハ以前ノ如ク無人ト相成竹木又ハ竹ヨリ太キ葭ヲ産シ人參等自然ニ生シ其餘漁産モ相應ニ有之趣相聞ヘ候事. 右ハ朝鮮事情實地偵索イタシ候大略書面ノ通リニ御座候間一ト先歸府仕候依之件々取調書類繪圖面トモ相添此段申上候以上."

148) 독도의 진실, 독도는 대한민국 영토입니다. 동북아역사재단, 독도연구소, 2015(nafh.or.kr)

149) 北澤正誠, 竹島考證, 1881："今日, 松島はすぐに元祿12年と呼ばれるように, 竹島として古くから伝わる, 私たち日本の領土外版圖を知っている."

150) 上野景範(うえの かげのり,1845~1888)は明治時代の日本の外交官.薩摩國鹿兒島郡出身.英學に明るく,明治維新後にハワイの元年者移民問題などに当たり,駐米・英・墺などの全權公使を歴任.後に元老院議官となった.趣味は油繪.明治6年(1873年)5月,內閣に提議した李氏朝鮮との修好條約締結問題における意見書は,征韓論の端緒となり,明治六年政変を引き起こすこととなる.

151) 石橋智紀,明治30年代初頭に島根縣を訪れた鬱陵島民と洪在現の虛實, p.91：はじめに(明治 30 年代初頭とは)明治時代,多くの日本人が伐木・漁勞等を目的に鬱陵島に渡航していたことについては,これまでいろいろな報告等があり,研究もされているが,鬱陵島民 (韓國人) が島根縣を訪問した事例についての研究はほとんどない.明治30(1897)年代初頭を中心にそういった例について報告したい.

152) 赤塚正助, ウィキペディア(Wikipedia)：赤塚 正助(1872~1942)は,衆議院議員(立憲民政党→立憲政友會),外交官鹿兒島縣姶良郡蒲生村(現在の姶良市) に赤塚源太郎の三男として生まれた.1892年(明治25年)7月,鹿兒島高等中學造士館予科卒業,1894年(明治27年)7月,鹿兒島高等中學造士館本科卒業.1897年(明治30年),東京帝國大學法科大學英法科を卒業し,外交官及領事官試驗に合格した.廈門領事,釜山領事,マニラ領事,外務省通商局第一課長などを歴任し,1912年(明治45年)に廣東總領事に就任した.やがて奉天總領事に轉じ,關東都督府參事官と朝鮮總督府事務官を兼任した.奉天總領事として張作霖との交涉を担当した.1923年 (大正13年,駐オーストリア公使に任命され,駐ハンガリー公使も兼ね,1926年 (大正15年) まで務めた.退官後の1928年 (昭和3年),第16回衆議院議員總選擧に出馬し,当選した.

153) 김명기, 전게서, p.70, 우용정, 울릉도사핵, 1900.6.8. : "체재중인 일본인 144명, 정박 중인 일본선박 11척, 일본인이 방대한 벌목을 자행하고 있어 울릉도감 단신으로 이를 방지할 수 없는 상황임."

154) 울릉군청 홈페이지 : 1900년4월 강원도에 편입, 1906년 경상남도에 대마도에서 접근이 용이하다는 점에서 경상남도에 편입, 1914년에 동력선으로 직선거리인 경상북도에 편입조치함

155) 대한제국 칙령 제41호(내용) : "울릉도(鬱陵島)를 울도(鬱島)로 개칭(改稱)ᄒ고 도감(島監)을 군수(郡守)로 개정(改正)ᄒᆫ 건(件) : 제1조: 울릉도(鬱陵島)를 울도(鬱島)로 개칭ᄒ야 강원도(江原道)에 부속하고 도감(島監)을 군수(郡守)로 개정ᄒ야 관제중(官制中)에 편입(編入)ᄒ고 군등(郡等)은 오등(五等)으로 홀 사(事). 제2조: 군청(郡廳) 위치(位置)ᄂᆫ 태하동(台霞洞)으로 정(定)ᄒ고 구역(區域)은 울릉전도(鬱陵全島)와 죽도(竹島) 석도(石島)를 관할(管轄)홀 사(事). 제3조: 개국오백사년(開國五百四年) 팔월십육일(八月十六日) 관보중(官報中) 관청사항란내(官廳事項欄內) 울릉도 이하(鬱陵島 以下) 십구자(十九字)를 산거(刪去)ᄒ고 개국오백오년(開國五百五年) 칙령(勅令) 제삼십육호(第三十六號) 제오조(第五條) 강원도이십육군(江原道二十六郡)의 육자(六字)ᄂᆫ 칠자(七字)로 개정(改正)ᄒ고 안협군하(安峽郡下)에 울도군(鬱島郡) 삼자(三字)를 첨입(添入)홀 사(事). 제4조: 경비는 오등군(五等郡)으로 마련(磨鍊)호되 현금간(現今間)인즉 이액(吏額)이 미비(未備)ᄒ고 서사초창(庶事草創)ᄒ기로 해도수세중(海島收稅中)으로 고선(姑先) 마련(磨鍊)홀 사(事). 제5조: 미비(未備)ᄒᆫ 제조(諸條)ᄂᆫ 본도개척(本島開拓)을 수(隨)ᄒ야 차제(次第) 마련(磨鍊)홀 사(事). 제6조: 본령(本令)은 반포일(頒布日)로부터 시행(施行)홀 사(事). 광무(光武) 4년(四年) 10월 25일(十月二十五日) 어압(御押) 어새(御璽) 봉(奉) 칙(勅) 의정부의정임시서리찬정내부대신(議政府議政臨時署理贊政內部大臣) 이건하(李乾夏)"

156) 通商彙纂, 外務省通商局 編纂(明治14年~大正２年３月刊), 全185卷〔復刻版〕, 本資料集は, 外務省が編纂した領事報告の集大成である. 「領事報告」とは, 海外各地に駐在する領事が, 本國政府に定期的に送付した現地の通商經濟情報や貿易報告であり, 一九世紀國際經濟史上きわめて重要な役割を果たした. 報告書の項目をみても, 商業・工業・水産・農業・鑛業・交通・貨幣及び金融・關稅・電報・時事・雜報等多岐にわたりかつ膨大である. 日本資本主義の生成・發展段階及び, 各國經濟活動を克明に記錄した第一級資料である.

157) 日本人, 朝鮮人は現竹島をどのような呼稱で呼んでいたか? : "表題の件, 1890年代から1910年代まで, 日本人と韓國人がどのような呼稱で現竹島を呼んでいたかを列擧し, それを表でまとめた. 別項で記載するが, この呼稱の變化は漁業の進展とともに變化していく節がある. 基本的に, 日韓ともに「ヤンコ島」という, Liacnourt Rocksの日本語名を使用していた. これは, 日本人に雇用されるようになって現竹島での漁を知るようになったためだと思われる. 現竹島がリアンコールド岩から, "竹島"と名稱變更されるのは1905年2月22日である. (ただ, 例外として, 日本がりゃんこ島を江戸時代の名稱"松島"と呼んでいると記載されている文章がまれにあるが, 1900年前後, 基本的には松島は鬱陵島の事である.)日本側の記錄で「獨島」が出てくるのは1904年, 一方韓國側のそれは1906年まで出てこない. また, 韓國人は, 此の島を"石島"や"于山島"と呼んでいた形跡が無い. (ただし, 1907年の張志淵の新大韓地誌には, 于山島が現竹島をほのめかす一文があるが, それ以外は全くない.)"(sites.google.com/site/takeshimaliancourt)

158) 中井養三郎(なかい ようざぶろう, 1864~1934年)は, 現在の鳥取縣倉吉市出身で, 島根縣周吉郡西鄕町(現在の隱岐の島町)を據点とした漁業者. 1864年伯耆國久米郡小鴨村大字中河

原(現・鳥取縣倉吉市)にて,醸造業者の家に生まれる.竹島で,潜水器を使ってナマコやアワビ
をとる漁業に携わる.1903年(明治36年),竹島に小屋を建てる.1904年(明治37年)に「りゃんこ
島領土編入並に貸下願」を政府に提出し,日本海の孤島・竹島の領土編入と貸下げを內務
省,外務省,農商務省の三省に願い出た.この一件の對處と記録が現在の日本政府による竹島
領有權主張の重要な根據とされている.1934年,死去する.

159) りゃんこ島領土編入並に貸下願 : " 隱岐列島の西八十五浬、朝鮮鬱陵島の東南五十五浬
の絶海に、俗にりゃんこ島と稱する無人島有、之候、周囲各約十五町を有する甲乙二ヶの岩
島中央に對立して一の海峡をなし、大小數十の岩礁点々散布して之を囲繞せり。中央の二島
は四面斷岩絶壁にして高く屹立せり。其頂上には僅に土壤を冠り雜草之に生ずるのみ...明治
三十七年九月二十九日、島根縣周吉郡西鄉町大字西町字指向、中井養三郎. 內務大臣子爵芳
川顯正 殿、外務大臣南爵小村壽太郎 殿、農商務大臣男爵清浦圭吾 殿."

160) 독도에 관한 불편한 진실, 세네마현 고시 40호 명백한 무효, 주간조선, 2014.3.24. : ... 일본내각
이 심의한 한 사항은 무주지 선점의 국제법 재판사례 : "엘살바도르 정부가 1856년 관보에 멩구에
라섬을 상 미구엘 주에 속한다고 공포하고 후속조치들을 취했다는 점, 이에 대한 온두라스 측의 항
의가 없었다는 점 등을 볼 때 엘살바도르의 멩구에라섬에 대한 영유권이 인정된다. 엘살바도르 정
부는 19세기 후반부터 멩구에라섬에 대하여 다양한 행정권을 행사하였다. 예컨대 군사, 선거, 세금,
인허가, 출생 또는 사망신고, 민·형사 관할권, 우편, 위생보건 등에 관한 행정관리 업무를 강화하였
다. 한편 온두라스는 이러한 엘살바도르 정부의 강화된 행정권 행사에도 불구하고 어떠한 항의도
하지 않았다."

161) 島根縣告示第40号, 1905年02月22日(明治38年02月22日), 松永武吉(島根縣知事)

162) 島根縣告示第四十號 : "北緯三十七度九分三十秒東經百三十一度五十五分隱岐島ヲ距ル
西北八十五浬二在ル島嶼ヲ竹島ト稱シ自今本縣所屬隱岐島司ノ所管ト定メラル. 明治三十八
年二月二十二日."

163) 日本國, 外務省 通商局 『通商彙纂』 第50号「鬱陵島現況」,1905.9.3. pp.49-51

164) 外務省通商局『通商彙纂』 第 50 号「鬱陵島現況」,1905.9.3. pp.49-51 : "鬱陵島現況 :
「トド」と称する海獸は,鬱陵島より東南約二十五里の位置にあるランコ島に棲息し,昨年頃よ
り鬱陵島民之を捕獲し始めたり.捕獲期間は,4月より9月に至る6ヶ月間にして,漁船1組に付
き獵手及び水夫等約10人にて,平均1日約5頭を捕獲すと云う.而して,本事業に從事する者
30人あり.漁船3組あり.又「トド」1頭に付き,現今市価は平均3円なり."

165) 三國史記, 新羅本紀 第八 : " 聖德王, 二十二年夏四月, 遣使入唐,獻果下馬一匹·牛黃·人蔘·
美髢·朝霞紬·魚牙紬·鏤鷹鈴·海豹皮·金銀等../ 新羅本紀 : "眞興王十五年,金·銀·銅·牛黃·布
木·果下馬·人蔘·頭髮·魚牙紬·朝霞紬·海豹皮..."/ 新羅本紀第九 "... 二十九年春二月遣王族
志滿朝唐獻小馬五匹狗一頭金二千兩頭髮八十兩海豹皮十張玄宗授志滿太僕 ..."

166) 正祖實錄,卷四十,正祖十八年六月戊午條: "江原道觀察使沈晋賢狀啓言 鬱陵島搜討,間
二年使邊將 輪回擧行,已有定式,故搜討官越松萬戶韓昌國處,發關分付矣.該萬戶牒呈,四月
二十一日.幸得順風,糧饌雜物,分載四隻船,與倭學李福祥及上下員役格軍八十名.同日未時量,

到于大洋中,則酉時北風猝起.雲霧四塞,驟雨霹靂...三十日發船,初八日還鎭,島中所産可支魚皮二令.篁竹三箇,紫檀香二吐莫.石間朱五升,圖形一本.監封上使云,幷上送于備邊司."

167) 李瀷,星湖僿說,鬱陵島 : "...水族有嘉支魚,穴居巖蹟,無鱗有尾,魚身四足,而後足甚短,育不能善走,水行如飛,聲如嬰兒,脂可以燃燈云..."

168)「獨島海獅」滅絶要怪日本漁民?南韓積極復育爭主權, 國際中心(綜合報導), 2014.2.19. : "爲了維護獨島領土主權,南韓準備打出「原住民牌」.復育被日本漁民過度捕殺而遭滅絶的「獨島海獅」,因爲牠們從史前時期開始棲息在東海海域, 但在上世紀70年代後就消失不見.獨島海獅主要分布主要分佈在日本列島,朝鮮半島,千島群島及堪察加半島南端的朝鮮東海沿岸地區.據了解,獨島海師在100年前於獨島附近還有數萬隻,但因日本漁民貪圖牠們的皮革,油脂與內臟,過度捕殺, 1975年判定爲滅絶."

169) 公益財団法人日本國際問題研究所(The Japan Institute of International Affairs),竹島に關する証言の動畫の公開について, 2020.6.26. : "平成30(2018)年度からは,明治38(1905)年竹島の島根縣編入前後における竹島での漁業の實態を明らかにするため,島根縣隱岐地方を中心に,山陰地方において竹島關係の史料調査,聞き取り調査を,船杉力修(ふなすぎ りきのぶ)・島根大學法文學部准敎授(歷史地理學)に依賴して實施しています.ここ數年竹島に關する記憶のある世代が相次いで亡くなっており,このままでは竹島に關する記憶が消滅する可能性が高いことから,令和元(2019)年度からは,聞き取り調査と並行して,竹島の關係者から,竹島に關する証言を撮影し,証言を收錄した動畫を公開する事業を開始しました.このたび6月26日からYouTube上で公開することになりました.竹島に關する証言の動畫を公開するのは初めてのことです.(https://www.jiia.or.jp/column)

170) '수탈의 상징'이 영유권 근거?...日 '독도 강치잡이' 영상 배포, KBS, 2020.6.24. / "독도에서 강치 잡았으니 일본 땅" ... 日 황당 주장, 한국경제, 2020.6.24. / 日 '1905년 이전 조업' 근거로 "독도는 일본 땅" 또 억지, 연합뉴스, 2020.6.24. / [독도이야기] 일본 관리들 몰려와 '독도는 일본 영토' 표지판 설치, 조선일보, 2020.6.21.

171) Hans Rosling, Anna Rosling Rönnlund & Ola Rosling, Factfulness : Ten Reasons We're Wrong About the World--and Why Things Are Better Than You Think, Flatiron Books (April 3, 2018) 352 pages : "8. The Single Perspective Instinct : Factfulness is ... recognizing that a single perspective can limit your imagination, and remembering that it is better to look at problems from many angles to get a more accurate understanding and find practical solutions."

172) 우리나라의 민사소송법, 형사소송법 등에서 인정하는 증거는 당사자, 서증, 증거물, 증인, 감정이란 5가지로, 가장 진정성이 높은 증거로는 서증(書證)이며, 서증엔 판결문서>공증문서>처분문서>행정내부문서>사문서 순으로 진정성을 인정하고 있다. 또한, 사문서엔 자필서류>입회계약서(보증서, 인감증명서 등 첨부)>저서>신변잡기(메모) 등이다. 서증>감정(지문, 필적, DNA, 인장 등)>증거물(채액, 정액, 흉기 등)> 증인>당사자 등의 순서다.

173) 우리나라 대법원 등에서 통용되고 있는 채증법칙으로는 i) 경험칙(經驗則)으로 생로병사, 연령,

시대성, 지식수준, 소속, 지역성, 종교 등에서 형성된 경험적인 관념과 잣대가 됨, ii) 논리칙(論理則)으로는 시대순서, 발생순, 중요도, 서열, 성장발달상, 일관성(진술) 등으로 판단, iii) 실험칙(實驗則)은 각종 감정 혹은 실험을 통해서 현장확인, 과학실험, 전문가 확인(지질, 날인) 등으로, iv) 비례칙(比例則)은 배분적 정의 개념에서 감량작형, 감경작형에 활용, v) 평등칙(平等則)은 산술적 평균개념으로 비교교량(比較較量)하고 있음.

174) 島根縣 告示 第40號: "北緯三十七度九分三十秒東經百三十一度五十五分隱岐島ヲ距ル西北八十五浬二在ル島嶼ヲ竹島ト稱シ自今本縣所屬隱岐島司ノ所管ト定メラル. 明治三十八年二月二十二日. 島根縣知事松永武吉."

175) 『軍艦新高戰時日誌』 1904年 9月 25日條: " 松島二於テ'リアンコルド'岩實見者ヨリ聽取リタル情報: '리안코르드'岩韓人之ヲ獨島ト書シ本邦漁夫▦略シテ'リ*ンコ'島ト呼稱セリ 別我略圖ノ如リ二個岩嶼ヨリ成リ西嶼高サ約四百呎險沮二シテ▦ルコ*困難アルモ東嶼ハ較低リシテ雜草ヲ生シ頂上▦▦平坦ノ地アリ二三小舍ヲ建設スルニ足ルト云フ. 淡水東嶼東面ノ入江內二テ▦許シ得又同嶼ノ南B點水面ヨリ三間餘ノ所二湧泉アリテ四方二浸出ス其量▦**ク年中涸渴スルコトナシ西嶼ノ西方C點二モ亦淸水アリ嶼ノ周回二點在スル岩ハ槪シテ扁平シテ大ナルハ數十量リ▦クニ足リ常二水面二露出ス海馬玆二群集ス兩嶼ノ間ハ船ヲ繫クニ足ルモ小舟ナレバ陸上二引揚ハルヲ常トシ風波强ク同島二繫泊シ難キ時ハ大低松島二テ順風ヲ得避難スト云フ. 松島ヨリ渡航海馬獵二從事スル者ハ六七十石積ノ和船ヲ使用シ嶼上二納屋ヲ構エ每回約十日間滯在シ多量ノ收額アリト云フ而シテ其人員モ時時四五十名ヲ超過スルコトアルモ淡水ノ不足ハ告ケザリシ又本年二入リ數回渡航シタルニ六月十七日露國軍艦三隻同島附近二現ハレ一時漂泊シ後北西二進航セルヲ實見セリト云フ"

176) 『軍艦對馬戰時日誌』, 1904年 11月 13日: "四戰機密第二七六號ヲ受領ス左ノ如シ 仙頭對馬艦長二訓令(三十七年 十一月十三日, 於竹敷旗艦笠置) 一. 貴官ハ左記各所二對スル派遣員材料等到着 次第當根據地ヲ出發シ左記任務二服スヘシ而シテ各地歸艦ノ順序日割等ハ直接出張係官等ト協議決定シ其豫定ヲ7報告スヘシ.(イ) 高崎山無線電信所通信試驗旅行及之ガ試驗係官ヲ同地二送致スルコト. (ロ) '리안코르드'島ハ電信所(無線電信所二非ス) 設置二適スルヤ否ヤリ視察スルコト. (ハ) 松島竹濱蔚崎各望樓行材料人員ヲ送致スルコト. 二. 前項(ハ)ノ各望樓行人員材料等ハ明十四日朝着スベキ靑龍丸二テ悉ク到着高崎山無線電信所行試驗係官ハ明後十五日朝到着ノ豫定ナリ."

177) 日本 海軍軍令部, ▨極秘明治三十七八年海戰史▨ 第4部 第4卷, 附錄〈備考文書〉 第67號: "第六十七號 明治 三十八年 一月五日對馬艦長海軍中佐仙頭武英ヨリ水路部長二提出セルリヤンコ-ルド島槪要リヤンコ-ルド 島ハ一帶ノ狹水道ヲ隔テテ相對峙スル二個ノ主島ト其ノ周圍二碁列スル小嶼ヨリ成ル洋中ノ一小群嶼タルニ過キス此ノ小嶼ハ槪ネ扁平二シテ上面僅二水上二現出ス主島ノ周邊ハ奇觀ヲ呈スル洞窟二富ミ共二海豹群ノ棲窟タリ主島ハ全部殆ト不毛ノ禿岩二シテ海風常二全面ヲ嘗吹シ一株ノ樹木ナク南面二於テ野草僅二苔生スルヲ見ルノミ全周ハ斷崖絶壁軟性ノ石層ヨリ成リ周邊何レヨリスルモ攀登殆ト不可能ニ屬シ全島平坦ノ地二乏シク水道ノ兩側二於テ狹小ナル平坦ノ礫地二三箇所アレトモ皆洋濤ノ襲來

ヲ免レス東島ニ於テ菰葺ノ假小屋アリ海豹獵ノ爲メ夏季此ノ島ニ渡來スル漁夫用ノモノニ
シテ當時著シク破壊シ僅ニ其ノ形跡ヲ止ムルノミ其ノ破損ノ状況ヨリ判斷スルニ此ノ附近ヲ
蹂躪スル風波ノ猛威察スルニ餘リアリ試ミ風浪ノ銳鋒ヲ避ケ得ヘキ家屋建築用地ヲ他ニ求
ムレハ僅ニ左記ニ箇所アルニ過キス. (イ) 西道ノ東面ニ山崩アリ其ノ傾斜頗ル急ニシテ上半
ハ殆ト直立シ到底攀ツル能ハサレトモ下半ハ稍緩傾ヲナシ辛ウシテ其ノ中腹マテ攀登スルヲ
得此ノ處地質强ナル岩層ニシテ之ヲ開鑿スレハ三坪弱ノ平坦地ヲ得ヘク東風ノ外悉ク遮蔽
シ得. (ロ) 東島頂部ハ一見平坦ナル部分多ク家屋建設ニ適スル如クナレトモ之ヲ踏査スルニ
ハ經路ニ多大ノ工事ヲ施スニ非サレハ局地ニ達スル能ハサルヲ以テ實見シ得サリシモ海洋
ノ蠻風ニ對シテ四周暴露ノ難ヲ免レス然レトモ獨リ南端ニアレ平坦地ハ三四坪ノ廣サアルヘ
ク西北ノ一方ハ遮蔽セラルルモノノ如シ."

178) 隱岐の新島, 山陰新聞, 明治38年2月24日 : "隱岐の新島, 北緯三十七度九分三十秒東經
百三十一度五十五分隱岐島を距る西北八十五浬に在る島嶼を竹島と稱し自今其隱岐島司の
所管と定めらると縣知事より告示せり右島嶼は周圍十五町位の二島より成.る周圍には無數
の群島散在し海峽は船の碇泊に便利なり. 草は生へ居たるも樹木は無しと云ふ."

179) 江原觀察使 狀啓 : " 鬱島郡守 沈興澤 報告書 內開에 本郡所屬 獨島가 在於本部外洋百餘
里外이삽더니 本月初四日辰時量에 輪船一雙이 來泊于郡內道洞浦而 日本官人一行이 到于官
舍ᄒᆞ야 自云獨島가 今爲日本領地故로 視察次來到이다 이온바 其一行則 日本島根縣隱岐島司
東文輔及 事務官神西由太郎 稅務監督局長吉田平吾 分署長警部 影山巖八郎 巡査一人 會議
員一人 醫師技手各一人 其外隨員十餘人이 先問戶摠人口土地生産多少ᄒᆞ고 且問人員及經費
幾何 諸般事務를 以調査樣으로 錄去이읍기 玆에 報告ᄒᆞ오니 照亮ᄒᆞ시믈 伏望等因으로 准此報
告ᄒᆞ오니 照亮ᄒᆞ시믈 伏望. 光武十年 四月二十九日 江原道觀察使署理春川郡守 李明來 議政
府參政大臣 閣下."

180) 議政府 參政大臣 指令文3號 : "來報ᄂᆞᆫ 閱悉이고 獨島領地之說은 全屬無根하나, 該島 形便
과 日人 如何行動을 更爲査報 할 사."

181) 內部大臣 指令文 : "遊覽道次에 地界戶口之錄去ᄂᆞᆫ 容或無怪어니와 獨島之稱云日本屬地ᄂᆞᆫ
必無其理니 今此所報가 甚涉訝然이라."

182) Illegality in contracts, February 2013,Legal Briefing, (inhouselawyer.co.uk/legal-brief-
ing) : "Illegality in contracts : As a general rule, the English courts will not enforce an illegal
contract or provide for any other remedies that arise out of it. However, in determining
the consequences of illegal acts carried out pursuant to a contract, the courts will dis-
tinguish between those contracts that are said to be illegal at their formation, and those
that are illegal through performance."

183) 러시아의 한 학자는 조선의 무대응에 대해 일본의 실효적 지배에 동의 : "불행히도 시마네현 고시
제40호는 일본이 한국을 보호국으로 만들었던 1905년 11월 17일 을사조약 이전에 발하여졌다. 만
약 이 고시가 을사조약 이후에 발령되었다면 그것을 무효로 보기 위한 방법을 찾을 수 있을 것이다.
1905년 중반까지 한국은 법적으로 자주독립 국가였음에도 불구하고 고종 황제는 일본의 영토편입

에 대해 실효적인 대응을 하지 않았다. 이러한 이유로 일본은 독도 영토편입이 합법적이라고 주장하는 것이다."

184) 1910년 8월 29일 한일병합조약을 체결하고, 일본제국은 천황의 이름으로 그동안 공로에 대해 76명에게 일본귀족으로 작위를 주었고, 은사금을 지급하였다. 68명은 작위와 은사금을 같이 받았다. 이완용, 이지용은 백작, 박재순은 자작 등이다. 일천황의 은사금은 윤택영 50만 엔(현재 금액 100억 8천만 원), 이재면, 16만8천 엔, 이준용 16만3천 엔, 이완용 15만 엔, 이지용, 송병준, 이용구 등 10만 엔, 태극기를 만든 박영효도 28만 엔을 받았다.

185) 老子,道德經,第六十章 : "治大國,如烹小鮮.以道莅天下,其鬼不神.非其鬼不神,其神不傷人.非其神不傷人,圣人亦不傷人.夫兩不相傷,故德交歸焉."

186) Daron Acemoglu & James Robinson, Why Nations Fail : The Origins of Power, Prosperity & Poverty, Crown Business, 2013. p.279 : "The failure of the state is because the leaders have not done anything to do. And the statesmen have also do what they should not do."

187) 齋藤豊仙, 隱州視聽合記, 1667 : "...隱州然則, 日本乾地以此列爲限矣."

188) 차종환 외2, 겨레의 섬 독도, 해조음, 2006. p.10 : "여기엔 감정적 대응 또는 다혈적인 자세를 지양하고 냉철하고 이성적이 되어 합리적인 대처가 필요하다. 최근 국제적여론조사에 의하면 말레시아와 대만은 66.7%, 호주는 68.8%, 인도네시아 55.6%, 필리핀 54.5%가 독도(다게시마)가 일본 땅이라고 믿는다고 답했다."

189) 「同期の櫻」 帖佐裕編詞・大村能章作詞 : "… 貴樣と俺とは 同期の櫻 / 離れ離れに 散ろうとも / 花の都の 靖國神社 / 春の梢に 咲いて會おう."

190) 漢書,霍光傳 : "臣聞客有過主人者,見其灶直突,傍有積薪.客謂主人,爲曲突,遠徙其薪,不者且有火患,主人嘿然不應.俄而家果失火,鄰里共救之,幸而得息."

191) 岡村寧次(おかむら やすじ,1884~1966)は,日本の陸軍軍人.支那派遣軍總司令官,北支那方面軍司令官,第11軍司令官等を歷任し,官位は陸軍大將勳一等功一級に昇る.父は江戶幕府に仕えた岡村寧永.元妻の星野理枝と死別した後,貴族院議員・加藤宇兵衛の娘と再婚する.陸軍三羽烏の一人.

192) 平沼騏一郎(ひらぬま きいちろう,1867~1952)は,日本の司法官僚,政治家.位階は正二位.勳等は勳一等.爵位は男爵,學位は法學博士.号は機外.大審院檢事局檢事總長(第8代),大審院長(第11代),日本大學總長(第2代),大東文化學院總長(初代),財団法人大東文化協會會頭(第3代),司法大臣(第26代),貴族院議員,樞密院副議長(第11代),樞密院議長(第17・21代),內閣總理大臣(第35代),國務大臣,內務大臣(第62代)などを歷任した.

193) 1938年 4月, 日本政府公布國家總動員法,規定 : 只要是國家總動員的需要,可以不經過議會批准,而以天皇敕令的形式壟斷,統制和調用物資,能源,運輸及勞動力 ; 還規定,「爲有效發揮國家的所有力量,統制使用人,物資源」, 人和物一樣都成爲被統制的「消耗品」.當年還成立以管理國民身體爲目的之厚生省,負責確保戰爭所需要之「人的資源」,甚至連國民之「健康狀況」也作爲衡量戰鬥力和勞動能力之標準 ; 於是,爲使國民保持健康投入總力戰,普及廣播體操.

194) 日の丸弁当(ひのまるべんとう)は,日本の弁当の一つ.弁当箱に詰めた飯の中央に副食として梅干し1個だけを乗せたもので,日本の國旗(日の丸)のデザインに似ていることが名の由來である.特に戰時中,興亞奉公日(毎月1日)の食事に獎勵されたことで知られており,戰時中の代表的な食べ物の一つとも考えられている.

195) 昭和6年 (1931年) 1月,所在地を訪問.ちょうどこの年に結成されたばかりの韓人愛國団の秘密會議が行われており,下駄履きと日本人風の出で立ちで日本語を流暢にしゃべる李奉昌は,日本の密偵だと警戒されて追い出されたが,後日,潛入する工作員にはもってこいだということで逆に金九にスカウトされる.しかし周囲はしばらく素性のよく分からぬ李を疑い,宴席を設けて酒に酔わせ,本音を引きだそうとした.酔って大言壯語した李は,昭和天皇を處斷すべきだなどと口走り,自分は天皇のそばまで行ったことがあり,そのときは武器を持っていなかったからできなかったが容易にできたと熱っぽく語ったため,それならばと,後日計畫が立ち上げられた際に,暗殺計畫を實行する役目が李に与えられた.

196) 대한민국 임시정부, 대일선전성명서 : "우리는 3,000만 한국인 및 정부를 대표하여 중국▨영국▨미국▨네덜란드▨캐나다▨오스트레일리아 및 기타 제국(諸國)의 대일(對日) 선전 포고를 삼가 축하한다. 이것은 일본을 쳐부수고 동아시아를 재창조하는 가장 유효한 수단이다. 이에 특히 아래와 같이 성명서를 낸다. 1. 한국 전체 인민은 현재 이미 반침략 전선에 참가하였고, 일개 전투 단위가 되어 축심국(軸心國)에 대하여 선전 포고한다 … 5. 나구선언(羅邱宣言) 각 조를 단호히 주장하며 한국 독립을 실현하기 위하여 적용하며 이것으로 인해 특히 민주 전선의 최후 승리를 미리 축하한다. 대한민국 임시 정부 주석 김구(인), 외무부장 조소앙(인) 대한민국 23년(1941) 12월 10일.

197) 蔣介石(1887年10月31日~1975年4月5日),幼名瑞元,譜名周泰,學名志淸,后改名中正,字介石.浙江奉化人,是近代中國著名政治人物及軍事家,歷任黃埔軍校校長,國民革命軍總司令,國民政府主席,行政院院長,國民政府軍事委員會委員長,中華民國特級上將,中國國民黨總裁,三民主義靑年團團長,第二次世界大戰同盟國中國戰區最高統帥,中華民國總統等職.

198) 1943 Cairo Declaration : "… The aforesaid three great powers, mindful of the enslavement of the people of Korea, are determined that in due course Korea shall become free and independent. …"

199) Yalta Conference : The United States took its first real interest in Korea during World War II in the context of discussions over how to dismantle the Japanese Empire. At the Cairo Conference in November 1943, where the United States, Great Britain and China discussed wartime strategy and peace plans, the participants declared that "… in due course, Korea shall become free and independent." President Franklin D. Roosevelt favored a trusteeship in Korea; whereby the United States, Great Britain, China and the Soviet Union would temporarily govern the country until Korea could manage its own affairs. In February 1945, at the Yalta Conference, Roosevelt raised the issue of Korea again, proposing a trusteeship involving the United States, China and the Soviet Union, which could last twenty to thirty years. Soviet Premier Josef Stalin replied that the "shorter the

period the better." With this general and vague agreement between Roosevelt and Stalin, discussion of the postwar future of Korea ended." http://www.nj.gov/military/korea.

200) The surrender of Imperial Japan was announced by Japanese Emperor Hirohito on August 15 and formally signed on September 2, 1945, bringing the hostilities of World War II to a close. By the end of July 1945, the Imperial Japanese Navy (IJN) was incapable of conducting major operations and an Allied invasion of Japan was imminent. Together with the British Empire and China, the United States called for the unconditional surrender of the Japanese armed forces in the Potsdam Declaration on July 26, 1945—the alternative being "prompt and utter destruction".

201) Moscow Conference (1945) : "Korea, The rival U.S. and Soviet military commands in Korea would set up a Joint Commission to make recommendations of a single free government in Korea. This Commission was treated with great suspicion on both sides from its inception. Most important was the decision that a four-power trusteeship of up to five years would be needed before Korea attained independence."

202) 連合軍最高司令部訓令 (SCAPIN) 第677号, 1946年1月29日 : "…3 この指令の目的から日本と言う場合は次の定義による.日本の範囲に含まれる地域として:日本の四主要島嶼 (北海道,本州,四國,九州) と,對馬諸島,北緯30度以北の琉球 (南西) 諸島 (口之島を除く) を含む約1千の隣接小島嶼.日本の範囲から除かれる地域として: (a)鬱陵島,竹島,濟州島.…"

203) GENERAL HEADQUARTERS,SUPREME COMMANDER FOR THE ALLIED POWERS APO 500, 22 June 1946(SCAPIN 1033) MEMORANDOM FOR : IMPERIAL JAPANESE GOVERNMENT, THROUGH : Central Liaison office, Tokyo SUBJECT : Area Authorized for Japanese Fishing and Whaling…3. Authorization in paragraph 2 above is subject to the following provisions : (b) Japanese vessels or personnel thereof will not approach closer than twelve (12) miles to Takeshima (37°15' North Latitude, 131°53' East Longitude) nor have any contact with said island… FOR THE SUPREME COMMANDER : (sgd.) JOHN B. COOLEY,Colonel, AGD Adjutant General.

204) 出生在朝鮮王朝京畿道的平澤.1911年前去日本早稻田大學政治經濟學部學習.1912年在東京結成以朝鮮留學生爲中心的"朝鮮留學生學友會",鼓吹朝鮮民族的意識.1913年1月遠渡中國上海,加入獨立團体同濟社.畢業后回到朝鮮,成爲一名教師.1919年4月,奉大韓民國臨時政府的命令,在京城(今首爾)召集青年,組建"青年外交團",自任總務,參加三一運動,謀求朝鮮獨立,被日本殖民政府逮捕.1920年9月27日,大邱覆審法院判處他懲役三年.1927年1月,任朝鮮日報主編,被選爲新幹會總務干事,創作幷發表了該會的綱領,鼓吹民族意識,因此在翌年被京城覆審法院判處監禁八个月.1929年12月發生光州學生獨立運動,安在鴻辭去朝鮮日報副社長職務,協同新幹會舉行朝鮮民衆大會,控告日本殖民者的罪行,因而再次被捕,翌年處以起訴猶予.1937年5月,因爲南京軍官學校的學生募集運動一案而被捕,翌年因違反治安維持法被判處懲役二年.1942年再次被捕,然而服刑期間因日本戰敗投降而獲釋…在1948年韓國普選中,

他競選大韓民國首任總統,但被李承晚以絶對优勢得票率擊敗.朝鮮戰爭爆發之后,安在鴻被朝鮮人民軍俘虜到了北方,后在平壤死去.

205) 明治30年代初頭に島根縣を訪れた鬱陵島民と洪在現の虛實(pref.shimane.lg.jp) : "明治時代,多くの日本人が伐木・漁勞等を目的に鬱陵島に渡航していたことについては.これまでいろいろな報告等があり,研究もされているが,鬱陵島民(韓國人)が島根縣. ..."

206) 외무부, 독도문제 개론, 외교문서 총서 제11호, 외무부 정무국, 1955, pp.34-39. 재인용 엄정일, 독도특수연구, 책과 사람들, 2015. p.45.

207) New Korea Plan : If I'm storytelling in the name of the New Korea Plan, On October 1, 1950, the Republic of Korea on the Korean Peninsula(韓半島) moved under North Korea Communism and opened a "new" Korean nest in Western Samoa Islands. At the beginning of the 625 war, the ROK Forces and United Nations Forces(The US 8th Army) defeated the North Korean People's Army on the Nakdong River(洛東江) Front, and in the US 8th Army a total of more than 1 million people, including the Korean government's major politicians, military officers and refugees, boarded the U.S. Military Ship, Moved to Western Samoa Islands which New Zealand's command. In this worst scenario, through The US 8th Army Commander and the ROK Army Chief exiled President Syngman Rhee and others to West Samoa when the Yeongcheon Defense Front-line(永川防禦線) collapsed, requesting temporary government Building. On September 12, the ROK and UN forces suffered a great defeat in the Battle of Yeongcheon(永川). Therefore, the Nakdong River defense line was significantly affected. The US 8th Army entered the ready-made NKP(New Korea Plan) into a specific action plan. On September 15, the ROK and UN troops were given the message "From now on, the Republic of Korea will leave the Korean Peninsula and move to Western Samoa for settlement." On September 16th, it was then dangerous to Busan(釜山). The US Forces was in a hurry. Finally, on September 18th, US warships and various ships left Busan(釜山) Port with over a million people as families of government officials, military generals, scientists, intellectuals, and refugees. If we leave the Korean Peninsula today, we may be leaving for what-we-call Geumsugangsan(錦繡江山) beautiful my homeland forever. It's just a short breakup, and it's just a miracle I wish to bring back. On September 24th, a million Koreans set foot in the new world called Samoa Islands. On October 1, Presudent Syngman Rhee, on the grounds of Eastern Samoa, designated Seoul as a capital city, formed an official provisional government, and built a building. How many times is the government of asylum in this exotic country? i) Shilla Kim's(新羅金氏) exile government built in Manchuria due to the destruction of Silla, ii) Daezo Yeong's(大祚榮) exile government built on Mt. Gwigok(鬼谷山) in the Tang dynasty due to the lose of Goguryeo(高句麗), and iii) The exile government was established in Japan called Busng(扶桑) after the fall of Baekje(百濟), iv) the asylum government established by the Balhae families(渤海類族), v) the Joseon(大韓帝國) was merged into Japan,

and the temporary asylum government in Shanghai, China, and the South Korean exile government in Western Samoa. Now our wish may be not reunification, but national recovery. The Korean peninsula may be re-claimed by the Korean people.

208) 위키페디아, 조재천(曺在千, 1912년 11월 19일~1970년 7월 5일, 전남 광양)은 대한민국의 정치인이다. 일제 때 사법시험에 합격하고 일제하 판사로 근무하였다. 해방 뒤 경북도경찰국장 등을 지내고 1954년 총선거 때 경북 달성에서 민주국민당 후보로 출마, 제3대 민의원의원에 당선됨으로써 정계에 진출하였다. 1956년의 제3대 정·부통령 선거에서는 '못 살겠다 갈아보자'라는 선거구호를 내걸고 민주당 선전부장으로서 맹활약을 하였던 반공보수주의자였다. 1958년 대구에서 제4대 민의원의원에 당선되었으며, 1960년 제2공화국에서는 제5대 민의원의원으로 당선, 법무장관에 이어 1961년 내무장관이 되었으나 5·16군사정변으로 정당 활동이 금지되어 잠시 변호사를 개업하였다. 1963년 정치규제가 풀리고, 그해 전국구로 제6대 국회의원(민주당)으로 당선되어 야당통합에 앞장섰으며, 1965년 민주당 총재를 지냈다. 박정희 국가재건최고회의 의장에 반대해 '황태성 생존설'을 계속 주장했다.

209) FOREIGN RELATIONS OF THE UNITED STATES, 1952–1954, KOREA, VOLUME XV, PART 1 State–JCS Meetings, lot 61 D 417, Office of Historian : "Memorandum of the Substance of Discussion at a Department of State–Joint Chiefs of Staff Meeting1. top secret : Washington, May 29, 1953—11 a.m. [Here follow brief and inconclusive discussions on the Greek offer of an increase of its forces in Korea and a French request for loan of a light aircraft carrier.] [Page 1115] / Possible Emergency Actions in South Korea(history.state.gov/historicaldocuments)

210) Wada Haruki, The Korean War-An International History, University of Tokyo, 1992. p.267

211) Bernard Gwertzman, Papers Show U.S. Considered Ousting Rhee in Korean War, Aug. 4, 1975,The New York Times : "The plan which called for Dr. Rhee's arrest, was known as Operation Everready. It was never put into effect on the two occasions it was under active study, the documents show. Dr. Rhee made concessions that, in the view of the Americans involved, made his overthrow unnecessary and undesirable. The American military officers and diplomats who conceived the operation said before and after that they had high regard for Dr. Rhee's leadership and respected his deep anti ‐ Communist convictions, even though they often sharply disagreed with his policies.

212) 이승만 제거작전'까지 세웠던 美 주한미군 탄생 비화, 중앙일보, 2018.6.17. : "미국 측이 이승만을 제거하는 내용이 '플랜 에버레디(Plan Everready)'를 논의한 것도 이 무렵이었습니다. 유엔 명의로 계엄령을 선포하고 이승만을 감금시킨 뒤 군정을 실시한다는 내용이었습니다. 미 국무부와 합참은 1953년 5월 29일 회의를 열고 '플랜 에버레디'의 집행 여부를 집중 검토했지만 실행 여부엔 망설였습니다."

213) 梁裕燦(1897~1975는, 1897年に釜山で誕生. 1916年にハワイ準州 (Territory of Hawaii) のマッキンリー高校を卒業.1917年からハワイ大學マノア校で數學を學んだ後,1920年にマサチ

ューセッツ州ボストンへ渡米.1923年にボストン大學医學部を卒業し医學博士号を取得.1924年にハワイへ戻り,病院を開業.梁はハワイにおいて朝鮮人大學クラブを設立.1951年から1960年まで駐米大使.1951年7月9日,梁大使はジョン・フォスター・ダレスと會談を實施.會談において梁大使は對馬の領有權を主張したが,ダレスは對馬はずっと日本の完全たる領有下にあるとし,その要求を拒絶した.また第二次世界大戰において韓國臨時政府が對日宣戰布告をしたとの主張も行ったが,これについてもダレスは「アメリカは韓國臨時政府を一度も承認したことはない」と否定した.1951年7月19日,梁大使はサンフランシスコ條約草案に對する要望書を米國政府へ送付した.內容は,日本が放棄する領土に濟州島,巨文島,鬱陵島,竹島,波浪島を含むよう求めるものであった.また同日にダレス國務長官特別顧問との會談も行い,同様の要求を行った.しかし,米國政府は「当該島々は日本の領土」と考え,当時の國務次官補ディーン・ラスクにより同年8月10日に却下された.1953年4月21日,梁大使は朝鮮戰爭に關する覺書を米國政府へ伝達した.內容は,現在の狀態のままで朝鮮戰爭の停戰が合意されるならば,韓國軍は國連軍司令部から離脱するというものであった.梁大使は朝鮮戰爭以降,韓國の國際的地位の向上に努めた.1953年までは日韓間の交渉において韓國側の首席代表を任され,日本との交渉で先頭に立った.梁大使はまた,1951年から1958年まで國連總會の韓國首席代表を務め,1960年には駐ブラジル大使を駐米大使と兼任した.

214) "As regards the island of Dokdo, otherwise known as Takeshima or Liancourt Rocks, this normally uninhabited rock formation was according to our information never treated as part of Korea and, since about 1905, has been under the jurisdiction of the Oki Islands Branch Office of Shimane Prefecture of Japan. The island does not appear ever before to have been claimed by Korea...It is desired to point out, however, that the so-called MacArthur line will stand until the treaty comes into force, and that Korea, which obtains the benefits of Article 9, will have the opportunity of negotiating a fishing agreement with Japan prior to that date."

215) Rusk's Letter to You Chan Yang, Aug. 10, 1951 : Excellency : I have the honor to acknowledge the receipt of your noticed July 19 and August2, 1951, presenting certain requests for the consideration of the Government of the United States with Japan. With request to the request of the Korea Government that Article 2(*) of the draft be revised to provide that Japan "confirms that it renounced on August 9, 1945, all right, title and claim to Korea and the islands which were part of Korea prior to its annexation by Japan, including the islands Quelport, Port Hamilton, Dagelet, Dokdo and Parngdo" The United States Government regrets that it is unable to concur in this proposed amendment. the United states Government does not feel that the Treaty should adopt the theory that Japan's acceptance of the Potsdam Declaration on August 9, 1945 constituted a formal. or His Excellency. Pr. You Chan Yang, Ambassador of Korea

216) 러스크 서한(영어: Rusk documents)은 1951년 8월 10일 미국 극동 담당 국무 차관보 딘 러스크

가 양유찬 주 미국 대한민국 대사에게 보낸 외교 서한이다. 러스크 서한에서 미국 국무부는 다음과 같은 협상 태도를 보였다. 그 서신에서는 다음과 같은 협상 태도를 언급하고 있다. 일본의 포츠담 선언 동의는 일본에 의한 공식적이거나 최종적인 주권 포기로 여길 수 없다. 일본은 강화조약에서 독도에 대한 주장을 포기하지 않을 것이다. 맥아더 라인은 샌프란시스코 강화조약이 발효되기 전까지 유효하다. 일본은 전쟁 중 일본에 의해 피해를 입은 한국인의 개인 재산에 대해 보상할 의무가 없다. 한국에 있는 일본인의 재산 처분은 미군정과 대한민국 정부의 지시에 따른다. 러스크 서한은 일본 측에서 한국의 독도 영유권에 대한 주장을 반박하는 의도로 흔히 인용되는 문서이다. 그러나 러스크 서한은 연합국 대표 11개국으로 구성된 극동위원회에서 검토된 적도 없는 미국 단독의 의견이다

217) Treaty of Peace with Japan at San Francisco on 8 September 1951 : "CHAPTER II TERRI-TORY. Article 2 (a) Japan, recognizing the independence of Korea, renounces all right, title and claim to Korea, including the islands of Quelpart, Port Hamilton and Dagelet."

218) 竹島＝獨島の爆撃訓練區域指定 : 外務省曰, 8 . 竹島は,1952年,在日米軍の爆撃訓練區域として指定されており,日本の領土として扱われていたことは明らかです.單に,この一事だけを取りあげれば,竹島＝獨島は「日本の領土」という解釋も成立する余地があります.しかし,それでは余りにも早計です.これと正反對の見解を示す資料も存在するからです.前に記しましたが、1951年6月,在韓米軍のコルター將軍は韓國政府へ竹島＝獨島を爆撃訓練區域に使用する許可を韓國政府から得ました.この一事だけを取りあげれば,アメリカは竹島＝獨島を韓國領土として扱ったという結論になりかねません.

219) 엄정일, 전게서, p.49.

220) A sweetheart deal or sweetheart contract is a contractual agreement, usually worked out in secret, that greatly benefits some of the parties while in appropriately disadvantaging other parties or the public at large. The term was coined in the 1940s to describe corrupt labor contracts that were favorable to the employer rather than the workers, and usually involved some kind of kickback or special treatment for the labor negotiator. The term is also applied to special arrangements between private corporations and government entities, whereby the corporation and sometimes a government official reap the benefits, rather than the public.[3] No-bid contracts may be awarded to people who have political connections or make donations to influential politicians.[4] Sometimes a sweetheart deal involves tax breaks or other inducements to get a corporation to do business in that city or state

221) 외무부, 전게서, p.55.

222) 외무부, 상게서, pp.67-68.

223) 엄정일, 전게서, p.52.

224) 외무부, 전게서, pp.114-116 : "제1항은 독도가 한국영토라는 역사적 근거, 제2항 한국정부의 실효적 지배를 해왔음. 제3항 독도는 오키 섬보다 울릉도에서 더 가깝다. 제4항 시마네현 고시 제40호는 무효, 제5항 독도는 평화적이고 지속적인 주권행사 중, 제6항 SCAPIN 677호에 독도는 한국령,

제7항 대일강화조약에서도 명기되지는 않았으나 일본영토에서 분리, 제8항 미일합동위원회의 독도 연습기지화는 일본의 주장임. 제9항 이상을 종합하면 독도는 한국영토임."

225) 외무부, 전게서, p.41.

226) 筆勝於鋒 : The pen is mightier than the sword.

227) 北方4島歸屬、方針変わらず 領土交渉巡り首相, 日本経済新聞, 2016.10.3. : "安倍晋三首相は3日午前の衆院予算委員會で,ロシアとの北方領土交渉でこれまでの政府方針に変わりはないことを強調した。「4島の歸屬問題を解決して平和條約を締結する。これがすべてだ」と述べた。4島の歸屬に關しては「日本の立場は一貫している。北方領土は日本の固有の領土だ」との考えを改めて示した。民進党の前原誠司元外相への答弁."

228) 홍윤서, 독도전쟁, 명상출판사, 2000 : (줄거리) 우리나라가 뜻하지 않는 북한붕괴로 인해 북한핵무기를 장악했으나 경제적 위기를 당하고 있는 처지에 i) 미국은 한국내의 핵무기 저장고를 폭파하고자 일본과 공조, ii) 미국은 공조조건으로 NASA탐사위성으로 파악한 독도 저해의 지하자원 정보를 제공하고 이면협상, iii) 일본은 한국의 제2외환위기를 활용 50억 달러 제공으로 독도자원 공동개발권을 협상, iv) 한국은 지난 청와대 도청사건에 대한 역공전으로 백악관 도청하여 미일 간의 거래내역을 도청, v) 한국은 일본의 독도자원개발권의 협상을 국회비준을 빌미로 파기, vi) 일본의 극우익폭력을 준동시켜 특공대조직과 독도점령을 배후지원해 독도경비대를 섬멸하고 일장기를 올리고, 선제적 공군과 해군의 대응으로 한국의 준전시상황, vii) 미국은 백악관에 도청된 사건을 알고 한국 대통령과 특사친서협상을 하다.

229) Trump says will 'see what happens' with end of Seoul-Tokyo intel-sharing deal, Yonhap News, 2019.9.24. : "U.S. President Donald Trump has said he will see 'what happens' regarding South Korea's decision to pull out from a military intelligence-sharing deal with Japan, referring to South Korean President Moon Jae-in and Japanese Prime Minister Shinzo Abe as his good friends. Asked about Seoul's decision Thursday to end the General Security of Military Information Agreement (GSOMIA) amid a bilateral dispute over trade and history, Trump told reporters, "We are going to see what happens.""

230) 그대로 멈춰라 그대로 멈춰라 그대로 멈춰라(동요) : "즐겁게 춤을 추다가 그대로 멈춰라 / 즐겁게 춤을 추다가 그대로 멈춰라 / 눈도 감지 말고 웃지도 말고 / 울지도 말고 움직이지 마 / 즐겁게 춤을 추다가 그대로 멈춰라 / 즐겁게 춤을 추다가 그대로 멈춰라."

231) 靑 "지소미아 종료 조건부 연기 … WTO 제소 절차도 중단", YTN, 2019.11.22.

232) 한국민족문화대백과, 북진통일론 : "… 무력북진통일론은 한국전쟁기에 가장 강력한 정책방침이 되었다. 인천상륙작전으로 전세를 뒤집어 1950년 10월 1일에는 38선을 돌파하여 북진이 개시되었기에 실제로 북진통일론이 실천되고 있었던 상황이었다. 그러나 1951년 휴전회담이 시작되면서 이승만 정권의 북진통일론은 좌절될 상황에 처하게 되었고 그만큼 더 강하게 주장되기도 하였다. … 미국 압박용 이승만 정권의 극단적 선택은 1953년 휴전 직전에 반공포로 석방 단행이었다. 이외에도 이승만 정권은 휴전반대와 북진통일을 주장하는 광범위한 대중동원 전략을 구사하였다. …"

233) 통미봉남, KBS 2016.10.22. : "미국은 6·25동란으로 이승만 대통령이 맥아더 유엔군 총사령관

에게 넘긴 '군사작전권'을 아직도 갖고 있으며, 휴전협정의 당사국에 제외된 우리나라를 도외시하고 북한과 미국이 직접 협상하는 사례가 빈번히 발생했다. 속칭 통미봉남(通美封南)사건으로 1993년 동해안 잠수함 침입사건도 남한에 군사정보 제공하지 않았고 영변핵시설의 선제타격을 기획, 2008년도 영변핵시설의 냉각탑을 파괴하는 쇼로 6자회담에서 탈퇴, 2016년 북핵실험 등으로 강경대립 상황에도 말레이시아에서 미국과 북한의 협상 등에 우리나라는 속수무책이고, 미국과 북한은 평화협정을 몇 차례 논의하였음."

234) 日本外務省, 國際司法裁判所への付託の提案 : "1) 我が國は,韓國による「李承晩ライン」の設定以降. 韓國側が行う竹島の領有權の主張,漁業從事,巡視船に對する射擊, 構築物の設置等につき,その都度嚴しく抗議してきました. 2) そうした中, 我が國は,竹島問題の平和的手段による解決を図るため,1954(昭和29) 年9月,口上書をもって竹島の領有權に關する紛爭を國際司法裁判所(ICJ) に付託することを韓國に提案しましたが,同年10月, 韓國はこの提案を拒否しました.1962(昭和37) 年3月の日韓外相會談の際にも,小坂善太郎外務大臣(当時)から崔德新韓國外務部長官(当時)に對し,本件をICJに付託することを提案しました.しかし,韓國はこれを受け入れませんでした.3) さらに,2012(平成24)年8月,我が國は,李明博韓國大統領(当時) が, 歷代大統領として初めて竹島に上陸したことを受け,改めて,口上書をもって竹島の領有權に關する紛爭をICJに付託することを韓國に提案しましたが,同月,韓國は我が國の提案を拒否しました."

235) 한·일 군사정보포괄보호협정(GSOMIA), 2012년 6월 29일 MB정부에 비밀리 추진하다가 국민감정과 정치적 정서로 벽에 부딪혔으나 2016년 말에 박근혜 정부가 북핵군사정보 공유 등의 필요성에서 재추진해서 체결한 정식명칭 '대한민국 정부와 일본국 정부 간 비밀정보의 보호에 관한 협정'으로 : 대한민국 정부와 일본국 정부(이하 "양 당사자", 개별적으로는 "당사자"라 한다)는, 양 당사자 간에 교환되는 군사비밀정보의 상호 보호를 보장할 것을 희망하면서, 다음과 같이 합의하였다. 제1조 목적, 양 당사자는 각 당사자의 유효한 국내법령에 부합할 것을 전제로 여기에 제시된 조건에 따라 군사비밀정보의 보호를 보장한다.

236) Lawrence J. Korb (born July 9, 1939, in New York City) is a senior fellow at the Center for American Progress and a senior adviser to the Center for Defense Information. He was formerly director of national security studies at the Council on Foreign Relations in New York.

237) Voice of America, Nov.16, 2019. : "In the last three or four years we've kind of undermined our relationship that went on for decades. And these are not irreversible games but I do think that this does not help the whole situation, and the alliance."

238) 정재민, 독도 인더 헤이그, Human & Books, 2015, pp.79-83

239) 李如松(1549~1598), 字子茂,號仰城,遼東鐵嶺衛(今遼宁鐵岭)人, 本貫隴西李氏, 中國明朝著名將領,遼東總兵李成梁之長子.

240) 정재민, 상게서, p.303

241) 홍순칠, 독도의용수비대-국가무명용사의 훈장, 국가유공자 생활수기 작품집, 1985, 신원문화사,

p.122, 재인용 엄정일, 전게서, p.157 : "1954년 8월 23일 일본 해상보안청 소속 경비정 PS9 오끼(隱崎)호가 동도 500m까지 접근해 관찰해오다가 300m까지 접근해 선박의 후미를 기관총으로 발사해서 퇴각했음. 이때까지 우리 정부는 독도의용수비대의 존재를 알지 못했고 정식으로 인가한 바가 없었다는 이유로 불법집단으로…. 심지어 백두진 총리는 일본의 항의에 '해적인지 모르겠다.' 아시송하게 흘려 답했을 정도였다. …."

242) 홍순칠(洪淳七) : 1926.1.23. 경북 울릉군 태생, 할아버지 홍재현(洪在現) 혹은 홍봉제(洪奉悌)로 1883년 20세에 개척민으로 울릉도에 정착, 일본인들이 강치를 남획해서 일본관헌에게 담판을 했다는 제2의 안용복으로 무용담의 주인공이었음. 1950.6.25. 전쟁발발로 입대 청진(淸津) 진격전투에 참여, 원산전투에서 부상입어 1952년 7월에 특무상사로 전역. 1952.4월에 독도의용수비대를 결성하여 수비대장이 됨. 1954년 5월 제3대 울릉군 무소속 국회의원 후보자로 출마 중도사퇴, 직후 상이 전역자 중심으로 수비대결성 12월까지 국립경찰과 공조활동을 지속했음. 1956년 12월 24일까지 3년 8개월 간 수비대의 역할을 마치고 울진경찰서에 군사무기를 인계하고 끝남. 1966년 5등 근로공로훈장 수여, 1986년 2월 7일에 세상을 떠남, 1996년 보국훈장 삼일장이 추서되었음.

243) 韓國孤胆英雄洪淳七獨島逐日寇, 2016.10.14. : "如果沒有洪淳七,如今能站在獨島上宣誓主權的就不是韓國總統李明博,而是日本人了.獨島,距韓國郁陵島只有92公里,而距日本最近的隱岐諸島有161公里之遙。這是一个長不過200米的小島,島上全是礁石,不生草木.韓國人稱之爲獨島,日本人命名爲竹島…韓國一名退伍軍人洪淳七組織了一支"獨島義勇守備隊",驅走日本人,拔除日方標示,在獨島上升起第一面韓國國旗(kknews.cc/world/lay669.html)

244) 외무부 정무국 "독도문제 개론" 1955. p.53 : "내무부 보고서 : 1953년 5월 28일 오전 11시경 일본 도근현 빈전항으로부터 도근환 약 80톤의 무전장치된 수산실험선으로 추측되는 1척에 선원 약 30명이 탑승하고, 그중 6명이 카메라와 쌍안경을 휴대상륙하여 동도 주변에 어로 중이던 울릉도 북면 죽암리 김준혁(32세)에 대해 일본어로 말하자 언어불통이었다. 그들은 일본잡지 1권, 담배 3갑을 증여하고 어로 상황을 보고 동일 오후 1시경에 퇴거한 사실이 있음."

245) 헤이그 육전규칙(Hague Regulation land warfare) 제2조에 의거, 점유되지 않는 지역에서 적의 접근에 대해 민병의용병단을 조직할 시간적 여유가 없다는 특수상황을 고려할 때 공연하게 무기 휴대, 전투 법규 및 관례를 준수할 것에 충분히 준수한 사례로 생각함.

246) 전충진, 여기는 독도-의용수비대, "일 군함이다", 매일신문, 2009,7.14.

247) 일본항의 구술서엔 : "i) 가장 강력한 항의, ii) 다케시마에 한국당국의 즉각 철수, iii) 공식 사과, iv) 책임자 처벌, v) 효과적인 조치를 요구한다. vi) 순시선의 피해 배상청구원은 유보한다."

248) 竹島に大砲を設置,毎日新聞,1954년10월4일 : "海上保安廳報告 韓國兵二個分隊が警備,四日正午海上保安廳に入った報告によると,竹島に韓國側が無電施設を作り大砲まで置いていることがわかった.この調査は二日巡視船"おき""ながら"(各四五〇トン)が行ったもので,報告要旨は次のとおり.竹島の本島頂上には無線塔二本が高さ十メートル,間隔四十メートルで設置してあった.二本の無線塔の下に木造家屋がそれぞれ建てられている."

249) The Ministry of Foreign Affairs presents its compliments to its the Korean Mission in Japan and, in reference to the unlawful acts perpetrated by the Korean Government … 1. On the morning of October 2, 1954, the "Oki"and "Nagara", two patrol ships of the Maritime Safety Agency of Japan were approaching Takeshima from the southwest so as to make a field investigation there and, after making a circuit of the island, they were coming near a point 1.5 miles to the southwest thereof, when about 7 Korean Government officials suddenly took up their posts at a gun newly installed on a point of Higashijima, removing the cover off the gum and directing its muzzle at the ships...as well as the removal of the gun, poles and houses which have unlawfully been erected; and requests that effective and appropriate steps be promptly taken by the Korean Government with a view to preventing a recurrence of unlawful acts of a similar nature. Tokyo, October 21, 1954.

250) 이명박 대통령, 독도·울릉도 방문, 2012.8.10., SBS : "이명박 대통령이 오늘(10일) 울릉도와 독도를 방문했다고 청와대 고위 관계자가 밝혔습니다. 대통령의 독도 방문은 이번이 처음입니다. 청와대 측은 울릉도와 독도가 친환경적인 '녹색섬'으로 보존돼야 한다는 점을 강조하기 위한 것으로 유영숙 환경장관, 최광식 문화장관과 소설가 이문열, 김주영 씨가 동행했다고 설명했습니다.

251) 전충진, 독도의 날 vs 독도칙령일, 매일신문, 2016.10.24. : "2004년 4월 시민단체 1천 명이 서명해 국회에 청원했으나 행정안전위원회 부결, 2008년 시민단체 서명 국회 청원, 행정안전위원회 "법률안 신중검토 필요" 부결, 2012년에 국회 청원했으나 상정도 안 되고 회기종료로 자동 폐기되었음."

252) 竹島の日を定める條例 : (趣旨)第 1 條 縣民,市町村及び縣が一体となって,竹島の領土權の早期確立を目指した運動を推進. 竹島問題についての國民世論の啓發を図るため, 竹島の日を定める.(竹島の日)第 2 條 竹島の日は, 2 月22日とする.(縣の責務) 第 3 條 縣は,竹島の日の趣旨にふさわしい取組を推進するため,必要な施策を講ずるよう努めるものとする. 附 則 この條例は,公布の日から施行する.

253) 전충진, 상게서, p.34.

254) 이벤트성 독도 방문, 독도의 날 플래시몹, 독도해역 클린 존 지정, 독도 황금마차, 한나라당 의원 독도 주화와 호주머니 책자 만들기, 독도 야외 춤 공연, 태권도 시험, 국회의원의 깜짝 방문, 독도통장 발급, 독도 바다수영, "독도는 우리 땅" 걷기 대회, 독도 방문 시위, 독도 우편 제작 등

255) Wikipedia, William J. Sebald : " November 5, 1901 – August 1, 1980) served as United States Ambassador to Burma from April 1952 to July 1954, and to Australia from 1957 to 1961. He graduated from the U.S. Naval Academy. He practiced law in Kobe, Japan.[1] He served during World War II with the Office of Naval Intelligence (ONI) and then on the staff of Admiral Ernest King. He was a political adviser to General Douglas MacArthur, with ambassador rank.He was U.S. Ambassador to Burma, from 1952-1954. He was Deputy Assistant Secretary of State for East Asian and Pacific Affairs, from 1954 to 1956. He was Ambassador to Australia from 1957 to 1961."

256) 久保田貫一郎(くぼた かんいちろう,1902年3月2日~1977年7月14日)は,日本の外交官.外務省參与やカンボジア國最高顧問,駐南ベトナム大使を務めた.和歌山縣出身.進路に海軍兵學校か外交官か惱んだ末に外交官を志し,1924年に東京商科大學(一橋大學の前身)に入學.同

校を中退し,外務省入省.1953年に日韓會談で日本側首席代表を務めた.その後在メキシコ特命全權大使,在南ベトナム特命全權大使等を務めた.

257) 日本の「植民地近代化論」は荒唐無稽.日本は35年間にわたり朝鮮GDPの,gensen2ch. com/archives,2015. 3. 30. : "...1) 植民地 近代化論の延長線 : 日本がまき散らそうとする歴史歪曲の根元は「植民地近代化論」だ.日本が主張する「小農社會論」「朝鮮停滯論」「朝鮮亡國論」は實際,甲申政変や高宗 (コジョン) の光武改革,東學革命など各種改革運動が嚴格に存在した点から虛構だ.「資本主義萌芽論」を土台にした内在的發展論(キム・ヨンソプ元延世 (ヨンセ) 大教授)も既に學界で大分認められている状況だ. 何より同じ日帝植民支配や占領にあった北朝鮮や東南アジアの國家が韓國ほど經濟發展していないのも「植民地近代化論」最大の弱点だ.イ・ミョンチャン東北アジア歴史財団研究委員は「同じ植民支配を受けた北朝鮮はなぜ困窮しているのかと問えば答えられる日本の學者は誰もいない」とし,「各國が戰後どのようにしたかが經濟發展の程度を決める」と話した. 2)日帝收奪が最も惡どかった : 近代化どころかかえって收奪・搾取が制度化されたのが日帝の植民支配であった.イ・キュヒョン國民大韓國學研究所專任研究員などが昨年末,編著した「數字から見た植民地朝鮮」によれば日帝の收奪による朝鮮の状況は残酷だった.1931年、極貧層の細民・窮民は 543万人で,全人口の26.7%に達した.4人中1人の割合だ.直接税でも1930年の場合,朝鮮人は1世帶平均11ウォン79錢9厘で,日本人(103ウォン4錢9厘)に比べ9分の1程度と低かった.これは朝鮮に對する苛酷な搾取を意味する."

258) 大平正芳(おおひら まさよし, 1910~1980)は,日本の大藏官僚,政治家.位階は正二位.勳等は大勳位菊花大綬章. 池田勇人の秘書官を経て政界に進出.宏池會會長として三角大福中の一角を占め,田中角榮内閣の外相として日中國交回復に貢獻.四十日抗争やハプニング解散で消耗し,選擧中に首相在任のまま死去.「アーウー宰相」や「讃岐の鈍牛」の異名がある.

259) 위키백과사전, 한일기본조약: "김종필의 메모 : 1. 청구권은 3억 달러(무상 공여 포함)로 하되 6년 분할 지불한다. 2. 장기 저리 차관도 3억 달러로 한다. 3. 한국의 대일 무역 청산 계정 4천6백만 달러는 청구권 3억 달러에 포함하지 않는다. 오히라의 메모 : 1. 청구권은 3억 달러까지 양보하되 지불기한은 12년으로 한다. 2. 무역 계정 4천6백만 달러는 청구권 3억 달러에 포함한다. 3. 차관은 청구권과 별도로 추진한다. 합의 사항 : 1. 무상공여로 3억 달러를 10년에 나누어 제공하되 그 기한을 단축할 수 있다. 내용은 용역과 물품 한일 청산계정에서 대일 부채로 남은 4천5백73만 달러는 3억 달러 중에서 상쇄한다. 2. 대외 협력 기금 차관으로 2억 달러를 10년에 나누어 제공하되, 그 기간은 단축할 수 있다. 7년 거치 20년 분할 상환, 연리 3푼 5리(정부 차관) 3. 수출입은행 조건 차관으로 1억 달러 이상을 제공한다. 조건은 케이스에 따라 달리한다. 이것은 국교정상화 이전이라도 실시할 수 있다.(민간 차관)"

260) Treaty on Basic Relations between Japan and the Republic of Korea

261) Treaty on Basic Relations between Japan and the Republic of Korea (1965) : "Article II.It is confirmed that all treaties or agreements concluded between the Empire of Japan and the Empire of Korea on or before August 22, 1910 are already null and void."

262) 韓國併合二關スル條約, 日韓兩國による「確認」: "韓國併合二關スル條約は1965年 (昭和40年) に締結された日本國と大韓民國との間の基本關係に關する條約 (日韓基本條約) によって「もはや無效であることが確認される」とされた."(ja.wikipedia.org/wiki/韓國併合二關スル條約

263) 菅官房長官「慰安婦合意、1ミリも動かない」, 中央日報, 2018.1.6. : "安倍晋三首相の代わりに安倍首相が右腕と見なす菅義偉官房長官が前面に出ている.4日夜にＢＳフジ番組に出演した菅義偉官房長官は「(合意は)1ミリたりとも動かさない」という安倍首相の考えをそのまま繰り返した..."

264) 아베 "1mm도 움직이지 않겠다." ... 日언론들 "한국은 못 믿을 나라", 조선일보, 2019.12.29. : "한국정부의 '위안부 합의 검증 태스크포스(TF)' 발표와 관련해 아베 신조(安倍晋三) 총리가 주변에 '합의는 1mm도 움직이지 않겠다'고 말했다."

265) 日韓交涉文書「金・大平メモ」,朝日新聞, 2005年08月26日 : "竹島問題 : 竹島の領有權爭いに決着をつけようと日本が再三にわたって國際司法裁判所 (ＩＣＪ) での裁定を促したが,韓國側が拒否を續けた樣子が改めてわかった.６２年１１月の「金・大平會談で日本側が示したメモ」によると日本は「双方がメンツを保ちつつ困難な問題を一時棚上げする效果もあるので,韓國側も國交正常化後に本件の國際司法裁への提訴に応ずるということだけはぜひ予約してほしい (提訴、応訴は國交正常化後になる)」と主張した.駐日代表部大使の外相あて公電によると,金部長は「第三國の調停に任せるのはどうか」と応じたが,韓國側はその後,條約締結まで一貫して「固有の領土であり會談の議題ではない」とし,協議を避け續けた.１９６２年９月３日に東京で開かれた第６次會談の予備折衝記錄によると,日本外務省アジア局長が「無価値な島で大きさも日比谷公園程度.爆發でもしてなくしてしまえば問題がない」と發言していたこともわかった."

266) 엄정일, 전게서, p.24

267) Wikipedia, 200 miles EEZ : "… One of the first assertions of exclusive jurisdiction beyond the traditional territorial seas was made by the United States in the Truman Proclamation of September 28, 1945. However, it was Chile and Peru respectively that first claimed maritime zones of 200 nautical miles with the Presidential Declaration Concerning Continental Shelf of 23 June 1947 (El Mercurio, Santiago de Chile, 29 June 1947) and Presidential Decree No. 781 of 1 August 1947 (El Peruano : Diario Oficial. Vol. 107, No. 1983, 11 August 1947)."

268) YS시대 "버르장머리 고쳐놓겠다" ... 단호한 대일외교, 연합뉴스, 2015.11.22. : "'한일 합방으로 일본이 좋은 일도 했다'는 에토 다카미(江藤隆美) 총무청 장관의 1995년 11월 발언에 김영삼 대통령은 '버르장머리를 고쳐놓겠다'며 강경하게 응수했고, 일본의 반발을 불렀다."

269) 橋本龍太郎(はしもと りゅうたろう,1937年7月29日-2006年7月1日)は,日本の政治家,登山家.位階は正二位.勳等は大勳位.學位は法學士(慶應義塾大學).岡山縣總社市名譽市民.劍道錬士六段.

270) 신한일어업협정에 대한 긍정적 의견 : i) 독도의 영유권 문제로, 한일 양국은 이 문제를 놓고 격론을 벌인 끝에 영유권 문제를 명시적으로 언급하지 않았다. 즉 영유권 문제는 차후 해결하기로 했다. ii) 협정문에 독도 지명 대신 좌표 표기는 일본측의 하시라도 영유권 주장의 빌미가 될 수 있으나, 국제법상 영해설정 협정이 아닌 어업협정이다. iii) 과도하게 예민성을 보여서 오히려 영유권 문제를 외출시키는 것이다.

271) 엄정일, 상게서, p.112.

272) 신한일어업협정에 비관적인 의견 : i) 200해리 EEZ 적용법위에 합의한 사실이다. 중간수역을 합의하는 독도부터 35해리 전속적 관할범위를 적용하지 않았다. "독도에선 EEZ를 주장하지 않는다"는 정부방침이다. 이는 유엔해양법 협약 제121조3항 현대적 해석에 맞지 않다. ii) 독도 부두시설, 어민 숙소 및 등대 운영의 현실적 상황이 무시되었다. 결국, 주권적 관할권의 포기다. 국제법상 영유권은 당사국과 관계없는 별도의 권위주체가 확정적으로 이를 보장한다. 중간수역 설정은 독도의 영유권에 배타성을 크게 훼손했다.

273) 1) 헌재 2009.02.26, 2007헌바35, 판례집 제21권 1집 상, 076. 2) 헌재 2001.03.21, 99헌마139, 판례집 제13권 1집 , 676.

274) 일본이 한국협상 등에 활용하는 36계략 : i) 전쟁 및 국가위란을 이용하는 불난 집에 도둑질하기(趁火打劫), ii) 정치인 망언 및 언론으로 한국에 정치적 혼란 초래(打草驚蛇, 混水模魚), iii) 작은 것을 양보하면서 모르는 큰 것과 바꿈(抛塼引玉), iv) 일본 분할통치 대신에 한국 남북분단을 대신하도록 한 것처럼 제3국에 제공(李代桃僵), iv) 미국이 첨단군사자원으로 한국방어와 전시작전권을 갖고 있음을 활용해서 도발(借刀殺人) 등의 계략을 구사하고 있음.

275) 1 Kings 3:21-27 : "And when I rose in the morning to nurse my son, there he was, dead. But when I had examined him in the morning, indeed, he was not my son whom I had borne." Then the other woman said, "No! But the living one is my son, and the dead one is your son." And the first woman said, "No! But the dead one is your son, and the living one is my son." Thus they spoke before the king. And the king said, "The one says, 'This is my son, who lives, and your son is the dead one'; and the other says, 'No! But your son is the dead one, and my son is the living one.' " 24 Then the king said, "Bring me a sword." So they brought a sword before the king. And the king said, "Divide the living child in two, and give half to one, and half to the other." Then the woman whose son was living spoke to the king, for she yearned with compassion for her son; and she said, "O my lord, give her the living child, and by no means kill him!" But the other said, "Let him be neither mine nor yours, but divide him." So the king answered and said, "Give the first woman the living child, and by no means kill him; she is his mother."

276) The Judgment of Solomon is a story from the Hebrew Bible in which King Solomon of Israel ruled between two women both claiming to be the mother of a child. Solomon revealed their true feelings and relationship to the child by suggesting to cut the baby in two, with each woman to receive half. With this strategy, he was able to discern the nonmother as the woman who entirely approved of this proposal, while the actual mother begged that the sword might be sheathed and the child committed to the care of her rival. Some consider this approach to justice an archetypal example of an impartial judge displaying wisdom in making a ruling.

277) 日연구소, '강치 잡이' 사연으로 '독도는 일본땅' 홍보 나서, MSM, 2019.9.5. : "요미우리 신문에 따르면, 영토문제를 연구하는 재단법인 '일본국제문제연구소(日本國際問題研究所·JIIA)'는 일본의 독도 도항(渡航·배를 타고....)"/ 日연구소, '강치 잡이' 사연으로 '독도는 일본땅' 홍보 나서, 동아일보, 2019.9.5. / 日연구소, 1905년 이전 일본인 독도서 강치 잡이, 노컷뉴스, 2020.6.26. : 일본 외무성 산하 일본국제문제연구소가 지난 1905년 이전부터 일본인이 독도에서 조업했다는 증언이 담긴 동영상을 26일 유튜브에 공개했다./ 日, '식민지 수탈 행위를 독도 영유권 근거로' ... 또 억지, 아주경제, 2020.6.26. : "일본국제문제연구소, 1905년 전부터 독도에서 일본인이 강치 잡이 해왔어."

278) 독도는 우리 땅, 정광태 : "울릉도 동남쪽 뱃길 따라 이백 리/ 외로운 섬 하나 새들의 고향/ 그 누가 아무리 자기네 땅이라고 우겨도/ 독도는 우리 땅/ 경상북도 울릉군 울릉읍 독도리/ 동경 백삼십이 북위 삼십칠/ 평균기온 십이도 강수량은 천삼백/ 독도는 우리 땅/ 오징어 꼴뚜기 대구명태 거북이/ 연어알 물새알 해녀 대합실/ 십만이 평방미터 우물 하나 분화구/ 독도는 우리 땅/ 지증왕 십삼 년 섬나라 우산국/ 세종실록지리지 오십쪽 셋째 줄/ 하와이는 미국 땅 대마도는 몰라도/ 독도는 우리 땅/ 러일전쟁 직후에 임자 없는 섬이라고/ 억지로 우기면 정말 곤란해/ 신라장군 이사부 지하에서 웃는다/ 독도는 우리 땅"

279) 竹島の日, 2009年2月21日,朝日新聞(朝刊) : "１９０５年２月２２日に縣が竹島の歸屬を告示して１００年になるのを記念し,縣が０５年３月に條例で定めた.竹島を實効支配する韓國側は反發し,全國で市民交流の中止が相次いだ.縣は每年２月２２日前後に,研究者や國會議員を招いた記念式典を開いている.國が昨年７月、中學校の學習指導要領解說書に初めて竹島問題を盛り込んだことで問題が再燃.韓國政府は駐日韓國大使を一時,呼び戾した."

280) Hosaka Yuji, Is the so-called Rusk Letter be a critical evidence of Japan's territorial claim to Dokodo Island?', pp.145-159. in "Journal of East Asia and International Law"VII JEAIL 1(2014)

281) 土肥隆一(どいりゅういち,1939~2016)は,日本の牧師,政治家.衆議院議員(7期)を務めた.世界宣敎東京大會顧問.民主黨では國のかたち研究會(通稱：菅グループ)代表を務め,黨倫理委員長などを歷任した.2011年3月,竹島領有權放棄問題により民主黨を離黨表明し,離黨届が受理された.

282) 土肥隆一(どいりゅういち,1939~2016)は,日本の牧師,政治家...2011年 (平成23年) 2月27日,日韓キリスト敎議員連盟の日本側會長として,竹島領有權の放棄を日本側に求める下記の「日韓共同宣言」に署名し,韓國の國會で韓國の議員らと記者會見を行った.「竹島領有權主張問題 共同宣言文の骨子」.一,日本は恥ずかしい過去に對し,歷史の眞相を糾明し,日本軍慰安婦,サハリン强制徵用被害者など,歷史の被害者に對する妥当な賠償措置を履行しなければならない.兩國の善隣關係は,眞實の謝罪と賠償が出發点となる.一,日本は,平和憲法改正と

軍國主義復活の試みを直ちに中斷しなければならない.一,日本政府は歷史教科書歪曲と獨島(注,竹島の韓國名)の領有權主張により,後世に誤った歷史を教え,平和を損なおうとする試みを直ちに中斷しなければならない.

283) 일본과 러시아의 북방4도의 영유권 문제는 2010년 이후 격화되었다. 2010년 9월엔 러시아군이 이투루프·예토로후 섬 군산훈련을 했으며, '9월 2일 세계2차대전 종전의 날'로 법 개정하고, 11월 1일 메드베데프(Dmitry Medvedev) 대통령아 주나시르·쿠나시리 섬을 방문했다. 이어 국방부 장관 및 고위정부관계자들이 동지역을 방문했다(ロシア大統領が國後島訪問１１月１日ロシアが不法占據中の日本領土・國後(くなしり)島を,メドヴェージェフ大統領が訪問.ロシアの國家元首として初. 冷戰時代のソ連の國家元首でさえ、北方四島訪問は行わなかった. 2012年の大統領選で再選を目指すメドヴェージェフ.大統領復歸を畫策するプーチン首相に對抗して,日本の領土返還要求に屈しない「強い指導者」をロシア國民にアピールするのが最大の目的.)

284) 여야의원들, 광복절 맞아 독도방문… 日항의에 "고유 의정활동", 연합뉴스,2016.8.15.

285) 韓國議員ら１５日に竹島上陸へ韓國領土を守る意志を伝える日韓關係への波紋必至,産經新聞,2016.8.13. : "韓國の超党派の國會議員団が,日本の朝鮮半島統治からの解放記念日に当たる「光復節」の１５日に竹島(島根縣隱岐の島町)への上陸を計畫していることが明らかになった.日本政府は外交ルートを通じて韓國政府に抗議した.日韓は１２日,韓國の元慰安婦支援財団に日本政府が１０億円を據出することで大筋合意したばかり.上陸が決行されれば,改善の兆しがある日韓關係にも影響が及ぶのは必至だ."

286) 竹島の領有權に關する日本の一貫した立場 : 1. 竹島は, 歷史的事實に照らしても, かつ國際法上も明らかに日本固有の領土です. 2. 韓國による竹島の占據は, 國際法上何ら根據がないまま行われている不法占據であり, 韓國がこのような不法占據に基づいて竹島に對して行ういかなる措置も法的な正当性を有するものではありません. 3. 日本は竹島の領有權を巡る問題について, 國際法にのっとり, 冷靜かつ平和的に紛爭を解決する考えです.(注)韓國側からは, 日本が竹島を實效的に支配し, 領有權を再確認した1905年より前に, 韓國が同島を實效的に支配していたことを示す明確な根據は提示されていません.

287) 문재인 독도 방문, 독도 수비대원들과 점심식사, 노컷뉴스,2016.7.25.: 더불어민주당 문재인 전 대표가 25일 독도를 방문해 독도 수비대원들을 격려했다. 문 전 대표측 관계자는 이날 "문 전 대표가 오늘 오전 10시 10분쯤 …"/ 日외무성, '문재인 독도 방문' 뒤늦게 파악했다가 곤욕, 연합뉴스, 2016.8.3. : '일본 외무성이 더불어민주당 문재인 전 대표의 지난달 7월 25일 독도 방문을 미리 파악하지 못했다가 여당인 자민당에 …"/"문재인 대통령, 현직 대통령으로 최초 '독도 명예주민' 된다. 인사이트. 2018.3.8. : "경북 울릉군에 따르면 2016년 당시 국회의원 신분으로 독도를 방문했던 문재인 대통령에게 '독도 명예주민증' 발급 방안을 검토하고 있다."/문 대통령, 도쿄 올림픽 지도 독도 표기 문제 대응 주문 : 청와대, 한겨레신문, 2019.8.13. : "문재인 대통령이 일본 도쿄올림픽 조직위원회 홈페이지 지도에 독도가 일본 영토인 것처럼 표시된 것과 관련해 부처의 적절한…"/문재인 대통령, 일본해·죽도 명칭사용 공공기관 엄중경고 조치, 시사위크, 중앙일보, 2019.9.16. : "문재인 대통령이 동해와 독도를 일본해와 죽도로 사용한 공공기관에 대해 엄중경고 조치를 내린 것으로 전해졌다."

288) 漢書,趙充國傳：“百聞不如一見,兵難遙度,臣愿馳至金城,圖上方略.”

289) 辨正篇,成佛之道：“善男子,見有二種,一者眼見,二者聞見,諸佛世尊,眼見佛性,如於掌中觀阿摩勒.十住菩薩聞見佛性故不了了.十住菩薩唯能自知定得阿耨多羅三藐三菩提,而不能知…”

290) “국가기밀인데” … 구글지도에 군사보안시설 40% 노출, 머니뉴스, 2019.10.20. : “우리나라 군사보안시설 40%가 구글 위성지도에 무방비로 노출된 것으로 확인됐다. 20일 국회 과학기술정보방송통신위원회 박광온 더불어민주당 …”/ “구글 위성지도에 군사보안 시설 40% 노출”, 조선일보 2019.10.20. : “구글 위성지도에 노출된 군사보안 시설이 전체 군사보안 시설의 40%에 … 항7호)은 법령에 따라 분류된 비밀 등 국가기밀을 누설하는 정보의 유통을 …”

291) 孫子兵法 謀攻篇 : “知彼知己,百戰不殆. ; 不知彼而知己,一胜一負.不知彼,不知己,每戰必殆.”

292) 孫子兵法 始計篇 : “孫子曰. 兵者,國之大事,死生之地,存亡之道,不可不察也. 故經之以五事,校之以七計,而索其情.”

293) 陳大德,唐朝兵部職方郎中. 貞觀十五年(641年),因爲高句麗榮留王高建武派遣他的太子高桓權來長安朝貢.作爲答礼,唐太宗命陳大德出使高句麗.他爲了探查山川名胜与風俗,每經一城,請求游歷山水.当地官員引導他參觀.他處處看到中原人,都是隋煬帝東征時遺留在高句麗的.几乎占到当地人的大半.他們詢問自己老家親屬的情況,陳大德安慰他們說,家中一切安好.陳大德走的時候城郊野外聚集着很多眼含泪水的中原人.八月初十,陳大德從高麗返回長安,報告唐太宗：“高句麗听說大唐高昌已經滅亡,大爲震惊,大對盧常常到唐朝使者館舍中問候,超過以往.”

294) 資治通鑑,第196卷,唐紀十二太宗 : “上遣職方郎中,陳大德使高麗八月,己亥,自高麗還.大德初入其境,欲知山川風俗,所至城邑,以綾綺遺其守者.曰：「吾雅好山水,此有勝處,吾欲觀之.」守者喜,導之遊歷,無所不至,往往見中國人.自云「家在某郡,隋末從軍,沒於高麗,高麗妻以游女,與高麗錯居,殆將半矣.」」

295) 扶桑(ふそう,拼音: Fú Sāng フーサン)は,中國伝説で東方のはてにある巨木（扶木・扶桑木・扶桑樹とも）である.またその巨木の生えている土地を扶桑國という.後世,扶桑・扶桑國は,中國における日本の異稱となったが,それを受けて日本でも自國を扶桑國と呼ぶことがある.例えば『扶桑略記』は平安時代の私撰歴史書の一つである.古くは『山海経』に見られるように,はるか東海上に立つ伝説上の巨木であり,そこから太陽が昇るとされていた.太陽や天地にまつわる巨木としては若木や建木などが共に記述として殘されている.古代,東洋の人々は,不老不死の仙人が棲むというユートピア「仙境＝蓬萊山・崑崙山」にあこがれ,同時に,太陽が每朝若々しく再生してくるという生命の樹「扶桑樹」にあやかろうとした.「蓬萊山」と「扶桑樹」は,古代の神仙思想が育んできた幻想である.海東のかなたには,龜の背に乗った「壺型の蓬萊山」が浮ぶ.海東の谷間には,太陽が昇る「巨大な扶桑樹」がそびえる.古代の人々は「蓬萊山に棲む仙人のように長生きし,扶桑樹に昇る太陽のように若返りたい」と强く願い,蓬萊山と扶桑樹への憧憬をつのらせてきたという.のち,『梁書』が出て以降は,東海上に實在する島國と考えられるようになった.實在の島國とされる場合,扶桑の木は特に巨木という

わけではなく「その國では扶桑の木が多い」という話に代替されており,この場合の「扶桑」とは實在のどの植物のことかをめぐって一つの論点となる.

296) "안보가 우선"…구글 지도 반출 '불허', KBS, 2016.11.19. 혹은 Google Challenges South Korea Over Mapping Restrictions, The Wall Street Journal, JONATHAN CHENG, 2016.5.17.

297) Wikipedia, Babylonia Map of the World : "…The map is circular with two outer defined circles. Cuneiform script labels all locations inside the circular map, as well as a few regions outside. The two outer circles represent water in between and is labelled as "'river' of 'bitter' water", the salt sea. Babylon is in the center of the map; parallel lines at the bottom seem to represent the southern marshes, and a curved line coming from the north, northeast appear to represent the Zagros Mountains."

298) 混一疆理歷代國都之圖,權近 : "跋文,天下至廣也.內自中國外薄四海.不知其幾千萬里也…夫觀圖籍而知地域之遐邇.亦爲治之一助也.二公所以拳拳於此圖者.量之大可知矣.近以不才承乏參贊.以從二公之後.樂觀此圖之成而深幸之.旣償吾平日講求方冊.而欲觀之志.喜吾他日退.處環堵之中.而得遂其臥遊之志也.故書此于圖之下云. 是年秋八月.陽村權近誌

299) 일본외무성 다케시마 홈페이지 : 신증동국여지승람의 독도와 울릉도의 두 섬에 대해, "나란히 있는 두 섬은 독도가 아니다. 울릉도 동쪽에 있어야 하고, 나란히 있는 도서는 죽도(竹島)일 뿐이다."라고 오늘날 지식수준으로 재판을 하고 있다.

300) 최서면, 지도로 본 독도, 영토문제연구, 창간호, 1983, pp.166-167 : "고지도는 그 시대 사람들의 의식을 나타내는 것이지 구체적으로 오늘날과 같은 측량을 거쳐서 만들어진 것이 아님을 알아야 한다."

301) 이병도, 독도명칭에 대한 사적고찰-우산. 죽도 명칭고, 불교사논총, 1963, p.73. "우산(于山)이란 명칭은 고구려시대에 울진지역을 '우진야(于珍也)'였으나 신라 땅으로 넘어와서 '울진현'으로 되었고, 울릉도를 편입하면서 울진현의 수문장 산이라는 뜻에서 '우산국(于山國)'으로 호칭하였음."

302) 김영표 외 4, 고지도에 나타난 동해와 독도표기에 관한 연구, 국토연구원, 2009, p.303 passim

303) 釜山外大金文吉教授, 「日本は奈良時代、獨島を新羅の地'雁道島'と呼んでいた」, 2008.5.26. : "日本の人々は獨島(竹島)をさまざまな名稱で呼んだことが知られている.はるか昔の7世紀は獨島を'雁道'と呼んだ.言い替えれば雁がシベリアから日本に渡って來る時,休む場所が獨島だった.れで古代日本人たちは獨島を'雁道'と呼んだのだ.獨島を'雁道'と呼び,地圖を描いた人は百濟の渡來人,行基という僧侶だった.行基は日本古代社會で有名な人物だった.日本古代仏敎の大僧侶として奈良の東大寺を創立したし,土木工事や耕作方法など新しい技術を傳えながら,日本古代國家に寄与したところが大きな人物だった.行基は日本列島で布敎しながら直接目で見て最初の「日本図」という地圖を作り上げた人物だった.彼が作った地圖に「雁道,雖有城非人,新羅國,五百六十六國」と記錄した.言い替えれば「雁道」は人が住まない場所で,獨島は新羅の地であり,新羅は566郡あると記錄したのだ.これが日本で最初の地圖で,當時の朝鮮や中國でもなかった時代の最も古い地圖だった.行基が作った「日本図」は今,東京金澤文庫藏に所藏されており,日本でもとても有名な京都仁和寺にも保管されている."

304) 三國史記,金富軾,卷44,列傳4,金仁問 : "新羅屢爲百濟所侵, 願得唐兵爲援助,以雪羞恥,擬

諭宿衛仁問乞師,會,高宗以蘇定方爲神丘道大摠管,率師討百濟,帝徵仁問...帝悅,制授神丘道副大摠管..."

305) Wikipedia, 雁道 : "雁道(がんどう/かりのみち)は,近世以前の日本人が北方に存在する信じていた架空の土地の名称である.江戸時代には韓唐(からとう)とも書かれ,中國においては月氏國(げつていこく)と同一視された. 中世の行基式日本図において,陸奥・蝦夷の北方,あるいは朝鮮半島の東側に記されており,雁などの渡り鳥の故郷である極北の地にあり,人が足を踏み入れたことのない,あるいは龍などの人外が住まう土地であると信じられていた.また,この知識が中国や朝鮮半島にも伝わり,日本を描いた地図には羅刹國と並んで雁道が描かれているものがある. 江戸時代中期以後の正確な地理知識の普及と人の住まう國・ロシアが現實問題として南下するにつれて地図から姿を消すことになった."

306) 雁道という地名は, 實物として最も古い日本図の一つで,金澤文庫の古文書などによって嘉元三年と推定されている「金澤文庫藏日本図」に描かれている.この日本図は,行基図といわれ,俵を重ねたような形に各國を配列して,日本列島が形づくられている.この地図は殘念ながら西日本の部分しか殘っていない.そして,大蛇か,龍らしきものが,西日本を囲んでおり,その外側には,對馬,隱岐のような例外はあるものの,それ以外に羅刹國,龍及國,唐土,高麗,蒙古,雁道,新羅というように,伝說.實在の國や陸地がとりまぜて日本列島のまわりに描かれている.古い行基図がすべてこのように,日本以外の描寫があるかというと,そうではなく,同じ嘉元三年の記載がある,もう一つの實物として最も古い日本図の「仁和寺藏日本図」は日本國內のみの描寫である.(lib.meiji.ac.jp/ashida)

307) 寺田寅彦隨筆集 第4卷, 巖波文庫, 1948 : "...自分の一家がいったん東京へ移ってから再び鄕里に歸った頃は重兵衛さんの家は宅うちのすぐ東隣の邸に移っていた.まもなく重兵衛さんは亡くなってそのうちに息子の楠さんは細君を迎えて新家庭をつくった.新婚後まもないことであったと思う.ある日宅の女中が近所の小母おばさん達二,三人と垣根から隣を透見すきみしながら,何かひそひそ話しては忍び笑いに笑いこけているので.自分も好奇心に驅られてちょっと覗いてみると,隣の裏庭には椅子を持出してそれに楠さんが腰をかけている.その傍に立った丸髷まるまげの新婦が甲斐甲斐かいがいしく襷掛たすきがけをして新郎のために鬚ひげを剃ってやっている光景がちらと眼前に展開した..."

308) 雁道(がんどう/かりのみち)は,近世以前の日本人が北方に存在する信じていた架空の土地の名称である.江戸時代には韓唐(からとう)とも書かれ,中國においては月氏國(げつていこく)と同一視された.

309) Wikipedia, 行基圖 : "奈良時代の僧侶・行基が作ったとする說があるが,当時に作成され.たものは現存しておらず,實際に行基が作ったものかどうかは不明である.ただし,この図が後々まで日本地図の原型として用いられ,江戸時代中期に長久保赤水や伊能忠敬が現われる以前の日本地図は基本的にはこの行基図を元にしていたとされている.このため,こうした日本地図を一括して「行基図」,「行基式日本図」,「行基海道図」と呼ぶケースがある."

310) 김문길, 일본나라시대 독도는 신라 안도(雁道), 2008.5.25. : 일본나라시대 7세기 백제 도레인 교

키(行基) 승려는 동대사(東大寺) 창건, 일본열도에 포교하면서 지도를 제작, 독도를 '기러기 길(雁道)'라고 하며, '기러기 길, 비록 성은 있으나 사람을 살지 않으며, 신라의 땅이며, 신라는 566개의 나라로 구성되어 있다(雁道, 雖有城非人, 新羅國, 五百六十六國)'이라고 기록 … 1662년 9월에 최초로 서양측지법에 의해서 테라마치 니죠(寺町二條)에 살았던 데라다 스게헤에이(寺田重兵衛)가 '부상국지도(扶桑國之圖)'를 제작되었으며, 이곳에도 '한당(韓唐)'이라고 표시했다. 교키의 '일본도'는 동경 가네자와 문고(金澤文庫)에 소장되어 있고, 교토 니와지(仁和寺)사찰에도 보관 중이다.

311) 詩經, 鄭風大叔于田 : "… 兩服上襄 兩驂雁行 …"

312) 禮記, 王制 : "… 父之齒隨行 兄之齒雁行 …"

313) Meme : a cultural feature or a type of behaviour that is passed from one generation to another, without the influence of genes.

314) 이상태, 고지도 증명하는 독도 영유권, 영남대학교 독도연구소, 선인출판사, 2015, p.20

315) Takeshima, Seeking a Solution based on Law and Dialog, Ministery of Foreghn Affairs of Japan, March 2014 : "…Usan Island is portrayed on the maps as being roughly the same size Utsuryo Island, and situated between the Korean Peninsula and Utsuryo Island to the west of Utsuryo Island. This means either that Utsuryo Ilsand was drawn as a pair of two islands, or that the island which was thought to be Usan island does not exist, and could not possibly be Takeshima, which is located to the east of Utsuryo Island."

316) Edward Hallet Carr, Vintage, Oct.12, 1967. : "History is a continuous process of interaction between the historian and facts, an unending dialogue between the present and the past."

317) 최서면, 상게서, p.13.

318) 울릉도에서 이에 대한 전래노래가 "동해바다는 엄마의 품 안, 해돋이(東島)와 해넘이(西島)도 엄마 품에서, 엄마의 눈앞에서 오늘도 내일도, 아빠 동해바다 창용이여, 그대의 아들 두 섬을 지켜 주소서(東海母心中,東西島常這,母眼在今明,父東海蒼龍,祝兩子島安)."고. 이 설화가 모태가 되어 처용가(處容歌) 등의 향가가 나왔으며, 문무왕(文武王)의 유언에 "동해바다의 용이 되고 싶으니, 죽는다면 바닷속 바위에 묻어라." 해서 해중묘(海中墓)을 설치했다.

319) 高麗史,卷五十八,地理志十二 : "地理/東界/蔚珍縣 … 蔚珍縣 本高勾麗于珍也縣[一云古亐伊郡]新羅景德王,改今名爲郡.高麗降爲縣置令.有鬱陵島 [在縣正東海中,新羅時稱于山國.一云武陵一云羽陵,地方百里,智證王十二年 來降 太祖十三年…有鬱陵島,在縣正東海中,新羅時稱于山國.一云武陵一云羽陵地方百里…一云于山武陵,本二島,相距不遠.風日淸明,則可望見."

320) 世宗實錄, 卷一百五十三, 地理志, 江原道: "三陟都護府,蔚珍縣… 二島在縣正東海中 [二島相去不遠,風日淸明,則可望見.新羅時稱于山國.一云鬱陵島 地方百里."

321) 張漢相,鬱陵島查積 : "…面霽雨.捲之日八,登中峯,則南北兩峯岌崇,相面此所,謂三峯也.西望大關嶺,透迤之狀,東望海中,有一島杳在辰方,而其大,未滿蔚島三分之一.不過三百餘里北至二十餘里.南近四十餘里回互往來西望遠近.度如斯是齊西望,大谷中有一人,居基地三所,又有人居基地二所.東南長谷亦有人居基地七所.石葬十九所."

322) 外務省１０ポイント, 獨島が見えない, 川上建三(1905.~1995.8.22.), 外務省條約局參事官,

竹島の歷史地理學的研究: "彼は「鬱陵島からは獨島が見えない」との主張とともに、海上可視
距離を求める公式を適用した.'鬱陵島で獨島の頂上部を見るためには海拔 130mで, 島で認
識するためには 200m以上上がらなければならない.しかし200m以上上がることは困りなが
ら上がると言っても森に選り分けたように見えるか疑問だ'.したがって獨島を見るためには海
上に37km以上出なければならない."(10point.wiki.fc2.com/wiki)

323) 川上 健三, 竹島の歷史地理學的研究, 出版社: 古今書院 (1966)(著), ASIN : B000JAAPII

324) 영남대학교 민족문화연구소, 독도를 보는 한 눈금 차이, 도서출판 선, 2006. p.19-20 passim

325) 이한기, '울릉도에서 독도가 육안으로 보인다'의 의미는?, 한겨레 신문, 2008.7.21. : "가와카미의
계산은 키 1.5m인 사람이 수평면에 서서 관찰하는 것을 기준으로 한 것이다. 독도의 해발고도가
174m이고 울릉도와 독도의 거리가 47.4 해리이므로, 이 값을 이용할 경우 키가 1.7m 이상인 사람이
울릉도의 해발고도 100m 이상의 높이에서 독도를 쳐다본다면 얼마든지 볼 수 있다."

326) [기고]'수학으로 풀어 본 독도문제'-독도는 왜 지리적·역사적으로 우리 땅이 될 수밖에 없었는가?,
세정신문, 2008.12.19. : "한 국세공무원이 '독도는 한국 땅'이라는 사실을 수학적으로 풀어낸 글을
써 화제가 되고 있다. 독도문제에 대해 수학적으로 전산프로그램까지 써서 심도 있게 분석·연구한
것은 한일 양국을 통틀어 이번이 처음인 것으로 알려졌다. 이글은 기하학적 분석 결과 일본의 독도
전문가도 40년 전(1966년)부터 울릉도의 부속 섬으로서의 독도의 위치를 자인했음을 밝혀냈고, 일
본 측의 주장과는 정반대로, 울릉도에서 높이 올라갈수록(해발 500m 이상에서) 독도가 더 잘 안 보
인다는 것을 기하학적으로 증명했다.(taxtimes.co.kr)"

327) 浮生六記,卷六養生記逍 : "又讀逍遙遊,而悟養生之要,惟在閒放不拘,怡適自得而已.始悔
前此之一段痴情,得勿作繭自縛矣乎."

328) 孟子·離婁 : "天下有道,小德役大德,小賢役大賢.天下無道,小役大,弱役强.斯二者,天也.順
天者存,逆天者亡."

329) Thimothy John Marshall(born 1 May 1959) is a British journalist, author and broad-
caster, known for his analysis of developments in foreign news and international diplo-
macy. Marshall (formerly diplomatic editor and also foreign affairs editor for Sky News)
is a guest commentator on world events for the BBC,Sky News and a guest presenter on
LBC. He has written six books including Prisoners of Geography – a New York Times Best
Seller and #1 Sunday Times bestseller.He also released a children's illustrated version
of this book in 2019, Prisoners of Geography : Our World Explained in 12 Simple Maps,
nominated for Waterstones Book of the Year. Other titles include Shadowplay : The Inside
Story Of Europe's Last War, 2018 Sunday Times bestseller Divided : Why We're Living In An
Age Of Walls, and 2016 release, Worth Dying For : The Power & Politics Of Flags.

330) Tim Marshall, Prisoners of Geography : Ten Maps That Tell You Everything You Need
To Know About Global Politics, Elliott & Thompson, 2015(256 pages) : "So it is with all na-
tions, big or small. The landscape imprisons their leaders, giving them fewer choices and
less room to manoeuvre than you might think."

331) 荀子,勸學篇 : "蓬生麻中,不扶而直.白沙在涅,与之俱黑." / 顏氏家訓,風操 : "目能視而見之, 耳能听而聞之,蓬生麻中,不扶而直,不勞翰墨."

332) 孟子,公孫丑下篇 : "孟子曰,天時不如地利, 地利不如人和.三里之城,七里之郭,環而攻之而 不勝.夫環而攻之,必有得天時者矣.然而不勝者,是天時不如地利也.城非不高也,池非不深也, 兵革非不堅利也.米粟非不多也.委而去之,是地利不如人和也.

333) 華嚴經 : "心生卽種種法生, 心滅卽龕墳不二, 三界唯心萬法唯識, 心外無法胡用別求"

334) 2 Kings 2:18-21 : "They returned to him while he was staying at Jericho; and he said to them, "Did I not say to you, 'Do not go'? Now the men of the city said to Elisha, Behold, the situation of this city is pleasant, as my lord sees, but the water is bad, and the land is unfruitful. He said, "Bring me a new jar, and put salt in it." So they brought it to him."

335) 백두대간(白頭大幹)을 민족의 대통맥에 해당하는 척추로, 갈비뼈에 해당하는 장백정간(長白正幹), 낙남정맥(洛南正脈), 청북정맥(淸北正脈), 청남정맥(淸南正脈), 해서정맥(海西正脈), 임진북예성남정맥(臨津北禮成南正脈), 한북정맥(漢北正脈), 낙동정맥(洛東正脈), 한남금북정맥(漢南錦北正脈), 한남정맥(漢南正脈), 금북정맥(錦北正脈), 금남호남정맥(錦南湖南正脈), 금남정맥(錦南正脈), 호남정맥(湖南正脈) 등

336) 小藤文次郎(1856~1935)は,日本で最初にできた地質學敎室(東京大學理學部)の最初の卒業生で,その後ほぼ40年の間,同大學の敎職にあって,多數の硏究者の育成と硏究に專心した.小藤が亡くなったときに,Spencer(1936)が「日本の地質學・岩石學の父」と紹介した.日本地質學會は,小藤文次郎の業績を記念して 小藤賞をおいている.(日本の地質學・岩石學の父」という称号がふさわしい小藤は.人生そのものが日本の 地質學の歩みとみなされるところがある.どんな人生で何をしたのだろうか.

337) 小藤文次郎, 山嶽論, 1902 : "形態は,高齢者の姿であり,ウエストは焼き兩手は腕組みを寄稿中國に挨拶する姿のようだ.朝鮮は中國に依存しているのが適當であるとここにのに,このような考えは.士大夫たちの心の中に深く根付いている."

338) 臺灣山脈列表 : 台灣是個南北狹長,高山密佈的島嶼, 山脈分佈縱貫全台.若依陵脈延伸的完整性,大致可分成呈南北縱走方向的中央山脈,雪山山脈,玉山山脈,阿里山山脈和海岸山脈等五大山脈,以及位於西北方的大屯火山彙,及其他小型山脈.各主要山脈的基本走向爲北北東向,位于太平洋板塊和歐亞板塊的消亡邊界,形成于喜馬拉雅運動.(楊貴三,沈淑敏民99),台灣全志,卷二,土地志,地形篇.南投市 : 台灣文獻館)

339) 百度百科,王泮,字宗魯,号積齋,山陰(今浙江紹興)人.嘉靖四十四年(1565)進士,明万歷八年(公元1580年)始任肇慶知府.王任中,主持建躍龍寶,崇禧塔,引瀝水(今星湖一帶)入江.向兩广總督吳桂芳建議辟建七星岩景區,点題"星岩二十景".支持利瑪竇在肇慶傳敎活動,与利瑪竇保持着平等,友好的關系.万歷十二年,出資刊行利瑪竇繪制的《山海輿地全圖》.贊助利瑪竇在中國傳播西方科學技術知識.道光《高要縣志》說他"性恬淡,自奉如寒士.与民接,未嘗疾言遽色.然端慤有執,雖門生故多,无所私".后升任湖广布政司离開肇慶,万歷(1573至1620)中爲湖广參政.

340) 이상태, 전게서, p.22

341) 경상매일신문, 2016.10.26. : "고종 황제가 1900년 독도를 우리 영토로 명시한 대한제국 칙령 제 41호와 이를 알리는 관보, '독'이 한자 '石'과 '獨'으로 쓰인 사실이 기록된 '조선어사전'이 실렸다. 칙령에는 '울릉 전도와 죽도, 석도(石島)'를 울릉군 관할구역으로 한다고 돼 있으나 일본 측은 '석도가 지금의 독도라는 문헌상 증거가 없다'며 이를 받아들이지 않고 있다. 예전에 울릉도 주민은 독도를 '돌섬', '독섬' 등으로 불렀는데, 1938년 발행된 '조선어사전'은 '독'을 돌의 사투리와 '홀로 독(獨)' 등 두 가지 의미로 설명했다. 이는 당시 사람들이 독도와 석도를 같은 말로 사용했음을 보여주는 자료라고 우리말가꾸기회는 설명했다."

342) 매일신문, 2007.5.22. : "철학자 베이컨의 우화는, 권위와 편견에 짓눌려 연구 활동이 자유롭지 못했던 중세 유럽사회를 풍자하고 있습니다. 1432년, 영국 왕립학회의 기라성 같은 학자들 간에 '말의 이가 몇 개인가?'라는 문제를 두고 심한 논쟁이 벌어졌답니다. … '사탄이 성현 및 고인들의 가르침을 거역하게 하고 진리를 찾는 방법을 외면하게 하기 위하여 이 간악하고 뱃심 좋은 초심자를 유혹했다'고 불길처럼 화를 내며 야단법석을 떨었답니다. …"

343) 元禄九丙子年朝鮮舟着岸一卷之覺書(2005年5月, 隱岐海士 (あま) 町の旧家,村上家の土藏で發見された.16枚綴り) : "安龍福 午歲四十三. 冠のようなる黒き笠,水精の緒.あさき木綿の上着を着申し候.腰に札を壹つ着けし申し候.白米叺 (かます) に三合程殘り申し候.若布三表,塩一表,干鮑一,薪壹〆....飯米無之致,難儀候と援助を請うている. 伯耆守樣江御斷之儀在候.竹嶋見物を望みに付き, 同道士候. 不審尤成,儀に候. と殘している.

344) 이진명, 독도, 지리상의 재발견, 1998. 서울 상인출판사, p.178

345)195) 정각스님, 미술사 관련 지도, 원각사 홈페이지(wongaksa.or.kr), 2009.3.26.

346) 이진명, 전게서, p.181

347) 김혜정, Sea of Korea, 경희대학교(혜정박물관), 2004. p.11.

348) Wikipedia, La Corée est une région d'Asie de l'Est de 220 258 km21,2 située entre le Japon, la Chine et la Russie. Elle est principalement formée de la péninsule de Corée entourée de nombreuses îles ainsi que des terres situées entre l'isthme de Corée et les fleuves Yalou et Tumen.

349) 恐れず飛びかかった倭寇たちが混迷白山に脱出する風に投げ行った盾形の山

350) 김혜정, 상게서, pp.12-13

351) Samuel Dunn((died 1794) was a British mathematician, and amateur astronomer. He was a native of Crediton, Devonshire. His father died at Crediton in 1744. He wrote in his will : In 1743, when the first great fire broke out and destroyed the west town, I had been some time keeping a school and teaching writing, accounts, navigation, and other mathematical science, although not above twenty years of age; then I moved to the schoolhouse at the foot of Bowdown [now Bowden] Hill, and taught there till Christmas 1751, when I came to London.

352) 長久保 赤水(ながくぼ せきすい,本名：玄珠,俗名：源五兵衛、享保2年11月6日(1717年12月

8日)~享和元年7月23日(1801年8月31日)は,江戸時代中期の地理學者,漢學者である.常陸國多
賀郡赤浜村(現在の茨城縣高萩市)出身.号の赤水と字の玄珠は莊子の天地篇にある『黄帝,赤
水の北に遊び,崑崙の丘に登って,面して南方して還歸し,其玄珠を遺せり.』から取られている.

353) 이병도, 전게서, pp.74-75, passim : "울릉도의 성인봉을 토착주민들은 '곰수리' 혹은 '곰솔'이라
고 한 말에서 '이소다케(イソタケ(磯竹)'라고 하였으며, 1806년 임자평의 '조선팔도지도'에서 송도
(松島)에다가 '궁송(弓松)'이라고 부기하였음."

354) 이진명, 전게서, pp.184~185 passim

355) Thomas Kitchin or Thomas Kitchen(1718~1784) was an English engraver and cartogra-
pher, who became hydrographer to the king. He was also a writer,who wrote about the
history of the West Indies.

356) 林子平(はやし しへい,1738年8月6日~1793年7月28日)は,江戸時代後期の経世論家.諱は友
直.のちに六無齋主人と号した. 高山彦九郎・蒲生君平と共に,「寛政の三奇人」の一人(「奇」は
「優れた」という意味).

357) Heinrich Julius Klaproth (11 October 1783 – 28 August 1835) was a German linguist,
historian, ethnographer, author, orientalist and explorer. As a scholar, he is credited along
with Jean-Pierre Abel-Rémusat, with being instrumental in turning East Asian Studies
into scientific disciplines with critical methods.

358) 이진명, 상게서, p.187

359) Jean François de Galaup, comte de Lapérouse((French : [ʒɑ̃ fʁɑ̃swa də galop kɔ̃t də
lapeʁuːz]; variant spelling of his name comte de La Pérouse; 23 August 1741~1788?) was a
French Naval officer and explorer whose expedition vanished in Oceania.

360) 이진명, 상게서, p.190

361) Griffis, William Eliot (1882) Corea, the Hermit Nation : I. Ancient and Mediaeval History.
II. Political and Social Corea. III. Modern and Recent History / William Eliot Griffis, Corea :
The Hermit Nation, Cambridge University Press, 2015

362) 위키백과사전, 윌리엄 엘리어트 그리피스(1843.9.17.~1928.2.5.) 미국 저술가·동양학자·목사.
필라델피아 출생. 1870년 초청에 의해 일본에 건너가 도쿄대학의 물리학 및 화학 교수로 있으면서
일본 연구에 몰두하던 중, 일본을 바르게 이해하려면 고대로부터 일본 역사에 중대한 영향을 준 한
국을 알아야 됨을 깨닫고, 각종 문헌과 현지답사를 통해 한국 연구에 만전을 기하고, 1900년 왕립
아시아학회 한국분회 명예회원이 되어 구미인(歐美人)의 한국 연구에 길잡이 역할을 하였다. 뒤에
본국에 돌아가 목사사직에 종사했으며, 많은 외국 여행기를 썼으나, 특히 <은둔의 나라 한국(Corea,
The Hermit Nation)> 속에서 우리나라에 대한 깊은 통찰과 풍부한 역사적 증언을 발표하고 있어
국사연구에 귀중한 자료가 되고....

363) 위키페디아, 퍼시벌 로런스 로웰(Percival Lawrence Lowell, 1855년 3월 13일~1916년 11월 12
일)은 미국의 사업가, 작가, 수학자이자 천문학자이다. 그는 일본과 조선을 여행하여 여러 기행기를
저술하여 당시 미국에 거의 알려지지 않았던 극동의 두 나라를 자국인들에게 소개했다. 조선에서의

활동으로 노월(魯越)이라는 한국 이름도 있다. 귀국 후 애리조나주 플래그스태프에 로웰 천문대를 지었고, 여기서 화성을 관측하여 표면에 인공 수로(水路)가 있다는 주장을 하였으며 그의 천문대에서 성장한 후진들은 로웰의 사후 명왕성을 발견하게 된다. 명왕성의 이름 플루토(Pluto)와 그 천문기호는 퍼시벌 로웰의 두문자 PL에서 따 온 것이다.

364) Percival Lowell, Chosön ; the Land of the Morning Calm : A Sketch of Korea, Nabu Press (February 22, 2010)

365) 김영표외 4, 전게서, p.362

366) 네이버 지식백과, 신경준(申景濬, 1712~1781) 본관은 고령(高靈). 자는 순민(舜民), 호는 여암(旅菴). 아버지는 신숙주(申叔舟)의 아우 말주(末舟)의 10대손인 진사 내(淶)이며, 어머니는 한산 이씨로 의홍(儀鴻)의 딸이다. 33세 때까지 여러 곳으로 옮겨 다니며 살다가 33세부터 43세까지 고향에 묻혀 살면서 저술에 힘썼다. 그의 대표적인 저작으로는 『운해훈민정음(韻解訓民正音)』(세칭 훈민정음운해)을 꼽을 수 있다. 43세 되던 1754년(영조 30) 비로소 향시에 합격했는데 당시의 시험관은 홍양호(洪良浩)였다. 그해 여름 증광시에 을과로 급제하였으며, 상경 후 홍양호와의 교분이 두터웠다. 과거합격 후 정언·장령·현감 등을 역임한 다음 1769년 종부시정(宗簿寺正)이 되어 강화의 선원각(璿源閣)을 중수한 뒤 일단 고향에 돌아갔다. 그러나 곧 영조의 명으로 『여지승람(輿地勝覽)』을 감수하고, 1770년에는 문학지사(文學之士) 8인과 함께 『문헌비고』를 편찬할 때 <여지고 輿地考>를 담당하였으며, 이어서 그해 6월 6일부터 8월 14일까지 『동국여지도(東國輿地圖)』의 감수를 맡았다.

367) 호사카 유지(保坂祐二), 해동여지도 독도가 한국영토임을 확인, 중앙일보, 2009.2.23.

368) 김영표외 4, 전게서, p.369

369) Wikipedia,保坂裕二(ほさかゆうじ,1956年2月26日生)は,韓國の政治學者.世宗大學校敎養學部副敎授,及びに獨島總合研究所所長(2015年時点),林子平の地圖と領有權研究,太政官指令文研究,鬱陵島と獨島の名稱変遷研究,日本·朝鮮地図,ラスク書簡,日韓基本條約,その.

370) Wikipedia, Aaron Arrowsmith (1750–1823) was an English cartographer, engraver and publisher and founding member of the Arrowsmith family of geographers.

371) "Corea and Japan" by John Thomson. East Asia. Korea- 1817- old antique vintage map-printed maps of East Asia by Antiqua Print Gallery(amazon.co.uk/Corea-Japan-Thomson-Asia-Korea)

372) 이진명, 전게서, pp.205-206 passim

373) 1839 Map of Italy|Italie|Title : Italie par C.V. Monin. Brand : New York Map Company LLC. Map Size : 16 inches x 2 feet (40.64cm x 60.96cm) | Ready to frame in standard size frame (16x24) |Frame not included|Giclée print produced on Fine Art Paper (Weight : 235 g/m2, Thickness : 10 mil, ISO brightness : 95%) that maintains vivid colors and faithfulness to the original map | Archival Quality and guaranteed not to fade for 200+ years. 1839 Map of Italy|Italie|Title : Italie par C.V. Monin.

374) Wikipedia, James Colnett (1753 – 1 September 1806) was an officer of the British Royal

참고자료 / 각주 / 색인 501

Navy, an explorer, and a maritime fur trader. He served under James Cook during Cook's second voyage of exploration. Later he led two private trading expeditions that involved collecting sea otter pelts in the Pacific Northwest of North America and selling them in Canton, China, where the British East India Company maintained a trading post. Wintering in the recently discovered Hawaiian Islands was a key component of the new trade system. Colnett is remembered largely for his involvement in the Nootka Crisis of 1789— initially a dispute between British traders and the Spanish Navy over the use of Nootka Sound on Vancouver Island that became an international crisis that led Britain and Spain to the brink of war before being peacefully resolved through diplomacy and the signing of the Nootka Conventions.

375) Wikipedia, The Argonauts (/ˈɑːrɡənɔːt/; Ancient Greek : Ἀργοναῦται, Argonautai, 'Argo sailors') were a band of heroes in Greek mythology, who in the years before the Trojan War (around 1300 BC)[1] accompanied Jason to Colchis in his quest to find the Golden Fleece. Their name comes from their ship, Argo, named after its builder, Argus. They were sometimes called Minyans, after a prehistoric tribe in the area.

376) Louis Charles de Montigny (1805–1868) was a French diplomat who was active in Asia during the 19th century.

377) Wikipedia, Richard Hildreth : "… Hildreth's Japan as It Was and Is (1855) was at the time a valuable digest of the information contained in other works on that country (new ed., 1906). He also wrote a campaign biography of William Henry Harrison (1839); Theory of Morals (1844); and Theory of Politics (1853), as well as Lives of Atrocious Judges (1856), compiled from Lord Campbell's two works…."

378) MAP of the JAPAN ISLANDS copied from von Siebolds with slightly additions & corrections, by the U. S. Japan Expedition and other authorities. Compiled by order of COMMODORE M. C. PERRY, U. S. N. by Lieuts. W. L. Maury and Silas Bent. 1855

379) 고대인도어 산스크리트어 Gandharva로 서양에서는 간달프(gandalf)로 마법사, 수도승, 성직자, 만사해결사 등의 의미임. 한편 동양에서 乾達婆로 베다, 사리불문경, 묘법연화경 등에 나오는 수도승, 의인, 성직자, 팔방미남, 만사해결사, 예술능통인 등으로 사용되었음. 세속적으로 건달(乾達)이라는 말로 사용되었음. 《舍利弗問經》「乾闥婆者,前生亦少瞋恚,常好布施,以靑蓮自嚴,作衆伎樂.今爲此神,常爲諸天奏諸伎樂.」

380) COREE d'Apres l'Original dressee par Andre Kim en 1846 et apportee par M. de Montigny, reduit a la moitie par V. A. Malte-Brun 1855

381) Henri Zuber, né le 24 juin 1844 à Rixheim (Haut-Rhin) et mort à Paris le 7 avril 1909, est un peintre paysagiste français.

382) James Wyld (1812~1887) was a British geographer and map-seller, best known for Wyld's Great Globe. He was the eldest son of James Wyld the Elder (1790–1836) and Eliza (née Legg). In 1838, he married Anne, the daughter of John Hester, and had two children, one of whom, James John Cooper Wyld also became a map publisher.

383) 목판본 대동여지도에 독도를 제외한 사유에 대해 명확한 근거는 없으나, 일반적으로 "i) 목판본의 한계로 독도를 그려 넣는데 최소한 2개의 목판이 추가로 소요, ii) 축척이 216,000분의 1로서 독도를 그려 넣는 것은 너무 작음, iii) 현장답사나 명확한 확증이 없어서 나중에 수정 보완하고자 연기"라는 추측을 하고 있음.

384) 독도 없는 '대동여지도' 논란...한은, 고액권 보조소재 잠정 결정, 경향신문, 2007.12.8. : "한국은행 인터넷 홈페이지에는 '독도의 표기가 누락 돼 일본이 영토문제를 제기할 빌미를 제공할 가능성이 크다'는 네티즌들의 의견이 다수 올라와 논란이 예상된다. 한은은 7일 고액권 도안에 들어갈 보조소재를 잠정 결정하고, 이날부터 5일간 한은 인터넷 홈페이지(www.bok.or.kr)를 통해 국민 의견을 수렴한다고 밝혔다. ... 10만 원권 뒷면에는 조선 후기 김정호가 제작한 '대동여지도'(보물 제850호)와 울산 반구대 암각화(국보 제285호)를 보조소재로 선정했다."

385) Based on Japanese government map, Russian surveys (1857), British surveys and French charts. Engraved by J. & C. Walker under the direction of Captain G.A. Bedford, R.N. Published in London.

386) 勝海舟(かつ かいしゅう,1823~1899)は,江戸時代末期(幕末)から明治時代初期の武士(幕臣),政治家.位階は正二位,勲等は勲一等,爵位は伯爵.初代海軍卿.

387) ウィキペディア,染崎延房(そめざき のぶふさ,1818~1886)は,江戸時代末期から明治時代にかけての日本の戯作者・ジャーナリスト.幼名八郎,通称久兵衛.別号に爲永春笑・狂仙亭・二世爲永春水.對馬藩士の子として江戸に生まれる.天保年間に爲永春水の弟子となり,春笑と号する.1844年の師の没後春水の号を継ぎ(二世爲永春水),忠臣蔵ものである『いろは文庫』や,南總里見八犬伝の二次創作である『仮名讀八犬伝』などの戯作を著した. 明治維新後は,それまでの戯作シリーズを書き継ぐ一方,戯作者や旧幕臣たちが集った錦繪新聞の寄稿者として記事や小説を著した.明治期の作品では,幕末の動乱を綴った條野採菊(伝平,山々亭有人)との共著『近世紀聞』が知られる.1876年には東京繪入新聞に入り,記者として筆を揮った. 朝鮮國細見全図(1873年), 朝鮮事情(1874年).

388) 朝鮮國勢遣奠も(朝鮮國細見全図),染崎延房,1873年,100.5×71.5cm.明治初期の對外的侵略注意は對內的文明開化と同時に進行されたし,養子は皆外國事情の理解と調査を要求した.韓國に關する最初の調査作業中の一つは地税把握と指導作成だった.明治維新初頭から發生した朝鮮との外交摩擦とこれに對する反応の一つでもあった鼎韓論は朝鮮に對する關心を擴大させる.朝鮮の指導に對する需要が爆發したはずに違いない.しかし西洋から只今學ぶツックリャングスルを利用して近代的地図を作成するには條件がまともに充足されることができなかった状態だった.このような條件の下で需要を滿たす手輕い方法は日本にゾンレドエオオン朝鮮の古地図を複製する方法だった.これ <朝鮮國勢遣奠も>はこのような方法を使った当時の多くの朝鮮指導の中で一番派手だ雄大な作品だった. 一言で朝鮮朝電氣に製作された指導が壬辰の亂の時に日本に搬出されるその所で毛糸されたように見える.この過

程で指導は江戸?府時代の日本贈花の伝統の中に解けて交ぜる,指導の本來機能を遂行しな
がら一つの美術的飾り役もするようになったはずだ.この地図を編集した 染崎延房(1818～
1886)は元々對馬島出身として強豪に上がる作家として活躍した人だ. 爲永春水(二代)という
名前でもっと知られた彼は 1875年 東京■人新聞に入社して多くの讀み物をソネッダ. 『北雪
美談』と『時代鏡』は彼の代表作だ.

389) 五畿八道)朝鮮國細見全圖 : 石田旭山刀-川口常吉藏版. 發行書林 東京日本橋一丁目 北畠
茂兵衛以下7店 官許明治七年第一月 銅版(彩色) 1鋪 95.3×43.7cm(23.8×15.2cm) 印記: 蘆
田文庫, 蘆田伊人圖書記, 伊藤, 長門文庫所藏.注記・解題: 藏版者に朱印, 發行書林末の2店
に朱印.藏書印「伊藤」は井桁のマークつき.

390) 木村信卿 (きむらのぶあき,1840~1906) 日本で最初の陸軍図式「路上図式」を作成.幼名,
長信.通称,大三郎.号,柳外.現仙台市青葉區柳町通の武士出身.兵部省出仕.明治5年(1872)陸
軍省7等出仕.明治6年(1873)少佐,編纂課長兼地図課長となり,兵語辭書編纂.築造書翻譯.明
治8年(1875)陸軍参謀局第5課地誌課長.明治10年(1877)澁江信夫と共に陸軍参謀局から發
行された百十六万分一「大日本全圖」(國土地理院藏)を完成.しかし,明治11年(1878)地図密
賣疑惑事件が起き職を解かれる.明治14年(1881)1月非職であった木村信卿と参謀本部職員
地図課職員澁江信夫,木下孟寬,他二名は,日本全図を淸國公使館に密賣した容疑で拘引され
る.また,同年5月3日の参謀局で西洋畵の指導をしていた川上冬涯が熱海で謎の死をとげ,更
に、拘留中の澁江信夫が自殺する.

391) Wikipedia, Claude-Charles Dallet(1829~1878) was a Catholic missionary who is best
known for his work The History of the Church of Korea (Histoire de l'Église de Corée).
Charles Dallet was born in Langres, France, on 18 October 1829. He joined the Paris
Foreign Missions Society in 1850 and was ordained on 5 June 1852. Shortly after, he was
sent to Mysore, in southern India. He was appointed as the Apostolic Vicar in Bangalore
in 1857. In 1859, he published there, in English, a work titled Controversial Catechism, or
short answers to the objections of Protestants against the true religion.

392) Plan du Typa ou de Macao [with] Plan De La Baye D'Awatwska…Du Kamtschatka [with]
Parti Du Japon ou Nipon, Rigobert Bonne. Place/Date : Paris / 1787. Size : 13.5 × 9 inches.
1787 antique Bonne map showing Japan.

393) 김인승(金麟昇,생몰연도미상)은 강화도 조약 체결 당시 일본 외무성에 고용되어 불평등 조약 체
결에 도움을 준 조선 말기의 인물이며, 각종 만주조사 및 지도제작 등에 협조한 조선에 대한 일본의
밀정자로 계약촉탁으로 근무했음. 2002년 민족정기를 세우는 국회의원모임이 선정한 친일파 708
인 명단 중 밀정 부문에 포함되었음.

394) 佐田白茅(さだ はくぼう,1833~1907),は,江戸時代後期の久留米藩士,明治時代初期の外交
官である.初期の朝鮮との國交交渉に關与し,のち征韓論を唱えた人物として知られる.琴秉洞
によれば,明治維新後政權の中樞で征韓論を唱えたのは吉田松陰の弟子である木戸孝允だっ
たが,それを草の根に廣げ日本中を熱狂させたのが佐田白茅であり,明治初年には「朝鮮は応

神天皇以來. (朝貢の) 義務の存する國柄であるから,維新の勢力に乘じ,速やかに手を入れるがよろしい」という建白書を政府に提出した[4]。以後3度にわたって建白書を提出し,佐藤信淵にならって朝鮮征服は「30大隊あればことが足りる」と述べており,琴秉洞は「朝鮮從屬を早くから提唱した佐田白茅の朝鮮蔑視の根は深い」と評している.

395) 岸田 吟香(きしだ ぎんこう, 1833~1905)日本の新聞記者,實業家,教育家.美作國久米北條郡垪和(はが)村大字中垪和字谷大瀬毘(現岡山縣久米郡美咲町)出身.目藥「精錡水」(せいきすい)を販賣するなど,藥業界の大立者としても知られる.

396) 松田敦朝(まつだあつとも, 1837~1903), 幕末から明治の銅版畫家.京都に生まれる.銅版師初代玄々堂松本保居の長男.儀十郎,のち敦朝と名のる.1849年 (嘉永2) ごろ松田姓となり,綠山(ろくざん),蘭香亭(らんこうてい),淸泉堂(せいせんどう)と號した.父に銅版畫を學び,幕末ごろまでは名所図などを手がけた.68年 (明治1) 二條城で太政官札(だじょうかんさつ)を製造.翌年大藏省紙幣寮(しへいりょう)御用となって東京に移り,紙幣や切手,証券などを製作する.74年玄々堂彫刻社を設立して銅・石版畫の普及に盡くす.また高橋由一(ゆいち),中丸精十郎(なかまるせいじゅうろう),龜井至一(しいち)ら數多くの洋畫家を庇護(ひご)した功績も大きい.

397) 掌中日本全圖 附朝鮮海峽圖,樫原義長,著圖,大阪,出版社小谷卯兵衛,出版年月日等.1876.36×49cm(折りたたみ16cm),表紙のタイトル: 掌中大日本全圖.

398) 大槻如電(おおつき じょでん,1845年9月18日~1931年1月12日)は明治時代から昭和時代初期にかけて活躍した學者・著述家.本名は淸修.字(あざな) は念卿.通称は修二.如電は号.仙台藩士大槻磐溪の子.

399) 日本地誌要略, 大槻修二, 1886, 十六面 : "此國は日本海中西邊の絶島して,其西北海上に松島竹島の兩島あり.相隔を殆一百里にして朝鮮にて鬱陵島と稱る.近來めて其國の屬島たると云す."

400) Augustus Heinrich Petermann (18 April 1822 – 25 September 1878) was a German cartographer.

401) 日本 太政官, 1877 : "明治十年三月廿日,別紙內務省伺日本海內竹嶋外一嶋地籍編纂之件右ハ元祿五年朝鮮人入嶋以來旧政府該國ト往復之末遂ニ本邦關係無之相聞候段申立候上ハ伺之趣御聞置左之通御指令相成可然哉此段相伺候也,御指令按.伺之趣竹島外一嶋之義本邦關係無之義ト可相心得事.明治十年三月廿九日. 染崎延房,磯竹島略圖."

402) 한불자뎐(Les missionnaires de Corée),1881, 《Grammaire coréenne》, Yokohama : L. Lévy et S. Salabelle.

403) 新撰朝鮮輿地全圖, 著者　若林篤三郎編, 出版社若林篤三郎,大阪, 出版社吉岡平助, 1882.10. 大きさ,容量等 地図1枚 : 色刷 ; 67×48cm, 縮尺 : [約1:2600000], jpn : 日本語.

404) 木村文造,明治英名百首(古書), 出版社: 木村文三郎 (1883) ASIN : B008V5TGV0

405) Wikipdia, Augustus Henry Keane (1833–1912) was an Irish Roman Catholic journalist and linguist, known for his ethnological writings.

406) 淸水常太郎の「朝鮮輿地図」について : "...日本人の淸水常太郎(光憲)がひとりで作成した

と思っていた『朝鮮輿地図』に,朴泳孝,さらに彼と開化派の獨立党の同志として活躍し,共に明治初期の日韓の鬱陵島問題にもかかわった金玉均(キムオッキュン)が關係していたことは驚きであった…" http://www.pref.shimane.lg.jp

407) 森琴石(もり きんせき,1843年3月19日-1921年月24日)は,日本の明治から大正にかけて大阪で活躍した南畵家,銅版畵家.晩年には文展審査員に任命され,大阪南畵の總帥と目される一方,若年期は南畵を描くかたわら響泉堂の名で.優れた銅版畵を數多く制作した.

408) Léon Louis Lucien Prunol de Rosny savant français, né le 5 avril 1837 à Loos-lez-Lille (Nord), mort le 28 août 1914 à Fontenay-aux-Roses (Seine), est ethnologue, linguiste, japonologue, orientaliste, américaniste précolombien, épistémologue.

409) 市岡正一, 皇國地理書, 出版社金昌堂, 1874, 四十五面 : "松竹二島.松島より西北大約五十有餘里と隔て島あり號て松島と言ひ尙ふ其遙か北西の位する…我地より寧る朝鮮て近け…幕府德川氏の許可を受て每歳此島を渡る以木竹漁鼈等…"

410) 경북매일신문, 연합뉴스, 울산문화신문 등 2017.2.27.

411) Any Info on this Japanese Map (實測朝鮮全圖, 1894, 宗孟寬)? : "The following 1894 Japanese map shows Usando (亏山島) as a small neighboring island of Ulleungdo. Though the map shows Usando to the west of Ulleungdo instead of the east, it is significant in that it shows Matsushima (松島) as a separate island. Korean historians claim that Usando was Japan's Matsushima (松島-Liancourt Rocks), but the following map is more evidence that was not the case." http://dokdo-or-takeshima.blogspot.kr

412) 이진명, 전게서, p.220

413) Ernst von Hesse-Wartegg(21 February 1851, in or near Vienna, Austria~17 May 1918, Tribschen, near Lucerne, Switzerland) was an Austrian–American writer and traveller. He was consul of Venezuela in Switzerland(1888–1918). He completed 29 books and close to 700 journal articles.

414) 最新實測日清韓三國圖(明治27年,1984),南天書局(smcbook.com.tw)型號:MPJ020,庫存狀況:再版中.出版年份2015 出版社 南天書局,圖書館分類,書籍作者 宗孟寬繪

415) Count Mikhail Andreyevich Miloradovich (Russian : Михаи́л Андре́евич Милора́дови ч, Serbian : Михаил Андрејевић Милорадовић Mihail Andrejević Miloradović), spelled Miloradovitch in contemporary English sources (October 12, 1771 – December 27, 1825 was a Russian general of Serbian origin, prominent during the Napoleonic Wars. He entered military service on the eve of the Russo-Swedish War of 1788–1790 and his career advanced rapidly during the reign of Paul I. He served under Alexander Suvorov during Italian and Swiss campaigns of 1799.

416) Isabella Lucy Bird, married name Bishop FRGS(15 October 1831–7 October 1904), was a nineteenth-century British explorer, writer, photographer, and naturalist. With Fanny Jane Butler she founded the John Bishop Memorial hospital in Srinagar. She was the first woman to be elected Fellow of the Royal Geographical Society.

417) Takeshima, Seeking a Solution Based on Law and Dialogue, Ministry of Foreign Affairs of Japan, March,2014. p.7 : "… In maps of Korean dating from the 18th century, Usan Island appears to the east of Utsuryo Island. In 1899 a map called 'Daehan Jeondo' was published, it has modern features such as latitude and longitude lines, and displayed the word Usan in a location close the Utsuryo Island. It is believed that this Usan refers to the Island currently known as Jukdo, not current Takeshima."

418) 김영표외 4, p.391

419) Wikipedia,博文館 (はくぶんかん) とは, 東京都の出版社.明治時代には 富國强兵の時代風潮に 乗り,數々の國粹主義的な 雜誌を創刊すると共に,取次會社·印刷所·廣告會社·洋紙會社などの關連企業を次々と創業し,日本最大の出版社として隆盛を誇った.

420) Wikipedia, 博文館が 日露戦爭開戰直後の明治３７年２月から明治３８年１２月まで發行していた雜誌.臨時增刊の日露戦爭寫眞畫報４０冊を含め全１１０冊.初期の第一編,第二編,臨時增刊の第九編,第十八編を除き,毎月三日,十三日,二十三日の３回發行されていました.表紙右上には「再版」「三版」「五版」などと記載されているものもあることから,後から增刷するほど賣れていたものと思われます. 内容は当時の寫眞が約１０ページと,從軍記者の記事,軍事用語や軍隊生活の解説,從軍者の体驗談,出征將校の紹介,寄稿された俳句や漢詩などで構成されています.日露戦爭そのものを知るというよりも,当時の世論や報道などが良く分かる資料です.

421) Henri Galichet((de son prénom complet Louis-Henri-Désiré), connu sous le pseud-onyme Henri Galli, né le 16 novembre 1853 à Châlons-en-Champagne et mort le 29 mai 1922 à Paris, est un journaliste , homme de lettres et homme politique français de la Troisième République1.

422) Wikipedia, John George Bartholomew FRSE FRGS LLD (22 March 1860 – 14 April 1920) was a British cartographer and geographer. As a holder of a royal warrant, he used the title "Cartographer to the King"; for this reason he was sometimes known by the epithet "the Prince of Cartography". Bartholomew's longest lasting legacy is arguably naming the continent of Antarctica,[2] which until his use of the term in 1890 had been largely ignored due to its lack of resources and harsh climate.

423) Wikipedia, 大東亞共榮圈(だいとうあきょうえいけん,Greater East Asia Co-Prosperity Sphere)は,歐米諸國 (特に大英帝國·アメリカ合衆國) の植民地支配から東アジア·東南アジアを解放し,東アジア·東南アジアに日本を盟主とする共存共榮の新たな國際秩序建設を目指した,第二次世界大戰における日本の構想である.

424) 덴무천황의 명으로 도네리 친왕 토네리 신노오(舎人親王)·오오노 야스마로 등에 의해 680년 무렵부터 편찬하기 시작해 720년 니혼쇼키(日本書紀) 전 20권이 완성됨.

425) 토트(Thoth, Thot, Θωθ, Djehuti)는 고대 이집트 신화에 등장하는 중요한 신으로서, 지식과 과

학, 언어, 서기, 시간, 달의 신이다. 주로 따오기나 비비의 머리에 사람의 몸을 한 모습으로 묘사된다. 여신 세스헤트는 그의 여성형이다. 주 신전이 있었던 케메누(헤르모폴리스)뿐만 아니라 아비도스 등 이집트 전역에서 숭배되었다. 지혜와 정의의 여신 마트는 토트의 아내이다. 토트는 창조에 관여한 신 중 하나로 보이며, 고대 이집트의 문자였던 신성 문자(히에로글리프)를 발명하여 인류에게 준 것으로 알려져있다. 고대 그리스에서는 자국의 신 헤르메스와 동일시되었다. 프톨레마이오스 왕조에서 토트는 헤르메스와 함께 도서관의 수호신으로 받아들여졌다.

426) 連合軍最高司令部訓令（SCAPIN）第677号, 1946年1月29日: "3. この指令の目的から日本と言う場合は次の定義による....日本の範囲から除かれる地域として：(a)鬱陵島,竹島,濟州島.(b)北緯30度以南の琉球（南西）列島（口之島を含む）,伊豆,南方,小笠原,硫黃群島,及び大東群島,沖ノ鳥島. ..."

427) GENERAL HEADQUARTERS SUPREME COMMANDER FOR THE ALLIED POWERS,29 January 1946, AG 091 (29 Jan. 46)GS (SCAPIN~677) MEMORANDUM FOR : IMPERIAL JAPANESE GOVERNMENT. THROUGH : Central Liaison office, Tokyo. SUBJECT : Governmental and Administrative Separation of Certain Outlying Areas from Japan... : "3. For the purpose of this directive, Japan is defined to include the four main islands of Japan (Hokkaido, Honshu, Kyushu and Shikoku) and the approximately 1,000 smaller adjacent islands, including the Tsushima Islands and the Ryukyu (Nansei) Islands north of 30° North Latitude (excluding Kuchinoshima Island); and excluding (a) Utsuryo (Ullung) Island, Liancourt Rocks (Take Island) and Quelpart (Saishu or Cheju) Island. ..."

428) GENERAL HEADQUARTERS, SUPREME COMMANDER FOR THE ALLIED POWERS, APO 500,22 June 1946, AG 800.217 (22 Jun 46)NR(SCAPIN 1033) MEMORANDOM FOR : IMPERIAL JAPANESE GOVERNMENT, THROUGH : Central Liaison office, Tokyo, SUBJECT : Area Authorized for Japanese Fishing and Whaling. : "... 3. Authorization in paragraph 2 above is subject to the following provisions :... (b) Japanese vessels or personnel thereof will not approach closer than twelve (12) miles to Takeshima (37°15' North Latitude, 131°53' East Longitude) nor have any contact with said island."

429) June 1946, AG 800.217 (22 Jun 46)NR(SCAPIN 1033) MEMORANDOM FOR : IMPERIAL JAPANESE GOVERNMENT, THROUGH : Central Liaison office, Tokyo, SUBJECT : Area Authorized for Japanese Fishing and Whaling. : "... 5. The present authorization is not an expression of allied policy relative to ultimate determination of national jurisdiction, international boundaries or fishing rights in the area concerned or in any other area."

430) The Korean claim, based on SCAPIN 677 of January 29, 1946, which suspended Japanese administration of various island areas, including Takeshima (Liancourt Rocks), did not preclude Japan from exercising sovereignty over this area permanently. A later SCAPIN, No. 1778 of September 16, 1947 designated the islets as a bombing range for the Far East Air Force and further provided that use of the range would be made only after notification through Japanese civil authorities to the inhabitants of the Oki Islands and certain ports on Western Honsu. https://ja.wikipedia.org/wiki/SCAPIN

431) The 1st Manuscript of The Peace Treaty, Mar.19, 1947 : … " Article 4, Japan hereby renouces all rights and titles of Korea and all minor offshore Korean islands, including Quelport Island, Port Hamilton, Dagelet(Utsuryo) Island and Liancourt Rocks(Takeshima."

432) The 6th Manuscript of The Peace Treaty, Dec.29, 1949 : … "Chapter II. Territorial Clause. Article 3. The territory of Japan shall comprise the four principal Japanese islands of … Tsusima, Takeshima(Liancourt Raock), … all of the islands identified, with a three-mile belt of territorial water, shall belong to Japan. …"

433) 이상태, 전게서, pp.48-49

434) 상게서, p.48

435) Wikipedia, Syngman Rhee Line : "The Syngman Rhee Line (Hanja : 李承晩線, Hangul : 이승만 라인) refers to a boundary line established by South Korean President Syngman Rhee in his "Peace Line" (평화선, Hanja :平和線) declaration of January 18, 1952, which included the Liancourt Rocks (Dokdo/Takeshima) in Korean territory."

436) Mark Wayne Clark KBE (May 1, 1896 – April 17, 1984) was a United States Army officer who saw service during World War I, World War II, and the Korean War. He was the youngest four-star general in the United States Army during World War II.

437) 趙高(ちょう こう,拼音: Zhào Gāo,~紀元前207年）は,秦の宦官,政治家.弟に趙成.

438) 史記·卷六·秦始皇本紀：“八月丙寅, 秦始皇車隊從直道回到咸陽發喪.秦朝大臣趙高等人矯秦始皇遺詔,立秦始皇的幼子胡亥爲帝,是爲秦二世皇帝.八月己亥,中丞相趙高意圖謀反作亂,恐群臣不聽.乃先設驗,持鹿獻於秦二世曰：「馬也.」秦二世笑曰：「丞相誤邪, 謂鹿爲馬！」向身邊左右大臣詢問,左右或黙.或言馬以巴結順從趙高.群臣皆畏懼趙高,莫敢言其過."

439) 아랍어 : "الغنيءاى أكثر صعوبة من لجمل لدخول ملكوت السماوات فى عين بندقيقة الإبر."

440) Mark 10:25 : "It is easier for a camel to go through the eye of a needle than for someone who is rich to enter the kingdom of God."

441) 大學 : "大學之道, 在明明德, 在親民, 在止於至善."

442) 일본 고지도엔 없는 독도, 연합뉴스, 2005.3.22.

443) Sir Arthur Henry Hugh Cortazzi, GCMG(2 May 1924~14 August 2018) was a British diplomat. He was also a distinguished international businessman, academic, author and prominent Japanologist. He was Ambassador from the United Kingdom to Japan (1980–1984), President of the Asiatic Society of Japan (1982–1983) and Chairman of the Japan Society of London (1985~1995).

444) Hugh Cortazzi, Isles of Gold : Antique Maps of Japan Hardcover, Weatherhill; 1st edition, September, 1983, Hardcover : 142 pages.

445) Meiji University (明治大學, Meiji daigaku) is a private university with campuses in Tokyo and Kawasaki, founded in 1881 by three Meiji-era lawyers, Kishimoto Tatsuo, Miyagi Kōzō, and Yashiro Misao. It is one of the few most prestigious Japanese universities with famous alumni in various fields according to major college-preparatory schools in Japan.

446) Koreto Ashida Map Collection : Koreto Ashida(1877~1960) who had compiled the " Greater Japan Reader of Historical Maps " and " Greater Japan Topographical Survey " was a famous Japanese historian and geographer. This collection consists of old maps and topography materials that were begun with a part of his personal collection which Meiji university library acquired in 1957. We are continuing to add to this collection mainly by collecting maps. A catalog of this collection titled "Koreto Ashida Map Collection Catalog -Old Map Edition" was published in March 2004 as a result of a project undertaken by our librarians and the staff and members of the Institute of Humanities. You can see the images of this collection Koreto Ashida Homepage(Japanese language only).

447) What Is History? is a 1961 non-fiction book by historian Edward Hallett Carr on historiography. It discusses history, facts, the bias of historians, science, morality, individuals and society, and moral judgements in history. What is History? Author　　E. H. Carr, Country United Kingdom, Language English, Genre Historiography lectures, Publisher University of Cambridge & Penguin Books, Publication date 1961.

448) E.H Carr, What is History, Vintage, October 12, 1967 : "… History is a continuous process of interaction between the historian and facts, an unending dialogue between the present and the past."

449) 日, '독도는 일본 땅' 초등생 교과서부터 왜곡 교육, 연합뉴스, 2019.3.26. / "독도, 한 번도 타국 영토인 적 없어"…일본 중학 교과서 또 개악, 한겨레신문, 2020.3.24. / 日 중학 교과서 검정 "독도는 일본땅"…외교부 "시정하라", 중앙일보, 2020.3.24. / 일본 초등생 교과서 75%가 '독도는 일본땅', 연합뉴스, 2019.3.26. / 일본 고교 교과서 '독도는 일본땅' 왜곡, 연합뉴스TV, 2017.3.24.

450) Napoleon Bonaparte (/nəˈpoʊliən ˈboʊnəpɑːrt/; French : Napoléon [napɔleɔ̃ bɔnapaʁt]; 15 August 1769~5 May 1821), born Napoleone di Buonaparte was a French statesman and military leader who became famous as an artillery commander during the French Revolution. He led many successful campaigns during the French Revolutionary Wars and was Emperor of the French as Napoleon I from 1804 until 1814 and again briefly in 1815 during the Hundred Days.

451) Fürst Charles Joseph de Ligne, auch Charles-Joseph de Ligne (23. Mai 1735 in Brüssel; ~13. Dezember 1814 in Wien) war ein Offizier und Diplomat in österreichischen Diensten und Schriftsteller. In Wien war er auch als der rosarote Prinz bekannt.

452) Charles-Joseph Lamoral, 7th Prince de Ligne in French; in German Karl-Joseph Lamoral 7. Fürst von Ligne(also known as Karl Fürst von Ligne or Fürst de Ligne): (23 May 1735~13 December 1814) was a Field marshal and writer, and member of the princely

family of Ligne.

453) 이진곤, 논쟁의 시대를 넘어, 국민일보, 2007.2.20. : "… 이 광경에 지친 오스트리아 장군 폰 리뉴가 말했다. '회의는 춤춘다. 그러나 진전은 없다.' 우리의 지난 4년을 돌아보면 이런 말이 가능하겠다. "국정은 논쟁 중이다. 그러나 진전은 없다."

454) Henry John Temple Palmerston(1784~1865), Remarks in the House of Commons, March 1, 1848 : "… We have no eternal allies, and we have no perpetual enemies. Our interests are eternal and perpetual, and those interests it is our duty to follow. …"

455) Wikipedia, Henry John Temple, 3rd Viscount Palmerston (20 October 1784 - 18 October 1865) was a British statesman who served twice as Prime Minister in the mid-19th century. Popularly nicknamed "Pam" and "The Mongoose", he was in government office almost continuously from 1807 until his death in 1865, beginning his parliamentary career as a Tory, switching to the Whigs in 1830, and concluding it as the first Prime Minister of the newly-formed Liberal Party from 1859.

456) Wikipedia, Henry Alfred Kissinger (born Heinz Alfred Kissinger on May 27, 1923) is a German-born US diplomat of Jewish heritage and religion. Nobel laureate and statesman. He served as National Security Advisor and later Secretary of State in the Nixon and Ford administrations.

457) Henry Kissinger, "Special Section : They Are Fated to Succeed" in TIME magazine (2 January 1978 : "The absence of alternatives clears the mind marvelously."

458) Henry Kissinger, "Henry Kissinger Reminds Us Why Realism Matters", Time, 4 September 2014 : "The most fundamental problem of politics is not the control of wickedness but the limitation of righteousness."

459) 1953년 일본의 국보가 된 칠지도, 전면엔 "泰□四年十□月十六日丙午正陽造百鍊□七支刀□辟百兵宜供供侯王□□□□作."라고 새겨져 있고, 뒷면 "先世以來未有此刀百濟□世□奇生聖音故爲倭王旨造□□□世."이다. 일본 고고학자 '간 마사토모'는 칠지도가 임나일본부(任那日本府)의 실체를 뒷받침해 주는 증거임을 주장, <일본서기>에 진구황후 49년에 신라를 비롯한 7국을 평정하고 한반도에 임나일본부(任那日本府)를 두었으며, 진구황후 52년에는 백제의 사신이 칠지도(七枝刀), 칠자경(七子鏡)을 비롯한 각종 보물을 헌상했다고 기록되어 있는데, 이러한 주장은 조선은 역사적으로 일본의 식민지배를 합리화하는 증거가 되었다.

460) Wikipdeia, 七支刀 : "『日本書紀』には七枝刀 (ななつさやのたち) との記述があり,4世紀頃,倭に對し百濟が朝貢した際に獻上されたものとされ,關連を指摘されている.刀身の兩側から枝が3本ずつ互い違いに出ているため,實用的な武器としてではなく祭祀的な象徴として用いられたと考えられる.当時の中國との關係を記す現存の文字史料の一つであり,好太王碑とともに4世紀の倭に關する貴重な資料である."

461) 蘇定方(592~667),冀州武邑(今屬河北)人,原名烈,字定方,以字行,是中國唐代的著名將領.]他曾在西域,遼東對多國作戰,因功勳卓著,被封爲邢國公.乾封二年,蘇定方病逝,享年七十六

歲,追贈左驍衛大將軍,幽州都督,諡号庄.

462) Meghan Keneally, From 'fire and fury' to 'rocket man,' the various barbs traded between Trump and Kim Jong Un They've had some tense words in the past. ABC News. 12 June 2018, 14:27

463) "화염과 분노" "늙다리" 말폭탄, 취소 소동… 숨가빴던 10개월, 한국경제, 2018.6.11. : … 그러자 김정은 북한 국무위원장은 "(트럼프는) 노망난 늙다리, 전쟁광"이라며 기싸움을 벌였다. 북한이 9월 6차 핵실험 후 "수소폭탄 시험에 성공했다"고 밝히면서 긴장은 최고조로 높아졌다. 이랬던 트럼프 대통령과 김정은이 12일 싱가포르에서 역사적인 미·북 정상회담을 한다.

464) KNK : kiss and kick, kiss and kill…

465) 2016년 11월 28일, 박근혜 정부는 밀어붙이기식으로 한일군사정보보호협정을 서명, 야당 및 일부 지식층에서는 제2의 을사보호조약 혹은 1592년 임진왜란 당시 정명가도(征明假道) 혹은 1930년대 한반도 병참기지로 중국 대륙의 식민전쟁의 발판처럼 제2 정명가도가 될 것으로 봄. 중국 36계략의 제24계략인 길을 빌려 적국도 치고 빌려준 나라도 먹어치운다는 가도벌괵(假道伐虢)계략에 말릴 수 있다는 우려가 극심함. (TV조선, 2016.11.29.)

466) 神風特別攻擊隊(かみかぜとくべつこうげきたい)は,第二次大戰で大日本帝國海軍によって編成された爆裝航空機による体当たり攻擊部隊と直接掩護並びに戰果確認に任ずる隊で構成された攻擊隊.

467) 牟田口廉也(むたぐち れんや,1888~1966)は,日本の陸軍軍人.陸士22期·陸大29期.最終階級は陸軍中將.盧溝橋事件や,太平洋戰爭(大東亞戰爭)開戰時のマレー作戰や同戰爭中のインパール作戰において部隊を指揮した.

468) 星海社新書『牟田口廉也「愚將」はいかにして生み出されたのか』刊行記念！. 2018.9.12. : "… 牟田口が「日本人は草食だから,その辺の山々は食料だらけだ」という趣旨の …"(ji-sedai.jp/special/eventreport/post.html)

469) 기록은 남기면 말을 씹지도 않을 것이며, 두 번 다시 말을 하지 않아도 된다(紙不食言,而不二言).

470) 1970~80년대 정부에서 이중곡가제(二重穀價制)를 실시하기에 정부미(政府米)는 비교적 싸게 방출했으며, 일반미(一般米)보다 오랫동안 보관했다가 방출하기에 품질과 맛이 좋지 않았다. 공무원들은 비교적 싼 정부미를 많이 먹었으며, 포상금 대신에 잘 팔리지 않는 정부미를 주었다. 이뿐만 아니라 1960년대는 급여를 정부미로 준 적이 있었고, 1980년대까지도 때론 상여금(賞勵金) 대신에 정부미를 주기도 했다. 그래서 공무원들은 스스로 정부미라고 자칭했다.

471) Wikipedia, Legal writing is a type of technical writing used by lawyers, judges, legislators, and others in law to express legal analysis and legal rights and duties. Legal writing in practice is used to advocate for or to express the resolution of a client's legal matter.

472) [만파식적] 정치인 수첩, 서울경제, 2019.4.11. : 민주화 과정의 라이벌인 양 김은 수첩과 관련해서도 상반된 스타일을 보여줬다. 김대중 전 대통령이 늘 갖고 … 이 의원은 "전 정권 때는 '수첩 공주'라고 비판하더니 '수첩 왕자'는 괜찮은가?"라고 반문했다.

473) 박근혜도, 양승태도 '수첩'에 무너졌다, 오마이뉴스, 2019.1.25./ 증거 채택된 안종범 업무수첩 때

문에…'수첩공주' 박근혜 무너지나, 스포츠경향, 2017.1.20./ 박근혜, '수첩공주' 페이스북 개설 … 소통 강화, 연합뉴스, 2011.10.26. / 박근혜, 수첩공주 아바타 만든 이유는?, 서울경제, 2011.10.26./ 박근혜, '수첩공주' 버리고 '친근혜'로…, 경향신문, 2012.1.20.

474) 1998년 7월 1일 문희갑 대구광역시 시장에 취임, 어느 달 월례회 훈시 때에 가만히 듣고 있던 직원들을 호되게 꾸짖었다. "시장이 하는 좋은 말도 받아 적지 않는다면 시민복지를 위해 아무것도 이행하지 않으려는 공무원이며, 이들은 스스로 생존하지 못하고 도태될 것이다."라고 하신 말에 '받아 적는 직원만이 살아남는다'는 관례가 생겼고, 이를 두고 '적자생존'이라고 했음.

475) KIM TONG-HYUNG, Blue Pills in Blue House : S. Korea Leader Explains Viagra, ASSOCI-ATED PRESS, Nov.23,2016 : "President Park Geun-hye's office on Wednesday confirmed revelations by an opposition lawmaker that it purchased about 360 erectile dysfunction Viagra pills and the generic version of the drug in December. While the report has created a frenzy on the internet, Park's office said the pills were bought to potentially treat altitude sickness for presidential aides and employees on Park's May trips to Ethiopia, Uganda and Kenya, whose capitals are 1 to 2 kilometers (0.6 to 1.2 miles) above sea level."

476) Viagra Pills Create New Scandal for South Korea's President, New York Times, 2016.11.23. : "Viagra Pills Create New Scandal for South Korea's President … purpose during Ms. Park's official visit in May to Ethiopia, Kenya and Uganda."

477) Wikipedia, 江戶幕府（えどばくふ）,又称德川幕府（德川幕府,とくがわばくふ）,是日本歷史上第三個,也是最後一个幕府政權,由德川氏開設於江戶(今東京)而得名.從創始者德川家康1603年受封征夷大將軍開始,直到1868年末任將軍德川慶喜還政于明治天皇爲止.

478) 大日本史, 卷志二三二 列傳第一五九 第番一新羅上 : "…權記.高麗蕃徒據本朝麗藻,芋陵據東國通鑑. 本書芋陵爲于陵,今訂之.公任集云.…"

479) i) 大日本史, 卷之234, 列傳五, 高麗 : "寬弘元年 高麗藩徒芋陵島人 漂至因幡(權記, 高麗藩徒據本朝麗藻 芋陵據東國通鑑. 本書芋陵爲于陵 麗藻迂陵今訂之. 公任集云 新羅宇流麻島人至. 宇流麻島卽芋陵島也) 給資糧 回歸本國(本朝麗藻)"ii) 大日本史 第二 篇之五, 寬弘元年 三月七日條. : "(權記) 七日辛卯 參內左大臣就陣給申所宛之 被定……因幡國言上 于陵島人十一人等事 定文在別"iii) 本朝麗藻下 餞送部 : "高麗藩徒之中 有新羅國迂陵島人"

480) 藤原行成(ふじわら の ゆきなり/こうぜい)は,平安時代中期の公卿.藤原北家,右少將・藤原義孝の長男.官位は正二位・權大納言.一條朝四納言(「寬弘の四納言」)の一.世尊寺家の祖. 当代の能書家として三蹟の一人に數えられ,その書は後世「權蹟」(ごんせき)と称された.書道世尊寺流の祖.

481) 藤原行成「權記」: 權大納言藤原行成の日記.現存二二卷.平安中期,991年から1011年までの記事が記される.權大納言記.行成卿記。.察私記.詳細を極める日記「權記」が著名で,平安中期の政情・貴族の日常を記錄したことで重要視される.正曆2年 (991年) から寬弘8年 (1011年) までのものが伝存し,これに万壽3年 (1026年) までの逸文が殘っている.

482) 권기(權記)란 천황의 주변의 권력암투를 기록한 것으로 우리나라의 세도정치 혹은 수렴청정 등

참고자료 / 각주 / 색인 513

에 해당하는 일본의 섭관정치(攝關政治)의 기록이다. 일본의 헤이안 시대(平安時代,794~1192)에 섭정(攝政) 또는 관백(關白)이 정보력 등의 권력을 장악하고 했던 정치의 권력의 기록이었다. 한편 권기의 내용을 소설로 번안한 것으로는 미나모토노 다카아키의 『서궁기(西宮記)』, 후지와라 긴토(藤原公任)의 『북산초(北山抄)』 등이 전해 온다.

483) 大谷甚吉(おおや-じんきち) : 江戸時代前期の海運業者, 元和(げんな)3年(1617)越後(えちご)から歸航の際,暴風雨にあい朝鮮の竹島(現鬱陵(うつりょう)島)に漂着.海産物の豊富なのを知り,伯耆(ほうき)(鳥取縣)米子に歸鄉後,鳥取藩を通じて,翌年幕府より竹島渡航の免許をえる.竹島開發につくし,のち竹島にわたる途中に死亡した.

484) げんろく(元禄)是日本的年號之一.在貞享之後、寶永之前.指1688年到1703年的期間.這個時代的天皇是東山天皇.江戸幕府的將軍是德川綱吉.

485) 元禄六癸酉年幕府の命,朝鮮漁民此年竹島に來て漁採す.因幡國の人よく諭して還さしむ.然るに漁民四拾人又來る,爰に於いて其漁民貳人を留て質として幕府に申出,よって彼二人を長崎に送る,使者を遣し長崎にて請取朝鮮に送り,再ひ竹島に不可至事を告告との事.

486) 朝鮮國之 返書 : 弊邦海禁至嚴,濱海漁民.使不得出於外洋.雖敝境之蔚陵島,亦以遼遠之故.切不許任意往來,況其外乎哉.今此漁民,敢入貴界竹島.致煩領送,遠勤書論,鄰好之誼.實所欣感, 海氓捕魚.以爲生理, 或不無遇風,漂轉之患,而至越境,深入雜然漁採,法當痛懲.今將犯人等,依律科罪.此後沿海等處,嚴立科條 各別申飭云.

487) 조선 시대에 조일 간의 분쟁인 '울릉도 쟁계' 당시 일본 측에서 파견된 메신저. 조선 숙종대 울릉도를 둘러싼 조일 간의 분쟁인 '울릉도 쟁계' 당시 조선과의 교섭을 위하여 일본 측(대마도)에서 파견된 사자(使者)로, 일본 이름은 다전여좌위문(多田與左衛門)이었다.

488) 多田与左衛門,都船主內山鄉左衛門,封進寺崎与四右衛門幷阿比留惣兵衛,醫師仁位彌右衛門,二月二十七日廻着仕ル.与左衛門持渡之御返翰幷接慰官ゟ之口上書, 御前へ差上ル.御返翰之紙面ニ蔚陵嶋之儀書載有之, 紙面不宜候間, 遂相談, 否之儀 申上候樣ニ与, 樋口久米右衛門を以被 仰出候付, 夜二入何茂罷出ル.

489) 元禄七甲戌年正月返翰の草稿相達し本州はしめおもへらく,竹島は朝鮮の蔚陵島なり答る所如何といふことを不知と,此時草稿を見て又おもへらく,竹島は則蔚陵島なり,今一島二名を音..幕府へ啓すへからす.返翰蔚陵島の字を除て可也.と又是を告任官,答て云,請ふ熟く是を念へ今貴州の意を以て接慰官に告は則啓聞すべし.事不諧て兩國の障起しむ,貴州のいわゆる竹島は朝鮮の蔚陵島なり,朝鮮是を知さらんや,朝鮮彼島を空ふして民居を置さる事久し,竊に聞日本の人往來漁採すと,然りといへとも空島無人の地なる故. 置て問す,今貴州の書を得て我朝廷以爲く,鬱陵島は輿圖の載する處祖宗之地尺寸といへとも棄へからすと朝議紛紛多く,一人の曰彼島久く棄て人なし,且日本の人彼島に占據者久し.若我地を以て答は兩國の爭ひ是より興らんと云,仍て蔚陵島をもって...竹島を以て貴國の地とす.我國敢て不諭して又彼名を我に存すといへとも何の不可成事かあらむ.若決せんとせは我國屌弱なりといへとも爭ってやまし.兩國の障はより興らむといふ,是に於いて使者一決して返書を受て歸る.本州おもへらく返書の內に蔚陵の文字あり受くへからす.爰に於いて元禄七甲戌年二月又使者を遣して改撰を

求む.本州の書契に曰,我書不言蔚陵島之事,今回翰有蔚陵之名是難曉也.只冀除却蔚陵之名,惟幸云.

490) 此時朝鮮前言を加へて云く: " 邦江原道蔚陵縣,有屬島.名曰蔚陵島,歷代相傳,跡昭然.今者我國漁氓,往于其島.而不意貴國之人.自爲犯越,與之相値,乃拘執二氓.轉到江戶,幸蒙大君,明察事情,優加資遣.可見交隣之情,出於尋常,感激何言.雖然我氓漁採之地.本是蔚陵島而,以其産竹.或稱竹島.此乃一島而二名也.一島二名之狀,非徒我國之所記.貴國之人,亦皆知之.而今此來書中,乃以竹島爲貴國之地.亦欲令我國禁止漁船更往.而不論貴國之人侵涉我境,拘執我氓之失,不有欠於誠信之道乎云."

491) 肅宗實錄, 肅宗二十年八月己酉條 : "...初南九萬, 以鬱陵島事白上議遣接慰官,直責其回賓作主. 及倭差還,持春間所受回書而至.又致對馬島主書曰.我書曾不言蔚陵回書,忽擧鬱陵二字,是所難曉.只冀刪之,九萬遽欲從其言.改前書.尹趾完執不可曰.旣以國書,付之歸使,何敢復來請改乎.今若責之以竹島是我鬱陵島 我人之徃.何嘗犯界乎.則倭必無辭矣.九萬遂以此入奏.上曰狡倭情狀,必欲據而有之.其依前日所議.直辭以報之..."

492) Wikipedia,宗義眞(そうよしざね) は,對馬府中藩の第3代藩主. 1639年11月18日,第2代藩主・宗義成の長男として生まれる.明曆元年 (1655年) 6月,從四位下,播磨守に叙位.任官される.明曆3年 (1657年) に父が死去したため,家督を相續した.このとき,侍從・對馬守に任官する.藩政においては大浦光友を登用して借財整理,朝鮮貿易の擴大,寛文檢地による地方知行制から藏前知行制への移行と寛文4年 (1664年) の均田制の實施とそれによる稅制改革,新田開發,對馬銀山の産額增加,城下町や府中港の整理と擴大,藩校の創設などを行なって藩政の基礎を完全に固めた.こうして對馬府中藩の全盛期を築き上げ,藩の格式は10万石格にまで登りつめた (對馬府中藩の實質石高は1万石程度だが,貿易收支が大きかったことを考慮された),寛文12年 (1671年),對馬西部の淺茅湾から東部の海岸を接續することで對馬の西岸と東岸を繋ぐ運河となる大船越瀬戶が完成...義倫の死後は四男・義方を擁立し,自らは元祿15年 (1702年) 8月7日に死去するまで藩政の實權を握り續けた.

493) "竹島海中に在て我國を去ることは遠く朝鮮を去ること近し,今より堅く我國漁船の往來を禁せむ,此意を以て朝鮮に告へしとなり."

494) 관수(館守)란 왜관의 총괄책임자, 오늘날 재외공관의 총영사 등에 해당, 1636년 병자호란 이후에 왜인들의 관리와 단속을 위해 파견, 조선에서도 1639년에 일본에 파견했음. 대마도번(쓰시마번)에 조선업무 담당자인 조선방(朝鮮方)이 있었으며, 최초 일본 관수는 우지노 곤베(內野權兵衛)였으며, 조선 국서개작사건 이후에 관수의 역할이 켜졌음. 관수의 업무조서로는 정보수집, 보고, 문서 사본 기록, 왕복문서의 수발, 일본인 관리단속 등. 1873년 메이지정부 왜관침탈 때가지 100여 명의 관수가 파견되었음.

495) 同八乙亥年裁判幷使者を東萊に遣し前條の疑問を役者啓聞を求む期を剋て答書を待到らす.一行の使者相議して碇を下し風をまつ,答書來る.爰において再答を東萊に送り帆を開いて歸る.此秋義眞幕府に觀し竹島の事を以て,執政に啓す.執政の云,竹島海中に在て我國を去ることは遠く朝鮮を去ること近し,今より堅く我國漁船の往來を禁せむ,此意を以て朝鮮に告へ

しとなり.元禄九丙子年春義眞洲に還り譯官を招く其年の冬譯官渡海執政の主意を以て譯使に面囑す.譯官歸國の後禮曹より館守に傳へて書を贈る.頃因譯使回自貴州,細傳左右面托之言,備悉委折矣.蔚陵島之爲我地輿圖所載,文蹟昭然.無論彼遠此近,疆界自別.貴國下令,永不許人往漁採辭意.丁寧可保,久遠無他,良幸良幸.我國亦當,分付官吏,以時檢察,俾絶兩地人往殽雜之弊矣云.'是において禮曹の書を幕府に啓し元禄十二卯年三月義眞書を以て禮曹に答ふ.'

496) 조선시대 관상감(觀象監)의 관리를 가리킴. 태조(太祖) 원년(1392) 7월의 관제신정(官制新定) 때 서운관(書雲觀)으로 설치되어 천문(天文)·재상(災祥)·역일(曆日)·추택(推擇) 등의 사무를 관장하였다가 세조(世祖) 12년(1466) 1월의 관제갱정(官制更定) 때에 관상감으로 개칭되었음.

497) 前年象官超溟之日. 面陳竹島之一件, 緣是左右克諒情由示,以兩國永通交誼, 益懋誠信矣.至幸至幸. 示意卽已啓達了云.(右書を館守をして東萊に傳へ致さしむ)

498) 기타자와 마사나리(北澤正誠キタザワ マサナリ, 1840~1901)는 당시 일본 외무성에 근무했으며, 1878년부터 1880년까지 군함아마기(軍艦天城)으로 조선의 동해해양을 측량하였다. 이를 종합하여 1881년에 '다케시마 고시(竹島考證)'를 작성하였다. 내용은 측량 이전의 일본자료를 정리하고, 조선의 자료를 분석 정리하였다. 또한, 측량한 결과를 명백히 하여 외교적 문제에 만전을 기했음.(竹島外一島, Wikipedia, 竹島外一島 : "竹島外一島 (たけしまほかいっとう)とは、明治初期の日本のいくつかの文書で言及される日本海西部..... 軍艦天城の調査前の状況について、外務省の北澤正誠は1881年明治14年) にまとめた竹島考証において「於是竹島松島一島両名或ハ別ニ二島アルノ說..."

499) 1881 - Kitazawa Masanari(北澤正誠), a official of MOFA concluded that "Takeshima" is Jukdo in "A Study of Takeshima (Takeshima Kosho 竹島考証)", 要約 : "以上二十四號ヲ通覽スルニ元禄十二年竹島ノ地朝鮮ノ者ト極リシ後ハ我人民又此覬覦スル者ナカリシニ百余年ノ後石州浜田ノ民八右衛門ナル者アリ 江戸ニ邸ノ吏ニ說テ其黙許ヲ受ケ竹嶋ニ漁業ヲ名トシ陰ニ皇國産ノ諸品ヲ積去テ外國ニ貿易セルヲ以テ忽チ法憲ニ触レ嚴刑ニ處ラル 此ヨリ後又此島ノ事ヲ說ク者無シ 皇政維新ノ後明治十年ノ一月ニ及ヒ島根縣士族戸田敬義竹島渡海ノ願書ヲ東京府ニ呈ス 六月ニ及ヒ難聞屆旨指令アリ 此ヨリ後復タ竹島ノコトヲ言フ者無シ 其後奧州ノ人武藤一學下總ノ人齊藤七郎兵衛等浦塩斯德ニ往來シ竹島ノ外別ニ松島ナル者アリト唱ヒ瀬脇壽人ニヨリテ渡海ノ事ヲ請フ 於是竹島松島一島両名或ハ別ニ二島アルノ說粉粉決セス 遂ニ松島巡島ノ議起ル 甲乙丙丁ノ說ノ如シ 雖然其事中止セリ 明治十三年天城艦ノ松島ニ廻航スルニ及ヒ其地ニ至リ測量シ始テ松島ハ鬱陵島ニシテ其他竹島ナル者ハ一個ノ岩石タルニ過キサルヲ知リ事始テ了然タリ 然ルトキハ今日ノ松島卽チ元禄十二年称スル所ノ竹島ニシテ古來我版図外ノ地タルヤ知ルヘシ."

500) 會津屋八右衛門(あいづやはちえもん, 1798~1837)は,江戸時代の回船問屋 (浜田藩御用商人).藩御用船「神福丸」船頭,會津屋淸助の子.本來は「今津屋八右衛門」であるが,昭和10年(1935年)建立の「八右衛門氏頌德碑」に「會津屋」と記述され],會津屋が廣まった.

501) 問題になるのは,朝鮮領土である鬱陵島に航海したのであって,獨島に渡ったのは,特に處罰の對象はなく.

502) 1836年に,石州浜田の回船問屋・會津屋八右衛門(いまずやはちうえもん)が,幕府が渡海禁止令を出していた竹島(現・鬱陵島)へ渡り,竹や木材を伐採して密貿易をしていた事が知られ,裁判を受け死刑になった事件がある.この裁判の判決文に,「松島へ渡海の名目をもって竹島に渡り」という浜田家老の言葉がある.つまり竹島事件で問題になったのは朝鮮領の鬱陵島への渡海であり,松島(現・竹島)への渡海については何も問題にされていないのである.

503) 물론해석(勿論解釋)으로 "본도를 금지하면 물론 부속도서를 적용한다." 속된 말로 '지린 똥도 똥이다.' 유식하게 해명하면 맹자의 '五十步笑百步'의 일화가 대변하고 있다.

504) 西郷隆盛(さいごう たかもり,旧字体:西鄕隆盛,1828.1.23.~1877.9.24.)は,日本の武士(薩摩藩士)・軍人・政治家.

505) 內務省が1877年3月20日に出した通達で,鬱陵島と外一島が朝鮮の領土であることが明記されている.韓國は,ここに載っている.「竹島外一島」の"外一島"を竹島(獨島)であると主張しているが,その論據となる積極的な証據は無い.「竹島外一島」とは,アルゴノート島とダージュレー島と考えるのが自然である.

506) 天城型巡洋戰艦(あまぎがたじゅんようせんかん)とは,日本海軍が計畫した八八艦隊の巡洋戰艦である.本艦型は加賀型戰艦の發展型で,巡洋戰艦に類別されているが,實態は長門型戰艦を凌駕する高速戰艦であった.天城型4隻は建造途中でワシントン海軍軍縮條約のため計畫は中止となり,2隻(愛宕,高雄)が破棄された.殘り2隻(天城,赤城)は航空母艦への改装が檢討されたものの,後述のように天城は關東大震災で損傷して破棄解体された.天城の代艦として廢艦予定の加賀型戰艦加賀が空母になった.

507) 日本政府は,混亂した鬱陵島周辺を調査し確認するため.1880年9月,軍艦「天城」を派遣した.そして当時誤って「松島」と称せられていたのが,古來の鬱陵島であることが確認された結果,その後の刊行にかかる海図では,一貫して鬱陵島に該当する島を「松島」.今日の竹島に該当する島を「リアンコールト岩」と称した.ここに,昔竹島と呼ばれていた鬱陵島が松島となり.松島と呼ばれていた島がリアンコールト岩となるのである.松島が竹島と島名が変更した原因の一つがここにある.もし西歐の誤った地図が日本に逆輸入されなければ,我々は現在も竹島を松島と呼んでいただろう事は想像に難くない.

508) 明治4年(1871)に廢藩置縣が行われた後の正誠の事蹟をたどってみたいと思います.明治4年6月,松代藩が廢止され,代わって松代縣が設置されると,正誠は松代縣少参事に任じられ.さらに10月,明治政府に出仕することとなり,上京して太政官左院の 中議に任官し,次いで五島議官に進みました.左院時代の正誠は,当初は大給恒【おぎゅう・ゆずる】(1839-1910)らと共に兵務を担当し,さらに明治6年,板坦退助らにより民撰議院設立の建白書が提出されると松岡時敏(1814-77) 議會制度の取調を担当し,民選議院規則を起草しました.左院で共に兵務の調査に当った大給恒は,旧信州龍岡藩主の松平乘謨【のりかた】で,旧幕府の老中・陸軍總裁をつとめた人物です.

509) 竹島版圖所屬考(要約):竹島一名ハ磯竹島又松島ト稱ス韓名ハ鬱陵島又芋陵島ト稱スル者此ナリ.但其地本邦朝鮮ノ間ニ在ルヲ以テ古來紛議兩國ノ間ニ生セシモ元祿九年ニ至リ境

界判然復タ異議ナシ.今ヤ我國史及ヒ韓漢ノ記傳ニ就キ其原流ヲ究メ其沿革ヲ詳ニシテ之ヲ左ニ論述セントス.大日本史高麗傳ニ據ルニ一條帝寛弘元年ノ條ニ高麗蕃徒芋陵島人,漂至因幡給資糧回歸本國ノ明文アリ而シテ註ニ其引用スル所ノ書ヲ擧ケ權記及本朝麗草トナシ.又公任集ヲ引テ「新羅宇流麻(ウルマ)島之人至宇流麻島卽芋陵島也」ノ十八字アリ而芋陵ノ二字東國通鑑ニ據ル者トス.然レハ當時ニアリテ高麗人之ヲ芋陵島ト稱シ我邦人ハ之ヲ宇流麻島ト稱スルモ均シク.此後世所爲竹島松島ナルモノニシテ當時其島人ノ漂到ヲ以テ之ヲ本國ニ回歸スレハ卽我版圖外ノ地タルヤ知ルヘシ. 然ルニ松浦武四郎竹島雜誌ニ北史倭傳ヲ引テ「隨遺文林郎裵世淸使國度百濟行至竹島、望耽羅島云々」ノ文ヲ引タルモ是同名異島ニシテ磯竹島ノ證トナスニ足ラス.何トナレハ磯竹島ハ我隱岐ノ西海朝鮮江原道ノ東海ニアリ北史ニ所謂「度百濟行至竹島望耽羅島」ノ竹島ハ全羅道ニ在リ.何ヲ以テ如斯斷言スルヤ蓋シ百濟ノ地卽今忠淸全羅ノ二道ニシテ朝鮮國ノ西南ニヤリ耽羅島ハ卽今濟州道ナレハハリ然レハ同名異島ノ說瞭然タリ.

510) 松浦武四郎(まつうら たけしろう),文化15年2月6日(1818年3月12日)~明治21年(1888年2月10日)は,江戸時代末期 (幕末) から明治にかけての探検家,浮世繪師,好古家.名前の表記は竹四郎とも諱は弘.雅号は北海道人(ほっかいどうじん),多氣志樓など多數.蝦夷地を探査し,北海道という名前を考案した.

511) 竹島図説, 金森建策, このころ,嘉永6年(1853)年ペリーが浦賀に出現する直前のことです.松江藩は隱岐へ大砲や藩士を配置して警備にあたりました.この緊迫した時,建策は藩主松平齊貴(まつだいらなりたけ)に竹島の図一枚とその說明書である『竹島図説』を提出しました.図に書き込まれている地勢等の說明文は14年前處刑された浜田の八右衛門が書いた竹島の図の書き込みと全く同じ.

512) '他計甚麼'라고 한자로 적은 것을 일본어의 음역이 다케시마(takeshima)이며, 만약 훈역(훈역)을 한다면, 그는 무슨 속셈을 하고 있는가? 영어로는 What does he count? 혹은 일본어로는 彼は何を獲得しました? 라고 해야 한다. 따라서 훈(訓)이 아니라 음(音)이다.

513) 『隋書』卷八十一 列傳第四十六 東夷 俀國 : "明年上遣文林郎裵淸使於俀國.度百濟行至竹嶋南望羅國經都斯麻國迴在大海中.又東至一支國又至竹斯國又東至秦王國"/ 三國史記, 卷第27百濟本紀第5武王9年3月 : "「九年 春三月 遣使入隋朝貢,隋文林郎裵淸奉使倭國,經我國南路."

514) 『草盧雜談』,靑木昆陽, 1738 : "公儀より御尋ありしは,其島へ漁人往來致し,あはびとらされば渡世の妨にも相成事にやと有しに,さのみ漁獵のためには此島へ往來仕らずとも,渡世の妨には相ならざるよし申上ければ,然らば彼島此まで日本の領分といふ急度したる事もなきゆゑ,其まゝにさし置べきよし御下知ありて,事止たりとかや."

515) 元和 (げんな) は,日本の元号の一つ.慶長の後,寛永の前.1615年から1624年までの期間を指す.この時代の天皇は後水尾天皇.江戸幕府将軍は徳川秀忠,徳川家光.

516) 竹島(鬱陵島)への渡海免許原 : "從伯者國米子竹島江先年船相渡之由に候 然者如其今度致渡海之段米子町人村川市兵衛大屋(大谷)甚吉申上付而達上聞候之處不可有異儀之旨被

仰出候間被得其意渡海之儀可被仰付候恐々謹言. 五月十六日.永井信濃守/井上主計頭/土居大炊頭/酒井雅樂頭/松平新太郎殿

517) 竹島(一ニ磯竹島ニ作ル)ハ本邦ト朝鮮國ノ間ニ在ル孤島ナリ,周圍十許里山岳嵯峨トシテ深谷幽絶茂樹密竹アリ,土地肥沃物産多シ,以上竹島考ニ據ル但其地兩國ノ間ニ在ルヲ以テ古來紛紜其適說ヲ得ズ,今ヤ我國傳來ノ說并ニ韓漢ノ記傳ヲ列擧シ以テ其異同ヲ考論セントス.先ツ我國傳來ノ說ニ就キ其大略ヲ揭ケンニ松浦武四郎ノ竹島雜誌ニ日本風土記ヲ引テ他計甚麼(タケシマ)ノ訓アリ,其地東岸大竹周圍二尺ニ至ル者アリ,即チ是所謂竹島ニシテ其名ヲ得ル所以ナリト(竹島圖說ニ據ル)而シテ北史卷十四倭傳ヲ引テ曰ク,隋遣文林郎裴世淸使國, 度百濟, 行至竹島, 南望耽羅島云云. 又竹斯(チクシ)國竹島トテ我國ノ島ニ極マリタル由モ記セリ(草廬雜談ヲ引ク). 元和二年 伯州米子ノ町人大谷甚吉, 村川布兵衛ノ二人竹島渡海ノ事ヲ官ニ請フ,三年、松平新太郎光政伯州ヲ領スルニ及ヒ兩人ノ請ヒニヨリ堅ク之ヲ幕府ニ請フ,四年ニ及ヒテ兩商ヲ江戶ニ召シ竹島渡海免許ノ御朱印ヲ賜ル.此ヨリ兩商絶ヘス渡海漁事ヲナス者七十四年, 元祿五年ニ及ヒ韓人竹島ニ至リ漁獵ヲ營ミ兩商ノ利權漸ク衰フ,同シク九年ノ春ニ及シテ朝鮮ヨリ竹島ハ其國ノ版圖タル由ヲ申シ,遂ニ竹島ヲ朝鮮ニ与フト是其大略ナリ.

518) 竹嶋考, 江石梁, 文政11(1828)年, 鳥取藩士 江石梁(岡島正義, 1784~1858) 編述, 江戶時代後期の武士.天明4年生まれ.因幡(いなば)鳥取藩士.岡島氏をつぎ文政7年大目付となるが,2年余で辭す.藩の地理, 歷史の研究に力をそそぎ「因府年表」「鳥府志」などをのこした.安政5年6月26日死去.75歳,本姓は佐野.通称は儀三郎,五郎右衛門,儀三右衛門.号は石梁.

519) 又因州ノ人江石梁ナル者ノ竹島考ニ日本事跡考ヲ引テ曰ク,隱岐國海上有竹島多竹, 鰒味甚美,海獸曰葦鹿(アシカ), 云云ト. 又竹島圖說ニ日本人隱岐ノ北海ニ竹島アルコトヲ知テ漁獵ヲ創メシハ伯州ノ一漁父ナリ,是島甚タ朝鮮ニ隣スレトモ昔時ハ鮮人却テ之ヲ知ラス,此島ノ以北三里許ニ亦タ一島アリテ上好ノ蚫最多シ,因テ朝鮮ヨリ三五年ニ一回漁人ヲ遣ハシテ蚫ヲ取ラシム,彼曾テ此竹島ヲ知ラサリシニ我元祿五年ノ春此島ニ漂流シテ始テ竹島アルフコト知ルナリ.

520) 일본이 실익을 챙기도록 모르고 있는 조선을 마치 "쌀을 좀이 다 먹고 있는데 쌀자루만 움켜쥐고 있는 꼴"로 봤으며, 심하게 표현하면 "마누라는 다른 놈과 서방질 하는데 오쟁이만 지고 있는 꼴"로 봤던 것이다.

521) 以上三書(竹島雜誌, 竹島考, 竹島圖說)ノ說ク所ニヨレハ,竹島ハ盖シ我邦人發見スル所ニシテ即チ我版圖中ノ一島ナリ, 其海利ヲ我ニ掌握スルヤ七十四年ノ久キニ及フ,朝鮮人未タ嘗テ知ラサル者ノ如シ,然ルニ元祿五年ノ春ニ及シテ朝鮮人竹島ニ來リ漁獵シ翌年再ヒ來ル,仍テ其國人二人ヲ捕ヘ之ヲ江戶ニ訴フ,幕府對馬ニ令シ書ヲ彼ノ政府ニ送リ其人民ノ再ヒ渡來スルヲ禁セシム,往復數回ノ後我所謂竹島ハ彼所謂鬱陵島ニシテ古來朝鮮ノ版圖タルヲ知リ,却テ我人民ノ彼島ニ至ルヲ禁ス,其往復ノ書載テ竹島記事及ヒ磯竹島覺書ニアリ,今招錄シテ別冊トナシ以テ參照ニ供ス.

522) 文明 (ぶんめい) は,日本の元号の一つ.応仁の後,長享の前.1469年から1486年までの期間

を指す.この時代の天皇は後土御門天皇.室町幕府将軍は足利義政.

523) 東國輿地勝覽卷首八道總圖中江原道ノ海中ニ二島アリ,西ヲ于山ト云ヒ東ヲ鬱陵ト云フ,豈我所謂松島竹島ノ二島ナルカ輿地勝覽ノ說ニ據レハ鬱陵島,在江原道,一名武陵,一名羽陵,在蔚珍縣正東,三峰岌嶪撑空,南峯稍卑,風日淸,則峰頭樹木及山根沙渚.歷歷可見,風便則二日可到,此書朝鮮成宗ノ十三年我文明十四年ノ撰ナレハ今ヲ距ル正ニ四百年タリ.當時彼ノ屬島タリトナスモ亦非ナラス.

524) 동국통감(東國通鑑), 세조5(1458)년 9월 세조는 조선의 기존 사서들이 누락이 많고 체계가 없어, 중국의 자치통감(資治通鑑)과 같은 역사책을 원해 지시를 내렸으나 몇 차례 시도하다가 중단되어 성종15(1484)년 11월에 56권에 완결되었으나 다시 재판하여 성종16(1485)년에 완성했다. 2333년의 단군조선을 중국의 역사서를 보완하였으며, 고조선에서 고려시대까지 편년체로 체계를 마련하였다.

525) 溯テ彼古史ニ據レハ于山鬱陵一地タリ,東國通鑑卷ノ五ニ曰ク,新羅知證王ノ十三年六月,于山國降新羅納工貢,國在溟洲正東海東,名鬱陵,地方百里特險不服, 伊湌(官名)異斯夫,爲何瑟羅州軍主,謂于山人愚猛,難以威來,可以計服,乃以木造獅子形,分載戰船,抵其島誑之曰,汝若不服卽放此獸踏殺之,國人懼乃降,ト是我繼體天皇ノ六年壬辰ノコトニシテ今ヲ距ル千三百七十年タリ,其後長ク新羅ノ屬島タリシナルヘシ.

526) 高麗史ニ據レハ太祖十三年,鬱陵島人,使白吉土豆獻方物ト,高麗太祖十三年ハ我醍醐天皇長奧元年庚寅ニシテ今ヲ距ルコト九百五十二年ナリ,降テ毅宗十三年ニ及ヒ王聞鬱陵地廣土肥,可以居民,遣溟洲道監倉金柔立往視,柔立回奏云,島中有大山,從山項向東行,至海一萬餘步,向西行,一萬三千餘步,向南行,一萬五千餘步,向北行,八千餘步,有村落其趾七所,或有石佛鐘石塔,多生柴胡藁本石南草,後崔忠獻獻議,以武陵土壤膏沃,多珍木海錯,遣人往觀之,有屋基破礎宛然,不知何代人居也.於是移東郡民以實之,及使還,多以珍木海錯進之,後屢爲風濤所蕩覆,舟人多物故,因還其民,云云トアリ毅宗十三年ハ我二條天皇平治元年ニシテ今ヲ距ルコト正ニ七百二十二年ナリ,然レハ當時其民ヲ移シ其地ヲ空フセシカ如シ.

527) 応永 (おうえい,旧字体：應永) は,日本の元号の1つ.明德の後,正長の前.1394年から1427年までの期間を指す.この時代の天皇は後小松天皇,称光天皇.室町幕府将軍は足利義満,足利義持,足利義量.日本の元号の中では,昭和,明治に次いで3番目の長さ(35年) であり,一世一元の制導入以前では最長である.また,応永10年から22年までの約10年間は戦亂などが途絶え「応永の平和」と言われる.

528) 又磯竹島覺書ニ據レハ輿地勝覽幷芝峯類說ヲ引キ曰ク,李朝(朝鮮)太宗時,聞流民逃其島者甚多,再命三陟人金麟雨,爲按撫使,刷出空其地,麟雨言,土地沃饒,竹大如杠,鼠大如猫桃核大於升,凡物称是ト,朝鮮太宗ノ時ハ後小松天皇ノ應永七年ヨリ十九年ニ至ルノ間タリ.然レハ大略四百八十餘年タリ,前朝王氏空島ノ制行ハレス,邊海ノ民往往移住スル者アル,如斯クナリシヲ知ルニ足ル.

529) 其後世宗二十年ニ至リ遣縣人萬戶南顥率數百人,往搜逋民,盡俘金丸等七十餘人而還,其地遂空,トアリ,世宗二十年ハ我後花園天皇ノ永享四年壬子ニシ今ヲ距ル四百五十年ナリ,後

四十年成宗ノ二年ニ及ンテ有告別有三峯島者,乃遣朴宗元往覓之,因風濤不得泊而還,同行二船,泊鬱陵島,只取大竹蝮漁曲,啓云島中無居民矣.是竹島ノ外別ニ一島アルノ說ヲ開キ探討ノ爲メ人ヲ遣ハシ海中ヲ搜索シ志ヲ得スシテ還ル者ナリ.

530) 1614년(광해군 6) 이수광(호 지봉)이 편찬한 한국 최초의 백과사전이며, 목판본으로 20권 10책, 중국 사신으로 3차례 다녀온 경험과 수합한 정보를 정리했다. 특히 중국, 일본, 안남(월남, 베트남), 유구(琉球, 오키나와), 섬라(暹羅,태국), 자바(爪蛙), 말라카(滿刺加)와 같은 남양제국, 멀리는 프랑스(佛狼機), 영국(永結利), 독일(德國) 등의 유럽을 소개해 한민족의 가치관, 인생관 및 세계관에 개안을 함에 도움을 주었다.

531) 享保 (きょうほう,きょうほ) は,日本の元号の一つ.正德の後,元文の前.1716年から1735年までの期間を指す.この時代の天皇は中御門天皇,櫻町天皇.

532) 寛永は日本の年號之一,指的是元和之後,正保之前,由1624年到1643年的這段期間.這個時代的天皇是後水尾天皇,明正天皇,後光明天皇.江戶幕府的將軍是德川家光.

533) 同書ニ芝峯類說ヲ引キ曰ク,鬱陵島,一名武陵,一名羽陵,在東海中,與蔚珍縣相對,島中有大山,地方百里,風便二日可到,新羅智證王時,號于山國,降新羅納土貢,高麗太祖時,島人獻方物,我太宗朝,遣按撫使,刷出流民空其地,地沃饒,竹大如杠,鼈大如瓶,桃核大於升云,壬辰變後,人有往見者,亦被倭焚掠,無復人烟,近聞倭奴占據礒竹島,或謂礒竹島,卽蔚陵島也.以上芝峯類說所載其地沃饒,竹大如杠,トハ我竹島圖說ノ所載ト同一景狀ニシテ彼我ノ所說,符節ヲ合スル如シ奇ト謂フヘシ,壬辰ノ變トハ文祿元年我征韓ノ師ヲ指ス.本書ハ享保十一年竹島紀事ヲ編ムノ時ニ於テ八十年前ノ著書ノ趣ヲ記シタレハ蓋シ寛永前ノ書ナルヘシ.然レハ當時我邦人民ノ竹島ニ占居セシヤ明カナリ.

534) 慶長(けいちょう)は,日本の元号の一つ.文祿の後,元和の前.1596年から1615年までの期間を指す.この時代の天皇は後陽成天皇,後水尾天皇.江戶幕府將軍は德川家康,德川秀忠.

535) 竹島一件 (慶長十九年丙寅七月東萊府使ヨリ宗氏ニ送ル所) : "朝鮮國東萊府使尹守謙奉書, 日本國對馬州太守平公足下. 辱問鼎來,慰豁良多,但書中有看審礒竹島之說,深竊驚訝,不知是計,果出於誰某耶,來使口稱,本島介於慶尙江原兩道海洋之中云,卽我國所謂鬱陵島者也.載在輿圖,屬於我國,今雖荒廢,豈可容他人之冒占以啓鬪釁耶.自古及今,日本與我國海嶠洲嶼,各有區別,分限載然,而或有往來之事,惟以貴島爲一路門戶,此外則便以海賊論斷.其所以愼關防而嚴禁約之義,貴島亦豈不知乎.朝廷若復聽聞,必先致o於貴島矣.我國以貴島世效誠款,故接遇甚盛,今者貴島,居兩國之間,無意於委曲周旋,務期修好,而似此從臾,無及不可乎.日本若悉此意,亦必省悟,實在貴島善處,努力自o,罔廢往續,統希盛諒,不宣." 萬曆四十二年七月日.

536) 竹島一件(慶長十九年丙寅七月東萊府使ヨリ宗氏ニ送ル所) 朝鮮國東萊府使朴慶業奉復. 日本國對馬州太守平公足下: "兼審達信,良慰不淺,礒竹之事,想貴島庶見覺察,而猶復執迷, 深切怪愕,足下非不知此島屬於我國,非不知貴島不可橫占,而尙欲o越窺覘,是誠何心,恐非終好之島也.所謂礒竹島者,實我國之鬱陵島也.介於慶尙江原兩道海洋,而載在輿圖,奚可誣也.蓋自新羅高麗以來,曾有收取方物之事,逮至我朝,有刷還逃民之擧今雖廢棄.豈可容許他人之冒居以啓鬪o耶.貴島果知此情,則其可從臾,於日本苟循一朝之私欲,顧後日之悔乎.前日復

書,已悉梗槩.貴島所當瞿然改圖,而今乃直以解纜發船爲言.不幾於輕朝廷而昧道理者乎.貴島於我國,往來通行.惟有一路,譬若門戶,此外則無論漂淌眞假,皆以賊船論斷,獎鎭及沿海將官,惟知嚴守約束而已.不知其他,足下之所言,其亦疎矣.惟願貴島審區土之有分,知界限之難侵,恪守信義努力自勉免致謬戾,尚克有終,幸甚甚." 萬曆四十二年九月日

537) 序: 弘治元年春,先生圭峰董公,以右庶子兼翰林侍講奉詔使朝鮮國,秋八月歸復使命.首尾留國中者不旬日,於是宣布王命,延見其君臣之暇,詢事察言,將無遺善...本仁故與予同年, 吳大尹德純為壽梓以傳,屬引其端,此正門牆效勤時也.不敢以借陋辭.弘治三年十二月八日泰和歐陽鵬序.

538) 米子の大谷,村川家について, 9月から10月初旬にかけて,鳥取縣米子市の山陰歷史館で「新修米子市史編さん資料展」なるものが開催された.すでに『新修米子市史』は刊行が終わり,私達はその中に紹介されていた江戸時代米子城の船手組が作成し所持していた鬱陵島と現在の竹島の間を通る航路が書き込まれた「日本針図」を見つけ,米子市敎育委員會と所藏されていた鳥取市の一行寺の許可を得て複製を作成させてもらった.この度あらためて原資料を直接見せてもらおうと山陰歷史館に出向いたところ,「明治5年米子の町図」があった.明治4年の廢藩置縣を受けて地籍や地番の確認を目的とした図のように思えた.その中の「竪 (立) 町」の図の地番八百五番と八百十六番に村川藤吉郎の屋敷がある (寫眞1).江戸時代の元祿期大谷家と共に70年余にわたり竹島 (鬱陵島) 渡海事業を展開した村川家本家の屋敷の所在地である.

539) 又慶長十九年甲寅ノ歲宗氏ヨリ竹島ノ事ニヨリ使者ヲ朝鮮ニ遣ハシ申入シコトアリ,朝鮮以爲ラク我所謂竹島ハ朝鮮ノ蔚陵島ナリト東萊府使尹守謙ヲシテ答ヘシム.其書載テ善隣通書及ヒ朝鮮通交大紀ニアリ,其略ニ曰ク,書中有看審磯竹島之說深窃驚訝不知是計出於誰某耶來使口稱本島介於貴尙江原兩道海洋之中云卽我國所謂鬱陵島者也云云.尋テ府使朴慶業ノ書アリ曰ク,磯竹之事,想貴島庶見覺察,而猶復執迷深切,怪愕足下非不知此島屬於我國,非不知貴島不可橫占.而尙欲越窺覘,是誠何心,恐非終好之道也.所謂磯竹島者實我國之鬱陵島也.又明ノ翰林侍講董越ノ所撰朝鮮賻ノ前ニ八道ノ全圖アリ,江原道蔚珍浦ノ東海中ニ一島アリ陵山ト稱ス,卽鬱陵島ナリ.「以上ハ朝鮮國史ニ見ル竹島關係ノ大略ナリ,本文ノ如キハ則竹島航海ノコト正ニ止ムヘシ. 然ルニ元和四年伯州ノ商メ大谷⊠村川ノ請ニヨリ其渡海ヲ許シ七十四年ノ久キニ及ヒシヲ以テ朝鮮惟其名ヲ距ンテ其實ニ關セス.元祿中ニ及ンテ始テ我邦人ノ其地ニ在ルヲ認テ古史ニ溯テ之ヲ論セシ者ニ似タリ,可怪ナリ」.

540) 일본어 음역과 '일본 그들은 무슨 속셈일까?'라는 혼합해서 타계시마(他計什麼)롤 표현했는데 일본은 아전인수로 다케시마(タケシマ)로 해명을 했다. 중국은 오늘날도 켄터키치킨을 肯德基, 패션을 風性 등으로 소리 나는 대로 적고 있다.

541) 章潢(1527~1608年),字本淸,漢族,明朝著名理學家,易學家,敎育家.万歷36(1608年)去世.著有周易象義等.

542) 王鳴鶴,明代诗文家,武将,武学理论家.字羽卿,山阳人(今江苏省淮安市)人.武进士.初任海州西海所掌印千户,迁指挥,守备郿襄.以抚定军变功,明万历十四年(1586)人都试为天下将才第一,迁甘肃参将,又以军功升副总兵.明嘉靖晚期,倭寇猖獗,屡犯沿海,沿江.万历二十五年驻通州狼

山备倭.此时,倭寇以财货买通一些边境流民为寇,相互勾结,里应外合.为了消灭倭寇的内应,王鸣鹤加强侦察,在摸清流民为虎作伥的事实后,捕杀内奸头目陈忠,吴锐等盗贼多股共计100余人,令倭寇为之胆寒.由于他们得不到内应,倭寇侵犯也渐渐减少.著有《平黎纪事》,《东粤私忧》,《帷间问答》,《登坛必究》,《火攻答》,《路茑集》,《西征集》,《百粤草》,《绶带吟》等.

543) 論語 憲問篇 : "今之成人者,何必然,見利思義,見危授命.久要,不忘平生之言.亦可以為成人矣."

544) 對馬藩から交渉決裂の報告を受けた幕府は,1696年1月,「鬱陵島には我が國の人間が定住しているわけでもなく,同島までの距離は朝鮮から近く伯耆からは遠い.無用の小島をめぐって隣國との好を失うのは得策ではない.鬱陵島を日本領にしたわけではないので,ただ渡海を禁じればよい」と朝鮮との友好關係を尊重して,日本人の鬱陵島への渡海を禁止することを決定し鳥取藩に指示するとともに,朝鮮側に伝えるよう對馬藩に命じました.この鬱陵島の歸屬をめぐる交渉の経緯は,一般に「竹島一件」と称されています.(日外務省, http://www.mofa.go.jp)

545) 文禄・慶長の役(ぶんろく・けいちょうのえき)は,文禄元年/万暦20年/宣祖25年(1592年)に始まって翌文禄2年(1593年)に休戦した文禄の役と,慶長2年(1597年)の講和交渉決裂によって再開されて慶長3年/万暦26年/宣祖31年(1598年)の太閤豊臣秀吉の死をもって日本軍の撤退で終結した慶長の役とを,合わせた戰役の總称である.

546) 右諸書ノ論スル所ニ據リ之ヲ觀レハ,千三百七十年前ヨリ文禄征韓ノ役迄ハ竹島ノ地朝鮮ノ版圖タルニ近シ,而シテ文禄慶長以來元禄九年ニ至ルノ間朝鮮兵戈ノ餘之ヲ度外ニ置キ我民ノ占據ニ任セシニ似タリ,何ヲ以テカ其然ルヲ知ルヤ,當時我邦人ノ著書ノミナラス明人ノ著書亦往往竹島ヲ以テ我國ノ版圖ニ屬セリ,今之ヲ左ニ列擧シ以テ證左トナサン.

547) 武備志(ぶびし)は,中國明代の天啓元年(1621年)に,茅元儀が編纂・刊行した兵法書.全240巻に及び,膨大な図譜を添付する.

548) '他計什麽'라는 섬 이름은 중국어는 '타지썬머(taji senma)'라는 발음이며, 한국어 발음으로는 '타계시마'이고, 일본어 음독으로 '다케시마(タケシマ)'다. 따라서 '죽도(竹島)'의 일본어 음과 훈을 살려서 한자를 차용해서 표기한 것이다. 기타자와(北澤)가 훈역(訓譯)이라고 한 것은 '그의 속셈은 뭘까(彼は何を獲得しました)!'라는 의미를 터득했다는 거다. 이를 영어로 '그는 뭘 챙기려고 하나(What does he count)?'라는 뜻이다. 우리의 섬에 대한 의미를 우리나라는 아직도 모르고 있다. 이렇게 국제적 분쟁이 될 것을 중국 명나라의 제원의는 이미 짐작했다.

549) 明ノ弟元儀ノ著セル武備志卷二百三十一日本考島名ノ部二,薩摩ノ種子ケ島肥前ノ平戸嶋,安藝ノ宮島ナドト同ク伯耆ニ竹島ヲ附屬シ其譯語ヲ他計什磨トス,若シ此島朝鮮ノ地ナレハ「チクトウ」ト音讀ヲ下スヘキニ他計什磨ノ和訓ヲ下セシハ當時我國人ノ占居セルヲ以テ明人亦我版圖ト認メシ一ナリ.

550) 章潢,所輯易圖多出于宋朱震,楊甲,朱熹,元張理,吳澄,明初趙撝謙.韓邦奇等人易圖學著作之中, 卷一太极河圖洛書易卦象總叙,首列《古太极圖》(本出趙撝謙《六書本義》之《天地自然河圖》),曰 : "惟是圖也不知畫于何人,起于何代,因其流傳之久名爲古太极圖焉."次列《古河圖》(吳澄所謂龍馬旋毛"河圖"),曰 : "此圖与世所傳之圖异,故名古河圖."次列朱熹十數《河圖》,次列《古洛書》(吳澄所謂灵龜訴甲"洛書"),曰 : "此書与世所傳之書异,故名爲古洛書.

551) 章潢(1527~1608)字本淸,漢族,明朝著名理學家,易學家,敎育家.万歷三十六(1608年)去世.著有《周易象義》等. 章潢輯有《圖書編》一百二十七卷.万歷四十一年(1613),由其門人万尙烈付梓成書.其中,前九卷列易圖百余幅(卷二十二,二十三,五十九,七十一,七十二,七十三,七十四,一百十六,卷一百十八又列易圖二十余幅).章潢所輯易圖多出于宋朱震,楊甲,朱熹,元張理,吳澄,明初趙撝謙,韓邦奇等人易圖學著作之中.章潢《圖書編》輯前人之圖而不照錄前人之說,所輯之圖又多以己意更改其圖名,此与当時楊時喬,錢一本等抄圖抄說成書体例不同.其輯圖之多及歸類論說,可謂有明一代集易圖之大成者.

552) 備中國(びっちゅうのくに)は,かつて日本の地方行政區分だった令制國の一つ. 山陽道に屬する.

553) 因幡國(いなばのくに)は,かつて日本の地方行政區分だった令制國の一つ. 山陰道に屬する.

554) 八橋郡(やばせぐん)は,鳥取縣(伯耆國)にあった郡.

555) 右明ノ章潢ガ著セル圖書編ニ日本圖中山陰伯岐ノ西ニ一島ヲ置キ竹島ノ二字ヲ下セリ,同書日本國序ノ文ニ左之西爲備中,右亦爲因幡,右之西爲伯耆トアリ,而シテ其下ニ注文アリ沿海俱白砂無奧可泊,其鎭爲‘阿家雜記’[ヲカサキ],爲‘倭子介’[ヲコスケ], 爲‘他奴賀知’[タトクチ],其北爲竹島,縣海三十里,トアリ,即今地理ニ據リ之ヲ證スルニ因伯二州ノ海濱果シテ俱ニ白砂ニシテ奧ノ泊スヘキナキヤ.圖書編ニ所說ノ如シ,甚夕奇ナリ,而阿家雜記ハ‘赤崎’[アカサキ]ニシテ倭子介ハ‘大塚’[ヲーツカ]ナリ,俱ニ八橋郡ニ屬セリ,‘他奴賀知’[タトクチ]ニ至リテハ未夕其何レノ地タルヲ詳ニセス.圖書編ノ著者我內地ノ地理ニ詳ナル明人亦伯州海面ノ竹島ヲ以テ我版圖ト認ルノ二ナリ.

556) 石見國 (いわみのくに) は,かつて日本の地方行政區分だった令制國の一つ.山陰道に屬する.

557) 但馬國 (たじまのくに) は,かつて日本の地方行政區分だった令制國の一つ.山陰道に屬する.

558) 又明ノ王鳴鶴カ登壇必究卷二十二日本國圖ヲ擧ケテ石見但馬ノ海中ニ竹島アリト,是明人ノ竹島ヲ以テ我版圖ト認メシ三ナリ,武備志其他二書ノ編者亦皆文祿征韓ノ役ヨリ後其書ヲ編セシ故當時ノ現況ニ就キ俱ニ竹島ヲ以テ我國ノ版圖トナセシナルヘシ.

559) 李睟光, 芝峰類說, 卷二島 : "鬱陵島一名武陵,一名羽陵,在東海中.與蔚珍縣相對.島中有大山,地方百里,風便二日可到.新羅智證王時,號于山國.降新羅納土貢.高麗太祖時,島人獻方物.我太宗朝,遣按撫使.刷出流民空其地.地沃饒,竹大如杠.鼠大如猫.桃核大於升云.壬辰變後,人有往見者.亦被倭焚掠,無復人烟.近聞倭奴占據磯竹島.或謂磯竹.即鬱陵島也.三峰島亦在東海中.成廟朝.人有告之者,遣朴元宗往探.因風濤不得泊.還過鬱陵島云.山海經所謂蓬萊山,有溟海.無風而洪波百丈,惟飛仙能到者.蓋以東北海風濤甚險故云. 海浪島於我國爲近.中朝及我國人.逃入本島.漸至滋蔓.燕山朝,遣田霖搜括島內遼東人六十四名本國人四十八名.自頃年來.海賊出沒寇抄.兩西至湖南,無月不被其害.朝廷於白翎島安興梁..."

560) 쓰시마 후추 번(大馬府中藩,つしまふちゅうはん) 혹은 이즈하라 번이라고함. 에도(江戶)막부의 300번(藩) 중 하나. 고려 아비루 가문이 지배, 12C엔 고레무네노 시게히사의 소(宗)가문이 계승. 조선과 지리적으로 가까워 외교창구 역할을 했음. 소요시토시(宗義智, 1588~1615), 소요시나리(宗

義成, 1615~1657), 소요시자네(宗義眞, 16571692), 소요시쓰구(宗義倫, 1692~1694), 소요시미치(宗義方, 1694~1718), 소요시노부(宗義誠, 1718~1730), 소미치히로(宗方熙, 1730~1732), 소요시유키(宗義如, 1732~1752), 소요시아리(宗義蕃, 1752~1762), 소요시나가(宗義帳, 1762~1778), 소요시카쓰(宗義功, 1778~1785), 소요시카쓰(宗義功, 1785~1812), 소요시카타(宗義質, 1812~1838), 소요시아야(宗義章, 1838~1841), 소요시노리(宗義和, 1841~1862), 소요시아키라(宗義達, 1863~1869 판적봉환)

561) 「以上揭クル所三國ノ書傳ニ據リ之ヲ通考スルニ,千三百年以前ヨリ文祿征韓ノ役ニ至ル迄ハ竹島ノ韓地タルヤ亦喙ヲ容レス,文祿征韓ノ役ヨリシテ後ハ惟我國人ヘ竹島ヲ以テ我版圖トナス而已ナラス,明國諸家ノ著書亦竹島ヲ以テ我版圖ト認ム,惟明人ノ之ヲ認ル而已ナラス朝鮮人亦之ヲ黙許スルカ如シ,何ヲ以テ之ヲ知ル,芝峯類說ニ曰ク,上略壬辰變後人有往見者(往見トハ竹島ニ至ルヲ云フ)亦被倭焚掠無復人烟近聞倭奴占據磯竹島云云ト,是說ニヨレハ朝鮮人亦竹島ヲ以テ陰然我國人ノ占據スルニ任セシ者ノ如ヘ故ニ慶長十九年丙寅宗氏ニ命シ人ヲ釜山ニ遣リ竹島ノ談判ニ及ハシム,朝鮮之ニ從ハスト雖,又人ヲ竹島ニ移サス,元和四年伯州ノ商竹島ノ渡海ヲ請フ,幕府之ヲ許ス,此ヨリ海上ノ權利ヲ握ル者七十餘年,元祿九年ニ至ル,諸書ヲ收給シ今其年ヲ下ニ譜ス」

562) 慶長十九年丙寅宗義質一行十四人ヲ派シ書ヲ朝鮮國東萊府ニ寄テ磯竹島ヲ看審ニスルノ事ヲ告ク,府使尹守謙ノ答書幷朴慶業ノ答書アリ全文ヲ卷末ニ出ス.[善隣通書, 朝鮮交通大紀]

563) 中村一忠(なかむら かずただ)は,安土桃山時代から江戸時代前期の大名.伯耆米子藩主.中村一氏の子.德川秀忠より偏諱を受け,忠一 (ただかず) と改名した.

564) 大谷甚吉(おおや-じんきち) : "江戸時代前期の海運業者. 元和(げんな)3年(1617)越後(えちご)から歸航の際,暴風雨にあい朝鮮の竹島(現鬱陵(うつりょう)島)に漂着.海産物の豊富なのを知り,伯耆(ほうき)(鳥取縣)米子に歸鄕後,鳥取藩を通じて,翌年幕府より竹島渡航の免許をえる.竹島開發につくし,のち竹島にわたる途中に死亡した."

565) 村川市兵衛(むらかわ いちべえ,生沒年不詳) : "日本の江戸時代の商人.近世初期の米子の特權商人.大谷甚吉とともに竹島渡海で有名."

566) 「從伯耆國米子竹島先年船相渡之由候,然者如其今度致渡海度之殷,米子町人村川市兵衛,大谷甚吉申上ニ付而,達上聞候處,不可有異儀之旨被仰出候間,被得其意渡海之儀可被仰付候,恐惶謹言」五月十六日,永井信濃守在判,井上主計頭在判, 土井大炊頭 在判, 酒井雅樂頭在判(捺印),松平新太郞殿,人々中.

567) 江戸(えど)は,日本の首都東京の旧称であり.1603年から1867年まで,江戸幕府が置かれていた都市である.

568) 慶長十九年丙寅宗義質一行十四人ヲ派シ書ヲ朝鮮國東萊府ニ寄テ磯竹島ヲ看審ニスルノ事ヲ告ク,府使尹守謙ノ答書幷朴慶業ノ答書アリ全文ヲ卷末ニ出ス[善隣通書, 朝鮮交通大紀]. 同年此ヨリ先伯州米子城主中村伯耆守忠一嗣ナク國除カル,此歲幕府城代阿部四郞五郞在番時ニ米子ノ町人大谷甚吉⊠村川市兵衛竹島渡海ノ事ヲ請フ,未タ免許ナシ.[竹島圖說

伯耆民談] 元和二年雲州三保關ノ人七名竹島ニ至リ漁獵シ風ニ逢ヒ朝鮮ニ漂着ス,朝鮮禮曹參議書ヲ宗氏ニ與テ之ヲ護送ス.[竹島紀事] 三年松平新太郎光政伯州ヲ領シ入部アリ,大谷⊠村川再ヒ竹島渡海ノコトヲ請フ,光政之ヲ江戶ニ啓シ免許ヲ請フ.[同上] 四年幕府光政ノ請ヲ以テ兩商ヲ江戶ニ召シ竹島渡海御免ノ朱印ヲ賜フ,其文如左.

569) 爾來二人竹島ニ渡海漁獵ヲナシ每歲渡海倦怠セス,本年ヨリ兩商ハ將軍家ノ拜謁ヲ辱フシ時服ヲ拜受シ竹島ノ名產蚫ヲ奉ル.後八九年ヲ歷テ兩商ノ內一名宛ヲ召シテ隔年ノ謁見ニ定メラル.[竹島圖說]

570) 伊藤小左衛門(いとう こざえもん)は,江戶時代初期の福岡藩の人物である.博多の地で2代にわたって活躍した豪商であり,ここでは主に2代目小左衛門(? - 寬文7年 1667年)について扱う.

571) 空島政策とは,「領有權は維持する」が,住民の安全等を考慮し,島に人が常住することを禁止する政策です.たとえば朝鮮王朝の太宗は倭寇が鬱陵島で掠奪をおこなうなど,人命被害が多いため.1417年に鬱陵島の全島民を陸に疎開させました.ただこの領有權は名ばかりであり現實は領有權の放棄にほかなりません.日本も尖閣諸島で似たようなことを行っていますが,海保が巡回して實効支配を續けています.

572) Even if you steal a candle and read the Bible, your sin is a sin.

573) 寬永十三年伯州米子ノ市兵衛家丁漁獵ノ爲メ竹島ニ至リ遂ニ朝鮮國ニ漂流ス,朝鮮之ヲ對馬ニ送ル.[竹島紀事]

574) 寬文是日本的年號之一.在萬治之後,延寶之前.指1661年到1672年的期間.這個時代的天皇是後西天皇,靈元天皇.江戶幕府的將軍是德川家綱.

575) 次郎兵衛(じろべ,生沒年不詳)は,江戶時代前期の俳人松尾芭蕉の周辺で芭蕉の世話をしていた男性,次郎兵衛の母は壽貞といい,晚年の芭蕉庵に來ていた.

576) 한반도의 호랑이꼬리(虎尾)에 해당한다고 해서 호미곶(虎尾串)이라고 하나, 조선 시대에서는 한반도라는 거대한 동해 고래가 갈기를 세운 모양 혹은 지형이 말갈기와 같다고 해 장기곶(長鬐串), 張鬐串)이라고 하며, 그곳이 얼지 않는다고 동외곶(冬外串)이라고도 했다.

577) 寬文六年竹島渡海大谷九右衛門力年番ニテ手代次郎兵衛ヲ始メニ二隻ニ五十人乘ニテ二月米子ヲ發シ隱岐ヲ過キ四月竹島へ着漁獵ヲナシ,更ニ一船ヲ造シ七月竹島ヲ發ス,洋中風ニ逢ヒ三船分散シ,次郎兵衛ノ一船朝鮮國慶尙道張鬐縣ニ着.釜山ヲ經テ對州ニ至リ,遂ニ明年大阪ノ米子邸ニ着ス.[竹島考]

578) 天和(てんな,てんわ)は,日本の元号の一つ.延宝の後,貞享の前.1681年から1683年までの期間を指す.この時代の天皇は靈元天皇.江戶幕府將軍は德川綱吉.

579) 德川綱吉(とくがわ つなよし)は,江戶幕府の第5代將軍である.

580) 天和元年七月大谷九右衛門⊠村川市兵衛將軍綱吉ヲ謁ス,貞享元年幕府令シテ東照公以來家筋ノ者其由緒ヲ書上サセラル,伯州米子ノ住人大谷九右衛門⊠村川市兵衛兩人竹島渡海ノ由來ヲ申立ル.元祿五年竹島ノ渡海村川市兵衛ノ年番ニテ一船二十一人二月米子ヲ出帆シ隱岐ノ福浦ヲ過キ三月竹島ニ着ス,會異船二艘ニ逢フ,始テ朝鮮人ノ此ニ來ルヲ知ル,此歲ハ空敷歸國セリ[竹島考].

581) 六年ハ大谷九右衛門力年番二月米子ヲ發シ雲州ヲ過キ隠岐ノ福浦ヨリ竹島ニ至リ唐船ケ崎ヘ碇泊ス.時ニ朝鮮人四十二人船三隻ニテ先ツ來リ漁獵スルヲ見テ之ヲ咎メ其二人ヲ捕テ米子ニ歸リ之ヲ上達ス.事鳥取ニ聞ヘ朝鮮人ヲ吟味ノ上長崎ヨリ歸國セシム[竹島考].七年大谷九右衛門出府將軍綱吉ニ拜謁ス.是歳村川ハ人ヲ竹島ニ遣ル朝鮮人先ツ在リ漁獵ノ利ヲ失フ[竹島考].八年同斷朝鮮人先在リ重テ魚獵ノ利ヲ失フ,此ヨリ朝鮮人連年多人數航海我漁獵ノ妨ヲナセリ.於है事情ヲ幕府ニ啓シ其指揮ヲ請フタリ[竹島考].九年幕府ヨリ命ヲ傳テ向後竹島ノ渡海ヲ禁セラル.其節奉書之文如左.「先年松平新太郎因州伯州領知ノ節相伺之伯州米子之町人村川市兵衛☒大谷甚吉竹島ヘ渡海至于今雖致漁 向後竹島ヘ渡海ノ義制禁可申付旨被 仰付候間可被存其趣候恐惶謹言」.正月十八日.土屋相模守 在判, 戶田山城守 在判, 阿部豊後守 在判, 大久保加賀守 在判, 松平伯耆守 殿. 右之次第ニ就キ大谷☒村川ハ一朝八十年來ノ生業ヲ失ヒ,且ツハ配下ノ船人等力困窮ヲ憐ミ悲歎不休.依之村川市兵衛ハ同十一年ヨリ出府頻ニ愀訴ヲ捧ケ同十六年迠六ケ年間種種手ヲ盡シ再航ヲ請フト雖トモ恩許ノ沙汰モナク空シク歸國セシト云[竹島考].

582) 宗義倫(そう よしつぐ, 1671~1694)は,對馬國府中藩4代藩主.寛文11年(1671年)3月26日,第3代藩主·宗義眞の次男として生まれる.貞享元年(1684年)12月,從四位下,右京大夫に叙位·任官される.長兄の早世で世子に指名され,元祿5年(1692年)6月27日,父の隱居により家督を相續して第4代藩主となる.しかし若年のため,實權は父がなおも掌握していた.元祿7年(1694年)9月27日,父に先立って江戶で死去した.享年24.跡を弟で養子の義方が継いだ.

583) 日本國對馬島主太守拾遺平義倫奉書,朝鮮國禮曹參判大人閣下.金颷秋暮恭惟.貴國安寧,本邦一揆玆告.貴域濱海氓,比年行舟於本國竹島,竊爲魚採,極是不可到之地也.以故土官詳諭國禁,固告不可再,而乃使渠輩盡退還矣.然今春亦復不顧國禁,魚氓四十餘口,往入竹島雜然魚採,由是土官,拘留其漁氓貳人,而爲質於州司,以爲一時之證,故我國因幡州牧,遂以前後事狀馳啓,東都蒙今彼漁氓,附與弊邑以還本土.自今以後,決莫容漁舡於彼島,彌可存制禁,不佞今奉東都之命,以報知貴國,想夫我殿下.汎愛黎庶,無間遠近,既往不咎.唯緣鴻庇,而貳人漁氓.今還故土也.此事雖出于小民之私,而其實所係非小,兩國交誼,不生oo,豈可不思無妄之禍耶.速加政令於邊浦,堅制禁條於漁民.則隣睦悠久之一好事也.仍差遣正官橘眞重,都船主平友貞,今爰回還漁氓貳人,悉附使价口申,菲儀別錄,聊表遐悃,莞納幸甚,統希炳亮,肅此不宣. 元祿六年癸酉九月日. 馬州太守拾遺平議倫

584) 조선 시대 외국사신 등의 특별한 국가적 임무가 떨어졌을 때에 이를 처리하기 위한 임시직 관원으로 오늘날 TF 맴버에 속함.

585) 조선 시대 정구품의 경관직(京官職)으로 각송 부서에 배치되었으며, 동반 종구품의 외관직(外官職)에 지방향교에 속했던 교습을 담당하던 하위직관리

586) 권계(權瑎, 1639~1704) 숙종 대사헌, 호조참의, 평양부윤 등을 역임한 조선 후기 문신, 1639년 인조 17년 출생하여 1704년 숙종 30년에 사망한 본권 안동권의 가문 문신임.

587) 七年正月十五日,接慰官弘文館校理洪重夏ヨリ使者トシテ差備官朴同知☒金判事☒訓導ト同知ヲ遣ハシ,昨日京城ヨリ來ル禮曹參判權瑎ヨリノ返翰ヲ送ル,即チ別紙第二號是ナリ

588) 朝鮮國禮曹參判權瑎奉復,日本國對馬州太守平公閣下 : "槎便鼎來,惠翰隨至,良用慰荷,樊
邦海禁之嚴,制束濱海漁民,使不得出於外洋,雖豫境之蔚陵島,亦以遼遠之故,切不許任意往來,
況其外乎,今此漁船,敢入貴界竹島,致煩領送,遠勤書諭,隣好之誼,實所欣感,海氓獵魚以爲生
理,或不無隅風,漂轉之患,而至於越境深入雜然魚採,法當痛懲,今將犯人等依律科罪,此後沿海
等處嚴立科條,各別申飭,佳貺領謝,薄物侑緘,統惟照亮,不宣.癸酉年十二月日禮曹參判權瑎."

589) 日本國對馬州太守拾遺平義倫奉書,朝鮮國禮曹參判大人閣下 : "槎使歸來,卽承回緘,往復
數過,向者貴國漁氓.往入本國竹島者回還焉.我書不言蔚陵島之事,今回簡有蔚陵島名是,所難
曉也.仍再差正官橘眞重,都船主藤成時,只冀除却蔚陵之名,惟幸不俟東行在近,不克縷擧,除
附使价舌端,不腆弊産聊申遐忱莞留,肅此不宣,元祿七年甲戌二月日對馬州太守拾遺平義倫"

590) 然ルニ右返書ノ內ニ蔚陵島ノ名有之處,右ハ此ヨリ申送ラス義ニ付難落着候間,三月中再
ヒ橘眞重ヲ遣ハシ書翰ヲ送ル,卽第三號是ナリ.

591) 이여(李畬, 1645년~1718년)는 조선의 문신이다. 자는 자삼(子三) 또는 치보(治甫), 호는 포음(浦
陰) 또는 수곡(睡谷), 시호는 문경(文敬), 본관은 덕수이다. 송시열 문하에서 학문을 닦았으며 숙종 때
문과에 급제하여 부제학이 되었다. 그러나 1689년 기사환국으로 송시열과 함께 벼슬에서 쫓겨났다.
1694년 갑술옥사로 남인들이 벼슬에서 쫓겨나자 형조참판이 되었으며, 인현왕후가 복위될 때에 중궁
복위 고명문 제술관으로 일하였다. 그 후 판중추 부사가 되어 옳은 정치를 위해 많은 노력을 하였다.

592) 朝鮮國禮曹參判李畬奉復,日本國對馬州太守平公閣下 : "槎便鼎來,惠翰隨至,良用慰荷,弊
邦江原道蔚珍縣有屬島,名曰蔚陵在本縣東海中,而風濤危險,船路無便,故中年移其民空其地,
而時遣公差,往來搜檢矣.本島峯巒樹木,自陸地歷歷望見.而凡其山川紆曲,地形闊狹,民居遺
址,土物所産,俱載於我國輿地勝覽書.歷代相傳,事跡照然.今者我國海邊漁氓,一一往于其島,
而不意貴國之人.自爲犯越,與之相値,乃反拘執二氓,轉到江戶,幸蒙貴國大君明察事情,優加資
遣.此可見交隣之情出於尋常,欽歎高義,感激何言.雖然我氓漁採之地,是蔚陵島.而以其産竹或
竹島,此乃一島而二名也.一島二名之狀,非徒我國書籍之所記,貴州人亦皆知之.而今此來書中,
乃以竹島爲貴國地方,欲令我國禁止漁船更往,而不論貴國人侵涉我境,拘執我氓之失.豈不有
缺於誠信之道乎.深望將此辭意,轉報東武申飭貴,國邊海之人,毋令往來於蔚陵島.更致事端之
惹起,其相好之誼.不勝幸甚,佳貺領謝,薄物侑緘.統惟照亮,不宣."甲戌年九月日.曹參判李畬.

593) 九月十二日差使橘眞重釜山ノ和館ニ在リ,朝鮮禮曹參判李畬ヨリ返翰來ル,卽チ別紙第四
號是ナリ.

594) 此ヨリ先江原道巡察使ヨリ金兵備ナル武官ニ命シ,大船一艘小船六艘ヲ派シテ蔚陵島ヲ
檢分セシメシ由朴同知☒朴僉知釜山ノ和館ニ來リ申聞.差使眞重第四號返翰ノ文我主旨ニ
戾ルヲ以テ往復難詰シ.

595) "犬の尾に犬體を搖らす."라는 일본속담, 혹은 미국의 영화 "꼬리가 개를 흔든다(The dog wags
its tail)."라는 본말이 뒤바뀌는 계략임.

596) 疑問四條奉呈:東萊府使大人,以請轉達于京都,回答書中,時遣公差,往來搜檢云,謹按因燔
伯耆二州邊民,年年往竹島淹留以魚採,因燔伯耆二州牧,年年獻彼島鰒漁於東都,彼島在大海
中,而風濤危險.故非海上安穩之時,則不得往來于彼島,貴國若實有遣公差之事,則亦當海上

安穩之時.自大神君統合域內,至于今八十一年.我民未曾奏與貴國公差,相遇于彼島之事,貴國公差,若與我民相遇于彼島,則當告我民來居事狀於本邦.而貴國來曾告其事也.而今回答書中言,時遣公差往來搜檢者,不知何意也.伏希開示,回答書中,不意貴國自為犯越云.貴國人侵涉我境云.謹按兩國通好之後,往來于竹島之漁民,漂到于貴國地.禮曹參議與書於弊州,以送返漂民之事,總三島度矣.其中七十八年前書云,倭人馬多三伊等.住居三尾關,而往漁于蔚陵島,五十九年前書云.伯耆州八木子村市兵衛家丁.爲捉漁取油,來到竹島,三十年前書云.伯耆州米子村居民,入往竹島,魚採.由是考之,本邦邊民.往漁于彼島之事狀.貴國所嘗知也.以上上年,我民往漁于彼島,爲犯越侵涉,則七十八年前,五十九年前,三十年前三度書中,何不言犯越侵涉之意乎.三度書中,無犯越侵涉之辭意.而今回答書中,言爲犯越,言侵涉我境者.不知何意也...本島即我國所謂蔚陵島者也.今雖荒廢,豈可容他人之冒居以啓鬧耶.再答書亦云,所謂礒竹島者,實我國之蔚陵島也.今雖廢棄,豈可容許他人之冒居以啓鬧耶.此二書轉寫以傳之,此時大神君台德君攻大坂城,而不暇聞邊徼之事.弊州不轉啓彼二書者,即是待大坂平夷之日也...當時若以兩國相歡之故,不禁止我氓泯,則無書中不述其精由之理矣.以彼島爲貴國屬島,則他人之在彼島.多年住居亦冒也.一時往漁亦冒也.然則無只禁多年住居,而不禁一時往漁之理矣.是誠可疑者也.故上上年弊州受東都命時,不轉啓東萊府二書寫本也.今回答書中,言一島二名之狀.貴州之人亦皆知之者,以八十二年前東萊府答書.有礒竹島者實我國之蔚陵島也句乎.貴國若終不改慮,而今之答書,轉啓于東都,則八十二年前二書寫本.亦當轉啓之,然則八十二年前二書,七十八年前書,辭意不相合者.不可不請問之,伏希開示.乙亥五月日差使 橘眞重 拜書.

597) 八年五月二至ル迄猶釜山二在リ,更二四ケ條ノ疑問ヲ作リ東萊府使二送リ京城二呈シ,往來三十日間ヲ以テ其解ヲ求ム,即チ別紙五號是ナリ.

598) 所疑問四條事.欲逐段辨破,則殊涉⊠屑.今姑撮其大署,而言曾在八十二年前甲寅,貴州頭倭一名格倭十三名.以礒竹島大小形止探見事,指書契出來,朝廷以爲猥越.而不許接待.只令本府府使朴慶業答書,其署曰,所謂礒竹島,實我國之蔚陵島.介於慶尙江原兩道海洋,而載在輿圖,烏可誣也.蓋自新羅高麗,曾有收取方物之事,逮至我朝.累有刷還民之擧.今雖廢棄,豈可容他人冒居以啓耶.貴州我國往來通行,唯有一路.此外則無論漂船眞假,皆以賊船論斷.弊鎭及沿海將官,惟嚴守約束而已.唯願貴州審區土之有分,知界限之難保.各守信義免致謬戾云.今此書辭亦載於來書疑問第四條.詳署雖異,大旨則同.若欲知此事源委,此一書足矣.安用許多葛藤之說乎...一島二名云者,朴慶業書中,既有礒竹島實我國蔚陵島之語.且朴再興與正官倭相見時.正官乃發我國芝峯類說之說,類說曰.礒竹則蔚陵島也.然則一島二名之說,雖本載於我國書.今番發其言端,實自貴州正官之口,回答契中,謂一島二名之狀.非徒我國書籍之所記,貴州人亦皆知之者.乃指此而言也.此豈可疑而請問者乎.癸酉年初度答書,所謂貴界竹島弊境蔚陵島云者.有若以竹島與蔚陵島爲二者.然此乃其時南宮之官不詳故事之致,朝廷方咎其失言矣.此際貴州出送其書,而請改,故朝廷因其請而改之,以正初書之失.到今唯當一以改送之書考信而已.初書既以錯誤而改之.則何足爲今日憑問之端乎.此外煩絮不能悉復幷惟諒之.乙亥六月日東萊.

599) 京城三十日ノ約期既二二十五日二及フ,猶報アラス.六月十日二至リ眞重釜山ヨリ舟二上リ去テ釜山ノ東南牧ノ島二繫ル.既ニシテ京城ヨリ疑問ノ答書來ル,即チ別紙第六號是ナリ.

600) 差使眞重披閱數回,其答辭ノ漫然ニシテ我分條質之所ノ者更ニ答ヘサルヲ以テ再ヒ一書ヲ作リ之ヲ難詰ス,卽別紙第七號是ナリ.

601) 今月十日某去和館乘船泊于絶影島下,將去和館時.付與一本書於裁判,欲以渡海之日送呈于府使大人.今日裁判送達開示書於船上.某謹讀之,開示不明.是所謂過,而順之.又從而爲之辭者也.開示不明之旨趣,論之如左... 開示書摠兵衛言於朴再興,曰以輿地勝覽觀之,蔚陵島果是貴國地云.此書乃貴州人所嘗見,而丁寧言說於我人者也云.摠兵衛所言,卽蔚陵島古屬于貴國之事.以輿地勝覽觀之之意也.輿地勝覽卽二百年前之書籍,而彼島屬于本邦者,八十年來之事也.以輿地勝覽爲今番一件之證驗,何其不察古今之變易乎云...開示書癸酉年初度答書,所謂貴界竹島,弊境鬱陵島云者.有若以竹島與鬱陵島爲二島者,然此乃其時南宮之官,不詳故事之致.朝廷方咎其失言矣.此際貴州出送其書而請改,故朝廷因其請而改之,以正初書之失,到今唯當一以改送之書考信而已.初書旣而錯誤而改之,則何足爲今日憑問之端乎云.今之答書,與初度答書,辭意不相合,而某請問之者.以去年春,先太守赴東都時,帶初度答書寫本也.貴國今歸罪於南宮之官,以隱前後答書辭意不相合之失.今番一件固兩國之大事,則無南宮所作答書,朝廷不閱之理矣.某今讀開示書,而深爲貴國恥之.乙亥六月十二日差使橘眞重.

602) 宗義眞(そう よしざね, 1639~1702)は,對馬國府中藩3代藩主.寬永16年(1639年)11月18日,第2代藩主・宗義成の長男として生まれる.明曆元年(1655年)6月,從四位下,播磨守に叙位.任官される.明曆3年(1657年)に父が死去したため,家督を相續した.このとき,侍從・對馬守に任官する.

603) 然ルニ東萊府使此書ヲ京城ニ送ルヤ否査トシ,テ回音ナシ尋テ正官杉村采女❏副官幾度六右衛門ニ渡海ノ命アリ七月二至リ見合トナル.

604) 口上之覺(第八號) : 先年同氏對馬守方ヨリ竹島ノ儀ニ付以使者申達候處,其節取次之人使者ヘ被申聞候趣歸國之刻拙者ヘ申聞候故其趣が江戶御老中迠御物語申上候得ハ.彼島之儀因幡伯耆ヘ附屬ト申ニテモ無之日本ヘ取候ト申事ニテモ無之空島ニ候故.伯耆之者罷渡致漁候迠ニ候.然處近年朝鮮人罷渡入交如何ニ付最前之通對馬守方ヨリ申遣候得共.朝鮮ヘ道程モ近ク伯耆ヨリハ程遠キ由ニ候間.重テ此方之漁民渡海不仕候樣ニ可被仰付トノ御事ニ候間.御誠信之段忝可被存候.

605) 九年正月二十八日宗刑部大輔歸國御暇トシテ登城,老中四人列坐戶田山城守ヨリ竹島ノ義ニ付覺書一通被相渡先年以來伯州米子ノ町人兩人竹島ヘ罷越致漁獵所.朝鮮人モ彼島ヘ參リ日本人入交リ無益ノ事ニ候間.向後米子ノ町人渡海ノ義ヲ差留旨下令アリ.五月二十日ニ至リ朝鮮人十一名隱岐ヨリ因幡ニ至リ訴訟アル趣ヲ述フ.八月六日出帆貴國ス.十月宗氏代替ノ使者トシテ譯官兩使卞同知采判事渡海.十六日刑部大輔兩使ニ對面,竹島ノ義因幡伯耆ノ附屬ニモ無之空島ニテ伯者ノ者罷越漁仕候迠ニ候所.近年朝鮮人罷越入交リ候段如何ニ候間、重テ此方ノ漁民渡海不仕候樣ニ可被仰付江戶ヨリ被仰渡候旨,兩使ヘ口上書ヲ以テ渡サル.卽第八號九號ノ書ハナリ.

606) 第九號 口上之覺 : 當夏朝鮮人十一人船一艘ニ乘組訟訴之儀有之由ニテ因幡ヘ罷渡候處,朝鮮筋之御用之儀ハ此方一手ニ被仰付他國ニテ曾テ御取次無之國法ニテ候故,訟訴之分ケ

不被聞召被追還候由,御老中ヨリ此方ヘ被仰聞令承知驚入候.古來ヨリ之申合モ有之事ニ候處,此方ヲ差置他國ヘ罷越訟訴有之由申入候段,上之思召之程如何可有之哉ト無心元存候.此段朝廷方御出入ヲ以爲被差渡儀ニ候得ハ不屆千萬ノ御仕形ト存候故,急度以使者可申斷儀ニ候得共.若下々ノ仕態ニテモ可有之哉ト存候故差扣候.向後ケ樣之儀有之テハ朝鮮國ノ爲ニモ決シテ宜ケル間敷候間.此旨朝廷方ヘ急度可被申達候,以上.

607) とし‐より(年寄り):1.年をとった人.高齡の人.老人.2.武家時代,政務に參与した重臣.室町幕府の評定衆・引付衆,江戸幕府の老中,大名家の家老など.3.江戸幕府の,大奥の取り締まりをつかさどった女中の重職.4.江戸時代,町村の行政にあたった指導的立場の人.5.大相撲の關取以上の力士で,引退して年寄名跡を襲名・繼承した者.日本相撲協會の運營や各部屋の力士養成に当たる.

608) 然ルニ右ノ趣口上書計ニテハ譯官得ト難落着候間,漢文ニ認下サレ度旨,兩使願出候ニ付如望漢文ニ引直シ年寄中連名朱印ヲ押シ之ヲ與フ.即チ第十號十一號是ナリ.

609) 第十號:先太守因竹島事,遣使於貴國者兩度,使事未了,不幸早世,由是召還使人,不日上船,入觀之時,問々竹島地狀方向.據實具對,因其去本邦太遠而去.貴國却近,恐兩地人殽雜必有潛通私市等弊.隨卽下令.永不許人往漁採.大隙生於細微,禍患興於下賤,古令通病.慮寧勿預,是以百年之好.偏欲彌篤.而一島之微,遽付不較,豈非兩邦之美事乎.玆念.南宮應懇懃修書,使本州代傳,盛謝爾,譯使俟回棹之日,口伸毋遺,老使君親囑,恐其聽之不妥,故書開如右.

610) 第十一號:貴國人十一口,以今夏拋錨於因幡以啓事爲辭.兩邦交通,只由對馬一路,盟約在前,關係非小,因下令於因幡,卽時趕回,不容轉啓,本州處于.兩邦之間,專掌通好,其來久矣.今乃一旦捨本州而由他路,背定約而行私計,倘使其事出於議串,則當奉命遣使問其所以.然議府審事理,明國體誠信爲念,昭於平昔,豈肯爲此輕易濁擧哉.故置而不問,貴國宜嚴申舊令,杜防私弊,務使兩之好.不至于妄生事端以取紛擾,玆囑譯使.體貼歸稟.老使君面告之言如右,恐其方語不通,或有誤聽,因此錄付譯使.

611) 第十二號:頃者宴享之日,貴大人勤示中,有曰所謂竹島在於海中而旣無居民,故因幡伯耆等州漁民,意以爲空地,有時往來矣.厥島相距在日本頗遠,在朝鮮稍近.自今以後,日本之人,切勿往來事.自江戸分付以來云,實是兩國誠信之愈篤,不佞,等歸本邦,以此意細細陳達於朝廷.是計不宣.丙子十二月日卞同知,宋判事.

612) 第十三號:頃於宴享之日,貴大人以朝鮮人十一口到着於因幡州事,因東武申令,旣有面囑,而又聽僉公之言.此乃不佞等曾所未聞者也.到此始聞,不覺駭然.以此辭意,還歸之日,當一一陳達于朝廷,寗計不宣.丙子十二月日卞同知宋判事.

613) 兩譯官ハ右ノ書ヲ取取,歸國ノ上可差出旨二通ノ書ヲ出ス,則第十二號第十三號是ナリ.

614) 第十四號:一筆致啓上候,竹島之儀當春於其御地被仰付候趣.今度罷渡候譯官兩使ヘ今十六日致對面申渡候.將又當夏因州江朝鮮人渡海仕候付豊後守殿ヨリ被仰聞候趣是又申渡候處.委細承知仕候,歸國之刻朝廷方江具可申達之由申候.此段可申上如此御坐候.恐惶謹言.十月十六日.大久保加賀守樣,阿部豊後守樣,戸田山城守樣,土屋相模守樣.

615) 第十五號:一筆致啓上候,竹島之儀ニ付當春於其御地御渡被成候口上書之趣.今度罷渡候譯

官兩使江今十六日致對面申渡候處ニ.委細承知仕候付歸國之刻朝廷方へ具ニ可申屆之由申候.此段爲可申上如此御坐候,恐惶謹言.十月十六日,阿部豊後守様.

616) 第十六號:追テ致啓上候,當夏因州江朝鮮人渡海仕候儀ニ付先頃奉得御差圖候通則譯官江口上ニテ申渡候處.歸國之剋朝廷方江具ニ可申届之旨申候.此段爲可申上如此御坐候.恐惶謹言.十月十六日,阿部豊後守様.

617) 宗氏ハ於是使者鈴木權平ヲ江戶ニ遣ツ,竹島ノ儀譯使卞同知宋判事へ申渡ノ旨,老中連名ノ書狀并月番土屋相模守へ差出ス.卽別紙第十四號十五號十六號ノ三通是ナリ.

618) 박세준(朴世, 1634~1700) 조선 숙종(肅宗) 때의 문신. 본관은 반남(潘南). 오랫동안 대간(臺諫)을 지냈으며, 송시열(宋時烈)과 김수항(金壽恒)의 신원을 요청함. 선조(宣祖) 때 상의원 정(尙衣院正)을 지낸 박응인(朴應寅)의 증손.

619) 第十七號,朝鮮國禮曹參議朴世火雋奉書,日本國對馬州刑部大輔拾遺平公閤下:天時向熱...鬱島之爲我地,輿圖所載,文跡昭然.無論彼遠此近,彊界自別.貴州始雖錯認,終能敦復.自今以後,惟當不咎既往.勿替舊好耳.貴國下令,永不許人往漁採.書示丁寧,可保久遠之無他.甚善甚善.我國所以處之者,則鬱島自是我地,分付官吏,以時巡檢.嚴察兩地人之殽雜,其在防微慮患之道,誠不可忽.何待勤囑之縷哉.上年漂氓事濱海之人率以舟楫爲業.颿風焱忽,易及飄盪,以至冒越重溟轉入貴國.豈可以此有所致疑於違定約而由他路乎.若其呈書,誠有妄作之罪,故已施幽殛之典,以爲徵戢之地.另勅沿海,申明禁令矣.益務誠信以全大體,更勿生事於邊疆,庸非彼此之所大願者耶...不宣.丁丑年四月日,禮曹參議朴世.

620) 十年正月十日朝鮮譯官卞同知宋判事歸國ニ付裁判高勢八右衛門ヲ以テ護送ス,四月二十七日竹島ノ儀ニ付禮曹參議朴世ヨリ謝禮ノ書翰來ル.卽別紙第十七號是ナリ.

621) 奉行(ぶぎょう):1.武家時代の職名.それぞれの職掌により政務を担当し執行するもの.鎌倉幕府が幕府の職制として各種の奉行を置いたのに始まり.戰國大名も各種の奉行を設け.豊臣氏は五奉行を設置.江戶幕府では寺社・町・勘定の三奉行をはじめ.中央・遠國に數十の奉行を設置した. 2.主君などの命令を奉じて物事を執り行うこと.また,その人.

622) 第十八號:朝鮮國禮曹參議朴世火雋奉書, 日本國對馬州刑部大輔拾遺平公 閤下:天時政熟...鬱島之爲我地,輿圖所載,文跡昭然.無論彼遠此近,彊界自別,貴州既知鬱陵與竹島爲一島而二名.則其名雖異,其爲我地卽一也.貴國下令,永不許人往漁採.書示丁寧,可保久遠之無他.甚善甚善,我國所以處之者.卽鬱島自是我地,分付官吏,以時巡檢.嚴察兩地人之殽雜,其在防微慮患之道.誠不可忽,何待勤囑之縷縷哉.上年漂氓事,濱海之人,率以舟楫爲業.颿風焱忽,易及飄盪,以至冒越重溟轉入貴國.豈可以此有所致疑於違定約而由他路乎.若其呈書,誠有妄作之罪.故已施幽殛之典,以爲懲戢之地.另勅沿海,申明禁令矣.益務誠信以全大體,更勿生事於邊疆,庸非彼此之所大願者耶...統希諒照.不宣.丁丑年七月日禮曹參議朴世火雋.

623) 然ルニ右書簡ノ內我國ノ鬱陵島トアル處,貴州始錯トアル處,諸奉行トアル處.事實文句共不穩候間,其段改正ヲ要スヘキニ決シ五月十日館守裁判方へ訓導別差召寄セ改正ノ義談判致候處、其旨領承罷歸ル.同十四日東萊ヨリ兩譯ヲ以テ右ノ弁解申來ル.然ルニ猶其條理ヲ誤ルヲ以テ更ニ弁シテ改正ヲ望ム,七月二十日ニ至リ京城ヨリ改正到來ノ旨東萊府ヨリ申來ル、卽

別紙十八號是ナリ.

624) 李善溥 (1646인조24~1721경종1) : 조선 중기의 문신. 1673년(현종14) 병과로 급제하였으며 1696년(숙종 22) 충청도 관찰사와 경상도 관찰사를 역임. 1710년 대사간, 이듬해 함경도 관찰사를 지냈으며, 1713년 비국(備局)이 그의 건의로 북도 친기위(親騎衛) 개혁안을 제출. 1714년 경기감사, 1716년 형조판서를 역임.

625) 第十九號, 朝鮮國禮曹參議 李善溥 奉書, 日本國大馬州刑部大保拾遺平公 閣下 : "春日暄和, 緬惟動靜珎歀, 嚮慰無已, 頃因譯使回自貴州. 細傳左右面托之言, 備悉委折矣. 鬱陵島之爲我地, 輿圖所載, 文跡照然. 無論彼遠此近, 彊界自別. 貴州旣知鬱陵與竹島爲一島而二名.則其名雖異, 其爲我地卽一也. 貴國下令, 永不許人往漁採, 辭意丁寧. 可保久遠無他. 良幸良幸. 我國亦當分付官吏以時檢察, 俾絶両地人往來殽雜之弊矣. 昨年漂民事, 濱海之人率以舟楫爲業...統希諒炤、不宣. 戊寅年三月日. 禮曹參議李善溥"

626) 七月二十一日訓導別差書翰寫ヲ館守裁判方ヘ持參ニ付披見スルノ所, 此方改正ヲ要スル三ケ條ノ內貴州始錯ノ件ノミ差除キ, 諸奉行云云ノ文字少少文句ヲ改メ候ノミニテ除キ去ラス. 又鬱島ノ爲我地ト云フ所依然如舊ニ付, 更ニ此二條ヲ改正センコトヲ東萊府ニ望ム. 府尹之ヲ拒ミ肯セス. 十年モ暮レ十一年正月ニ至リ新東萊府尹ノ交代トナリ, 更ニ前意ヲ討論シ遂ニ之ヲ京城ニ報シ四月中京城ヨリ更ニ改正ノ書翰來ル. 卽第十九號是ナリ.

627) 阿部忠秋(あべ ただあき)は、江戸時代前期の下野壬生藩・武蔵忍藩主.德川家光・家綱の2代にわたって老中を務めた.同じく老中の阿部重次は從兄にあたる.忠秋系阿部家初代.官位, 從四位下,豊後守.

628) 同年五月竹島一件禮曹ヨリノ謝書江戸表ヘ呈上使者平田直ヲ以テ差出ス.七月十五日阿部豊後守江差出シ竹島ノコト全ク局ヲ結フ.

629) 第二十號, 日本國對馬州刑部大輔拾遺平義眞奉復, 朝鮮國禮曹大人 閣下: 向領, 華械憑審.貴國穆淸, 嘔喩倍恒, 承諭前年象官超溟之日.面陳竹島之一件, 緣是左右克諒情由. 示以兩國永通交誼, 益懋誠信矣. 至幸至幸, 示意卽已啓達東武了.故今修牘, 畧布餘蘊, 附在館司舌頭, 時維春寒, 更希加愛, 總惟察察,不宣. 元祿十二年己卯正月 日, 對馬州刑部大輔拾遺平義眞

630) 十二年正月使者阿比留惣兵衛ヲ朝鮮ニ遣シ禮曹參議ヘ前書ノ返翰ヲ送ル, 卽チ第二十號書束是ナリ.

631) 第二拾一號,口上之覺 : "一竹島之儀ニ付數年來何角ト被申通候處,存之外公儀江能被聞召分候テ宜被仰付候故其段譯官ニ被申渡候處,御聞屆候ニテ御書翰被差渡候御書面不宜候得共,刑部大輔殿御心ヲ被盡候テ首尾能相濟今度返翰被差渡候.竹島之一款此度ニテ無殘所相濟朝鮮國ノ御望之通ニ相濟兩國之大幸此事候...以後之爲ニ候間我等存候通之譯能東萊迄申屆朝廷方ヘモ慥ニ轉達仕候樣ニト被申越候故如此候、以上

632) 前條ノ次第二付老中阿部豊後守ヨリ後來ノ爲メ朝鮮最初ヨリ不念ノ所心付置候樣トノコトニ付, 其段殷館守ヲ以テ東萊府尹申述候口上書アリ, 卽第二拾一號是ナリ.

633) 使者阿比留惣兵衛ハ右書面ヲ持參,三月二十日朝鮮ニ着シニ二十一日館守唐坊新五郎方ヘ訓導朴僉知別差崔判事召寄セ持參スル所ノ禮曹ヘノ返簡ヲ渡シ.宗氏口上書ノ趣具ニ兩譯ヘ

申渡ス.同二十六日訓導朴僉知入館,右書翰幷口上書速二京城江送ルヘキ旨相答フ.四月三日 使者歸國朝鮮ヨリ白米十八俵ヲ使者二與フ.

634) 第二拾二號,口上:竹島之儀二付去年以使者奉伺御差圖之通返翰相認當春差渡譯官ヲ以 東萊ヘ相達候.其節彼地二差置候家來ヲ者口上ヲ以申渡候ハ.朝鮮國不念之儀モ有之殊二輕 キ儀ニモ委御禮申來候.此度ハ厚御禮可被申越候處.良幸良幸ト沕ノ書面難心淂候得共.東武 御誠信二被成御坐候故結構二被仰出候.朝鮮國ヨリノ仕形宜候テ如此相濟候ト被存候テハ 以來之妨二罷成候.事濟タル上二心得候共.爲念申達候由口上ニテ申屆候處.彼方ヨリ申候ハ段 段首尾能相濟兩國ノ大幸此事候.委細朝廷ヘ可申達由ニテ書翰請取之竹島之一件無殘相濟 珍重奉存候.朝鮮國江差越候返翰之寫則差上之候.右之趣從國元申越候,以上.十月十九日,宗 刑部大輔使者大浦忠左衛門.

635) 同年十月十九日江戸家老大浦忠左衛門阿部豊後守邸二至リ,竹島一件禮曹謝書ノ返翰東 萊府尹ヘ相達候趣申述口上書ヲ呈ス.卽第二拾二號是ナリ.

636) 第二拾三號:一筆致故上候,雖寒氣御坐候御手前樣彌御堅固御勤仕被成之旨珍重奉存 候.然者先頃竹島之儀無殘相濟候段申上候處.御內內ニテ達上聞首尾宜被御坐候段家來被召寄 被仰聞之趣致承知忝合奉存候.此旨爲可申上如此御坐候.恐惶謹言.十一月二十日.阿部豊 後守樣.

637) 竹島一件相濟候段老中阿部豊後守ヨリ召聽二入ル,依テ宗氏御禮トシテ一書ヲ呈ス.卽チ 第二拾三號是ナリ.

638) 第二拾四號:兩通之御札令拜見候,如仰來年日光御法事御用被仰付之難有仕合奉存候,且 又先頃竹島之儀無殘相濟候通御內內ニテ及上聞候段家來衆ヘ申通候付預示候趣被入御念 儀御坐候.如御紙面拙者儀無異事致勤仕候.恐惶謹言.十二月 晦日,阿部豊後守,宗刑部大輔 樣,御報.

639) 右二付老中阿部豊後守ヨリ左ノ返書ヲフ,卽チ第二拾四號是ナリ.

640) 竹島ハ元和以來八十年來我國民漁獵ノ地タルヲ以テ我版圖タルヲ信シ彼ノ人民ノ來リ漁 スルヲ禁セントス.彼初メハ答フルニ,竹島鬱島同一地タルヲ知ラサルノ旨ヲ以テシ.其議論漸 ク烈シキニ及ヒ竹島鬱島同地異稱ノ旨ヲ述ヘ.却テ我ヲ責ムルニ侵越犯渉ノ名ヲ以テス.古史 二據レハ鬱島ノ韓地タルヤ固ヨリ論ナシ,而文祿以來捨テ收メス.我民其空地ナルヲ以テ往テ 之二居ル,卽我地ナリ.嗚呼兩國疆界古今何ノ常カアラン.收ムレハ則我地ナリ,捨レハ則人ノ有 トナル.試二三百年來我東洋諸國ノ例ヲ據ケ之ヲ論セン.臺灣ハ固ヨリ明ノ地タリ,而明人收メ ス.一朝之ヲ捨レハ荷蘭忽チ之二據ル,卽荷蘭ノ地タリ,而シテ鄭氏兵力之ヲ奪フ時ハ又鄭氏ノ 地タリ.興安嶺南固ヨリ淸ノ地タリ,淸人收メス.一朝之ヲ捨レハ俄羅斯忽チ之二據ル.英ノ印度 二於ル,佛ノ安南二於ル,荷蘭ノ亞細亞南洋群島二於ル皆然ラサルハナシ.

641) 朝鮮獨リ八十年來捨テ而シテ收メサルノ地ヲ擧テ却テ我ヲ責ムルニ,侵越犯渉ノ名ヲ以テ シ,其舊物ヲ復スルノ理アランヤ.然ルニ當時ノ政府八十年來我民漁獵ノ利ヲ捨テ之ヲ擧テ一 朝其請フヲ許シ.其舊名ヲ與フル者他ナシ,盖シ當時ノ政略航海ヲ禁スルニアリ.外國トノ關涉 ヲ絶ツニアリ故ニ同時小笠原島開拓ノ議アツテ,而行ハレサル者以テ之ヲ徵スルニ足ル.何ト

ナレハ當時ノ政略靖康ヲ勉メ更張ヲ欲セス,苟モ外事ヲ談シ外敎ヲ奉スル者アレハ視テ國敵
トナシ.之ニ嚴刑ヲ加ヘ,萬國ノ來航ヲ禁シ漢韓和蘭ノ外海口ニ入ルヲ許サス.四面環海天然
舟楫ノ便アルモ鎖シテ用ヒス,偶鯨濤ヲ破リ鵬翼ヲ搏ント欲スル志士アルモ空シク白屋ノ下
ニ老死スルヲ免カレス.豈痛歎ニ堪サランヤ.夫竹島ハ彌九黑誌ノ地其有其無我ニ於テ未タ
輕重スルニ足ラスト雖モ.獨リ當時ノコト之ヲ長大息ニ付セサルヲ得サルナリ.噫.

642) 彌九黑誌의 해석은 i) 산산이 조각 난 9건 흑심외교문서, ii) 산산 조각난 9개의 검은 속셈, iii)
아홉 발까지 쐈으나 정곡을 빗나간 정략, iv) 부서진 조선정벌의 꿈(broken Korea-conquering
dream) 등

643) 將監(しょうげん) : 近衛このえ府の判官じよう,左右がある.

644) 會津屋八右衛門(あいづや-はちえもん, 1797~1837, 江戸時代後期の商人) : 寛政9年生ま
れ.會津屋清助の子. 石見(いわみ)(島根縣)浜田藩の黙認のもと,竹島を據点に密貿易をおこ
なう.天保(てんぽう)7年幕府に知られ,同年12月23日死罪.40歳,浜田藩家老岡田賴母(たのも)
は切腹,藩主は陸奥(むつ)棚倉(福島縣)に移封(いほう)された(竹島事件).

645) 天保(てんぽう)は,日本の元号の一つ.文政の後,弘化の前.1830年から1844年までの期間を
指す.この時代の天皇は仁孝天皇.江戸幕府將軍は徳川家齊,德川家慶.

646) 元祿十二年竹島ノコト定議アリテ後百三十九年ヲ經テ松平右近將監領分石州那珂郡濱田
無宿八右衛門航海處刑ノコトアリ,八右衛門ハ濱田廻船問屋會津屋清助ノ子ナリ,其親清助ハ
元領主松平周防守用達ヲ勤メ居タリシニ病死家名斷絶セリ.其後天保二年八右衛門周防守
江戸ノ邸ニ至リ,父清助多年恩遇ノ厚キヲ謝シ因テ上言.

647) 江戸幕府の御用番とは,文献は2つあって,どちらにも御用番という役職があります. ふつう,
御用番といえば月番老中のことだと思います.

648) 越前松平家(えちぜんまつだいらけ)は,越前國を發祥とする德川氏の支流で,御家門のひと
つ.單に越前家ともいう.越前松平家または越前家という呼称は,德川家康の次男秀康を家祖
とする一門全體を指す場合と,その領地の場所から福井松平家 (福井藩) のみを指す場合と
がある.

649) 第一號:昨十三日私家來大谷作兵衛,三澤五郎左衛門,村井莊右衛門ト申者井上河内守ヨリ
尋之儀有之候間.同道人差添可差出旨ニ付,則差出候處,尋之上吟味中揚屋入申付候段.今日
家來之者へ申渡有之候,此段御届申上候,以上.六月十四日.松平周防守.

650) 濱田冲竹島ハ海中魚多ク其利甚多シ,願クハ渡海ノ免許ヲ得ンコトヲ乞フ.然ラハ年年若
干ノ漁税上納可致旨ヲ出願ス.然ルニ同所ハ渡海制禁ノ地ナリト許サス,八右衛門ニ歸國ヲ
命ス,八右衛門更ニ在邸ノ吏大谷作兵衛⬛三澤五郎左衛門⬛松井莊右衛門等ニ漁業ノ有利
有益ナルヲ告ク.三人其說ヲ喜ヒ家老岡田賴母カ家人橋本三兵衛,林品兵衛ニ談シ賴母ヲ說
カシム.賴母初メ之ヲ不可セシカ再三說ヲ入ルニ及ヒ,當時周防守勝手向疲弊困難ノ時ニ中リ
何カ良策ヲ慾スルノ際ナレハ遂ニ之ヲ容レ密ニ同僚松井圖書ト議シ陽ニ之ヲ制シ陰ニ默許
ノ意アリケレハ.八右衛門ハ我事成レリト確約シ漁業ヲ名トシ密ニ刀劍弓銃ヲ始メ皇國産ノ
諸品ヲ諸國ニ購ヒ道中ハ濱田ノ用物ト稱シ濱田ノ繪符ヲ付驛遞ニ附シ遂ニ之ヲ漁船ニ移シ

竹島ニ至ルヲ名トシテ密ニ外國人ト貿易ス,然ルニ此事忽チ大坂町奉行矢部駿河守ノ爲メニ
發覺シ六月十日逮捕鞠審ノ上其連累一同寺社奉行井上河内守ニ引渡サル,五名,平右近將監
領分,石見國濱田松原新田,會津屋ギク方ニ無人別ニテ罷在候.當時無宿,金清事 八右衛門 申
二十九,松平隱岐守御預リ所,讃岐國多度郡小豆島高木村,船乘,平助,申四十九,右ノ斷,平右衛
門,六十三,大阪安治川町二丁目,播磨屋善右衛門借家,淡路屋,善兵衞,申七十,松平安藝守領
分,安藝國豐田郡諸口島賴戸物町,松原,新兵衞,申三十七,右道中目籠ニテ大阪町奉行同心差
添井上河内守宅ニ護送,一ト通リ尋ノ上入牢,同月十四日,松平周防守家來,在府,大谷作兵衞,三
澤五郎左衛門,村井莊右衛門.右於同人宅一ト通リ尋ノ上揚屋ヘ差遣ス.依之同日御用番松平
越前守ニ屆書差出ス,卽チ別紙第壹號是ナリ.

651) 第二號:周防守家來八十郎隱居岡田秋齊、松井圖書儀去月九日井上河内守樣ヨリ御呼出
御左候リ付早速濱田表ヘ申遣候處...淸左衛門,同濱遣堀川町,與兵衛,右於同人宅一通リ尋之
上差返ス.

652) 第三號 : 今度松平周防守元領分石見國濱田松原浦ニ罷在候無,宿八右衛門竹島ヘ渡海致
シ候一件吟味之上右八右衛門其外夫夫嚴科ニ被行候.右島往古ハ伯州米子ノ者共渡海魚漁
等致シ候得共.元祿之度朝鮮國ヘ御渡ニ相成候以來渡海停止被仰出候場所ニ有之都而異國
渡海之儀ハ重キ御制禁ニ候條向後右島之儀モ同樣相心得渡海致間敷候...尤觸書之趣板札
ニ認メ高札場所ヘ掛置可申者也,酉二月,右之通可被相觸候.

653) 後夫夫調ノ上八年丁酉二月各所刑申渡サレ一件落着ス,卽別紙第三號是ナリ.

654) 此事ヤ朝鮮政府ニ關涉スルニ至ラスト雖其重刑ニ處セラルルヲ以テ爾來維新ノ後ニ至ル
迄又人ノ竹島ノ事ヲ言フ者ナシ.

655) 戸田敬義(とだたかよし)は旧鳥取藩士であるが,自分を島根縣士族と署名しているのは明治
9(1876)年島根縣と鳥取縣が合併し,現在の鳥取縣も島根縣と呼ばれた時代であったからである.

656) 後四十年明治十年一月ニ至リ島根縣士族戸田敬義竹島漁獵ノコトニ意アリ,左ノ願書ヲ東
京府ニ出セリ.卽チ別紙第四號是ナリ.

657) 第四號, 竹島渡海之願,島根縣士族 戸田敬義 : 東京府第四大區第二小區水道橋内三崎町二
町目壹番地華族裏松良光邸内全戸寄留不省敬義,兒タリシ時嘗テ聞ク.隱崎國ヲ距ル殆ト
七十里程之乾ニ當リ洋中荒蕪不毛之一孤島ヨリ之ヲ竹島ト稱スト.敬義稍稍人トナリ賤家ニ
昔ヨリ貯フ處之一小冊其ノ題表竹島渡海記ト號スル者ヲ見タリキ...隱岐國ニ渡ルノ始メ伯
州米子同州境港等ニテ調度之日數ヲ費シ,又渡海之期有ルカ故早早御指揮之程奉願候也.右
明治十年一月二十七日. 戸田敬義,東京府知事楠本正隆殿.

658) 第五號 : 本年一月二十七日付ヲ以竹島渡海之願書至急御指揮被下度追願,島根縣士族, 戸
田敬義 : 東京府第四大區二ノ小區水道橋内三崎町貳丁目イ六番地奇留. 本年一月二十七日
付ヲ以竹島渡海之儀奉願候處于今御指揮無御座右ハ御府廳而已ニテ御裁決トハ不奉存候
得共最早夫ハ渡海氣候モ差迫リ.,,加ルニ該島之儀敬義志心ハ素ヨリ一時私利ヲ量ルニ非ラ
ス.寬見之上ハ大ニ皇國ノ土地ヲ擴張シ國益ヲ起シ...本年ノ期ヲ誤リ明年ヲ待テ萬一一ケ年
ヲ後レ其利潤ヲ外人ニ得ラルトキハ後悔スルモ詮ナキ而已ナラス,全國ノ不幸ト奉存候條,右

等御推察被下御府廳而已之之御裁決ニ無之トキハ其筋へ至急何分之御指揮被爲下候樣當
節柄御手數之儀ニハ奉存候得共御申立被下度此段奉追願候也.右明治十年三月十三日,石
田敬義,東京府知事楠本正隆殿.

659) 然ルニ此事議論アリテ速ニ指令モナカリシカハ三月中ニ至リ,更ニ尤ノ追願ヲ東京府ニ出
セリ,即チ別紙第五號是ナリ.

660) 第六號, 本年竹島渡海奉願置候處,最早季候ヲ誤リ候ニ付明年ニ讓リ候段御屆旁上申.島
根縣士族,戶田敬義,東京府第四大區第二小區水道橋內三崎町貳丁目イ六番地全戶寄留.本
年一月二十七日付ヲ以竹島渡海之儀奉願候節,但シ書ニ渡海季候期有之故至急御指揮被下
度段奉願置候處.漸期限ニ差迫リ,依テ同三月十三日付ヲ以尙又至急御指揮被下度段奉追願
候得共...實以乍殘念右本願之趣意本年渡海之儀ハ明年ニ讓リ候條,右等御推察之上本願御
指揮被下度此段御屆旁上申仕候也.右 明治十年四月,戶田敬義,東京府知事楠本正隆殿

661) 其後尙未タ指令ヲ得サル內時移リ航海不都合ニ至リケル故渡海ハ明年ニ致度旨,御啓書
ヲ東京府ニ出ス.即チ別紙第六號是ナリ.

662) 第七號,第壹萬八千六百七十五號: "書面竹島渡航願之儀難聞啓候事."明治十年六月八
日.東京府知事楠本正隆印

663) 楠本正隆(くすもと まさたか,1838.4.14.1902.2.7.)は,肥前大村藩の武士,明治期の政治
家.男爵.大久保利通の腹心として知られた.

664) 陸奧國 (むつのくに):日本古代的令制國之一,屬東山道,又稱奧州.

665) 此ヨリ先數年陸奧ノ士族武島平學ナル者アリ,露領浦潮港ニ航シ路松島ナル者アルヲ望
ミ.九年七月東京於テ外務省へ之ヲ開拓センコトヲ建議ス,於是松島竹島一島ニ非ラス.二島
タルノ說始テ出ツ.卽別紙第八號是ナリ.

666) 第八號, 松島開拓ノ議 : 謹テ上言ス,迂生不才鄙賤之身ヲ以テ方今國事之緩急施政之前後
等素ヨリ察之スヘキニ非スシテ只不明之事ヲ建白候ハ戰慄恐懼ニ堪ス.幾回カ閣筆候得共
國家强盛之一助ト存込候ヲ黙止候テハ又本懷ニ無之止事ヲ得ス.誠衷ヲ表シ候ハ卽チ我
カ西北地方ナル松島ト云フ一島之事ナリ...迂生兩三年前ヨリ此海上ヲ三四回往返シテ船中ヨ
リ松島ヲ目擊セシニ鑛山アルヤ否ハ明白ナラサレトモ,一見スル所ニテハ鑛山モ有ヘシ.且滿
島巨松森森トシテ繁茂シ...又果シテ鑛山アル時ハ鑛山ヲモ開キ漁農ヲ植へ開拓シテ往往皇
國ノ所有トナサハ莫大ノ利益トナラン...更ニ此島ヲ見事能ハス如何アラント船中ノ衆人只大
息ヲ發シ黙スルノミノ事モアリツレハ先ツ急ニ此島ニ燈臺ヲ設立アラン事ヲ請フ.明治九年七
月.武藤平學.

667) 或人ノ說ニ日本ヨリ今松島ニ手ヲ下サハ朝鮮ヨリ故障ヲ云ントイヘルカ.松島ハ日本地ニ近
クシテ古來本邦ニ屬スル島ニテ日本地圖ニモ日本ノ版圖ニ入レ置タレハ日本地ナリ.且又竹
島ハ德川氏ノ中世葛藤ヲ生シテ朝鮮ニ渡シタレトモ松島ノ事ハ更ニ論ナケレハ日本地ナル
事明ナリ.若又朝鮮ヨリ故障ヲ云ハハ遠近ヲ以テ論シ日本島タル事ヲ證スヘシ.實ニ日朝往來
竝ニ外國北地ニ往復ノ要地ニシテ萬國ノ爲ナレハ日朝ノ內ヨリ急ニ良港ヲ撰ヒ先ツ燈臺ヲ設
ル事今日ノ要務ナリ.

668) 第九號, 兒玉貞陽建白：鄙生嘗テ瀬照君ノ露港雜誌武藤氏ノ同港記聞ヲ閱見シ, 且其景況等傳承スルニ殊更感發興起スルノ條件者卽チ我カ皇國西北ノ屬島松島ナルモノナリ...所謂先スル時ハ人ヲ征ス.彼ノ南方ナル小笠原嶋ノ如キモ旣ニ着手ノ期ヲ稍失スルニ似タリ,而シテ此島嶼ニ比較スレハ松島者一層ノ要島ナレハ速ニセスンハ有ヘカラス.如何トナレハ北方ナル寒國人ノ覘候覬覦ニ陷ラン事ヲ痛ム寔ニ至ヲ悔ルトモ及ハス...固ヨリ卑賤ノ我輩苟モ不明之淺見ヲ以テ堂堂タル廟議ニ關スル義ヲ猥リニ論說イタシ候事戰慄恐懼ニ堪ヘサレ共聯微衷ヲ表シ有志ノ諸君子ニ其着眼スル所ノ是非曲直ヲ正サン事ヲ乞ント欲スルナリ.明治九年七月十三日.兒玉貞陽謹言.

669) 第十號,松島着手之楷梯見込:第一開拓人ノ蝸屋ヲ營ミ,第二伐木,第三開港場ヲ確定スル事,第四 燈臺之建設,第五良材其他ヲ輸出スル事,第六土地開拓之事,第七置場ヲ定メ船用諸品ヲ畜藏スル事,第八民屋ヲ營ミ殖民ニ及フ事,第九漁獵之用意ニ取リカカル事,第十作物之開業,其他山川丘陵之業ノ運フ事.

670) 渡辺洪基(わたなべひろもと,1848年1月28日~1901年5月24日)は,日本の政治家,官僚,敎育者.衆議院および貴族院議員,元老院議官,東京府知事,初代帝國大學總長,學習院次長,太政官法制部主事,駐オーストリア公使,日本建築學會會長,東京統計協會會長等を歷任.

671) 第十壹號, 松島之議一：昔者竹島ノ記事略說多クシテ松島ノ事說論スル者ナシ.而テ今者人松島ニ喋喋ス.然リ而テ此二嶋或ハ一島兩名或ハ二嶋也ト諸說紛紛朝野其是非ヲ決スル者ヲ聞カス...然ルヲ洋客竹島ヲ認テ松島ト爲シ更ニ竹島ナル者ヲ想起セシ者ノ如シ...是實ニ其地ノ形勢ヲ察シ其所屬ノ地ヲ定メ而テ其責ニ任スル所ヲ兩國間ニ定メル可ラサル者タリ,因テ先ツ島根縣ニ照會シ其從來ノ習例ヲ糺シ併セテ船艦ヲ派シテ其地勢ヲ見若シ彼旣ニ着手セ.ハ宰政ノ模樣ヲ實査シ然ル後ニ其方略ヲ定メント要ス.請フ速ニ採リテ議スル者アラン事ヲ伏望ス.記錄局長 渡邊洪基立案.

672) 第拾貳號, 松島之議二：松島ト竹島卽チ韓名鬱陵島ハ聞ク所ニ倚ルニ一島ニ名アルカ如シト雖トモ,舊鳥取縣令ニ聞クニ全ク二島ノ由ト認メ.又戶田敬義加藤金森謙ナル人ノ書ニ隱岐國松島西島[松島ノ一所屬ナリ土俗呼ンテ次島ト云]ヨリ海上道規凡四十里許.北方ニ一島アリ名ヲ竹島ト云フ云云...而シテ各國ノ認ムル所是ノ如シ然ルニ我國ニテハ松島竹島二島一嶼ノ事判然ナラス.隨テ朝鮮ニ屬スル哉否ヲモ知ラスルナリ.若シ外國ノ問ニ逢フ又答フル所ヲ知ラス.若我物トセン歟之ニ關スル義務ナカルヘカフス之ヲ朝鮮ニ歸セン歟.外國ニ主意セサルヲ得ス.是再考ス所以ナリ.記錄局長,渡邊洪基述.

673) 第拾三號,松島開島願書幷建言,千葉縣下第拾大區六小區,下總國印燔郡佐倉田町商,齊藤七郎兵衛："私儀今般魯國浦潮港ヘ爲商業本年十一月中航海着港仕,市中近在時時巡見仕,尙又兩三年前ヨリ在留之日本人兩三名ヘ當港之模樣等委細承候所...且營繕等ニ付テハ木挽職大工職等土人總テ賃金高價ハ勿論石工職等ハ別シテ拙エニ相見ヘ申候,依之本國之諸職人共大勢連來リ營業等爲仕度候,右樣之次第ニ付兼テ承及候皇國之屬島松島之儀當港ニ航海之砌一見仕候處至テ小島ニハ御坐侯得共...此段御聞濟之上開島之儀ハ縱御人撰ニテ外人ヘ御申付有之候共右建言相立候ハハ日本國ノ屬島ニ相違無之段各國ヘ分明ニ相成冥加

至極難有仕合二奉存候也." 明治九年十二月十九日.齊藤七郎兵衛印.御領事.瀨脇壽人殿.

674) 同年十一月浦潮港貿易事務官,瀨脇壽人ノ露領二赴クニ及ヒ意ヲ松島ノコトニ用ユ.既ニシテ千葉縣下佐倉ノ商齊藤七郎兵衛ナル者アリ.商業ヲ以テ此港二往來ノ序松島ノ近キ其地形ヲ極メ同島開拓ノ願書ヲ貿易事務官瀨脇氏二出セリ.即別紙第十三號是ナリ.

675) 第十四號,明治十年平信第一:奉別後僅二六七月間二御座候處御書翰中并二新聞紙一見仕候得ハ神風黨之騷亂アリ長黨二蜂起アリ.此度又薩黨之大戰アリ國家多事浪費巨万人心ヲ煽動シ開化ヲ妨ケ皇天神明何ソ斯ク邦內二不幸ヲ降セルハ何等ノ事故二御坐候哉.嗚呼皇天二號叫セン歟神明二歎訴セン歟小臣等實二其所爲ヲ知ラス...小臣任所之形勢ヲ以テ視察スルニ露國ヨリ鷄林ヲ覬豈兪スル模樣二御坐候.片時モ早ク御國內ヲ平定シ人心ヲ安着シ鷄林ノ北邊二關係イタシ置候儀方今之一大急務二可有之候...別紙之通武藤平學⊠齊藤七郎兵衛兩人ヨリモ松島開嶋願出.候願クハ速二御許容被爲在度奉願候也.四月二十五日.貿易事務官瀨脇壽人,外務卿寺嶋宗則殿,外務太輔島尙信殿.

676) 第拾五號,明治十年平信第二 番外甲號:本港地方四五百里之間ハ肅愼又女眞ト唱ヘ往古支那之版圖ニシテ中古日本二隸屬シ...此機二投シ今急二嶋ヲ開キ韓國ノ北地二往返シテ米鹽其外國産物ヲ少シ低價二販賣セハ韓滿共二常二我ト舊付舊屬同文同體ノ緣故アル事ヲ唱ヘ親愛スル情實アレハ.必ス服スル事鏡裡二照然タリ.是小臣カ松島ヲ開拓シ紙幣ヲ交換シテ後日遠大ノ大策略アラン事ヲ希望スル所以ナリ.謹言.五月.

677) 松島ハ-朝鮮ノ蔚陵島ニシテ我版圖中ナラス齊藤某ノ願意ハ許可スルノ權ナキ旨答フヘシ.右者公信局長田邊太一附ケ札也.

678) 第十六號,松島開島之建白:迂生不肖ヲ以テ開墾開島等ノ事トモ建白候ハ眞二恐懼二堪ヘス.幾回カ閣筆候ヘトモ富國ノ一端トモ存込候儀ヲ默止スルハ是又本懷二無之,朦昧ヲ顧ミス誠衷ヲ表シ候ハ我カ西北ナル松島開島ノ事ナリ...朝鮮人等ノ談話二承ハルニ松島ハ東西三四里,南北五六里ノ小島ナレトモ大益アル島ナリト申候二付.其利益ハ何等ノ産物ヲ以テ云フヤト尋ケレハ我等本國二在シ時嘗テ聞及ヒシニ松島ハ大木繁茂シ...迂生曾テ聞ク國富テ兵强シト.然ラハ一毫ノ利タリトモ國二入ルルハ是ス富國ノ基礎ト云フヘシ.且客歳四月中露國船彼島ノ周圍ヲ測量セシ由ナレハ第一露國ニテ此島ヲ着目シ開ントスルノ意ナルヘシ.素ヨリ露ハ國ヲ擴メ亞細亞ヲ併呑セント欲シ遠大ノ策略アレハ必ス此島ヲ開キ人民ヲ植ヘ不時ノ用意トスルハ勿論ノ事ト察セラル.皇國ノ所轄ト爲サハ是レ廣大ノ利益ナラスヤ...餘ハ嚮二建白セシ如クナレハ筆ヲ閣ス.仰キ願ハクハ御英斷アリテ速二開島ノ用意アランコトヲ請フ.明治十年五月六日.露領浦潮港在留.武藤平學

679) 第十七號,公信第三號(明治十年六月):小臣儀ハ十八公鳥開拓一件御回答有之候處御待臣居候.右御許容之上ハ歸路一寸同島ヘ上陸致シ.地形其外村木之種類大小,漁獵ノ模樣.港口地形況等遂一一見致シ...此段御伺申上度如此二候也.明治十年六月二十五日.貿易事務官瀨脇壽人印,外務卿寺島宗則殿,外務大捕鮫島尙信殿.

680) 第十八號,明治十年第八號:今般御無異御歸朝二相成.欣然奉恭賀候.小官儀無恙奉職仕候間.乍憚御省念可被下候.去冬以來上申仕候松島開墾一件御許容相成候樣仕度奉存候.露軍

艦七八隻昨冬ヨリ亞國ヘ參居候處...明春着手ノ都合ニ仕度此段至急奉伺候也.明治十年七月二日.在浦潮港貿易事務官瀨照壽人.外務卿代理森全權公使殿

681) 松島ハ朝鮮ノ鬱陵島ニシテ我版圖中ノモノナラス,文化年間既ニ朝鮮政府ト往復ノ書アリト覺ユ.我ニテ開墾着手スルハ固ヨリアルマシキ事由ヲ答フルコト然ルヘシ.

682) 渡辺洪基(わたなべ ひろもと,1848~1901)は,明治時代の日本の官僚,政治家.越前國武生(福井縣武生町)生まれ.慶応義塾大學卒.漢學,蘭學を修め,佐藤舜海,福澤諭吉の塾で學ぶ.學習院次長,元老院議官,工部少輔,東京府知事,帝國大學(東京大學の前身)初代總長,文官試驗局長官,駐オーストリア公使,衆議院議員,貴族院議員を歷任し,東京統計協會(日本統計協會の前身の一つ),國家學會.

683) 且歸路上陸港等見分スヘキトノ旨ハ如何ナル船ヲ雇ヒ此事ヲ圖ル積ナリヤ.海軍ノ一盤ヲ借ルカ三菱ノ汽船ヲ備フカ其見込モ迂疎ニ近シ...大切談夢ニ近キモノト被考候、後事處分ハ伺ノ趣ニテモ差支アルマシ.但未知平學ノ何人タルヲ.右者公信局長田辺太一郎附ケ札也.

684) 第拾九號,松島異見:松島竹島ノ二島ハ往昔隱岐國ノ管内ニシテ同國福浦ヨリ戌亥ノ方其,距離四十里許ニ松島アリ.松島ヨリ遙ニ離レ朝鮮ニ近キ事琉球ノ八重山ト臺灣福州ノ地ヲ見ルニ等シ...視聽合記ニ所言ヲ以テ考フレハ松竹ノ二島アルハ勿論ニテ强チニ松島ハ竹島ノ別号トモ定メ難キ歟.右菅見ノ一二愚按ヲ崖略御參考ノ爲電覽ニ供ヘ候.八月六日.坂田諸遠.

685) 第二十號,松島開拓願:私私ハ儀一昨九年十二月中松島開拓事項ニ付不顧恐建言仕候處書面御取置ニ相成.其後再願仕置候.本年六月中長崎縣下ヨリ左之下村輪八郎儀當港ヘ爲商用航海之砌...,果シテ巨木繁茂シ和船之碇泊可致小港モ相見.且漁獵之益モ可有之ト見受候ニ付...實地景況探偵トシテ渡海可仕ト決約仕候間.該地取調之上開拓方御許下ニ相成候樣奉懇願候...且御國益ニ碎心致シ候廉モ相立可申ト冥加至極難キ有仕合ニ奉存候也.明治十一年八月十五日.長崎縣下村輪八郎印千葉縣齊藤七郎兵衛印貿易事務官瀨脇壽人殿.

686) 甲云:他日開否ノ略定リテ而後今日視察ノ要否ヲ論スヘシ...蔚陵島ノ朝鮮ニ屬スルハ舊政府ノ時一葛藤ヲ生シ.文書往復ノ末永ク證テ我有トセサルヲ約シ.載テ兩國ノ史ニ在リ.今故ナク人ヲ遣テコレヲ巡視セシム.此ヲ他人ノ寶ヲ數フトイフ...松島斷シテ開ク能ワス,又開クヘカラス.其不能不可ヲ知テコレヲ巡視スル.豈無益ナラサランヤ,況ヤ後害ヲ釀サントスルヲヤ.

687) 乙云:開否ノ略ハ視察ノ後ニ非サレハ定ムル能ワス...況ンヤ我近海ニアリ我民ノ韓ノ內地ニ航スルモ,露ノ藩地ニ航スルモノ...故ニ該 島ハ勿論ニ所謂竹島ナルモノモ亦巡視シテソノ今日ノ狀ヲ詳知スヘシ.巡視ハ必要スル所ナリ...松島必巡視セサルヘカラサルナリ.然レトモ瀨脇氏ノ議ノ如キハ敢テコレヲ可トセス.必將ニ他日ヲ竢アルヘ.

688) 丙云:露國ノ東路ヲ預妨セントテ既ニ太平海北部ニ一ノ海軍屯站ノ地ヲ要セントスルノ論アリ.松島等ノ如キ或ハ彼カ注目スル處タルモ知ルヘカラス...聊ニテモ該島ノ現狀ヲ知ルコトヲ急務トセリ故ニ誰ニテモ其地ヲ巡視スヘキノ望アルモ...我邦人外國ノ船ニ搭シ韓地ニ至リシトテ韓政府ノ猜嫌ヲ增サントノ過慮ハナキニアラストイヘトモ.該島ニ在ル韓民(縱令官吏アルモ)邦人ト外國人トヲ區別スルノ眼睛モアルマシケレハ斷然交隣ノ誼ニ於テハ妨碍ヲ生セサランコトヲ信ス.

689) 第二十二號, 記錄局長渡邊洪基 : 本文甲乙丙之論ヲ並考セシハ其中處二達セン英官船シル ビア號ハ朝鮮近海二發セシハ既二明カナリ...又或ハ蔚陵島ト竹島ハ同島異名ノ事判然シ.松 島モ亦竹島ト同島異名爲ルカ如シ.否ラサルモ其屬島ナルカ如シ...竹島松島ノ異同ヲ就調フヘ シ.去レハ愈松島ハ純然タル日本屬島ナリヤ.又ハ竹島又ハ其小屬島ナリヤト.事ヲ明カニニ得 ヘシ而シテ現場ノ有樣ト從來之模樣トヲ合セテ其眞ノボシシヨン定ムヘキナリ.

690) 第二十三號, 公信局長田邊太一 : 聞ク松島ハ我邦人ノ命セル名ニシテ其實ハ朝鮮蔚陵島 ニ屬スルヲ山ナリト.蔚陵島ノ朝鮮ニ屬スルハ舊政府ノ時一葛藤ヲ生シ.文書往復ノ末永ク認 テ我有トセサルヲ約シ, 載テ兩國ノ史二在リ.今故ナク人ヲ遣テコレヲ巡視セシム, 之レ他人ノ 寶ヲ數フトイフ.況ンヤ隣境ヲ侵越スルニ類スルヲヤ...又松島ノ未タ他邦ノ有ニ屬セサルモノ タル判然タラス.所屬曖昧タルモノナレハ我ヨリ朝鮮ヘ使臣ヲ派スルニ際シ海軍省ヨリ一艘 ノ艦ヲ出シ之レニ投シ測量製圖家及生産開物ニ明カナルモノヲ誘ヒ彌無主地ナリヤモ認メ 利益ノ有無モ慮リ後チ任地ニツキ漸ト機會ヲ計リ.縱令一小島タリトモ我北門ノ關放擲シ置 クヘカラサルヲ告クテ之レヲ開ケニシカサランカ故ニ.瀨脇氏ノ建言スル所採ル能スサルナ リ.

691) 天城(あまぎ)は, 日本海軍の航空母艦.雲龍型の2番艦.

692) 柳楢悅(やなぎならよし, 1832年10月8日~1891年1月15日):日本の海軍軍人,和算家,數學者, 測量學者,政治家,最終階級は海軍少將,錦鷄間祗候,元老院議官,貴族院議員.

693) 第二十四號,水路報告第三十三號:此記事ハ現下天城艦乘員海軍少尉三浦重鄕ノ略畵報 道スル所二係ル.日本海,松島(韓人之ヲ蔚陵島ト稱ス)錨地ノ發見.松島ハ我隱岐國ヲ距ル北 西四分三約一百四十里ノ處ニアリ.該島從來海客ノ精撿ヲ經サルヲ以テ其假泊地ノ有無等ヲ 知ルモノナシ.然ルニ今般我天城艦朝鮮ヘ廻航ノ際此地ニ寄航シテ該島東岸ニ假泊ノ地ヲ發 見シタリ即左ノ圖面ノ如シ.右報告候也.明治十三年九月十三日水路局長.海軍少將柳楢悅證.

694) ⊠竹島考以上,甲乙丙丁ノ議紛紜定ラサルコト如斯ニシテ.巡見ノコトモ其儘止タリシニ.明 治十三年九月二至リ天城艦乘員海軍少尉三浦重鄕等廻航ノ次松島二至リ測量シ.其地卽チ 古來ノ鬱陵島ニシテ其北方ノ小島竹島ト號スル者アレ共.一個ノ巖石ニ過サル旨ヲ知リ.多年 ノ疑議一朝永解セリ.

695) 以上二十四号ヲ通覽スルニ, 元錄十二竹島ノ地朝鮮ノ者ト極リシ後ハ我人民又此島ヲ覬 ○スル者ナカリシニ.百餘年ノ後石州濱田ノ民八右衛門ナル者アリ.江戶在邸ノ吏二說テ其默 許ヲ受ケ竹島二漁業ヲ名トシ陰二皇國産ノ諸品ヲ積去テ外國二貿易セルヲ以テ忽チ法憲二 觸レ嚴刑二處ラル.此ヨリ後又此島ノ事ヲ說ク者ナシ.皇政維新ノ後明治十年ノ一月二及ヒ島 根縣士族戶田敬義竹島渡海ノ願書ヲ東京府二呈ス.六月二及ヒ難聞屆旨指令アリ,此ヨリ後 復タ竹島ノコト言フ者ナシ.其後奧州ノ人武藤一學,下總ノ人齊藤七郞兵衛等浦塩斯德二往來 シ.竹島ノ外別二松島ナル者アリト唱ヒ.瀨脇壽人ニヨリテ渡海ノコトヲ請フ,於是竹島松島一 島兩名.或ハ別二二島アルノ說紛,紜決セス.遂二松島巡島ノ議起ル,甲乙丙丁ノ說ノ如シ.雖然 其事中止セリ.明治十三年天城艦ノ松島二廻航スルニ及ヒ其地二至リ測量シ始テ松島ハ蔚陵 島ニシテ.其他竹島ナル者ハ一個ノ巖石タルニ過キサルヲ知リ事始テ了然タリ. 然ルトキハ今

日ノ松島ハ卽チ元録十二年稱スル所ノ竹島ニシテ.古來我版圖外ノ地タルヤ知ルヘシ...明治
十四年八月奉命取調北澤正誠.

696) 『軍艦新高戰時日誌』1904年 9月 25日條, 松島二於テ'リアンコルド'岩實見者ヨリ聽取リ
タル情報：'リアンコルド'岩韓人之ヲ獨島ト書シ本邦漁夫畧略シテ'リヤンコ'島ト呼稱セリ別
我略圖ノ如リ二個岩嶼ヨリ成リ西嶼高サ約四百呎險沮...淡水東嶼東面ノ入江內ニテ許シ得
又同嶼ノ南B點水面ヨリ三間餘ノ所ニ湧泉アリテ四方ニ浸出ス其量ク年中涸渇スルコトナシ
西嶼ノ西方C點ニモ亦淸水アリ...難キ時ハ大低松島ニテ順風ヲ得避難スト云フ. 松島ヨリ渡
航海馬獵ニ從事スル者ハ六七十石積リ和船ヲ使用ス...又本年二入リ數回渡航シタルニ六月
十七日露國軍艦三隻同島附近ニ現ハレ一時漂泊シ後北西ニ進航セルヲ實見セリト云フ.

697) 『軍艦對馬戰時日誌』,1904年11月13日,四戰機密第二七六號ヲ受領ス左ノ如シ,仙頭對馬
艦長ニ訓令(三十七年 十一月十三日, 於竹敷旗艦笠置): 一.貴官ハ左記各所ニ對スル派遣員材
料等到着 次第當根據地ヲ出發シ左記任務ニ服スヘシ而シテ各地歸艦ノ順序日割等ハ直接
出張係官等ト協議決定シ其豫定ヲ7報告スヘシ. (イ) 高崎山無線電信所通信試驗旅行及之ガ
試驗係官ヲ同地ニ送致スルコト...二. 前項(ハ)ノ各望樓行人員材料等ハ明十四日朝着スベキ
靑龍丸ニテ悉ク到着高崎山無線電信所行試驗係官ハ明後十五日朝到着ノ豫定ナリ.

698) 日本海軍軍令部,◻極秘明治三十七八年海戰史◻,第六十七號,明治三十八年一月五日對馬
艦長海軍中佐仙頭武英ヨリ水路部長ニ提出セルリヤンコールド島槪要:...(イ)西道ノ東面ニ山
崩アリ其ノ傾斜頗ル急ニシテ上半ハ殆ト直立シ到底攀ツル能ハサレトモ下半ハ稍緩傾ヲナシ
辛ウシテ其ノ中腹マテ攀登スルヲ得此ノ處地質强ナル岩層ニシテ之ヲ開鑿スレハ三坪弱ノ
平坦地ヲ得ヘク東風ノ外悉ク遮蔽シ得 (ロ) 東島頂部ハ一見平坦ナル部分多ク家屋建設ニ適
スル如クナレトモ之ヲ踏査スルニハ經路ニ多大ノ工事ヲ施スニ非サレハ局地ニ達スル能ハ
サルヲ以テ實見シ得サリシモ海洋ノ蠻風ニ對シテ四周暴露シ難ヲ免レス然レトモ獨リ南端ニ
アレ平坦地ハ三四坪ノ廣サアルヘク西北ノ一方ハ遮蔽セラルルモノノ如シ.

699) 隱岐島ヲ距ル西北八十五哩ニ在ル無人島ヲ竹島ト名ヶ島根縣所屬隱岐島司ノ所管ト爲ス
: 無人島所屬ニ關スル件 (略) 北緯三十七度九分三十秒東經百三十一度五十五分隱岐島ヲ距
ル西北八十五浬ニ在ル無人島ハ他國ニ於テ之ヲ占領シタリト認ムヘキ形跡ナク一昨三十六
年本邦人中井養三郎ナル者ニ於テ漁舍ヲ構ヘ人夫ヲ移シ獵具ヲ備ヘテ海驢獵ニ着手シ今回
領土編入並ニ貸下ヲ出願セシ此ノ際所屬及島名ヲ確定スルノ必要アルヲ以テ該島ヲ竹島ト
名ヶ自今島根縣所屬隱岐島司ノ所管ト爲サントスト謂フニ在リ依テ審査スルニ明治三十六年
以來中井養三郎ナル者カ該島二移住シ漁業ニ從事セルコトハ關係書類ニ依リ明ナル所ナレ
ハ國際法上占領ノ事實アルモノト認メ之ヲ本邦所屬トシ島根縣所屬隱岐島司ノ所管ト爲シ差
支無ノ儀ト思考ス依テ請議ノ通閣議決定相成可然ト認ム(1905年 明治398年, 內閣, 資料番號
T1905000000101,國立公文書館)

700) 島根縣告示第四十號: "北緯三十七度九分三十秒東經百三十一度五十五分隱岐島ヲ距ル
西北八十五浬ニ在ル島嶼ヲ竹島ト稱シ自今本縣所屬隱岐島司ノ所管ト定メラル.明治三十八
年二月二十二日."

701) 奥原福市,『竹島及 鬱陵島』, 1907 : 中井養三郎氏はリヤンコ島を以て朝鮮の領土と信じ,
同國政府に貸下請願の決心を起し,三十七年の漁期終るや,直ちに上京して…日本領に編入す
る方然るべしとの說を聞き.中井氏は遂に意を決して,リヤンコ島領土編入竝に貸下願を,內務
外務農商務三大臣に提出せり…山座政務局長に面會してこれをはかり.桑田博士また大に力
むる處ありて,遂に一応島根縣廳の意見を徵することとなれり. ここに於て,島根縣廳にては,
隱岐島廳の意見を徵して上申の結果.遂に閣議に於ていよいよ領土編入に決し.リヤンコ島を
以て竹島と命名せらるるに至れりという.

702) 東鄕平八郎(とうごう へいはちろう,1848.1.27. 1934.5.30.)は,日本の幕末から昭和時代初め
の武士(薩摩藩士),海軍軍人.最終階級は元帥海軍大將.各地の東鄕神社に名を殘す.位階は從
一位,勳位は大勳位.日淸戰爭では「浪速」艦長として高陞号事件に對處.日露戰爭では連合
艦隊司令長官として指揮を執り日本海海戰での完勝により國內外で英雄視され,「陸の大山,
海の東鄕」「アドミラル・トーゴー」「東洋のネルソン」と呼ばれた.

703) Zinovy Petrovich Rozhestvensky (Russian : Зиновий Петрович Рожественский; tr. Zi-
noviy Petrovich Rozhestvenskiy; November 11 [O.S. October 30] 1848 – January 14, 1909)
was an admiral of the Imperial Russian Navy. He was in command of the Second Pacific
Squadron in the Battle of Tsushima, during the Russo-Japanese War.

704) Theodore Roosevelt, The Nobel Peace Prize 1906, Born : 27 October 1858, New
York, NY, USA, Died : 6 January 1919, Oyster Bay, NY, USA, Residence at the time of the
award : USA, Role: Collaborator of various peace treaties, President of United States of
America(nobelprize.org/prizes/peace/1906)

705) 宮本武藏(みやもと むさし, 1585~1945)は,江戶時代初期の劍術家,兵法家,芸術家,二刀を
用いる二天一流兵法の開祖. 京都の兵法家・吉岡一門との戰いや巖流島での佐々木小次郎
との決鬪が有名で,後世,演劇,小說,様々な映像作品の題材になっている.自著『五輪書』には
十三歲から二九歲までの六十余度の勝負に無敗と記載がある.國の重要文化財に指定された
『鵜図』『枯木鳴鵙図』『紅梅鳩図』をはじめ『正面達磨図』『盧葉達磨図』『盧雁柿屛風』
『野馬図』など水墨畵・鞍・木刀などの工芸品が各地の美術館に收藏されている.

706) 中井養三郎(なかい ようざぶろう,1864年-1934年)は,現在の鳥取縣倉吉市出身で,島根縣周
吉郡西鄕町(現在の隱岐の島町)を據点とした漁業者.

707) 中井養三郎,リャンコ島領土編入竝ニ貸下願 : 隱岐列島ノ西北八十五浬,朝鮮鬱陵島ノ東
南五十五里絶海ニ俗りゃんこト稱スル無人島有之候.周圍各約十五町ヲ有スル甲乙二ケノ岩
島中央ニ對立シテ一ノ海峽ヲナシ…本島ハ此ヨリ如キ絶海ニ屹立スル叢爾タル岩島ニ過ギ
ザレバ…空シク放委シオクノ如何ニモ遺憾ニ堪ヘザルヨリ,爾來種種苦慮計劃シ,要スルニ前
途有望ニシテ.且ツ必要ナル本島ノ經營モ惜ムラクハ.領土所屬ノ定マリ居ラザルト海驢獵業
者ニ必ズ競爭ヲ生ズベキトニヨリテ,大ニ危險コレアリ.終ヲウシ難ク候…本邦ノ領土ニ編入
相成,之ト同時ニ向フ十箇年間.私儀ニ御貸下ケ相成度別紙圖面相添ヘ此段奉願候也. 明治
三七年九月二九日島根縣周吉 君西鄕町大字西町字指向中井養三郎內務大臣子爵芳川顯正

殿外務大臣男爵小村壽太郎殿農商務大臣 男爵淸浦奎吾殿.

708) 牧朴眞 (まき なおまさ,1854年4月26日-1934年4月29日)は,日本の官僚,政治家,實業家.縣知事,衆議院議員.幼名·銑太郎

709) 肝付兼行(きもつき かねゆき,1853年4月23日-1922年1月13日)は,日本の武士 (旧鹿兒島藩士),海軍軍人.最終階級は海軍中將。貴族院男爵議員,大阪市長.

710) 島根縣敎育會,島根縣誌,1923:三十七年各方面よりの競爭濫獵あり,種種の弊害を生ぜんとせり.是に於て中井は此の島を朝鮮領土なりと思考し.上京して農商務省に說き同政府に貸下の請願を爲さんとせり.

711) 山座円次郎(やまざ えんじろう,1866年12月2日-1914年) 5月28日)は,明治·大正期の日本の外交官.外務省政務局長,駐中國特命全權公使.

712) 竹島經營:竹島ニ海驢ノ夥シク群集スルコトハ從來鬱陵島方面此漁者…本島ノ鬱陵島ヲ附屬シテ韓國ノ所領ナリト思ハルルヲ以テ將ニ統監府ニ就テ爲所アラントシ…水路部長肝付將軍斷定ニ賴リテ本島ノ全ク無所屬ナルコトヲ確カメタリ依テ經營上必要ナル理由ヲ具陳シテ本島ヲ本邦領土ニ編入シ且フ貸付セラレンコトヲ內務外務農商務ノ三大臣ニ願出デ願書ヲ內務省ニ提出シタルニ…如何ニ陳辨スルモ願出ハ將ニ却下セラレントシタリ斯クテ挫折スベキニアラザルヲ以テ直ニ外務省ニ走リ時ノ政務局長山座円二郎氏ニ就キ大ニ論陳スル所アリタリ氏ハ時局オレバコソ其領土編入ヲ急要トスル…特ニ外交上內務ノ如キ顧慮ヲ要スルコトナシ須ラク速カニ願書ヲ本省ニ回附セシムベレト意氣軒昂タリ此ノ如クニシテ本島ハ竟ニ本邦領土ニ編入セラレタリ. 明治三十八年二月二十二日其告示アリヤ本島經營權ノ獲得ニ就キ.

713) 公文類聚, 第二十九編卷1,「リアンコ島 領土 編入을 위한 閣議 要請」1905.1.10., 三七秘乙第三三七號ノ內.無人島所屬ニ關スル件 : "北緯三十七度九分三十秒東經百三十一度五十五分隱岐島ヨ距ル西北八十五浬ニ在ル無人島ハ他國ニ於テ之ヲ占領シタリト認ムヘキ形迹ナク.一昨三十六年本邦人中井養三郎ナル者ニ於テ漁舍ヲ構ヘ.人夫ヲ移シ獵具ヲ備ヘテ海驢獵ニ着手シ今回領土編入竝ニ貸下ヲ出願セシ所.此際所屬及島名ヲ確定スルノ必要アルヲ以テ.該島ヲ竹島ト名ケ自今島根縣所屬隱岐島司ノ所管ト爲サントス.右閣議ヲ請フ."明治三十八年一月十日.內務大臣子爵 芳川顯正.內閣總理大臣伯爵桂太郎殿

714) 芳川顯正(よしかわ あきまさ,1842年1月21日-1920年1月10日)日本明治,大正時代官僚,政治家.阿波國麻植郡山川町(今德島縣吉野川市) 出身.從一位·勳一等·伯爵.

715) 公文類聚,明治三十八年一月二十八日閣議決定 : "別紙內務大臣請議無人島所屬ニ關スル件ヲ審議スルニ.右ハ北緯三十七度九分三十秒東經百三十一度五十五分隱岐島ヲ距ル西北八十五浬ニ在ル無人島ハ他國ニ於テ之ヲ占領シタリト認ムヘキ形迹ナク.一昨三十六年本邦人中井養三郎ナル者ニ於テ漁舍ヲ構ヘ.人夫ヲ移シ獵具ヲ備ヘテ海驢獵ニ着手シ今回領土編入竝ニ貸下ヲ出願セシ所.此際所屬及島名ヲ確定スルノ必要アルヲ以テ.該島ヲ竹島ト名ケ自今島根縣所屬隱岐島司ノ所管ト爲サントスト謂フニ在リ.依テ審査スルニ明治三十六年以來中井養三郎ナル者該島ニ移住シ漁業ニ從事セルコトハ關係書類ニ依リ明ナル所ナルハ國際法上占領ノ事實アルモノト認メ.之ヲ本邦所屬トシ島根縣所屬隱岐島司ノ所管ト爲シ差支

無之儀ト思考ス依テ請議ノ通閣議決定相成可然ト認ム.

716) 訓第八七號:北緯三十七度九分三十秒東經百三十一度五十五分隱岐島ヲ距ル西北八十五
浬二在ル島嶼ヲ竹島ト稱シ自今其所屬隱岐島司ノ所管トス.此旨管內二告示セラルベシ.右訓
令ス.明治三十八年二月十五日.內務大臣 芳川顯正.島根縣知事松永武吉殿.

717) 日本,行政節次法第1條目的) : "この法律は,行政手續に關する共通的な事項を規定して國
民の行政參加を図ることにより行政の公正性・透明性及び信賴性を確保して國民の權益を
保護することを目的とする."

718) John Bolton (Author), The Room Where It Happened : A White House Memoir, Hard-
cover : 592 pages, Publisher : Simon & Schuster (June 23, 2020)

719) 볼턴 "日, 남북과 미국 가까워지는 걸 방해","역시 일본", 동아일보, 2020.6.21. : " 볼턴 "日, 남북과
미국 가까워지는 걸 방해"…… 글에서 존 볼턴 전 백악관 국가안보좌관의 회고록에 '일본은 남북
과 미국이 가까워지는 걸 방해를 하려고 했다."

720) 獨島日本海軍望樓設備計劃書,極秘明治三十七八年海戰史,1905.5.30. : "今後作戰上必要
ヲ相認定候二付左ノ設備相成候樣致度此段及商議候也.1)松島二無線電信所一箇所.本電信
所ハ特二可成高壓電流ヲ用ヒ長距離送信二適スルモノ.2)迎日灣口冬外串角二假設望樓一箇
所.松島無線電信所完成ノ上ハ竹邊無線電信所(竹邊望樓ハ其ノ儘存在シセム)ヲ之二移ス.3)
第一次二松島トリヤンコ-ルド間.第二 次二リヤンコ-ルドト隱岐列島高崎山間ノ海底電線敷
設.4)リヤンコ-ルド島二望樓設置但該望樓ハ其ノ建設物ハ一切露出セサル樣十分陰蔽シテ
設置シ必要ノ場合ノミ旗竿ヲ植立シ得ル樣裝置ス.

721) '국동군사령관이 육군부에'(1950.12.30.), FRUS 1950. vol.VIII, pp. 1630-1644

722) 박동찬, 주한미군사고문단 KMAG : 한국군 건설의 기획자, 한양대학교 출판부, 2018, p.294 / 미군
부의 철군론과 확전의 등장 및 논쟁에 대해서는 양영조, '한국전쟁과 동북아국가 정책'선인, 2007.
pp.354-360

723) 1953年7月12日、竹島近くで境海上保安部の巡視船「へくら」が韓國船から數十發銃撃を
受けた.「へくら」は12日の朝竹島へ行き,上陸準備をしていたところ.韓國官憲 (鬱陵島警察局
所屬) が來船して領有權の主張をした.「へくら」の海上保安官が日本領土であると反駁し,退
去を要請したところ.歸船した.その後,「へくら」は竹島を一周して境港へ向かおうとしたとこ
ろ.突然竹島の中腹,「へくら」から700メートルほどの距離から十數發の射撃を受けた.人命に
異狀はなかったものの,船体に彈痕が2つ殘った.その際の調査では,日本側の建立した標柱は
撤去されており.韓國人來島者は約40名,そのうち警察官が7名と推定された.また,船舶は漁
船3隻,伝馬船1隻で,武器は漁船1隻に自動小銃2つを裝備しており.警察官は拳銃を携帯して
いた.「へくら」は同日17時30分に境港へ歸港した.

724) The Ministry of Foreign Affairs presents its compliments to the Korean Mission in Japan
and, referring to the latter's note verbale of September 9, 1953, has the honor to make the
following representation : Irrespective of the claim contained in the aforementioned note
verbale…the matter is now under study and the Mission will be informed of the Japanese

Government's views in due course.Tokyo, October 3, 1953.

725) The Ministry of Foreign Affairs presents its compliments to the Korean Mission in Japan and has the honor to refer to the latter's note verbale of September 9, 1953, on Takeshima, and to state as follows :...3. Accordingly, in order to remove the erroneous concept entertained by the Korean Government regarding the indisputable fact that Takeshima is a Japanese possession, there is enclosed herewith a statement setting forth the views of the Japanese Government in rebuttal of "The Korean Government's views concerning Dokdo(Takeshima), dated September 9, 1953.

726) 鬱島郡守 沈興澤 報告書 : "內開,本郡所屬獨島,在於本部外洋百餘里,本月初四日辰時量. 輪船一雙,來泊于郡內道洞浦而,日本官人一行,到于官舍.自云,獨島今,爲日本領地.故視察次來 到,其一行則,日本島根縣,隱岐島司,東文輔及,事務官神西由太郎,稅務監督局長 吉田平吾,分 署長 警部 影山巖八郎,巡査一人,會議員一人,醫師技手各一人.其外隨員十餘人,先問 戶摠人 口,土地生産多少.且問,人員及經費幾許.諸般事務,以調査樣錄去,玆報告.照亮伏望等因.准此 報告. 光武十年 四月二十九日. 江原道觀察使署理春川郡守李明來, 議政府參政大臣閣下."

727) 玄采(1886~1925) 호 백당(白堂), 사학자 및 사예가, 저서 유년필독, 동서양역사, 최남선과 광문회 창설, 국민교육회원

728) 朴殷植(1859~1925), 황주 태생, 자 성칠(聖七), 호 태백광노(太白狂奴), 겸곡(謙谷), 백암(白巖) 등

729) The Ministry of Foreign Affairs presents its compliments to the Korean Mission in Japan, and, in regard to the problem of the possession of Takeshima, has the honour to state as follows... 2. In as much as the issue is a dispute on territorial rights, involving interpretation of the fundamental principles of international law, the only equitable solution would be to refer the dispute to an peaceful solution of the dispute...3. The Japanese Government is confident that the Korean Government, on its part, would also be agreeable to entrusting the final decision of this dispute to the most fair and authoritative organization, the International Court of Justice, and, therefore, expects to receive a favourable reply shortly...Tokyo, September 25, 1954

730) The Ministry of Foreign Affairs presents its compliments to its the Korean Mission in Japan and, with reference to the latter's Note Verbale dated September 25, 1954 concerning the territorial rights to Takeshima, has the honour to make the following representation...The Government of Japan reaffirms its belief that confiding the case to the judgement of the International Court of Justice is the best policy for attaining a fair and appropriate solution of the present contention. Tokyo, September 20, 1956.

731) 朱印狀是指日本戰國時代到江戶時代的古文書史料中,蓋上朱印的命令文書.最古的朱印 狀是今川氏親在永正9年1512年免除西光寺的棟別錢(房屋稅)而發給的文書.以後,印判狀這 個制度爲織田氏,武田氏,上杉氏,北條氏,里見氏等東國的有力戰國大名所使用.印判狀多用

於民政,軍事方面的公文書發給,比起原來的花押署記要節省時間.

732) 1888년 국제법학회에서 : "소유를 복용(服用)의 통지는 각 상태에서 공식행위 또는 외교 채널을 통해 알림에 사용되는, 방식으로 발행하여 중 하나를 수행하면 된다(La notification de la prise de possession se fait, soit par la publication dans la forme qui, dans chaque Etat, est en usage pour la notification des actes officiels, soit par la voie diplomatique.)"

733) 부산 소녀상 철거 논란에, 민낯 드러낸 모래알 한국 외교. 동아일보, 2017.1.8. :한일 통화스와프 협의중단, 한일고위급 경제협의 연기, 부산총영사관 직원의 부산시 행사 보류, 주한일본대사 일시귀국, 미국 조 바이든 부통령에게 위안부문제 거론과 지지호소, 서울 일대사관 앞 소녀상도 철거 요구 등

734) 쿠주류(九頭龍,くずりゅう)호의 독도파견으로 일본의 "구두용쟁일여의주(九頭龍爭一如意珠)"라는 속내를 알 수 있다고 국내학회에 일부의견이 있었음. "일본이란 구주(九州)란 9마리의 태평양흑용(太平洋黑龍)이 아시아대륙이 갖고 놀고 있는 동해안의 독도여의주를 차지하고자 하는 상징성을 마련하겠다는 속셈"라고 봤다(2017.1.19. 엄정일, 경북대독도연구소).

735) Ich habe nichts gemachtIch habe nichts gemacht was Sünde? Nicht, weil alles war verliebt. Die größte Sünde nichts zu tun. Nicht auf Zeit, ziehen Sie dann eine große Sache.

736) 절차적 공정성 관련 논의 : 해외정책동향 제32호-②, 2010.3.8.: "OECD 경쟁위원회 2월 회의에서는 각 경쟁당국의 정확한 의사결정과 신뢰성을 높이기 위해 절차적 공정성이 중요하다는 데 의견이 일치했다...조사(investigation) 단계에서 어떠한 것이 '공정한 절차'인지에 대해서는 각 국의 법체계에 따라 관점이 상이하다는 것도 확인했다. 특히 강제조사 및 피심인의 자료접근 허용 정도에 대한 경쟁당국의 견해가 달랐다. 의사결정 단계에서는, 피심인에게 충분한 입장표명 기회 제공, 제재조치에 대한 사전 통보 등이 중요한 절차로 거론됐다. 또한 경쟁당국의 최종결정에 대한 충분한 이의신청 및 항소 기회를 제공하는 것이 필요하다는데 견해가 일치했다.(공정거래위원회,정책홍보담당관실,정미래)

737) Statute of the International Court of Justice, the Article 38:1. The Court, whose function is to decide in accordance with international law such disputes as are submitted to it, shall apply : a. international conventions, whether general or particular, establishing rules expressly recognized by the contesting states; b. international custom, as evidence of a general practice accepted as law; c. the general principles of law recognized by cuvilized nations; d. subject to the privisions of Article 59, judicial decisions and the teachings of the most highly qualified publicists of the various nations, as subsidiary means for the determination of rules of law.

738) Wikipedia, But-For Rule : "In the law of Negligence, a principle that provides that the defendant's conduct is not the cause of an injury to the plaintiff, unless that injury would not have occurred except for ("but for") the defendant's conduct."

739) 한일기본조약 제2조 1910년 8월 22일 및 그 이전에 대한제국과 일본제국 간에 체결된 모든 조약 및 협정이 이미 무효임을 확인한다.

740) 國際法局の幹部職員: 局長, 齋木尚子(さいきなおこ), 參事官, 三上正裕(みかみまさひろ), 國際法課長, 御巫智洋(みかなぎともひろ), 海洋法室長, 北浦康弘(きたうらやすひろ), 條約交涉官, 長沼善太郎(ながぬま ぜんたろう), 國際裁判對策室長, 加藤喜久子(かとうきくこ), 條約課長, 毛利忠敦(もうりただあつ), 経濟條約課長, 河津邦彦(かわづくにひこ), 條約交渉官, 大塚建吾(おおつかけんご), 社會條約官, 大河内昭博(おおこうちあきひろ), (2017.1.5.현재)

741) 平成28年6月30日(木曜日),武藏野大學に加藤喜久子,國際法局國際裁判對策室長を派遣し,外交講座を行いました.テーマ：國際裁判～紛爭の平和的解決のツールとして～講演內容：國際社會において國際裁判とはどのようなものか,その性質と類型,國際司法裁判所(ICJ),國際海洋法裁判所(ITLOS)等の概要と日本との關わり,ICJ,ITLOSにおける國際裁判手續につき,外交實務の觀点を踏まえて說明. 講師自身の外務省での實務経験を紹介しつつ,外務省や國際機關で働くとはどういうことかについて說明. (www.mofa.go.jp)

742) 加藤信行外, 國際裁判と現代國際法の展開, 三省堂, 2014. p.132

743) 정재민, 전게서, p.114~115

744) 일본 외무성 홈페이지 메모(2020.7.10.): "國際法局國際裁判對策室の設置,平成27年4月10日: 本10日,外務省は國際法局國際法課の下に國際裁判對策室を設置しました. 同室は,國際司法裁判所 (ICJ) 等における裁判手續に關する知見を蓄え,外務省として國際裁判に臨む体制を一層強化するとの觀点から設置するものです."

745) 現在の據点で,眞っ赤な嘘をすると思いますか.百回まて反復を疑う.千回以上に頑張れば眞實です.萬回以上に歷史が了承する.

746) 國語·周語下: "衆心成城,衆口鑠金."

747) 韓國政府,"獨島領有權主張"日本外交靑書に抗議「卽刻撤回を,yahoo.co.jp, 2020.5.19. / 台湾のWHO參加支持 外交靑書,韓國は再び「重要な隣國」, sankei, 2020.5.19. : "茂木敏充外相は19日の閣議で,令和2年版「外交靑書」を報告した... 關係が惡化している韓國に關しては「重要な隣國」との表現を復活させたが...の竹島 (島根縣隱岐の島町) への上陸などを擧げ,「韓國側による否定的な動き」と指摘した...交涉を進める北方領土については,「我が國が主權を有する島々」と日本による…"

748) 日 外交청서 억지 주장 계속… 험난한 한일관계 예고, KBS, 2020.05.19.: "일본 외교청서 속 억지 주장 살펴보니… ① 독도 일본은 독도를 다케시마(竹島·일본이 주장하는 독도의 명칭)라고 표현했습니다. 그러면서 "역사적 사실에 비춰보더라도 국제법상으로도 명백하게 일본 고유영토"라고."/ 日 외교청서 "한국, 중요한 이웃나라… '독도' 불법점거", 연합뉴스, 2020.5.19.

749) 일본 2020년 외교청서에 대한 외교부 대변인 논평, 2020.5.19. : "정부는 일본 정부가 5.19.(화) 발표한 외교청서를 통해 역사적·지리적·국제법적으로 명백한 우리 고유의 영토인 독도에 대해 부당한 영유권 주장을 되풀이한데 대해 강력히 항의하며, 이의 즉각 철회를 촉구합니다. 정부는 일본 정부의 부당한 주장이 대한민국 고유 영토인 독도에 대한 우리 주권에 어떠한 영향도 미치지 못한다는 것을 다시 한 번 분명히 하며, 독도에 대한 어떠한 도발에 대해서도 단호히 대응해 나갈 것임을 밝히는 바입니다.

750) 추시대, 월왕(越王) 구천(勾踐)과 취리[절강성 가흥(浙江省嘉興)]]에서 싸워 크게 패한 오왕(吳王) 합려(闔閭)는 적의 화살에 부상한 손가락의 상처가 악화하는 바람에 목숨을 잃었다(BC 496). 임종 때 합려는 태자인 부차(夫差)에게 반드시 구천을 쳐서 원수를 갚으라고 유명(遺命)했다. 오왕이 된 부차는 부왕(父王)의 유명을 잊지 않으려고 섶 위에서 잠을 자고[臥薪], 자기 방을 드나드는 신하들에게는 방문 앞에서 부왕의 유명을 외치게 했다. "부차야, 월왕 구천이 너의 아버지를 죽였다는 것을 잊어서는 안 된다!" 그때마다 부차는 임종 때 부왕에게 한 그대로 대답했다. "예, 결코 잊지 않고 3년 안에 꼭 원수를 갚겠나이다." 이처럼 밤낮없이 복수를 맹세한 부차는 은밀히 군사를 훈련하면서 때가 오기만을 기다렸다. 이 사실을 안 월왕 구천은 참모인 범려(范?)가 간(諫)하는 것도 듣지 않고 선제공격을 감행했다. 월나라 군사는 복수심에 불타는 오나라 군사에 대패하여 회계산(會稽山)으로 도망갔다.

751) 김관진, 집무실에 김영춘 사진 건 까닭은, 중앙일보, 2011.6.27. / 합참의장들, '적장 사진걸기'로 김관진 따라 하기(김영춘과 김격식), 경향신문, 2016.2.21.

752) 背景に寫った朝鮮半島の地圖が…河野防衛相, 毎日新聞, 2020.5.23. : "河野太郎防衛相が思わぬトラブルに巻き込まれた.各國との電話協議の模様を投稿した寫眞について,韓國メディアが「韓國を刺激するためとも見ることができる」と報道した.日韓間で島根縣・竹島や元徵用工などを巡る問題がくすぶる中,約160万人のフォロワーを抱える河野氏が「癒やしの場」とするツイッターから起きたてんまつを追った."

753) 일본 방위상 집무실에 왜 한반도 지도가? : 일본, 한겨레신문, 2020.5.20. / 일본 방위상 집무실에 왜 한반도 지도가? 연합뉴스, 2020.5.20.

754) 關白(かんぱく)は,成人の天皇を補佐する官職である.令外官であり,また,實質上の公家の最高位であった.敬称は殿下.

755) Ruth Fulton Benedict((June5, 1887~September17, 1948) was an American anthropologist and folklorist. She was born in New York City, attended Vassar College and graduated in 1909. After studying anthropology at the New School of Social Research under Elsie Clews Parsons, she entered graduate studies at Columbia University in 1921, where she studied under Franz Boas. She received her PhD and joined the faculty in 1923. Margaret Mead, with whom she shared a romantic relationship,[1] and Marvin Opler, were among her students and colleagues.

756) 「統計僞裝國家」日本が中國を全然笑えない現實, toyokeizai.net, 2019.2.8. : "それまでの官僚による統計の操作は,自分自身の都合による操作が多かった.アベノミクスが始まって以來,安倍政權は官僚の人事權を把握して、政權に …"/ "國民のため"に統計を操作する官僚の驕りこれでは政策の效果が, president.jp, 2019.1.25. : "厚生勞働省は1月22日,年明けに發覺した「統計不正」問題で,鈴木俊彦事務次官ら計22人…再び日本に壓力かけ,韓國經濟大崩壊を招いてしまった."

757) "소득이 더 줄었네"…아베노믹스 통계 조작 논란 확산, 한겨레, 2019.1.31. : "야당, 실질임금 지난해 0.53% 감소 주장/ 일본 정부 표본 바꿔치기로 통계 '마사지' 의혹 / 아베, 사과하면서도 "소득 환

경 개선 인식 변함없어". 아베 신조 일본 정부가 '아베노믹스' 성과를 강조하려고 사실상 통계를 조작했다는 논란이 커지고 있다."

758) 호사카 유지 "일본 코로나 통계 조작, 아베 '무지'로 증명", 한국일보, 2020.3.31. : "호사카 유지 세종대 교수는 31일 일본 정부의 신종 코로나바이러스 감염증(코로나19) 사망자 발표가 조작됐다고 거듭 주장했다. 최근 일본의 관련 은폐 의혹을 부인한 아베 신조(安倍晋三) 총리의 발언이 모순됐다는 지적이다."

759) 三十六策走爲上計 : "戰に臨み, 猶豫(ゆうよ)して時機を失はんよりは, 寧ろ走りて後圖を爲すを上策とす."

760) 有錢無罪無錢有罪(사설), 동아일보, 1991.7.4, 14면 : "'有錢無罪無錢有罪(유전무죄무전유죄)'라는 말말이다. 물론 법무부의 견해대로 누구든지 형기의 3분의2 이상을 복역한 모범수형수들은 가석방이 가능하다. 하지만 그들이 비리와 부정을 저지른 엄청난 과오를..." 「유전무죄 무전유죄」 없앤다. 동아일보, 1997.9.24. : "'유전무죄 무전유죄' 없앤다. 같은 범죄 형량 차 안 나게 대법 「量刑(양형)지침서」 만들기로 대법원은 23일 같은 범죄라도 법원과 재판부에 따라 심한 선고형량의 차이가 나는 것을 막기 위해 형량실무위원회를 구성 ..."

761) 돈이 실력이라고? 실력이 실력이지(기자의 눈), 법률신문, 2017.1.6. : "'능력 없으면 니네 부모를 원망해. 있는 우리 부모 가지고 감 놔라 배 놔라 하지 말고. 돈도 실력이야...' '대한민국은 상위 1%가 움직이고 그 외의 민중은 개·돼지와 같다.' 이 두 표현은 지난해 우리 사회를 발칵 뒤엎은 최대의 화두였다. 누가 이런 말을 했는지 언급하지 않아도 될 만큼 회자된 내용이다."

762) Matthew 25:28-30 : "'So take the bag of gold from him and give it to the one who has ten bags. 29 For whoever has will be given more, and they will have an abundance. Whoever does not have, even what they have will be taken from them. 30 And throw that worthless servant outside, into the darkness, where there will be weeping and gnashing of teeth.'"

763) 孟子, 梁惠王上 : "權然後知輕重 度然後知長短 物皆然 心爲甚."

764) Great Philosophers : Plato, The Republic Book I, Part IV : Justice as the interest of the strongers(might makes right) (oregonstate.edu/instruct/phl201)

765) Margaret Chan Fung Fu-chun, (born August 21, 1947) is a Chinese-Canadian physician, who served as the Director-General of the World Health Organization (WHO) delegating the People's Republic of China for 2006–2017. Chan has previously served as Director of Health in the Hong Kong Government(1994–2003), representative of the WHO Director-General for Pandemic Influenza and WHO Assistant Director-General for Communicable Diseases (2003–2006). In 2014, Forbes ranked her as the 30th most powerful woman in the world. In early 2018 she joined the Chinese People's Political Consultative Conference (CPPCC).

766) 영향력 키우는 중국, 유엔 산하기구 15곳 중 4곳 수장 맡아, 조선일보, 2020.4.20. : "미국이 국제기구에서 발을 빼는 틈을 활용해 중국은 지난 10년간 국제기구에서 영향력을 키워왔다. 현재 유엔 산하 전문 기구 15곳 중 중국인이 수장을 맡고 있는 곳은 유엔식량농업기구(FAO), 국제민간항공기

구(ICAO), 유엔산업개발기구(UNIDO), 국제전기통신연합(ITU) 등 4곳이다. 10년 전인 2010년 중국인은 마거릿 챈 WHO 사무총장 한 명뿐이었다. 더구나 챈은 홍콩 출신이었다.

767) 法廷地法(ほうていちほう,羅lex fori)とは,ある裁判手續について,これが係屬している裁判所が所屬する國又は地域の法のことをいう.刑事訴訟では,手續法の面でも實体法の面でも法廷地の法律を適用して裁判をするのが通常である(ただし,複數の法域を有する國においては,適用される刑事實体法は法廷地法とは限らない.)ため,國際私法を通じて外國法を適用することがありうる民事手續で問題となることが多い.

768) Wikipedia : Forum shopping is the practice adopted by some litigants of having their legal case heard in the court thought most likely to provide a favorable judgment. Some jurisdictions have, for example, become known as "plaintiff-friendly" and so have attracted litigation even when there is little or no connection between the legal issues and the jurisdiction in which they are to be litigated. Examples include the attraction of foreign litigants to the United States due to its expansive acceptance of personal jurisdiction and favorable litigation climate, and the United Kingdom for its stricter defamation laws and generous divorce settlements.

769) Elisa Toma, The Principle of Equality of Arms – Part of the Right to a Fair Trial, Law Review 2016. International Journal of Law and Jurisprudence Online Semiannually Publication : "The principle of equality of arms is a jurisprudential principle issued by the European Court of Human Rights and is a part of the right to a fair trial written in the (European) Convention for human rights and fundamental freedoms."

770) Judges ad hoc : Under Article 31, paragraphs 2 and 3, of the Statute of the Court, a State party to a case before the International Court of Justice which does not have a judge of its nationality on the Bench may choose a person to sit as judge ad hoc in that specific case under the conditions laid down in Articles 35 to 37 of the Rules of Court. (http://www.icj-cij.org.)

771) Wikipedia, Compromis : "In international law and diplomacy, a compromis (French for "special agreement") is an agreement between two parties to submit a dispute to international arbitration for a binding resolution. A compromis is made after a dispute has already arisen, rather than before. The compromis identifies a neutral third party - the arbitrator or arbitral tribunal - or specifies the manner of appointment. The compromis often sets forth the precise question or questions to be decided; the arbitral rules of procedure; the seat of the tribunal; the languages to be used in the proceeding; the applicable law; and the payment of costs.

772) Ivan Arreguín-Toft (Ph.D., The University of Chicago), is a U.S. Army electronic warfare and signals intelligence veteran, Oxford Martin Fellow, and Associate Director, Dimension 1 (Cyber Defense Policy and Resilience) at the Global Cyber Security Capacity Centre at Oxford University.

773) Jake Hartigan, WHY THE WEAK WIN WARS : A STUDY OF THE FACTORS THAT DRIVE STRATEGY IN ASYMMETRIC CONFLICT, NAVAL SCHOOL, December 2009

774) The CISG : a fair balance of interests around the globe, Oxford University Press, Academic Insights for the Thinking World, INGEBORG SCHWENZER FEBRUARY 9TH 2016, http://blog.oup.com : "Two core areas where the CISG aspires a fair balance of interests are the rules on conformity of the goods and the possible remedies for a breach of contract."

775) Procedural fairness is concerned with the procedures used by a decision-maker, rather than the actual outcome reached. It requires a fair and proper procedure be used when making a decision. The Ombudsman considers it highly likely that a decision-maker who follows a fair procedure will reach a fair and correct decision.

776) Wikipedia, Procedural justice is the idea of fairness in the processes that resolve disputes and allocate resources. One aspect of procedural justice is related to discussions of the administration of justice and legal proceedings. This sense of procedural justice is connected to due process (U.S.), fundamental justice (Canada), procedural fairness (Australia), and natural justice (other Common law jurisdictions), but the idea of procedural justice can also be applied to nonlegal contexts in which some process is employed to resolve conflict or divide benefits or burdens. Other aspects of procedural justice can also be found in social psychology and sociology issues and organizational psychology.

777) 論語,季氏篇 : "丘也聞有國有家者.不患寡而患不均,不患貧而患不安.盖均无貧,和无寡,安无傾.夫如是,故遠人不服."

778) Joan E. DONOGHUE : United States of America, Member of the Court since 9 September 2010; re-elected as from 6 February 2015; President as from 8 February 2021.

779) 小和田恆(おわだひさし,1932年〈昭和7年〉9月18日)は日本の元外交官.國際司法裁判所判事.外務事務次官,國連大使,財団法人日本國際問題研究所理事長,國際司法裁判所所長(第22代)等を歷任.日皇德仁親王妃雅子の實父.

780) Xue Hanqin (薛捍勤, born 15 September 1955, Shanghai, People's Republic of China) is a Chinese jurist at the International Court of Justice. On 29 June 2010, she was elected to fill the vacancy created by Shi Jiuyong's resignation on 28 May 2010. She is one of three female judges serving on the ICJ and one of only four women elected as members of the Court to date.[1] Xue is the fifth Chinese judge at the ICJ, and the third representing the People's Republic of China (see Judges of the International Court of Justice).

781) Shi Jiuyong (simplified Chinese : 史久镛; traditional Chinese : 史久鏞; born 9 October 1926) is a former judge at the International Court of Justice (ICJ). Shi was elected to the ICJ on 6 February 1994, and became President nine years later on 6 February 2003. In 2010, he announced his resignation from the Court effective on 28 May 2010

782) Judge Yuji Iwasawa(Member of the Court since 22 June 2018), Born in Tokyo, Japan, on 4 June 1954. LL.B., University of Tokyo, Faculty of Law (1977); LL.M., Harvard Law School (1978); S.J.D., University of Virginia, School of Law (1997).

783) Wikipeida, A provisional measure of protection is the term that the International Court of Justice (ICJ, World Court) uses to describe a procedure "roughly equivalent" to an interim order (which can be either a temporary restraining order or a temporary directive order) in national legal systems. The order has also been termed in the press as preliminary measures. The carrying out of the procedure is termed indicating the provisional measure of protection.[1] Requests for the indication of provisional measures of protection take priority over all other cases before the ICJ due to their urgency.

784) 대한민국 외무부, 게시판, 2017.1.20.(www.mofat.go.kr/.../hbd/hbdread.jsp.), 국제사법재판소

785) 정재민, 상게서. p.64

786) Wikipedia, INTERNATIONAL COURT OF JUSTICE, Procedure : "The ICJ is vested with the power to make its own rules. Court procedure is set out in the Rules of Court of the International Court of Justice 1978 (as amended on 29 September 2005). Cases before the ICJ will follow a standard pattern. The case is lodged by the applicant that files a written memorial setting out the basis of the Court's jurisdiction and the merits of its claim. The respondent may accept the Court's jurisdiction and file its own memorial on the merits of the case." www.icj-cij.org

787) 대한민국 외무부, 게시판, 2017.1.20. 상게 사이트

788) 정제민, 상게서, p.64

789) 2017.1.20. The Present Registrar is Mr. Philippe Couvreur, of Belgian nationality. On 3 February 2014, he was re elected to the post for a third seven year term of office as from 10 February 2014. Mr. Couvreur was first elected Registrar of the Court on 10 February 2000 and re elected on 8 February 2007. http://www.icj-cij.org/registry

790) 정재민, 상게서, pp.122~123

791) United Nations Convention on the Law of the Sea, Part XV, Artcle 295(exhaustion of local remedies) : "Any duspute between States Prtties concerning the interpretation or application of this Convention may be submitted to the procedure provided for in this section only after local remedies have been exhausted where this is reqired by international law."

792) 김명기·배규성, 남중국해사건에 대한 상설중재재판소의 판정과 한국의 독도영토 주권에의 함의, 고려대학교 아세아문제연구소, 아세아연구 제60권, 제3호(통권 제169호), 2017.9월 (dbpia.co.kr/journal)

793) 행자부 "독도 소녀상 설치 모금운동 기부금품법 위반", 뉴스1, 2017.1.18.

794) 경북지사 "독도 소녀상 부적절", 중앙일보 2017.1.18.

795) 경기도 의회 '소녀상 독도 건립' 행자부·외교부까지 제동, 중부일보, 2017.1.19.

796) Japan says mention of disputed islands on Korean Olympics site 'unacceptable', Router Jan. 19,2017. Japan wants Dokdo removed from 2018 Winter Olympics website, The Korea Times, Jan.18,2017.

797) 岸田文雄(きしだふみお),1957年7月29日,日本の政治家.自由民主党所屬の衆議院議員(8期),外務大臣(第147~148代),宏池會會長(第8代).內閣府特命担当大臣(沖縄及び北方對策·規制改革·國民生活·再チャレンジ·科學技術政策),消費者行政推進担当大臣,宇宙開發担当大臣,自民党國會對策委員長(第52代)などを歴任.中小企業廳長官,衆議院議員を務めた岸田文武は父.戰前戰後に衆議院議員を務めた岸田正記は祖父.參議院議員·経済産業大臣を務めた宮澤洋一は從兄弟.

798) 우리나라는 3면이 바다로 둘러싸여 있어 국제해양법에, 미래한국, 2009.4.30.(futurekorea.co.kr)

799) Wikipedia, Shunji Yanai (Japanese : 柳井 俊二) is a Japanese politician who served as ambassador to the United States from 1999 until 2001. Yanai entered the Ministry of Foreign Affairs in 1961, and studied at the University of Strasbourg while in France.[1] He was director of the Treaties Bureau during 1991. He served as Vice Minister of Foreign Affairs from 1997 until 1999. He then became ambassador to the United States, and served in the position until 2001. He was removed from his post due to a scandal involving bureaucrats in the Foreign Ministry. In 2005, he became a judge in the International Tribunal for the Law of the Sea (ITLS).] On 1 October 2011, he was elected to succeed José Luís Jesus as President of the ITLS for a three-year term. He has been accused of manipulating the tribunal's composition, with specific actions against China. He headed an advisory panel on Japanese self-defence during both of Shinzō Abe's terms as prime minister.[6] The panel consisted of thirteen security experts,[7] and was concerned with amendments to Article 9 of the Japanese Constitution.

800) Arvid Pardo (February 12, 1914~June 19, 1999) was a Maltese and Swedish diplomat, scholar, and university professor. He is known as the "Father of the Law of the Sea Conference".

801) DR. ARVID PARDO, 'FATHER OF LAW OF SEA CONFERENCE', DIES AT 85, IN HOUSTON, TEXAS, United Nations, Press Release, 1999.7.16. : "Dr. Arvid Pardo, "the Father of the Law of the Sea Conference", who contributed to the birth of the modern law of the sea enshrined in the United Nations Convention on the Law of the Sea (UNCLOS) passed away recently in Houston, Texas, at the age of 85.

802) President Jin-Hyun Paik (Republic of Korea), vice-President David Joseph Attard (Malta), Judges : 1. Tafsir Malick Ndiaye (Senegal), 2. José Luis Jesus (Cabo Verde), 3. Jean-Pierre

Cot (France), 4. Anthony Amos Lucky (Trinidad and Tobago), 5. Stanislaw Michal Pawlak (Poland), 6. Shunji Yanai (Japan), 7. James L. Kateka (United Republic of Tanzania), 8. Albert J. Hoffmann (South Africa), 9. Zhiguo Gao (China), 10. Boualem Bouguetaia (Algeria), 11. Elsa Kelly (Argentina), 12. Markiyan Z. Kulyk (Ukraine), 13. Alonso Gómez-Robledo Verduzco (Mexico), 14. Tomas Heidar (Iceland), 16. Óscar Cabello Sarubbi (Paraguay), 18. Neeru Chadha (India), 19. Kriangsak Kittichaisaree (Thailand), 20. Roman Kolodkin (Russian Federation), 21. Liesbeth Lijnzaad (The Netherlands)

803) Sōji Yamamoto (山本 草二, Yamamoto Sōji; Nagano, 25 februari 1928 – 19 september 2013) was een Japans rechtsgeleerde. Hij was hoogleraar aan verschillende universiteiten en van 1996 tot 2005 rechter bij het Internationaal Zeerechttribunaal.

804) Doo-Young Kim(Deputy Registrar of the Tribunal since 25 June 2002). Born : Changsong County, Republic of Korea, 5 December 1952. Education : BA in French language and literature, Hankook University of Foreign Studies, Seoul (1979)...(itlos.org/the-registry)

805) Wikipeida, Spratly Islands Dispute : "The following are political divisions for the Spratly Islands claimed by various area nations (in alphabetical order): Brunei : Part of Brunei's Exclusive Economic Zone, China : Part of Sansha, Hainan, Malaysia : Part of Sabah state, Philippines : Part of Kalayaan, Palawan province, Taiwan : Part of Kaohsiung municipality, Vietnam : Part of Trường Sa, Khánh Hòa Province

806) Yann-huei Song, The Application of Article 121 of the Law of the Sea Convention to the Selected Geographical Features Situated in the Pacific Ocean, Chinese Journal of International Law, Volume 9, Issue 4, December 2010, Pages 663–698,(doi.org/10.1093/chinesejil/jmq031) : "Article 121(3) of the United Nations Convention on the Law of the Sea states that "Rocks which cannot sustain human habitation or economic life of their own shall have no exclusive economic zone or continental shelf." If any of the geographical features situated in the Pacific Ocean are considered "rocks" that fail the tests of habitation or economic viability, they will not be entitled to their own 200 nautical mile exclusive economic zone and continental shelf. However, the paragraph and the tests contained in the article give rise to various questions of interpretation, which have become one of the main sources of maritime disputes between the countries concerned. This article examines the interpretation and possible application of Article 121 to five selected insular features that are situated in the Northern, Eastern and Western Pacific Ocean, namely Baker Island, Howland Island, Clipperton Island, Douglas Reef (Okinotorishima) and Marcus Island (Minamitorishima)."

807) SECTION 1. GENERAL PROVISIONS. Article 194. Measures to prevent, reduce and control pollution of the marine environment : 1. States shall take, individually or jointly as appropriate, all measures consistent with this Convention that are necessary to prevent, reduce and control pollution of the marine environment from any source, using for this purpose the best practicable means at their disposal and in accordance with their capabilities, and they shall endeavour to harmonize their policies in this connection. 2 .States shall take all measures necessary to ensure that activities under their jurisdiction or control are so conducted as not to cause damage by pollution to other States and their environment, and that pollution arising from incidents or activities under their jurisdiction or control does not spread beyond the areas where they exercise sovereign rights in accordance with this Convention. 3.The measures taken pursuant to this Part shall deal with all sources of pollution of the marine environment. These measures shall include, inter alia , those designed to minimize to the fullest possible extent :(a) the release of toxic, harmful or noxious substances, especially those which are persistent, from land-based sources, from or through the atmosphere or by dumping;(b) pollution from vessels, in particular measures for preventing accidents and dealing with emergencies, ensuring the safety of operations at sea, preventing intentional and unintentional discharges, and regulating the design, construction, equipment, operation and manning of vessels;(c) pollution from installations and devices used in exploration or exploitation of the natural resources of the sea-bed and subsoil, in particular measures for preventing accidents and dealing with emergencies, ensuring the safety of operations at sea, and regulating the design, construction, equipment, operation and manning of such installations or devices;(d) pollution from other installations and devices operating in the marine environment, in particular measures for preventing accidents and dealing with emergencies, ensuring the safety of operations at sea, and regulating the design, construction, equipment, operation and manning of such installations or devices.4.In taking measures to prevent, reduce or control pollution of the marine environment, States shall refrain from unjustifiable interference with activities carried out by other States in the exercise of their rights and in pursuance of their duties in conformity with this Convention.5.The measures taken in accordance with this Part shall include those necessary to protect and preserve rare or fragile ecosystems as well as the habitat of depleted, threatened or endangered species and other forms of marine life.

808) 독도 주변 해역 깨끗한 수중환경 조성 : "해양수산부, 보도자료, 2020.7.14.(2매) : 해양수산부는 독도 주변 해역의 깨끗한 수중환경 조성을 위해 2007년부터 6회*에 걸쳐 독도 주변 해역 해양폐기물 53.4톤을 수거하였으며, 올해에도 약 2억 원을 투입하여 독도 동도 및 서도 주변 해역(약 140ha) 중 수심 30m 이내 해역을 대상으로 해양폐기물 수거작업을 실시한다. * (2007) 18.9톤 / (2008) 3.7톤 / (2009) 7.9톤 / (2010) 1.3톤 / (2013) 17.3톤 / (2015) 4.3톤"

809) 해양환경공단(koem.or.kr), 공단소식 2020.6.29 : [공단소식]해양환경공단, 독도 해양생물 다양성 보전사업 적극 추진 : "결과 금년도 모니터링에서 독도 주변 해역의 성게밀도가 현저히 감소

된 것으로 나타났다. 독도 성게 밀집구역 내 평균 밀도: (2018년) 10±2개체/m2, (2019년) 2±2개체/m2' 2018년부터 성게 제거작업 방식을 기존 수거→ 인→ 폐기에서 주변 어류의 먹이자원으로 활용이 가능한 '수중파쇄' … 해양생태계 복원하는 데 목적이 있음."/ 국가 해양생태계 종합조사, 2020.1.3. : "독도 4개소를 포함하여 19개소 근해조사 조사정점도 근해조사 조사정점도 …"

810) The 287 Article, United Nations Convention on the Law of the Sea, Choice of procedure, 1. When signing, ratifying or acceding to this Convention or at any time thereafter, a State shall be free to choose, by means of a written declaration, one or more of the following means for the settlement of disputes concerning the interpretation or application of this Convention : (a) the International Tribunal for the Law of the Sea established in accordance with Annex VI; (b) the International Court of Justice; (c) an arbitral tribunal constituted in accordance with Annex VII; (d) a special arbitral tribunal constituted in accordance with Annex VIII for one or more of the categories of disputes specified therein. 2. A declaration made under paragraph 1 shall not affect or be affected by the obligation of a State Party to accept the jurisdiction of the Seabed Disputes Chamber of the International Tribunal for the Law of the Sea to the extent and in the manner provided for in Part XI, section 5. 3. A State Party, which is a party to a dispute not covered by a declaration in force, shall be deemed to have accepted arbitration in accordance with Annex VII.

811) [서울신문] [심층 인터뷰] 박춘호 국제해양법재판소 재판관, 서울신문, 2008.8.5. : " 독도에 인공건조물을 세우고 독도개발법을 통해 개발을 가속화하며 해병대 상주 등 실효적 지배를 강화하겠다는 방안들이 나오고 있습니다. … 2006년 우리 정부는 '강제관할권 배제선언'을 발표했습니다. 유엔해양법 287조에 따른 것으로 이 선언으로 일본은 독도 문제를 국제해양법재판소로 가져갈 수 없게 됐습니다. 이는 독도 문제를 법적 분쟁의 대상으로 삼을 수 없게 됐음을 의미합니다. 재판요건이 성립되지 않습니다. 영유권 문제를 다루는 국제사법재판소의 경우 해양법재판소와 달리 당사자 합의가 있어야 재판이 이뤄지게 됩니다."

812) Permanent Court of Arbitration(PCA), "Press Release : The South China Sea Arbitration (The Republic of The Philippines V. The People's Republic of China)", July 12, 2016 / Robert Beckman, "Game Changer in the Maritime Disputes", RSIS, July 18, 2016 / Gregory B.Poling et al., "Judgment Day : The South China Sea Tribunal Issues Its Ruling", CSIS, July 12, 2016

813) 토비아스 아세르(Asser, Tobias Michael Carel, 1838~1913) 네덜란드의 법률가, 정치가. 암스테르담 출생. 1862~1893년 암스테르담대학 법률학 교수를 지냈고, 1893년 국회의원, 1904년 국무상이 되었다. 국제법에 관한 몇 권이 저서가 있으며, 1911년 프리트(Fried, Alfred Hermann, 1864~1921)와 함께 노벨평화상을 공동 수상하였다.

814) 1. Arbitration : The PCA provides administrative support in international arbitrations involving various combinations of states, state entities, international organizations and private parties; Case Administration / PCA Arbitration Rules / UNCITRAL Arbitration Rules / United Nations Convention on the Law of the Sea / Energy Charter Treaty / Bank for In-

ternational Settlements Tribunal / Environmental Dispute Resolution / Mass Claims Processes. 2. Appointing Authority : The Secretary-General of the PCA may be called upon to act as the appointing authority, or to designate another appointing authority, for the appointment of arbitrators under the PCA's Rules of Procedure, the UNCITRAL Arbitration Rules, or other rules of procedure; PCA Secretary-General as Appointing Authority / Designation of Appointing Authority / UNCITRAL Arbitration Rules / Mauritian International Arbitration Act. 3. Mediation· Conciliation : The PCA's functions are not limited to arbitration and also include providing support in other forms of peaceful resolution of international disputes, including mediation, conciliation, and other forms of alternative dispute resolution (ADR). 4. Fact-finding / Commissions of Inquiry : The PCA is available to provide administrative support in fact-finding / commissions of inquiry involving various combinations of states, state entities, international organizations and private parties. 5. Guest Tribunals : The PCA makes its facilities available upon request to tribunals established under the rules of certain international arbitration institutions, or pursuant to rules agreed to ad hoc.

815) 한부환(韓富煥, 1948년 ~)은 제43대 대한민국의 법무부 차관을 역임한 법조인이다. 1948년 태어나 경기고등학교와 서울대학교 법학과를 졸업하고 제12회 사법시험에서 합격했다. 하버드대학교 로스쿨에서 LLM 학위를 취득했다. 서울지방검찰청 3차장검사에 있으면서 시내버스 비리, 영화업계 비리 등 구조적인 비리를 파헤치는 사령탑을 맡았고 특히 서민 피해형 대형 기획수사에서 기량을 발휘했다.

816) 백충현(白忠鉉, 1938~2007) : 1961년 서울대학교 법학과를 졸업하였고, 동 대학원에서 국제법 석사학위와 박사 학위를 취득하였다. 또한, 하버드대학교 대학원에서 국제법 박사 학위를 취득하였다. 1982년부터 2004년까지 서울대학교 법과대학 법학과 교수로 활동하였고, 1987년에 대한법학회 부회장이 되었다. 1990년에 서울국제법연구원 이사장을 역임하였고, 1994년에 서울대학교 법과대학 학장으로 재직하였다. 1999년에 대한국제법학회 회장이자 국제중재재판소 재판관으로 활동하였다. 2002년부터 2004년까지 서울대학교 대학원 원장을 역임하였고, 2004년에는 서울대학교 명예교수가 되었다. 또한, 유엔 아프가니스탄 인권문제 특별보고관 등을 역임하였다.

817) 박수길(朴銖吉, 1933년생)은 대한민국의 전 주유엔대사이다. 고려대학교와 미국 컬럼비아 대학교에서 수학하여, 1961년 제31회 외무고시 합격, 1963년 외무부에 들어갔다. 이후 외무부 조약국장 및 정무차관보, 주모로코 대사, 주캐나다 대사, 주제네바 대사 등을 거쳐 외교안보연구원장을 역임했다. KAL기 폭파사건, 김만철 일가족 탈북사건 등 대한민국의 중요한 외교 이슈와 우루과이 라운드 협상 등 국제사회의 핵심 다자 외교 문제들을 두루 다루었다.

818) 외교관 출신 유병화 교수 국제법률경영대 개교, 중앙일보, 2001.3.15. : "가톨릭 사제를 꿈꿨던 신학도, 외무고시 수석합격과 함께 시작된 외교관생활, 고려대 법대 교수·학장, 그리고 동아시아 인재들을 모아 가르치는 총장. 대학원 대학인 국제법률경영대학원(http://tlbu.ac.kr)의 유병화(柳炳華, 1945년생) 총장은 그의 이력만큼이나 다양한 국적의 학생 70명을 모아 오는 19일 경기도 고양

시에 있는 본관 건물에서 입학식을 연다. 중국, 인도네시아, 몽골, 베트남, 라오스, 필리핀, 미얀마, 한국에서 법대 학부를 대부분 수석으로 졸업한 학생들이 그의 제자들이다. 학생들은 이곳에서 기숙사 생활을 하며 2년 동안 영어로 공부한다. 이후 3년간은 미국 워싱턴DC 교외 40만 평의 부지에 건축 중인 미국 캠퍼스에서 실무 위주의 법률 공부와 미국 변호사시험 준비를 하게 된다. 교육비는 전액 무료다. 아시아·미국·유럽을 이어 국제법·국제기구학 등을 가르치는 3각 법률 실무교육이다.

819) 이성규 법무부 국제법무과장 국제 중재재판소 재판관 선정, 동아일보, 2001.10.17. : "법무부 이성규(李盛圭·42·부장검사) 국제법무과장이 국가 간 분쟁을 중재하는 국제기구인 상설 중재재판소의 환경분쟁 중재 재판관으로 선정됐다. 외교통상부의 추천으로 재판관이 된 이 검사는 앞으로 6년간 천연자원 이용 등 환경과 관련된 국가 간 분쟁이 발생할 경우 비상임 재판관으로 중재활동을 하게 된다. 서울대학교 (법학사, 1982) 제24회 사법시험 합격 (1982) 대법원 사법연수원 (14기, 1984) George Washington University (석사, 비교법학, 1992) 중앙대학교 대학원 (법학박사과정 수료, 2008)

820) Jan Paulsson, a founding partner of Three Crowns LLP, has practiced exclusively as an advocate and arbitrator in international cases since 1975. A member of the Permanent Court of Arbitration in The Hague and the Court of Arbitration of the Singapore International Arbitration Centre, he has notably served as President of the London Court of International Arbitration, President of the International Council for Commercial Arbitration, and a Vice-President of the ICC International Court of Arbitration (Paris). A graduate of the Yale Law School and the University of Paris II (law), he is an avocat honoraire of the Paris Bar and a member of the District of Columbia Bar.

821) Young Hee Lee, Review on the Concept of Effective Control in International Legal Cases and with Regard to Dokdo, Vol.35(4), Ocean and Polar Research, Dec.,2013. : "(Abstract) The concept of effective control is a crucial element for the acquisition as well as maintenance of territorial title. The general meaning of the concept has been described as an international display of power and authority over the territory, by the exercise of jurisdiction and State functions, an continuous and peaceful basis."

822) Wikipedia, The Island of Palmas Case (Scott, Hague Court Reports 2d 83 (1932), (Perm. Ct. Arb. 1928), 2 U.N. Rep. Intl. Arb. Awards 829) was a case involving a territorial dispute over the Island of Palmas (or Miangas) between the Netherlands and the United States which was heard by the Permanent Court of Arbitration. Palmas (Indonesian : Pulau Miangas) was declared to be a part of the Netherlands East Indies and is now part of Indonesia.

823) Wikipedia, The Ihlen Declaration was a statement made on 22 July 1919 by the Foreign minister of Norway, Nils Claus Ihlen, on the topic of Denmark's sovereignty over Greenland, in which Ihlen declared verbally to the Danish Minister that "...the plans of the Royal [Danish] Government respecting Danish sovereignty over the whole of Greenland...would be met with no difficulties on the part of Norway." The declaration became an issue when the question was raised whether the statement was binding on Norway. The question eventually went all the way to the Permanent Court of International Justice in the form of the Eastern Greenland Case in 1933.

824) Territorial Sovereignty and Scope of the Dispute (Eritrea and Yemen), Eritrea and Yemen, United Nations-Office of Legal Affairs, 1998.10.9. (legal.un.org/riaa/cases) : "In modern international law, the acquisition of territories generally requires an international manifestation of power and authority over territory through the exercise of jurisdiction and state functions in a continued and peaceful display..."

825) Young-Hee Lee, Ibid. p.315

826) CASE CONCERNING THE FRONTIER DISPUTE(BURKINA FASO/REPUBLIC OF MALI), Judgment of 22 December 1986 : "...III. Rules applicable to the case. Source of the rights claimed by the Parties (paras. 19-30): 1. The principle of the intangibility of frontiers inherited from colonization (para. 19)...2. The principle of uti possidetis juris (paras. 20-26)...The principle of un possidetis juris accords pre-eminence to legal tide over effective possession as a basis of sovereignty...3. The role of equity (paras. 27-28)...4. French colonial law ("droit d'outre-mer") (paras. 29-30)..."

827) Land, Island and Maritime Frontier Dispute (El Salvador/Honduras : Nicaragua intervening), CASE CONCERNING LAND, ISLAND&MARITIME FRONTIER DISPUTE (EL SALVADOR/ HONDURAS : NICARAGUA INTERVENING) Judgment of 11 September 1992.

828) Land and Maritime Boundary between Cameroon and Nigeria (Cameroon vs Nigeria : Equatorial Guinea Intervening),Oct.10, 2002.

829) Case Concerning Sovereignty over Pulau Ligitan and Pulau Sipadan(Indonesia vs Malaysia), Dec.17, 2002

830) Frontier Dispute(Benin vs Niger), July 12, 2005.

831) Case Concerning Territorial and Maritime dispute Between Nicaragua and Honduras In The Caribbean Sea (Nicaragua v. Honduras), Oct.8, 2007.

832) Territorial and Maritime Dispute(Nicaragua vs clombia), Nov.19,2012.

833) 박현진, 조약상의 권원, 현상유지의 법리와 실효지배의 권원을 중심으로, 국제법학회논총, 제59권 제3호(통권134호), 2014.9. pp.109-145

834) Principle of "uti possidetis" - World Court Digest : "Nevertheless the principle is not a special rule which pertains solely to one specific system.... words, the conduct of the administrative authorities as proof of the effective exercise of territorial jurisdiction in the region during the colonial period."(mpil.de/en/pub/publications)

835) Young-Hee Lee, Ibid. p.315

836) Judicial Decisions Involving Questions of International Law, International Law Students Association, Decision rendered at Roma, Jan. 28. 1931 : "Admitting that the discovery of Clipperton Island was first made by Spanish subjects...There is no reason to suppose that France has subsequently lost her right by derelictio, since she never had the animus of abandoning the island, and the fact that she has not exercised her authority there is a positive manner does not imply the forfeiture of an acquisition already definitively perfected."

837) Centre for International Law, 2011.1.21. : "It is beyond doubt that by immemorial usage having the force of law, besides the animus occupandi, the actual, and not the nominal, taking of possession is a necessary condition of occupation. This taking of possession consists in the act, or series of acts, by which the occupying state reduces to its possession the territory in question and takes steps to exercise exclusive authority there."(cil. nus.edu.sg/wp)

838) Young-Hee Lee, Ibid. p.320

839) 독도에 대한 기본입장, 외교부 독도, http://dokdo.mofa.go.kr

840) 竹島は歷史的にも國際法上,日本の固有の領土である, 竹島問題の概要, 外務省(Ministry of Foreign Affairs of Japan), www.mofa.go.jp. 2016.9.21. : "竹島が日本固有の領土であることは, 歷史的にも國際法上も明らかです.韓國は,一方的に竹島を取り込み,不法占據しています.戰後一貫して平和 ..."2014.4.11. : "竹島は,歷史的事實に照らしても,かつ國際法上も明らかに我が國固有の領土です. 韓國による竹島の占據は,國際法上何ら根據がないまま行われて..."

841) 竹島は日本固有の領土.韓國は「慰安婦像」設置なら取り返しのつかぬ事態招く,産經ニュース, 2017.1.20. : "韓國は事の重大さを認識できていない.ソウルの日本大使館前,釜山の日本總領事館前に續き,日本固有の領土である竹島(島根縣隱岐の島町)に慰安婦像設置を計畵しているという.像の設置が實行されれば,日韓關係は完全に終わることになろう."

842) 독도 등 도서지역의 생태계 보전에 관한 특별법, 독도 등 도서지역의 생태계보전에 관한 특별법 시행령, 독도 등 도서지역의 생태계보전에 관한 특별법 시행규칙, 독도의용수비대 지원법, 독도의용수비대 지원법 시행령, 독도의 지속가능한 이용에 관한 법률, 독도의 지속가능한 이용에 관한 법률 시행령 등 7개 법, 2017.2.3. 법제처 법령 검색

843) 경상북도 독도거주 민간인 지원에 관한 조례, 경상북도 독도재단 설립 및 운영 조례, 경상북도 독도의 달 조례, 경상북도 울릉군 독도박물관 관리운영 조례, 경상북도 울릉군 독도박물관 명예관장 위촉 등에 관한 조례, 경상북도 울릉군 독도 천연보호구역 관리 조례, 경상북도 울릉군 독도 영유권 강화 지원에 관한 조례, 경상북도 울릉군·독도 해양과학기지 설치 및 위탁관리 조례, 경상북도 울릉도·독도 지질공원 관리 및 운영에 관한 조례, 경상북도 울릉군 독도박물관 관리운영조례 시행규칙, 경상북도 울릉군 독도명예주민증 발급 규칙 등 11개 조례 및 규칙, 법제처 2017.2.3. 검색

844) Award of the Arbitral Tribunal in the first stage of the proceedings between Eritrea and Yemen(Territorial Sovereignty and Scope of the Dispute), United Nations-Office of Legal Affairs, Decision of 9 October 1998.

845) 엄정일, 독도특수연구,p.87 : "권원의 변경(replacement of tile)이란 역사적 권원(historical title)을 현대국제법에 의한 타당한 다른 권원(another title valid by modern international law)으로 대체하는 것을 말한다. 즉 고전적 권원(ancient title), 원시적 권원(original title), 봉건적 권원(feudal title) 등 역사적 권원(historical title)을 오늘날의 국제법상 권원으로 대체하는 것을 말한다."

846) 김명기, 독도의 실효적 지배 강화와 Critical Date, 법조, 55-11호, 2006, pp.111-129 passim

847) 엄정일, 상게서, pp.126~132.passim : "대한제국 칙령 제41호에 의한 역사적 권원의 대체이론에 다음과 같은 보완이 필요하다. i) 속도(屬島)이론에 의한 보완, ii) 실효적 지배의 사실에 의한 보안, iii) 대체권원의 단절 보안, iv) 시제법의 보완, v) 쇄환정책에 의한 실효적 지배약화 보완 등."

848) 일반적으로 우리나라의 입장에서는 결정기준일(critical date)을 1952년 1월 28일 평화선 선언, 1965년 6월 22일 한일어업협정, 1965년 12월 18일 한일 국교정상화 기본조약일자를 내세울 수 있으나 일본의 입장에서는 1905년 2월 22일 시마네현 고시 제40호 선언일, 1952년 4월 18일 대일평화조약(샌프란시스코조약)체결일, 1998년 9월 25일 한일어업신협정체결일 등으로 제시할 수 있음. 물론 결정기준일 없이 판단할 수도 있고, 양국 간의 협상에 의해서 별도로 특정협정(compromises)으로 정할 수 있음.

849) 김명기, 상게서, 초록

850) 원희룡 지사 "한일어업협정 결렬, 정부 대응책 필요", 2016.7.10. 헤드라인 제주

851) 김명기, 독도의 실효적 지배강화 입법정책의 국제법상 검토, 법률신문, 연구논단, 2009.6.25.

852) 日韓暫定水域及び我が國排他的經濟水域における漁業秩序の確立について,1999.1.db.pref.tottori.jp : "1.日韓兩國政府の責任により積極的に兩國間協議の進展を図り,暫定水域內の操業秩序及び資源管理方策を早急に確立.2.我が國排他的經濟水域における韓國漁船の監視・取締りの一層の強化及び韓國政府に對して監視・指導の徹底の要請.3.竹島周辺における我が國漁船の安全航行の確保.4.暫定水域及び我が國排他的經濟水域における日韓漁業の現狀についての積極的な廣報による國民世論の喚起.要望省廳：外務省,國土交通省,農林水産省)"

853) 엄정일, 상게서, pp.117~118 : "연안국의 국권을 행사할 수 있는 추적권right of hop pursuit)은 '근원적 자위권의 확대(an emanation of the primdial right of self-defence)'의 의미를 갖는다는 점에서 독도의 영해를 침범한 일본 선박을 동해 중간수역에서 추적할 수 없도록 규정한 한일어업신협정은 독도 침범에 대한 자위권의 행사마저 제한 한 것이다."

854) 불평등한'新한일어업협정' 개정해야, 경상매일신문, 2016.7.5. : "중간수역은 지난 1997년 신(新)한일어업협정의 결과로 당시 한국이 IMF 관리체제에 들어가는 위급한 상황에서 일본이 일방적으로 1965년에 체결된 한일어업협정을 파기하고 경제협력의 대가로 독도를 중간수역에 넣는 것을 강요해 체결된 불평등조약이다. 특히 이 조약으로 독도가 중간수역, 즉 한일 공동수역으로 들어감에 따라 한국의 독도 영유권에 심각한 훼손을 가져왔다는 것이다. 독도수호대 김점구 대표는 "이 조약으로 독도가 배타적 경제수역을 갖지 못하는 암초로 전락하면서 일본의 독도 영유권 주장에 빌미를 주었다"면서 "실제로 일본은 독도가 중간수역에 들어간 이후부터 다케시마(독도)의 날 제정, 방위백

서 및 교과서 독도영유권 주장, 국제사법재판소 독도 제소 등 독도 영유권 주장을 민관군 합동으로 본격 주장하기 시작했다

855) 엄정일, 상게서, pp.96~98 : "독도의 실효적 지배강화의 고려요소로 i) 국제분쟁의 방지, ii) 일본의 항의 회피, iii) 점진적 발전 혹은 실효적 지배의 저위수준이라고 지속화, iv) 일본의 실효적 지배를 배제, v) 국내외 법제적 갈등(inter-jurisdictional conflict) 등을 회피해야 한다."

856) 난개발 및 과잉개발은 '환경적으로 건전하고 지속 가능한 개발(ESSD)' 개념을 벗어났을 경우는 실효적 지배의 범위를 넘어서 반론을 제기 받을 수 있다. 곧바로 타인재산의 악의적 관리(지배) 혹은 '만약 자기의 소유영토였다면(but-for rule)'이라는 논리적 자가당착에 빠질 수 있다.

857) 엄정일, 상게서, p.98: "문화재보호법에 독도에 대한 규정으로 1992년 11월 16일에 '천연기념물'로 지정하고 있다. 독도의 실효적 지배강화에 천연기념물로 지정엔 귀중한 천연기념물의 보존과 실효적 지배가 상충, 혹은 일방의 훼손이 생길 수 있기 때문이다."

858) 김명기, 상게서

859) JON M. VAN DYKE, Legal Issues Related to Sovereignty over Dokdo and Its Maritime Boundary, William S. Richardson School of Law, University of Hawaii at Manoa, Honolulu, Hawaii, USA. Ocean Development & International Law, 38:157–224, 2007. p. 158 : "Korean scholars contend that they have been claimed and utilized by Korea for centuries, dating back to AD 512. But, in early 1905, during the period when Japan was imposing its control over all of Korea, Japan declared the islets to be "terra nullius" and ncorporated them into Shimane Prefecture as Japanese territory. Japan controlled these islets (and the rest of Korea) until 1945. When the military occupation of Japan and Korea came to an end in the early 1950s, Korea quickly reasserted its claim to the islets, and built a few structures and stationed marine guards on them. Japan protested this action, has issued regular protests during the past half century, and continues to assert its sovereignty over the islets. Because both Japan and Korea claim these islets, the two neighbors have been unable to delimit the exclusive economic zone (EEZ) and continental shelf boundary in the East Sea/Sea of Japan."

860) 「鵜経済」の手縄外され迷走する"半開の隣國", JP Press, 2014.1.15. : "「私が首相を辞めた後,(首相は)一人も参拜しないが,日中問題はうまくいっているか.外國首腦で靖國參拜を批判するのは中國,韓國以外いない」と,政界の表舞台から消えていた小泉純一郎元首相が去る11月,日本記者クラブの記者會見で發言.中韓メディアで再び脚光を浴びることになった.それから約1カ月後,その時期が注視されていた安倍晋三首相が靖國神社を參拜.2011年12月の京都會談以後,2年以上首腦會談が實施されていない日韓關係が,これで最惡の狀況に陷ることは避けられない狀況となっている."

861) 孫子,謀攻 : "知己知彼, 者百戰不殆." If you know both your enemy and yourself, you can win numerous battles without jeopardy.

862) 漢書·項籍傳: "先發制人,後發制於人."

863) 竹島の領有權に關する我が國の立場と韓國による不法占據の概要：我が國が古くから竹
島の存在を認識していたことは,多くの古い資料や地図により明らかになっています.17世紀初
めには,日本人が政府(江戸幕府)公認の下,鬱陵島に渡る際,竹島を航行の目標とし,また船がか
り(停泊地)として利用するとともに,あしかやあわびなどの漁獵にも利用していました.遲くと
も17世紀半ばには,我が國の竹島に對する領有權は確立していたと考えられます…我が國は
1905(明治38)年1月の閣議決定により竹島を島根縣に編入し,領有意思を再確認するととも
に,その後官有地台帳への登錄,あしか獵の許可,國有地使用料の徵收などを通じた主權の行
使を他國の抗議を受けることなく平穩かつ繼續して行いました.こうして,既に確立していた竹
島に對する我が國の領有權が,近代國際法上も諸外國に對してより明確に主張できるように
なったのです.(www.mofa.go.jp, 2017.2.6.)

864) Can we fight tonight?, JoongAng Ilbo, Feb. 3, 2017. p.28.

865) Judges 7:5 : "So Gideon took the men down to the water. There the Lord told him,
'Separate those who lap the water with their tongues as a dog laps from those who kneel
down to drink.'"

866) 孫子兵法 : "實則虛之,虛則實之,虛則虛之,實則實之,虛虛實實,莫辨眞僞."

867) Marcus Aurelius, Meditations, Create Space Independent Publishing, 2012. : "When one
throws a stone at a dog, the dog barks but at the stone. When one throws a stone to a
tiger, the tiger rushes toward that who threw the stone."

868) The South China Sea Arbitration, Award of 12 July, 2016 : "Declares that China has
breached its obligations pursuant to Article 279, 296 and 300 of the Covention, as well as
pursuant to general international law, to abstain from any measure capable of exercising
a prejudicial effect in regard to the execution of the decisions to be given and in general,
not to allow any step of any kind to taken which might aggravate or extend the dispute
during such time as dispute resolution proceeding were ongoing."

869) 1 Kings 3:16-27 : "(A Wise Ruling) Now two prostitutes came to the king and stood be-
fore him. One of them said, 'Pardon me, my lord. This woman and I live in the same house,
and I had a baby while she was there with me…Then the king gave his ruling : 'Give the liv-
ing baby to the first woman. Do not kill him; she is his mother.'"

870) 包拯(999.5.28.~1062.7.3.) ,字希仁.廬州合肥(今安徽省合肥市肥東)人,北宋人,官至樞密副
使,朝散大夫,給事中,上輕車都尉.封東海郡開國侯…包拯以淸廉公正聞名於世,被后世稱譽爲
「包靑天」.

871) 灰闌記(かいらんき)は,元の李行甫(李行道)による雜劇.元曲の1ジャンルをなす公案 (裁判)
もので.有名な包拯が登場する.正名は『包待制智勘灰闌記』.

872) 第4折：開封府府尹の包待制は鄭州からの報告を讀むが,內容に不審な点があると考えて
いる…包待制は裁きを下し,鄭州太守の蘇順は官職剝奪,僞証を行ったものは杖八十の上に流
刑.董超と薛覇は杖百の上に遠流,馬員外の正妻と趙令史は凌遲刑に處され,その財産は海棠

に与えられる.

873) James N. McCutcheon, Forgiveness for Stealing bread : A story is told about an incident that happened during the thirties in New York, on one of the coldest days of the year. The world was in the grip of the Great Depression, and all over the city, the poor were close to starvation. It happened that the judge was sitting on the bench that day, hearing a complaint against a woman who was charged with stealing a loaf of bread. She pleaded that her daughter was sick, and her grandchildren were starving, because their father had abandoned the family...The judge sighed. He was almost reluctant to pass judgment on the woman, yet he had no alternative. "I'm sorry," he turned to her, "But I can't make any exceptions. The law is the law. I sentence you to a fine of ten dollars, and if you can't pay I must send you to jail for ten days."..."I am also going to impose a fine of fifty cents on every person here present in this courtroom, for living in a town where a person has to steal bread to save her grandchildren from starvation. Please collect the fines, Mr. Bailiff, in this hat, and pass them across to the defendant."

874) "좋은 담이 좋은 이웃을…" 프로스트의 시 인용한 판결문 화제, 동아일보, 2016.4.10. : "좋은 담이 좋은 이웃을 만들기 때문이다(Good fences make good neighbors)."미국 시인 로버트 프로스트(1874~1963)의 시(詩) 구절을 인용해 자본시장법상 '투자자 보호' 취지를 설명한 판결문이 법조계에서 잔잔한 감동을 불러일으키고 있다. 프로스트는 '가지 않은 길'이란 시로 유명한 시인이다. 서울중앙지법 형사합의25부(부장판사 김동아)는 해외 선물투자로 원금을 보장하겠다며 3070여 명에게서 투자금 1380여억 원을 받아 가로챈 혐의로 기소된 이숨투자자문의 실질 대표 송모 씨(40)에게 징역 13년을 선고한 판결문에는 프로스트의 시가 등장한다. 판결문에 사실관계나 법리 외에 시적인 문구가 들어가는 것은 매우 드물다.

875) "따뜻한 가슴도 차가운 머리도 약자의 편", 매일경제, 2010.2.5. : "감동적 판결문으로 유명한 박철 서울고법 부장판사 8일 퇴임…"

876) 미국과 한국의 온정 넘치는 판사 이야기에 감동, 한겨레, 2011.4.15.

877) The International Court of Justice : Handbook, Tringle Beu, 59600, Maubeuge, France, 2014, p.109.

878) 老子, 道德經 第七十七章: "天之道,其猶張弓與.高者抑之,下者擧之.有餘者損之,不足者補之.天之道,損有餘而補不足."

879) Qur'an,Surah Al-Nisa 4:135 : "O Ye Who Believe! Stand Out Firmly for Justice, as Witnesses To Allah, even as against Yourselves, or your Parents, or Your Kin, and Whether. It be (against) rich or Poor. For Allah can best Protect Both.(ياايها, الذين آمنوا! كونوا قوامين بالقسط, شهداء على الله, ولو على أنفسكم أو والديكم, أو أقربائكم, للعدالة, كشهود على الله.)"

880) The International Court of Justice : Handbook, Ibid. pp.48-76.

881) Handbook on Accepting the Jurisdiction of the International Court, UN, New York, July 2014. p.35

882) 헌법재판소, 사건번호 2004헌마554·2004헌마566, 2004.10.21.

883) Wikipedia, Opinio juris sive necessitatis ("an opinion of law or necessity") or simply opinio juris ("an opinion of law") is the belief that an action was carried out as a legal obligation. This is in contrast to an action resulting from cognitive reaction or behaviors habitual to an individual. This term is frequently used in legal proceedings such as a defense for a case. Opinio juris is the subjective element of custom as a source of law, both domestic and international, as it refers to beliefs. The other element is state practice, which is more objective as it is readily discernible. To qualify as state practice, the acts must be consistent and general international practice.

884) The International Court of Justice : Handbook, Ibid. p.97. passim : "The Court's practice shows that a State which relies on an alleged international custom practised by States must... 'Not only must the acts concerned amount to a settled practice , but they must also be such , or be carried out in such a way, as to be evidence of a belief that this practice is rendered obligatory by the existence of a rule of law requiring it.'...it recalled that'the material of customary international law is to be looked for primarily in the actual practice and opinio juris of States.'"

885) Ibid. p.97: "In the case concerning Military and Paramilitary Activities in and against Nicaragua, the Court found that while it could not deal with complaints based on certain multilateral treaties owing to a reservation accompanying the declaration recognizing the compulsory jurisdiction of the Court, that reservation did not prevent it from applying the corresponding principles of customary international law. It explained that the fact that these principles 'have been codified or embodied in multilateral conventions does not mean they cease to exist and to apply as principles of customary law, even as regards countries that are parties to such conventions.'"

886) "Let them eat cake" is the traditional translation of the French phrase "Qu'ils mangent de la brioche",[1] spoken in the 17th or 18th century by "a great princess" upon learning that the peasants had no bread. This phrase is more accurately translated as "Let them eat brioche", as the original French phrase contains no mention of cake (gâteau). Brioche, a bread enriched with butter and eggs, was considered at the time to be a luxury food. The quotation in context would thus reflect either the princess's disregard for the peasants or her poor understanding of their situation if not both.

887) Ibid. p.98 : "Judicial decisions and teaching of publicists do not have the same statues as other souces of law. they merely constitute a 'subsidiary means of thr determination of rules of law. Judicial decisions are subject to the provisions of Article 59 of the Statute, which stipulates that a decision of the Court has no binding force except between the parties and respect of that particular case.'"

888) Ibid. p.99 : "Paragraph 2 of Article 38 of the Statute provides that paragraph 1 do the Article, 'shall not prejudice the power of the Court to decide a case ex aequo et bono, if the parties agree thereto.'Nevertheless, the exercise of the ex aequo et bono power with consent is subject to certain limits. The Court examines under a duty to act solely in a judicial capacity, and must be careful not o overstep the norms of justice, or other accepted standards of equality and reasonableness prevailing in the international community."

889) The UN Charter, in its Preamble, set an objective : "to establish conditions under which justice and respect for the obligations arising from treaties and other sources of international law can be maintained."

890) International law defines the legal responsibilities of States in their conduct with each other, and their treatment of individuals within State boundaries. Its domain encompasses a wide range of issues of international concern, such as human rights, disarmament, international crime, refugees, migration, problems of nationality, the treatment of prisoners, the use of force, and the conduct of war, among others. It also regulates the global commons, such as the environment and sustainable development, international waters, outer space, global communications and world trade.

891) Wikipedia : Nemo judex in causa sua (or nemo judex in sua causa) is a Latin phrase that means, literally, "no-one should be a judge in his own cause." It is a principle of natural justice that no person can judge a case in which they have an interest. The rule is very strictly applied to any appearance of a possible bias, even if there is actually none : "Justice must not only be done, but must be seen to be done."

892) Wikipedia, Colloquially, forum shopping is the practice adopted by some litigants of having their legal case heard in the court thought most likely to provide a favorable judgment. Some jurisdictions have, for example, become known as "plaintiff-friendly" and so have attracted litigation even when there is little or no connection between the legal issues and the jurisdiction in which they are to be litigated.

893) 정재민, 상게서, p.303 : "일본이 우리에게 독도 영유권을 인정해 주고, 위안부에 대한 사과와 피해보상을 하는 대신 독도근해에서 해양개발권을 나눠달라는 거야."

894) 위키페디아, 독도밀약 : "독도 폭파론 : 한편 1962년 9월 3일 제6차 한일회담 제2차 정치회담 예비절충 4차 회의에서 이세키 이나지로 국장이 '독도는 무가치한 섬'이라며 "크기는 히비야 공원 정도인데 폭발이라도 해서 없애버리면 문제가 없을 것이다."라고 말하면서 독도 폭파론이 불거졌다. 이후 1962년 11월에는 김종필 부장이 기자들에게 "독도에서 금이 나오는 것도 아니고 갈매기 똥도 없으니 폭파해버리자고 말한 일이 있다."라는 발언을 했다. 김종필/자민련 전 총재 (87년 대선후보토론회): (일본이) 강점하려고 하면 폭파해버리는 한이 있어도 줄 수 없다.

895) Ralph Waldo Emerson (1803 – 1882) American essayist, lecturer, and poet.

896) The International Court of Justice, 2014, An Explanation and Example of the Memorial

Brief, icj-cij.org/documents; Tips for Writing Memorials, For the 2015 Competition Written by a Group of Friends of the Jessup, September 21, 2014.

897) 三國史記, 第四十八卷 列傳第八: "金生父母微不知,其世系生於景雲二年,自幼能書,平生不攻他藝,年踰八十猶操筆不休,隷書行草皆入神.至今往往有眞蹟,學者傳寶之."

898) International Court of Justice, Guide I : How to write a Memorial Brief. 2016. www.porgmun.cz

899) The International Court of Justice, 2014, An Explanation and Example of the Memorial Brief, Ibid. p.13 : "This section has two purposes : (a) To identify the decision that the court has to make (b) To frame the question(s) in such a way that it is persuasive to your arguments."

900) 'crac'이란 "바싹바싹~, 퍽~퍽~, 지~지끈…." 깨뜨려지고 무너지는 소리를 표현하며, 'crack'이란 동사형도 있음. 여기서는 "포~옥~사~악" 소리를 내면서 상대방의 논리를 무너뜨린다는 의미다.

901) We respect the opinions of the other party, put them in a trap. And at the same time, we make one's logic knocked out and them recognize our argument.

902) 이재명 "나라에 돈이 없는 게 아니라 도둑이 많은 게 문제" : 서울경제, MBN, 부산일보, 2016.12.23. : "세금은 공정하게 부과하고 복지는 보편적으로 누려야" 이재명 성남시장이… "나라에 돈이 없는 게 아니라 도둑이 많은 게 문제"라며 이같이 말했다…."

903) ABBA, The Winner Takes It All : "… The winner takes it all / The loser standing small / Beside the victory / That's her destiny…."

/ 색 인 /